21世纪国际法学系列教材

国际私法

Private International Law

郭玉军　向在胜　著

中国人民大学出版社
·北京·

图书在版编目（CIP）数据

国际私法 / 郭玉军，向在胜著．-- 北京：中国人民大学出版社，2023.4
21 世纪国际法学系列教材
ISBN 978-7-300-31560-7

Ⅰ.①国… Ⅱ.①郭… ②向… Ⅲ.①国际私法-高等学校-教材 Ⅳ.①D997

中国国家版本馆 CIP 数据核字（2023）第 052275 号

21 世纪国际法学系列教材
国际私法
郭玉军　向在胜　著
Guoji Sifa

出版发行	中国人民大学出版社		
社　　址	北京中关村大街 31 号	**邮政编码**	100080
电　　话	010－62511242（总编室）		010－62511770（质管部）
	010－82501766（邮购部）		010－62514148（门市部）
	010－62515195（发行公司）		010－62515275（盗版举报）
网　　址	http：//www. crup. com. cn		
经　　销	新华书店		
印　　刷	北京密兴印刷有限公司		
规　　格	185 mm×260 mm　16 开本	**版　　次**	2023 年 4 月第 1 版
印　　张	33	**印　　次**	2023 年 4 月第 1 次印刷
字　　数	798 000	**定　　价**	89.00 元

作者简介

郭玉军 法学博士，武汉大学国际法研究所教授、博士研究生导师，武汉大学国际法治研究院核心团队首席专家，武汉大学国家文化发展研究院研究员。兼任中国国际私法学会副会长兼秘书长，国际比较法协会（International Academy of Comparative Law）会员。曾任中国博物馆协会法律专业委员会专家委员、中国文物学会法律专业委员会专家委员。从1991年10月至1993年4月获日本政府文部省奖学金作为中日联合培养博士研究生赴日本北海道大学留学，于2000年1月至7月获中欧高等教育合作项目奖学金在德国奥斯纳布吕肯大学国际私法与比较法研究所访学，从2007年10月至2008年9月获美国哈佛大学燕京奖学金在哈佛大学燕京学社访学，于2016年11月至12月获德国汉堡马克斯普朗特国际私法与比较法研究所奖学金在德国汉堡访学。主要研究领域包括国际私法、艺术与文化遗产保护法、文化产业法。主持国家社会科学基金及教育部、司法部等科研项目多项。撰写《国际贷款法》（武汉大学出版社1998年），编注《冲突法（导读本）》（中国人民大学出版社2005年），参加编写多部国际私法教材，主编《仲裁法实训教程》（武汉大学出版社2010年）、《网络社会的国际法律问题研究》（武汉大学出版社2010年）、《国际法与比较法视野下的文化遗产保护问题研究》（武汉大学出版社2011年）、《艺术法》（上下册，武汉大学出版社2019年）、《文化产业促进法》（武汉大学出版社2022年）等。在《法学研究》《中国法学》等权威/核心期刊上发表论文百余篇。

向在胜 法学博士，中南财经政法大学法学院教授、博士研究生导师。兼任中国国际私法学会常务理事、湖北省法学会国际法研究会常务理事、中国欧洲法学会理事。2016年11月至2017年10月，瑞士比较法研究所和科隆大学国际私法与外国私法研究所访问学者。研究方向主要为比较国际私法与国际民事诉讼法。近年先后主持国家社会科学基金项目、教育部人文社会科学基金项目以及司法部国家法治与法学理论研究项目等科研项目多项。出版《电子提单法律问题研究》(中国方正出版社 2007 年)、《欧盟国际民事诉讼法判例研究》(中国政法大学出版社 2013 年) 和《跨国环境污染中的国际私法问题研究——以法律适用问题为中心》(中国政法大学出版社 2016 年) 等专著 3 部。先后在《中国法学》《法商研究》《法学家》《法律科学》《法制与社会发展》等杂志上发表论文 40 余篇。

序 一

自21世纪以降，我国的改革开放取得巨大成就，市场经济快速发展，涉外民商事交往日益频繁，涉外民商事法律纠纷也日渐增多。2010年我国第一部单行的国际私法立法即《中华人民共和国涉外民事关系法律适用法》的通过，宣告我国国际私法拥有了更为完备的法律体系。随着国际私法立法与司法实践的快速发展，我国国际私法的学术研究也跃上了更高的台阶。但是，需要看到的是，在当今风云诡谲的国际竞争中，我国面临的威胁无处不在。以美国为首的西方国家不断扩张其国内法的适用范围，动辄对他国实施以“次级制裁”为特征的各种经济金融制裁，损害他国经济与商事利益，干扰他国经济的正常发展。

该教材立足于我国当前国际私法立法与司法实践，不仅系统阐述了国际私法的基本概念、理论以及原理，同时也高度关注晚近国内外国际私法立法与司法实践的新发展。尤其难能可贵的是，这是一本关于国际私法的双语教材，系为了培养熟练掌握国际私法和英语的涉外复合型法律人才而编写。其受众是所有法学专业的在校学生，以及对国际私法感兴趣、立志从事国际私法理论和实践研究的其他相关专业人士。

该教材一共分为四编。第一编为导论，介绍了国际私法的概念、渊源以及外国人法的相关问题。第二编和第三编分别为法律适用法总论和各论。总论部分对法律适用法学说史、冲突规范、连结点与准据法等基本概念以及法律适用法的基本制度等进行了介绍。各论部分则对能力、财产关系、合同之债、非合同之债以及婚姻家庭等具体领域的法律适用问题进行了论述。第四编为国际民事诉讼法论，着重探讨了国际民事诉讼法的相关问题。该教材放眼全球，对欧美以及日本等国家的学术研究成果以及立法、司法实践等进行了比较和借鉴。对德文、法文以及日文资料的引用，在以往国际私法教材中较为少见，也是该教材的一大亮点。此外，出于理论性与实践性相结合的要求，该教材在浩如烟海的国际私法案例中，选取了一些经典案例和国内外最新案例，供读者学习研究。

和以往的教材相比，该教材具备以下几个特征：

第一，理论与实践相结合。该教材不局限于对理论问题的探究，在论述国际私法基本原则与理论的基础上，结合具体的相关案例，通过案例分析来系统地阐述国际私法实践中遇到的各种问题。该教材通过大量的案例研习，帮助读者加深对相关理论的理解，明白在解决具体争议时应如何应用国际私法理论，力图通过国际私法理论要点与实践问题的紧密结合向读者阐述国际私法基本原理。

第二，中英文相结合。对国际私法学习者而言，熟练掌握英语是必不可少的技能。与以往的教材相比，该教材作为21世纪国际法学系列教材的一本，在编写体例上采用了中英文相结合的方式，力图为读者提供必要的专业英语资料。该教材对国际私法的基本概念和关键术语等均附注了英文对照，并编入了一些经典裁判的英文原文。

第三，内容比较完整，涉及面广。进入21世纪以来，我国国际私法的发展日新月异，遇到的问题也逐渐增多，尤其是在当今复杂多变的国际局势下，我国面临着诸多不确定的风险与挑战。该教材立足当今中国与世界国际私法发展和演变的理论与实践的最前沿，将现实中新出现的问题纳入论述与研究的范围内，对国际私法的新动态进行了充分的介绍。

该教材的付梓，饱含了作者之一郭玉军教授的大量心血。在学生时代她勤奋好学，在工作之后更是笔耕不辍，学术成果丰硕。如今看到她和向在胜教授二人合作的系统而独具特色的教材即将问世，我心中不禁感慨万分。作为新中国第一位取得法学博士学位的国际私法学女教授和女博士研究生导师，以及中国艺术法的开端人，她一直以来兢兢业业，严谨治学。在武汉大学攻读博士学位期间，她曾不止一次地说过：自己要做森林中的站枝，而不做飘枝，要用坚毅的精神在天地间屹立不倒，要永远不畏艰险、开拓进取。在校期间，她每年都获得人民奖学金和优秀科研成果奖，并且苦习英、法、德、日文，留学于多国。从事法学研究和教学工作的几十年来，她在国际民事诉讼法、国际商事仲裁法、金融与经济制裁法、跨国文物追索以及艺术法学等领域取得了卓越的成绩，为我国的法学事业发展作出了巨大的贡献。她参与过大百科全书法学卷的撰写，并翻译过《牛津法律大辞典》，还获得过国家级、省部级教学奖和科研成果奖。此外，一直以来，她也是国际法学双语教学的倡导者。多年前，她就写过《国际私法双语教学的思考》一文，刊登在《武汉大学学报》上。她本人也曾对英国学者 J. G. Collier 所著的 *Conflict of Laws* 进行了编注，以方便我国读者进行双语学习。她对科研、教学数十年如一日的坚守和努力，为我国培育出了一批优秀的国际法学人才，也为国际私法学的开枝散叶添砖加瓦。该教材作为我国少有的国际私法双语教材，具有开创性的意义，弥补了我国国际私法双语教材方面的空缺，具有较强的理论和实践价值。看到该教材即将付梓，我感到非常高兴，遂聊书数语，是为序。

李双元

二零二二年十一月一日于长沙

序 二

国际私法是规范具有涉外因素的作为平等主体之自然人、法人和非法人组织之间的人身关系和财产关系的一个独立法律部门，其要解决的是内外国不同法律在涉外民商事关系中的适用问题，内容上包括规定外国人民事法律地位的规范、避免或消除法律冲突的统一实体规范、解决民事法律冲突的冲突规范以及国际民事诉讼与国际仲裁程序规范等。进入21世纪以来，随着经济全球化和世界多极化的深入发展，一方面，国际社会经济关系的相互依存进一步加强；另一方面，国际社会多重矛盾叠加，分裂、冲突加剧，国际形势波谲云诡，全球性挑战层出不穷。以上这些要求国际秩序更加公正合理。以解决法律冲突为己任的国际私法在全球治理中具有独特地位和优势，其不仅在日益频繁的国际交流与冲突碰撞中发挥更加明显的作用，而且在维持国际社会的和谐稳定方面亦日益展现出不可或缺的价值。

国际法教学和人才培养要心系社稷，深切关注国际社会的发展变迁，服务国家涉外法治建设。不久前，教育部提出“着力创新涉外法治人才培养机制，加快培养具有国际视野、家国情怀、通晓国际规则，能够参与国际法律事务、善于维护国家利益、勇于推动全球治理体系变革的高素质涉外法治人才”的目标。为服务国家战略，适应高水平对外开放格局，我国需要培养大量掌握国际法知识的高素质涉外法治人才。国际私法是国际法学科体系的重要组成部分，高水平的国际私法教学、科研及人才培养，对于统筹推进国内法治和涉外法治，推动构建公平公正的国际关系，以法治思维和法治方式应对挑战、防范风险、反制打压，提升涉外法治斗争的能力、水平，维护国家主权、安全和发展利益，具有重要意义。

从世界范围看，国际私法是具有悠久历史的古老学科。同时，国际私法随着风云变幻的国际社会不断发展前行，应时代之需与时俱进，内涵日益丰富。在我国，改革开放后，国际私法的教学、研究、人才培养、立法工作才真正得到恢复和推进。教材是一门学科之基础知识的主要传播载体。1983年，在著名法学家韩德培教授的组织下，来自全国的12位专家学者参与编写了《国际私法》统编教材。这是中国第一部全国通用的国际私法统编教材。近四十年来，国内学者在国际私法领域潜心研究、开拓创新，撰写了不少各具特色的教材，为促进我国国际私法学科体系不断完善、国际私法教学向前发展和涉外法治人才培养质量提升，奠定了坚实的基础。

这本教材的两位作者——郭玉军和向在胜分别是武汉大学国际法研究所和中南财经政法大学法学院的教授、博士研究生导师，长期致力于国际私法的研究和教学工作，学养深厚，论著颇丰，多次获得教学奖，参加过多部教材的编写，具有丰富的教材编写经验，深谙法学教育的规律和特点。当前，国内已有多部国际私法教材出版，但或多或少存在关注本土立法与实践不够、缺乏双语教学内容等情况。难能可贵的是，这本教材的两位作者注意到了这些问题，使教材定位明确，在编排体例和教学内容方面锐意创新，充分吸纳国内外国际私法教学、研究、立法与实践的最新成果。

在我看来，这本教材具有以下特点：

第一，体例安排兼具科学性和新颖性。这本教材共分四编，即导论、法律适用法总论、法律适用法各论和国际民事诉讼法论。导论部分包括国际私法的概念、国际私法的渊源和外国人法，其内容同时适用于法律适用法论和国际民事诉讼法论两个部分，而国内大多数国际私法教材的总论的相关内容，如国际私法的历史、冲突规范等，事实上仅囿于法律适用法，而不能适用于国际民事诉讼法。相比之下，这本教材的编排体例较为新颖独特。另外，这本教材将法律适用法论分为总论和各论两部分，兼顾了法律适用法是国际私法的核心内容但又内容驳杂的特点，使法律适用法论的内容分布更为科学合理，教材整体结构也更加匀称。

第二，内容写作兼具系统性和创新性。对此可通过三个例子予以说明。首先是外国人法。传统国际私法教材通常在外国人的民事法律地位以及法人的认许两部分零散地论及自然人和法人的民事法律地位。与之相比，这本教材对外国人法的论述更为系统深入，有较大创新。其次是国家豁免。国内大多数国际私法教材通常在总论的主体部分就国家豁免略作阐述，而这本教材在第四编“国际民事诉讼法论”部分对国家豁免问题进行阐述，不仅在体例上有所创新，在内容上也更为深入。最后是法律适用法的基本制度。这本教材按照法律适用四步骤分析理论来安排法律适用法基本制度的讲述顺序，科学合理，同时也便于读者理解。

第三，整体定位兼具基础性和前沿性。两位作者将这本教材整体定位为介于本科教材与研究生教材之间，读者对象为本科生、研究生及其他学习和研究国际私法的读者。因此，在内容编排方面，这本教材不仅强调国际私法基础理论知识的全面系统性，也重视对相关学科知识的深度挖掘。在整体特色上，这本教材既有对外国立法实践的关注，更立足于对中国国际私法立法和实践的阐释与分析，紧跟国际私法的前沿理论发展和最新实践动态，力求深入浅出、简洁明了、务实管用，方便读者学习和掌握。

这本教材为两位作者在国际私法教学和研究领域长期钻研的结晶，希望读者通过对这本教材的阅读，能掌握国际私法基础理论知识和国内外最新理论动态，对各国，尤其是我国的国际私法立法、司法与仲裁实践有更深入的认识，为今后进一步学习、研究深造以及开展工作打下扎实基础。

黄　进

二零二二年十二月十八日于北京

前 言

目前，世界正经历百年未有之大变局。习近平法治思想中关于坚持统筹推进国内法治和涉外法治的重要论述正产生于这一特殊时代背景。国际私法是我国社会主义涉外法治体系的重要组成部分，在国内法治和国际法治之间发挥着桥梁与纽带作用，未来也必将是我国构建新型国际关系和构建人类命运共同体的重要法律基础之一。党的二十大报告也指出，我们要完善以宪法为核心的中国特色社会主义法律体系，包括加强涉外领域的立法。加强涉外法治体系建设，可以从多个维度展开，其中一个重要维度即加强涉外法治人才培养，建设一支优秀的涉外法治人才队伍，更好地服务于国际民商事交往。我们编撰这本国际私法双语教材，目的即致力于此。

当前，少数国家施行恃强凌弱、巧取豪夺、零和博弈等霸权霸道霸凌行径，危害深重。在新形势下，党的二十大报告指出，中国坚持对外开放的基本国策，坚定奉行互利共赢的开放战略，推动构建人类命运共同体。应该说，我国与国际上少数霸权国家的博弈既是遭遇战，也是持久战，而且未来将越来越体现为制度之争、法律之争。作为我国涉外法治体系的一部分，国际私法的教学不能仅限于让我们的学生精通我国法律，还必须让他们精通外国法律和国际法律。唯有如此，在未来的对外斗争中，我们才能善于“拿起法律武器，占领法治制高点……向破坏者、搅局者说不”。系统阐述国际私法的基本法理，以为完善我国涉外领域立法与涉外法律实践提供智识支持，也是我们编撰这本教材的应有之义。

在体例结构上，如何为本教材构思一个独具匠心的体例结构，一直是我们在编写教材过程中所重点思考的问题。最终我们采纳了现在的导论、法律适用法总论、法律适用法各论和国际民事诉讼法论的四编制。导论部分主要包括国际私法的概念、国际私法的渊源和外国人法，均属于对国际私法的前提性或导引性内容的介绍，其内容应同时适用于法律适用法论和国际民事诉讼法论。目前国内多数国际私法教材的总论部分的内容安排，如国际私法的历史、冲突规范等，事实上仅能适用于法律适用法，而不能适用于国际民事诉讼法，因而在逻辑上显得不够周全。至于法律适用法论部分，考虑到其是国际私法的重点部分，同时内容又较为杂多，我们将其拆分为总论和各论两部分。这样的安排应能使本教材的整体结构安排更加合理和匀称。本教材的最后一个部分是国际民事诉讼法论。限于篇幅，本教材没有系统介绍国际商事仲裁法，但我们在国际民事诉讼法论部分介绍了国际商事仲裁裁决的承认与执行问题。此外，关于国家及其财产豁免，国内多数国际私法教材是在总论部分（国际私法主体）介绍，我们则将其置于国际民事诉讼法论部分，因为国家及其财产豁免在本质上也是一个国际民事诉讼法研究的问题。

在内容定位上，本教材既重视理论亦重视实践，定位于让读者掌握国际私法在实践中的运用，养成国际私法的思维。因此，本教材不仅阐述基本原则、基本制度、基本知识，还花费不少笔墨介绍有关国内外司法案例，使读者可以感受到国际私法实用性的一面。此外，在教材中穿插了大量国内外的经典案例和较新案例，所引用的国内外的某些案例甚至是在 2022 年上半年"新鲜出炉"的。希望这些举措能够更好地帮助我们的学生理解国际私法的相关理论与制度。

在内容深度上，相对于一般的国际私法本科教材，本教材对国际私法相关概念、理论和制度的阐述要更为深入。我们认为，本科教材在内容安排上不能止于对相关概念、理论和制度的一般性介绍。在我们看来，相对于"知其然"，本科教材更应该帮助学生"知其所以然"。正是基于这样的考虑，我们在撰写本教材时花费了很多心血来阐述国际私法各种理论，尤其是相关制度背后的法理、价值基础以及政策目标，以帮助学生理解各种理论，尤其是相关制度背后的基本原理。唯有如此，我们的学生对国际私法这门课程才能有深刻透彻的理解。

从内容视野看，立足本国，放眼世界。在长期引进和吸收外国理论的基础上，我国学界目前在国际私法领域已有自己相对较为成熟的理论观点。而随着《涉外民事关系法律适用法》的实施，我国在国际私法的立法与司法实践方面也有了长足发展。对我国国际私法主流理论和实践的介绍是本教材当仁不让的任务。同时，基于国际私法的"外向型性格"，本教材并不满足于对我国理论与实践的介绍。在教材撰写过程中，我们大量参阅英文、法文、德文和日文资料，从比较法的角度充分介绍各国有关国际私法的理论与实践。特别是，结合国际私法知识点，认真筛选英语阅读文献，在有关章节后面辅以经典论著、经典案例、前沿成果和最新案例，并提供参考题目供学生使用。

本教材能够顺利付梓出版，我们要特别感谢中国人民大学出版社长期以来的关爱和支持。本教材的签约原稿于 2008 年因电脑被盗而丢失。幸有中国人民大学出版社编辑厚爱，并不辞辛劳地鼓励和鞭策作者，支持和跟进本书，他们出色的编辑工作为本教材增色不少。在这本教材的撰写过程中，我的学生——中南财经政法大学法学院向在胜教授也积极参与进来，将他在长期从事国际私法教学中的心得体会和成果融入其中。这本书是我们二人共同努力的结果。这本教材历经磨难，终得以在 14 年后以更成熟的姿态问世。

虽然我们对本教材的写作倾注了大量心血，并力图向读者捧出一本优良的国际私法双语教材，但由于我们在编写国际私法双语教材方面经验不足，加之水平有限，本教材难免会存在错误和疏漏之处，我们诚恳地希望各位读者提出宝贵的批评意见。

郭玉军

二零二二年十二月二十五日

法律、法规及司法解释缩略语

《宪法》——《中华人民共和国宪法》

《民法典》——《中华人民共和国民法典》

《民法通则》——《中华人民共和国民法通则》（已失效）

《涉外经济合同法》——《中华人民共和国涉外经济合同法》（已失效）

《合同法》——《中华人民共和国合同法》（已失效）

《物权法》——《中华人民共和国物权法》（已失效）

《婚姻法》——《中华人民共和国婚姻法》（已失效）

《继承法》——《中华人民共和国继承法》（已失效）

《收养法》——《中华人民共和国收养法》（已失效）

《民用航空法》——《中华人民共和国民用航空法》

《海商法》——《中华人民共和国海商法》

《票据法》——《中华人民共和国票据法》

《外商投资法》——《中华人民共和国外商投资法》

《公司法》——《中华人民共和国公司法》

《企业破产法》——《中华人民共和国企业破产法》

《涉外民事关系法律适用法》——《中华人民共和国涉外民事关系法律适用法》

《外国中央银行财产司法强制措施豁免法》——《中华人民共和国外国中央银行财产司法强制措施豁免法》

《民事诉讼法》——《中华人民共和国民事诉讼法》

《海事诉讼特别程序法》——《中华人民共和国海事诉讼特别程序法》

《仲裁法》——《中华人民共和国仲裁法》

《外资保险公司管理条例》——《中华人民共和国外资保险公司管理条例》

《关于管理外国企业常驻代表机构的暂行规定》——《中华人民共和国国务院关于管理外国企业常驻代表机构的暂行规定》

《外资银行管理条例》——《中华人民共和国外资银行管理条例》

《中外合资经营企业法实施条例》——《中华人民共和国中外合资经营企业法实施条例》（已失效）

《法律适用法解释（一）》——《〈中华人民共和国涉外民事关系法律适用法〉若干问题的解释（一）》

《民诉法司法解释》——《最高人民法院关于适用〈中华人民共和国民事诉讼法〉的解释》

《执行〈民法通则〉意见》——《最高人民法院关于贯彻执行〈中华人民共和国民法通则〉若干问题的意见（试行）》（已失效）

《民商事合同纠纷法律适用规定》——《最高人民法院关于审理涉外民事或商事合同纠纷案件法律适用若干问题的规定》（已失效）

《〈涉外经济合同法〉解答》——《最高人民法院关于适用〈涉外经济合同法〉若干问题的解答》（已失效）

《涉外送达规定》——《最高人民法院涉外民事或商事案件司法文书送达问题若干规定》

《内地与香港送达安排》——《最高人民法院关于内地与香港特别行政区法院相互委托送达民商事司法文书的安排》

《内地与香港相互执行仲裁裁决安排》——《最高人民法院关于内地与香港特别行政区相互执行仲裁裁决的安排》

《内地与香港相互认可执行协议管辖民事判决的安排》——《最高人民法院关于内地与香港特别行政区法院相互认可和执行当事人协议管辖的民商事案件判决的安排》

《内地与澳门相互认可执行民事判决安排》——《最高人民法院关于内地与澳门特别行政区相互认可和执行民商事判决的安排》

《内地与澳门送达与取证安排》——《最高人民法院关于内地与澳门特别行政区法院就民商事案件相互委托送达司法文书和调取证据的安排》

《认可台湾地区民事判决规定》——《最高人民法院关于认可和执行台湾地区法院民事判决的规定》

《布鲁塞尔公约》——欧洲共同体《民商事管辖权及判决执行公约》

《布鲁塞尔条例Ⅰ》——欧洲联盟《民商事管辖权及判决承认与执行条例》

《布鲁塞尔条例Ⅱ》——《关于婚姻及父母责任领域的管辖权、法律适用及判决承认与执行的条例》

《布鲁塞尔条例Ⅱa》——《关于婚姻及父母责任领域的管辖权、法律适用及判决承认与执行并废除1347/2000条例的条例》

《罗马公约》——欧洲共同体《合同之债法律适用公约》

《罗马条例Ⅰ》——欧洲联盟《合同之债法律适用条例》

《罗马条例Ⅱ》——欧洲联盟《非合同之债法律适用条例》

《罗马条例Ⅲ》——《关于在离婚与分居法律适用领域加强合作的条例》

《罗马条例Ⅳ》——《关于遗产继承领域的管辖权、法律适用、判决承认与执行以及公证

书的接受与执行和设立欧洲继承证书的条例》

《欧盟夫妻财产制条例》——《关于在夫妻财产制的管辖权、法律适用和判决承认与执行领域加强合作的条例》

《欧盟扶养义务条例》——《关于扶养义务的管辖权、法律适用、判决承认与执行以及合作事项的条例》

《欧盟注册伴侣财产效力条例》——《关于在注册伴侣财产效力的管辖权、法律适用和判决承认与执行领域加强合作的条例》

《信托公约》——《关于信托的准据法及其承认的公约》

《纽约公约》——《承认和执行外国仲裁裁决公约》

《海牙规则》——《关于统一提单若干法律规则的公约》

《维斯比规则》——《关于修改统一提单若干法律规则公约的议定书》

《汉堡规则》——《联合国海上货物运输公约》

《鹿特丹规则》——《联合国全部或部分海上货物运输合同公约》

《华沙公约》——《关于统一国际航空运输若干规则的公约》

《海牙议定书》——《修订1929年10月12日在华沙签订的统一国际航空运输若干规则公约的议定书》

《瓜达拉哈拉公约》——《统一非缔约承运人所办国际航空运输若干规则以补充华沙公约的公约》

《蒙特利尔公约》——《统一国际航空运输某些规则的公约》

《海牙送达公约》——《关于向国外送达民商事司法文书和司法外文书的公约》

《海牙取证公约》——《关于从国外获取民商事证据的公约》

《国家豁免公约》——《联合国国家及其财产管辖豁免公约》

《海牙判决公约》——《外国民商事判决承认与执行公约》

目录

第一编 导论

第一章 国际私法的概念 …… (3)
第一节 国际私法的调整对象与调整方法 …… (4)
第二节 国际私法的范围 …… (12)
第三节 国际私法的性质 …… (18)
第四节 国际私法的名称与定义 …… (22)

第二章 国际私法的渊源 …… (28)
第一节 国内法渊源 …… (29)
第二节 国际法渊源 …… (32)
第三节 超国家法渊源 …… (41)

第三章 外国人法 …… (47)
第一节 外国人法概述 …… (48)
第二节 有关自然人的外国人法 …… (49)
第三节 有关法人的外国人法 …… (53)
第四节 外国人法的适用 …… (58)

第二编 法律适用法总论

第四章 国际私法学说史 …… (65)
第一节 国际私法的萌芽时期 …… (66)
第二节 中世纪的法则区别说 …… (71)
第三节 近代国际私法 …… (77)
第四节 当代国际私法 …… (91)

第五章 冲突规范、连结点与准据法 …… (95)
第一节 冲突规范 …… (96)
第二节 连结点 …… (104)
第三节 系属公式 …… (108)
第四节 准据法 …… (111)

第六章 法律适用法的基本制度 …… (113)
第一节 识 别 …… (114)
第二节 实体问题与程序问题 …… (121)
第三节 国籍、住所与惯常居所 …… (128)
第四节 法律规避 …… (139)
第五节 反 致 …… (143)
第六节 区际、人际、时际冲突的解决 …… (155)
第七节 外国法的查明 …… (158)
第八节 公共秩序 …… (169)
第九节 先决问题 …… (182)
第十节 法律适用的流程与逻辑 …… (191)

第三编 法律适用法各论

第七章 能力的法律适用 …… (199)
第一节 自然人权利能力的法律适用 …… (200)
第二节 自然人行为能力的法律适用 …… (204)
第三节 法人的属人法 …… (206)
第四节 我国有关能力法律适用的规定 …… (211)

第八章 财产关系的法律适用 …… (213)
第一节 物之所在地法原则 …… (214)

第二节 有体动产的法律适用 …………………………………………………… (221)
第三节 无体动产的法律适用 …………………………………………………… (225)
第四节 不动产的法律适用 ………………………………………………………… (234)
第五节 国有化问题 ………………………………………………………………… (238)
第六节 知识产权的法律适用 …………………………………………………… (240)
第七节 信托的法律适用 ………………………………………………………… (245)
第八节 我国有关财产关系法律适用的规定 ………………………………… (248)

第九章 合同的法律适用 ……………………………………………………… (251)
第一节 涉外合同及其法律适用的理论分歧 ………………………………… (252)
第二节 合同法律适用的一般原则 …………………………………………… (254)
第三节 消费者合同和劳动合同的法律适用 ………………………………… (259)
第四节 我国有关涉外合同法律适用的规定 ………………………………… (261)

第十章 非合同之债的法律适用 ……………………………………………… (270)
第一节 一般侵权行为的法律适用 …………………………………………… (271)
第二节 特殊领域侵权行为的法律适用 ……………………………………… (277)
第三节 不当得利和无因管理的法律适用 …………………………………… (288)
第四节 我国有关非合同之债法律适用的规定 ……………………………… (290)

第十一章 婚姻家庭关系的法律适用 ………………………………………… (293)
第一节 结婚的法律适用 ………………………………………………………… (294)
第二节 夫妻关系的法律适用 …………………………………………………… (298)
第三节 离婚的法律适用 ………………………………………………………… (301)
第四节 父母子女关系的法律适用 …………………………………………… (304)
第五节 收养的法律适用 ………………………………………………………… (308)
第六节 扶养与监护的法律适用 ………………………………………………… (311)
第七节 我国有关婚姻家庭关系法律适用的规定 …………………………… (314)

第十二章 继承与遗嘱的法律适用 …………………………………………… (318)
第一节 继承的法律适用 ………………………………………………………… (319)
第二节 遗嘱的法律适用 ………………………………………………………… (326)
第三节 无人继承财产的法律适用 …………………………………………… (331)
第四节 关于继承和遗嘱的国际公约 ………………………………………… (335)
第五节 我国有关继承与遗嘱法律适用的规定 ……………………………… (342)

第十三章 商事关系的法律适用 ……………………………………………… (346)
第一节 代理的法律适用 ………………………………………………………… (347)

第二节 票据的法律适用 …… (349)
第三节 海商合同的法律适用 …… (354)
第四节 航空运输合同的法律适用 …… (358)
第五节 破产的法律适用 …… (360)
第六节 我国有关商事关系法律适用的规定 …… (363)

第四编 国际民事诉讼法论

第十四章 国际民事管辖权 …… (369)
第一节 国际民事管辖权的概念与分类 …… (370)
第二节 国际民事管辖权的立法与实践 …… (376)
第三节 国际平行诉讼 …… (382)
第四节 我国有关国际民事管辖权的制度 …… (387)

第十五章 国际民事司法协助 …… (397)
第一节 司法协助概述 …… (398)
第二节 域外文书送达 …… (400)
第三节 域外调查取证 …… (405)
第四节 我国有关国际司法协助的制度 …… (408)

第十六章 外国民事判决的承认与执行 …… (412)
第一节 外国民事判决承认与执行概述 …… (413)
第二节 外国民事判决承认与执行的条件 …… (416)
第三节 外国民事判决的效力 …… (424)
第四节 外国民事判决的承认程序与执行宣告程序 …… (430)
第五节 我国有关外国民事判决承认与执行的制度 …… (433)
第六节 我国有关外国法院离婚判决与离婚调解书承认的制度 …… (445)
第七节 区际判决的承认与执行 …… (448)

第十七章 国际商事仲裁裁决的承认与执行 …… (453)
第一节 国际商事仲裁裁决承认与执行概述 …… (454)
第二节 承认与执行国际商事仲裁裁决的程序与条件 …… (458)
第三节 中国与国际商事仲裁裁决的承认与执行 …… (460)
第四节 非内国仲裁裁决的执行问题 …… (463)
第五节 已被撤销的仲裁裁决的承认与执行问题 …… (465)

第十八章 国家及其财产豁免 …… (468)
第一节 国家豁免概述 …… (469)

第二节　限制豁免主义与国家豁免的例外 …… (471)
第三节　国家豁免的主体问题 …… (479)
第四节　国家财产的强制措施问题 …… (483)
第五节　仲裁裁决承认与执行中的国家豁免问题 …… (486)
第六节　我国有关国家豁免的立场 …… (492)

参考文献 …… (496)

CONTENTS

PART ONE INTRODUCTION

Chapter 1 Concept of Private International Law ······ (3)
Section Ⅰ The Object and Methods of Private International Law ······ (4)
Section Ⅱ The Scope of Private International Law ······ (12)
Section Ⅲ The Nature of Private International Law ······ (18)
Section Ⅳ The Names and Definitions of Private International Law ······ (22)

Chapter 2 The Sources of Private International Law ······ (28)
Section Ⅰ The Domestic Sources ······ (29)
Section Ⅱ The International Sources ······ (32)
Section Ⅲ The Supernational Sources ······ (41)

Chapter 3 Aliens Law ······ (47)
Section Ⅰ Introduction to Aliens Law ······ (48)
Section Ⅱ Aliens Law for Natural Person ······ (49)
Section Ⅲ Aliens Law for Legal Person ······ (53)
Section Ⅳ Application of Aliens Law ······ (58)

PART TWO GENERAL SURVEY ON CHOICE OF LAW

Chapter 4 The Theoretical History of Choice of Law …… (65)
Section Ⅰ Private International Law in the Rudimentary Stage …… (66)
Section Ⅱ The Theory of Statute in Middle Ages …… (71)
Section Ⅲ Modern Private International Law …… (77)
Section Ⅳ Contemporary Private International Law …… (91)

Chapter 5 Conflict Rules, Connecting Factors and Applicable Law …… (95)
Section Ⅰ Conflict Rules …… (96)
Section Ⅱ Connecting Factors …… (104)
Section Ⅲ Formula of Attribution …… (108)
Section Ⅳ Applicable Law …… (111)

Chapter 6 General Issues of Choice of Law …… (113)
Section Ⅰ Characterisation …… (114)
Section Ⅱ Substantial Issues and Procedural Issues …… (121)
Section Ⅲ Nationality, Domicile and Habitual Residence …… (128)
Section Ⅳ Evasion of Law …… (139)
Section Ⅴ *Renvoi* …… (143)
Section Ⅵ The Solutions to Interregional, Interpersonal and Intertemporal Conflicts …… (155)
Section Ⅶ The Ascertainment of Foreign Law …… (158)
Section Ⅷ Public Order …… (169)
Section Ⅸ Preliminary Questions …… (182)
Section Ⅹ The Process and Logic for Choice and Application of Law …… (191)

PART THREE CHOICE OF LAW ON INDIVIDUAL TOPICS

Chapter 7 Choice of Law in Civil Capacity …… (199)
Section Ⅰ Choice of Law for Legal Capacity of Natural Persons …… (200)
Section Ⅱ Choice of Law for Disposing Capacity of Natural Persons …… (204)
Section Ⅲ *Lex Personalis* of Legal Persons …… (206)
Section Ⅳ Chieese Regulations on Choice of Law in Civil Capacity …… (211)

Chapter 8 Choice of Law in Property Relationship …… (213)
Section Ⅰ Principle of *Lex Situs* …… (214)

Section Ⅱ Choice of Law for Tangible Movables ······ (221)
Section Ⅲ Choice of Law for Intangible Movables ······ (225)
Section Ⅳ Choice of Law for Immovables ······ (234)
Section Ⅴ Nationalization ······ (238)
Section Ⅵ Choice of Law for Intellectual Property ······ (240)
Section Ⅶ Choice of Law for Trust ······ (245)
Section Ⅷ Chinese Regulations on Choice of Law in Property Relationship ······ (248)

Chapter 9 Choice of Law inContracts ······ (251)
Section Ⅰ The Concept of Contract Involving Foreign Elements and Theoretical Differences of Application of Law for Contract ······ (252)
Section Ⅱ Generol Principles of Choice of Law for Contracts ······ (254)
Section Ⅲ Choice of Law for Consumer Contracts and Employment Contracts ······ (259)
Section Ⅳ Chinese Regulations on Choice of Law in Contracts ······ (261)

Chapter10 Choice of Law in Non-contractual Obligations ······ (270)
Section Ⅰ Choice of Law for General Torts ······ (271)
Section Ⅱ Choice of Law for Some Special Torts ······ (277)
Section Ⅲ Choice of Law for Unjust Enrichment and Voluntary Service ······ (288)
Section Ⅳ Chinese Regulations on Choice of Law in Non-contractual Obligations ······ (290)

Chapter 11 Choice of Law in Family Matters ······ (293)
Section Ⅰ Choice of Law for Marriage ······ (294)
Section Ⅱ Choice of Law for Marital Relationship ······ (298)
Section Ⅲ Choice of Law for Divorce ······ (301)
Section Ⅳ Choice of Law for Relationship Between Parents and Children ······ (304)
Section Ⅴ Choice of Law for Adoption ······ (308)
Section Ⅵ Choice of Law for Maintenance and Guardianship ······ (311)
Section Ⅶ Chinese Regulations on Choice of Law in Family Matters ······ (314)

Chapter 12 Choice of Law in Succession and Wills ······ (318)
Section Ⅰ Choice of Law for Succession ······ (319)
Section Ⅱ Choice of Law for Wills ······ (326)
Section Ⅲ Choice of Law for Heirless Estates ······ (331)
Section Ⅳ International Treaties on the Law Applicable to Succession and Wills ······ (335)
Section Ⅴ Chinese Regulations on Choice of Law in Succession and Wills ······ (342)

Chapter 13 Choice of Law in Commercial Relationship ······ (346)
Section Ⅰ Choice of Law for Agency ······ (347)
Section Ⅱ Choice of Law for Negotiable Instruments ······ (349)
Section Ⅲ Choice of Law for Maritime Contracts ······ (354)
Section Ⅳ Choice of Law for Contracts of Carriage by Air ······ (358)
Section Ⅴ Choice of Law for Insolvency ······ (360)
Section Ⅵ Chinese Regulations on Choice of Law in Commercial Relationship ······ (363)

PART FOUR INTERNATIONAL CIVIL PROCEDURE

Chapter 14 International Civil Jurisdiction ······ (369)
Section Ⅰ The Concept and Categories of International Civil Jurisdiction ······ (370)
Section Ⅱ Legislation and Legal Practice for International Civil Jurisdiction ······ (376)
Section Ⅲ International Parallel Proceedings ······ (382)
Section Ⅳ Chinese Institution on International Civil Jurisdiction ······ (387)

Chapter 15 International Civil Judicial Assistance ······ (397)
Section Ⅰ Introduction to International Civil Judicial Assistance ······ (398)
Section Ⅱ Service abroad ······ (400)
Section Ⅲ Taking of Evidence abroad ······ (405)
Section Ⅳ Chinese Institution on International Civil Judicial Assistance ······ (408)

Chapter 16 Recognition and Enforcement of Foreign Civil Judgments ······ (412)
Section Ⅰ Introduction to Recognition and Enforcement of Foreign Civil Judgments ······ (413)
Section Ⅱ Conditions for Recognition and Enforcement ······ (416)
Section Ⅲ Legal Effect of Foreign Civil Judgments ······ (424)
Section Ⅳ Procedure for Recognition and Enforcement ······ (430)
Section Ⅴ Chinese Regulations on Recognition and Enforcement of Foreign Civil Judgments ······ (433)
Section Ⅵ Chinese Regulations on Recognition of Foreign Divorce Judgments and Foreign Divorce Mediation Agreements ······ (445)
Section Ⅶ Recognition and Enforcement of Interregional Civil Judgments ······ (448)

Chapter 17 Recognition and Enforcement of International Commercial Arbitral Awards ······ (453)
Section Ⅰ Introduction ······ (454)
Section Ⅱ Conditions and Procedure for Recognition and Enforcement ······ (458)
Section Ⅲ Chinese Regulations on Recognition and Enforcement ······ (460)
Section Ⅳ The Enforcement of Non-Domestic Arbitral Awards ······ (463)

Section Ⅴ Recognition and Enforcement of Nullified Arbitral Awards ························ (465)

Chapter 18 Immunity of States and Their Property from Jurisdiction and Enforcement ··· (468)
Section Ⅰ Introduction ·· (469)
Section Ⅱ The Doctrine of Restrictive Immunity and the Exceptions to Immunity ········· (471)
Section Ⅲ Subject of State Immunity ·· (479)
Section Ⅳ Measures of Constraint in Respect of State Property ····························· (483)
Section Ⅴ State Immunity in the Recognition and Enforcement of Arbitral Awards ······ (486)
Section Ⅵ ChinesePositions on State Immunity ·· (492)

Bibliography ··· (496)

第一编

导 论

第一章
国际私法的概念

提要

作为一个法律部门，国际私法有自己特殊的调整对象，即国际民商事关系或涉外民商事关系。国际私法兼采间接调整方法和直接调整方法，但以间接调整方法为主。关于国际私法的范围，即国际私法包含的内容，各国有不同的主张，即使是在我国内部，学术界也有“大、中、小”国际私法等不同观点。国际私法在性质上有国际法学派、国内法学派和折中学派等三种主张，相对而言，国内法学派更符合实际情况。国际私法在不同时期和在不同国家有不同的名称，国际私法与冲突法是其常用的两个名称；同时，也可以从不同角度为国际私法下定义。

重点问题

- ❑ 国际私法的调整对象
- ❑ 国际私法调整方法的特点及其相互关系
- ❑ 国际私法的范围
- ❑ 国际私法的性质

国际私法（private international law）是调整国际民商事关系的一个法律部门，是旨在处理国际民商事案件的法律规范的总和。根据国际民商事案件的审理流程，国际私法主要包括以下三个方面的内容：(1) 管辖权（jurisdiction），即一国法院首先要确定自己是否有权受理和处理某一国际民事纠纷。国际民事管辖权的确定通常包括两步：首先是本国作为一个整体，对某一国际民商事案件是否享有管辖权，确定的法律依据是相关国内法规则或国际条约；其次是如果一国作为整体拥有管辖权，则接下来确定应该由该国的哪一地区及哪一级别的法院受理案件，确定的依据是国内民事诉讼法中有关地域管辖及级别管辖的规定。(2) 法律选择 (choice of law)，即如果法院认为自己有管辖权，则应选择适当的实体法律规则 (substantive rules) 处理有关争议。一般首先要看是否存在必须适用于相关争议的国际实体法公约，如果存在，则直接适用国际公约 (international convention) 的有关规定，如果不存在这样的公约，则又区分为两种情况，即如果存在必须适用的冲突法公约，则应该根据公约中的有关法律选择规则 (choice of law rules) 选择适当的外国法 (foreign law) 或内国法 (domestic law) 处理案件，如果无这样的公约，则根据法院地的法律选择规则，选择适当的外国法或内国法处理案件。(3) 外国判决的承认与执行 (recognition and enforcement of foreign judgment)。有时当事人一方胜诉后，并不意味着麻烦的结束，例如败诉方可能还会在另一法域再行起诉，或者因败诉方拒绝履行判决，胜诉方可能不得不尝试在判决作出国以外的败诉方财产所在地国申请承认与执行判决，这样就引发被请求国是否承认与执行外国判决，按照什么条件和程序执行外国判决，以及外国判决在被请求国拥有何种效力的问题。国际私法的基本制度、主要理论与实践都是围绕上述问题展开的。

第一节 国际私法的调整对象与调整方法

一、国际私法的调整对象

(一) 国际民商事关系

任何法律部门都有自己的调整对象，国际私法也不例外。中国学术界通常认为国际私法的调整对象为涉外民商事法律关系 (civil and commercial legal relations involving foreign elements) 或国际民商事法律关系 (international civil and commercial legal relations)。[①] “国际”一词通常有狭义与广义两种含义。狭义的“国际”是在国际法意义上使用的概念，指“国家之间”，其主体在现代国际法中主要包括国家、国际组织以及类似于国家的政治实体。广义的“国际”则是指任何与两个或两个以上国家有联系的情形。[②] 国际私法显然采广义的“国际”概念，其调整的是与两个或两个以上国家有联系的民商事纠纷。

至于“民商事法律关系”的含义，则颇容易引起歧义，即此处的“法律关系”到底是指受法律调整的生活关系或事实关系，还是指基于法律的调整或适用而在当事人之间所形成的权利

① 韩德培．国际私法．3版．北京：高等教育出版社，北京大学出版社，2014：3．黄进教授在论及国际私法的调整对象时也使用的是“国际民事法律关系”和“涉外民事法律关系”等称谓。黄进．国际私法及其调整对象//黄进．宏观国际法学论．北京：法律出版社，2022：133.

② 杜涛．国际私法原理．上海：复旦大学出版社，2014：2.

义务关系？在日本，学者们通常强调国际私法的调整对象为“涉外私法关系”或“涉外生活关系”[①]。也就是说，国际私法调整的对象是人类社会生活关系中受私法调整的那一部分社会关系，而非因私法的适用而在当事人之间所形成的社会关系。有少数日本学者虽也称呼国际私法的调整对象为“涉外法律关系”，但其同时指出此种法律关系在本质上仍是生活关系，只是其成为法律调整的对象而被称为法律关系。[②] 英美学者的著作尽管一般很少系统讨论国际私法的调整对象，但其通常会指出国际私法（冲突法或法律选择法）解决和处理的是“含有涉外因素的案件”（cases with a foreign element）[③]、“含有涉外因素的诉讼请求”（a claim with a foreign element）[④] 或“涉及一个以上州或国家的法律的案件（多边案件）”（a case that implicates the laws of more than one state or country，“multistate” case）[⑤]。在欧陆国家，法国学者在谈及国际私法的调整对象时通常称其为“国际私人关系”（les relations internationles entre personnes privées）[⑥] 或“跨国私法关系”（les rapports transfrontieres de droit privé）[⑦]，德国学者则称其为“含有外国因素的事实”（Sachverhalt mit Auslandsberührung）[⑧]。总体来看，外国学者在讨论国际私法的调整对象时均强调其是含有国际因素或涉外因素的生活关系或事实关系。在我国，也有学者将国际私法的调整对象表述为涉外民事关系。[⑨] 这一表述与前述外国学者的表述有异曲同工之妙。应该说，我国学术界所谓的作为国际私法调整对象的涉外民商事法律关系或国际民商事法律关系，在本质上应该是指具有国际因素或涉外因素的私人生活关系，只是因为其是法律调整的对象或具有法律上的意义而被称为法律关系。[⑩] 在立法层面，2010 年《涉外民事关系法律适用法》采用“涉外民事关系”这一概念，立法者应该是有意排除涉外商事关系的法律适用。据此，我们认为，将国际私法的调整对象表述为“涉外民商事关系”（或“涉外民事关系”[⑪]）或者“国际民商事关系”（或“国际民事关系”）更为准确。“涉外民商事关系”与“国际民商事关系”的含义没有本质区别，只是看待问题的视角略有不同。当我们需要从某一特定国家如中国的视角讨论问题时，我们倾向于使用“涉外民商事关系”这一概念，而当我们从一种中立的、超然的视角讨论问题时，我们则倾向于使用“国际民商事关系”这一概念。

（二）国际民商事法律关系的确定标准

涉外民商事关系的涉外性，使涉外民商事纠纷的解决与纯粹国内民事纠纷的解决有很大区

---

① 出口耕自「論点講義国際私法」（法学書院，2015）3－5 頁；木棚照一「国際私法」（成文堂，2016）4 頁。

② 廣江健司「国際私法」（国際書院，2015）1－2 頁。

③ Lawrence Collins（ed.），Dicey，Morris and Collins on the Conflict of Laws，Sweet & Maxwell，14th ed.，2006，p. 3.

④ Paul Torremans（ed.），Cheshire，North & Fawcett. Private International Law，Oxford University Press，15th ed.，2017，p. 3.

⑤ Symeon C. Symeonides，Choice of Law，Oxford University Press，2016，p. 1.

⑥ Bernard Audit et Louis d'Avout，Droit international privé，Economica，2013，pp. 4－5.

⑦ Dominique Bureau et Horatia Muir Watt，Droit international privé，Vol. I，Presses Universitaires de France，2014，p. 6.

⑧ Abbo Junker，Internationales Privatrecht，C. H. Beck，2017，S. 6.

⑨ 刘仁山．国际私法．北京：中国法制出版社，2019：3－4. 杜新丽，宣增益．国际私法．北京：中国政法大学出版社，2017：1－2. 李双元，欧福永．国际私法．北京：北京大学出版社，2022：1－2. 章尚锦，杜焕芳．国际私法．6 版．北京：中国人民大学出版社，2019：3－4.

⑩ 国内也有学者从作为法律调整对象的角度论证“涉外民商事法律关系”的称谓在逻辑上的合理性。刘想树．国际私法．北京：法律出版社，2015：2－3.

⑪ 在一些民商合一国家，民事关系包括商事关系。

别。以下试举两例来说明国际私法调整对象的特殊性。如一家中国公司与一家日本公司在泰国签订了一份货物买卖合同，合同标的位于新加坡，双方随后围绕合同履行产生纠纷。又假设一名中国男子和一名中国女子在法国结婚，婚后双方一直居住于法国，后妻子返回中国居住并在中国法院提起离婚诉讼，但丈夫主张该婚姻不符合法国法的要求，因而并不存在解除婚姻关系的问题，只能宣告婚姻无效。上述关系的特殊性在于其与一个以上国家发生联系，含有涉外因素，适用不同国家的法律可能会产生不同结果。

我国学术界通常根据民事法律关系的三个构成要素来确定是否构成涉外民商事关系。民事法律关系的三个构成要素即主体、客体与内容（民事权利义务）。① 如果一个民事关系在前述任何一个方面含有涉外因素，则该民事关系即构成涉外民商事关系。

首先，如果一个民事关系在主体方面含有涉外因素，则该民事关系即为涉外民商事关系。主体涉外一般包括国籍涉外和住所或惯常居所涉外。国籍涉外通常表现为至少有一方当事人为外国自然人或外国法人，同时其也可能表现为无国籍人、外国政府或国际组织。住所或惯常居所涉外表现为至少有一方当事人的住所或惯常居所位于外国，而不管其国籍如何。

其次，如果一个民事关系在客体方面含有涉外因素，则该民事关系即为涉外民商事关系。客体涉外主要表现为相关标的物位于外国或相关行为需要在外国履行。

最后，如果一个民事关系在内容方面含有涉外因素，则该民事关系即为涉外民商事关系。内容涉外主要表现为相关民事关系据以发生、变更或消灭的法律事实发生于外国。此种法律事实既可能是自然事实，如战争状态、封锁禁运以及人的出生与死亡等，也可能是人的行为，如合同的缔结、遗嘱的订立等。但无论是自然事实还是人的行为，只要其发生或实施于外国，则相关民事关系即为涉外民商事关系。

《法律适用法解释（一）》第1条关于涉外民商事关系的认定基本采纳了前述思路。该条规定：

“为正确审理涉外民事案件，根据《中华人民共和国涉外民事关系法律适用法》的规定，对人民法院适用该法的有关问题解释如下：

第一条 民事关系具有下列情形之一的，人民法院可以认定为涉外民事关系：

（一）当事人一方或双方是外国公民、外国法人或者其他组织、无国籍人；

（二）当事人一方或双方的经常居所地在中华人民共和国领域外；

（三）标的物在中华人民共和国领域外；

（四）产生、变更或者消灭民事关系的法律事实发生在中华人民共和国领域外；

（五）可以认定为涉外民事关系的其他情形。”

值得关注的是该条第5款规定了兜底条款，这意味着现实中也存在一些例外情形，即即使相关民事关系在主体、客体以及内容方面没有涉外，也不排除其构成涉外民商事关系的可能。② 因此，对涉外民商事关系的认定需要结合具体案情具体判断。

对涉外民商事关系的含义，有以下几个问题需要注意。其一，一个民事关系并非仅仅与某一个或几个外国主权国家有联系时才可构成涉外民商事关系。从英文视角看，将涉外民商事关系表达为 civil relations with links to different jurisdictions or with an inter-jurisdictional element

---

① 梁慧星．民法总论．北京：法律出版社，1996：49-56.

② 肖永平．国际私法原理．北京：法律出版社，2007：3.

或许更符合国际社会的实践，因为在同一国家内部的不同地区，可能会存在不同的法律体系和不同法院体系。在这里，jurisdiction（通常意义上指管辖权）指一个具有独立法律体系和法院体系的地域，也就是我们通常所说的法域。鉴于在国际私法层面法律冲突更多还是发生于各主权国家的民商事法律之间，为叙述方便，本书以下主要从“国家之间的法律冲突”视角展开论述，但如果没有特别说明，本书的相关论断亦适用于一国内部不同法域之间的法律冲突。

其二，国际私法上的涉外民商事关系是广义的民事关系。英国学者莫里斯（John Humphrey Carlile Morris）曾经指出，国际私法最令人着迷的一个特点是它几乎与所有的私法领域都发生关系。而事实上，国际私法肯定是与所有的民商事关系都有联系。如果说在民法领域存在民商分立与民商合一的不同做法，那么在国际私法领域则基本不存在此种区分。因此，国际私法不仅调整传统的涉外民商事关系，如涉外物权关系、涉外债权关系、涉外婚姻家庭关系以及涉外继承关系，同时其还调整各种涉外商事关系，如涉外公司关系、涉外票据关系、涉外保险关系、涉外破产关系以及涉外海商事关系等。而且国际私法不只与私法领域发生关系，有些公法领域的问题也需要国际私法规则的介入。在某种意义上，国际私法不应受到各国在实体法层面划分公法与私法的方法的约束，而应从其自身角度划分公私法。以国家赔偿法为例。国家赔偿责任从形式上看虽属于行政法范畴，因而从表面上看可能会被认为不在国际私法调整范围之内，但换一个角度看，国家赔偿责任也符合侵权损害赔偿制度的宗旨，因而应该也属于国际私法的调整范围。再如，在劳动法领域存在公法色彩强的国家与私法色彩强的国家之分，但无论何种情况，涉外劳动关系都属于国际私法的调整对象。

二、国际私法的调整方法

在国际私法的历史演进中，其调整国际民商事关系的方法论主要有两种，即冲突法方法与实体法方法。冲突法方法（conflict-of-law method）将视野投至彼此不同的原本用以调整国内民商事关系的各国国内法，强调从与相关国际民商事关系有联系的国内法中选择一个合适的法律并排除其他法律，然后根据该唯一被选择的法律解决国际民商事纠纷。而实体法方法（substantive-law method）则拒绝将专门用于调整国内民事纠纷的国内法规范适用于国际民事关系，其力图在国内法层面或国际法层面（包括国际商事实践）创制适用于国际民商事关系的实体法规则，并根据此种专门实体规则来解决国际民商事纠纷。[①] 在实证法层面，冲突法方法和实体法方法分别表现为间接调整方法和直接调整方法。

（一）间接调整方法

间接调整方法（indirect regulation）是指在有关国内法或国际条约中通过制定一种特殊指引规则（国际私法称之为“冲突规范”）来规定各种不同性质的涉外民商事关系应当适用何国法律的方法。如《涉外民事关系法律适用法》第 36 条规定：“不动产物权，适用不动产所在地法律。”显然这一规定仅指出涉外不动产物权纠纷应适用“不动产所在地法”，其并没有对不动产物权的种类及内容作出规定。由于此种方法不直接规定涉外民商事关系当事人之间的实体权利义务关系，因而其对涉外民商事关系的调整是间接的。

---

① 西蒙尼德斯．20 世纪末的国际私法——进步还是退步?．宋晓，译．黄进，校//梁慧星．民商法论丛：第 24 卷．北京：法律出版社，2002：367 - 368.

根据大多数西方作者的观点，间接调整方法产生于12世纪的意大利北部。当然，法律冲突问题的存在以及各种不同解决方法的发明要早于这个时期。尽管历史记载并不完备，但有关这些解决方法的一些证据还是被保留了下来。[①] 从中世纪国际私法产生至19世纪的相当长历史时期内，间接调整方法都是国际私法唯一的调整方法，其至今仍是国际私法的主要调整方法。

以双边冲突规范为基础的间接调整方法在二战前后曾遭遇激烈批评，以至于有学者称其为"冲突法的危机"[②]。间接调整方法主要存在以下不足与缺陷[③]：首先是间接调整方法的复杂性。间接调整方法的复杂性使得只有经过复杂训练的专家才能真正熟稔其操作流程，而且即使是由胜任的专家操作，间接调整方法内部本身也存在诸多缺陷难以克服，如按照法院地法对案件进行识别，在查明外国法时，由于各种程序和实体问题的介入而导致的外国法变形，以及由于对外国法不熟悉而导致的对理解外国法创制背景及其解释的困难等。其次是间接调整方法的不确定性和不可预测性。在许多国家，冲突规则在法源上表现为判例法，从而导致冲突规则具有不确定性。另外，如果说国际私法只是为少数专家所熟稔的游戏，倒也没那么严重，真正危险的是其有些时候成为法官手中可以随意组合的积木。最后是间接调整方法中国际化的过度与国际化的不足。一方面，有人指责间接调整方法在国际化方面走得太远，这主要是基于双边冲突规范在内外国法律之间建立了平等关系，由此外国法被引入了一个其管辖权原本只是专属于国内法的领域。换言之，一国法院原本只是为适用本国国内法而设立，但涉外民事纠纷的出现使其不得不面临适用外国法的任务。另一方面，间接调整方法适用国内法来调整国际民事纠纷，仿佛国际民事纠纷只是牵连有若干外国因素的国内民事纠纷，其显然忽略了国际民事纠纷的特殊性。换言之，对国际民事纠纷原本应该适用专门针对其特殊性而设计的法律规范才对。更何况间接调整方法在绝大多数情况下都只是在与国际民事纠纷有联系的众多国家国内法中选择其一而排除其他，这使其为国际民事纠纷提供的解决方案的国际性愈发不足。

（二）直接调整方法

直接调整方法（direct regulation）是指用直接规定当事人权利义务的实体规范来调整涉外民商事关系。调整涉外民商事关系的实体规则虽然也可能存在于国内法中，但其更多还是存在于国际条约或国际商事惯例中，其典型代表即1980年《国际货物买卖合同公约》（United Nations Convention on Contracts for the International Sale of Goods）。

直接调整方法被认为是解决法律冲突的第一种方法。早在罗马帝国时代，罗马外事裁判官（praetor peregrinus）在解决罗马市民与外邦人以及外邦人之间的民事争议时，其不是在与案件有关的城邦法律中选择其中之一加以适用，而是从这些相关的法律中推导出一些特别的实体规则（*ad hoc* substantive rule）来处理手头案件。这种实体规则后来成了万民法（*jus gentium*）。这种实体法方法虽然为后来的其他方法所取代，但在某些多边争议（multi-state disputes）的解决中仍得到保留，特别是在通过仲裁（arbitration）方式解决争议的情形中。[④] 虽然由于法官

① Symeon C. Symeonides, Wendy Collins Perdue and Arthur T. von Mehren, Conflict of Laws: American, Comparative, International: Cases and Materials, West Academic Publishing, 1998, p. 6.

② 格哈德·克格尔．冲突法的危机．萧凯，邹国勇，译．武汉：武汉大学出版社，2008：1.

③ Yvon Loussouarn et Pierre Bourel, Droit international privé, Dalloz, 2013, pp. 75 - 76.

④ Symeon C. Symeonides, Wendy Collins Perdue and Arthur T. von Mehren, Conflict of Laws: American, Comparative, International: Cases and Materials, West Academic Publishing, 1998, p. 6.

权限问题这种实体法方法曾几无复活机会，但到了 19 世纪末，国际统一实体私法规则的出现使得实体法方法获得了生机。20 世纪末，国际统一实体私法规则大量产生，其主要包括两个方面的渊源：国际统一实体法公约和国际商事惯例（新商人法）。另外，随着欧盟时代的到来，欧盟内部的统一实体法数量也不断增多。

以统一私法为基础的直接调整方法在现代社会主要有两种表现形式。其一是旨在对内容各异的各国私法实现统一，从而对所有民事关系——无论是国内民事关系还是国际民事关系——均适用一套统一的法律体系。其二是在保留原有内容各异的各国私法的前提下，另外创制一套专门适用于国际民事关系的法律体系。前一类型的法律体系被称为世界统一私法，后一类型的法律体系被称为万民法型统一私法。属于前一类型统一私法的条约有 1883 年《保护工业产权的巴黎公约》(Paris Convention for the Protection of Industrial Property)、1886 年《保护文学艺术作品的伯尔尼公约》(Berne Convention for the Protection of Literary and Artistic Works)、1930 年《统一汇票本票法公约》(Convention on the Unification of the Law Relating to Bills of Exchange and Promissory Notes) 和 1931 年《统一支票法公约》(Convention Providing a Uniform Law of Cheques) 等。属于后一类型统一私法的条约有 1910 年《关于统一船舶碰撞若干法律规则的公约》(Convention for the Unification of Certain Rules of Law with respect to Collisions between Vessels)、1910 年《关于统一海难救助若干法律规则的公约》(Convention for the Unification of Certain Rules of Law respecting Assistance and Salvage at Sea)、1924 年《关于统一提单若干法律规则的公约》(《海牙规则》, Convention for the Unification of Certain Rules of Law Relating to Bills of Lading) 以及 1929 年《关于统一国际航空运输若干规则的公约》(《华沙公约》, Convention for the Unification of Certain Rules for International Carriage by Air) 等。①

由于能够从根本上避免和消除法律冲突，因而直接调整方法是一种更高级的解决法律冲突的方法。尽管如此，目前尚不能过高估计直接调整方法的作用，这种方法还远不能取代传统间接调整方法。直接调整方法的局限性主要表现在以下几个方面：(1) 适用领域有限。由于商法以经济合理性为基础，强调法律统一的必要性，因而自 19 世纪末以来，商法领域的法律统一化运动相对更为活泼。换言之，直接调整方法在商法领域的适用相对更为成功。但在传统的民法领域，特别是婚姻家庭法、继承法等领域，由于涉及不同国家和民族在文化传统、宗教信仰以及风俗习惯等方面的巨大差异，在未来很长一段时期内，国际社会很难达成统一实体规范。在这些领域，间接调整方法仍将发挥几乎是唯一的、不可替代的作用。(2) 缔约国数量有限。作为国际统一实体法的国际公约通常缔约国数量有限，有不少公约甚至有明显的地域性，从而导致相关公约只能在数量有限的缔约国之间或在有限的地理空间范围内发挥作用。此外，有些公约还允许缔约国对相关条款提出保留，从而在这些保留领域提出保留的缔约国与未提出保留的缔约国的当事人之间的权利义务就只能通过间接方式调整了。(3) 调整范围有限。有些国际公约仅适用于某一法律关系的某些方面，而在这些法律关系的其他方面，仍需仰仗间接调整方法。②

---

① 山田鐐一「国際私法」(有斐閣, 2004) 4-5 頁。

② 如 1980 年《国际货物买卖合同公约》，其仅适用于合同成立、当事人权利义务、违约责任及违约救济等方面，公约并不调整货物所有权转移等问题。

（三）间接调整方法与直接调整方法的关系

应采用辩证的方式来看待两种方法的关系。从长远来看，两种方法具有相互排斥或者说二律背反的关系。一方面，两种方法追求共同的目的，即调整国际民事关系。另一方面，两种方法的性质又完全不同，一种方法的存在与另一种方法的存在是矛盾的。各国私法统一或者说专门用于调整国际民事关系的统一实体私法之创制得以完全实现的一天，也就是间接调整方法失去存在意义的一天。[①] 但就近期而言，两种方法中的任何一个都不能实现对国际民事关系的完美调整，在这样一个阶段，两种方法之间是相辅相成、互为补充和长期并存的关系。这是因为，一方面，当今国际社会依然主权国家林立，各国法律千差万别，在很多领域尚难以取得统一，间接调整方法仍有其存在的必要性和客观基础，即使当今社会有法律全球化（globalization）、趋同化的趋势，但这显然只是一个极为缓慢的进程，另一方面，应该承认，国际社会在私法统一特别是商法统一方面确实取得了巨大进展。[②] 概言之，国际私法方法的综合化、多元化是不可避免的趋势，单一的思想是不完美的，单一的方法不能解决国际私法的所有问题，运用多种方法可以产生好得多的国际私法体系。[③]

不过，应当指出，以国际统一实体私法为基础的直接调整方法在国际私法中的地位将会越来越重要，这主要是基于以下原因：(1) 如前所述，传统的以双边冲突规范为核心的间接调整方法存在诸多缺陷，在法律适用方面如何确保作出公正合理的法律选择尚有进一步完善的余地。同时，由于各国对同一问题规定的冲突规范存在差异，因而出现当事人“挑选法院”（forum shopping）的现象，从而在当事人之间造成不公平。要解决各国法律的冲突，首先要解决各国冲突规范的冲突。由于冲突法的统一并不涉及国家间存在根本冲突的实体民商法，所以其统一更易取得成功。统一冲突规范虽然为各国在确定准据法方面提供了统一的依据，然而它并未从根本上消除法律冲突，但国际统一实体私法可从根本上消灭法律冲突。从调整国际民事关系的角度看，较之以冲突规范所指定的国内实体法为依据来解决国际民事纠纷的做法，直接确定国际民事关系当事人权利义务的统一实体私法无疑是更好的选择，它更符合国际私法所追求的公平合理及时解决纠纷的价值取向。(2) 经济全球化和法律全球化或趋同化的发展，为调整国际民事关系的统一实体私法的大量出现奠定了客观基础。“涉及国际的法律关系的法在国际上的统一毫无疑问是我们时代的主要任务之一。一些抱住上个世纪地方主义观点不放的人认为这是空想；然而，不如说正是那些相信在现有的世界形势下能够让在国际的法律体系中纵容混乱局面永远保持下去的人的立场是空想的。”[④] 当然，我们说应重视统一实体私法，并非说冲突法制度现在业已失去存在的意义，相反，它在一个相当长的时间内仍将发挥其特有的调整作用。

需要指出的是，以上就间接调整方法和直接调整方法的讨论主要是就法律适用法而言的，而且就法律适用法而言形成了间接调整方法和直接调整方法并立且以前者为主的局面，但事实

---

① 山田鐐一「国際私法」（有斐閣，2004）6頁。

② 日本有学者认为，调整涉外私法关系的方法除了（狭义）国际私法的方法，还包括统一私法的方法（我国通常称为统一实体法方法）。这说明他们并不否认涉外私法关系可以有两种调整方法，但其仍坚持国际私法主要还是有关法律选择的规则，而将统一实体法作为与国际私法并列的调整涉外私法关系的方法。与其说两者的关系是对立的，倒不如说是互相补充的关系，两者结合起来共同保障涉外私法关系的安全。参见木棚照一＝松冈博＝渡边惺之「国际私法概论」（有斐閣，2005）5頁。

③ 西蒙尼德斯．20世纪末的国际私法——进步还是退步?．宋晓，译．黄进，校//梁慧星．民商法论丛：第24卷．北京：法律出版社，2002：376.

④ 勒内·达维德．当代主要法律体系．上海：上海译文出版社，1984：15.

上，间接调整方法与直接调整方法的选择或对立在国际私法的其他组成部分也程度不等地存在。比如，在外国人法领域，正如本教材第三章第四节将要讨论的，也存在是采用间接调整方法还是采用直接调整方法的问题。至于国际民事诉讼法，比如国际民事司法协助法或外国判决承认与执行法，原则上应该都是采用直接调整方法。在国际民事管辖权领域，则略有可讨论的空间。在学术界，有少数学者将国际民事管辖权问题与法律适用问题类比，认为确定国际民事管辖权的“管辖依据”与冲突规范中的“连结点”类似。在法国，很多国际私法教材在讨论国际民事管辖权问题时甚至直接采用“管辖权冲突”的表达，如在博纳·奥迪（Bernard Audit）和路易·达乌（Louis d’Avout）合著的《国际私法》（Droit international privé）中，其总论的第二部分讨论的即是国际民事管辖权，其标题即“管辖权冲突”（conflits de juridictions）。又如在皮埃尔·迈耶（Pierre Mayer）和文森特·欧热（Vincent Heuzé）合著的《国际私法》（Droit international privé）中，在该教材第一部分“国际私人关系”的第三编，其标题也使用了“管辖权冲突”。如果我们再将视角投向国际民事管辖权规范，其在逻辑结构上确实与冲突规范较为相像。但我们认为国际民事管辖权规范在本质上应属于直接调整方法，其根本原因在于，冲突规范之所以属于间接调整，是因为冲突规范本身不能直接确定当事人双方的实体权利义务，而必须根据冲突规范所指引的某国实体法来解决前述问题，因而其是间接调整。但国际民事管辖权规范不存在这个问题，国际民事管辖权规范不存在指引其他法律的问题，根据国际民事管辖权规范可以直接解决管辖权问题，因而其只能是直接调整方法。

MATERIAL

The Object of Private International Law

The branch of English law known as the conflict of laws is that part of the law of England which deals with cases having a foreign element. By a “foreign element” is meant simply a contact with some system of law other than English law. Such a contact may exist, for example, because a contract was made or to be performed in a foreign country, or because a tort was committed there, or because property was situated there, or because the parties are not English. In the conflict of laws, a foreign element and a foreign country mean a non-English element and a country other than England. From the point of view of the conflict of laws, Scotland and Northern Ireland are for many purposes as much foreign countries as France or Germany.

If an action is brought in an English court for damages for breach of a contract made in England between two Englishmen and to be performed in England, there is no foreign element, the case is not a case in the conflict of laws, and the English court will naturally apply English internal or domestic law. But if the contract had been made in Switzerland between two Swiss and was to be performed in Switzerland, then the case would be (for an English court, but not for a Swiss court) a case in the conflict of laws, and the English court would apply Swiss law to most of the matters in dispute before it, just as a Swiss court would naturally apply Swiss law to all such matters. If we change the facts once more and assume that the contract was made in Switzerland between an Englishman and a Swiss but was to be performed in England, then the case is a case in the conflict of laws not only for an English court but also for a Swiss court and indeed for any court in the world in which the contract is litigated and that court will have to decide whether and for what purposes the Swiss or the English elements are the more significant, and apply Swiss or English law accordingly.

Question

Would you please give an example as the object of private international law?

第二节 国际私法的范围

所谓国际私法的范围，亦即国际私法的处理事项具体包括哪些内容。对于这一问题，在不同国家和不同时代有不同的答案。

一、有关国际私法的范围之争

有关国际私法的范围的讨论，国际上主要围绕法律适用法、区际私法、国籍法、外国人法、国际民事诉讼法、国际统一实体私法以及直接适用的法等展开。

1. 法律适用法（law of application of laws）

国际私法的核心课题是解决法律适用问题，无论对国际私法的范围持何种观点，对法律适用法是国际私法的基本组成部分这一点大家均没有异议。法律适用法解决的是私法的国际冲突，也就是一国法院在受理一项国际民事纠纷后应在与案件有联系的国家的法律中选择哪一个法律来解决该纠纷。法律适用法需要解决的既有民法的空间冲突，也有商法的空间冲突。但从各国立法来看，主要以解决民法的空间冲突为主。我国《涉外民事关系法律适用法》也是如此。从各国的国际私法教科书来看，也以研究各国民法的空间冲突为核心。

除了私法的空间冲突，也有一些教科书研究公法如行政法、税法以及刑法等的空间冲突。如克格尔与舒里希合著的《国际私法》即在其最后一章（标题：国际“公”法，internationales öffentliches Recht）研究了如国际征收法、国际货币法、国际竞争法、国际劳动法、国际社会保险法、国际文化财产法等与公法冲突有关的问题。[①] 一方面，从理论上看，公私法的界限并

① Kegel/Schurig, Internationales Privatrecht, C. H. Beck Muenchen, 2004, S. 1090ff.

不明显，而且随着国际社会的发展，日后运用国际私法手段解决公法问题的情形可能也会日益增多，因此，在国际私法中研究公法冲突似也无可厚非。但另一方面，目前公法属地性原则仍有很大影响，各国在司法实践中很少有直接适用外国公法的情形，因此在国际私法中研究公法冲突的必要性如何仍有待观察。

2. 区际私法（interregional private law）

在一国内部不同地区施行不同私法体系的场合亦会产生私法的空间冲突，此即私法的区际冲突。调整此种法律冲突的法律即区际私法。[①] 从概念上说，区际私法与国际私法处理的是性质完全不同的两种法律冲突，但就本质而言，二者的区别并不大，原则上可以共享相关处理原则。正因为如此，一些英美学者对二者未做严格区分，但更多学者认为，应在对二者作适当区分的同时将国际私法的相关原则类推适用于区际私法。总体来看，虽然考虑到有些国家在国际私法层面采纳本国法主义，因而国际私法的相关原则并不能原封不动地适用于区际私法，但鉴于国际私法在历史上系从区际私法蜕变而出，加之两者的基本原理总体相似，因而主流观点主张将区际私法纳入国际私法的体系中。[②]

3. 国籍法（nationality law）

当国际私法以国籍为连结点时，如果当事人有两个或两个以上国籍，或者没有国籍，则此时确定准据法需要以首先解决当事人的国籍冲突为前提。因此，将当事人国籍冲突的解决纳入国际私法范围应无大碍。

但国籍的取得与丧失属于国籍法本身的问题，理论上应该不属于国际私法的范围。但法国国际私法学界在传统上一直将国籍法作为国际私法的一个重要组成部分。德国与英美国家的国际私法教科书一般不涉及国籍法问题。在日本，国际法、宪法与行政法方面的教科书一般会讨论部分国籍法问题，但由于缺乏对国籍法问题进行一般性讨论的教科书，因而在国际私法教科书中讨论国籍法问题的情况在日本亦不少见。但此种情况只是出于教学与研究的方便，并不代表在理论上国籍法应该是国际私法的组成部分。[③]

4. 外国人法（aliens law）

外国人法是规定外国人法律地位的实体法。有学者认为，由于外国人法是调整涉外民商事关系的实体私法，其在调整对象方面与国际私法相同，因而应该是国际私法的组成部分。[④] 同时也有学者认为，外国人法与国际私法的核心任务（解决私法的国际冲突）在性质上有很大不同，因而理论上不应该是国际私法的组成部分。但鉴于外国人民事地位是国际私法问题存在的前提，外国人法与国际私法的联系十分密切，因而从便宜性角度大部分学者主张将外国人法纳入国际私法。此外，在法国与比利时，学者们在将外国人地位作为国际私法问题进行讨论时，不仅研究外国人在私法上的地位，还研究外国人在政治上和公法上的地位。[⑤] 相对而言，德国

---

① 日本学者通常称此种法律为准国际私法。木棚照一「国際私法」（成文堂，2016）39 頁；山田镣一「国際私法」（有斐阁，2004）17 頁。

② 山田镣一「国際私法」（有斐阁，2004）17－18 頁。

③ 山田镣一「国際私法」（有斐阁，2004）17 頁。

④ 木棚照一「国際私法」（成文堂，2016）40 頁。

⑤ 亨利·巴迪福和保罗·拉加德在其所著《国际私法总论》中即是如此。亨利·巴迪福，保罗·拉加德．国际私法总论．北京：中国对外翻译出版公司，1989：256－261.

和英美国家的国际私法教材基本不会涉及外国人地位问题。[①]

5. 国际民事诉讼法（international procedural law）

国际民事诉讼法处理的问题与在法院进行的诉讼程序密切相关，在性质上与私法的国际冲突问题有很大区别。但从现实中国际民事纠纷的解决来看，如果说冲突规范是从实体规制的角度处理国际民事纠纷，国际民事诉讼法则是从程序规制的角度处理国际民事纠纷，二者的联系十分密切。从这个角度，国际民事诉讼法应该构成国际私法的一部分。[②] 在英美国家与法国，国际私法教科书通常都会讨论国际民事管辖权和外国法院判决的承认与执行等问题。在德国，国际私法教科书一般不会涉及国际民事诉讼法问题，但晚近也有一些教科书开始讨论该问题。[③] 在日本，除了对涉及失踪宣告、禁治产宣告以及离婚等问题的程序有所探讨，国际私法教科书一般不会涉及国际民事诉讼法问题。

6. 国际统一实体私法（private international uniform substantive law）

在欧洲大陆国家和英美国家，在国际私法教科书中讨论国际统一实体私法的情况极为少见。在日本，国际私法教科书通常会讨论国际贸易法是否构成国际私法一部分的问题。首先，日本学者认同国际贸易法与国际私法拥有相同的调整对象，即涉外的或国际的生活关系。在日本，针对国际贸易法的调整范围虽然尚没有达成一致意见，但一般认为国际贸易法是既调整公法问题又调整私法问题的实体法部门。鉴于学术界主流观点认为国际私法仅限于解决法律适用问题，因而日本学者通常不认为国际贸易法属于国际私法的组成部分。[④] 但在中国，学者们倾向于将国际贸易法中调整私法关系的那部分国际统一法律（国际统一实体私法）单列出来，将其作为国际私法不可分割的组成部分，对此下文将作详述。

7. 直接适用的法（loi d'application immédiate）

直接适用的法是一国为保障政治、经济和社会的重大利益而制定的、无须通过冲突规范的援引而可以径直适用于国际民事纠纷的强制性规则。直接适用的法有以下几个特点：第一，表现为国内立法；第二，是实体法；第三，通常体现一国的社会、经济、财税、金融等领域的重要政策，如公平竞争的经济秩序、外汇管制、进出口管制、劳工保护、儿童保护等；第四，具有强制性；第五，其适用无须经过冲突规范的指引；第六，分散于各相关立法中，是一些个别化的法律规范的总称；第七，其名称在各国尚没有得到统一，常见的名称除了直接适用的法，还有强制规则（mandatory rules）、警察法（loi de police）、干涉规范（Eingriffsnorm）等。直接适用的法在法律发展史上早已有之。萨维尼虽然主张内外国法律平等适用，但他也曾指出，当法院地国制定有服务于公共福祉的强行法时，此种强行法在内国应得到绝对适用。二战后，法国学者弗朗西斯卡基斯（Phocion Francescakis）率先对直接适用法现象进行系统研究，并引起了学术界对该问题的重视。直接适用的法是否属于国际私法的一部分在我国曾有争议[⑤]，不过进入 21 世纪后，学界对此种规则应构成国际私法的一部分已基本达成共识。但笔者认为，直接适用的法虽应被纳入国际私法，但其在国际私法中不应该成为与法律适用法、国际民事诉

① 山田镣一「国際私法」(有斐阁，2004) 18 頁。

② 木棚照一「国際私法」(成文堂，2016) 39 頁。

③ Kegel/Schurig，Internationales Privatrecht，C. H. Beck Muenchen，2004，S. 1044ff.

④ 山田镣一「国際私法」(有斐阁，2004) 19 頁。

⑤ 刘振江．论国际私法的对象、范围和体系//黄进，刘卫翔．当代国际私法问题．武汉：武汉大学出版社，1997：25.

讼法、外国人法等相并列的一个独立板块，鉴于其在本质上属于间接调整方法中的单边主义方法，因而将其置于法律适用法中应更为妥当。①

二、中国学术界关于国际私法范围的讨论

民国时期，中国学术界一般认为国际私法主要包括法律适用法，同时也涉及与之联系密切的其他法律问题，如国籍法、外国人法以及国际民事诉讼法等。新中国成立后，受苏联学者的影响，部分学者认为国际统一实体私法也应该被纳入国际私法中。② 改革开放之后，学术界围绕国际私法的范围曾有激烈争论，大体上有“小国际私法”、“中国际私法”和“大国际私法”三派观点。“小国际私法”学派认为国际私法应该仅包括冲突规范。“中国际私法”学派认为国际私法应包括外国人民事法律地位规范、冲突规范、国际民事诉讼与国际商事仲裁规范。“大国际私法”学派则认为，除上述三类规范外，国际私法还应包括国际统一实体规范，甚至还应包括国内法中那些直接为调整涉外民事关系而制定的实体规范（或称国内法中的专用实体规范、直接适用的法）。③ 目前，“大国际私法”学派的主张在我国是主流观点。

总体而言，中国学者围绕国际私法范围之争的核心在于要不要将调整涉外民商事关系的实体法规范特别是国际统一实体规范纳入国际私法的范围中。④ 将国际统一实体私法纳入国际私法中必然带来国际私法与国际经济法的范围重叠问题，对此许多学者从两个法律部门的调整对象、调整方法等方面作了充分的研究，此处不再赘述。我们认为，对该问题的讨论关系到国际私法学科体系的科学性和合理性，因而应予高度重视，但这并不代表一定要统一观点，相反应坚持“百家争鸣，百花齐放”的方针，只有这样才有利于国际私法学科的繁荣发展。

我们认为，国际私法应该包括国际统一实体私法，理由主要有如下几点：第一，从历史发展的角度来看，国际私法的范围是一个动态体系，其一直在随着历史的发展和社会的进步而自我发展，所以对这一问题的研究不应墨守成规。⑤ 不能说在法则区别说时代，国际私法主要是法律适用规范，采用的是冲突法方法解决法律冲突，因而国际私法就只能永远局限于法律适用规范，而不能采用其他的调整方法。采用什么调整方法解决法律冲突有其历史发展的客观规律，甚至可以说，采用多元方法更符合现代国际社会的需要和发展。第二，从比较法的角度看，国际私法对中国来说是舶来品，西方国家早在几百年前就已产生了相当成熟的国际私法理论，而对于国际私法是否应包括统一实体私法的问题，我国一些学者认为外国学者持肯定态度的不多，而且即使是持肯定态度的，也多为苏联、东欧学者。实际上情况并非完全如此。《法国世界百科全书》就主张国际私法有广义和狭义之分。广义国际私法包括所有涉及国际性私人

---

① 在我国，也有学者主张直接适用的法不应被纳入国际私法的范围。刘想树．国际私法．北京：法律出版社，2015：8－9.

② 张仲伯．国际私法学．北京：中国政法大学出版社，2010：9.

③ 李双元，欧福永．国际私法．北京：北京大学出版社，2022：13－14. 值得关注的是，我国已故著名国际私法学家张仲伯教授在他所著的《国际私法学》教材中仅提及“小国际私法”和“大国际私法”两派观点。张仲伯教授是我国“小国际私法”学派的旗帜性人物，但张仲伯教授在其晚年的著作中认为，国际私法应该包括法律适用法、国籍法、外国人法（外国人民事地位）和国际民事诉讼法（国际民事管辖权规范、外国判决和仲裁裁决的承认与执行规范）。张仲伯．国际私法学．北京：中国政法大学出版社，2010：9－11.

④ 李双元，欧福永．国际私法．北京：北京大学出版社，2022：13. 张仲伯．国际私法学．北京：中国政法大学出版社，2010：9.

⑤ 郭玉军．把握21世纪国际私法的发展趋势．法学研究，1999（3）：145.

法律关系的规范。美国国际法学家皮特·哈里·彭德（Peter H. Pfund）也认为，国际私法有广狭之分。狭义的国际私法即指法律适用法，而广义的国际私法则包括在国际范围内被广为接受的规则（internationally agreed rules），其以公约、统一规则、示范法或一般原则的形式存在，包括统一实体法规则、冲突规则以及程序规则等。[①] 美国当代国际私法学者西蒙尼德斯（Symeon C. Symeonides）在其著作中也明确指出，除了冲突法方法，国际私法方法还包括实体法方法。他认为，在20世纪末，虽然多边方法仍是冲突法方法的主要方法，但已给单边方法让出了一些领域，而且实体法方法在立法层面也得到了应用，产生了一些新的统一实体法，以致两种冲突法方法又为实体法方法共同让出了一些领域。[②] 这表明统一实体法也是国际私法的一个必要组成部分。其观点可以说和一些中国学者的观点不谋而合。

韩德培教授早在20世纪80年代初就提出了"大国际私法"的观点，并将国际私法的范围形象地用飞机的构造予以阐释，在我国被称为"机翼论"。他指出：国际私法就如同一架飞机，机身包括冲突法、统一实体私法和直接适用的法。而两翼之一则是国籍及外国人法律地位问题，这是处理涉外民商事关系的前提；另一翼则是在发生纠纷时解决纠纷的国际民事诉讼及仲裁程序，这包括管辖权、司法协助、外国判决和仲裁裁决的承认与执行。[③]

三、本书关于国际私法范围的主张

本书认为，国际私法主要包括外国人法、法律适用法、国际统一实体私法、国际民事诉讼法与国际商事仲裁法。

外国人法是国际私法其他板块如法律适用法、国际民事诉讼法等产生的前提之一。只有赋予外国人在内国的民事主体资格，使其在内国享有民事权利和承担民事义务，才能顺利开展国际民事交往，也才有必要以国际私法的其他规范调整国际民事关系。一般认为，这种规范是国际私法中最古老的规范，它比任何其他国际私法规范的产生都早，早在罗马法的万民法中就已出现。

法律适用法是国际私法的核心组成部分。它在国际私法发展史上一直是国际私法的主要规范。

国际统一实体私法目前也是国际私法的重要组成部分。它的产生晚于法律适用法，主要以国际条约和国际惯例的形式出现。最早的国际统一实体私法产生于19世纪末，以1883年《保护工业产权的巴黎公约》、1886年《保护文学艺术作品的伯尔尼公约》、1891年《商标国际注册马德里协定》（Madrid Agreement Concerning the International Registration of Marks）为代

---

① Peter H. Pfund, Contributing to Progressive Development of Private International Law: the International Process and the United States Approach, Collected Courses of the Hague Academy of International Law, 1994, Vol. 249, p. 22. 他自1959年始就担任美国国务院法律顾问处法律专家，并曾担任第14、15、16届海牙国际私法会议美国代表团团长，从1980年起担任联合国国际贸易法委员会全体会议的美国代表团成员，还曾担任1988年国际统一实体私法协会关于国际融资租赁和国际保付会议的代表团团长以及1989年和1993年海牙特委会主席等职务。在前引文中，他采用了广义的含义，将国际私法公约分为四种基本类型：实体法公约、程序法公约、法律选择公约和混合型公约（前三种公约的混合）。他认为，实体法公约以1980年联合国《国际货物买卖合同公约》为代表，程序法公约包括1975年《关于向国外送达民商事诉讼和非诉讼文书的海牙公约》等，法律选择公约在此不予赘述，混合型公约如1993年《保护儿童和跨国收养合作的海牙公约》，该公约同时包含实体规则和程序规则。

② 西蒙尼德斯．20世纪末的国际私法——进步还是退步?．宋晓译，黄进校//梁慧星．民商法论丛：第24卷．北京：法律出版社，2002：376.

③ 刘卫翔，等．中国国际私法立法理论与实践．武汉：武汉大学出版社，1995：40.

表，而1980年联合国《国际货物买卖合同公约》是国际贸易领域最重要的统一实体法公约。

如前所述，国际民事诉讼法与国际商事仲裁法和国际私法中的其他板块如法律适用法等密不可分，是调整国际民事关系和解决国际民事纠纷不可或缺的法律规范，特别是有关国际民事管辖权、司法协助、外国判决和外国仲裁裁决承认与执行的规范是国际私法的必要组成部分。

MATERIAL

The Scope of Private International Law

The scope of private international law can be described from different perspectives. In judicial practice, the scope of private international law is mainly concerned with three central issues, namely, the jurisdiction, the applicable law and the recognition and enforcement of foreign judgments. Actually, scholars from common law jurisdictions tend to describe the scope of private international law on the position of national courts. For instance, according to Dicey, Morris and Collins on the Conflict of Laws (15th ed.), the questions that arise in conflict of laws cases are of two main types: first, Does the English court have jurisdiction to determine this case? And secondly, if so, what law should it apply? There may sometimes be a third question, namely, will the English court recognize or enforce a foreign judgment purporting to determine the issue between the parties? Of course, this third question arises only if there is a foreign judgment, and thus not in every case. But the first two questions arise in every case with foreign elements, though the answer to one of them may be so obvious that the court is in effect only concerned with the other. The law of every modern country has rules dealing with these questions, called conflict of laws-in contrast to its domestic or internal law.

According to Cheshire, North and Fawcett on Private International Law (15th ed.), private international law is a separate and distinct unit in the English legal system just as much as the law of tort or of contract, but it possesses this unity, not because it deals with one particular topic, but because it is always concerned with one or more of three questions, namely:

(a) Jurisdiction of the English court.

(b) Recognition and enforcement of foreign judgments.

(c) The choice of law.

We must be prepared to consider almost every branch of private law, but only in connection with these three matters.

If, we consider the question by focusing on the meaning of "law" in "private international law", we may reach the conclusion that private international law includes the choice of law; law on status of aliens; international substantial private rules; overriding mandatory rules; law on international civil litigation and so on. This understanding of the scope is based on the assumption that private international law is not a single piece of law but rather a system. Scholars from different countries may express different opinions about the content that the system consists. For instance, Martin Wolf considers that private international law includes choice of law rules, the rules of legal status of aliens, jurisdictional rules and the law of nationality. On the contrary, the law of nationality and the legal status of aliens are not considered as part of private international law by German scholars.

In summary, the scope of private international law can be viewed from various perspectives and different conclusions will be reached accordingly.

QUESTION

What is your understanding about the scope of private international law based on its "private" nature?

第三节 国际私法的性质

国际私法的性质问题实际上是国际私法与国际公法（public international law，或称国际法）的关系问题。[①] 对于这个问题，有两种完全对立的观点。一种观点是国际私法来源于国际公法和受国际公法的制约与影响，是国际公法一个不可分割的部分，这被称为国际私法的国际法学派。另一种观点是，国际私法与国际公法这两套规范体系没有任何联系，这被称为国际私法的国内法学派。当然还有一种折中的观点，认为两者之间既有联系也有区别，被称为折中派、二元论或综合论。

一、国际法学派

从中世纪国际私法产生到19世纪末，国际私法在理论上主要表现为普遍主义（universalism），即各国在一个共同的法律框架下共享一套国际私法体系。从中世纪到17世纪近代国际法产生以前，普遍主义的国际私法一直根植于以罗马法为基础的共同法（*jus commune*）。而在近代国际法产生之后，普遍主义的国际私法则开始在国际法的框架下衍生发展。[②]

对于中世纪以共同法面目出现的国际私法，沃尔夫曾有精彩评论。沃尔夫在其1944年的

---

① 需要说明的是，本节讨论所谓国际私法的性质，仅限于讨论法律适用法的性质。正如本章第二节所言，国际私法包括外国人法、法律适用法、国际统一实体私法、国际民事诉讼法等，如果笼统地讨论国际私法的性质，则很难得出科学的判断。就法律适用法而言，在讨论国际私法的性质时主要涉及其是国际法还是国内法的问题。

② Bernard Audit et Louis d'Avout, Droit international privé, Economica, 2013, p. 137.

著作中认为，虽然现在的国际私法毫无疑问是国内法（national law），但国际私法并不一直被认为是纯粹国内法。国际私法在其诞生之际——在中世纪的意大利城邦（city-states）——被认为是超国家法（supernational law），并不存在单独的佛罗伦萨法、波罗尼亚法或蒙德拿法，所有城邦被认为拥有一个具有共同起源的共同的法（one law common to all states and of one origin）。国际私法最早以超国家法的形式出现，要归功于当时的法律科学（legal science）。无疑，许多冲突法规则，如场所支配行为、不动产适用不动产所在地法等，都来自当时的意大利法学家所提倡的超国家学说，这些规则时至今日仍在各国被广泛采用，但这些规则如今已不再被认为是超国家的，而是隶属于各国国内法体系。①

如前所述，国际私法的国际法学派（internationalist）的真正出现是在近代国际法产生以后的事情。国际法学派认为，作为调整国际民事关系的法律，国际私法乃划定内外国私法适用范围的法律，而划定内外国私法的适用范围，也就是划定内外国的立法权的行动范围。而立法权是一国行使主权的表现，因而国际私法在本质上是划定各国主权行动范围的法律。但划定各国主权行动范围的任务只能由国际法承担，国内法没有此能力。因而，尽管可能采取国内法的形式，但国际私法在本质上属于国际法。在国际法学派看来，法律的冲突即主权的冲突。②

国际法学派的主张主要得到了大陆法系学者的支持，其代表人物有德国的齐特尔曼（Ernst Zitelmann）、冯·巴尔（von Bar），法国的魏斯（André Weiss）、毕叶（Antoine Pillet）、巴丹（Etienne Bartin），以及意大利的孟西尼（Pasquale Stanislao Mancini）等人。国际法学派的主要根据是：（1）从国际私法产生的基础看，国际私法产生于互相依赖的国际法律社会。（2）从调整的关系看，国际私法与国际公法调整的关系并无实质差异。即使是民商事纠纷，如离婚、监护纠纷等，最终都可能演变成国家之间的冲突。（3）从国际私法的作用看，国际私法的作用在于划分国家主权扩及的范围。（4）从法律渊源看，国际条约和国际惯例已成为国际私法的重要渊源。

现代国际主义法学家已不再寻求主张国际公法是国际私法的基础，但他们认为，对于一些国际私法规则国际上存在一些广泛共识，就国内制度采用和适用这些规则的意义上而言，可以认为它们是一般法律原则（general principal of laws），因而属于国际法。这些具有广泛共识的规则包括：第一，每一国家都必须有一套冲突法制度；第二，各国不应完全排除适用外国法并且应该尊重根据外国法取得的权利；第三，一国可以公共政策为由排除外国法中有关规则的适用；第四，一个人暂时停留的国家必须尊重该人根据其属人法所获得的身份；第五，不动产适用不动产所在地法；第六，动产随人，即动产适用属人法；第七，交易方式受行为地法支配；第八，当事人有权选择适用于合同的法律。对此，反对者认为，前四项规则实际上并未规定调整任何事项的规则，而后四项规则只是国际私法规则中的一小部分，而且也并未被所有国家接受。即使这些规则构成一般法律原则，它们也只是国际私法而非国际公法上的一般原则。③

二、国内法学派

国内法学派（nationalist）又称民族主义学派。国内法学派认为，国际私法不过是一国立

---

① Martin Wolff, Private International Law, Oxford University Press, 1944, pp. 11－13.

② 出口耕自「論点講義国際私法」(法学書院，2015) 18－19 頁；木棚照一「国際私法」(成文堂，2016) 11 頁。

③ J. G. Collier, Conflict of Laws, 3th ed., Cambridge University Press, 2004, pp. 388－392.

法者就本国适用内外国私法而制定的法律而已，因而其只是国内法的一部分。一般而言，对国际民事关系是适用内国法还是适用外国法，以及在适用外国法的场合应适用哪一外国法，这些都是各国立法者自由裁量的事情，就法律适用问题而言，在各国国内法之外并不存在所谓国际法规则。①

如前所述，国际法学派的主张得到了大陆法学者的支持，但英美法学者却大多反对其观点。英美法学者通常是国内法学派的拥趸，如英国著名的国际私法学者戴赛（Albert Venn Dicey）即认为，支配法律选择和管辖权的规则绝对是国内法规则（rules of municipal law）。又如，英国当代学者哈特利（Trevor C. Hartley）也认为，国际私法就其名字而言似乎暗示其属于国际法的一个分支，但除其名称外，国际私法本质上只是一个国家的普通法律，并无特别权威，唯一的例外是存在一定数量的冲突法条约。世界上并无统一的冲突法制度，各国各有其自己的冲突法制度。② 国内法学派的主要代表人物还有巴迪福（Henri Batiffol）、努斯鲍姆（Arthur Nussbaum）、沃尔夫（Martin Wolff）等。

国内法学派的主要根据是：(1) 从调整对象和主体看，国际公法是以各主权国家的政治、军事、经济、外交关系为调整对象，而国际私法主要是以不同国家的自然人、法人之间的国际民事关系为调整对象；(2) 从法律渊源看，国际私法的主要渊源为国内法；(3) 在法律规范的制定与适用范围方面，国际法是国家之间协议的产物，具有普遍的约束力，而国际私法主要是由国内立法机关制定的，不具有普遍的约束力；(4) 从解决争议的方法看，国际公法争议一般通过谈判、调解、斡旋、国际调查委员会、国际仲裁和国际法院解决，而国际私法争议主要由各国国内法院和商事仲裁机构解决。

三、折中学派

折中学派又称二元论或综合论。对于国际私法的性质，许多学者采取了折中的观点（middle position），认为国际私法的一些方面与国际公法有密切联系，而其他方面则又与其没有什么重要联系。美国学者比尔（Joseph Beale）指出，司法管辖权与国际法有关，而法律选择则不受国际法的约束。尼博耶（Jean-Paulin Niboyet）认为，有关外国人地位与外交豁免的事项受国际公法调整，而其他方面的国际私法则是严格意义上的国内法。戚希姆（Elliott E. Cheatham）认为，在司法管辖权方面国际公法有一席之地，但在法律选择方面则应最小化两者的关系，除非通过条约确立了特殊的规则。还有观点认为，应将国际私法规范分为国际法庭（international tribunal）适用的国际私法规范和国内法院（municipal court）适用的国际私法规范，认为国际法庭适用的国际私法规范是国际公法规范，而国内法院适用的国际私法规范与国际公法的关系问题则更复杂，不同情况下，国际公法对国际私法所提供的指导作用的程度也有所不同。在有些案件中，国际私法规范的内容与国际公法是一致的或等同的，这既可以视为是国际公法在国内法院的直接适用，也可以认为是适用了与国际公法规范在内容上相同的国内法。按照这种观点，国际私法与国际公法的关系是等同的或相互依赖的。在有些案件中，国际

① 出口耕自「論点講義国際私法」(法学書院，2015) 19 頁。

② Trevor C. Hartley，The Modern Approach to Private International Law：International Litigation and Transactions from a Common-law Perspective，Collected Courses of the Hague Academy of International Law，2006，Vol. 319，p. 26.

公法并没有专门精确规定所适用的国际私法规范的内容，但国际公法至少对国际私法规范的适用设定了合理限制。

我国学者多赞同折中的观点，认为不能简单地说国际私法就是国际公法或就是国内法。国际私法既有国内法的方面，也有国际法的方面，特别是国际私法发展至今，其渊源中已包含越来越多的国际法渊源，其国际法化的程度越来越高。但不可否认的是，目前国内法在各国国际私法中仍占据重要地位。因此，折中的观点是符合国际私法发展现状的。

MATERIAL

The Nature of English Conflict of Laws

The world is divided into States; the State is the basic political unit of the 20th century. Problems may arise between one State and another State or between the citizens of one State and the legal system of another State. The law governing such disputes is at sometimes referred to as international law. The expression "international law" is itself divided into public international law and private international law (conflict of laws, as it is sometimes known).

Public international law is principally concerned with the relations between States, and the sources of public international law are normally said to have been set out in Art 38 (1) of the Statute of the International Court of Justice 1945. A typical problem in public international law would be an examination of the circumstances in which State A was entitled to employ force against State B. A less extreme example might be the question as to whether the fisherman of State A were entitled to fish off the coast of State B. Public international law is generally thought to have developed in Western.

Europe in the 16th and 17th centuries as the autonomous secular State became the basic political unit. International law or the law of nations, as it was then described, developed in order to provide basic rules adequate to regulate relations between nations. We are not concerned with public international law but with private international law or the conflict of laws, as it is sometimes described. In the most general terms, private international law is that body of law which comes into operation whenever a municipal court is faced with a claim that contains a foreign element. The expression "private international law" is thought to have been first employed by Joseph Story and is commonly adopted in most civil law countries. It is the expression favoured within the European Union and by those international organisations of which the UK is a member. It is the expression presently used by the legislature. However, at the end of the 19th century, the influential jurist AV Dicey chose the title "conflict of laws" for his treatise upon the subject. The expression, conflict of laws, has tended to be used in common law countries. Both titles are employed today in the UK and each is acceptable.

In considering the relationship between public international law and private international law a number of points need to be made:

(a) in theory there is a single system of public international law so that, in respect of a similar point, the answer provided should broadly be the same in respect of litigation in the House of Lords or the US Supreme Court;

(b) difficult questions can arise as to whether public international law is part of UK law (that is, municipal law). The answer to this question depends on whether the state has a monist or dualist tradition. In principle, in the UK, the courts consider customary international law to be part of domestic law, while treaty obligations do not form part of UK law unless followed by implementing legislation;

(c) there is no doubt that private international law is part of English law. Each developed legal system has its own rules of private international law so that, while private international law is part of municipal law, its content will vary from State to State and from jurisdiction to jurisdiction;

(d) for private international law, a foreign system of law means one prevailing in a territory other than that in which the court functions. For a court in London, the law of Scotland or Northern Ireland represents foreign law, being the product of a different legal district. Likewise, in the USA, both California and Texas represent distinct legal districts;

(e) for the public international lawyer, the UK is a single State and a member of the United Nations. Further, it matters little in public international law whether the State is unitary (as in the UK) or federal (as in the USA). Attention is principally devoted to the question of whether the State exists on the international plane; the form of the State is a matter for the constitutional lawyer.

QUESTION

Is English private international law domestic law or international law?

第四节 国际私法的名称与定义

一、国际私法的名称

国际私法在不同国家、不同发展时期有不同名称。时至今日，各国对国际私法也没有一个完全统一的称谓。可以说，国际私法是一个从名称开始就有争议的法律部门或学科。作为一个理论体系，国际私法的名称有法则区别说、私国际法、国际私法、冲突法、法律冲突法以及法律冲突等，而作为一个立法部门，国际私法的名称则更是五花八门，有“国际私法”“法律适用通则法”“涉外民事法律适用法”“涉外民事关系法律适用法”“民法典施行法”“法例”等。出现对国际私法不同称谓的主要原因是，与其他法律部门相比，国际私法只是从中世纪才开始真正产生与发展，有关国际私法的学术研究相对落后，导致学者们对国际私法的本质与内容的理解很不一致。①

对国际私法最早的称谓是法则区别说。该名称从 13、14 世纪开始由以巴托鲁斯为代表的意大利后期注释法学派（Post-glossarist）使用，后被法国与荷兰学者接受和继承，并一直沿用到 17、18 世纪。

在 17 世纪，荷兰法学家胡伯在其名为“De Conflictu Legum”（On the Conflict of Laws）的著作中率先提出“冲突法”的表述。②“冲突法”这一称谓经由荷兰传至英国，并最终传至美国。1834 年，美国法学家斯托雷出版著名的《冲突法评注》（Commentaries on the Conflict of Laws），率先在英美国家使用“冲突法”这一概念。受斯托雷的影响，英美国际私法学者通常都使用“冲突法”来称谓其研究对象。在英文著作中，除了 Conflict of Laws，也有使用 Law of Conflict of Laws（法律冲突法）或 Conflicts Law（冲突法）的情况。在英国，虽然主要国际私法教材均使用“冲突法”这一名称，但也有少数教材使用“国际私法”这一称谓。③ 在英美国家，使用“冲突法”而非“国际私法”的称谓除了前述斯托雷的巨大影响，还有另外一个原因，即英美国家通常采取同一套规则体系来解决国际法律冲突和区际法律冲突。比如在美国，纽约州与法国之间的法律冲突（国际法律冲突）和纽约州与马萨诸塞州之间的法律冲突（州际法律冲突）并没有本质区别，基本适用相同的一套冲突法体系。对这一套法律体系冠之以“国际的（international）”这一形容词显然不合适，因为后一种法律冲突并非国际法律冲突。④

“国际私法”这一表述最先由斯托雷在其前述《冲突法评注》中提出。这一称谓在英美国家虽没有流行开来，但在欧陆国家以及受欧陆国家法律影响的南美洲各国以及东亚国家却得到普遍接受。在德国，薛夫纳（Wilhelm Schäffner）于 1841 年出版著作《国际私法的发展》（Entwicklung des Internationalen Privatrecht），在该国首次使用“国际私法”（Internationales Privatrecht）的表达。不过薛夫纳在其书中明确援引斯托雷的著作，并指出对于英美国家使用的 Private International Law 这一称谓在德国没有与之相对应的表达，由此可以推测，德文中 Internationales Privatrecht 应是对 Private International Law 的德译。在法国，佛历克斯（Jean-Jacques Gaspard Foelix）于 1843 年出版《国际私法概论》（Traité du droit international privé）。Droit International Privé 应该也是 Private International Law 的法译。⑤

需注意的是，在以上表达中，德文 Internationales Privatrecht 若直译为汉语则为“国际私

---

① 溜池良夫「国際私法講義」（有斐閣，2005）24 頁。

② 但也有观点认为，在 17 世纪最先提出“冲突法”概念的是荷兰学者罗登伯格（Rodenberg）。溜池良夫「国際私法講義」（有斐閣，2005）25 頁。

③ 前者如在世界上具有很高权威性的《戴赛、莫里斯和柯林斯论冲突法》（Dicey，Morris and Lollins on the Conflict of Laws），后者如同样在世界上具有很高权威性的戚希尔、诺斯和佛赛特著的《国际私法》（Private International Law）。

④ 溜池良夫「国際私法講義」（有斐閣，2005）25－26 頁。

⑤ 对于以上情况的介绍，可参见溜池良夫「国際私法講義」（有斐閣，2005）25－26 頁。

法”，而英文 Private International Law 和法文 Droit International Privé 若直译为汉语则为“私国际法”。相对而言，“国际私法”的表达更好，因为“私国际法”给人以国际法分为公国际法和私国际法的误导。不过以上表达在各国均已约定俗成，不必深究，对以上表达，中国学术界均统一称之为“国际私法”。

总之，目前在世界范围内，国际私法比较常用的名称有国际私法和冲突法等两种称谓。国际私法主要是在大陆法系国家如欧洲大陆国家、日本等国家使用，而冲突法主要为英美国家使用。应该说，无论是国际私法的名称还是冲突法的名称都并非完美。国际私法这个名称会使人误以为国际私法是和国际公法一样的国际法，而冲突法也并不比国际私法这一名称更令人满意，因为这一法律部门的任务是要在有关法律体系中进行选择以解决或避免冲突，冲突法的名称不免有些晦涩。更重要的是，到目前为止，尚没有可以取代它们的更好的名称。我国学者更认同国际私法这一名称。

二、国际私法的定义

关于国际私法的定义，不同学者从不同的角度给出了不同的界定。

美国学者西蒙尼德斯指出，法律冲突法是旨在为除国家或州以外的人或实体之间的国际或州际法律争议提供解决方法的法律分支（the branch of law that aspires to provide solutions to international or interstate legal disputes between persons or entities other than countries or states as such），并指出冲突法主要涉及管辖权、法律适用与判决的承认与执行。

英国学者科利尔（J. G. Collier）认为，英国冲突法是旨在协助英国法院处理包含涉外因素的案件的规则的总和，其主要包括三个方面的内容：第一，英国法院审理涉外案件的管辖权；第二，选择应该适用的适当法律，既可能是英国法律也可能是外国法律；第三，外国法院判决或外国仲裁裁决的承认与执行。

由于德国、日本学者对国际私法的理解较为单一（仅涉及法律适用问题），因而其为国际私法所下的定义通常较为简单。如德国学者克格尔和舒里希认为，国际私法是指引适用何国私法的法律规范的总和。① 日本学者山田镣一认为，国际私法可被定义为指定涉外私法关系应适用法律的法律。② 木棚照一等认为，狭义的国际私法指决定涉外生活关系应适用法律的法律规范的总和，而广义的国际私法还应该包括国际民事诉讼法。③

在法国，也许是因为国际私法包含的范围太广，所以有的国际私法教材宁愿通过举例来说明国际私法是什么，而不是为其提供一个抽象概念。④ 此外，即使有一些教材为国际私法下定义，也多采取列举的方式，如有教材指出，国际私法调整的问题包括以下四项，即法律冲突、管辖权冲突、外国人法律地位和国籍。⑤ 还有教材为国际私法作如下定义，即国际私法是以特殊方式调整国际私法关系、确定赋予法国国籍的条件以及定义外国人法律地位的法律部门。⑥

---

① Kegel/Schurig，Internationales Privatrecht，C. H. Beck Muenchen，2004，S. 4.

② 山田鐐一「国際私法」（有斐閣，2004）2 頁。

③ 木棚照一＝松冈博＝渡边惺之「国际私法概论」（有斐閣，2005）2 頁。

④ Pierre Mayer et Vincent Heuzé，Droit international privé，LGDJ，2014，p. 17.

⑤ Yvon Loussouarn et Pierre Bourel，Droit international privé，Dalloz，2013，p. 5.

⑥ Dominique Bureau et Horatia Muir Watt，Droit international privé，Vol. I，Presses Universitaires de France，，2014，p. 1.

我国学者也给国际私法下了各种各样的定义，其中代表性的有：国际私法是以直接规范和间接规范相结合来调整平等主体之间的涉外民商事法律关系并解决民商事法律冲突的法律部门[①]；国际私法是以涉外民商事关系为调整对象，以解决法律冲突为中心任务，以冲突规范为最基本的规范，同时包括规定外国人民事法律地位的规范，以及国际民事诉讼与国际仲裁程序规范在内的一个独立的法律部门。[②]

本书认为，国际私法是以间接方法和直接方法调整国际民商事关系，以法律适用法为核心内容，同时包括外国人法、国际统一实体私法、国际民事诉讼法、国际商事仲裁法在内的一个独立的法律部门。

MATERIALS

1. The Terms of Private International Law

"Sometimes viewed as a rather musty set of doctrinal principles rooted in nineteenth century European jurisprudence, it is in fact a dynamic and rapidly evolving field of direct relevance to sophisticated lawyers working in a broad spectrum of international and transnational contexts." This quote of course to some degree may be self-serving, as one likes to think that one's area of expertise is exciting, relevant, etc. However even for the practising lawyer not generally interested in the conceptual analysis of law, private international law is an increasingly relevant part of practice in a globalised world, with globalised clients, and with a level of sophistication of those clients even if they are of the SME type (small and medium sized enterprises).

The terminology employed to denote the subject-matter of this volume varies. The two most commonly used terms are "conflict of laws" and "private international law". The former conjures up clash of civilisation type scenarios: economic exchange brings people into contact; it does not bring them into agreement. This is not a true reflection of the overall nature of the subject: very often private international law involves calm determination rather than strive, and often (especially in EU private international law) legal certainty takes precedence over suitability.

Private international Law or "international private law" by contrast would seem to suggest a more mundane view on the "international" conflicts which I study in this volume. I have opted to employ the term "private international law" for this volume, especially because the among common lawyers more prevalent use of "conflict of laws" refers more specifically to the second of the three steps in private international law only.

---

① 韩德培．国际私法．3版．北京：高等教育出版社，北京大学出版社，2014：15.

② 李双元，欧福永．国际私法．北京：北京大学出版社，2022：14－15.

QUESTION

Which term do you prefer to denote the subject of this textbook?

2. Definition and *Raison d'être* of Private International Law

Private international law is that part of English law which comes into operation whenever the court is faced with a claim that contains a foreign element. It is only when this element is present that private international law has a function to perform. It has three main objects.

Firstly, to prescribe the conditions under which the court is competent to entertain such a claim.

Secondly, to determine for each class of case the particular municipal system of law by reference to which the rights of the parties must be ascertained.

Thirdly, to specify the circumstances in which (a) a foreign judgment can be recognised as decisive of the question in dispute; and (b) the right vested in the judgment creditor by a foreign judgment can be enforced by action in England.

The *raison d'être* of private international law is the existence in the world of a number of separate municipal system of law—a number of legal units—that differ greatly from each other in the rules by which they regulate the various legal relations arising in daily life. Courts in one country must frequently take account of some rule of law that exists in another. A sovereign is supreme within his own territory and, according to the universal maxim of jurisprudence, he has exclusive jurisdiction over everybody and everything within that territory and over every transaction that is effected there. He can, if he chooses, refuse to consider any law but his own. Although the adoption of this policy of indifference might have been common enough in other ages, it is impracticable in the modern civilised world. Consequently, nations have long found that they cannot, by sheltering behind the principle of territorial sovereignty, afford to disregard foreign rules of law merely because they happen to be different from their own internal system of law. Moreover, as will be shown later, it is no derogation of sovereignty to take account of foreign law.

The recognition of a foreign law in a case containing a foreign element may be necessary for at least two reasons. In the first place, the invariable application of the law of the forum, ie. the local law of the place where the court is situated, would often lead to gross injustice. Suppose that a person engaged in English litigation is required to prove that she is the lawful widow of a man who has just died, the marriage having taken place abroad many years ago. The marriage ceremony, though regular according to the law of the place where it was performed, did not perhaps satisfy the formal requirements of English law, but nevertheless to apply the English Marriage Act 1949 to such a union, and thereby to deny that the couple were man and wife, would be nothing but a travesty of justice.

Secondly, if the court is to carry out in a rational manner the policy to which it it is now committed—that of entertaining actions in respect of foreign claims—it must, in the nature of things, take account of the relevant foreign law or laws. A claimant, for instance, seeks damages for breach of a contract that was both made and to be performed in France. Under the existing practice the court is prepared to create and to enforce in his favor, if he substantiates his case, an English right corresponding as nearly as possible to that which he claims. However, neither nature nor the extent of the relief to which he is rightly entitled nor, indeed, whether he is entitled to any relief can be determined if the law of France is disregarded. This is because to consider English law alone might reverse the legal obligations of the parties as fixed by the law to which their transaction, both in fact and by intention, was originally subjected. A promise, for instance, made by an Englishman in Italy and to be performed there, if valid and enforceable by Italian law, would not be held void by an English court merely because it was unsupported by consideration.

QUESTIONS

1. What is private international law?
2. What is the reason for the existence of private international law?

第二章 国际私法的渊源

提要

国际私法的渊源是国际私法理论与实践中非常重要的问题。国际私法的渊源具有三重性，即国际私法具有国内法渊源、国际法渊源和超国家法渊源。虽然国际私法的国际法渊源和超国家法渊源正在逐步增多，但在现阶段国内法渊源仍是国际私法的主要渊源。

重点问题

- ❑ 国际私法渊源的种类
- ❑ 国际私法国内立法模式及其发展
- ❑ 国际私法统一化运动

国际私法的法律渊源（legal sources）是指国际私法规范的存在及表现形式。与其他的法律部门相比，国际私法的渊源有两个突出的特点：一是国际私法渊源具有三重性，二是国际私法渊源存在差异性。所谓三重性是指国际私法既有国内法渊源，如国内立法（domestic legislation）、司法判例（decisions of courts），也有国际法渊源，如国际条约（international conventions）、国际惯例（international customs）等，同时还有超国家法渊源，如欧盟作为一个超国家组织所制定的相关立法。所谓差异性是指，基于各国立法者对国际私法的内容和范围有不同认识，各国有关国际私法的渊源存在较大差异。另外，在有些国家，如英国，学说（opinions of jurists）在国际私法的审判中也具有重要作用。学说在国际私法领域的影响比在任何其他法律领域相对而言都更重要①，

① Ole Lando，Dicey and Morris，The Conflict of Laws：A Review，The Int'l & Comp. Law. Quarterly，Vol. 47，No. 2，1998，p. 394.

这是国际私法有别于一般国内法的另一个特点。[①]

第一节 国内法渊源

一、国内立法

（一）国内立法在国际私法中的地位

在国际私法的发展史上，国内立法是国际私法最为古老的渊源，目前仍是国际私法的主要渊源。

纵观各国国际私法立法的发展史，国际私法的国内立法大致经历了从零星分散的附属式立法到系统全面的单行立法的历程。1756 年《巴伐利亚民法典》应是欧洲国家最早的规定有冲突规范的成文立法。1804 年法国《民法典》是 19 世纪国际私法立法的典范，受其影响，奥地利、荷兰、罗马尼亚、意大利、葡萄牙、西班牙等国也纷纷在民法典中或多或少地规定了一些冲突规范。德国 1896 年《民法典施行法》以及日本 1898 年《法例》在国际私法立法中也曾有重要影响。中国北洋政府于 1918 年颁布了《法律适用条例》。

第二次世界大战后，世界范围内的国际私法立法获得了极大的发展。宏观上看，这一时期的国际私法立法有两个显著的趋势。第一个趋势是越来越多的国家在民法典或单行立法中规定了冲突规范，仅 20 世纪 90 年代以来，罗马尼亚[②]、意大利[③]、突尼斯[④]、白俄罗斯[⑤]、斯洛文尼亚[⑥]、哈萨克斯坦[⑦]、阿塞拜疆[⑧]、韩国[⑨]、立陶宛[⑩]、比利时[⑪]、俄罗斯[⑫]等国即制定或修订了国际私法立法，代表了国际私法立法的成文化趋势。这一趋势即使在传统的判例法国家或地区也有明显的表现。以英国为例。英国传统上本是普通法地区，许多国际私法规范均以判例形式存在。但近几十年来，英国在冲突法领域的立法大大增强，目前，成文法已经成为英国冲突法的最重要渊源。[⑬] 莫里斯在其著作《冲突法》第 3 版中也指出，成文法毫无疑问已经是英国

---

① 李双元，等．中国国际私法通论．北京：法律出版社，2003：19.

② 参见罗马尼亚 1992 年《关于调整国际私法法律关系的第一百零五号法》。

③ 参见意大利 1995 年《国际私法改革法》。

④ 参见突尼斯 1998 年《国际私法典》。

⑤ 参见白俄罗斯 1999 年《民法典》第 74 章、第 75 章。

⑥ 参见斯洛文尼亚 1999 年《关于国际私法与国际诉讼的法律》。

⑦ 参见哈萨克斯坦 2000 年《民法典》第 7 编。

⑧ 参见阿塞拜疆 2000 年《关于国际私法的法律》。

⑨ 参见韩国 2001 年《国际私法》。

⑩ 参见立陶宛 2011 年《民法典》第一卷第一编第二章。

⑪ 参见比利时 2004 年《国际私法典》。

⑫ 参见俄罗斯 2014 年《民法典》第 6 编。

⑬ Ole Lando，Dicey and Morris，The Conflict of Laws：A Review，The Int'l & Comp. Law. Quarterly，Vol. 47，No. 2，1998，p. 395.

冲突法的最重要渊源，而且其重要性还在日益增强而不是降低；而其本人在第一版中尚将成文法排在英国冲突法渊源的第二位。[①] 第二个趋势是国际私法立法愈来愈向系统全面的法典化（codification）方向发展。1989年1月1日开始施行的瑞士《关于国际私法的联邦法》总计13章200条，内容包含总则性规定和分则性规定，堪称当代国际私法立法的典范，是迄今为止世界上最为详尽的国际私法立法。

（二）国内立法（主要是冲突法）的主要模式

就国内立法而言，国际私法的立法模式主要有分散立法式、专章专篇式和单行立法式。

分散立法式是将冲突规范分散规定在民法典或其他民法单行立法的有关章节中。在分散立法式中，国际私法立法在形式上附属于民法典或其他民法单行立法中，是国际私法立法在当时尚不发达的表现。分散立法式的代表是1804年法国《民法典》，奥地利、荷兰、希腊、意大利、葡萄牙、西班牙、巴西、智利、阿根廷、墨西哥等国也曾采用这一模式。

专章专篇式是以专章或专篇的形式将冲突规范或其他国际私法规范（如国际民事管辖权规范等）在民法典或其他民法单行立法中系统地加以规定的立法模式。在专章专篇式中，虽然国际私法立法在形式上仍附属于民法典或其他民法单行立法，但其在这些立法中已经相对独立而且体系完整，因而一定程度上仍然代表了国际私法立法的成文化趋势。由于相对于分散立法式的明显的优越性，从19世纪中叶始，一些国家在修订（如希腊、意大利、葡萄牙）或制定民法典时开始采用这种立法模式，该模式至今仍为许多国家采纳。专章专篇式与单行立法式是目前国际私法在国内立法中最流行的两种立法模式。德国1896年《民法典施行法》应是世界上首部采专章专篇形式对国际私法进行规定的立法（该法在其第一编第二章以专章形式规定了国际私法问题）。[②]

单行立法式是以单行法规或专门法典的形式系统规定冲突规范和其他国际私法规范的立法模式。日本1898年《法例》是国际私法立法开始进入单行立法阶段的标志。[③] 但如前所述，国际私法真正进入法典化阶段的象征应该是1989年瑞士《关于国际私法的联邦法》。

20世纪以来，国际私法成文化趋势日益凸显，特别是20世纪70年代以来，不少国家进行了国际私法的立法或修法活动，开启了国际私法立法的现代化进程。当代国际私法的国内立法，从形式和内容上看具有以下特点：立法模式上向单行法方向发展，调整对象不断扩大、适用范围愈加广泛，广泛采用弹性连结因素以增强冲突规范的灵活性，重视政策定性和结果选择的法律选择方法等。

二、司法判例

（一）判例在国际私法中的地位与作用

司法判例是国际私法的重要渊源。所谓判例，系指法院对具体案件的判决具有法律约束

---

① J. H. C. Morris，Conflict of Laws，3th ed.，Stevens And Sons，1984，p. 7.

② 德国1896年《民法典施行法》应是以专章专篇形式进行国际私法立法的典型代表，而非国内诸多教材所称的有关国际私法单行立法的典型代表。

③ 严格地说，《法例》只是有关国际私法的准单行立法。从其名称来看，《法例》是有关法律适用的通则立法，涉外民事审判中的法律选择当然属于法律适用，但法律适用却不限于涉外民事审判中的法律选择。《法例》第1条与第2条分别涉及法律的施行日期与习惯法的效力，这些问题与涉外民事审判中的法律适用问题并没有直接联系。因此，从规范内容来看，涉外民事审判中的法律适用是《法例》调整的主要问题，但不是所有问题。

力，可以成为法院以后审理同类案件的依据。

在英美法系国家，传统上，判例是其法律的主要渊源。在大陆法系国家，虽然传统上并不认为判例是其法律的渊源，但随着两大法系的逐渐渗透和融合，尤其是大陆法系国家意识到人类理性在立法中的局限性，判例在大陆法系国家的法源地位亦逐渐得到认可。

在英美法系国家，如前所述，早期的国际私法规则几乎都来源于法院判例，由于这些国际私法规范内容零散，且时有相互抵触，为此，一些著名的学者或民间机构便开始了系统的国际私法规范的汇编和整理工作，以作为这些国家处理涉外民事案件的权威依据。例如，英国学者戴赛于1896年编著了《冲突法》（The Conflict of Laws），系统全面地归纳整理出英国判例中所适用的冲突规范，从该书第一版开始，其著作就是围绕这些经过整理的成文规则展开，这些规则的后面通常附有评论，以阐释规则的含义、运用，并配备有将规则适用于具体案件的释例（illustrations）。该著作后由莫里斯和柯林斯（Lawrence Collins）等人相继修订，截至目前，该书已出版至第15版。该书被誉为冲突法领域学术写作的“黄金标准”（the gold standard）。[①] 该书中的许多规则已为英国成文法规定所复制（reproduction）或仿效。

美国法学会（American Law Institute）是一个非官方的学术机构，承担了美国冲突法的编纂工作。1934年《第一次冲突法重述》[Restatement（First）of Conflict of Laws] 是美国法学会，特别是被任命为报告员的哈佛大学法学院比尔教授和其他一些美国著名国际私法学者的工作成果，其宗旨是就美国冲突法案件审判实践进行重述。该项工作基于以下共识：法院判决的大量增加以及这些判决之间的相互矛盾大大增加了法律的不确定性和不明确性，这在一定程度上使成文法典成为必要。1971年，美国法学会出版了以里斯教授（Willis L. M. Reese）为报告员的《第二次冲突法重述》[Restatement（Second）of Conflict of Laws]。加拿大、澳大利亚等国国际私法的主要渊源也是判例，但其对法院判例的编纂则远没英美成功。

在大陆法系国家，国际私法的主要渊源是成文法，但判例在这些国家法院审理涉外民事案件时也起着重要作用，是国际私法的辅助渊源。法、德、日等国都很重视判例的作用，当处理具体案件缺少成文冲突规范时，法院可以援引最高法院的判例作为裁判依据。事实上，许多成文的国际私法规则就是从判例直接发展起来的。一个有趣的现象是，法国虽然是典型的成文法国家，但其国际私法体系却是以法国《民法典》第3条为基础通过判例法发展而来。中国国际私法教材通常都会援引一些法国著名的国际私法案例，如李查蒂案（Lizardi case）、福尔果案（Forgo case）以及鲍富莱蒙案（Bauffremont's Divorce Case）等，这些案例在确立某些重要的国际私法制度如交易保护条款、反致和法律规避等方面曾发挥重要作用。日本在司法实践中也允许法院在特定条件下依据判例作出裁决。日本学者十分重视对国际私法案例的研究，曾编辑出版了专门的涉外民事案例汇编，如《涉外判例百选》。在日本学者出版的国际私法著作中也将判例列为“其他法源”。

（二）我国对司法判例的立场和态度

在我国现行法律体制下，判例不是法律的渊源，它只对具体案件具有一定的指导作用，不能作为法院处理案件的法律依据。但是，这并不是说，法院判例对我国法院审理涉外民事案件没有任何意义。由于涉外民商事关系的特殊性和复杂性，仅依据我国现有成文法来处理涉外民

① William W. Park, Rules and Standards in Private International Law, 73 Arbitration 441, 2007.

事案件是远远不够的。尽管我国国际私法成文立法在近年有了较快发展，但仍然不能满足我国涉外民商事关系飞速发展的需要，亟待通过司法判例来弥补。此外，我国国际私法的原则、规则与制度，也需要通过司法判例来发展。因此，在目前情况下，承认司法判例在我国国际私法中的渊源地位，对指导法院的审判，发展我国对外民商事交往，维护中外双方当事人的合法权益，推动我国国际私法的立法进程均有重要意义。

第二节 国际法渊源

一、国际条约

国际条约是由两个或两个以上国际法主体缔结的调整其相互间权利义务关系的协议。从19世纪中叶起，一些学者就认识到国际条约对于解决和避免各国法律冲突的重要意义。在学者们的倡导下，一些国家开始致力于制定国际条约以避免和解决法律冲突。毫无疑问，国际条约是避免和解决法律冲突的最佳手段和理想途径。时至今日，国际条约早已成为国际私法赖以存在的重要渊源之一。

作为国际私法渊源的国际条约，按照不同的标准可以划分为：统一冲突法条约、统一实体法条约和统一程序法条约（包括国际民事诉讼程序条约和国际商事仲裁条约）以及混合性质的条约（包括上述两个以上方面内容的条约）；专门规定国际私法规范的条约与仅有部分内容涉及国际私法规范的条约；双边条约与多边条约。

（一）国际私法统一化的历史发展

早在1845年，美国学者斯托雷就在其著作中倡导统一各国国际私法。而在意大利政治家、法学家孟西尼的推动下，在1870年代，国际私法统一化运动（movement towards the unification of private international law）开始加强，意大利政府曾先后两次试图发起制定多边条约的国际会议，但均未成功。受其影响，秘鲁政府于1878年发起并召开利马会议，签订了一个内容十分广泛的冲突法条约，但仅有秘鲁一国批准，条约没能生效。1889年，由乌拉圭、阿根廷两国发起，拉美国家在乌拉圭首都蒙得维的亚召开会议，第一次通过了关于国际民法、国际商法和国际诉讼法等内容的9个条约。这些条约的诞生，标志着国际私法统一化的开端。① 在赞成国际私法统一化的欧洲支持者中，最成功的当属荷兰法学家阿塞（Tobins Michael Carel Asser）教授。在其影响下，荷兰政府于1892年邀请欧洲的主要国家召开国际会议，以期达成有关冲突法规则的国际法典。第一届会议于1893年在荷兰海牙召开，此后在海牙又召开了六次会议，直至1951年第七届海牙国际私法会议通过《海牙国际私法会议章程》，正式将海牙国际

① 卢峻．国际私法公约集．上海：上海社会科学院出版社，1986：5.

私法会议确立为一个政府间的常设国际组织而非临时的国际会议。早期的海牙国际私法会议广泛地讨论了有关结婚、离婚、监护、遗嘱与继承、民事程序、破产、外国判决承认与执行等议题，但最后获得通过和生效的公约数量有限，参加国也不广泛。不过，经过数十年的发展，海牙国际私法会议已取得了丰硕的成果，目前已经发展为世界上最主要的统一国际私法特别是冲突法的政府间国际组织。目前其主持通过的公约有 40 余部。①

1930 年和 1931 年在日内瓦制定的两个有关汇票和支票冲突规则的公约也很重要。1923 年和 1927 年有关仲裁条款和外国仲裁裁决承认与执行的两个公约也是国际私法统一化的重要成果。

不过，应该说，在 20 世纪中叶之前，美洲的国际私法统一化运动（冲突法方面）比同时期的欧洲取得了更大的进步。制定了三个非常重要的国际公约，其中 1889 年和 1940 年有关国际民法和国际商法的蒙特维多两公约（1940 年条约是对 1889 年条约的修订）是在乌拉圭著名法学家贡萨洛·拉米雷斯（Gonzalo Ramirez）领导下缔结的，缔约国是采纳住所地原则的阿根廷、玻利维亚、巴拉圭、秘鲁和乌拉圭，而不愿对人的身份放弃适用国籍原则的巴西、智利未加入公约。这两个公约都对国际私法问题进行了非常详尽的规定，是国际私法法典化的例证。

特别值得一提的是，在 1928 哈瓦那会议上通过了著名的《布斯塔曼特法典》（Código Bustamante）。该公约以古巴著名法学家布斯塔曼特的名字命名，计 437 条，共四册，包括国际私法、国际商法、国际刑法和国际程序法。前两册涉及国际民商法，共 295 条，仅对国际财产法的规定就有 35 条，它对国际私法作了全面系统的规定。南美洲六国和中美洲所有九国批准了该公约，北美洲的加拿大、美国和墨西哥未批准该公约。该公约可谓毁誉参半。它最引人注目之处在于不仅试图确立一些基本原则，而且包括非常具体的规则以便为法官遇到任何要处理的问题时提供答案。然而也有学者评价它未创设冲突规则的真正统一，因为在最核心的问题上，即人的身份（status of persons）、结婚（marriage）、离婚（divorce）、监护（guardianship）、亲权（paternity）等究竟是依据住所地法还是本国法，法典规定留待各个国家自己决定。当然也没有理由仅因在某些关键问题上未取得一致就拒绝接受其在其他次要问题上达成的一致。还有一点非常重要，就是该法典在一定程度上受意大利学派的一些概念的影响，例如法典第 3 条将所有法律规则（legal rules）分成三类，属人法、属地法和自治法（leyes personales，leyes territoriales and leyes voluntarias），与意大利学派中的国籍原则、领土主权原则和自由原则（principles of nationality，territorial sovereignty and liberty）相对应。②

第二次世界大战后，国际私法统一化运动更加壮大和富有成效。国际私法统一化运动呈现出以下几个显著的特点：

首先，统一化的机构主要是国际组织。国际组织在国际私法统一化运动中发挥越来越重要的作用，这些国际组织既有全球性的，也有区域性的，如联合国、海牙国际私法会议、美洲国家组织、国际统一私法协会、欧盟等等，均主持制定了大量与国际私法有关的条约，其中一些条约内容丰富，参加国数量众多，具有广泛的影响，在私法统一方面发挥了积极的作用。

其次，统一化的范围愈来愈广泛，从传统的婚姻家庭继承等领域冲突法的统一扩展到国际

---

① https://www.hcch.net/en/instruments/conventions.

② Martin Wolff，Private International Law，Oxford University Press，1944，pp. 47-49.

经贸领域实体法的统一。

再次，统一化的内容从冲突规则的统一到也越来越重视实体规则的统一和程序规则的统一。而且新近的一些公约多为混合性质的公约，既有冲突规则又有程序规则或实体规则。

最后，开始采用示范法（model law）的模式。示范法方法起源于美国，是其国内私法统一化的重要方法。20世纪中后期以来，示范法方法在国际立法中，特别是在私法的统一化运动中得到了广泛的运用，并产生巨大影响。许多国际组织纷纷以示范法的形式开展了国际造法活动，其中最具代表性的示范性法律为：1985年联合国国际贸易法委员会《国际商事仲裁示范法》（UNCITRAL Model Law on International Commercial Arbitration，with amendments as adopted in 2006）、1996年联合国国际贸易委员会《电子商务示范法》（UNCITRAL Model Law on Electronic Commerce with Guide to Enactment）、1997年联合国国际贸易法委员会《跨国破产示范法》（UNCITRAL Model Law on Cross-Border Insolvency with Guide to Enactment）和2004年国际统一私法协会《国际商事合同通则》（UNIDROIT Principles of International Commercial Contracts），特别是2015年海牙国际私法会议通过《关于国际商业合同法律选择的海牙原则》（The Hague Principles on Choice of Law in International Commercial Contracts）。

从19世纪末，一些国家达成1883年《保护工业产权的巴黎公约》、1886年《保护文学艺术作品的伯尔尼公约》、1889年《有关国际民法和国际商法的蒙特维多公约》、1891年《关于商标国际注册的马德里协定》等有关国际公约时起，国际私法统一化运动已走过漫长的历史岁月，其间遭遇了不少困难挫折，也取得了巨大的成果，相关实体法条约、冲突法条约和程序法条约一起构成了国际私法的国际条约渊源，在解决和消除法律冲突方面发挥了无可替代的作用。

（二）从事国际私法统一工作的国际组织

国际组织在国际私法统一化运动中起着核心作用。国际组织通过主持制定国际条约，为国际私法的统一作出了重要的贡献，大量的有关国际私法的条约的签订，是国际私法统一化的显著成果。从事国际私法统一化的国际组织主要有：国际联盟、联合国、海牙国际私法会议、美洲国家组织、国际统一私法协会以及欧盟等。

1. 国际联盟（League of Nations）

第二次世界大战以前，在国际联盟的主持下，一系列公约得以出台，其主要包括：1930年《统一汇票本票法公约》以及《解决汇票与本票法律冲突的公约》、1931年《统一支票法公约》以及《解决支票法律冲突的公约》、1923年《仲裁条款议定书》（Protocol on Arbitration Clauses）、1927年《关于执行外国仲裁裁决的公约》（Convention on the Execution of Foreign Arbitral Awards）。这些涉及票据法和国际商事仲裁的日内瓦公约取得了巨大的成功，为数不少的国家批准加入了上述公约。

2. 联合国（United Nations）

第二次世界大战以后，联合国及其专门机构在国际私法的统一化进程中逐渐占据重要地位，取得了丰硕的成果。联合国国际贸易法委员会一直致力于国际贸易法的统一工作，先后在国际货物买卖、国际货物运输、国际票据和国际商事仲裁领域制定了一系列十分重要的国际公约和示范法，代表性的有1980年《国际货物买卖合同公约》、1978年《联合国海上货物运输公约》（《汉堡规则》，United Nation Convention on the Carriage of Goods by Sea）、1985年《国际商事仲裁示范法》(United Nations Convention on Carriage of Goods by Sea) 等。联合国其他一些专门机构分别在不同领域也就国际私法的统一做了不少工作。由于联合国是一个常设性的政府间国际组织，其成员包括了世界上绝大多数国家，具有广泛的代表性，公约一旦通过，便会产生很大影响。但由于各国政治经济利益的冲突与法律背景及法律传统的差异，这种统一比区域性国际组织所进行的国际私法统一工作更为复杂和困难。

3. 海牙国际私法会议（Hague Conference on Private International Law）

海牙国际私法会议是目前国际上最主要的统一国际私法（主要是冲突法）的常设政府间国际组织。自 1893 年第一届海牙国际私法会议召开到 1951 年第七届海牙国际私法会议通过《海牙国际私法会议章程》为止，海牙国际私法会议作为一种临时性的国际会议，其工作主要是从事统一欧洲各国的国际私法。1951 年《海牙国际私法会议章程》的通过，标志着它已演变成一个常设的政府间国际组织，其工作宗旨也已发展为致力于世界范围内的国际私法的统一。截止到 2022 年 7 月，海牙国际私法会议的成员国已从 1951 年的 17 国发展到目前的 91 个成员，包括 90 个国家和欧共体，并且已由主要由欧洲大陆法系国家参加的国际会议发展到现在由来自五大洲不同法系国家组成的国际组织。目前，海牙国际私法会议已通过了 40 多部涉及国际商事交易和金融、婚姻家庭、继承、国际民事诉讼等多个领域的国际公约。近年来，海牙国际私法会议主要通过了以下公约和议定书：2005 年《法院选择协议公约》(Convention of 30 June 2005 on Choice of Court Agreements)、《关于经由中间人持有证券的某些权利的法律适用公约》(Convention of 5 July 2006 on the Law Applicable to Certain Rights in Respect of Securities held with an Intermediary)、《关于儿童抚养费和其他形式家庭扶养费用的国际追索公约》(Convention of 23 November 2007 on the International Recovery of Child Support and Other Forms of Family Maintenance) 以及《扶养义务法律适用议定书》(Protocol of 23 November 2007 on the Law Applicable to Maintenance Obligations)。海牙国际私法会议近年最重要的成果当推 2019 年 7 月 2 日订立的《外国民商事判决承认与执行公约》(《海牙判决公约》，Convention on the Recognition and Enforcement of Foreign Judgments in Civil or Commercial Matters)。① 此外，海牙国际私法会议还十分关注国际合同法律选择领域的问题，2015 年通过了《关于国际商事合同法律适用的海牙原则》(The Hague Principles on Choice of Law in International Commercial Contracts)，这是海牙国际私法会议主持起草的首个法律选择领域的示范法。

海牙国际私法会议制定的公约比较集中地反映了各国国际私法的立法和司法实践的潮流，代表着当代国际私法的发展方向。

4. 美洲国家组织（The Organization of American States）

美洲国家组织成立于 1938 年，其组织宪章规定，"发展与编纂国际公法与国际私法"是该组织的任务之一。为了加强国际私法的编纂，美洲国家组织于 1971 年决定召开国际私法特别会议，并分别于 1975 年、1979 年、1984 年、1989 年、1994 年召开了 5 届国际私法特别会议，先后通过了关于国际私法的一般原则、国际商事仲裁、票据、司法协助、收养、法人权利能力与行为能力、国际合同法律适用等方面的 30 多个公约，成就卓著。

---

① Full text available at https://www.hcch.net/en/instruments/conventions/full-text/? cid=137, last visited on July 5, 2022.

5. 国际统一私法协会（UNIDROIT）

国际统一私法协会成立于1926年，是由意大利政府发起成立的一个旨在统一和协调不同国家或不同国家集团之间私法规则的国际组织。该组织自成立以来，一直致力于私法领域实体法的统一工作，主持起草了大批公约草案，内容涉及国际货物买卖、国际货物运输、国际商事仲裁、代理、民事责任等许多方面。其中，该组织主持起草的关于国际货物买卖统一法的两个公约——《国际货物买卖统一法公约》（Convention on Uniform Law for the International Sale of Goods）与《国际货物买卖合同形式统一法公约》（Convention relating to a Uniform Law on the Formation of Contracts for the International Sale of Goods），在1964年的海牙外交会议上获得通过。这两个公约为后来的《国际货物买卖合同公约》的制定与通过奠定了坚实的基础。我国于1985年7月23日正式接受该协会的章程，并从1986年1月1日正式成为该组织的成员国。

6. 欧洲共同体/欧盟与欧洲理事会（Europe Community/European Union，The Council of Europe）

二战后，为了实现欧洲的一体化，由欧洲煤钢共同体、欧洲经济共同体和欧洲原子能共同体组成的欧洲共同体得以产生。三大共同体中的欧洲经济共同体承担了国际私法统一化的任务。根据《欧洲经济共同体条约》第220条，欧洲经济共同体的六个原始成员国应通过国际条约的形式在国际私法的统一方面有所作为，其在这方面最重要的成就即1968年《民商事管辖权及判决执行公约》（《布鲁塞尔公约》，Convention on Jurisdiction and the Enforcement of Judgments in Civil and Commercial Matters）和1980年《合同之债法律适用公约》（《罗马公约》，Convention on the Law Applicable to Contractual Obligations）。随着欧盟的成立特别是1999年5月1日《阿姆斯特丹条约》的生效，欧共体在国际私法统一化方面开始拥有立法权，国际私法在欧盟的统一化运动开始进入超国家立法阶段，对此下文将有详述。

欧洲理事会也是一个重要的区域性国际组织，尽管私法的统一不是该组织的一项主要任务，但在私法统一过程中也取得了一定成就。尤其是在1963年，该组织设立了“法律协作委员会”，目的在于对欧洲理事会现在和将来的法律计划，尤其是国际公法、国际私法及各国私法领域的公约草案、示范法和统一法律的起草进行协调和监督。欧洲理事会成立后，先后签署了大量的国际公约，关于私法方面的公约主要涉及专利、国际商事仲裁、民事责任、儿童收养、公司设立、外国法证明等内容。

此外，一些民间国际组织如国际商会、国际法协会等制定的《国际贸易术语解释通则》（International Commercial Terms，INCOTERMS）、《跟单信用证统一惯例》（Uniform Customs and Practice for Documentary Credits，UCP）、《约克—安特卫普规则》（York-Antwerp Rules）等，是国际商事习惯法中的代表，在国际贸易领域广为适用。

（三）主要的国际私法条约

作为国际私法渊源的国际条约数量很多，根据条约的内容大致可分为四类。

1. 关于外国人民事法律地位的国际条约

主要有：联合国及其专门机构制定的1950年《关于宣告失踪者的公约》（Convention on the Declaration of Death of Missing Persons）、1951年《关于难民地位的公约》（Convention relating to the Status of Refugees）、1957年《已婚妇女国籍公约》（Convention on the Nationality of Married Women)、1961 年《减少无国籍状态公约》(Convention on the Deduction of Stateless Conditions) 等；海牙国际私法会议主持制定的 1956 年《承认外国公司、社团和财团法律人格的公约》(Convention concerning the Recognition of the Legal Personality of Foreign Companies, Associations and Institutions)；欧共体主持制定的 1968 年《关于相互承认公司和法人团体的公约》(Convention on the Mutual Recognition of Companies and Bodies Corporate) 等。

2. 关于冲突法的国际条约

主要有：海牙国际私法会议主持制定的 40 多个国际条约；联合国及其前身国际联盟制定的冲突法公约，如 1986 年《国际货物买卖合同法律适用公约》(Convention on the Law Applicable to Contracts for the International Sale of Goods)、1930 年《解决汇票本票法律冲突公约》(Convention on the Settlement of Certain Conflicts of Laws in Connection with Bills of Exchange and Promissory Notes)、1931 年《解决支票法律冲突公约》(Convention on the Settlement of Certain Conflicts of Laws in Connection with Check) 等。此外，欧共体、美洲国家组织等也主持制定了一些冲突法条约，如 1980 年欧共体《罗马公约》、1979 年《美洲国家间关于国际私法通则的公约》(Inter-American Convention on General Rules of Private International Law)、1979 年《美洲国家间关于支票法律冲突的公约》(Inter-American Convention on Conflict of Laws Concerning Checks)、1994 年《美洲国家间关于国际合同法律适用的公约》(Inter-American Convention on the Application of Law to International Contracts) 等。

3. 关于实体法的国际条约

关于实体法方面的国际条约，内容主要涉及国际货物买卖、国际货物运输、国际投资保护、知识产权的国际保护等。最为主要的条约有：1980 年《国际货物买卖合同公约》、1924 年《海牙规则》、1968 年《关于修改统一提单若干法律规则公约的议定书》(《维斯比规则》, Protocol to Amend the International Convention for the Unification of Certain Rules of Law Relating to Bills of Lading)、1978 年《汉堡规则》、1929 年《华沙公约》、1980 年《联合国国际货物多式联运公约》(United Nations Convention on International Multimodal Transport of Goods)、1883 年《保护工业产权的巴黎公约》、1886 年《保护文学艺术作品的伯尔尼公约》、1891 年《商标注册马德里协定》、1952 年《世界版权公约》(Universal Copyright Convention) 等。

4. 关于国际民事诉讼与国际商事仲裁的国际条约

关于国际民事诉讼的重要条约有：1940 年《关于国际民事程序法的条约》(Treaty on International Procedure Law)、1954 年《民事诉讼程序公约》(Convention on Civil Procedure)、1968 年欧共体《民商事案件管辖权及判决执行公约》、1965 年《关于向国外送达民商事司法文书和司法外文书的公约》(《海牙送达公约》, Convention on the Service Abroad of Judicial and Extrajudicial Documents in Civil or Commercial Matters)、1970 年《关于从国外获取民商事证据的公约》(《海牙取证公约》, Convention on the Taking of Evidence Abroad in Civil or Commercial Matters)、2005 年《法院选择协议公约》、2019 年《海牙判决公约》等。这类公约除由海牙国际私法会议主持制定以外，大多数是由一些区域性国际组织，如欧共体、美洲国家组织等主持制定的。此外，在不同国家间还存在着大量的双边司法协助协定。

关于国际商事仲裁的条约主要有：1923 年《仲裁条款议定书》、1927 年《关于执行外国仲裁裁决的公约》、1958 年《承认和执行外国仲裁裁决公约》(《纽约公约》, Convention on the

Recognition and Enforcement of Foreign Arbitral Awards)、1961年《关于国际商事仲裁的欧洲公约》(European Convention on International Commercial Arbitration)、1965年《关于解决国家与他国国民间投资争端的公约》(Convention on the Settlement of Investment Disputes between States and Nations of Other States)、1975年《美洲国家间关于国际商事仲裁的公约》(Inter-American Convention on International Commercial Arbitration) 等。

(四) 我国缔结或加入的有关国际私法的条约

20世纪80年代以来，我国缔结或加入的有关国际私法的条约数量逐年增多。

在外国人民事法律地位方面，缔结或参加的公约有：1925年《本国工人与外国工人关于事故赔偿的同等待遇公约》(Convention concerning Equality of Treatment for National and Foreign Workers as regards Workmen's Compensation for Accidents)、1951年《关于难民地位的公约》及1967年《关于难民地位的议定书》(Protocol Relating to the Status of Refugees)、1979年《关于消除对妇女一切形式歧视的公约》(Convention on the Elimination of All Forms of Discrimination against Women) 等。

在冲突法方面，我国尚未加入专门的冲突法公约，但在参加的有关国际条约中涉及冲突法条款，如1969年《国际油污损害民事责任公约》(International Convention on Civil Liability for Oil Pollution Damage)。

在实体法方面，我国参加的国际条约较多，主要集中在国际货物买卖、国际货物运输、知识产权的国际保护等方面，如1980年《国际货物买卖合同公约》；1966年《国际船舶载重线公约》(International Convention on Load Line)；1972年《国际海上避碰规则公约》(Convention on the International Regulations for Preventing Collisions at Sea)；1974年《联合国班轮公会行动守则公约》(Convention on a Code of Conduct for Liner Conferences)；1929年《华沙公约》及1955年《关于修订统一国际航空运输某些规则的公约的议定书》；1883年《保护工业产权的巴黎公约》；1886年《保护文学艺术作品的伯尔尼公约》；1891年《商标国际注册马德里协定》；1952年《世界版权公约》；1967年《成立世界知识产权组织公约》(Convention on Establishing World Intellectual Property Organization) 等。此外，我国还同许多国家签订了双边投资保护协定、贸易协定等，其中也包含了大量的调整涉外民商事关系的实体法规范。

在程序法方面，1986年我国加入了1958年《纽约公约》，1991年加入了《海牙送达公约》，1992年加入了《关于解决国家与他国国民间投资争端的公约》，1997年加入了《海牙取证公约》。从1987年起，我国又加快了与有关国家谈判签订双边司法协助协定的步伐，到2022年7月，已同法国、波兰、蒙古国、比利时、罗马尼亚、意大利、西班牙、俄罗斯、土耳其、古巴、泰国等39个国家签订了双边民商事司法协助协定。

二、国际惯例

(一) 国际惯例的概念

虽然日常生活中国际惯例 (international practice) 和国际习惯 (international custom) 经常被混用，但在国际法上这两个术语却有明显的区别。

国际惯例有广义和狭义之分。广义的国际惯例包括国际习惯和国际通例或国际常例。狭义的国际惯例仅指国际通例或国际常例。

国际习惯是在国际交往中逐渐形成的不成文的法律规范，它只有经过国际认可才有约束力，而且具有强制性。国际通例或国际常例指各国长期普遍实践所形成的尚不具有法律约束力的“通例”或“常例”，即只有经过当事人的选择才对其有约束力的惯例，也就是任意性的惯例。一般认为，国际私法中的国际惯例既包括强制性的国际惯例也包括任意性的国际惯例，但国际私法惯例大多数是任意性惯例。

根据《国际法院规约》（Statute of the International Court of Justice）第 38 条第 1 款的规定，国际习惯是“作为通例之证明而经接受为法律者”。这就是说，一项规则要成为国际习惯必须具备两个条件：一是长期实践中重复类似行为而形成普遍的习惯做法，即物质的因素；二是这种做法被国家或当事人认可而具有法律效力，即心理的因素。[①] 实际上，在国际私法领域，这种被各国及当事人认可具有法律约束力的国际习惯是不多见的。而且一般认为，国际公法显然并未包含任何禁止采用特定法律选择规则的规则，国际公法中似乎也没有一国法院必须适用的任何实在的法律选择规则（positive choice of law rules），除非该国是制定这些规则的条约的缔约国。因此，只有当一国未遵守条约义务（treaty obligations）时，才会导致该国承担国际法律责任[②]（international legal responsibility）。在冲突法领域，长期以来虽然也形成了不少的习惯做法，如“不动产适用不动产所在地法”（Transfer of immovables *inter vivos* are governed by *lex situs*）、“场所支配行为”（*Locus regit actum*）等，但很难说这些规则具有普遍的法律约束力。在实体法和程序法中，这类习惯也很少见，大量的是不具有强制性和普遍法律约束力的“常例”或“通例”，特别是在国际经济贸易领域更是如此。这些“常例”或“通例”只有经当事人选用，才对特定的当事人产生法律约束力。因此，人们通常所说的国际私法惯例指的就是这种国际贸易或商事惯例。

目前，在国际贸易领域，最著名的国际惯例主要有：《国际贸易术语解释通则》、《华沙—牛津规则》（Warsaw-Oxford Rules）、《约克—安特卫普规则》、《托收统一规则》（The Uniform Rules for Collection）、《跟单信用证统一惯例》等。

（二）国际惯例作为我国国际私法的渊源问题

在我国涉外司法和涉外仲裁实践中，人民法院和仲裁机构也的确适用了国际惯例对某些案件作出判决或裁决，从而维护了中外当事人的合法权益。但是，对于我国《民法通则》第 142 条第 3 款规定的可以适用的“国际惯例”，究竟是指冲突法上的国际惯例，还是指实体法上的国际惯例，有三种不同看法。一种观点认为，除国家及其财产豁免原则以外，国际私法中几乎无国际惯例可言，主要是存在一些作为统一实体法规范的国际惯例，而在管辖权与法律适用方面，并没有得到普遍采纳的国际惯例。因此，上述立法所指国际惯例主要指的是实体法方面的惯例。另一种观点则认为，“人的身份与能力依当事人属人法”“不动产依不动产所在地法”“法律行为方式依行为地法（场所支配行为）”“合同的法律适用依当事人意思自治原则”等，这些几乎已经被世界各国的立法与实践所认可，可以说是普遍性的冲突法原则，可以被视为国际惯例。[③] 因此，这些学者把我国立法中所指的“国际惯例”理解为既包含冲突法上的惯例，

---

① 詹宁斯、瓦茨修订．奥本海国际法：第 1 卷 · 第 1 分册．王铁崖，等译．北京：中国大百科全书出版社，1995：16.

② J. G. Collier，Conflict of Laws，3th ed.，Cambridge University Press，2004，pp. 389 - 390.

③ 余先予．冲突法．北京：法律出版社，1989：26.

又包括实体法上的惯例。还有一些学者则基于《民法通则》第 142 条被规定在第八章“涉外民事关系的法律适用”中，认为该条所称“国际惯例”应指“法律适用”上的国际惯例。而关于《涉外经济合同法》第 5 条第 3 款的规定，依据最高人民法院《〈涉外经济合同法〉解答》，它所称的“国际惯例”则仅指实体法方面的惯例。从《民法通则》第 142 条的规范意旨来看，其解决的是实体法（准据法）的选择问题，因而我们倾向于认为第 142 条第 3 款所指“国际惯例”应是指实体法层面的国际惯例。在《民法通则》被废止之前，我国有关国际商事惯例的适用主要有两种途径，其一为基于当事人合意选择的适用，其二即《民法通则》第 142 条所规定的补缺适用。在我国，国际惯例也是国际私法的渊源之一。

随着《民法典》于 2021 年 1 月 1 日开始施行，《民法通则》被废止且《民法典》未像《民法通则》那样就国际惯例的适用作出规定。理论上，《民法通则》被废止后，国际惯例基于当事人意思自治的适用途径不受影响，至于国际惯例的补缺适用，也不应受到影响。因为国际商事惯例本身就是商人们在长期商事交往中基于公平与效率将某些成熟做法慢慢定型下来而形成的，在国内立法和国际公约都没有规定的情况下，适用国际商事惯例解决纠纷，完全符合私法基于“市民社会的基本事理”解决私人纠纷交往的原理。国际惯例在我国的地位究竟如何，有待未来立法或司法实践明确。

MATERIAL

The Sources of Private International Law

The word “sources” has various meanings. It can refer to the origin of a branch of law, and conveys at the same time a specific approach to it. When Roman law survived the dislocation of the Empire, it had to compete with different conflicting statutes (statuta) adopted by local jurisdictions. Italian scholars such as Bartolo da Sassoferrato (1314 - 1357) drafted rules to make a choice between the competing statutes. Those rules were applied by the courts. Scholarly from its origin, the science of conflict of law won access to the courts.

Conflict laws is law on the law. Its realm is beyond the power of any legislator. The unifying shadow of Roman lawlent support to the hope of overcoming the division of sovereignty through the device of common rules of conflict. After the invention of international law, conflict rules found shelter in it. Francisco de Vitoria's *ius communicationis*, which justifies the colonial conquests, concerns the relationships between the subjects of various sovereigns and is more akin to what is now called private international law than to the “public” subdivision of the *ius inter gentes*. Grotius as well as Vitoria and the seventeenth to eighteenth century school of natural law do not separate the two branches of international relationships. Vitoria's justification of colonization is twofold: first is the freedom of communication between the peoples, and the second is the freedom of evangelization. It is striking how Story adhered to Vitoria's perspective. He states “The truth is, that the law of nations, strictly so called, was in a great measure unknown to antiquity, and is the sole growth of modern times, under the combined influence of Christianity and commerce." From Blackstone to Phillimore, Lorimer and Wharton, the law of nations is divided into two realms, the relationships between independent Christian princes and the dealings of those princes' subjects between themselves.

Continental scholars of the nineteenth century, Savigny and Mancini, do not part company with their Anglo-American colleagues of the same period. All of them profess international law to encompass the whole field of human intercourse as between Christian nations and the subjects thereof. Laurent alone takes a more enlightened position. Savigny intends "to establish a scientific basis for conflicts law, congruent with the international community of law among independent states." At the turn of the century another endeavour is gaining ground, namely the drafting of international treaties in the field of conflicts law. It is contemporary with the German EGBGB. After World War II, the legislative activity of the several states and the proliferation of Hague Conventions in specific fields of the law of conflicts will reach a level that was unknown before.

QUESTIONS

1. What are the sources of private international law?
2. Do you agree with the author's opinions that conflict laws is law on the law?

第三节
超国家法渊源

一、超国家法的概念

所谓超国家法（supernational law），即由超国家组织制定并可以直接限制成员国主权的法律。[①] 超国家法虽然可以被归类为国际法的一种特殊情况，但事实上其与一般意义上的国际法存在本质区别，即超国家法一经制定，无须成员国议会批准即可以对成员国发生法律效力。在当代，欧盟法是超国家法的典型代表。如前所述，二战后，出于实现欧洲一体化的目的，在欧洲成立了以法国和德国为核心的欧洲共同体（European Community，简称欧共体）。1993 年，《欧洲联盟条约》（Treaty on European Union，TEU）正式生效，欧洲联盟（European Union，

① Abbo Junker，Internationales Privatrecht，C. H. Beck，2017，S. 8.

简称欧盟）随之成立，欧洲三大共同体被纳入欧盟。作为超国家组织，欧盟分三个阶段从成员国获得了在民事司法合作领域的立法权。第一个阶段从 1957 年 3 月 1 日《欧洲经济共同体条约》(Treaty Establishing the European Economic Community) 生效到 1999 年 5 月 1 日《阿姆斯特丹条约》(Treaty of Amsterdam) 生效。在这一阶段，根据《欧洲经济共同体条约》第 220 条，欧洲经济共同体的六个原始成员国应通过国际条约的形式在国际私法的统一方面有所作为，其在这方面最重要的成就即 1968 年《布鲁塞尔公约》和 1980 年《罗马公约》。严格地说，在这一阶段，欧共体尚没有构成超国家组织。第二个阶段从 1999 年 5 月 1 日《阿姆斯特丹条约》生效到 2009 年 12 月 1 日《里斯本条约》(Treaty of Lisbon) 生效。在这一阶段，欧盟在获取民事司法合作领域的立法权限方面向前迈进了一大步，在国际私法的统一化方面其不再需要通过成员国间公约的形式，欧共体可以直接通过自身立法实现国际私法的统一。其在这方面的代表性成果即 2000 年《民商事管辖权及判决承认与执行条例》(《布鲁塞尔条例Ⅰ》, Regulation on Jurisdiction and the Recognition and Enforcement of Judgments in Civil and Commercial Matters)。第三个阶段则从 2009 年 12 月 1 日《里斯本条约》生效开始。该条约第 81 条不仅保留了欧盟在民事司法合作领域的立法权限，而且还淡化了对“(欧共体立法）措施的统一市场关联性”要求。根据前述第 81 条，欧共体不仅颁布了《布鲁塞尔条例Ⅰ》的新版本，而且还在婚姻家庭法、继承法以及民事诉讼法等领域制定了若干条例。①

二、欧盟国际私法的相关立法

自《阿姆斯特丹条约》第 61 条 C 款（结合第 65 条）于 1999 年 5 月 1 日打响了在民事司法合作领域制定条例的“发令枪”后，欧盟率先在国际民事诉讼法领域发力，制定了数十项相关条例。德国学者阿伯·雍克 (Abbo Junker) 根据时间先后将这些条例分为前后两代。第一代条例为欧盟于 2000 年至 2001 年期间制定的四个条例，这四个条例在国际民事诉讼法领域具有重要作用，但随后基本都为新版本的条例（第二代条例）所取代。第二代条例都是从 2005 年开始生效的条例，其特点是，但凡是在内容上涉及判决承认与执行的条例，则在其适用范围内，在一成员国作出的判决，在另一成员国都不再需要经过执行宣告程序 (Exequatur) 而自动获得承认与执行。②

第一代民事诉讼法领域的四个条例为：

第一，2000 年《布鲁塞尔条例Ⅰ》。该条例已于 2015 年为 2012 年新版本的布鲁塞尔条例所取代。

第二，2000 年《关于婚姻及父母责任领域的管辖权、法律适用及判决承认与执行的条例》(《布鲁塞尔条例Ⅱ》, Regulation on Jurisdiction and the recognition and enforcement of judgments in Matrimonial Matters and in Matters of Parental Responsibility for Children of Both Spouses), 但该条例已于 2005 年 3 月 1 日为 2003 年《关于婚姻及父母责任领域的管辖权、法律适用及判决承认与执行并废除 1347/2000 条例的条例》[《布鲁塞尔条例Ⅱa》, Regulation concerning Jurisdiction and the Recognition and Enforcement of Judgments in Matrimonial Matters and the Mat-

① Abbo Junker, Internationales Zivilprozessrecht, C. H. Beck, 2016, S. 15f.
② Abbo Junker, Internationales Zivilprozessrecht, C. H. Beck, 2016, S. 17f.

ters of Parental Responsibility，Repealing Regulation (EC) No 1347/2000] 所取代，而后者则属于第二代条例。

第三，2000 年《关于成员国间民商事司法文书与司法外文书之送达的条例》(Regulation on the Service in the Member States of Judicial and Extrajudicial Documents in Civil or Commercial Matters)，但该条例已于 2008 年 11 月 13 日为 2007 年《关于成员国间民商事司法文书与司法外文书之送达及废除 1348/2000 条例的条例》[Regulation on the Service in the Member States of Judicial and Extrajudicial Documents in Civil or Commercial Matters (Service of Documents)，and Repealing Council Regulation (EC) No 1348/2000] 所取代。

第四，2001 年《关于成员国法院间在民商事领域加强取证合作的条例》(Regulation on Cooperation between the Courts of the EU Countries in the Taking of Evidence in Civil or Commercial Matters，2004 年 1 月 1 日生效)。

第二代民事诉讼法领域的条例为：

第一，2003 年《布鲁塞尔条例Ⅱa》(2005 年 3 月 1 日生效)。

第二，2004 年《关于引入无争议债权之欧洲执行令的条例》(Regulation Creating a European Enforcement Order for Uncontested Claims，2005 年 10 月 21 日生效)。

第三，2006 年《关于引入督促程序的条例》(Regulation Creating a European Order for Payment Procedure，2008 年 12 月 12 日生效)。

第四，2007 年《关于引入小额债权程序的条例》(Regulation Establishing a European Small Claims Procedure，2009 年 1 月 1 日生效)。

第五，2008 年《关于扶养义务的管辖权、法律适用、判决承认与执行以及合作事项的条例》(《欧盟扶养义务条例》，Regulation on Jurisdiction，Applicable Law，Recognition and Enforcement of Decisions and Cooperation in Matters relating to Maintenance Obligations，2011 年 6 月 18 日生效)。

第六，2012 年《关于遗产继承领域的管辖权、法律适用、判决承认与执行以及公证书的接受与执行和设立欧洲继承证书的条例》(《罗马条例Ⅳ》，Regulation on Jurisdiction，Applicable Law，Recognition and Enforcement of Decisions and Acceptance and Enforcement of Authentic Instruments in Matters of Succession and on the Creation of a European Certificate of Succession，2015 年 8 月 17 日生效)。

第七，2014 年《关于在民商事领域债务清偿中引入账户保护令程序的条例》(Regulation Establishing a European Account Preservation Order Procedure to Facilitate Cross-border Debt Recovery in Civil and Commercial Matters，2017 年 1 月 18 日生效)。

第八，2015 年《破产程序条例》(Regulation on Insolvency Proceedings，2017 年 6 月 26 日生效)。

第九，2016 年《关于在夫妻财产制的管辖权、法律适用和判决承认与执行领域加强合作的条例》(《欧盟夫妻财产制条例》，Regulation Implementing Enhanced Cooperation in the Area of Jurisdiction，Applicable Law and the Recognition and Enforcement of Decisions in Matters of Matrimonial Property Regimes，2016 年 7 月 29 日生效)。

第十，2016 年《关于在注册伴侣财产效力的管辖权、法律适用和判决承认与执行领域加强合作的条例》(《欧盟注册伴侣财产效力条例》，Regulation Implementing Enhanced Cooperation in the Area of Jurisdiction，Applicable Law and the Recognition and Enforcement of Decisions in Matters of the Property Consequences of Registered Partnerships，2016 年 7 月 29 日生效)。

相对于国际民事诉讼法，欧盟在法律适用问题上启动立法程序要晚得多。自 2007 年以来，欧盟在法律适用领域主要有以下重要立法：

第一，2008 年《合同之债法律适用条例》(《罗马条例I》，Regulation on the Law Applicable to Contractual Obligations，2009 年 12 月 17 日生效)。《罗马条例I》的前身是《罗马公约》。

第二，2007 年《非合同之债法律适用条例》(《罗马条例Ⅱ》，Regulation on the Law Applicable to Non-contractual Obligations，2009 年 1 月 11 日生效)。

第三，前述 2008 年《欧盟扶养义务条例》。关于法律适用，该条例第 15 条规定应援引海牙 2007 年《扶养义务法律适用议定书》来确定准据法。

第四，2010 年《关于在离婚与分居法律适用领域加强合作的条例》(《罗马条例Ⅲ》，Regulation Implementing Enhanced Cooperation in the Area of the Law Applicable to Divorce and Legal Separation，2012 年 6 月 21 日生效)。

第五，前述 2012 年《罗马条例Ⅳ》。

第六，前述 2016 年《欧盟夫妻财产制条例》。

第七，前述 2016 年《欧盟注册伴侣财产效力条例》。

国际私法除前述国内法渊源、国际法渊源以及超国家法渊源之外，还存在学说或法理能否作为国际私法渊源的问题。从理论上讲，学说作为学者个人就有关法律概念、规则和制度所作的阐释或提出的观点、理论、主张等，即使在有些国家经常为法官援引，但其显然不同于一般的法律规范。在西方国家的司法实践中，权威学者的观点、理论或学说经常为法官和律师援引作为论证依据，作为法官确定法律规则的辅助性资料，可以说是辅助的或次级渊源 (subsidiary or secondary sources)。① 在英国学者戴赛、莫里斯和柯林斯著的《冲突法》中，成文立法、法院判决和法学家的意见被列为英格兰冲突法的三个最重要的渊源。② 尽管在英国一般认为学者只是次级权威 (secondary authority)，但法学家意见对英格兰冲突法的影响远大于学说在其他领域的影响。戴赛于 1896 年出版的《冲突法》以及戚希尔 (Geoffrey Chevalier Cheshire) 1935 年出版的《国际私法》(Private International Law) 均都多次再版，并经常为法院所援引。外国法学家的意见也对英国法院有重要影响，其中最具影响力的外国学者有荷兰的胡伯、美国的斯托里和德国的萨维尼。尽管学说或一般法理不是国际私法的渊源，但权威学者的学说在国际私法的发展中所起的作用则不容忽视。从某种意义上说，国际私法就是从学说发展起来的。某种程度上，18 世纪以前 (包括 18 世纪) 的国际私法可被称作"学说法"。在这一阶段，国际私法仅表现为一种学说或学理状态，只是到了 19 世纪，国际私法才真正进入"制定法"阶段。即使在现代，由于国际私法仍是一个不断发展的法律部门，许多规则仍处于形成和发展阶段，权威学者的学说对国际私法立法和涉外民事审判仍然具有十分重要的借鉴和参考价值。

---

① Ole Lando，Dicey and Morris，The Conflict of Laws：A Review，The Int'l & Comp. Law，Quarterly，Vol. 47，No. 2，1998，p. 394.

② Lawrence Collins (ed.)，Dicey，Morris and Collins on the Conflict of Laws，Sweet & Maxwell，14th ed.，2006，p. 10.

事实上，一些国家和地区的立法把一般法理或国际私法原理列为国际私法的渊源，以弥补成文立法之不足。如 1938 年泰国国际私法第 3 条规定："本法及其他泰国法所未规定的法律冲突，依国际私法的一般原理"。阿拉伯联合酋长国的国际私法第 1 条也规定，在该法无规定时依穆斯林法，但最好按照其所指定的两个学派的解决方法裁判案件。[①]

MATERIAL

The Sources of English Conflict of Laws

The most significant source of the English conflict of laws had been European Union law before Britain exiting from the EU. Until the middle of the 20th century, legislative intervention in the conflict of laws was haphazard, sporadic and (compared with the mass of case law) slight and unimportant. Statutes were occasionally passed to remedy some glaring anomaly or injustice, to facilitate the reciprocal enforcement of judgments within the United Kingdom or the Commonwealth or with such foreign States as were prepared to offer reciprocal treatment, or (on one occasion only) to codify a very small part of the subject. But since the middle of the 20th century there has been an increasing stream of statutes implementing international conventions, and a few very important ones prepared by the Law Commission as part of a thorough going and well—considered reform of the law.

The English rules of the conflict of laws were radically affected by conventions negotiated under the auspices of the Hague Conference on Private International Law. Before Britain exiting from the EU, the English rules of the conflict of laws had also been radically affected by conventions negotiated under the auspices of the European Communities, especially the Brussels Convention on jurisdiction and the enforcement of judgments in civil and commercial matters (and the parallel Lugano Convention) and the Rome Convention on the Law Applicable to Contractual Obligations.

The Human Rights Act 1998 incorporated the European Convention on Human Rights into United Kingdom law, and came into force in 2000. Even before then it was held that recognition of a foreign law which offended fundamental rights would be contrary to public policy and a breach of fundamental human rights would displace the rule that foreign acts of state could not be questioned in the English courts. Both the European Court of Justice in Luxembourg and the European Court of Human Rights in Strasbourg have applied the principles in the Human Rights Convention to cases involving the conflict of laws.

The principles in the Human Rights Convention have often been taken into account in conflict of laws cases but they have rarely been decisive. The right of access to justice or right

① 李双元，等．中国国际私法通论．北京：法律出版社，2003：25.

to a fair trial under Article 6 do not in themselves prevent a stay of English proceedings or an injunction to restrain foreign proceedings, but the position may be different if the effect is to deprive a party of any remedy. A foreign judgment which has been obtained in breach of the fundamental right to a fair trial must be refused recognition on public policy grounds. But the rights under Article 6 are not absolute, and so do not affect the right of a State to claim state immunity in accordance with internationally accepted principles.

In the English conflict of laws, the courts have been influenced by the opinions of jurists, both foreign and English, to a far greater extent than in most other subjects. The most influential foreign jurists have been Ulrich Huber (1636—1694), who was successively a professor of law and a judge in Friesland; Joseph Story (1779—1845), who was simultaneously a justice of the Supreme Court of the United States and a professor of law at the Harvard Law School; and the 19th century German jurist Friedrich Carl von Savigny.

QUESTION

What is the international sources of English conflict of laws?

第二章 外国人法

提要

外国人法是调整外国人在内国的法律地位的法律。外国人在内国拥有私法地位或民事地位，是产生国际民商事交往的前提，因而也是国际私法得以产生的基础。外国人法是国际私法的重要组成部分。外国人法既调整外国自然人的法律地位，也调整外国法人的法律地位。外国人法的渊源主要是国内法，但二战以后其国际法渊源也在逐步增多。相对而言，外国法人的法律地位因为涉及外国法人的认可、监督等问题而更为复杂。

重点问题

- ❑ 外国人法的概念
- ❑ 外国自然人的私法地位
- ❑ 外国法人的私法地位

第一节

外国人法概述

一、外国人法的概念

一国用以调整外国人在内国的法律地位的法律一般被称为外国人法（aliens law)。就内容而言，外国人法所讨论的外国人的法律地位既包括私法上的地位，也包括公法上的地位。考虑到国际私法的调整对象的特点，在国际私法层面讨论外国人的地位时一般仅讨论外国人的私法地位。所谓外国人的私法地位，也就是外国人在内国可以享有什么样的民事权利，或者说其在内国可以实施哪些民事活动。[①] 换言之，外国人的私法地位决定了外国人在内国拥有民事权利并承担民事义务的范围，或者说外国人在内国实施民事活动的范围。外国人法不仅调整外国自然人的法律地位，同时也调整外国法人的法律地位。

在本教材中，我们也将重点讨论外国人的私法地位，亦即民事法律地位。但值得注意的是，法国学者在讨论外国人的法律地位时，通常既讨论外国人的私法地位，同时也讨论外国人的公法地位。[②]

二、外国人法律地位的变迁

对于现代文明国家而言，赋予外国人以广泛的民事权利是一件司空见惯的事。但在此之前，人类也曾经历过外国人无权利或基本无权利的时代，具体而言即敌视外国人从而在法律上不为外国人提供任何保护的敌视时代，蔑视外国人从而不为外国人提供充分法律保护的贱外时代，以及基于国民利己主义而对外国人享有私权予以广泛限制的排外时代。[③]

目前，在外国人的法律地位问题上，各国主要采取互惠原则和平等原则等两项基本原则。所谓互惠原则，即赋予某外国国民以与该外国赋予本国国民相同范围的民事权利。互惠原则又分为条约上的互惠原则与立法上的互惠原则。条约上的互惠原则是指以条约上的相互保证作为外国人在内国享有民事权利的条件，根据条约赋予缔约对方国民的民事权利的范围与本国国民根据条约所享有的权利的范围相同。立法上的互惠原则是指赋予某外国国民的民事权利的范围与该外国国内法赋予本国国民的民事权利的范围相同。而所谓平等原则，即指内外国人平等，具言之，即赋予外国人的民事权利的范围与赋予本国国民的民事权利的范围相同。显然，平等

① 山田镣一「国際私法」(有斐阁，2004) 177 頁。

② 这方面的例子可参见亨利·巴迪福，保罗·拉加德．国际私法总论．北京：中国对外翻译出版公司，1989：256－261。

③ 山田镣一「国際私法」(有斐阁，2004) 180 頁。

原则相对于互惠原则是一个重要进步，因为其在外国人地位问题上已经开始遵循内外国人平等的基本理念。相较而言，互惠原则仍然包含有偏狭的排外主义思想，而且在互惠原则框架下，外国人的国籍不同则在内国的法律地位也不相同，这显然不利于国际民商事交往。在现代社会，大部分国家基本上都采取更为人性化的平等原则。法国《民法典》第 11 条[①]虽然在形式上看采取的是条约上的互惠原则，但在法解释层面却被理解为平等原则。日本《民法》第 3 条第 2 款亦是如此。[②] 当然，平等原则并不意味着对外国人的法律地位没有任何限制，其只是说原则上平等对待内外国人，但根据国家的政策需要，会例外地在某些领域对外国人的法律地位给予若干限制。[③]

另外，随着《经济、社会与文化权利公约》和《公民权利与政治权利公约》等国际人权公约的施行，各国在各种人权尤其是政治和公法方面的权利也逐渐实现了内外国人平等，加之各种相关双边协定的签订，各国针对外国人已经基本实现了国民待遇。[④]

第二节 有关自然人的外国人法

一、有关自然人地位的国际法规定

传统上，外国人法在法源上主要表现为国内法。但二战以后，随着国际人权公约等有关人权的国际法律文件越来越多，从某种角度说，外国人法在法源上出现了逐步国际化的倾向。在国际法源层面，外国人法既包括诸如国际人权公约等成文的国际法律文件，也包括国际习惯法。

（一）国际法律文件

在当代社会存在大量涉及个人基本权利的国际法律文件，这些国际法律文件在规定个人权利时并不区分内外国人。显然，这些国际法律文件可以构成个人国际法律地位的核心规范，因为这些国际法律文件可以在国际诉讼中得到实施。在这些国际法律文件中最有影响的当属 1948 年《世界人权宣言》，尽管这份法律文件没有强制性效力。随后，又有两份对《世界人权宣言》构成补充的 1966 年《经济、社会与文化权利公约》和《公民权利与政治权利公约》。在区域性层面，影响力较大的公约当属 1950 年《欧洲人权公约》。根据《欧洲人权公权》第 1 条，其适用于位于缔约国管辖权（jurisdiction）内的任何人。该条规定意味着，《欧洲人权公

① 法国《民法典》第 11 条规定："外国人在法国享有与其所属国家按照条约已给予或将给予法国人的相同的民事权利。"

② 该条规定："除了法令或者条约禁止的场合，外国人得享有民事权利。"

③ 山田镣一「国際私法」（有斐阁，2004）180－181 頁。

④ 山田镣一「国際私法」（有斐阁，2004）181 頁。

约》也适用于位于缔约国的第三国国民。欧洲人权法院在其判例法中还对"管辖权"一词做广义解释，缔约国位于外国的控制区域也构成该国的管辖区域，在该管辖区域，缔约国同样有义务保护任何人的基本权利和自由。此即公约的"域外适用"。此外，公约还有"域外效力"。公约的"域外效力"是指，例如，当缔约国在涉外民商事审判中需要适用外国法，或者被请求承认或执行外国判决时，如果该外国法或外国判决违反《欧洲人权公约》所保护的人权，则该外国法将不能得到适用，或者该外国判决将不能得到承认或执行。

此外，各国之间缔结的很多双边协定，也都涉及外国人的法律地位。这些双边协定通常都会互相向对方国家的国民提供相比一般的共同法更为优厚的待遇。这类双边协定在过去通常表现为"友好通商航海协定"，而在今天则更多表现为"投资保护协定"。这些双边协定常用来确保缔约对方国民能够拥有那些最基本的法律地位，如人身权、财产权、签约权等。此外，还有一些更为特殊的双边协定被用以调整双方国民在一些特殊领域的法律地位，如税收协定、司法协助协定、移民协定、劳务协定、社会保障协定以及旅游协定等。这些协定从其形式与效力来看首先与国际公法相关，但其中有些条款则涉及个人的私法地位。

（二）国际习惯法

在外国人的法律地位方面，各国拥有很大的自由裁量权，这也是在这个领域缺乏精细国际规则的原因。但在当代社会，各国有义务赋予外国人以法律地位，尤其是那些为现代社会生活所必需的最低限度的权利，如人身权、诉诸司法权等。基于属地最高权，任何一个国家都有权允许或禁止外国人进入其领土，在外国人逗留其领土期间对其进行监督，并有权限制参加相关经济活动。此外，各国还有权为了公共秩序的目的对外国人采取其认为必要的强制措施，甚至可以将外国人驱逐出境。① 但是，在国际习惯法上，各国有对逗留于其领土之上的外国人进行保护的义务，而且一个国家不得对逗留于其领土之上的外国人进行虐待，即使其对其本国国民进行虐待，但这也不能成为其虐待外国人的合法抗辩理由。因此，对外国人的保护被视为与有无国民地位无关，而且原则上需要达到一个"最低标准"。当然，何为"最低标准"很难确定。一方面，这一概念在各国理解不同，另一方面，外交保护制度在这一领域也没有提供足够多的案例以致可以从中析出一个相对确定的规则。但无论如何，外国人有不得被虐待或遭随意逮捕的人身权利。②

此外，在财产权利方面，外国人还拥有其财产不得随意被所在地国剥夺或征收的权利。根据传统观念，一个国家在征收外国人的个人财产时，必须是出于公共利益且以非歧视方式进行，同时还要按照"充分、有效、及时"的原则予以赔偿。在20世纪，伴随着西方国家财产概念的演变、部分东西方国家采取公有制以及二战后新近独立国家对经济主权的强调等因素，"充分、有效、及时"的传统赔偿原则曾经受到挑战。在征收的补偿问题上，广大发展中国家主张适当的、合理的补偿。这一新的补偿原则不仅在众多的双边条约中存在，而且也被一些国际法律文件如联合国大会通过的《关于自然资源之永久主权的决定》和《各国经济权利义务宪章》等所确认。不过，为了推动国际投资，1965年3月，在世界银行组织下制定了有关国际投资的多边公约，即《关于解决国家与他国国民之间投资争议公约》，并在该公约基础上创立了

---

① 但《欧洲人权公约》第4议定书第4条禁止采取集体驱逐措施。

② Bernard Audit et Louis d'Avout，Droit international privé，Economica，2013，p. 95.

“解决投资争议国际中心”（International Center for Settlement of Investment Disputes，ICSID）。1992年世界银行发表了《投资待遇指导方针》，该指导方针强调“外国投资者享有在同样条件下一国给予本国投资者的同样有利的待遇”。在当代，各国间通常签订有大量双边投资保护协定，其中多有一项赋予外国投资者“公正且平等待遇”的条款。这一条款虽然一度被认为在国际习惯法已经提供的保护水准之上并没有实质性改善，但在2000年之后，许多争端解决机构借助对该条款的解释向缔约国课加了一些特殊义务，如不得裁判拒否、尊重投资人的合法期待等，这一点在北美自由贸易协定框架下的投资争议解决中表现得尤其明显。①

二、有关自然人地位的国内法规定

在外国人法的国内法渊源方面，各国的立法各有不同。以下就我国的相关立法做一简要介绍。

新中国成立后，对于外国人在我国的法律地位，我国也开始采纳平等原则。我国于1949年颁布的具有宪法效力的《中国人民政治协商会议共同纲领》在宣布取消帝国主义国家在华特权的基础上，明确规定我国可在平等和互利原则下与各国政府和人民恢复和发展通商贸易关系，给予外国人居留权并保护其正当、合法权益。我国1954年、1982年《宪法》和《民法典》以及其他相关法律、法令和条例，都规定了外国人在中国的民事法律地位。我国现行《宪法》也明确规定，外国自然人和法人及其他经济组织可以依法在我国境内投资和进行各种形式的经济合作，我国法律保护外国人在我国境内的合法权利和利益。② 根据上述这些规定，外国人可以在我国享有相关民事权利并实施相关民事行为。具体而言，外国人在我国拥有以下民事权利：

第一，人身权。《民法典》第109条规定：“自然人的人身自由、人格尊严受法律保护。”《民法典》第110条第1款还规定：“自然人享有生命权、身体权、健康权、姓名权、肖像权、名誉权、荣誉权、隐私权、婚姻自主权等权利。法人、非法人组织享有名称权、名誉权和荣誉权。”第111条规定：“自然人的个人信息受法律保护。任何组织或者个人需要获取他人个人信息的，应当依法取得并确保信息安全，不得非法收集、使用、加工、传输他人个人信息，不得非法买卖、提供或者公开他人个人信息。”此外，外国人因婚姻、家庭关系等产生的人身权利也受到我国法律保护。《民法典》第112条规定：“自然人因婚姻家庭关系等产生的人身权利受法律保护。”此外，《民法典》第1109条第1款还规定：“外国人依法可以在中华人民共和国收养子女。”根据以上规定，外国人在我国拥有缔结婚姻、离婚、父母子女关系、收养等一系列与婚姻家庭相关的民事权利。

第二，财产权。根据《民法典》第113条的规定，外国人的财产权利受我国法律的平等保护。而根据《民法典》第115条的规定，外国人在我国即可拥有不动产，也包括各类动产。当然，根据《民法典》第117条的规定，为了公共利益的需要，我国可以依照法律规定的权限和程序征收、征用包括外国人在内的各类民事主义的不动产或者动产，但应当给予公平、合理的补偿。根据《民法典》第124条的规定，外国自然人在我国也可以依法享有继承权。外国自然

---

① Bernard Audit et Louis d'Avout，Droit international privé，Economica，2013，pp. 96－97.

② 我国《宪法》第18条规定：“中华人民共和国允许外国的企业和其他经济组织或者个人依照中华人民共和国法律的规定在中国投资，同中国的企业或者其他经济组织进行各种形式的经济合作。在中国境内的外国企业和其他外国经济组织以及中外合资经营的企业，都必须遵守中华人民共和国的法律。它们的合法的权利和利益受中华人民共和国法律的保护。”第32条第1款规定：“中华人民共和国保护在中国境内的外国人的合法权利和利益，在中国境内的外国人必须遵守中华人民共和国的法律。”

人的合法私有财产也可以在我国被依法继承。《民法典》第 127 条还规定，法律对数据、网络虚拟财产的保护有规定的，依照其规定。另外，外国人在我国还可以取得土地的长期使用权。根据我国加入 WTO 对服务贸易所作的具体承诺，我国的土地归国家所有，外国成员方的自然人和法人在我国境内取得的土地使用权的最长期限分别为：居住目的的为 70 年，工业目的的为 50 年，教育、科学、文化、公共卫生、体育目的的为 50 年，商业旅游、娱乐目的的为 40 年，综合利用或其他目的的为 50 年。

第三，知识产权。《民法典》第 123 条规定："民事主体依法享有知识产权。"根据该条规定，外国人可以就以下类型的知识产权客体享有的专有权利在我国受到保护：（1）作品；（2）发明、实用新型、外观设计；（3）商标；（4）地理标志；（5）商业秘密；（6）集成电路布图设计；（7）植物新品种；（8）法律规定的其他客体。同时，我国也先后加入了《建立世界知识产权组织公约》《保护工业产权巴黎公约》《商标注册马德里协定》《保护文学艺术作品伯尔尼公约》《世界版权公约》《专利合作条约》《与贸易有关的知识产权协议》等公约。这些公约对于加强在我国的知识产权保护均发挥了重要作用。

第四，投资及经营权。《民法典》第 125 条规定："民事主体依法享有股权和其他投资性权利。"这意味着，外国人可以依法在我国进行投资。另外，根据 2020 年《外商投资法》等法律法规的规定，在遵守相关产业政策的前提下，外国人可在我国从事投资活动。从外商投资产业指导目录看，外商投资产业的项目在我国分为鼓励、限制和禁止三类。外商所享有的优惠待遇，因投资产业项目的不同而不同。此外，我国已开始在部分省市实施市场准入负面清单和外商投资负面清单制度。对境内外投资主体准入市场及外商在华的经营行为，实施特别管理举措。根据我国《公司法》及其他有关法律的规定，外国公司可在我国设立分支机构并经营相关业务如金融业与保险业、民用航空业以及专业服务业、零售业和外贸业等。

第五，劳动权。根据我国有关劳动工资、社会保障法规的规定，除极少数行业（如国防、机要人员、飞行员、引水员等）不允许外国人从事外，外国人可在我国境内从事各种社会劳动，可同中国人一样有获得工资报酬和劳动保障的权利，甚至还可享有法律规定的特别优惠待遇。

第六，参加民事诉讼及仲裁程序的权利。在国际私法领域中，主要是民商事程序权利。根据 2021 年修正的《民事诉讼法》、2017 年修正的《仲裁法》、2014 年修订的《中国国际经济贸易仲裁委员会仲裁规则》和 2021 年修订的《中国海事仲裁委员会仲裁规则》，外国人、无国籍人在我国人民法院起诉、应诉，享有与中国人同等的权利并承担同等的义务。外国自然人、法人及其他组织可以同我国自然人、法人及其他组织一样，将有关争议提交我国仲裁机构仲裁。但在国际民事诉讼中，外国人的诉讼权利在我国可能会受到诉讼费用担保等制度的限制。2006 年 12 月最高人民法院《诉讼费用交纳办法》第 5 条规定："外国人、无国籍人、外国企业或者组织在人民法院进行诉讼，适用本办法。外国法院对中华人民共和国公民、法人或者其他组织，与其本国公民、法人或者其他组织在诉讼费用交纳上实行差别对待的，按照对等原则处理。"在我国与部分国家签订的相关司法协助协定中，都有在互惠条件下互免诉讼费用担保的规定。[①] 这意味着，外国人在我国进行民事诉讼时，我国一般不会因其外国人身份而要求其提

① 如《中华人民共和国和法兰西共和国关于民事、商事司法协助的协定》第 1 条第 2 款、第 3 款，《中华人民共和国和比利时王国关于民事司法协助的协定》第 1 条第 2 款、第 3 款。

供诉讼费用担保，但如果外国人国籍国对我国国民收取诉讼费用担保，我国法院将采取对等做法。

第三节 有关法人的外国人法

一、有关法人的国际私法问题概说

解决有关法人（legal person）的外国人法问题，首先需要解决内外国法人区分的前提性问题。这时便会涉及法人的国籍（nationality）问题。从前，基于对国籍的朴素理解，曾经认为国籍的概念只是为自然人所专属，法人不应该有国籍。① 到了 19 世纪，已经普遍认为，应该像对待自然人一样，运用国籍概念将法人区分为内外法人，并以此统一解决与法人有关的所有法律问题。此即法人国籍论。法人国籍论主要是 19 世纪在国家主义的影响之下产生的，其首先发轫于法国，随后在德国赢得支持，然后又传播到英国，并最终得以发扬光大。②

在国际私法上，有关法人的问题可大分为两部分，其一为冲突法问题（更精确地说是法律适用法问题），其二为外国人法问题。③

首先，在现代社会，一个社团、财团或其他组织，要想获得法人人格从而能够成为权利义务的主体，必须要满足法律规定的一定条件，而各国对此的规定各有不同。在国际民商事交往中，当需要判断一个社团、财团或其他组织是否拥有法人人格时，便产生了需要根据哪一国法律来判断其法人人格的问题，此时便产生了冲突法问题。在有关法人的冲突法问题中首先需要解决的是法人的一般权利能力的准据法的确定。对法人的一般权利能力的准据法一般比照自然人的属人法而称其为法人的属人法，在日本也称其为法人的从属法。此外，与法人有关的冲突法问题还包括与法人一般权利能力相关联的其他问题，如法人的设立、内部组织、消灭以及法人的个别权利能力、行为能力、不法行为能力、当事人能力以及诉讼能力的法律适用问题。这些问题均属于纯粹的冲突法问题。

其次，一个根据外国法有效成立的法人要想以法人身份在内国进行民商事活动，首先需要在内国法上获得法人人格的承认。此即外国法人的认许问题。此外，获得认许以后的外国法人还将面临在内国接受何种程度和范围的监管以及在多大范围内享有民事权利的问题。这些都是外国人法的问题。

前述两个问题显然并不相同。前者是一个狭义国际私法问题或曰冲突法问题，后者是一个

---

① 山田镣一「国際私法」（有斐阁，2004）244 頁。
② 山田镣一「国際私法」（有斐阁，2004）224 頁。
③ 山田镣一「国際私法」（有斐阁，2004）224 頁；溜池良夫「国際私法講義」（有斐閣，2005）293 頁。

实体法问题。如果不正确将两个问题予以区分，那么正确把握有关法人的国际私法问题便很困难。

二、法人的国籍问题

如前所述，无论是解决法人的冲突法问题还是解决法人的外国人法问题，都似乎首先与法人国籍的确定密切相关。按照法人国籍论，与自然人一样，每一个法人也都必须拥有一个国籍，并以该国籍为基准统一解决有关法人的冲突法问题和外国人法问题。当然，历史上，有关法人国籍确定标准的主张有很多，如设立地主义、本座主义、营业地主义、社员国籍主义、社员住所主义等等。但在当代，由于采用统一的国籍标准解决法人的冲突法问题和外国人法问题并不合适，因而法人国籍论已逐步被摈弃。今天，法人国籍否认论得到普遍采纳。当然，即使在今天，在讨论法人的相关法律问题时也时常会见到法人的国籍这样的用语，比如有学者在讨论法人的属人法时会说法人的属人法即其国籍国法，或者在外国人法层面讨论内国法人与外国法人时，会将前者视为拥有内国国籍的法人，而将后者视为拥有外国国籍的法人。但一方面，如前所述，在这些场合使用国籍概念未必合适，另一方面，即使在这些场合使用国籍概念，事实上这些国籍概念的含义多半也并不一样。①

在今天，之所以法人国籍论逐步遭到摈弃，而法人国籍否认论渐渐大行其道，根本原因还是在于，即使就同一个法人的不同外国人法问题而言，它们区分内外法人的标准原则上都是不一样的。比如，对于有关法人的监管问题，通常会以作为本座所在地的法人活动中心地为基准来区分内外法人，因为此时当一个法人在外国有本座但却在内国进行活动时，通过本座标准将其识别为外国法人从而对其适用相关监管规定，由此可以保护内国的交易安全。但在针对法人权利享有而区分内外法人的场合，通常则主要以法人社员、资本归属以及管理权等法人背后的实质性内容作为标准来区分内外法人。究其原因，当一个法人的社员和资本来源都属于外国时，仅以设立准据法为内国法而认定其为内国法人，并进而允许该法人享有外国自然人亦不得享有的权利，显然是不合理的。比如，在外国自然人不得在内国享有矿业权的场合，如果基于其设立准据法为内国法或者其本座位于内国而定性其为内国法人，并因而允许该作为外国自然人集合的法人在内国享有矿业权，这显然是难以想象的。②

因此，在适用各种不同的外国人法规定时，内外法人的概念仅具有相对性，其含义会针对不同种类的外国人法规则而发生相应变化。这也意味着，过去那种无论采取哪种确定基准来决定法人的国籍，并以此为基础来统一解决法人的冲突法问题和外国人法问题的法人国籍论，显然不能适应现实的需要。

历史上真正使人们认清法人国籍论的弊害的机缘，出现在第一次世界大战期间关于敌性法人确定标准的讨论。在此以前，1889 年在巴黎召开的股份有限公司国际会议上，大会认为，既然每一个股份有限公司都有国籍，则原则上法人也应该拥有国籍，且法人应以其住所地国为其国籍国。但在第一次世界大战期间，各交战国从战争经济政策的角度，纷纷采取扣押财产、限制通商等各种手段来限制敌国的经济活动，此时显然不太可能继续以原来的法人的国籍作为

① 溜池良夫「国際私法講義」(有斐閣，2005) 293－294 頁。
② 溜池良夫「国際私法講義」(有斐閣，2005) 302－303 頁。

判断敌性法人的标准。在此背景下，至少就法人的敌性判断而言，住所主义难以为继，各国转而采用管理主义，即根据法人由何人管理来判断一个法人是不是敌性法人。这一转变在当时的国内立法特别是国际条约中表现得非常明显。1916 年 2 月 16 日，法国司法大臣训令的主要内容即针对管理主义的转变，同年在巴黎召开的协约国经济会议上也强调采纳管理主义。另外，管理主义在第一次世界大战后签订的各个和平条约中也都得到了采纳，如《凡尔赛和约》（第 297 条）、《圣日耳曼条约》（第 249 条）、《特里亚农和约》（第 232 条）等。在这样的大背景下，在一个案件的审理中，德法混合仲裁法庭曾根据对《凡尔赛和约》的解释，裁定一个在德国设立并以德国为本座，但其股份的绝大部分为法国人所有并由法国人管理的股份有限公司为法国公司。[①]

由以上可以看出，由来已久的法人国籍论在第一次世界大战期间以敌性法人的判断为端由而彻底崩塌。

三、外国法人的认可

（一）外国法人认可的概念

所谓认可（Recognition），即承认。相应地，所谓外国法人的认可，也就是对外国社团、财团或其他组织的法人人格的承认。如前所述。在国际民商事交往层面，首先需要在冲突法层面讨论一个社团、财团或其他组织是否具有法人人格的问题。根据内国冲突规范的指引，如果需要以外国法为法人的属人法，且根据该属人法该外国法人系有效成立，则根据法律适用的效果，该外国法人的法人人格在内国当然应该获得承认。这跟以下情况是一样的，即当内国法院根据内国冲突规范援引外国法为准据法并进而裁定物权取得的有效性或婚姻缔结的有效性时，内国即应该承认该物权取得的有效性或该婚姻缔结的有效性，但这只是在冲突法层面对外国法人人格的承认。事实上在这一层面我们也可以用“认可”一词，但此时此“认可”与外国人法层面的“认可”在含义上并不相同。

接下来是外国人法层面的认可。即使一个社团、财团或其他组织的法人人格在冲突法层面获得了承认，换言之，这个社团、财团或其他组织真真确确是一个有效成立的法人，但现在的关键是，考虑到内国政治经济利益以及交易秩序的安全，这样一个在内国看来是外国人的法人可否以法人身份在内国进行民事活动？它可以享有多大范围的民事权利？以及需要对它进行怎样的监管？这些问题正是外国人法需要考虑的问题。因此，外国人法层面对外国法人的认可或曰“承认”，即是否允许一个在外国有效成立的法人在内国以法人身份进行民事活动的问题。

简言之，冲突法层面的“认可”解决的是“是否”问题，即一个所谓的法人“是否”是合法有效的法人，外国人法层面的“认可”解决的是“能否”问题，即一个外国法人“能否”以法人身份在内国进行民事活动。

（二）外国法人的认可方式

各国在实践中主要有三种针对外国法人的认可方式[②]：

---

① 溜池良夫「国際私法講義」（有斐閣，2005）303 - 304 頁。
② 韩德培．国际私法．3 版．北京：高等教育出版社，北京大学出版社，2014：68 - 69.

1. 特别认可方式

特别认可方式即对外国法人通过特别登记或批准程序进行认可。这种认可方式意味着需要对外国法人进行逐个审查和认可，其优点在于有利于控制外国法人在内国的活动，缺点则在于逐个认可，程序烦琐，不利于国际民商事交往的开展。

2. 概括认可方式

概括认可方式是指对属于某一特定外国的法人概括地予以认可。法国曾于 1957 年 5 月 30 日制定一项法律，承认凡经比利时政府批准而成立的法人，均可在法国行使权利，但对其他各国法人，只要是在与法国有互惠关系的国家成立的法人，也予以认可。

3. 一般认可方式

一般认可方式即对于外国特定种类的法人，不问其属于何国，一般性地都加以认可。依据此种认可方式，凡依外国法已有效成立的商业性法人，均不需要经过特别认可程序而一般性地获得认可。例如，根据日本《民法》第 36 条第 1 款的规定，外国以及外国的行政区划和外国商业性公司均可一般性获得认可。

（三）我国对外国法人的认可

我国民法、公司法等相关法律对外国法人的认可未作特别规定。我国有观点认为，我国对来我国从事投资活动的外国法人，因其合同都要经过政府机关批准才能生效，审批的过程也包含了对外国法人资格的审查，因而可以将其理解为特别认可程序。而对于来我国进行贸易活动的外国法人，由于没有政府审查批准程序，因而可理解为采取一般认可程序。但我们认为，前述对来我国进行投资活动的外国法人的审查在本质上属于对外国法人的监管而非认可。我们认为，在我国现有法律对外国法人认可未作规定的情况下，从法解释论的视角看可以认为我国对外国法人认可采取一般认可方式。

四、外国法人的监管

外国法人在经过认可之后，即可以在内国以法人身份从事其经营目的范围内的相关业务。但是，为了阻止外国法人在内国攫取不正当利益，保护内国交易安全，各国通常都会立法以对外国法人在内国的经营活动进行监管。需要指出，外国人法有关外国法人监管的事项，通常也都是外国法人的属人法所调整的事项，但出于维护内国经济利益和交易安全的目的，这些事项也为内国外国人法所调整，并最终使外国法人的属人法在这些事项问题上的适用受到限制。另外，外国法人在内国的经营活动又可区分为持续性的经营活动和临时性的经营活动，外国人法对外国法人的监管主要集中于前者。①

一般而言，外国公司在我国开展投资或贸易活动，主要通过以下四种方式进行：第一，设立外商投资企业；第二，设立分支机构，如分公司；第三，设立常驻代表机构，即代表处；第四，直接在我国境内从事生产经营活动。② 在上述四种经营活动中，第一种经营活动系外国投资者在我国根据我国法律设立的公司，属内国法人，对其自然适用我国公司法的相关监管规定。

---

① 山田镣一「国際私法」（有斐阁，2004）224 頁。

② 赵磊．公司法中的外国公司法律问题研究．北京：法律出版社，2017：50 页注释①.

对于外国公司在我国设立分支机构，根据2018年修正的《公司法》第11章“外国公司的分支机构”的规定，外国公司在外国设立分支机构需要履行“申请—主管机关审查—主管机关批准—公司登记机构签发营业执照”的程序。另外，2001年颁布并于2013年、2016年、2019年修订的《外资保险公司管理条例》对外国保险公司在中国设立分公司的程序和条件作了规定，2006年国务院颁行并于2014年、2019年修订的《外资银行管理条例》对外国银行在我国设立分行的条件和程序也作了详细规定。

对于外国公司在我国设立常驻代表机构，国务院于1980年颁行了《关于管理外国企业常驻代表机构的暂行规定》，对外国企业在我国设立代表机构的条件和程序作了规定。此外，《外资银行管理条例》对外国银行在我国设立代表处的条件和程序作了规定，2006年中国保险监督管理委员会颁行的《外国保险机构驻华代表机构管理办法》(2018年修正)，也对外国保险公司在我国设立代表机构的条件和程序作了规定。

另外，我国相关法律还对外国公司在我国从事某些特殊民商事活动作了规定，其中最主要的法律规范即国家工商行政管理总局于1992年颁行的《外国（地区）企业在中国境内从事生产经营活动登记管理办法》(已被修改)。该办法对外国公司在我国从事陆上或海洋的石油及其他矿产资源勘探开发、房屋及其他土木工程的建造、装饰或线路、管道、设备的安装等工程承包或接受委托经营管理外商投资企业等经营活动的审批程序进行了规定。

此外，我国对外国法人的监管还包括对外国公司分支机构代表人的监管、对外国公司信息披露的监管以及对外国的资金监管等。①

五、外国法人的权利享有

经过认许后，外国法人即可以法人身份在内国进行民事活动，同时这也意味着，外国法人可以在内国享有其根据属人法而拥有的民事权利。但出于保护内国政治经济利益和交易秩序安全的政策需要，内国仍有可能在外国人法层面对外国法人的权利享有予以限制。原则上，外国法人在内国只能享有与同种类的内国法人相同的民事权利。具体又可区分为以下两种情况：第一，即使外国法人根据其属人法享有一项民事权利，但如果内国法人在内国不得享有此项权利，则外国法人在内国显然亦不得享有此项权利；第二，反过来，即使内国法人可以享有一项民事权利，但如果外国法人根据其属人法不得享有此项权利，则其在内国显然亦不得享有此项权利。但对于第二种情况应如何处置有不同观点。有观点认为，在外国法人属人法上的人格范围比同种类内国法人的人格范围狭窄的情况下，如果将外国法人的人格范围限定于其属人法的狭窄范围内，这将会不利于内国交易安全，这是因为，在内国与外国法人进行交易的相对方会自然地预期该外国法人会与同种类的内国法人拥有相同的人格范围。因此，在外国法人在内国进行经营活动的情况下，即使其属人法上的人格范围更狭窄，外国法人也应与同种类的内国法人享有相同的人格范围。另外，即使经过以上考量，外国法人在内国拥有一定的人格范围，但如果其在此人格范围内的某项具体权利会侵害内国的公共秩序，则此项具体权利也将不能获得承认。另外，一般而言，外国自然人在内国不得享有的民事权利，外国法人亦不得享有，以避

① 赵磊．公司法中的外国公司法律问题研究．北京：法律出版社，2017：170-204.

免外国自然人通过在内国设立法人而规避法律。[1]

我国通过对外国公司的行业准入进行限制的方式，对外国公司在我国的权利享有进行限制或禁止。我国目前在这方面的主要规定是2002年国务院制定的《指导外商投资方向规定》。根据《指导外商投资方向规定》第4条的规定，外商投资项目分为鼓励、允许、限制和禁止4类。鼓励类、限制类和禁止类的外商投资项目，列入《外商投资产业指导目录》，不属于以上三类的外商投资项目，为允许类外商投资项目。根据《指导外商投资方向规定》第6条，限制类外商投资项目主要包括以下几种情形：(1) 技术水平落后的；(2) 不利于节约资源和改善生态环境的；(3) 从事国家规定实行保护性开采的特定矿种勘探、开采的；(4) 属于国家逐步开放的产业的；(5) 法律、行政法规规定的其他情形。根据该规定第7条，禁止类外商投资项目主要包括以下情形：(1) 危害国家安全或者损害社会公共利益的；(2) 对环境造成污染损害，破坏自然资源或者损害人体健康的；(3) 占用大量耕地，不利于保护、开发土地资源的；(4) 危害军事设施安全和使用效能的；(5) 运用我国特有工艺或者技术生产产品的；(6) 法律、行政法规规定的其他情形。根据上述规定，外国公司在我国进行相关经营活动的，在民事权利享有方面会受到一定限制。

第四节 外国人法的适用

一、有关外国人法的内容

在日本学者看来，即使暂时将外国人法限定于外国人私法地位，那么外国人法包含的内容也相当广泛，比如涉及外国人权利享有的法律（日本《外国人土地法》《船舶法》《矿业法》等）、涉及外国人私权取得的取缔规范（日本《外汇及外国贸易法》）、涉及外国人私权侵害的国家赔偿规定（日本《国家赔偿法》第6条）、涉及对外国人私法活动进行监管的相关规定（日本有关外国法人和外国公司的民商法规定）以及随着国际经济的发展而数量与日俱增的社会经济法规定（如日本《关于禁止私人垄断和确保公平交易的法律》《不正当竞争防止法》）等。

二、外国人法与冲突法的关系

如前所述，外国人法内容广泛，但外国人法应该如何得到适用呢？换言之，此种外国人法与冲突法之间是一种什么关系呢？

就有关权利享有的外国人法与冲突法的关系而言，首先，此种外国人法构成法律适用法的

---

① 山田镣一「国際私法」(有斐阁，2004) 252-253頁。

存在前提。如果一个国家完全不承认或不保护外国人的民事权利，那么也就不会有法律冲突或者法律选择问题，自然也就不会有冲突法存在的必要。当然，我们说如果没有承认外国人民事权利的外国人法则就没有法律适用法，并进而说外国人法构成法律适用法的前提，这只是在讨论二者之间的一种单纯事实上的关系。但如果我们从法律适用的先后过程的角度来讨论二者间的逻辑关系，则情况可能会有所不同。对此日本学者有不同观点。比如有日本学者主张外国人法的适用应先于法律适用法。如跡部定次郎认为，外国人法并非在冲突规范指引日本法为准据法后作为准据法的一部分才能获得适用。相反，只有在适用外国人法并进而承认当事人享有相关民事权利的资格问题后，才能进而适用冲突规范以解决具体的权利义务问题。外国人法作为实体法可以直接决定外国人可否享有某种民事权利，并非在冲突规范指引了内国法后外国人法才能现实地获得适用机会。比如，外国人在日本可否拥有土地所有权，应直接适用《外国人土地法》予以确定，换言之，《外国人土地法》的适用不需要以冲突规范为媒介。这也意味着，作为外国人法的日本《民法》第 3 条第 2 款所预设的民事权利，不仅包括日本冲突规范在指引日本法为准据法时所涉民事权利，同时也包括日本冲突规范指引外国法为准据法时所涉民事权利。但也有日本学者提出不同看法。如江川英文即认为，日本基本上没有专门禁止或限制外国人基于外国法而享有民事权利的特别外国人法规定，因此，日本《民法》第 3 条第 2 款所规定的民事权利仅涉及日本冲突规范援引日本法为准据法时的民事权利。基于这样的逻辑，冲突法的适用显然构成了外国人法适用的前提。①

在法国，历史上也曾有关于外国人法和冲突规范的适用先后顺序的讨论。以亨利·巴迪福为代表的学者认为，外国人的地位涉及外国人可否享有某种民事权利的问题，而冲突法体系解决的则是民事权利的行使问题。与权利的行使相比，权利的享有具有先决问题的特点。而且这一观点与在法国判例法中长期占统治地位的奥布里和劳的理论也是吻合的。按照奥布里和劳的理论，应该区分“市民法能力”和“万民法能力”，后者为“来自自然法或事实上被文明国家普遍承认”的能力，应被赋予外国人，而前者是由法国实在法人为地建立起来的制度，不能赋予外国人。因此合理的做法应该是先确定一项权利是属于基于自然法的自然权利还是基于实在法的民事权利，然后再解决法律选择问题以确定根据哪一法律行使相关权利。但随后也有学者指出，在法国的判例法层面，实务中只认为那些由法律明文规定不得赋予外国人的权利才是民事权利，在此种情况下，两个问题的先后顺序趋于颠倒过来，因为只有先确保法国法获得适用，然后才能根据法国法确定是否允许外国人享有相关民事权利。②

如前所述，在私权享有领域之外还存在大量涉及外国人私法地位的外国人法，就这些外国人法的适用而言，一种观点认为，这些外国人法可以不经冲突规范的指引，只要这些法律规定预定的适用要件得到满足，则这些法律规定就可以径直适用于相关涉外民商事关系。具体而言，这些外国人法被定性为公法，属于国际私法适用范围之外的事项。这种外国人法原则上为属地适用，只能在例外场合才能域外适用。③

总体而言，就涉及外国人私法地位的外国人法的适用而言，日本学者认为并不存在一概而

---

① 关于跡部定次郎和江川英文的观点的介绍，参见山田镣一「国際私法」(有斐阁，2004) 176－180 頁。

② 亨利·巴迪福，保罗·拉加德．国际私法总论．北京：中国对外翻译出版公司，1989：213－214，注释①.

③ 山田镣一「国際私法」(有斐阁，2004) 181 頁。

论的做法，关键是看外国人法规范的性质。依外国人法规范的性质不同，或者基于冲突规范的指引而适用，或者不需要冲突规范的指引而直接适用（作为直接适用的法）。当然，也有观点认为，所有的外国人法都需要经过冲突规范的指引而适用，只是这种冲突规范与平常的冲突规范不同，其是专门为外国人法量身定制的特殊的法律适用规范。①

我们认为，外国人法是一个国家为了维护本国政治经济利益或交易秩序安全而对外国人尤其是外国法人的私法地位进行一定限制的一套法律体系。就国内法渊源的外国人法而言，其是一国制定的国内实体法规则，其制定目的为维护内国政治经济利益和交易秩序，在法律性质上此种法律规范具有强制性质，基于这些，我们认为外国人法在本质上应被定性为直接适用的法。原则上，只要外国人在内国实施相关民商事活动，不管对其适用的准据法是内国法还是外国法，内国的外国人法作为直接适用的法都应该径直获得适用。当然，从功能来看，外国人法又包括诸如涉及外国人权利享有的法律规范、外国人监管的法律规范等等不同种类，这些法律规范的具体适用条件可能会有些细微差别，对于这些不同的外国人法规范而言，只有在满足了各自的适用条件后才能适用。

MATERIAL

A Brief History of an Alien's Right to Employment in USA

The first significant statement by the United States Supreme Court concerning an alien's right to employment was Yick Wo v. Hopkins. The Court declared that aliens were "persons" within the meaning of the fourteenth amendment's equal protection clause. In Yick Wo, the Court considered a municipal ordinance which allowed a city commission to withhold laundry business licenses from those establishments located in wooden buildings. Although the municipality contended that the ordinance was designed as a safety measure, it admitted that an attempt was being made to eliminate Chinese from the laundry business. The Court acknowledged the discrimination and declared the ordinance invalid on the ground that "[n] o reason for it [was] shown". The logical extension of this statement is that if an acceptable reason had been presented, the discrimination would have been upheld. The Court, however, made no attempt to explain when such a restriction would be justified.

The Yick Wo case stood alone on this issue until 1915 when the Supreme Court sustained the validity of a New York statute which stated that preference in employment on public works projects shall be given to citizens over aliens. In Helm v. McCall, the Court accepted the argument that a state disbursing public funds could give priority to its own citizens since the money was derived exclusively from the citizens who make up the tax base.

Although several cases were decided following Heim v. McCall, it was not until the new

① 山田镣一「国際私法」(有斐阁，2004) 181 頁。

social consciousness of the 1930's that aliens' rights began to be defined and expanded. In United States v. Carolene Products Co., Mr. Justice Stone laid the foundation for the special treatment of aliens by stating that in certain situations regarding aliens, different standards of judicial review may be necessary:

> [We need not] enquire whether similar considerations enter into the review of statutes directed at particular religious... or national... or racial minorities...; whether prejudice against discrete and insular minorities may be a special condition, which tends seriously to curtail the operation of those political processes ordinarily to be relied upon to protect minorities, and which may call for a correspondingly more searching judicial inquiry.

The stricter standard alluded to in this case was used ten years later by the Court in Takahashi v. Fish & Game Commission. The Court stated that the power of a state to apply its laws exclusively to the alien inhabitants as a class is confined to narrow limits. Although Takahashi stated that classifications involving aliens must be of "special public interest", the opinion did not refer specifically to the "suspect classification" which had required a state to show a "compelling state interest" to justify certain discriminatory classifications.

The next step in the evolution of aliens' rights was Graham v. Richardson. This case firmly established alienage to be a "suspect classification". The Court traced the history of aliens' rights from the Yick Wo decision to Takahashi and the cases which followed. Although this case could be looked upon as a milestone by civil libertarians, the Raffaelli and Griffiths cases which followed appear to be more significant and far-reaching with respect to an alien's right to practice law.

QUESTIONS

1. How about an alien's right to employment in USA before 1970?
2. Please trace the history of an alien's right to employment in USA according to the above paragraphs.

第二编

法律适用法总论

第四章 国际私法学说史

提要

本章主要探讨法律适用法学说史。按照时间来划分，法律适用法的学说史可以划分为国际私法的萌芽时期、中世纪、近代以及当代等四个时期。国际私法在中世纪主要表现为法则区别说，而在近代时期，既有对法则区别说的延续，也有对法则区别说的重大变革，前者表现为属地主义和属人主义，后者表现为法律关系本座说。属地主义在英美国家一直延续至当代。当代国际私法的主要舞台在美国，表现为美国冲突法革命。当代国际私法在欧洲表现为温和的改良，在理论层面也有直接适用的法理论这样具有世界影响的学说。

重点问题

- ❑ 法则区别说
- ❑ 国际礼让说
- ❑ 法律关系本座说
- ❑ 既得权说
- ❑ 美国冲突法革命
- ❑ 直接适用的法

第一节

国际私法的萌芽时期

一、古代社会

关于古代社会在法律上如何对待外国人，法国学者巴迪福曾有详细阐述。他指出，在所有主要的著名古代文明中都曾有以下实践和规则，即外国人不得成为权利主体。具言之，外国人在内国既不能结婚，也不能取得财产，当然也不能就其所遭受的损害向法院提起损害赔偿之诉。希腊演说家伊索克拉底（Isocrates，公元前436—338年）曾说过，希腊人与蛮人之间的区别相当于人和动物之间的区别。希腊人的优越性保证他们享有权利，蛮人服从希腊人就像奴隶服从自由人一样，是很自然的，也是合理的。在古代，战俘通常是奴隶的常见来源。按照巴迪福的解释，厌恶与害怕外来人是人类的一种自然情感，尤其是在野蛮人时代，碰见不相同的人容易产生恐惧。在那个年代，少许的不理解或表面的利益冲突即可以导致暴力反应。事实上，这种对外来人的排斥心理是任何一个“封闭社会”都具有的普遍现象。另外，对外来人的不信任也与法律的本质相关。法律是政治社会的产物，它是用来支配该社会的，因此，只有该社会的成员才有资格要求享有该法律赋予的利益，并成为权利主体。①

但是，随着生产力的发展，不同地区的人员之间私人交往的难以避免，再加上人类之间共性情感的存在，使那种绝对不承认外国人权利地位的做法慢慢发生改变，一些在一定程度上承认外国人法律地位的制度开始出现。其中一个制度是外国人保护或款待制度。根据这种制度，外国人受一个城邦居民的保护，当然其也要同样受到该居民的监视。另一个即条约制度。通过条约，两个城邦约定相互给予对方居民全部或部分私法权利。② 通过以上制度，原始的跨国（更精确地说应该是跨城邦或跨地区）民事交往得以向前缓慢推进。

在古代社会，国际私法仅仅处于萌芽状态。在古希腊，各城邦的私法彼此非常相似，以至于一般情况下适用法院地法已经足够，解决城邦法律之间的冲突的必要性几无存在。比如，伊索克拉底曾在一个当事人与其同父异母姐姐的遗产继承纠纷案中援引一份对其当事人非常有利的遗嘱，而这份遗嘱无论是根据法院地（埃伊纳，Aegina）的法律、被继承人所属城邦（锡弗诺斯，Siphnos）的法律还是其同父异母姐姐所属城邦（雅典，Athen）的法律均为有效。在城邦之间的条约中有时会包含一些萌芽状态的冲突规则。如在公元前100年左右的碑文中曾载有以弗所（Ephesus）和莎迪思（Sardes）两个城邦之间签订的条约，该条约有这样的约定：对于

① 亨利·巴迪福，保罗·拉加德．国际私法总论．北京：中国对外翻译出版公司，1989：8-9.
② 亨利·巴迪福，保罗·拉加德．国际私法总论．北京：中国对外翻译出版公司，1989：9-10.

侵权损害赔偿由侵权人（相应地也是被告）所属城邦的法院行使管辖权，并适用该城邦的法律（亦即法院地法）作出裁判。①

在希腊之外的地区，为了调整来自不同城邦的希腊人之间的关系而逐渐发展出了一种共同的希腊法。这种希腊法主要流行于埃及（托勒密王朝）和小亚细亚地区（塞琉古帝国）。在埃及，希腊人与非希腊人之间纠纷的解决则是另一种状态。总体上，当时流行的是一种相互隔离的解决办法。在当时有希腊法院和埃及法院，有希腊公证机构和埃及公证机构，有希腊法律和埃及法律（比如按照当时埃及法律允许兄弟姐妹之间的婚姻，但希腊法律则禁止此种婚姻）。在法律适用方面，其某种程度上采取的是属人法原则。但随着相互影响的加深，此种属人法律之间的差别渐渐消失。此外，国王制定的法律对所有居民均为有效。在公元前三世纪前后，一种混合法院开始出现。根据当时国王的命令，对于希腊人与埃及人之间的合同，根据合同使用的语言来决定是由希腊法院还是由埃及法院来行使管辖权，并相应地以此来决定是适用希腊法律还是适用埃及法律。在小亚细亚的塞琉古帝国也施行此种规则。

在罗马，罗马人原则上允许被征服者保留并适用其自己的法律，因此在罗马帝国的东部省份曾流行一种共同的希腊法。卡拉卡拉皇帝在 212 年颁布敕令，普遍性授予罗马市民权，这种做法在私法层面并没有带来太多改变，尤其是在其原本施行的地区，希腊法不仅得以保留，甚至还对罗马法产生了一定影响。直到查士丁尼时代，罗马法才真正实现了统一。

如前所述，在罗马，外事裁判官根据万民法来解决罗马市民与外邦人以及外邦人之间的民事争议。但万民法仅涉及商法。在家庭法和继承法领域，人们似乎仍主要依据属人法来裁判；对外邦人要适用其外邦法。根据盖尤斯的法学阶梯（Gai. Ⅰ 92），如果外邦人之间的婚姻根据其所属邦法为有效，则由该婚姻所生子女为婚生；相应地，如果父亲获得了罗马市民权，则其儿子也将成为罗马市民。外邦人可以根据其本邦法订立遗嘱以处分其遗产（Ulp. XX 14）。但外邦人无论是作为侵权人还是作为受害人，均应服从罗马的侵权法（Gai. Ⅳ 37）；这一规则既可能导致作为侵权行为地法的罗马法的适用，也可能导致作为法院地法的罗马法的适用，但无论如何，其结果是一样的，即罗马法对侵权行为拥有管辖权。

人们对意大利之外的法律关系的调整知之甚少，顶多对埃及的情况有少许了解。在某些埃及城市如亚历山大（Alexandria）、瑙克拉提斯（Naukratis）、托勒密（Ptolemais）以及安提诺奥城里斯（Antinoopolis）等仍然在施行希腊法律。对埃及人，埃及法律也会广泛适用。作为本地法律，罗马皇帝的敕令在埃及也适用于所有人，就像在罗马一般省份一样，但此种敕令在内容上仅涉及私法的一部分内容；此外，还有统一的不动产法（Grundbuchrecht）。在埃及，对罗马市民适用罗马法。虽然罗马市民在商法领域也会服从非罗马法的调整，但在身份、家庭和继承领域，情况则完全相反。在公元 115 年曾有这样一个判决：一个亚历山大男子婚后应征入伍，不久其妻生育了一个男孩。其后男子死亡，其儿子欲继承男子遗产。本案中，男子因为入伍而成为罗马市民，并因而对其适用罗马法。根据罗马法，男子作为罗马士兵不能拥有已婚身份，因而其子不得以婚生地位获得法定继承的权利，而只能根据遗嘱继承其父遗产。

---

① Kegel/Schurig，Internationales Privatrecht，C. H. Beck Muenchen，2004，S. 162. 需要说明的是，本文以下对古代社会国际私法的介绍均参考了克格尔和舒里希两位教授的前述著作，以下不再一一作注，具体情况可参见前述著作第 162－163 页。

二、中世纪早期

在中世纪早期，首先是伴随西罗马帝国的灭亡，欧洲进入一个相对动荡的时期，然后又复归平静，进入封建割据的状态。国际私法学者通常将前后两个时期分别称为“属人法时代”和“属地法时代”。

（一）属人法时代

公元 3 世纪至 6 世纪是欧亚大陆普遍遭受入侵的时期。作为侵略者的游牧民族的迁移方向一般是自东向西，而位于这条入侵线路西端的罗马帝国，自然也难免被侵略的厄运，侵略者主要包括日耳曼部落、伊朗人、斯拉夫人，还有来自东方的匈奴人。日耳曼部落对罗马的侵略由来已久，但正是匈奴人的侵略和大肆破坏彻底粉碎了罗马帝国对西部诸省的控制，并最终在不断崛起的日耳曼诸王国的侵略下崩溃。①

公元 476 年西罗马帝国灭亡后，欧洲大陆彻底进入民族大迁徙的时代。日耳曼人带着他们的法律迁徙。这些法律是部族法（Stammesrecht）而不是地域法（Landesrecht）。但当他们抱团聚居在一起时，这些部族法也就变成了地域法。因此，当伦巴第人占领意大利北方并在那里定居时，他们的部族法遂转化为地域法。在意大利的其他地方，罗马法作为地域法继续有效。外国法只有在群体或个人获得继续按照其自己法律生活的特权时，才能在意大利得到适用。但在伦巴第在意大利北方的统治（公元 568—774 年）的末期，部族法又开始渐渐流行：对伦巴第人适用伦巴第法，而对于罗马人适用罗马法。在法兰克人占领的意大利其他地区，也遵从同样的规则：每个人都只按照自己的部族法生活。而在法兰克王国，这一规则早已施行：罗马人或撒利安人，都应该有自己的法律，如果来自其他省份，则自然也应按照其原籍地的法律生活。正因为如此，当时里昂的大主教阿果巴（Agobard von Lyon）曾于 817 年抱怨说：走在一起或坐在一起的 5 个人，每个人都在自己原籍地的法律的效力下生活。②

根据前述原则，当一个伦巴第人在罗马签订合同时，只要其已满 18 岁，则根据伦巴第法具有行为能力，而不必依据罗马法要等到 25 岁时才具有行为能力。如果一个撒利安人在米兰（伦巴第人居住的地方）销售不动产，则其应依据撒利安的法律销售该不动产。基本上对合同的每一部分，都适用当事人自己的部族法。但在婚姻领域，情况略有不同：一位罗马男子与一位伦巴第女子的婚姻，能够使后者变成罗马人，他们的儿子也将追随其父亲成为罗马人；一个法兰克男子按照撒克逊仪式迎娶一位撒克逊女子，其婚姻为有效。不过晨礼（Morgengabe）和聘礼（Brautpreis）应分别按照男方和女方的原籍地法确定。③

前述每个部族均服从根据其父系血统而确定的部族法的时代大概延续了 400 余年，后世学者称之为“种族法时代”（period of racial laws）或“属人法时代”（period of personal laws）。此外，由于每一民族的人，无论其居住于何处，永远受其民族固有法律和习惯的支配，因而也有学者称之为“极端属人法时代”④。

---

① 斯塔夫里阿诺斯．全球通史——1500 年以前的世界．吴象婴，梁赤民，译．上海：上海社会科学院出版社，1988：310－317.

② Kegel/Schurig，Internationales Privatrecht，C. H. Beck Muenchen，2004，S. 164.

③ Kegel/Schurig，Internationales Privatrecht，C. H. Beck Muenchen，2004，S. 164f.

④ 韩德培．国际私法．3 版．北京：高等教育出版社，北京大学出版社，2014：34.

属人法时代的出现与当时的民族大迁徙状态有一定关系。因为在民族大迁徙状态下，各民族很难形成自己的绝对的本地法，所以对各民族的人民只能适用其各自的部族法。但属人法时代出现的更为重要的原因可能与日耳曼民族的风俗习惯有关，对此孟德斯鸠有精彩的阐述："我发现这种情况是来源于日耳曼民族的风俗。沼泽、湖泊、森林将这些部族分隔；我们甚至在恺撒的著作里也见到，这些部族是喜欢分居的。因对付罗马人而使他们联合起来；在它们混合起来时，每一个人是被根据本族的习惯和风俗裁判的。当这些部族在分开时，它们全是自由、独立的；当它们联合时，它们依然是独立的：大家共有一个国家，却又各自有自己的政府；疆域是共同的；部族却是不相同的。在这些部族远离它们的家乡之前，它们的法律精神就已是属人的了；它们将属人法的精神又传播到它们的征服地去。"①

在属人法时代，在确定一个人的部族发生困难的场合，为达到确定当事人部族法的目的，公证实务中渐渐形成由当事人对其所属部族法进行宣誓的所谓法律宣言（profession juris）的习惯法制度。这一制度与国际私法上的意思自治原则有一定联系。但也有学者认为，法律宣言制度是用以调整纯国内生活关系的一项人际法原则，与调整涉外生活关系的国际私法上的原则性质不同。②

（二）属地法时代

属人法制度在欧洲延续了 3 个多世纪，然后慢慢地让位于另外一个极端制度，即属地法制度（system of territorial law）。而后者同样没有带来国际私法的产生。当不同的野蛮人在同一地区定居，个体间基于民族的差异逐渐消失，而且随着"混合婚姻"的不断增多，对个人而言，确定其原籍地法越来越难。到了 9 世纪，一种以定居经济为基础的新的社会生活方式出现，这些定居点围绕城堡、修道院以及市镇而分布。土地是当时几近排他性的财富来源，以土地为中心逐渐产生了许多封建王国，封建割据局面得以形成。封建割据局面的特征即政治权力的极度碎片化，并由此在欧洲大地带来以狭窄管辖区域为特征的各地区的习惯法的"马赛克"拼图。各地区的习惯法是定居在此处的各民族习惯法融合的结果。作为政治权力碎片化的结果，这些习惯法都具有严格的属地性。③ 由此，欧洲进入了属地法时代。在当时欧洲大量的习惯法中，总体而言，南方的习惯法受到罗马法的影响更多一些，而北方的习惯法则更多地受到日耳曼法的浸染，但基于内部主体民族的不同，各地区习惯法又略有不同。在当时，跨地区的民事交往很少，因而基本不存在法律冲突。即使偶有民事诉讼，各地区法院一律适用本地习惯法。在欧洲，这一状况一直延续至 12 世纪，直到一种新的生活方式出现，并最终带来各地习惯法的冲突问题。④

---

① 孟德斯鸠．论法的精神．曾斌，译．北京：中国社会出版社，1999：494.

② 木棚照一「国際私法」(成文堂，2016) 17 頁。

③ 法律的属地性通常有两种含义。第一种含义是指一国在其领土范围内不论当事人身份（国籍、宗教等）而适用其法律的资格或能力。按照尼博耶的观点，当我们说一个法律是"属地"的时候，是在表达这样一个意思，即该法律调整所有发生于某一特定领土范围的事实或与其利益相关的事实。第二种含义是指调整某一特定民事关系的法律应是该民事关系与之相联系的某一地域的法律。在这个意义上，我们说物之所在地法具有属地性。很显然，前述第一种含义是从单边主义视角出发，其强调的是本国法律在本国领土范围的强制效力。前述第二种含义则是从多边主义视角出发，强调以民事关系相关要素（行为或标的物）的空间所在地为连结点。WANG Xiao-Yan，Glossaire de droit international prive，Bruylant，1992，pp. 266 - 267.

④ Bernard Audit et Louis d'Avout，Droit international privé，Economica，2013，p. 121.

MATERIALS

1. The History of Private International Law

For private international law to evolve, it would be necessary to identify a number of conflicting territorial laws. By the time of the close of the Roman Republic, it was possible to note the development of a number of pre-urban communities. At this time, a distinction could be discerned between citizenship and domicile and it was possible for an individual to have links with more than one place. He might be born in A, subject to manumission in B and choose to live in C. In cases of conflict, Savigny held that the individual was subject to the system of law that pertained where he was a citizen.

After the fall of the Empire, tribes settled in land where Roman law had previously prevailed and individuals became subject to personal or tribal laws. It is generally accepted that this system of personal laws lasted from the 6th century to the 10th century. From the 10th century, the system of personal laws began to give way to a system based upon territory. At the end of the 10th century, it was possible to discern differences between developments on either side of the Alps. North of the Alps, the development of the feudal system led to a system of local laws, whereby the individual was subject to the rulings of his local lord; any external legal system was not recognised within the fiefdom. Such a state of legal development could exist only in a static agricultural economy.

South of the Alps, it is possible to identify two developments that would, in time, lead to the development of public and private international law. In Northern Italy, it became possible to recognise urban communities with their own local laws that entered into trade with other municipalities. The development of trading communities in Milan, Padua and Florence raised the question as to which law should regulate commerce. The social and economic changes in Northern Italy in the years following the end of the 10th century were accompanied by changes in the pattern of study. The universities of Northern Italy had, in the 11th century, witnessed a revival of interest in the study of Roman law by a group who were to become known as the Glossators.

2. From Ancient Greece to Medieval Italy

The prevailing opinion among western authors is that Private International Law originated in the fourteenth century in Northern Italy. But conflicts problems existed (and solutions were devised) in much earlier times. Although the historical record is incomplete, some evidence of those solutions has survived. For instance, in addressing a court in the Greek island-state of Aegina, the Athenian orator Isocrates (436 – 358 B. C.) argued that the court should uphold his client's testament because it conformed to the laws of both the forum and the testator's home state (the island of Sifnos). A compact between the Greek city-states of Sardis and Ephesus issued circa 100 B. C. assigned tort claims to the jurisdiction of the tortfeasor's home state and subjected them to that state's law. Similarly, a Ptolemaic decree issued in Hellenistic Egypt circa 120 B. C. provided that contracts written in Greek were subject to the jurisdiction of Greek courts and governed by Greek law, whereas contracts written in the Egyptian language were subject to the jurisdiction of Egyptian courts and governed by Egyptian law.

Interestingly, both the Greek compact and the Egyptian decree attached the choice-of-law question to the jurisdictional question and answered both through a pre-established rule. By contrast, the Romans detached the two questions and addressed only the question of jurisdiction. Roman law vested a special official—the praetor peregrinus—with jurisdiction over disputes involving non-Roman citizens, but was silent on the question of which law should govern those disputes. Left to their own devices, the praetors came up with the idea that, rather than choosing the law of one of the parties' home states, he would draw from both states' laws to construct a new, *ad hoc* substantive rule for the case at hand. Thus, for the first time, multistate disputes were resolved not through a choice of law, but rather through the creation of new substantive law applicable only to those disputes.

The law created through this "substantivist" method, later called *jus gentium*, was gradually incorporated into the *jus civile* (the law that governed relations between Roman citizens), and both were eventually codified by Emperor Justinian in his Digest (533 A. D.). In the meantime (212 A. D.), Roman law had accorded Roman citizenship to most of the Empire's inhabitants and, by Justinian's time (482 - 565), the Empire encompassed much of the trading world. Conflicts between Roman and non-Roman laws became far less frequent and, perhaps for that reason, the Digest did not contain any provisions on choice of law.

QUESTION

What is the difference between *jus gentium* of Roman time and modern private international law?

第二节 中世纪的法则区别说

法则区别说产生自中世纪的意大利北部，随后其影响扩及欧洲大陆其他国家，在这些国家进一步得到丰富或发生变异，并一直延续至19世纪。但中世纪后法则区别说主要表现为以适用本地法则或习惯法为基础的属地主义理论。

一、意大利的法则区别说

12世纪至13世纪，在意大利北部出现了诸如热那亚、比萨、博洛尼亚以及佛罗伦萨等从封建领主和罗马教会获得了自治权的城市国家（城邦）。这些城邦各有自己的习惯法，同时还补充制定了各种法则（statuta）。作为特别法，各城邦的习惯法和法则优于作为共同法的罗马法而适用。基于商业利益和空间距离的相对狭小，城邦间的来往日趋活跃，城邦法律之间的冲突问题开始出现。12世纪与13世纪的学者对该问题有一定讨论，但相对系统的法则区别说（statute theory）直到14世纪才得以产生。

法则区别说产生的大背景主要有两个。其一是从11世纪中叶开始的欧洲第一次复兴。这一次复兴主要表现为横跨整个欧洲的商业贸易和城市发展。在当时，除了南欧的意大利北部诸城邦，在北欧也有大量城市崛起，如汉莎同盟（布鲁日、根特、汉堡、吕贝克）、伦敦和巴黎等。人员流动和财富积累带来大量新的法律问题，包括法律冲突问题。其二是罗马法的复兴。在西罗马帝国灭亡（476年）后约半个世纪，东罗马帝国皇帝查士丁尼开始发起罗马法的编纂运动，但这次法典编纂运动并没有为罗马法在西罗马帝国原有疆界的延续发挥特别作用。直到11世纪（约1070年），《国法大全》原稿在博洛尼亚的出现，被重新发现的罗马法旋即成为各种学校，尤其是先在意大利产生后又遍布整个欧洲的各个大学的研究热点，并由此使法学作为一门独立学科而产生。当时的注释法学派和后期注释法学派运用从罗马法中发现的推理模式和共同法来解决在他们那个时代所遇到的各种法律问题。因此，罗马法自身虽没有直接为法律冲突问题提供解决方案，但还是为法则区别说的诞生奠定了理论基础。

在12世纪，在城邦之间的法律冲突问题产生后，在当时，虽然有个别学者如阿尔德里库斯（Aldricus）和胡果李努斯（Hugolinus）发出适用外城邦法则的声音，如阿尔德里库斯即提出在相互冲突的法则中适用“最好的法律”的想法，但以阿佐（Azo）和阿库修斯（Accursius）的著作为代表的主流观点却主张绝对地适用法院地法。但随后剧情发生了反转。阿库修斯提出了适用外城邦法则的观念，并在稍后的附注中写下了一段著名的话：“如果一个博洛尼亚人在摩德纳法院被诉，对其不得适用摩德纳法律，因为其不是摩德纳臣民。”由此阿库修斯终结了法院地法时代。但人们难免会问，为什么当一个博洛尼亚人在摩德纳法院被诉时，其就突然不受法院地法的约束了呢？为此，胡果李努斯和阿库修斯巧妙地采用了形式法学的推论艺术，将读者引向《查士丁尼法典》的开篇文字：“我们想要在我们的仁慈笼罩之下的所有臣民……”（*Cunctos populos quos clementiae nostrae regit imperium* …，*volumus*，*etc* …）。接下来是他们的推论：既然罗马皇帝只能为其臣民立法（接受基督教），则更渺小的意大利北部城邦的法则无论如何也只能约束自己的臣民而不能强迫外邦人服从其管辖。前述推论在逻辑上显然经不起推敲，但又有哪一个新的法律理论不是由一个脆弱的推论在前面开辟道路呢？[①]

注释法学者之所以援引《查士丁尼法典》作为推翻法院地法说的依据，一方面是因为，当面临法律冲突问题时，当时的学者们自然而然会求助于他们惯用的方法，这就是对罗马法的注

① Christian v. Bar und Peter Mankowski，Internationales Privatrecht，C. H. Beck，2003，S. 478f.

释，另一方面，也只有援引作为超级法和共同法的罗马法，才能说服各城邦的法官适用其他城邦的法律（以及承认其他城邦法院的判决）。[①] 对当时学者们而言，能够说服各城邦法官适用其他城邦法律的最有雄辩力的罗马法文本只能是《查士丁尼法典》的开篇文字。通过这段文字，注释法学者颇具匠心地推演出法则区别说的逻辑起点：一个特定城邦法则不应该适用于所有案件。[②] 其言外之意是，对外城邦人不能永远都适用法院地法。这不仅是对前述法院地法说的否定，同时也奠定了国际私法存在的法理依据。

为了确保法官在必要时适用外城邦法则（包括外城邦的习惯，下同），注释法学派（至13世纪中叶）和后期注释法学派（从13世纪中叶开始）开始对城邦法则作出各种区分（很多时候是两两对立的区分）。首先是程序性法则与实体性法则的区分。程序问题适用法院地法（*lex fori*），实体问题则适用“当地”（locale）的法律（“当地”法律的含义尚模糊）。[③] 这一区分具有重要意义，因为其为法院决定在什么情况下适用外城邦法律指明了基本方向。为了进一步确定在什么情况下法院地的实体性法则应让位于外城邦法则，学者们又致力于确定实体性法则的效力范围，或者说城邦立法权力的延伸范围。为确定此种范围，学者们进一步根据其调整对象（物、人、行为方式等）及效力而对实体性法则进行各种分类。[④] 这些分类主要有“人的法则”与“物的法则”、有关合同效力的法则和有关合同后果的法则等。对法则分类作出过重大贡献的注释法学派学者和后期注释法学派学者主要有：意大利学者巴尔多尼（Jacobus Balduini）和苏萨莉亚（Guido de Suzaria）；法国奥尔良大学的雷维尼（Jacques de Révigny）、白勒博西（Pierre de Belleperche）和萨兰（Lambert de Salins）以及图卢兹大学的德干（Guillaume de Cun）等。[⑤]

在后期注释法学派中，有关法则区别说最具权威性的人物是14世纪的意大利学者巴托鲁斯（Bartolus de Saxoferrato，1314—1357）。对于城邦法则的适用，巴托鲁斯提出了两个问题：第一，一个城邦的法则对位于本城邦的外国人是否有效？第二，一个城邦的法则对发生于外城邦的事实是否有效？之所以提出第一个问题，是因为一个城邦的法则原则上只适用于本城邦的臣民。对于该问题，巴托鲁斯结合合同、侵权、遗嘱以及财产问题进行阐述。比如就合同而言，巴托鲁斯认为，合同的形式与内容应适用合同缔结地法，履行延迟与疏忽导致的合同的后果应适用当事人约定的履行地的法则，同时辅之以法院地法。直至二战后仍有国家采用上述规则。[⑥] 在讨论遗嘱和继承问题时，巴托鲁斯将相关法则区分为“人的法则”与“物的法则”，“人的法则”仅适用于本城邦居民，相应地不适用于外邦人，而“物的法则”调整位于本城邦的所有物，而无论其属于本城邦居民或外邦人。对于第二个问题，巴托鲁斯将法则区分为许可性法则与禁止性法则。巴托鲁斯进一步将禁止性法则区分为有关行为方式的法则、有关物的法则以及有关人的法则，而有关人的法则又被细分为“善意禁止”的法则和“恶意禁止”的法则。对于许可性法则巴托鲁斯也做了诸多分类。比如巴托鲁斯区分了有关行为方式的许可性法则和有关行为能力的许可性法则，前者具有域外效力，而后者通常不具有域外效力。

巴托鲁斯理论的特征可通过著名的“英格兰长子继承案”（设例）得以体现。假设一个英

---

① Pierre Mayer et Vincent Heuzé, Droit international privé, LGDJ, 2014, p. 57.
② Bernard Audit et Louis d'Avout, Droit international privé, Economica, 2013, p. 123.
③ Pierre Mayer et Vincent Heuzé, Droit international privé, LGDJ, 2014, p. 57.
④ Bernard Audit et Louis d'Avout, Droit international privé, Economica, 2013, p. 123.
⑤ Pierre Mayer et Vincent Heuzé, Droit international privé, LGDJ, 2014, p. 57.
⑥ 如瑞士与奥地利分别在1952年和1978年之前均采用前述规则。

格兰人死后在英格兰和意大利留有遗产。英格兰法则规定应由长子继承所有遗产，而当时的共同法规定死者遗产由其子女共同继承。本案应如何适用法律？巴托鲁斯认为，应首先通过分析英格兰法规的语法结构来认定其是“人的法则”还是“物的法则”。如果该法规表达为“死者遗产由长子继承”，其为“物的法则”，则即使是外邦人遗留在英格兰的财产的继承也应适用英格兰法。但当时英格兰法则规定的是“长子继承所有遗产”，因而其为“人的法则”，因而英格兰死者遗留在英格兰的遗产应适用该法则（当然，外邦人死后遗留在英格兰的遗产的继承不得适用该法）。但英格兰法规不得适用于英格兰死者遗留在意大利的遗产的继承。一方面，由于英格兰法规排除了长子以外其他子女的继承权，属于“恶意禁止”的法则，不具有域外效力，不得在意大利适用，另一方面，也可基于其排除长子继承权的障碍而将其视为许可性法则，由于有关行为能力的许可性法则不具有域外效力，因而结论亦是一样。

巴托鲁斯显然不是法则区别说的首创者，但其是法则区别说的集大成者。如果说巴托鲁斯的前辈们对法则区别理论只是有只言片语的论述的话，巴托鲁斯对法则区别理论则作了相对系统的整理并使该理论在现实中得到了广泛的应用。① 另外，巴托鲁斯在阐述其理论时也创立了一些基本冲突规范，这些规范对后来国际私法的形成与发展产生了重大影响，有些规则至今仍为世界各国采纳。正因为如此，不少西方学者称巴托鲁斯为“国际私法之父”，但也有学者认为他对国际私法的贡献可能被高估了。②

二、法国的法则区别说

（一）杜摩兰

意大利学者所讨论的法则冲突在法国主要表现为各地习惯之间的冲突。而如前所述，法国早期的罗马法学者对法则区分亦有所贡献。不过与意大利不同的是，在法国，一方面由于罗马法的影响相对较弱，另一方面由于封建制度的根深蒂固，人们似乎并不承认罗马法的统领各地不同习惯的共同法地位。但为维护自己的地位，国王希望拥有一个既能够阻遏各地习惯的属地性同时亦能将这些习惯的适用统领于若干超级原则的法律制度。在 16 世纪，法国在法则区别理论方面最著名的学者为杜摩兰（Charles Dumoulin，1500—1566）。杜摩兰是巴黎的一位律师，其同情国王的立场，主张统一习惯法相对于各地习惯的优先性。

杜摩兰是前述意大利-法国法则区别理论的发扬者。他主张程序与形式问题适用行为地法，对于实体问题，其重拾传统观点，作人法与物法之区分。杜摩兰的原创性贡献主要体现在意思自治原则，这一点尤其表现在其于 1525 年针对甘尼案（affair de Ganey）所发表的咨询意见。该案中，甘尼夫妇在巴黎和里昂奈（Lyonnais，法国当时的一个省）均有不动产，按照当时的法律适用原则，夫妻财产制应适用财产所在地法，从而导致夫妻财产制法律适用的分割，并带来当事人之间的不公平。杜摩兰的建议主要有两点：第一，为避免法律适用的分割，应将夫妻财产制识别为合同问题而非财产问题；第二，夫妻双方将婚后首个住所设在巴黎，表明其已默示同意将所有财产均置于该地习惯法支配之下。前述第一点有点双边主义的味道，即不是从法

① 李建忠．古代国际私法溯源——从古希腊、古罗马社会到法则理论的荷兰学派．北京：法律出版社，2011：203.

② 马丁·沃尔夫．国际私法（上）．李浩培，汤宗舜，译．北京：北京大学出版社，2009：26.

则而是从法律事实出发讨论法律适用问题，而前述第二点则使杜摩兰在国际私法发展史上拥有很高评价。但也有人认为杜摩兰对意思自治原则的贡献被高估了。第一，在杜摩兰之前已经有几位后期注释法学派学者提及意思自治；第二，对杜摩兰而言，当事人默示选择的法律只是被并入合同（同样是默示地），而非用来支配合同；第三，在意思自治问题上杜摩兰并没有跨过关键一步，即允许当事人明示选择准据法。①

在 17 世纪，仍有法国学者研究法则区别理论。他们致力于法则区别，尤其是将习惯区分为属物的习惯（适用于位于本辖区的物）和属人的习惯（不适用于外地人），这一概念在 1804 年法国《民法典》中唯一的一条有关冲突法的一般性规定，即第 3 条中有所体现。

（二）达让特莱

在法则区别说时期，区分法则的目的在于促进“外国”法则或习惯法的适用。但这一点在法国习惯法冲突的大背景下却不受欢迎，因为在当时封建割据状态下，各地致力于维护本地习惯法（特别是有关土地的习惯法）的权威。这一需求在法国催生了属地主义理论，其代表人物即达让特莱（Bertrand d'Argentré，1519—1590）。达让特莱是法国西北部布列塔尼省的法学家和历史学家，著有《布列塔尼习惯法评论》（Commentaires sur l'Ancienne Coutume de Bretagne）。布列塔尼在当时刚刚成为法国的一部分，作为雷恩市（布列塔尼主要城市）法院的院长，达让特莱的任务就是维持布列塔尼习惯法的适用。为达此目的，达让特莱重拾法则区分，但仅保留并放大物法与人法的区分。如前所述，在法则区别说时期，法则被区分为各种不同种类，如有关合同、行为方式等的分类，其目的在于最终将法则区分为具有属地效力的法则和具有域外效力的法则。而达让特莱则将此种分类大大简化，仅采物法与人法的分类，前者具有属地效力，后者具有域外效力。但在达让特莱这里，两种类别并不在一个平等的天平上：在达让特莱看来，原则上所有的习惯都是物法，只有那些仅涉及人的权利、身份和资格而不具有任何物的因素的习惯才是人法，因而具有域外效力。前述对人法的界定自然适用于人的身份与能力，但却不适用于特殊的（无）能力问题，例如夫妻之间赠与的效力应由物之所在地的习惯决定。达让特莱同时承认混合法则亦即同时涉及人与物的法则（如有关行为方式的法则）的存在，但他认为此类法则应被归入物法。由此，只要涉及不动产，即使是在夫妻财产制和继承领域，也应该适用物之所在地法（物法）。在达让特莱这里，虽然习惯被分为三类，但从其效力来看事实上仅为两类。②

应该说，达让特莱的属地主义与中世纪早期的属地主义并不一样。中世纪时期的属地主义不考虑法律冲突问题，仅适用本地的法律。而达让特莱在说法律是属地的的时候，其本质上是指该法律应适用于位于其领土范围内的物，这实际上是对一个古老的冲突规范的特殊表达，即物之所在地法原则。达让特莱强调这一原则的目的在于阻止法官适用外域法，这一点在涉及不动产时尤其明显，因为管辖法院将是物之所在地法院。③

三、对法则区别说的评价

总体而言，从 13 世纪开始，为解决城邦法则的冲突问题，学者们即对城邦法则作各种各

---

① Pierre Mayer et Vincent Heuzé，Droit international privé，LGDJ，2014，p. 59.

② Bernard Audit et Louis d'Avout，Droit international privé，Economica，2013，pp. 125 - 126；Pierre Mayer et Vincent Heuzé，Droit international privé，LGDJ，2014，p. 60.

③ Pierre Mayer et Vincent Heuzé，Droit international privé，LGDJ，2014，p. 60.

样的区分，这大概是此种理论被称为“法则区别说”的缘由。在对法则所作的各种区分中令人印象最为深刻的当属“人的法则”与“物的法则”的二元区分，但事实上，此种区分只是历史上对法则所作大量区分中的一种。当然，将法则区别理论简化为“人的法则”与“物的法则”的二元区分也与以下事实有关，即“人的法则”与“物的法则”的二元区分在法则区别说发展历史的后期确实渐渐吸收了对法则所作的其他各种区分：所有具有属地效力的法则都被定性为“物的法则”，所有具有域外效力的法则都被定性为“人的法则”①。

另外，法则区别说在本质上也没有构成一个理论体系，而是各种特定解决方案的集合。比如巴托鲁斯在阐述其理论时即采取对阿库修斯罗马法评注中的问题进行回答的形式，其对自己的理论并没有系统阐述。法则区别说的逻辑出发点是城邦法则制定者的权力延伸范围和法则的适用范围（更精确地说是效力范围），学者们据此根据法则的调整对象对其进行分类。此种思路自然地导致以下结果，即将某类案件（如继承、行为方式等）归入某一法律（物之所在地法、行为地法等）的适用范围：如果有关合同形式要件的法则被宣称对发生于其所属城邦范围的行为拥有效力，则人们很自然地会以如下方式表述该规则，即行为方式受行为地法调整。这也正是“场所支配行为”的来历。如果人们将对等原则作为适用外邦法的条件，则前述规则表达方式的演变就愈发顺理成章。总之，法则区别说隐含了 19 世纪方才产生的双边主义思路。②

MATERIAL

Real Statute and Personal Statute

How can one differentiate whether one statute is real or personal? The great Bartolus took the position that the wording of the “statute” may determine its reach. He employed a very superficial test. To explain more, he tried to make a distinction on the basis of the grammatical construction of the statute and based on that he classified the same as real if the thing is mentioned first and as personal if persons occupy the first place. The famous example is: if a law provides that “the possession of deceased person shall pass to the first born”, the *lex rei sitae* would apply. But, if it were to read “the first born shall succeed”, there might be difference in their consequence for the statute would then be personal rather than real.

The spatial reach of a statute cannot be told by its wording. After all, the wording of a law statute does not necessarily reflect the policy of same.

Although the criteria propounded by his successors, the statutists, were no better; the latter writers mocked Bartolus' reliance on the mere “shell of words”. Similarly, d'Argentrè severely criticized his verbal distinction via his sarcastic statement that “children would blush if they were to think or say such things”.

---

① Bernard Audit et Louis d'Avout, Droit international privé, Economica, 2013, p. 123.
② Bernard Audit et Louis d'Avout, Droit international privé, Economica, 2013, p. 125.

In this connection, the French statutists distinguished statutes mainly between "substance" and "procedure" and focused on the power to create rights and obligations, i. e. legislative jurisdiction, which was said not to exist locally in the case of a foreign citizen.

QUESTION

What is the method of which Bartolus took use to differentiate whether one statute is real or personal?

第三节 近代国际私法

一、属地主义理论

属地主义理论（territorialism）一方面是法则区别说的演进和变种，另一方面其又是对后者进行反抗的产物。属地主义理论在发展过程中逐步具有体系性特点。属地主义最先在法国各地习惯法冲突的框架下获得其名称，然后在16世纪的荷兰得到国际化发展，并最终在英美法系国家发扬光大。属地主义理论的共同出发点是，法律原则上是属地适用的，各理论的差别仅在于各自赋予外国法例外适用以何种地位或者赋予外国法例外适用以何种解释。

（一）荷兰的属地主义

在16、17世纪，达让特莱的属地主义在荷兰（包括当时的比利时北部）拥有巨大影响。罗登伯格（Christian Rodenburg，1618—1668）等人是达让特莱的追随者。但保罗·伏特（Paul Voet，1619—1667）、胡伯（Ulrich Huber，1636—1694）和让·伏特（Jean Voet，1647—1714）等对达让特莱的属地主义有所推动。他们试图寻找适用外国法的依据。受博丹（Jean Bodin）在1576年提出的主权概念的影响，他们不承认一国有适用外国法的义务，但他们主张一国可出于礼让适用外国法。

荷兰的属地主义与达让特莱的属地主义有很大区别。在达让特莱这里，尽管其范围已被极力压缩，但属人法还是具有域外效力的。而对于荷兰属地主义者而言，尽管物法超出立法者主权范围即没有法律效力，但人法亦何尝不是如此，其性质与物法并无二致：其对所有位于立法者主权范围内的人有效，即使是临时出现于此，而且也只对这些人有效。来自一个主权者的立法、公文书以及判决，不得要求对另一个主权者发生效力。①

荷兰的属地主义之所以强调主权概念，与其当时的地理与历史状况有关。首先，17世纪

① Pierre Mayer et Vincent Heuzé，Droit international privé，LGDJ，2014，p. 61.

的荷兰是一个由彼此独立的17个省区组成的主权独立国家，其既不能像意大利那样通过假设罗马帝国的继续存在，也不能像法国那样基于国王强大的中央权威，而让法官相信各城邦法则或各省习惯是彼此平等的。其次，除了省际法律冲突，当时海上贸易的兴起也使国际法律冲突日益突出。最后，当时正值荷兰国际法理论产生时期，其强调主权原则和国家独立。让·伏特即从主权原则中推演出一项针对国际私法的结论：平等者之间无强制执行的权力。①

但是荷兰理论并不会导致对法院地法的绝对适用。一个主权国家虽没有义务适用外国法，但其却可以出于平等和交往的目的而基于礼让（*ex comitate*）适用外国法。这一思想体现在胡伯著名的三原则中：

第一，任何主权者的法律必须在其境内行使并且约束其臣民，但在境外则无效；

第二，凡居住在其境内的人，包括常住的与临时的，都可视为主权者的臣民；

第三，每一国家的法律已在其本国内实施，根据礼让，行使主权权利者也应让它在自己的境内保持其效力，只要这样做不致损害自己的主权权力及臣民的利益。

在前述三条原则中，前两条阐述的是属地原则，其在本质上是根据属地主权而确立的一项国际公法原则。第三条原则涉及国际私法问题，阐述的是一国适用外国法的根据和条件。由于将外国法适用的基础归于国家间的礼让，因而荷兰的学说也被称为"国际礼让说"（comitas gentium）。

即使站在今天的角度来看，给予荷兰的属地主义学说以高度评价也毫不为过。从表面上看，荷兰的属地主义学说强调法律的主权性和属地性，似乎是对国际私法的否定，但事实上，其并不会导致对法院地法的系统性适用。在本质上，荷兰属地主义学说阐述了一个即使是在今天仍继续有效的有关法律适用的基本道理，即基于主权原则，一个国家不得被强迫适用外国法，但同样是基于主权原则，一个国家同时又可以自由地决定适用外国法。当然，一个国家选择适用外国法必然事出有因，国际礼让说认为这一原因正是国际礼让，更具体而言即平等和便利。与此同时，在国际礼让说看来，适用外国法对一个国家而言不仅仅是一个权利问题，而且是一个自然义务问题，这不仅体现在当事人"既得权"保护问题上，也体现在对自我需求的顺应上，因为对于一个希望进行国际贸易的国家——而荷兰正是这样的国家——而言，其必须对合作国家保持礼让，以使其国民在对方国家获得对等待遇。后人对荷兰学说的批评主要集中于以下一点："礼让"能否构成国际私法的真正基础？主权者的善意能否代替法律？这些批评显然是对国际礼让说的误解。国际礼让说只是从"顶层设计"角度对一个主权国家适用外国法律的基本原理进行阐释，一个主权国家拥有制定其认为合适的冲突规范体系的自由——这一点即使是在今天也仍是如此——并不意味着其法官可以拥有超越其本国冲突法而恣意决定是否适用外国法的自由，换言之，法官必须根据本国冲突法体系进行法律选择。因此，规范性并不会缺席国际私法的场合，即使此种国际私法是以国内法而非国际法为基础的。②

英国有学者认为，尽管礼让很难定义，随着时间的推移，它被赋予不同的意义，但它有一个核心要义，即调和促进对参与国际私法事务的所有国家的领土主权的尊重。在这一意义上理解礼让，礼让就是许多国际私法规则的基本原则。然而，它并不是一个能够直接应用于任何特

---

① Pierre Mayer et Vincent Heuzé, Droit international privé, LGDJ, 2014, p. 62.

② Pierre Mayer et Vincent Heuzé, Droit international privé, LGDJ, 2014, p. 62.

定情况下的原则。相反，礼让是在适用开放性规则和制定及发展具体规则时需要考虑的一个因素。[①] 礼让并不是一个硬性规则，而是一国默示同意尊重另一国家领土主权的一般原则。当与尊重正义的基本原则冲突时，礼让便终止。当与法律制度中的"公共政策"相冲突，特别是与使制度公正的基本原则相冲突时，通过参照礼让原则而发展起来的法律规则必须让路于前者。[②]

而事实上，除了关于外国法适用基础的阐述，荷兰学者对适用法律的具体规则也有很多论述，但对后者却不像对前者那样能够达成共识。如关于形式要件，保罗·伏特和胡伯主张强制性地适用行为地法，而让·伏特却主张适用物之所在地法或表意人住所地法。[③] 总体而言，包括那些曾批评过达让特莱的学者，荷兰学者最终还是重拾达让特莱的法则三分说。[④] 也正是在这个意义上，荷兰属地主义理论与法国属地主义理论的根本区别不在于国际私法规则的具体内容，而在于对适用外国法依据的解释。[⑤]

（二）美国的属地主义

在18世纪之前，英格兰基本没有法律适用问题。在当时，在国际商事交易方面存在商人法（*lex mercatoria*）。在民事领域，外国人在英格兰不得拥有土地，与外国人的通婚也极其罕见，因而国际法律冲突几乎不存在。1706年英格兰王国与苏格兰王国的合并以及随后司法管辖权与立法管辖权的分离，开始使人们意识到法律适用问题的存在。[⑥] 18世纪中叶，经由大批曾在荷兰留学的苏格兰学者的介绍，国际礼让说在英格兰扎根。当时英格兰颇负盛名的法官曼斯菲尔德勋爵即来自苏格兰。他在1760年的罗宾逊诉布兰德案（Robinson v. Bland）中采纳了胡伯的观点，即合同并不总是适用缔结地法，而应优先适用当事人意欲适用的法律。本案涉及一个由英格兰人在法国签发的有关赌债的汇票，该汇票在伦敦可以支付。本案最终适用了英格兰法律。由于受到荷兰学说的影响，英格兰的国际私法理论从一开始就有深深的属地主义痕迹。英格兰接着又将这一特点传递给世界上受其影响的其他国家，其中即包括美国。总体来看，英美世界对后世的学说和判例影响最大的当属约瑟夫·斯托雷（Joseph Story，1779—1845）。

在美国，由于各州保有独立的立法权，因而法律冲突在美国由来已久。从19世纪初开始陆续有一些冲突法著作在美国出现，其中最具影响的当属斯托雷发表于1834年的《冲突法评论》(Commentaries on the conflict of laws)。斯托雷曾是哈佛大学教授，并担任过美国最高法院法官。在理论上，斯托雷秉承了荷兰的属地主义理论，这一方面固然与英格兰早期继受此种理论有关，但另一方面也与国际礼让说中包含的保护既得权理念与美国早期保护个人权利的自

---

① James Edelman and Madeleine Salinger, Comity in Private International Law and Fundamental Principles of Justice, in A Conflict Of Laws Companion, Edited by Andrew Dickinson and Edwin Peel, Oxford University Press, 2021, p. 326.

② Adrian Briggs, The Conflict of Laws, Oxford University Press, 2019, pp. 355 - 356.

③ Kegel/Schurig, Internationales Privatrecht, C. H. Beck Muenchen, 2004, S. 176.

④ Pierre Mayer et Vincent Heuzé, Droit international privé, LGDJ, 2014, p. 62.

⑤ Pierre Mayer et Vincent Heuzé, Droit international privé, LGDJ, 2014, p. 62. 事实上，能够证明荷兰学者在法律适用具体领域有所作为的典型例子是胡伯的《论法律冲突》一文。在该文中，胡伯不仅阐述了"胡伯三原则"，更针对遗嘱、合同、婚姻等具体领域的法律适用作了深入分析。具体情况参见许庆坤．胡伯论法律冲突，民商法论丛，(36)：470 - 480.

⑥ Bernard Audit et Louis d'Avout, Droit international privé, Economica, 2013, p. 127.

然法思想和宪法思想颇为契合不无关系。斯托雷在胡伯三原则的基础上提出了自己的类似的三原则①：

第一，每个国家在其自己的领土内享有一种排他的管辖权，因而每一国家的法律对所有位于其领土内的财产、所有居住于其上的居民以及所有在其上实施的行为具有效力；

第二，每一国家的法律都不能直接对在其境外的财产发生效力，也不能约束不在其境内的居民，一个国家的法律能自由地去约束不在其境内的人或事物，那是与所有国家的主权不相容的；

第三，基于以上两个原则，一个国家的法律能在另一个国家发生效力，完全取决于另一个国家法律上的明示或默示的同意。

总体来看，斯托雷对后世国际私法的贡献很大，至少表现在以下几点。第一，斯托雷继承了荷兰的国际礼让说，虽然，从表面上看理论创新不够，但实际上其在外国法适用的理论基础方面向前迈了一大步。他认为一国适用外国法并非基于法律上的义务，而是基于各国间的互利。② 斯托雷的这一主张使国际私法存在的法理依据从模糊的抽象概念转变为容易把握的现实利益。第二，斯托雷在系统研究英美国家司法判例的同时大量援引欧洲大陆自巴托鲁斯以来的各家学说，尤其是属地主义倾向明显的胡伯的理论，不仅确立了英美国际私法的基本原则，同时亦详细阐述了国际私法各领域的具体规则。从某种角度说，鉴于其作为英美国际私法领域第一位重要学者的身份③，将斯托雷视为英美国际私法的奠基人毫不为过。第三，斯托雷在国际私法研究方法上有很大贡献。斯托雷研究方法的特征在于，其没有采用演绎推理的方法，而是在对英美国家超过 500 个案例（美国案例 282 个，英格兰案例 216 个，苏格兰案例 8 个）进行归纳总结的基础上提出其研究结论。正是因为其以扎实的案例研究为基础，斯托雷的《冲突法评论》在欧美同行中获得了很高评价。第四，斯托雷在超越法则区别说方面亦有所贡献。斯托雷在其著作中并不是从法律出发，而是将法律纠纷区分为各种不同领域，如行为能力、结婚、离婚、合同、动产以及不动产等，然后分别为每类法律关系总结归纳相应的冲突规则。

（三）英国的属地主义

斯托雷的著作反过来又先后对英格兰的司法实践和学术界产生了巨大影响。英格兰学者从斯托雷手中接过接力棒，从属地主义视角思考和发展国际私法，一直延续至 19 世纪末。基于普通法传统，英格兰学者——主要是韦斯特莱克（John Westlake）以及戴赛——在研究方法上强调以司法判例为基础的归纳研究。戴赛（Albert Venn Dicey，1835—1922）在其著作《英格兰冲突法提要》（*Digest of the Law of England with Reference to the Conflict of Laws*）中通过研究英格兰法院判例归纳出英格兰冲突法的若干项基本原则，在此基础上整理出大量规则并附以评论。戴赛强调冲突法的特殊主义性质，认为冲突法只是英格兰法律的一部分，而非来自国际法。

与其前辈一样，戴赛必须解释“适用外国法”这一现象在属地主义思想背景下的正当性。在这方面，戴赛的贡献主要是既得权说（theory of vested rights）。根据该原则，法官既不能直接承认或适用外国法，也不能直接承认或执行外国法院判决。换言之，法官在内国适用的法律

---

① 韩德培．国际私法．3 版．北京：高等教育出版社，北京大学出版社，2014：44.

② Bernard Audit et Louis d’ Avout，Droit international privé，Economica，2013，p. 128. 木棚照一「国際私法」（成文堂，2016）23 頁。

③ Pierre Mayer et Vincent Heuzé，Droit international privé，LGDJ，2014，p. 62.

只能是内国法。国际私法案件的审理也不能构成属地主义原则的例外，因为法官所做的只是保护当事人在文明国家根据该国法律所正当取得的权利。域外效力并非赋予外国法本身，而是给予其创设的权利。① 显然，既得权说将属地主义推向了极致，因为在其看来，在属地主义框架下是不可能有真正意义上的外国法适用的。

如前所述，既得权说的本质在于坚持严格的属地主义，不承认法律的域外效力，但为了调和法律的属地性和适用外国法（以保障正常的国际民商事交往）之间的矛盾，其不得不陷入逻辑上的恶性循环。既得权说在逻辑上的内在矛盾可能与戴赛的宪法学背景有密切关系。作为宪法学鼻祖，戴赛一直主张议会主权原则，强调只有议会才有权制定法律，加之受当时实证主义思想影响，在戴赛看来，任何法律都不能被称为法律，除非其构成国家法律的一部分，如议会制定的法律和包含在司法判决中的法律。另外，根据戴赛的法的统治的原则，行政部门必须得依循正规的法进行执法，唯有如此才能抑制恣意性的权力。这意味着，英格兰法院只能执行包含在本国制定法和司法判决中的法律。因此，一方面，戴赛看到了在国际民商事争议解决中保护当事人根据外国法所获得的权利的必要性，另一方面，根据其宪法学原理，一国法院又绝不能适用外国法，由此，在其理论深处存在逻辑矛盾也就不可避免了。

（四）美国的《第一次冲突法重述》

既得权说在 20 世纪上半叶曾在美国产生巨大影响。1934 年，以哈佛大学法学院教授比尔（Joseph H. Beale）为报告人的《第一次冲突法重述》出台。比尔是一个多产的法学家，曾统治美国冲突法学界长达半个世纪。他不仅在美国创建了第一个冲突法课程，还出版了第一个冲突法案例集（其中收集了 400 个美国案例和英格兰案例以及 70 个其他外国案例）。② 比尔的冲突法思想建立在两个原则之上，其一是属地性原则（territoriality），其二是既得权原则。前一个原则用以确定其法律创设了实体权利的国家，后一个原则解释了为什么其他国家应该承认该权利。③ 比尔认为，所有的法律都是属地的，这构成了《第一次冲突法重述》的基石。《第一次冲突法重述》第 1 条即开门见山地规定："没有任何一个国家制定的法律可以在其他国家施行；在一个主权国家，唯一能够施行的法律是其自己的法律，但根据每个国家的法律，位于该国的权利或其他利益在某些情况下可以基于其他国家的法律而产生。"

至于既得权理论，比尔同样指出："（属地）法律赋予一个事件以某种后果，这就是法律权利的创设……当一个权利为法律所创设时，该权利本身即成为事实……这个已经存在的权利在各个地方都应该得到承认；而这么做只是承认一个事实而已。当一个权利为一个适当的法律（即属地法）创设后，则在各个地方承认其存在便是自然而然的。因此，一个在其实施的地方为有效的行为，在任何其他地方都不应该被质疑。"④ 循沿这一思路，比尔提出了贯穿《第一次冲突法重述》的基本思路，即对于某一案件而言应适用的法律应该是为创设某项权利所必要的最后行为或事件的发生地的法律。由此，对于合同关系的创设而言最后的必要行为应是意思

---

① Paul Torremans (ed.), Cheshire, North & Fawcett. Private International Law, Oxford University Press, 15th ed., 2017, p. 21.

② Symeon C. Symeonides, Choice of Law, Oxford University Press, 2016, p. 53.

③ Symeon C. Symeonides, Choice of Law, Oxford University Press, 2016, pp. 53 - 54.

④ J. H. Beale, A Treatise on the Conflict of Laws, Baker, Voorhis & Co., 1935, p. 1969, citing Symeon C. Symeonides, Choice of Law, Oxford University Press, 2016, p. 55.

表示的一致，因而国际合同的效力应适用合同缔结地法；侵权责任的最后必要要素是损害的发生，因而侵权责任的准据法应该是损害发生地法；一个在其缔结地为有效的婚姻，在其他各地也应该得到承认；等等。《第一次冲突法重述》的这套法律适用体系的优点在于能够确保法律适用方案的明确性、可预测性和统一性[①]，但这同时也是其缺点，即过于机械，有时候最后必要事件或行为的发生地与案件可能只有偶然联系。

需要指出的是，在比尔的冲突法体系中，其将权利与创设该权利的法律区分开来。在比尔看来，法官并没有真正适用外国法，其只是考察相关权利是否根据该外国法而得到有效创设，并进而在内国法体系中承认该权利。[②]

（五）对属地主义理论的评价

属地主义理论本产生于封建时期，其身上有浓厚的封建割据的烙印。但自 16 世纪开始，该理论在现代国家主权理念中找到了新的根基。这也解释了为什么即使是在现代社会，属地主义理论仍在大部分国家法律制度中发挥着一定作用。不管其理论基础是什么，属地主义理论能够部分解释以下事实，即对一国法律的尊重很多时候来自其在当地的强制执行力。[③] 在涉及财产和法律行为的法律适用领域，相关财产与其所在地的地域联系或相关事件与其发生地的地域联系在确定准据法方面一直发挥着重要作用。此外，即使是作为民事主体的个人，也存在隶属于某一地域的情况，无论此种情况是基于服从理念（原籍地）还是基于单纯的居住事实（惯常居所或实际居住）。但在法律适用领域，过于严苛的属地主义却未必能实现合理的法律适用结果。美国《第一次冲突法重述》显然是其中典型，其仅以单纯有形的客观因素为连结点而忽视连结点背后的真实含义，从而导致前已论及的法律适用的机械性。

二、属人主义理论

从某种角度说，法律的属人主义（personalism）比法律属地主义更为源远流长。在原始社会，人们更多的是依靠血缘关系来维持彼此之间的联系，这也意味着在那个时代法律更多地只能依靠其属人效力来实施对社会的规制。孟德斯鸠对此曾有精彩论述："这些野蛮人（指日耳曼人——笔者注）的法律有一个特殊性格，就是不受地域的限制……在这些部族离开它们的家乡之前，它们的法律精神就已是属人的了；它们把属人法的精神又传播到它们的征服地去。"在 13、14 世纪，人法与物法的分类是法则众多分类中的一种。到了 16、17 世纪，法学家们则将对法律的区分简化为人法与物法两类，但总体而言，即使是在法则区别说的框架内，与属地主义相比，属人主义也并不占据主导地位。与此同时，随着现代主权概念在 16 世纪产生，法律属地主义借助属地主权的东风一跃而上，属人主义则似乎渐渐陷入沉寂，直到 19 世纪中叶意大利人孟西尼的出现。

（一）孟西尼和属人主义

孟西尼（Pasquale Stanislao Mancini，1817—1888）是意大利 19 世纪中叶的一位政治家和法学家。孟西尼是意大利南方人，但他曾在那不勒斯编辑和出版报纸和杂志，因而在那不勒斯

---

① Bernard Audit et Louis d'Avout，Droit international privé，Economica，2013，p. 129.

② Symeon C. Symeonides，Choice of Law，Oxford University Press，2016，p. 55.

③ Bernard Audit et Louis d'Avout，Droit international privé，Economica，2013，p. 129.

知识界颇有名望。1841年，因为关于惩罚权的讨论，他在意大利法学界也获得了相当的声誉。孟西尼没有上过大学，但仍然通过自学获得了很好的教育。在1844年也即其27岁的那一年，孟西尼通过某种特殊豁免程序获得了一个法学学位。后来，由于在国内政治斗争中失利，他逃到皮埃蒙特，并在都灵大学任教。在他所生活的19世纪，不同的人群基于长期共同生活而构成一个共同体，但在政治上却彼此处于分割状态，或者为外族统治，因而他们迫切希望实现政治统一或政治独立，这使得民族主义思潮在当时的欧洲大陆日益高涨。孟西尼的国际私法学说正是在这样一个特殊的“民族觉醒的时代”的背景下产生的。1851年1月22日，孟西尼在都灵大学发表其在该校任教后的首场讲座，题目即为“论民族性作为国际法的基础”（Della nazionalità come fondamento del diritto delle genti）。孟西尼思想奔放并具有感染力，加之他对民族性观念的抬举符合时代精神，因而他的把国际法建立在“各民族基于法律的共存”之上的思想获得了相当程度的共鸣。①

也许是由于意大利尚未实现统一的缘故，在孟西尼看来，国际法的“理性基础”不是国家而是民族。他认为，一个民族的构成因素包括其所在地理位置的景色、气候、宗教、生活习惯、语言、人民的种族和历史传统等。个人的人格是由他所属民族决定的。只有通过承认一个人的民族身份，才能承认他的人格。所谓国家，即在前述诸方面存在共通感而产生精神上一致性的民族共同体。②

但显然孟西尼的思想并没有仅仅停留于国际公法领域。在孟西尼看来，民族性在构成一个国家存在的基础的同时，也自然决定了该国法律管辖的范围。③ 意大利作为一个国家是由意大利民族所组成的，也是为意大利民族而组成的，它所颁布的法律是为意大利民族制定的，是根据意大利民族的风俗和性格制定的。而在现代的民主制度中，法律又是普遍意志的体现，因此意大利法律应该适用于生活在任何地方的意大利人，并且只适用于意大利人。在国际法中，各国法律的属人性应获尊重，就像在国内法中每个人的人格应获尊重一样。④

此外，孟西尼的属人主义理论也与当时的个人主义和自由理念密切相关：由于属地主义将个人与土地联系在一起，因而被人们视为封建时代的遗留而予以排斥，相反，人们将适用本民族的法律视为一种权利。因此，虽然以高扬的民族情感为基础，但孟西尼的理论却又恰恰是国际主义的：对外国人适用其本国法并非模糊的礼让概念的要求，而是一项国际法义务。⑤

孟西尼把私法关系区分为两部分，其中一部分为强制性的，另一部分则为任意性的。强制性的部分主要包括人的身份与能力、家庭法领域的权利（包括财产性质的权利）和继承权；对所有这些权利应适用当事人的本国法。就像一个人在国内法层面应遵守跟上述事项相关的法律一样，在国际民事交往中，任何外国也不能剥夺一个人根据其本国法而获得的作为其“私法财产”的前述身份与地位。任意性的私法关系则是指法律仅提供补充性规则的私法生活部分，在

---

① 亨利·巴蒂福尔，保罗·拉加德．国际私法总论．陈洪武，等译．北京：中国对外翻译出版公司，1989：322.

② 马丁·沃尔夫．国际私法（上）．李浩培，汤宗舜，译．北京：北京大学出版社，2009：41. 孟西尼的这一思想在孟德斯鸠那里似乎也获得了共鸣。

③ 亨利·巴蒂福尔，保罗·拉加德．国际私法总论．陈洪武，等译．北京：中国对外翻译出版公司，1989：322.

④ 亨利·巴蒂福尔，保罗·拉加德．国际私法总论．陈洪武，等译．北京：中国对外翻译出版公司，1989：322.

⑤ Bernard Audit et Louis d'Avout，Droit international privé，Economica，2013，p. 130.

这些领域允许当事人自治；在国际民事交往中，这意味着当事人可以选择适用他们喜欢的法律。任意性的私法关系主要包括合同的订立、债务的转让以及物权法的某些事项。在这些领域如果当事人没有选择准据法，则可以推定他们希望适用本国法。[①]

当然，孟西尼的理论也没有忽略以下事实，即社会生活的某些准则会要求每个国家都要确保本国的某些法律规则在本国领土范围内得到无例外的遵守。一国的"积极"公共秩序要求所有人都必须遵守其公法领域的相关法律，其中即包括刑法、有关"警察和公共治安"的法律（les loi de "police et de sûreté publique"）以及侵权法等；因为即使外国人在法律上不属于本民族，但其在该国领土上停留即意味着其必须遵守以上法律。此外，当外国法律被认为会侵害本国的那些不可替代的法律时，公共秩序还可以消极方式排除那些外国法律的适用。[②]

基于其前述思想，在孟西尼的属人主义理论体系里，国际私法最终围绕三个概念运转，即民族性、自由和主权。[③] 根据其民族性概念，在人的身份与能力、家庭法和继承法等与一个民族所生活的地理环境、语言文化、种族与历史传统等因素密切相关的领域，一个人无论走到哪里都应服从其本国法律的支配，而一国法院在审理与上述问题相关的国际民事纠纷时也应尽可能地适用当事人的本国法。但根据意思自治原则，在那些与个人的财产利益密切相关、而与公共秩序没有太多牵连的领域，则应尊重当事人选择法律的自由。但根据公共秩序原则，一国旨在维护本国公共秩序的法律应适用于位于该国的所有人，不管他是本国人还是外国人。

（二）属人主义的影响

属人主义在 19 世纪下半叶和 20 世纪初对国际私法立法和理论学说都曾有重要影响。在国际私法立法方面，1804 年法国《民法典》以及紧随其后的奥地利《民法典》固然是最早采用本国法来代替住所地法的立法，但在此之后，一些具有重要影响的民法典以及其他相关立法能够改采本国法原则，则毫无疑问受到了孟西尼属人主义理论的影响。这些立法包括意大利 1865 年《民法典》（对其中的总则部分，1942 年《民法典》基本未有改动）、1889 年西班牙《民法典》（冲突法立法部分）、1896 年德国《民法典施行法》、1926 年波兰国际私法立法等。在欧洲之外，1898 年日本《法例》、1916 年巴西《民法典》（施行法部分）以及 1928 年布斯塔曼特法典亦是如此。在法国和比利时，截至 19 世纪末，其在国际私法领域的判例法也深受属人主义理论的影响（特别是在动产继承领域）。鉴于孟西尼在海牙国际私法会议创设方面的重要贡献，从海牙国际私法会议最早制定的一批公约，如制定于 1896 年、1902 年及 1905 年的相关公约来看，海牙国际私法会议早期的理论倾向显然也是属人主义的。[④]

在学术界，19 世纪后半叶，在几乎所有拉丁语系国家，属人主义都得到了学者们的支持，这一点尤以在意大利、比利时和法国最为明显。在德国，虽然学者们受到萨维尼的巨大影响，而且像冯·巴尔这样的学者明确反对孟西尼的主张，但在 20 世纪初，德国学者一致同意以本国法代替住所地法。[⑤]

---

① Bernard Audit et Louis d'Avout，Droit international privé，Economica，2013，pp. 130－131.

② Bernard Audit et Louis d'Avout，Droit international privé，Economica，2013，p. 131.

③ Bernard Audit et Louis d'Avout，Droit international privé，Economica，2013，p. 131.

④ Bernard Audit et Louis d'Avout，Droit international privé，Economica，2013，p. 131.

⑤ 亨利·巴蒂福尔，保罗·拉加德．国际私法总论．陈洪武，等译．北京：中国对外翻译出版公司，1989：323－324.

（三）属人主义的局限性

属人主义面临的最大挑战当属该理论的基本主张（本国法的优势地位）与该理论在实在法层面所获得的实际支持之间的巨大反差。总体来看，虽然在成文法系国家尤其是欧洲大陆曾得到大力支持，但即使是在其势头最为鼎盛的19世纪下半叶和20世纪初的年代，其也没有能够征服英美法系国家。总体而言，属人主义存在以下局限性：第一，属人主义会更多地导致外国法的适用。属地主义虽然也会或多或少地导致外国法的适用，但毫无疑问，在属地主义框架下外国法获得适用的概率要小很多。在跨国民商事交往越来越频繁的时代，属人主义无疑会更多地导致外国法的适用，而这从涉外民商事审判的视角看无疑会带来很多困难，其中包括外国法的查明和公共秩序保留制度的过度使用。

第二，属人主义忽视了当事人融入新环境的利益。在19世纪的移民时代，适用本国法曾被认为是一个扩大移出国法律适用机会的非常有效的手段。但是，当一个人移居他国成为永久事实的时候，对其继续适用移出国法律显然就不合适了。作为一个富于情感和习惯于向后看的连结点，国籍显然忽视了当事人所置身的新的环境。国籍显然更倾向于将当事人身后的以高扬的民族情感为基础的个人与母国之间的历史文化联系永久化。但是，如果法律真的在很大程度上是民族气质的反映，那么将当事人置于其所置身的环境的法律的支配之下，是不是更为合适呢？事实上，在相同文明的国家之间，法律之间基于“民族气质”的差异是很难分辨的，至于来自异质文明的外国法（比如性别歧视），对这些法律的适用则又很容易带来公共秩序保留问题。[①]

第三，双重国籍和多重国籍等国籍积极冲突问题的存在，进一步削弱了国籍作为连结点的简单和易于适用的优势。美国学者卡弗斯就曾指出，随着交通技术的进步，劳动力资源的流动性增强，继续坚守国籍原则显然不合时宜。[②]

（四）对属人主义理论的评价

与属地主义一样，以孟西尼为旗手的近代属人主义也在现代主权概念中找到了支撑。[③] 只是与属地主义聚焦于属地主权不同，属人主义强调现代主权观念中的属人主权。顺应时代的需要，孟西尼主张民族性是国际法的基础，并在此基础上呼吁各国相互尊重对方的属人主权。既然孟西尼认为每一个民族都是其民族气质的共同体，而且其法律也要适应此种民族气质，那么由此可以推论，“私法亦是属人的和民族的，并因此应追随其人民，即使后者位于外国亦是如此”[④]。尽管属人主义无论是在国际私法立法还是在理论学说方面均有过辉煌时期，但由于前文所述的国籍作为连结点的各种不合理性和缺陷，在二战以后，毫无疑问，属人主义已逐渐没落。

就与属地主义的关系而言，二者代表了两个不同的法律选择思路：一个要求适用属人法，亦即当事人的本国法，另一个要求适用属地法，亦即物之所在地法和行为地法。在法律选择的方法论层面，二者在本质上都是自法则区别说时代以来的方法论的延续，即强调法律是立法者意志的体现，代表了立法者的权威，并基于立法者的意志进行法律选择。从这个视角看，二者之间并无根本矛盾，它们只是一个事物的两个不同侧面，一个强调法律的属人效力，另一个强调法律的属地效力。

---

① Bernard Audit et Louis d'Avout，Droit international privé，Economica，2013，p. 132.

② 刘仁山．国际私法．北京：中国法制出版社，2019：4344.

③ Pierre Mayer et Vincent Heuzé，Droit international privé，LGDJ，2014，p. 68.

④ Pierre Mayer et Vincent Heuzé，Droit international privé，LGDJ，2014，p. 68.

三、法律关系本座说

在萨维尼之前，德国人在国际私法领域鲜有贡献。萨维尼（Friedrich Carl von Savigny，1779—1861）的出现改变了这一状况。萨维尼抛弃了自法则区别说以来的有关法律选择的方法论，开启了国际私法的一个新的时代。不过萨维尼在国际私法领域开创先河并非从零开始。在他之前，他的同胞瓦西特尔（C. G. von Wächter）已经为他扫清了道路。在萨维尼于1849年出版《现代罗马法体系》（*System des heutigen römischen Rechts*）第八卷之前几年，瓦西特尔已经把法则区别说打得粉碎并且扫除了它的残迹。[①] 萨维尼在《现代罗马法体系》第八卷第一章（标题为“法律规则支配法律关系的空间界限”）中阐述了其以法律关系本座说（seat theory）为中心的国际私法理论。

（一）萨维尼国际私法学说的理论前提

在19世纪中叶，罗马法作为共同法仍在德国施行。这一点使萨维尼很自然地将那些继承罗马法的国家看作是在法律上被罗马法连结在一起的国家共同体，共同的法律纽带能够使各国方便而正常地适用彼此的法律。与此同时，共同的宗教——基督教，使这种共同体更加巩固了。在萨维尼看来，基督教和罗马法构成了西方国家法律共同体的两个基础。在这个共同体内，各国的法律之间具有等价性和互换性。不仅如此，共同的文明基础还能够促使各国采用共同的国际私法规则，从而为国际民商事纠纷提供统一的解决方案，而不管诉讼地位于何处。[②] 国际法律共同体理念和判决一致性目标构成了萨维尼国际私法理论的基础。

萨维尼国际私法理论的出发点是，他不再像前辈或同时代人那样从主权视角探讨法律冲突，而是反其道而行之，从私法的角度理解法律选择。在当时的德国，尽管属地主义仍在盛行，而且斯托雷也大抵刚刚完成属地主义在英美国家的确立，但萨维尼拒绝接受以下观点，即外国法只是基于礼让而获适用，外国法的适用只是例外。萨维尼从一开始即抛弃了前述公法视角，他以国家与市民社会的分离和公法与私法的对立为前提[③]，强调国际私法所涉及的只是私法上的个人权利。萨维尼将私法看作是个人可以充分享有自由的领域。尽管萨维尼也像孟西尼一样在私法中区别对待家庭法，但在涉及物权和债权等“纯粹”私法的领域，萨维尼认为一个人可以针对其自己、相关物以及与其结成权利义务关系的其他人行使自由意志。这种权利的行使导致法律关系的产生；接下来，问题的关键就是将这些法律关系分配到不同的法律体系中，而且为实现判决的一致性应尽可能对前述分配工作采用统一方案。[④]

（二）法律关系本座说的主要内容

在法律关系本座说之前，国际私法的方法论主要是探寻法律规则的适用范围，尤其是通过探寻立法者权力的延伸范围或者说法律的效力范围来确定法律的适用范围。因此，在先前的方法论中，国际私法的问题变成了各国或各地区立法权的冲突或者主权冲突。但在法则区别说时期，偶尔也有从法律纠纷出发来指引适合于解决相关纠纷的法律的情况。比如在法则区别说中

---

① 马丁·沃尔夫．国际私法（上）．李浩培，汤宗舜，译．北京：北京大学出版社，2009：37.

② 亨利·巴蒂福尔，保罗·拉加德．国际私法总论．陈洪武，等译．北京：中国对外翻译出版公司，1989：332.

③ 溜池良夫「国際私法講義」（有斐閣，2005）59頁。

④ Bernard Audit et Louis d'Avout，Droit international privé，Economica，2013，pp. 133 - 134.

曾有这样一个法律适用原则，即侵权法则调整发生于本地域的侵权事件，但从该原则人们可以反过来推演出以下规则，即侵权受侵权行为地法支配，而在实践中也确实有按照此种思路解决法律适用问题的情况。上述两种解决法律适用问题的思路刚好相反，前者聚焦于法律调整相关法律关系的范围，后者则聚焦于将法律关系分配给某一法律管辖。萨维尼在分析了法则区别说的传统方法之后，对后一种方法进行了系统的探讨。他尝试为每一类法律关系确立一个根据其性质而原本所隶属的“法律空间”，而不管这一法律是内国法还是外国法，换言之，“应确定将法律关系连结于某一特定地点的联系……根据其性质……为每一类法律关系分配一个本座。”在萨维尼看来，法律关系的本座就是法律关系中最具特征性的某个要素。至于法律关系的分类，萨维尼则追随罗马法的传统。他指出：“法律规则的首要目标是人。但人希望控制物，并由此进入外国法的适用范围。通过权利义务，一个人还希望控制他人的行为，或使自己的行为接受他人意志的控制。”[①] 总之，通过个人自由意志的行使，一个人可以使自己与他人的法律关系的本座落于外国，并进而进入外国法的适用范围。总之，适用外国法是个人自由意志的结果，而不是主权的要求。

在萨维尼看来，法律关系的本座就是法律关系中最具特征性的某个要素。[②] 他把法律关系分为“人”“物”“债”“行为”“程序”等几大类，并为每类法律关系确立了本座。比如，他认为住所是人的归属之处，所以人的身份能力应以住所为本座；物是可以感知的，所以物之所在地应为物权法律关系的本座；债为无体物，不占有空间，需要凭借某种可见的外观来表现其形态，此种外观形态主要有两个，一个是债的发生地，另一个是债的履行地，其中履行地更适合于表现债权的外观形态，所以应以履行地为债权法律关系的本座；行为方式，应以行为地为本座；程序问题应以法院地为其本座；等等。[③]

（三）对法律关系本座说的评价

萨维尼对国际私法的贡献主要在于其在国际私法方法论领域的建树。如前所述，萨维尼抛弃了自中世纪以来延续了几百年的从法律规则出发解决法律适用问题的思路，改而从法律关系入手解决法律适用问题。萨维尼方法论的基本特征是：对法律关系进行分类并依据每类法律关系的特征性要素对其进行空间定位。这一方法实现了国际私法的“去政治化”：确定准据法的决定性因素不是立法者的意志，而是法律（私法）关系的性质。正因为如此，萨维尼的国际私法理论被西方学者誉为国际私法的“哥白尼革命”，对后世产生了深远影响。

法律关系本座说对后世国际私法立法尤其是大陆法系国家国际私法立法亦有很大推动作用，并在各国国际私法立法中逐步取代了法则区别说的地位。不过，属地主义和属人主义并没有在各国萨维尼式国际私法立法中完全遁形，它们更多地通过对双边冲突规范中连结点的选择发挥作用而展现自己的影响力。这反过来又进一步说明，各国在构建自己的国际私法立法时对萨维尼理论实际上采取了一种扬弃的态度，即人们在总体上按照萨维尼的法律关系本座说来设计自己的冲突规范体系，同时却又放弃了他的判决一致性目标。

萨维尼并没有回避适用外国法的政治合法性问题。对此，萨维尼曾有一段精彩论述：“绝

① Bernard Audit et Louis d'Avout，Droit international privé，Economica，2013，p. 134.

② Bernard Audit et Louis d'Avout，Droit international privé，Economica，2013，p. 134.

③ 韩德培．国际私法．3版．北京：高等教育出版社，北京大学出版社，2014：41. 杜新丽，宣增益．国际私法．北京：中国政法大学出版社，2017：30.

对主权原则要求该国法官只根据本国法律来判决案件，而不管此案相关的外国法的不同规定。然而这种规则无法在任何国家的立法中找到。它之所以缺乏，是由下列因素决定的，即随着国际关系愈趋频繁活跃，人们愈加确信坚持这一严格的原则并不适宜，故而应代之以相反的原则。总的来说，世界各国和整个人类的共同利益决定了各国去处理（涉外）案件时最好采取互惠原则，并坚持本国国民与外国人之间的平等原则。”① 从萨维尼的这段话来看，在适用外国法的政治合法性方面，其与国际礼让说和斯托雷的属地主义理论并没有本质区别，但在如何进行法律选择的技术路径上，萨维尼则表现出了质的不同。

MATERIALS

1. Huber

Huber wrote at a time when the Netherlands, then organized as independent provinces, developed as a major trading nation. This commercial advance created conflicts problems as trade occurred between provinces because the independent provinces had differing laws. Huber sought to resolve these conflicts through three axioms of international law.

As was the case for Grotius, Huber's first recourse was to the principle of territorial sovereignty. In his first axiom, Huber explained that "[t] he laws of each state have force within the limits of that government, and bind all subject to it, but not beyond". Continuing the emphasis on territorial sovereignty, Huber's second axiom detailed that "[t] hose people are held to be subject to a sovereign authority who are found within its boundaries, whether they are there permanently or temporarily".

As the first two axioms show, Huber based his conflict of laws system on territorial sovereignty (axiom one) and, in so doing, made not only a sovereign's subjects but also those within the sovereign's territory, even temporarily, subject to the absolute power of the sovereign (axiom two). In describing sovereign authority and law in this way, Huber disavowed claims by the statutists that laws should be classified as personal, real, and mixed, and that people carried rights between borders. In situating the legal basis of the conflict of laws on the territoriality of law instead of on the statutists' system of classifications and disavowing the personality of some laws, "Huber went beyond any of his predecessors" and established conflict of laws as a discipline concerned with sovereign interests.

Huber seems to be stating unmistakably that the basic objective of the law of conflict of laws is to advance the governmental interests of the forum. Furthermore, in denoting the field as the "conflict of laws" (*conflictus legum*), Huber emphasized by the very terminology itself that choice-of-law problems implicated a clash of sovereign commands.

① 李双元．国际私法（冲突法篇）．武汉：武汉大学出版社，2016：96－97.

Huber's system brought into sharp relief the chief intellectual problem of conflict of laws thought: explaining the application of foreign law in a domestic forum if law is only territorial. Huber's view of absolute sovereignty suggested that the only law that a forum court could apply was the law of the forum sovereign. Huber's focus on absolute territorial sovereignty created the following dilemma for his conflicts system: how can the court of one sovereign apply the law of another sovereign when law has no force beyond each sovereign's territory? Put more precisely in the context of the problem to be solved at the time: how can a forum court ever apply foreign law given that the extension of one sovereign's will into the territory of another sovereign through the application of its law in conflicts cases would threaten the idea that a state should be able to govern its territory without outside interference?

Huber solved this dilemma through his third axiom, which permitted the courts of one sovereign state to recognize and enforce the laws of another sovereign state out of comity, subject to the exception that the forum sovereign (the sovereign's courts) could not extend the law of the foreign state in such a way so as to prejudice the forum's sovereignty or citizens. As Huber explained, "Sovereigns will so act by way of comity that rights acquired within the limits of a government retain their force everywhere so far as they do not cause prejudice to the power or rights of such government or of its subjects". Huber's comity doctrine thus reconciled claims of absolute territorial sovereignty with the concomitant rise of multi-state transactions by enabling courts to apply foreign law.

For Huber, then, law was territorially limited, but foreign law was to be applied in a domestic forum out of comity.

2. Theory of Acquired Rights

The theory of vested or acquired rights originated with the Dutch jurist Huber, but it was elaborated in the early twentieth century by common lawyers; by Dicey in England by Beale in the USA. This theory is based on the principle of territoriality. A judge cannot directly recognize or sanction foreign laws nor can he directly enforce foreign judgments, for it is his own territorial law which must exclusively govern all cases that require his decision. The administration of private international law, however, raises no exceptions to the principle of territoriality, for what the judge does is to protect rights that have already been acquired by a claimant under a foreign law or a foreign judgment. Extra-territorial effects is thus given not to the foreign law itself, but merely to the rights that it has created.

3. Savigny's Theory of Private International Law

The great German Jurist, Savigny, made a decisive break with all former approaches to the subject in his book on Conflict of Laws published in 1849, in which he maintained that it was possible to construct a system of Private International Law common to all civilized nations, a theory that has been revived in more recent years by an eminent American Jurist. He dismissed the Statute Theory as being both incomplete and ambiguous, even though I disagree with him for reasons I have given earlier on my acceptance of the first two maxims of the Statute Theory.

Savigny advocated a more scientific method by saying that the problem is not to classify laws according to their object, but to discover for every legal relation that local law to which in its proper nature it belongs. Each legal relation has its natural seat in a particular local law, and it is that law which must be applied when it differs from the law of the Forum. According to him, the principal determinants of this natural seat are:

1. The domicile of a person affected by the legal relation;
2. The place where a thing, which is the object of a legal relation is situated;
3. The place where a juridical act is done;
4. The place where a Tribunal sits.

For every legal relation, there must be a contract between at least two parties, the two parties may agree to a law that will govern their contractual relationship. But where that law will do injustice to the main party that ought be benefit more from the contract, recourse must be had to what is just and proper in the eyes of the law. Looking at Savigny's principal determinants, all the factors given by Savigny are relevant factors that should govern any legal relation.

In the case of the domicile of a person affected by the legal relation, we should rather insist on the domicile of the parties to the contract, where the contract took place, where the breach was committed and where the court (for settlement of the dispute) sits. If the subject of the dispute is a land, the *lex situs* governs the contract (even if it differs from the domicile of either party or both parties). The Law Court entertaining the Matter should equally be within the *lex situs* (location of land or property). However, the domicile of the party or parties may not really be of any importance if it differs from the place where the contract was entered into or even where the subject of the contract is located. The only exception to the domicile not being useful is where the law of the domicile or nationality of the parties or that of the most interested party does not allow him to purchase any property in a particular location. Then, if the particular party enters into any transaction in the forbidden location, the law of the domicile of the affected party nullifies the transaction, and no recourse will be had to the *lex situs*.

Therefore, of all Savigny's determinants, the most important factors are the second to four determinants. Generally, his theory attempts to decide each case according to the legal system to which it seems most naturally to belong. Hence, we cannot do away with Savigny's theory.

QUESTIONS

1. What are the three axioms of Huber?
2. What is Huber's contribution to modern private international law?
3. What is the core idea of the theory of acquired rights?
4. What is the difference between Huber's theory and Dicey's theory?
5. Why did people say Savigny's theory had led to a "Copernican Revolution" to private international law?

第四节
当代国际私法

进入 20 世纪以后，国际私法发展的“主战场”开始转移到美国，在这里发生了一场轰轰烈烈的“冲突法革命”(American Conflicts Revolution)。但与此同时，在欧洲，学者们对国际私法的理论探讨也没有停歇，产生于法国的直接适用的法理论在世界上也有广泛的影响。

一、美国的冲突法革命

20 世纪后，法律现实主义在美国逐渐占据主导地位，并对法律形式主义展开了激烈批评。法律现实主义席卷美国所有法律领域，当然也包括冲突法。在冲突法领域，法律现实主义学者反对从先验的理论假设出发并运用抽象的演绎方法来构建冲突法体系，其批评的矛头直指比尔的理论和《第一次冲突法重述》。关于美国冲突法革命的开始时间，美国冲突法学界有不同观点。有学者认为美国冲突法革命开始于 20 世纪 60 年代早期，但也有学者认为美国冲突法革命有两次，第一次肇始于 20 世纪三四十年代，第二次则开始于 20 世纪 50 年代后期和 20 世纪 60 年代。[①] 在 20 世纪三四十年代，库克、安特马、劳伦森、凯弗斯等人率先吹响了冲突法的革命号角。库克、安特马、劳伦森在冲突法革命中的贡献主要表现在对比尔的属地理论、既得权说和《第一次冲突法重述》的彻底批判，虽然他们在冲突法理论构建方面明显不足，但他们为冲突法的发展提供了新的研究方法和建构思路，为冲突法的进一步发展铺平了道路。[②] 相较而言，凯弗斯是早期现实主义冲突法理论的集大成者，他提出了规则和结果选择说。凯弗斯一针见血地指出传统的冲突法制度只作“管辖权选择”(juridiction-selecting)，而不问所选法律的具体内容是否符合案件的实际情况与公正合理解决，因而很难选到合适的准据法。他主张改变这种只作“管辖权选择”的传统制度，而代之以“规则选择”(rule-selecting) 或“结果选择”

---

① 许庆坤．美国冲突法理论嬗变的法理——从法律形式主义到法律现实主义．北京：商务印书馆，2009：79-80.

② 许庆坤．美国冲突法理论嬗变的法理——从法律形式主义到法律现实主义．北京：商务印书馆，2009：82-111.

(result-selecting)，具体而言，不是在跟案件有关的国家或法域之中选择一个合适的国家或法域（并假设这一合适的国家或法域的法律即为合适的法律），而是直接在相关法律之中进行选择并以其中一个合适的法律为准据法，或者根据预先设定的审判结果选择一个合适的法律。凯弗斯虽然非常精准地找到了传统冲突法体系的“命门”所在，并指出了冲突法的未来发展方向，但他自己的规则与结果选择说也存在致命缺陷，那就是，规则与结果的选择标准模糊，操作性差。①

二战以后，美国的冲突法革命继续向前推进，其巅峰之作当推柯里（Brainerd Currie）的政府利益分析说（governmental interests analysis）。柯里认为，各州法律的背后都有一定的目的和政策，在涉外案件中，各州可能都拥有适用其法律进而实现其政策的利益，法律选择的核心问题就是比较相关州适用其法律并进而实现其政策的利益的有无与大小，没有此种利益或利益更小的州应该让步。为此他把法律冲突区分为虚假冲突（false conflict）和真实冲突（true conflict），并认为绝大多数的冲突法案件都属于虚假冲突，即在冲突的双方中事实上只有一方对适用其法律有利益。柯里对传统冲突法的批评非常尖锐，他有一句名言：“没有冲突规则我们会更好。”柯里对冲突法的贡献在于其将法律现实主义的政策分析巧妙地在冲突法中转化为利益分析，为法律选择提供了一个全新的思路。但柯里的理论也没能摆脱其冲突法革命前辈们的理论的缺陷，那就是操作性差。另外，柯里的理论还具有明显的保护本地居民的属人法倾向和法院地法优先主义倾向。②

从某种角度来看，美国法冲突法革命的集大成者当属1971年以里斯教授为报告员的《第二次冲突法重述》。《第二次冲突法重述》是对冲突法革命中的各种理论学说的一种折中。③ 就冲突法理论而言，《第二次冲突法重述》的最大贡献应该非最密切联系理论（doctrine of the most significant relationship）莫属。事实上，美国冲突法革命有两个“战场”，一个是学术界，另一个是法院。美国法院，特别是纽约州的法院，在美国冲突法革命期间也做了很多革命性的经典判例，其中较为有名的如1954年奥登诉奥登案（Auten v. Auten）和1964年贝科克诉杰克逊案（Babcock v. Jackson）。在这些案件中，法官拒绝按照传统的僵硬的冲突规则确定准据法，转而创设了诸如“重力中心地”（center of gravity）或“联系聚集地”（grouping of contacts）等灵活性的法律选择方法。里斯正是在研究了这些判例的基础上，创立了最密切联系理论。虽然《第二次冲突法重述》并非在所有领域都贯彻该原则，而且在里斯的头脑中它也不过是政策分析和规则细化之间的过渡措施④，但无疑在很多国家，它已发展成国际私法立法的基本原则。⑤

二、欧洲的直接适用的法理论

1958年，法国学者弗朗西斯卡基斯在考察法国涉外民商事审判实践的基础上提出了“直

---

① 许庆坤．美国冲突法理论嬗变的法理——从法律形式主义到法律现实主义．北京：商务印书馆，2009：124.

② 许庆坤．美国冲突法理论嬗变的法理——从法律形式主义到法律现实主义．北京：商务印书馆，2009：150-156.

③ 韩德培．国际私法．3版．北京：高等教育出版社，北京大学出版社，2014：49.

④ 许庆坤．美国冲突法中的最密切联系原则新探．环球法律评论，2009：(4).

⑤ 奥地利《关于国际私法的联邦法》第1条无疑是一个经典例子。该条规定：“1. 与外国有连结的事实，在私法上，依照与该事实有最强联系的法律体系判定。2. 本联邦法所包含的关于适用法律的特别规定，应被视为该原则的体现。”我国《涉外民事关系法律适用法》第2条第2款也规定：“本法和其他法律对涉外民事关系法律适用没有规定的，适用与该涉外民事关系有最密切联系的法律。”

接适用的法”的概念，并在其以后的著作中对该理论作了进一步阐发。弗朗西斯卡基斯认为，国家职能的转变及其在经济生活中的作用的增强，使国家对经济的干预能力逐渐增强。出于更好地维护国家利益和社会利益的目的，各国开始制定越来越多的强制性法律规范，用以调整某些特殊的民商事关系。为了在国际民商事交往中维护国家利益和社会利益，这些强制性法律规范中的一部分也应适用于国际民商事关系。当这些法律规范用于调整国际民商事关系时，基于其强制性质，其适用不必经过冲突规范的指引，而可以径直适用于国际民商事关系。这种能直接适用于国际民商事关系的强制性法律规范，即国际私法视野下的直接适用的法。由此可见，与萨维尼国际私法体系不同的是，直接适用的法理论强调的不是国际协调与合作，而是一个国家在国际民商事交往中不能放弃和不容减损的核心利益。应该说，直接适用的法理论是对二战以后国际民商事交往的某些新的发展趋势的敏锐而又科学的把握，一经提出，这一理论便很快得到世界各国学者包括中国学者在内的广泛关注，同时也对很多国家的国际私法立法产生了影响。①

MATERIAL

Currie's Theory of Governmental Interests Analysis

Currie issued a categorical indictment of not only the particular choice-of-law rules of the First Restatement, which “have not worked and cannot be made to work”, but also of all choice-of-law rules in general. Assuming that all such rules were not only bad, but also harmful, he proclaimed that “[w] e would be better off without choice-of-law rules.”

Although this is the least noticed and criticized of Currie's postulates, it is the one directly responsible for why American conflicts law rejected the route of reform in favor of revolution.

According to Currie, whenever a case falls within a law's spatial reach, as delineated by the interpretative process, the state from which that law emanates has a “governmental interest” in applying it in order to effectuate its underlying policy. In Currie's words, an “interest… is the product of (1) a governmental policy and (2) the concurrent existence of an appropriate relationship between the state having the policy and the transaction, the parties, or the litigation”. In this way, Currie projected his legal-realist conception of law as “an instrument of social control” at the interstate level, by postulating that states have an interest in the outcome of litigation between private parties.

The notion that a state may have an interest in private-law disputes between private parties was not a novel one in American law, domestic or interstate. For example, this idea had

① 我国《涉外民事关系法律适用法》第 4 条即明确规定：“中华人民共和国法律对涉外民事关系有强制性规定的，直接适用该强制性规定。”

figured prominently in a cluster of U. S. Supreme Court decisions in the 1930s interpreting the Full Faith and Credit clause of the Constitution. What was new, and what attracted immediate criticism, was Currie's partisan articulation of this concept. He thought and wrote in terms of a state's yearning to maximize its gains at the expense of other states' policies, rather than in terms of a state's need to avoid impairment of its own strongly held policies. Indeed, the main problem with Currie's interest-theory was not so much the core concept of state interests, but rather his narrow assumptions about the nature and scope of those interests. In particular:

(1) Currie refused to consider a state's "multistate" interests—namely, interests that, though not reflected directly in a state's domestic law, stem from the state's membership in a broader community of states;

(2) Currie assumed that, in the vast majority of cases, a state has an interest in applying its law only when it would benefit its own domiciliaries, but not when it would benefit similarly situated non-domiciliaries (a notion referred to hereafter as Currie's "personal-law principle"); and

(3) Currie specifically downplayed the interests of the individuals involved in the conflict, as opposed to the interests of their respective home states.

Because of these postulates, some critics charged that Currie's approach was constitutionally infirm. Curried anticipated and responded to that charge, but the real problem with Currie's protectionist postulates was not their constitutional permissibility in the abstract, but rather their appropriateness, especially in interstate conflicts.

QUESTIONS

1. What is the meaning of "governmental interests" in Currie's theory?
2. What is Currie's contribution to modern conflict of laws?

第五章 冲突规范、连结点与准据法

提要

冲突规范、连结点、准据法是国际私法的最基本的概念。冲突规范是国际私法的特有规范、核心规范，在处理涉外民商事案件中，具有指引法官进行法律选择，确定案件应适用什么法律的作用。冲突规范不同于一般的实体法规范和程序法规范，它具有特殊的逻辑结构，包括范围和系属两部分。连结点是冲突规范中用以指引准据法的重要组成部分。准据法是法官在相关法律制度中选择出来的，用以对某一涉外案件作出判决所依据的法律。而冲突规范对准据法的指定是通过冲突规范中的连结点或连结因素来实现的。

重点问题

- 冲突规范的概念、特点、结构与类型
- 连结点的含义及其法律意义
- 准据法的概念

第一节 冲突规范

一、冲突规范的概念

冲突规范（conflicts rules）是指国内法或国际条约中规定的指定涉外民商事关系应适用哪一国或地区的法律作为准据法的法律规范，也即规定某一涉外民商事关系应由哪一国或地区的法律调整的法律规范。例如，我国《涉外民事关系法律适用法》第 36 条规定的“不动产物权，适用不动产所在地法律”，就是一条冲突规范。它指明了涉外不动产物权纠纷应适用不动产所在地法来加以解决。

由于冲突规范具有选择某一国家或地区的法律适用于某一涉外民商事关系的功能，所以它又被称为法律选择规范（choice of law rules）或法律适用规范（rules of application of law）。而由于在统一实体法规范产生以前，冲突规范不仅是国际私法的特有规范，而且也是其唯一的规范形式，所以有些国家的立法或国际条约中，又称冲突规范为国际私法规则或国际私法规范（rules of private international law）。

二、冲突规范的特点

作为国际私法的特有规范，冲突规范具有如下特点：

（1）冲突规范不同于实体法规范（substantive rules）。它是间接规范，是法律选择规范。冲突规范仅指定某种涉外民商事关系应适用何国（或地区）法律，并不直接规定当事人的具体的权利与义务关系，它必须与被其指定的那一国家的法律规范结合起来，才能最终确定当事人的权利与义务关系，完成解决涉外民商事争议的任务。因此它不同于直接确定当事人权利与义务关系的实体法规范。

（2）冲突规范不同于程序法规范（procedural rules）。虽然它主要是规定法官应如何适用法律，但它与以诉讼关系为调整对象的程序法规范有实质性的区别。

（3）冲突规范具有特殊的逻辑结构，其结构不同于一般的法律规范的结构。关于法律规范的逻辑结构，目前较为流行的观点是“三要素说”和“两要素说”。以这两种理论视之，冲突规范的结构似乎都是不全面的，因为冲突规范一般不包括法律规范逻辑结构中的“制裁”或“法律后果”。例如，“人的行为能力依其本国法”这条冲突规范就没有包括通常法律规范结构中的“制裁”或“法律后果”。冲突规范这种逻辑结构的欠缺，并不意味着其结构上有何缺陷，其特殊的逻辑结构正是其发挥间接调整涉外民商事关系作用所必需的，是冲突规范发挥间接调整作用的必然要求。我们认为，不能基于冲突规范结构的特殊性而排除“三要素说”或“两要素说”适用于冲突规范结构分析的可能性。[①]

总而言之，冲突规范是既不同于实体法规范，也不同于程序法规范的具有特殊逻辑结构的一种法律规范。

三、冲突规范的结构

冲突规范在结构上包括两个部分，即范围（legal categories，有的也称 operative facts）和系属（attribution）。以“不动产物权，适用不动产所在地法”这条冲突规范为例，其中“不动产物权”是该冲突规范的范围，“不动产所在地法”是其系属。

所谓的范围又称指定原因、连接对象或问题的分类，是指冲突规范所要调整的民商事关系或所要解决的法律问题。而系属是指为调整“范围”中某种涉外民商事关系而应予适用的法律。冲突规范对系属中应予适用的法律的指定是通过冲突规范中的连结点或连结因素来实现的。[②]

四、冲突规范的类型

冲突规范包括四种基本类型：单边冲突规范、双边冲突规范、重叠适用的冲突规范和选择适用的冲突规范。此外，还有阶梯型的冲突规范。

（一）单边冲突规范

单边冲突规范（unilateral conflict rules or unilateral conflict of law rules）是直接规定某种涉外民商事关系只适用内国法或只适用某一特定外国法的冲突规范。事实上，一般规定在某些特殊情况下只适用内国法的情况为绝大多数。例如 1896 年德国《民法典施行法》规定“德国人的继承，虽于外国有住所，仍依德国法”，就是一条规定了只适用内国法的冲突规范。

由于单边冲突规范明确规定了只适用内国法或只适用外国法，所以其适用具有简便明了或直截了当的优点，但其明显的缺陷是会给法院在适用法律上留下空缺。如前述德国《民法典施行法》的单边冲突规范就没有指明在德国有住所的外国人的继承案件应适用什么法律。不过值得指出的是，单边冲突规范所调整的涉外民商事关系通常不是具有普遍性的民事关系，其多是与内国具有某种关联从而对内国公共利益具有重要影响的特殊民事关系，正因为这类与内国有牵连的特殊民事案件会影响内国重大利益，所以才会要求排他地适用内国法。比如我国 1983 年《中外合资经营企业法实施条例》（已失效）第 15 条规定：“合营企业合同的订立、效力、解释、执行及其争议的解决，均应适用中国的法律。”根据这条规定，在中国履行的投资合同应适用中国法律，这显然是为了保护中国作为投资东道国的经济利益。

（二）双边冲突规范

双边冲突规范（bilateral conflict rules or bilateral conflict of law rules）并不直接规定某种

---

① 国内学者普遍认为，冲突规范的结构不同于一般法律规范的结构，我们认为这一观点略显武断。关于国内学者有关冲突规范的结构不同于一般法律规范的结构的论断，可参见：韩德培．国际私法．3 版．北京：高等教育出版社，北京大学出版社，2014：91－92；刘仁山．国际私法．北京：中国法制出版社，2019：84；刘想树．国际私法．北京：法律出版社，2015：55；李双元，欧福永．国际私法．北京：北京大学出版社，2022：80－81。

② 中国国际私法学界内部对冲突规范的结构问题尚未达成共识，主要有“三分说”和“两分说”两种观点。肖永平．法理学视野下的冲突法．北京：高等教育出版社，2008：37－38.

涉外民商事关系是适用内国法还是外国法，它只抽象地规定一个指引确定准据法的连结点，表明什么问题应适用什么地方的法律，至于准据法是内国法还是外国法，要结合具体情况才能确定，即取决于连结点之所在。根据“侵权责任，适用侵权行为地法律”这条双边冲突规范，当侵权行为地在内国时，就适用内国法，当侵权行为地在外国时，就适用外国法。根据双边冲突规范所确定的准据法既可以是内国法，又可以是外国法，所以在法律适用上，它体现了对内外国法律的平等对待，符合现代国际民商事交往的需要，是现代各国国际私法立法中最常用的一种冲突规范。

（三）重叠适用的冲突规范

重叠适用的冲突规范（conflicts rules for cumulative application of laws）是指含有两个或两个以上的连结点，并且对范围所指的法律关系或法律问题必须同时适用该两个或两个以上连结点所指向的国家的法律的冲突规范。例如，1902 年海牙《解决离婚及分居法律冲突与管辖权冲突公约》（Convention relating to the settlement of the conflict of laws and jurisdictions as regards to divorce and separation）规定：“离婚之请求，非依夫妇之本国法及法院地法均有离婚之原因者，不得为之。”即离婚必须同时满足夫妇之本国法（夫妇各自的本国法或共同本国法）和法院地法规定的离婚条件，如果不符合夫妇本国法或法院地法之一者，当事人的离婚请求便不能成立。理论上，如果夫妇均非法院地国国民，同时又具有不同的国籍，则一个离婚请求是否能成立便要同时适用三个国家的法律来加以判断，只有符合三个国家的法律规定时，离婚请求才能成立。离婚请求的成立有时会变得相当困难。这种冲突规范明显地表现出了公约对涉外离婚关系要严格加以控制的政策和态度。我国《涉外民事关系法律适用法》第 28 条规定：“收养的条件和手续，适用收养人和被收养人经常居所地法律”，这也是一条典型的重叠适用的冲突规范。

重叠适用的双边冲突规范通常要求适用的法律之一为法院地法。重叠适用的冲突规范的设置目的主要有二：其一是出于保护内国公共秩序的目的，通过重叠适用法律对所调整的法律关系进行从严控制，如前述海牙《解决离婚及分居法律冲突与管辖权冲突公约》在 20 世纪初对离婚的从严控制；其二是出于保护内国公共秩序的目的，通过重叠适用法院地法对作为准据法的外国法进行限制。如德国在 1999 年国际私法改革前，在其《民法典施行法》第 38 条规定，对在国外发生的侵权行为而针对德国人所提出的诉讼请求，要求损害赔偿不得超出德国法律规定的数额。这一规定主要是为了限制美国的惩罚性赔偿立法。日本 2007 年《法律适用通则法》第 22 条对侵权成立要件和损害赔偿也要求重叠适用日本法律，这也是为了保护日本在侵权法层面的公共秩序。

（四）选择适用的冲突规范

选择适用的冲突规范（conflicts rules for selective application of laws）是指含有两个或两个以上的连结点，但只选择适用其中一个连结点所指定的国家的法律，来处理某一涉外民商事关系的冲突规范。选择适用的冲突规范一般在需要对某些法律问题从宽掌握、需要支持某些法律行为或法律关系的效力，或者要到达某种法律选择结果或实体结果时采用。

选择适用的冲突规范有两类：一类是无条件的，在这类选择适用的冲突规范中，两个或两个以上的连结点所指向的国家的法律处于平等地位，无适用上的主次或先后顺序之分，可以从中选择任何一个国家的法律来处理范围中的涉外民商事关系，也即范围中的涉外民商事关系只要符合其中任一国家的法律规定便可以发生法律效力。例如 2017 瑞士《关于国际私法的联邦法》第 94 条关于遗产处分能力规定："如果一人在实施处分行为时根据其住所地法律、惯常居所地法律或其任何一个本国法律有处分能力，即可进行死因处分。"这一规定表明，关于处分遗产的能力或立遗嘱能力，只要其根据上述任何一个法律有处分能力，则其即应被视为有处分能力，其处分即为有效。我国《涉外民事关系法律适用法》第 22 条规定："结婚手续，符合婚姻缔结地法律、一方当事人经常居所地法律或者国籍国法律的，均为有效。"这条规定表明，结婚的形式符合上述任一法律规定的形式，其形式即为合法有效。

另一类是有条件选择适用的冲突规范。这种冲突规范要求从各连结点所指引的法律中根据某种最有利的或有利的法律适用结果来选择确定准据法。比如 1984 年秘鲁《民法典》第 2083 条规定，婚姻中子女地位的确认，适用婚姻举行地法与子女出生时的婚姻住所地法中最有利于子女准正的法律为准据法。这是以产生对子女有利的结果作为选择准据法的条件，体现了法律选择方法中的"利益分析"或"结果选择"的方法。我国《涉外民事关系法律适用法》第 29 条"扶养，适用一方当事人经常居所地法律、国籍国法律或者主要财产所在地法律中有利于保护被扶养人权益的法律"的规定以及第 30 条"监护，适用一方当事人经常居所地法律或者国籍国法律中有利于保护被监护人权益的法律"的规定，均是以保护被扶养人和被监护人利益为结果导向的选择适用的冲突规范。

（五）阶梯型的冲突规范

阶梯型的冲突规范（conflicts rules for sequential application of laws）是指含有两个或两个以上的连结点，但这些连结点所指引的国家的法律的适用有先后顺序，只有在先指引的法律不存在或者不能实现法律所要求的相关效果时，才能适用在后指引的法律为准据法的冲突规范。比如我国《涉外民事关系法律适用法》第 41 条规定："当事人可以协议选择合同适用的法律。当事人没有选择的，适用履行义务最能体现该合同特征的一方当事人经常居所地法律或者其他与该合同有最密切联系的法律。"根据该条规定，对于涉外合同纠纷，应优先适用双方当事人选择的法律，在双方当事人没有选择准据法的情况下，则适用根据特征履行说或其他方法所确定的最密切联系地法。另外，在婚姻家庭法领域，当需要适用当事人属人法时，出于保证男女平等的需要，大陆法系有些国家寻求适用当事人共同属人法，为确保准据法不会落空，通常也会采用阶梯型冲突规范。比如我国《涉外民事关系法律适用法》第 21 条规定："结婚条件，适用当事人共同经常居所地法律；没有共同经常居所地的，适用共同国籍国法律；没有共同国籍，在一方当事人经常居所地或者国籍国缔结婚姻的，适用婚姻缔结地法律。"根据这一规定，结婚的实质要件应首先适用当事人共同经常居所地法，如果当事人没有在同一国家拥有经常居所的，则适用共同国籍国法，如果双方当事人也没有共同国籍的，则在当事人在一方当事人经常居所地国或国籍国缔结婚姻的情况下，适用婚姻缔结地法。当然，如果第三项条件也不能满足，则依据《涉外民事关系法律适用法》第 2 条第 2 款的规定，此时应根据最密切联系原则确定准据法。

阶梯型冲突规范一般是针对某些特殊的涉外民商事关系、为保证较优的法律适用效果而采用的。

在冲突规范的类型中，双边冲突规范是最基本的类型，其他各种冲突规范都是它的发展或变形。在国际私法立法中，如果立法者要对某些涉外民商事关系适用本国的实体法，便通常采用单边冲突规范的形式直接规定某些涉外民商事关系适用自己国家的法律；如果认为对某些涉外民商事关系可以从宽掌握，要尽量使某些法律行为或法律关系成立或解除，就会采用双边冲突规范，特别是选择适用的冲突规范。因此，冲突规范表面上看常常是抽象的法律选择公式，但实质上采用何种冲突规范处理涉外民商事关系却反映了立法者的实体政策。在当前的国际私法立法中，采用双边冲突规范尤其是选择适用的冲突规范的比例明显加大。这主要是由于当今国际社会，国际民商事交往日趋频繁、复杂，经济全球化趋势使国际社会共同体中的成员国的联系更加紧密，互相依赖性更强，客观现实需要国际私法提供能更加公平、合理、及时的解决纠纷的法律选择方法，双边冲突规范将内外国法律放置于平等的地位，选择适用的冲突规范在使内外国法律平等的基础上又增加了法律选择的灵活性或结果的可预见性，因而它们更适合实际的需要。

MATERIALS

1. Unilateral Conflict-of-law Rules

Unilateral conflict-of-law rules determines only the circumstances in which the domestic law applies. Bilateral conflict-of-law rules, on the other hand, designate either a foreign law or the domestic law. Bilateral rules are nowadays the general rule. With regards to the applicable law to divorce, France is the state that applies a unilateral conflict-of-law rule that determines in which circumstances French law applies. Hence, French law applies where both spouses have French nationality or are domiciled in France or if no foreign law claims jurisdiction while the French courts have jurisdiction.

In the Conflict of Laws, *lex causae* (Latin: lex+causa, "cause [for the] law") is the law or laws chosen by the forum court from among the relevant legal systems to arrive at its judgment of an international or interjurisdictional case. The term refers to the usage of particular local law as the basis or "cause" for the ruling, which would itself become part of referenced legal canon.

2. Content-Oriented Choice-of-Law Rules in Codified Private International Law Systems

Can the content of the conflicting laws become an official choice criterion in a system of statutory choice-of-law rules? Is it possible to devise content-oriented choice-of-law rules, namely, rules that require consideration of the content of the competing substantive laws before a choice between them is made?

The answer to these questions is a decidedly affirmative one. Indeed, an examination of the PIL (Private International Law) codifications of the last quarter of the 20th century reveals the existence of a surprising number of content-oriented choice-of-law rules. For example, in the Louisiana PIL codification, content-oriented rules outnumber jurisdiction-selecting rules by a ratio of more than 3:1. Admittedly, the Louisiana codification, being a hybrid of the American and the civilian traditions, is rather atypical. In other PIL codifications, jurisdiction-selecting rules continue to form the majority, but they are increasingly being displaced by content-oriented rules. These rules may be bilateral rules that are result oriented or allow the parties to choose the applicable law, unilateral rules, or rules allowing escapes from the predesignated law.

(a) Result-Oriented Bilateral Rules

These are rules that are designed to accomplish a certain substantive result that is considered a priori as desirable. This result may be one of the following:

(i) favoring the formal or substantive validity of a juridical act, such as a testament, a marriage, or an ordinary contract;

(ii) favoring a certain status, such as the status of legitimacy or filiation, the status of a spouse, or even the dissolution of a status (divorce); or

(iii) favoring a particular party, such as a tort victim, a consumer, an employee, a maintenance obligee, or any other party whom the legal order considers weak or whose interests are considered worthy of protection.

The first two objectives (favoring the validity of a juridical act or favoring a certain status) are accomplished by choice-of-law rules which contain a list of alternative references to the laws of several states (alternative-reference rules) and allow the court to select a law that validates the juridical act or confers the preferred status. The third objective (protecting a particular party) is accomplished through choice-of-law rules which: (i) provide alternative choices to the court as above; (ii) allow the protected party, either before or after the events that give rise to the dispute, to choose the applicable law from among the laws of more than one state; or (iii) protect that party from the adverse consequences of a potentially coerced or uninformed choice-of-law.

(b) Rules Allowing a Choice of Law by Both Parties

As mentioned above, rules that allow one party to choose the applicable law, either before or after the dispute, are result-oriented, and hence they are necessarily content-oriented as well. In contrast, it would seem that rules that allow both parties in a bilateral and potentially adversarial relation, such as an ordinary contract or a matrimonial agreement, to select in advance the applicable law are content-oriented rules but are not necessarily result-oriented in the sense of being primarily motivated by material justice considerations. From the perspective of the legal system, these rules are based on a substantive premise that the parties should enjoy freedom of choice, but are not designed to produce a specific substantive result, rather, they are designed to promote multistate and thus PIL considerations such as providing certainty, predictability, and litigational convenience for both the court and the parties. The same is true from the perspective of the parties. Parties to a contract assent to a choice-of-law clause for a number of reasons, such as familiarity with the chosen law, its completeness, and the certainty it provides. One of these reasons may be the hope of each party that when a dispute arises, the chosen law will favor that party, at least with regard to certain issues. However, that party cannot always predict the precise issue with regard to which a dispute may arise and thus cannot guarantee a favorable result under the chosen law. Even if that party is fortunate to obtain such a result, that result will of necessity disfavor the other party.

Thus, it can be said that rules that allow parties in a bilateral relation to pre-selectthe applicable law are in part content-oriented but are not necessarily result-oriented. The same can be said about rules which allow both parties to agree to the application of the law of the forum (or, for that matter, any other law) after the events that gave rise to the dispute.

Within a rule that allows party autonomy there are usually sub-rules that place limits on that autonomy. In rare cases, these sub-rules are based on geographical factors only. More often, however, these sub-rules are based on substantive considerations such as the need to protect "weak" parties like consumers, employees, or maintenance obligees from the adverse consequences of the application of the chosen law. These sub-rules are both content-oriented and result-oriented. The same is true for those sub-rules that are not geared specifically to protecting a particular party but are designed to protect the strongly-held policies of the state whose law would be applicable in the absence of choice of law by the parties. In this sense, even paragraph 3 of Article 3 of the Rome Convention, which appears to be the most geographical of sub-rules limiting party autonomy, is both content-and result-oriented in that it refers to the "mandatory rules" of the other state. As seen above, whether a rule is a "mandatory rule" can be determined only by examining its content or purpose.

Party autonomy is, of course, an ancient principle predating the 20th century by several centuries. Nevertheless, it was during this century that this principle has seen its widest application: in terms of the number of legal systems subscribing to it, in terms of the relations to which the principle has been extended, and in terms of how frequently it is being used in practice. Thus, all the systems under comparison here explicitly recognize party autonomy. Many of these systems have extended the principle beyond its original birthplace, the law of contracts, and now allow party autonomy in other areas of the law, such as the law of succession, a development that was almost unthinkable at the beginning of the century. For example, Switzerland, which is perhaps the most liberal country on party autonomy, has extended this principle beyond ordinary contracts (where it is virtually unrestricted, see Swiss PIL Act Art. 116), to the following subjects: the name of a person (Art. 37, choice between the laws of domicile or nationality); matrimonial regimes (Art. 52, law of pre-marital or post-marital common domicile or nationality of either spouse); succession (Arts. 90 (2) and 91 (2), law of testator's domicile or nationality); property (Art. 104, for movables, choice of law of the place of shipment or of destination or the law that governs the underlying transaction); torts (Art. 132, choice of the Lex Fori); and companies (Art. 154, law of place of incorporation). As will be noticed, unlike the contracts rule, the above rules limit the choice of law to certain states with specified geographical connections. Still, to the extent that the parties' choice may be motivated by the content of the law of those states, the above rules are content-oriented. As the Swiss Reporter calls them, they are "content-oriented jurisdiction-selecting" rules.

In conclusion, it must be clarified that it is not claimed here that party autonomy as a principle was developed in order to take account of the competing substantive laws. The opposite is the case. Party autonomy was accepted for its own independent merits. However, the way the principle works in practice is such that the content of the conflicting laws, including the chosen one, are indispensable elements of the principle's operation.

(c) Unilateral Choice-of-Law Rules

Unilateral choice-of-law rules, especially those that mandate or permit the application of the *Lex Fori* in derogation from the otherwise applicable law, are also content-oriented even when such content-orientation is not obvious on the surface of the rule. After all, the same legislature that drafts these rules has also enacted the forum's substantive law. When the legislature mandates the application of the forum's substantive law to multistate cases that otherwise would have been governed by foreign law, the legislature does so because of the content of the two laws.

For example, when the Swiss legislature provides in PIL Articles 135 (2) and 137 (2) that in products liability and obstruction to competition cases governed by foreign law "no damages may be awarded in Switzerland other than those provided… under Swiss law", the legislature does so because of the content of foreign law (punitive damages, high compensatory damages) and because of the content of forum law (no punitive damages, lower compensatory damages).

Similarly, when the Hungarian legislature provides in PIL Article 34 that Hungarian courts "shall not impose liability for… conduct that is not unlawful under Hungarian law… [nor] impose legal consequences not known to Hungarian law", even though the case may otherwise be governed by a foreign law, it is because of a preference for the content of the forum's tort law and an apprehension for the content of the foreign tort law, which may allow recovery for pain and suffering or consider tortious a negligent interference with contracts or an alienation of a spouse's affections.

Finally, rules which permit foreigners to marry or divorce under the law of the forum state in derogation from the otherwise applicable foreign law, such as the German, Swiss, Italian, or Dutch rules, are for similar reasons also content-oriented in that they are motivated by a well-intended desire to make available to those foreigner's the forum's liberal law of marriage or divorce. Surely, these rules would not have been enacted if the forum's law was too stringent on marriages or hostile towards divorce.

Regarding *lois d'application immediate*, it would of course be a tautology to say that they are content-oriented rules. After all, they are not conflicts rules, but rather substantive rules which are mandatory because of their content. However, rules like Articles 18 and 19 of the Swiss PIL Act, Article 3076 of the Quebec Civil Code, and Article 7 (1) of the Rome Convention which authorize the application of domestic or foreign mandatory rules, are conflicts rules which operate in a content-oriented fashion.

(d) Traditional and Non—Traditional Escapes

It is of course well-known that the traditional *ordre public* reservation is *par excellence* a content-oriented device. For, as much as it is said that the court is supposed to scrutinize the result produced by the application of the foreign law rather than the content *per se* of the foreign law, the result is, of course, a direct consequence of that content.

Renvoi can also be content-oriented as the Portuguese and the Italian PIL codifications demonstrate (*renvoi in favorem*). Similarly, although not intended to serve as an escape, characterization can be a vehicle that in the hands of certain judges can be both content-and result-oriented.

The same can be said about the modern type of escape clauses, such as those contained in Austrian PIL Article 1, Swiss PIL Article 15, Rome Convention Article 4, and even section 12 of the English PIL Act. Although these escapes are not explicitly content-oriented, and some of them are couched in strictly geographical terms, they are more likely to be employed when the content of the conflicting laws is in a sharp conflict than when it is not. As the Dutch Reporters observe, "due to 'interpretative ambiguities', the open and semi-open ended rules present an open invitation to a results-elective choice of law".

QUESTIONS

1. What is the difference between the content-oriented choice of law rules and the traditional ones?
2. How can the element of choice of law rules be modified to gain a balance between "conflict justice" and "material justice"?

第二节 连结点

一、连结点的含义

连结点 (point of contact),又称连结因素 (connecting factor) 或连结根据 (connecting ground），是冲突规范就范围中所指法律关系或法律问题指定应适用哪一国家或哪一法域的法律为准据法时所依据的一种事实因素或根据。在“自然人的民事权利能力，适用经常居所地法律”这条冲突规范中，“经常居所地”即为连结点。

在冲突规范中，连结点的意义表现在以下两个方面：第一，从形式上看，连结点是冲突规范中将范围中所指的法律关系与一定地域的法律联系起来的一种纽带或媒介。换言之，连结点就是路标，它指引我们找到准据法。所以每一条冲突规范中都必须至少有一个连结点，这样才能发挥冲突规范指定准据法的作用。第二，从实质上看，连结点反映了范围中所指法律关系与一定地域（主要是国家）之间存在着内在的实质联系，它表明某种法律关系受某个地域法律的调整最符合当事人期待，最有可能实现一个公平公正的裁判。

二、连结点的选择

由于连结点具有上述法律意义，因此，在冲突规范中连结点起着决定性的作用。而连结点的选择是国际私法立法中的核心任务。一般来说，立法者在为相关冲突规范选择和确定连结点时需要遵循以下几项原则：

第一，非虚拟性原则，即立法者只能从冲突规范所调整的相关法律关系的诸多构成要素中选择一个或几个作为连结点；

第二，实质联系原则，即连结点的选择一定要能够体现冲突规范范围中调整的法律关系与连结点指向国家间的实质联系或最密切联系；

第三，异质性原则，即不同国家在法律传统、经济发展水平、历史文化和价值观等各方面各有不同，因而立法者在选择连结点时不能不考虑这些因素的影响。

总体而言，一个连结点的形成、发展和变化是有其客观依据的，它与一国的政治、经济，特别是国际经济贸易关系的发展关系密切。以属人法的连结点的变化为例。在1804年法国《民法典》颁布以前，欧洲国家一直是采用住所地为属人法的连结点，因为当时的欧洲国家尚处于封建割据状态，内部各地法律不统一，不得不用住所地来确定属人法。而19世纪初以后，欧洲许多国家如法国、德国、意大利等国的内部政治形势发生了变化，法律也逐步统一，这为以国籍作为属人法的连结点提供了可能。同时，由于出现了本国国民大量向海外移民的情况，十分有必要从法律上继续控制和保护这些海外移民，因此以国籍作为属人法的连结点不仅成为可能而且成为必要。于是1804年法国《民法典》率先改用国籍作为确定属人法的连结点。但如果无论一个人在何地为何种法律行为都要由其本国法加以调整，这显然是既不现实也不利于商业交往的，于是又兴起了对国籍作为属人法连结点的批判。第二次世界大战后，在欧洲又出现了恢复住所地为属人法连结点的倾向。而且，为了缓和本国法主义与住所地法主义的对立，一些国家的国内立法和国际公约中也出现了采用惯常居所地（habitual residence）作属人法连结点的做法。

三、连结点的分类

基于不同的标准，连结点通常可被划分为几种不同的类别。

（一）客观连结点和主观连结点

所谓客观连结点（objective connecting factor），即采用涉外民商事关系中与其主体、客体或内容相关的客观性空间要素作为连结点。如与法律关系的主体相关的客观连结点有国籍、住所以及惯常居所等，与法律关系的客体相关的客观连结点有物之所在地、义务履行地等，与法律关系的内容相关的连结点有侵权行为地、合同缔结地、婚姻缔结地等。而所谓主观连结点（subject connecting factor），则是指当事人的合意。有学者认为最密切联系地也是主观连结点，因为涉外民商事关系的最密切联系地的确定需要仰仗法官的主观判断。但我们认为，原则上每一个涉外民商事关系都有且仅有一个最密切联系地，就每一个特定的涉外民商事关系而言，该法律关系的特定案情已经事先决定了它的最密切联系地在哪儿，法官的任务只是寻找并确定该最密切联系地。因此，我们认为最密切联系地在本质上应属于客观连结点。当然，在司法实践中，法官有可能根据案件审理的需要对最密切联系地进行操纵，但这已经属于另一个问题，并不能动摇最密切联系地的客观属性。

（二）静态连结点和动态连结点

所谓静态连结点（constant point of contact），即在物理上不可移动的连结点或者以已经发生的行为或事件的相关要素为依据的连结点。对前者，比较典型的如不动产所在地（当然在现代科技高度发展的情况下，不动产也并非不可移动，但从国际私法的跨越国家的视角来看，不动产跨越国界移动从而使不动产的所在地由甲国变为乙国的情况实属罕见）；对后者，比较典型的如侵权行为地、合同缔结地、婚姻缔结地等。动态连结点（variable point of contact），则是指其产生后可以人为改变或移动的连结点。这类连结点主要有国籍、住所、惯常居所、动产所在地、法人的管理中心所在地等。动态连结点具有灵活性强，从而能够顺应法律关系不断发展变化之情势的优点，但这同时也可能是一个缺点，因为当一个连结点事实处于变动不居的状态时，其显然不能很好地承担起指引准据法的功能。另外，动态连结点也为当事人规避法律提供了可能。对于前一点，在立法技术上通常采取对动态连结点在时间上进行限定的做法。如我国《涉外民事关系法律适用法》第31条即规定："法定继承，适用被继承人死亡时经常居所地法律……"该条规定采用"死亡时"这一时间节点对被继承人在生前可能拥有多个经常居所的情况进行限定，确保与继承有最密切联系的被继承人死亡时的经常居所地法得到适用，同时也借此提高法律适用的明确性。至于法律规避问题，本教材第六章会有系统阐述。

（三）属人性连结点和属地性连结点

在客观连结点中，通常还会根据作为连结点的法律关系相关要素与相关国家之间关系的属人性质或属地性质而将此类连结点区分为属人性连结点和属地性连结点。属人性连结点（personal point of contact）通常专指国籍，因为国籍代表了一个人隶属于某一个国家的身份性关系。属地性连结点（territorial point of contact）则体现了法律关系相关要素因为位于或发生于相关国家而与该国之间形成的地域性联系。属地性连结点通常包括住所、侵权行为地、合同履行地等客观连结点。由于住所是属人法的重要连结点，因而有学者认为住所应该与国籍一样亦属于属人性连结点，但这可能是误解。我们认为，在能力与身份等适用当事人属人法的领域，之所以住所可能成为连结点，是因为当一个人选择在某一个国家拥有住所时，表明该人愿意融入住所地国的市民生活，愿意选择该国作为其市民生活中心或"司令部"，并因而愿意按照住所地国的法律安排其市民生活。但住所并不像国籍那样在当事人与相关国家之间建立了某种法律上的身份关系（忠诚关系和外交保护关系），住所只是代表了当事人基于住所而与住所地国之间建立的市民生活关系，这只是一种事实性关系。

英国有学者认为连结点可以分为两大类：一是属人的连结因素（Personal connecting factors）包括住所、居所和国籍，是确定人与法律之间联系的因素；二是因果关系的连结因素（Causal connecting factors），是描述事实或事件与法律之间的联系的术语（Terms which describe a connection between a fact or an event and a law），是根据事实或事件确定法律的连结因素，如法院地、合同签订地、侵权行为地、交易履行地、物之所在地、婚姻缔结地、注册登记地等。①

（四）硬性连结点和开放性连结点

总体上，硬性连结点和开放性连结点是一对历史性的概念。硬性连结点主要是指存在于美国冲突法革命以前的传统国际私法立法中的连结点。在当时，生产力不够发达，人、物与信息的跨国流动不够频繁，因此传统国际私法立法通常为每一类型的法律关系仅提供一个客观连结点，如物权关系适用物之所在地法、侵权关系适用侵权行为地法等。但二战以后，科学技术快速发展，加之冲突法革命对传统国际私法方法论的批评（美国冲突法革命的批判对象虽然主要是美国《第一次冲突法重述》，但其理论也适用于欧洲大陆的传统国际私法体系），传统国际私法采用的单一性客观连结点不能适应现代国际民商事交往的弊端得以凸显，于是一些新型的灵活选法方法不断问世，借助于美国《第二次冲突法重述》，最密切联系地这一具备高度灵活性的新型连结点也产生了。一般而言，我们指称那些最常在传统国际私法中出现的单一性客观连结点为硬性连结点，以突出其不能适应现代国际民商事交往需要的僵硬性缺陷，与此同时，我们指称诸如最密切联系地、当事人意思自治等具备高弹性和灵活性的连结点为开放性连结点。

从各国立法看，对冲突规范中连结点的选择都遵循一定的规律，如考虑所要解决的问题的性质、特点，连结点与特定法律关系和争诉问题的联系，连结点的稳定性和方便适用性，对有关利益或政策目标的促进性。

MATERIAL

Connecting Factors

The identifier at the end of the "law of the [something/somewhere]" formula is traditionally known as a "connecting factor", on the ground that these points of contact are what connect an individual, or an issue, to a system of law which will, in principle, furnish the answer being looked for. They are almost all defined by English law, not foreign law: this is inevitable, for until the conflicts rules have identified a foreign law to apply to a dispute, there is no sensible basis for using any law other than English for definitional purposes. For example, if as a matter of English law X is domiciled in France, this is unaffected by the possibility that French law may not agree but would regard him as being domiciled in England

① Adrian Briggs, The Conflict of Laws, Oxford University Press, 2019 4th edn., pp. 23 - 24, 30 - 31.

instead. If English rules of the conflict of laws find the law applicable to an obligation to be Swiss law, it is irrelevant that a Swiss court, applying rules of Swiss private international law, might have come to a different conclusion.

To be useful, the connecting factor must identify a territory having a system of law, as opposed to a larger political unit which may have many systems of law or none. For example, an individual may be domiciled in England, but may not be domiciled in the United Kingdom: there is English law on her capacity to marry, but no "United Kingdom law" on the point; and if a statute has been enacted to apply in England, Scotland, and Northern Ireland, and may in some sense be considered as the law of the United Kingdom, it will be applied because it is part of English law, rather than for any other reason. In principle at least, an individual may be domiciled in Florida, but not in the United States, meaning that the law of Florida, as distinct from the law of the United States, will be applied; although where the relevant law of Florida is in fact a federal rule of the law of the United States, the federal rule will be applied as part of the law in the state of Florida. But by contrast, in true cases where a federal state has defined itself as a single legal unit for certain purposes, the connecting factor may point to that law. So, a person may be regarded as domiciled in Australia for the purpose of capacity to marry, for Australia is constituted by its own legislation as a single law district so far as concerns the law of marriage, but in Queensland for the purpose of making a will, for the law of testamentary succession is a matter on which state law is sovereign, and state laws are several. A form of expression sometimes used to convey the sense of an area which has a law of its own is a "law district".

QUESTIONS

1. Why is connecting factor necessary for determination of applicable law?
2. Why does a connecting factor has to be connected with a territory having a system of law?

第三节 系属公式

一、系属公式的概念

所谓系属公式（formula of attribution），是指某些双边冲突规范中的系属在经过长期普遍的使用之后逐渐固定下来，形成用以解决某些类型涉外民商事关系法律适用问题的一般规则。从冲突规范的构成来看，系属公式是冲突规范的系属部分，也是对各类具体冲突规范“系属”部分的抽象或概括。系属公式需要同冲突规范的范围部分结合起来，才能构成完整的冲突规范。

理解系属公式应注意以下两个方面：其一，系属公式的形成是长期实践的结果，即在长期的国际实践中，人们在某些民商事关系中对其应当遵守的法律有共同的认识，也是在长期民事行为过程中形成的习惯，如各类民商事关系的形式要件一般适用行为地法律。这些长期形成的习惯规则被各国立法和司法实践所接受而成为某一领域的一般法律适用规则。其二，系属公式是对各类双边冲突规范系属部分的抽象或归纳，并加以固定化，用以解决某些类别涉外民商事关系的法律适用问题，如合同形式适用“合同缔结地法”、侵权行为适用“侵权行为地法”、婚姻的效力适用“婚姻缔结地法”等。[①]

二、几种常见的系属公式

常见的系属公式主要有以下几种。

1. 属人法（*lex personalis*）

传统上属人法是以当事人的国籍和住所为连结点的一种系属公式。属人法一般用于解决人的身份、能力、婚姻家庭和继承等领域的法律冲突。大陆法系国家多以当事人的本国法（*lex patriae*）为当事人的属人法，英美法系国家则多以当事人的住所地法（*lex domicilii*）为当事人的属人法。近年来，一些国家的立法和国际公约也开始采用惯常居所地法（*the law of habitual residence*）作为当事人的属人法。目前，在属人法方面存在的本国法主义和住所地法主义两大派别的对立，已在一定程度上得到了缓和。

2. 物之所在地法（*lex situs*）

物之所在地法是民事法律关系的客体物所在地方的法律。它常用于解决物权方面民事法律关系问题，特别是不动产方面的民事法律关系的法律冲突。

3. 行为地法（*lex actus*）

行为地法是指法律行为发生地的法律。它来源于“场所支配行为”（*locus regit actum*）这一古老的法谚。行为地法又可以分为：

（1）合同缔结地法（*lex loci contractus*），通常用于解决合同方式、合同内容的有效性等方面的法律冲突问题。

（2）合同履行地法（*lex loci solutionis*），通常用于解决合同履行方面的法律冲突问题。

（3）侵权行为地法（*lex loci delicti*），通常用于解决侵权行为之债的法律冲突问题。

（4）婚姻缔结地法（*lex loci celebrationis*），通常用于解决婚姻关系方面的法律冲突，特别是婚姻形式要件方面的法律冲突。

（5）立遗嘱地法（the law of the place where the will was made），通常用于解决遗嘱方式方面的法律冲突问题。

4. 法院地法（*lex fori*）

法院地法是指审理涉外民商事案件的法院所在地方的法律。它常用于解决涉外诉讼程序方面的法律冲突问题。另外，对一些实体问题适用法院地法，在各国的立法和司法实践中也不少

---

① 刘仁山．国际私法．北京：中国法制出版社，2019：90-91．

见，如根据我国《涉外民事关系法律适用法》第 27 条的规定，当事人在我国法院提起诉讼以请求诉讼离婚，则应以法院地法亦即中国法为准据法。

5. 旗国法（the law of the flag）

旗国法是指船舶所悬挂的旗帜所属国家的法律。它常用于解决船舶在运输过程中发生涉外民商事纠纷时的法律冲突问题。现在航空器所属国的法律也称航空器的旗国法，并用于解决航空运输中发生涉外民商事纠纷时的法律冲突问题。

6. 当事人合意选择的法律（the law chosen by the parties）

它是指当事人双方合意选择的那个国家的法律。该系属公式又称意思自治原则（the doctrine of parties' autonomy），是当今大多数国家确定涉外合同准据法的首要原则。现在，有些国家在合同以外的领域，如侵权、婚姻和继承领域也开始有限制地采用该原则。

7. 与案件或当事人有最密切联系的国家的法律（the law of the country with which the parties or the case are most closely connected）

该系属公式又称最密切联系原则（the doctrine of the most closest or significant connection）。它既是一项法律选择的指导原则，同时又作为一个系属公式适用于许多不同性质的涉外民商事关系，特别是涉外合同关系。

MATERIAL

Glossary of Terms Employed in Private International Law

Conflicts lawyers commonly employ some Latin terms, which are a convenient and short way of saying certain things which are in common use. Some of these are:

Lex causae—the law which governs an issue. The following are examples:

Lex actus—the law governing a transaction, such as the applicable law of a contract.

Lex domicilii—the law of a person's domicile.

Lex fori—the law administered by the court hearing the case. English law is the *lex fori* for an English court.

Lex loci actus—the law of the place where a transaction is concluded; in relation to the conclusion of a contract called *lex loci contractus* and to the celebration of a marriage, *lex loci* celebrationis.

Lex loci delicti commissi—the law of the place where a tort is committed.

Lex loci solutionis—the law of the place of performance (of a contract).

Lex situs—the law of the place where property is situated.

QUESTIONS

1. What is the meaning of *Lex fori*?
2. What is the meaning of *lex loci delicti commissi*?

第四节 准据法

一、准据法的概念

所谓准据法（*lex causae* 或 applicable law），在我国，一般是指经冲突规范指引被用来具体确定某一特定涉外民商事关系当事人的权利与义务关系的特定国家或地区的实体法，即指在涉外民商事审判中经冲突规范指引，作为法官审理案件作出裁判所依据的特定的法律（particular laws as the basis or "cause" for the ruling）。国外对准据法的定义，有的强调是经冲突规范指引支配案件实体问题的法律（the law governing the substance of the case，designated by the rules of conflict），有的则比较简单，没有明确是否经冲突规范指引，而仅认为是法官在相关法律中选择的，作出判决所依据的特定法域的法律①，或者认为准据法一般就是指适用于争议问题的法律（the *lex causae*，which is used to refer generically to the law applicable to the issue in dispute）。② 经"冲突规范指引"的定义方式可以称为传统狭义的定义，而后者则可以视为是广义的准据法定义。

对准据法定义的分歧，导致对准据法的范围及特点认识亦有不同。对于直接适用的法或者有关国际统一实体规则是否可以被称为准据法，国内外均有争议。③ 传统上，准据法的确是经冲突规范指引的，但随着国际私法的发展，直接适用的法或者统一实体规则开始发挥作用，成为调整国际纠纷当事人具体权利义务的依据。不过，鉴于直接适用的法、统一实体法与冲突规范是相互独立、相互排斥的调整国际民商事关系的方法，本书对准据法的定义仍采用传统狭义的定义。

二、准据法的特点

准据法具有以下几个特点。

第一，准据法必须是经过冲突规范援引的实体法。在涉外民商事审判中，能够用来确定当事人法律行为的法律效力或者能够用以确定当事人权利义务的实体法是否都能够被称为准据法？比如，当一个涉外民商事纠纷或涉外民商事法律关系属于法院地国直接适用的法的调整范围，那么基于直接适用的法的强制性和直接适用性，直接适用的法可以直接适用于该涉外民商事法律关系而不需要经过冲突规范的指引，显然，此时直接适用的法调整该民事关系并非经冲

---

① https://lawlegal.eu/lex-causae/；https://www.oxfordreference.com/view/10.1093/oi/authority.20110803100103308.

② Adrian Briggs，The Conflict of Laws，Oxford University Press，2019 4th edn.，p.31.

③ Available at https://dbpedia.org/page/Lex_causae.，visited on July 20.2022.

突规范指引。又比如，假设有一个国际货物买卖合同违约纠纷，双方当事人的营业地国均为《国际货物买卖合同公约》的缔约国，且双方当事人没有另行约定合同准据法，则此时《国际货物买卖合同公约》也将会被适用于这一合同纠纷，但此时该公约显然也不是经冲突规范指引的方式而适用于前述纠纷的。因为直接适用的法、统一实体法与冲突规范在国际民商事纠纷解决方式上存在根本区别，所以在传统狭义的定义方式下，它们不宜被称为准据法。准据法是特指经过冲突规范的援引而被法院适用以确定当事人权利义务的那些实体法。但在广义定义方式下，称它们为准据法没有问题。

第二，准据法是能够用来确定国际民商事纠纷当事人权利义务的实体法。法律规范通常被区分为实体规范和程序规范。但国际私法学者通常认为冲突规范是既不属于实体规范，也不属于程序规范的一种独立的法律规范。这意味着在涉外民商事审判中法官和当事人通常需要同三种法律规范打交道。比如，在确定法院对涉外民商事案件是否拥有管辖权时需要适用管辖权规范，在司法协助问题上也需要适用相关程序法规范。又如，在法院根据冲突规范确定准据法时，也可能会在接受反致或转致的情况下援引外国的冲突规范。但在上述几种情况下，由于法院适用和援引的都是程序法规范或冲突法规范，因而这些被援引和适用的法律规范都不是准据法，因为准据法是被法院援引来确定当事人实体权利义务的实体法。

第三，准据法不是冲突规范逻辑结构的组成部分，而是特定的实体法。准据法的这一特点旨在说明，准据法非冲突规范中的系属部分，准据法不是双边冲突规范中抽象的连结点所指引的尚需结合特定案情予以特定化的那个所谓“法律”。换言之，准据法是在某一个特定涉外民商事案件审理过程中，由法院援引冲突规范并结合具体案情而最终特定化了的某个国家或法域的实体法律规则。

第六章 法律适用法的基本制度

提要

本章所涉及的识别、反致、实体与程序的划分等问题在国际私法案件中经常发生，国际私法著作中一般将它们称为普遍性的问题（pervasive problems）。它们中的有些制度甚至还常常发挥规避技巧（escape device）的作用，因为它们可以被用来规避因传统法律选择规则而导致的僵硬的制度，影响法律选择的结果，直至案件的结果，所以也有学者称它们为影响或限制法律选择的制度。本章对与确定准据法密切相关或影响准据法确定的一些问题，如识别、先决问题、反致、公共秩序、法律规避、外国法的查明、区际和时际法律冲突等问题进行阐述。

重点问题

- ❑ 识别冲突的解决
- ❑ 划分程序问题与实体问题的标准与方法
- ❑ 国籍、住所与惯常居所的概念及冲突解决
- ❑ 法律规避行为的构成要件及其效力
- ❑ 反致的基本类型及发展趋势
- ❑ 法制不统一国家法律的指引制度
- ❑ 外国法的性质及外国法的证明方式
- ❑ 外国法错误适用的救济
- ❑ 公共秩序制度的作用以及运用公共秩序制度时应注意的问题
- ❑ 先决问题的构成要件及其先决问题的准据法

第一节 识别

一、识别的概念

识别（characterisation）是指依据一定的法律观念，对案件事实构成作出定性或分类，将其归入到一定的法律范畴（legal category），从而确定应援引哪一冲突规范以解决法律适用问题的过程。在英格兰法中一般使用 classification 或者 characterisation 表示“识别”，而在法国法中一般使用 qualification 表示“识别”。福尔肯布里奇（J. D. Falconbridge）在 1937 年的《冲突法中的识别》（*Characterization in the Conflict of Laws*）一文中认为，characterisation 是最适当的描述国际私法中这一问题的英语词汇。我国立法中使用的是定性一词。

识别的意义和作用在于，其是确定应援引法院地国哪一条冲突规范以指引案件准据法的前提。对于国际私法案件而言，法院只有在对案件的性质进行定性归类后，才能运用相关的冲突规范确定应适用的法律。例如，如果案件是合同案件，就运用有关合同的法律选择规则确定合同的准据法，如果案件是侵权案件，就运用有关侵权的法律选择规则确定侵权的准据法。

识别的本质包括密切相关的两个方面：一是依据一定的法律正确地解释某一法律概念或法律范畴，二是依据该法律概念或法律范畴正确地判定特定事实的法律性质。

识别不是国际私法中的特有概念。一国法官在审理纯国内案件时，也会发生识别的问题。即在决定应适用何种法律规定时，首先需对要解决的问题进行定性，如产品瑕疵导致的人身伤害是属于违约问题还是侵权问题？离婚时监护权的指定是属于离婚的效果问题还是亲子关系的问题？无人继承财产的问题是属于继承的问题还是物权的问题？生存配偶对死亡配偶的财产权利是属于继承权问题还是属于以夫妻财产制为基础的权利问题？父母对未成年人结婚的同意是属于人的行为能力问题还是属于行为方式有效性问题？只有对以上问题进行认定后，才能决定应该援引何种冲突规范，并进而决定案件的准据法。在纯国内案件中，识别问题相对简单。而在涉外案件中，识别问题则相对复杂一些。这是由于对同一事实，因各国对其性质的理解不同，因而根据不同国家的法律对同一案件事实进行定性，往往会赋予同一事实以不同的法律性质，将其归入不同的法律范畴，从而可能会导致援引不同性质的冲突规范，并进而援引不同国家的实体法作为准据法，最终对案件作出不同的审判结果。因而，在涉外民商事案件中，法官不能像在国内案件中那样只考虑法院地国的法律概念。

英国法院 1908 年的奥格登诉奥格登案（Ogden v. Ogden）说明了识别在国际私法案件中的重要性。一法国男子与一英国女子结婚时，该法国男子未依法国法的规定取得父母的同意，后来该法国男子在法国法院获得宣告婚姻无效的判决。该女子回到英国后与一英国男子结婚，后该英国男子在英国法院起诉要求法院宣告该女子为重婚，因而第二次婚姻无效。

在该案中，法院面临的问题是：关于未达到一定年龄的青年结婚需要父母同意的问题到底是婚姻的形式问题还是人的行为能力问题，如果是前者，则应适用婚姻举行地法即英国法，因英国法中无类似规定，所以第一次婚姻为有效婚姻，则其不能被宣布无效，如果为人的行为能力问题则应适用当事人住所地法即法国法，则第一次婚姻为无效婚姻，第二次婚姻不能以重婚被宣告无效。法国法将其识别为人的行为能力问题，英国法将其识别为形式问题。最后英国法院依据英国法将其识别为形式问题。[①] 从该案可看出，英法两国在同一问题上存在识别的冲突，而依据何国法律进行识别会直接影响案件的审理结果。因此识别有时也会被当作规避适用某一法律的一种工具或技巧。

我国涉外民商事审判实践中也有一个比较著名的案件涉及识别问题。在美国总统轮船公司与菲达电器厂、菲达公司、长城公司无单放货纠纷再审案[②]中，最高人民法院对案件的性质作出了正确的认定，适用美国法作出判决，纠正了二审法院对案件性质认识的错误以及选择适用中国法的错误。

1993 年 7 月 29 日，菲达电器厂（以下简称“菲达厂”）与新加坡艺明公司以传真形式签订了一份灯饰出口协议书。协议书签订后，菲达厂委托长城公司和菲利公司办理出口手续。长城公司和菲利公司分别以托运人名义，把装有菲达厂货物的两只集装箱装上美国总统轮船公司（以下简称“美轮公司”）所属货轮，委托该公司承运。美轮公司为此给长城公司和菲利公司分别签发了一式三份记名提单。上述货物运抵新加坡后，买方艺明公司未依协议付款，美轮公司却在艺明公司未取得正本提单的情况下，应其要求而将货物交付。因此，持有上述两票货物全套正本提单的菲达厂以美轮公司无单放货为由，向广州海事法院提起诉讼，长城公司和菲利公司以第三人身份参加该诉讼，并表示支持菲达厂的诉讼请求，美轮公司没有提出管辖异议并应诉。广州海事法院审理后作出一审判决：美轮公司赔偿菲达厂货物损失 98 666.148 美元及利息。美轮公司不服一审判决，向广东省高级人民法院提出上诉。广东省高级人民法院作出终审判决：驳回上诉，维持原判。美轮公司不服，向最高人民法院申请再审，同时请求终止执行广东省高级人民法院的终审判决。最高人民法院经审理后于 2002 年 6 月 25 日作出判决：撤销广东省高级人民法院的二审判决和广州海事法院的一审判决，驳回菲达厂对美轮公司的诉讼请求，一、二审诉讼费均由菲达厂负担。

本案经最高人民法院审判委员会讨论后认为：本案争议的焦点是承运人应否向未持有记名提单的记名收货人交付货物和本案应适用的准据法。根据当事人的诉讼请求及争议事实，本案是国际海上货物运输合同无单放货纠纷，当事人双方对此没有异议，本院予以认定。原审法院认定本案属侵权纠纷不当。本案提单是当事人双方自愿选择使用的，提单首要条款中明确约定适用美国 1936 年《海上货物运输法》或《海牙规则》，此为双方真实意思表示，不违反中华人民共和国的公共利益。依据《中华人民共和国海商法》第 269 条的规定，本案提单首要条款对法律适用的选择合法有效，应当予以适用。但是，依据《海牙规则》第 1 条规定，《海牙规则》仅适用于与具有物权凭证效力的运输单证相关的运输合同，本案提单是不可转让的记名提单，

---

① J. G. Collier, Conflict of Laws, 3th ed., Cambridge University Press, 2004, p. 22.

② 最高人民法院民事判决书（1998）交提字第 3 号．最高人民法院公报，2002（5）：175－178.

不具有物权凭证效力，并且，《海牙规则》没有关于承运人对记名提单项下货物交付行为的规定。因此，本案海上货物运输合同不能适用《海牙规则》。依据本案提单关于法律适用的约定，本案合同争议应当适用美国的1936年《海上货物运输法》(Carriage of Goods by Sea Act)。依据该法第3条（承运人及船舶的责任和法律责任）第4款的规定，该法中的任何规定都不得被解释为废除或限制适用美国《联邦提单法》(Federal Bills of Lading Act)，而对《海上货物运输法》的适用在涉及提单的法律关系时，同时适用与该法相关的美国《联邦提单法》，才能准确一致地判定当事人之间涉及提单证明的海上货物运输合同的权利义务关系。因此，本案应当适用美国《海上货物运输法》和《联邦提单法》。菲达厂在抗辩中要求适用中国法律的主张不符合当事人对合同的约定，本院不予支持。原审法院以侵权结果发生地在中国而适用中国法律的理由因不符合本案事实而不能成立，原审判决适用法律错误，应予纠正。

该案涉及美轮公司、新加坡艺明公司以及货物到岸地新加坡等多个涉外因素，显然属于国际民商事案件。我国法院在受理该案时应考虑涉外民事管辖权以及法律适用问题。但解决这两个问题的前提在于对案件性质和构成的识别。在广东省高级人民法院的二审中，美轮公司与菲达厂双方均认为，本案属于国际海上货物运输合同纠纷，应该说，当事人将争议交付法院时已将其识别为合同纠纷，当事人的这种选择符合我国相关法律规定。但是，广东省高级人民法院在受理案件后对案件的识别和当事人的并不相同，认为当事人之间的争议属于侵权纠纷。既然法院将案件识别为侵权纠纷，适用当时的冲突规则时自然排除了当事人的意思自治，而适用了侵权行为地法，即中国法。这与将案件识别为合同纠纷，适用当事人选择的美国法恰好相反。所幸的是，最高人民法院在再审程序中对广东省高级人民法院二审判决的错误进行了纠正。该案再次说明，正确识别案件的性质并确定应适用的冲突规则在涉外案件中具有至关重要的地位。

在一个涉港纠纷案件中，一审法院没有讨论法律选择问题，二审法院将争议识别为物权纠纷，再审时法院纠正了二审识别错误，将争议识别为合同纠纷，正确地进行了法律选择。①

二、识别冲突及其产生的原因

所谓的识别冲突，是指对有关事实构成或事实情况进行定性或分类时，所产生的认识上的差异。国际私法中的识别问题最早是由德国法学家卡恩(Franz Kahn)和法国法学家巴丹相继于1891年和1897年在其各自的两篇论文中提出的。② 直到1920年劳伦茨(Ernest G. Lorenzen)发表“识别的理论与冲突法”这一论文，普通法的法学家才开始关注识别的问题。自此，无论是在普通法系国家还是在大陆法系国家，有关该问题的论著均开始大量出现。世界上第一本有关识别冲突的专著(Der Sinn der internationalprivatrechtlichen Norm：eine Kritik der Qualifikationstheorie)由德国诺伊纳教授(Robert R. Neuner)于1932年出版。

卡恩和巴丹认为，即使两个国家规定了相同的冲突规范，但由于两国对冲突规范中的法律概念有不同解释，也会对同一事实的法律性质作出不同的分类，从而导致适用不同的冲突规范。卡恩将这种冲突称为“隐存的冲突”，巴丹称其为“识别的冲突”，戴赛和莫里斯称之为

---

① 参见广东省广州市中级人民法院(2021)粤01民再81号民事裁定书。

② 在各自的论文中，两位学者都强调国际私法是国内法，并且认为，只要各国法律概念不同，国际私法的统一就是不现实的，最终只能以失败告终。

"冲突规范的冲突"。

一般认为，识别冲突的产生主要有以下几个方面的原因：

第一，不同国家的法律对同一事实赋予不同的法律性质，从而可能会导致适用不同的冲突规范。

第二，不同国家对同一冲突规范中包含的概念的内涵理解不同。也就是说，即使各国冲突规范表面上相同，但由于对冲突规范中的概念的理解不一致，也会导致适用不同的法律。例如，各国一般都规定，"不动产适用不动产所在地法"，但对于什么是不动产，各国理解不尽一致。例如，法国法将蜂房视为动产，而荷兰法却将其看作不动产。

第三，不同国家的法律往往将具有相同内容的法律问题分配到不同的法律部门。例如，关于时效问题，一些国家将其归入了实体法部门，并对有关时效的冲突适用有关法律关系的准据法；另一些国家将其归入到了程序法部门，并根据程序问题一般适用法院地法的原则，对时效的冲突适用法院地法加以解决；又例如，关于利息的裁决（awards of interest），有的认为是实体问题，应该适用案件的准据法，有的认为是程序问题，应该适用法院地法。①

第四，由于社会制度或历史文化传统的不同，不同的国家有时具有不同的法律概念或一个国家所使用的法律概念是另一个国家所没有的法律概念。例如，有些国家有司法分居（legal separation or judicial separation）制度，而我国则没有，因而需要确定识别时应适用的法律。

综上，归根结底，识别冲突产生的原因在于各国法律制度之间存在差异性。

三、识别冲突的解决

如前所述，对要解决的问题进行定性分类，是法官援引冲突规范决定准据法前，应首先进行的一个步骤，其正常的作用是决定援引哪一冲突规范，即这是援引冲突规范的前提。而如何进行识别，依据什么标准进行识别会影响准据法的确定，并最终影响判决的结果。但由于识别问题本身的复杂性，对识别依据难以作出一刀切的硬性规定，因而立法中明文规定识别依据的国家较少。② 在有些国家如英国，识别采用何种依据主要由法官自由裁量。为此，英国 1995 年《国际私法（杂项规定）》［Private International Law（Miscellaneous Provisions）Act］第 9 条第 2 款还特别规定，在侵权领域的识别由法庭自由裁量。③

在国际社会，对于应依据何种标准进行识别主要有以下主张：

（一）法院地法说

法院地法说（*lex fori theory*）认为应依据法院地国家的实体法进行识别。该理论由德国学者卡恩和法国学者巴丹首倡，为许多国际私法学者所赞同，并为多数国家的实践所采纳，也为一些国家的立法采纳。该说的主要理由是冲突规范是国内法，对其使用的名词或概念只能依据其所属国法律解释，即法院地实体法中的概念加以解释。但有时，如果法院地法中无某种法

---

① Troke & Anor v Amgen Seguros Generales Compania De Seguros Y Reaseguros SAU（Formerly RACC Seguros Compania De Seguros Y Resaseguros SA）［2020］EWHC 2976（QB）.

② Symeon C. Symeonides，Wendy Collins Perdue and Arthur T. von Mehren，Conflict of Laws：American，Comparative，International：Cases and Materials，West Academic Publishing，1998，pp. 45 - 46.

③ 1995 年《国际私法（杂项规定）》第 9 条第 2 款的英文原文为："The characterisation for the purposes of private international law of issues arising in a claim as issues relating to tort or delict is a matter for the courts of the forum."

律制度，依据法院地法中的概念进行识别就会发生困难。例如，如果一国没有英美法中的对价（consideration）、西班牙或菲律宾法中的分居（legal separation）、德国或瑞士法中的婚生宣言，那么应该将其归类到哪一法律范畴？因此有学者主张，冲突规范中的概念，如“物权”不应仅指法院地法中的概念，有必要采能够包括各国物权的概念。[①] 英国法院在实践中将“合同”扩大理解为包括没有对价的意大利协议（agreement），以及根据法国法形成的有关夫妻财产制的默示合同，尽管英国国内法中并没有这些概念。因此，针对法院地法中不存在的制度，对法院地法中功能类似的实体法中的概念进行扩张解释，虽然不得已，但也是办法之一。所以，前述识别的困难并非无法克服。

但是，并不应该在所有情形下均依据法院地法进行识别：对于不动产应该适用不动产所在地法；对于法院地法中没有的法律制度或法律概念，可以依据有关的外国法；对于当事人的国籍，应该适用有关国籍法；国际条约中的概念应该首先依据条约加以解释。

（二）准据法说

法国的德斯帕涅（Despagnet）、德国的沃尔夫以及日本的山田三良等人主张准据法说（*lex causea theory*）。此说认为，用来解决争议问题的准据法，也就是对争议中的事实问题的性质进行定性和分类的依据。因为准据法是支配法律关系的法律，如果不依照准据法去进行识别，尽管内国冲突规范指定应适用外国法，但如果不按照外国法对法律关系进行定性，就会损害外国法的精神，无法正确适用外国法。1966 年的葡萄牙《民法典》第 15 条、1983 年前南斯拉夫国际私法第 9 条采此说。[②] 另外，有人认为至少有一个英国法院的判决是根据此方法进行识别的，虽然该案判决受到了学者的质疑。[③] 玛尔多娜多案（Re Maldonado，1954 年）是英国有关动产遗产归属的著名案件。一名死时住所在西班牙的妇女，未留遗嘱死亡，也无任何生存的亲属，死后在英国留有一笔动产。英国法院在该案中运用准据法说将死者遗产归属问题识别为继承问题，从而适用了继承的准据法即西班牙法（死者死亡时的住所地法），并认定动产由西班牙政府继承而非由英国王室根据先占原则取得该动产。

从不适用法院地实体法进行识别来看，准据法说更具有国际性，但其主要存在两个问题：一是循环论，由于识别是决定适用哪一冲突规范以确定准据法的前提，因而不完成识别，准据法就无法确定，所以用准据法进行识别就难免陷入逻辑上的循环论的错误，所以支持这一主张的学者不多。不过，事实上，这一主张的逻辑是，首先承认假定的准据法，假设某国法律为准据法，然后再根据该法进行识别。但随之而来的第二个问题是，当存在两个可能适用于案件的外国法且对要识别的问题有不同的性质认定，准据法落空时，就无法使用该方法。

（三）分析法学与比较法说

德国的拉贝尔（Ernst Rabel）和英国的贝克特（W. E. Beckett）主张分析法学与比较法说（theory of analytical jurisprudence and comparative law）。该主张认为对于要识别的事实的性质应该依据所有法律制度对其的共同认识来定性或分类，即识别应是按照分析法学的原则和在比较法学的基础上形成的一般法律原则来进行，而不是基于或适用某一特定国家的法律原则。这

---

① 木棚照一＝松冈博＝渡边惺之「国际私法概论」（有斐閣，2005 ）31 頁。

② 木棚照一＝松冈博＝渡边惺之「国际私法概论」（有斐閣，2005）32 頁。

③ J. G. Collier, Conflict of Laws, 3th ed., Cambridge University Press, 2004, p. 271.

种主张初看之下很有道理，但其致命的缺陷是，识别冲突之所以产生，就是因为各国对同一事实的性质的认定有不同的理解，如果能形成所谓的“一般法律原则”或“共同认识”，就不会有什么识别冲突的问题产生了。在识别领域，分析法学与比较法说并未发现有助于识别的什么普遍原则。就算分析法学与比较法说可能发现了不同法域法律制度之间的相似性，但它也可能会发现不同法域法律制度之间无法加以解决的差异，例如关于结婚是结婚形式还是结婚能力，还是根本就不要求该要件，各国存在根本差异，比较法也无法告知应如何解决该冲突。对于案件参与者、法官或律师而言，要证明存在某项一般法律原则可能是一个过重的负担。反对者认为，这种主张过于理想化，是不现实的。

在日本，拉贝尔的主张被称为自主决定说。拉贝尔认为，国际私法是解决各国实体法冲突的冲突规范体系，在各国实体法存在冲突的阶段，国际私法上的识别（法律关系性质的确定）不应该适用特定国家的实体法，而是应该根据国际私法的精神进行识别。他主张，为了克服国际私法的国家性，逐步实现识别问题上的国际统一，应以比较法的方法发展从特定国家的实体法解放出来的国际私法的独立概念。这一主张最终认为，识别就是构成国际私法规则的法律概念的解释问题，其根据国际私法的理念或体系确定法律关系性质的解释方法，这是非常引人注目的。日本的多数学说和判例支持该主张的基本立场。但如何具体运用该主张进行识别并非易事。

（四）个案识别说

个案识别说（case by case theory）认为，解决识别问题不应有什么统一的规则或统一解决的方法，而应具体问题具体分析。在适用冲突规范时，应根据冲突规范的目的，考虑是依据法院地法还是准据法进行识别。但也有反对者如匈牙利学者萨瑟指出，这种主张过于灵活，使识别的标准处于不稳定之中，陷入了不可知论。

有英国学者认为，适当改良的法院地法说，似乎就是英国法院有关识别的实际做法，即一般不适用外国法识别，特别是在 1963 年遗嘱法和 1984 年时效期间法中明确将有关遗嘱效力的规则规定为形式规则，将时效规则规定为实质问题，而不管规则本身所属国国内法对其如何定性。但在一种情形下，英国法院放弃了国内法中的分类，采用了普通法体系通常没有使用的概念，例如在冲突法意义上，将财产区分为动产和不动产（movables and immovables），而不是普通法上的 personality 和 realty。此外，英国法院是根据物之所在地法而不是英国法确定特定财产的性质。

另外，关于识别还有折中说、功能分析说、两级识别说、利益分析法说等学说。[①] 我们认为随着国际社会本位观念在国际私法中的导入，“不诚实的识别”理应得到抑制。法官在进行识别时，其根本思维方式应革新，即识别时不是考虑是否采用法院地法说、准据法说、分析法学与比较法说、个案分析说、折中说或功能分析说等某一个具体的主张，而是应站在国际私法公平合理解决纠纷的角度考虑将有关问题或事实情况归入哪一法律范畴更符合其本身特征。这也可以说是从一个较高的角度而非某一国的角度来思考识别问题。在注重法律规则背后政策的现代理论中，识别的重要性较低。主张利益分析的学者，如柯里，就很少关注识别这种技巧。不过在强调管辖权选择规则的法律体系中，识别的问题仍不可避免。[②]

---

① 韩德培．国际私法．3 版．北京：高等教育出版社，北京大学出版社，2014：130－131.

② William M. Richman and William L. Reynolds，Understanding Conflict of Laws，3th. ed.，LexisNexis，2003，p. 164.

从各国的立法实践看，早期立法一般对识别问题未加规定，有规定的一般规定依据法院地法进行识别，如 1948 年埃及《民法典》第 10 条和 1979 年匈牙利国际私法第 3 条。[①] 晚近一些国家的国内立法开始对识别的依据有一些更为细致的规定，这些规定明显地吸收了上述主张中的合理因素。1998 年突尼斯国际私法第 28 条规定原则上依据法院地法进行识别，例外情况下可以适用有关外国法识别，并特别规定，在识别过程中应注意有关因素在各国法律中所属的不同类别及其在国际私法上的特性。2001 年俄罗斯《民法典》第六编国际私法第 1187 条也有类似规定。[②] 2005 年保加利亚共和国《关于国际私法的法典》第 39 条对于识别作出进一步明确规定：(1) 如果准据法的确定取决于对案件事实或法律关系的识别，则依保加利亚法律进行识别。(2) 如果相关的法律制度或者法律概念在保加利亚法律中不存在，而且根据保加利亚法律进行解释后也不能确定，则在识别时应考虑规定这些法律制度或法律概念的外国法。(3) 识别时应顾及所调整的法律关系中的国际因素以及国际私法的各种特性。

四、我国有关规定

对于识别冲突的解决，中国国际私法学界尚没有完全达成共识。[③] 2010 年《涉外民事关系法律适用法》第 8 条首次明确规定："涉外民事关系的定性，适用法院地法律。"这一规定显然采纳了大多数国家立法与司法实践的做法。

在一当事人涉港案件中，法院首先确定了应该适用的程序法为内地法律，其次对各方当事人争议法律关系的性质进行认定。法院认为根据《涉外民事关系法律适用法》第 8 条规定，本案法律关系的认定应依据《中华人民共和国合同法》(现已失效)、《中华人民共和国担保法》(现已失效) 等，依有关规定，本案属于委托贷款合同纠纷及保证合同纠纷案件。然后，法院根据法律关系的性质分别确定了贷款合同和保证合同的准据法。[④]

MATERIAL

Characterisation

Characterisation is traditionally accepted as one of the most difficult problems in the conflict of laws. It seems difficult in a sense different from, for example, the rule against perpetuities, where, at least, it is possible eventually to arrive at some intelligible solution. It

---

① 在国际私法立法中对识别为问题进行明文规定的如 1974 年西班牙《民法典》第 12 条第 1 款规定依据法院地法识别，1995 年英国《国际私法（杂项规定）》第 9 条第 2 款规定由法官自由裁量，1991 年魁北克《民法典》第 3078 条、1979 年匈牙利《国际私法》第 3 条、1999 年白俄罗斯《国际私法》第 1094 条、1999 年蒙古《民法典》第 540.3 条以及 2001 年俄罗斯《民法典》第 1187 条规定依据法院地法识别，但法院地法中无处于争议中的外国制度时例外，可依据有关外国法进行识别。1974 年阿根廷《国际私法草案》第 2 条规定依据准据法识别，但如果据此识别导致不合理的结果时，则依据法院地法识别。

② 俄罗斯《民法典》第六编第 1187 条规定：确定准据法时法律概念的识别：1. 在确定准据法时，法律概念的解释依照俄罗斯法，但法律有不同规定的除外。2. 如果在确定准据法时，需要进行识别的概念是俄罗斯法中所没有的，或者俄罗斯法中的名称不同或者内容不同不能依照俄罗斯法进行解释，则在对之识别时适用外国法。

③ 章尚锦，杜焕芳．国际私法．6 版．北京：中国人民大学出版社，2019：63.

④ 北京市高级人民法院（2019）京民初 1 号民事判决书。

seems to akin to those questions which have exercised people's minds for long periods of time.

To determine the governing law to a legal relation may rely on the principles of characterisation for conflict of laws purposes. Characterisation for conflict of laws purposes (also referred to as classification or qualification) means characterisation of conflict of laws rules. The characterisation of conflict of laws rules is not about the applicability of national laws, but about the applicability and interpretation of conflict of laws rules which themselves determine the applicability of national laws. The characterisation has to determine the applicable conflict of law rule and to properly interpret and use its connecting factors. The issue is which national law is competent to characterise the conflict of laws rule ("a conflict of laws problem within a conflict of law problem"). Basically, there are two possibilities: either the national law and the legal concepts and legislative policies of the forum (*lex fori*) characterise the conflict of laws rule. Or other national laws involved, to which the applicable conflict of laws rule refers (*lex causae*), characterise the conflict of laws rule. The argumentation in favour of the applicability of the *lex causae* to the characterisation of a conflict of laws rule, however, runs in a circle: The "applicable" law that shall govern the interpretation of the relevant connecting factor is not (yet) at all "applicable", but must only be determined by the interpretation and use of the connecting factor provided by the forum. The *lex causae* fails to interpret and use the connecting factors by the forum in cases in which different interpretations of the connecting factors provided by the forum would render different jurisdictions competent to decide the group affair at stake. The *lex fori* shall characterise the conflict of laws rule: the whole purpose of characterisation for conflict of laws purposes is to refine national conflict of laws rules. The forum have the sovereignty to interpret and to apply their own conflict of laws rules and the legislative policies reflected therein.

QUESTION

Do you agree with the author's opinions on the *lex fori* theory?

第二节
实体问题与程序问题

一、划分实体问题与程序问题的意义

在国际私法中，实体问题与程序问题（substance and procedure）的划分十分重要，甚至有

学者认为，每一国家的国际私法中一个永恒的真理是必须划分实体问题与程序问题、区分权利和救济（right and remedy）。实体问题与程序问题的划分是国际私法中一个古老和不可避免的问题，是识别问题中的一个方面。在传统国际私法理论中，实体问题与程序问题的划分非常重要。一般认为，实体问题可以由外国法支配，而所有程序问题由法院地法支配。如美国《第二次冲突法重述》第 122 节即规定，法院一般都适用其本地法律来调整诉讼应如何进行的问题，即使在该案件中其可能会适用他州法律来解决其他问题。这主要是基于可行性、便宜性、降低诉讼成本和保护法院地利益的考虑。①

美国学者从利益分析的角度指出，至少某些程序性的问题与法院地的实体政策密切相关，所以证据性特权（testimonial privilege）的范围对于法院地公共政策来说非常重要。可以说法院对证据性特权问题适用自己的法律享有一种利益，称其为程序性的只是确保该利益的一种简捷方式或巧妙方法。在含有涉外因素的案件中，即使案件中的许多问题都适用另一州的法律，法院也有充分的理由对规范诉讼和管理法院程序的问题适用其自己的规则。法院更关注其自己的司法机器是如果运作的，其自己的法院程序是如何管理的。而且，对于司法事项适用非法院地的规则，对法院而言常常非常困难并容易引起混乱。此外，当事人在进行法律交易之前，通常不会注意司法事项，因此当事人通常对司法事项没有什么期望，所以即使适用法院地的规则，也不存在不公平地挫败其希望的危险。② 另外，不必在每一个诉讼中可能发生的问题上都考虑适用另一州的法律，这也是出于保护稀有司法资源（judicial resources）的需要。如果因实体问题适用某国法律，就要求法院对审判程序中的每一问题都考虑适用该外国法，会给法院增加过重的负担并产生十分棘手的困难，甚至在许多情况下法院根本无法正常审理案件，导致拖延。而通常，案件的结果并不会因适用法院地的司法管理规则而发生改变。冲突法案件中，大多数与司法管理有关的各种问题都应该适用法院地法，而有些问题，例如举证责任问题，则属于灰色区域，是介于与司法管理相关的事项和当事人权利和责任有关的事项之间的一个难以界定的问题。

划分实体问题与程序问题是必要的，但关键的问题和难题是如何确定一个问题是实体问题还是程序问题，按照什么标准加以划分。对于同一问题，按照不同的标准和方法，可能会得出不同的结论。大陆法系国家和英美法系国家对某些问题是实体问题还是程序问题的认识就常常存在分歧，例如关于举证责任（burden of proof），一些美国的判例认为是程序问题因而应对其适用法院地法，而大陆法系国家则一般认为该问题是实体问题。

二、划分实体问题与程序问题的标准与方法

关于划分标准和方法，美国的比尔教授曾经指出，采用法院地法律规则对法院而言是极其便利的，而这样做对当事人的权利的影响微不足道，因此法院地的法律就应该起控制作用。有美国学者提出应考虑法院地的利益与方便，换言之，如果既不存在法院地利益，也无司法不便，就毫无理由将某一问题视为程序性的问题。

---

① Symeon C. Symeonides，Wendy Collins Perdue and Arthur T. von Mehren，Conflict of Laws：American，Comparative，International：Cases and Materials，West Academic Publishing，1998，p. 55. William M. Richman and William L. Reynolds，Understanding Conflict of Laws，3th. ed.，LexisNexis，2003，p. 165.

② Restatement of the Law—Conflict of Law § 122 comment a.

我国学界一般认为，划分实体问题与程序问题的目的是界定什么问题应当适用法院地法方为正当。一般来说，在实质上影响案件结果的所有争议都可归类为实体问题；而关于诉讼的日常管理的例行规则，即对案件结果影响甚小的方面，如送达诉讼文书、辩护的充分性、诉讼的形式等问题，可归类为程序问题。

从比较法视野看，英美法国家与大陆法国家在实体问题与程序问题划分上，存在不少差异，也存在对于举证责任这类难以用一般分类规则加以定性的问题。美国《第二次冲突法重述》第 133 节规定，法院应适用其本地法律来决定哪一方当事人承担说服事实的裁判者的责任，除非原本应予适用的法律所属州的相关规则的主要目的是影响对争点的裁判而不是规制裁判行为。在此情况下，原本应予适用的法律所属州的规则应予适用。对于在何种情形下适用法院地法，《第二次冲突法重述》的评论中曾提出四个值得加以考虑的方面，即法院在决定是适用法院地法还是另一州法律时，可考虑：(1) 当事人在进行交易时是否有可能已经考虑到该问题，是否当事人曾经有可能按照某一特定州法策划其行为，如果是，则这是适用该法而非法院地法的一个有分量的理由；(2) 该问题的解决是否有可能影响案件的最后结果，如果是，应该适用有关准据法，除非在决定该特定问题上，法院地的占主导地位的公共政策要求适用法院地法；(3) 在冲突法的意义上，是否以前的判例一直将该问题识别为程序问题或实体问题，如果是，则除非有充分理由，不应该忽视既定的分类；(4) 是否适用外州的司法管理规则将给法院施加过分的负担，如果是，则这是适用法院地法的进一步理由。[①] 同时，其评论还指出，传统的实体/程序的两分法本身并无害处，但导致某些法院不假思索地遵守以前的先例的分类，而根本不考虑以前分类的目的所在。为此，评论指出，该章（第 6 章程序）所规定的规则的目的不在于区分问题是程序还是实体，而是直接解决是否应该适用法院地规则的问题。[②] 也就是说《第二次冲突法重述》明确放弃试图区分程序和实体问题的做法，而是鼓励法院直接考虑为什么要适用法院地法。

很明显，这种现代的方法有利于得出合理和具有可预见性的结论。当然，无论是在理论上还是在实践中，实体问题与程序问题的划分仍然存在。一般而言，适用法院地法的程序问题主要包括：送达（service）、起诉与答辩（pleadings）、动议（motion）、举证责任、推定（presumptions）、抵销或反诉问题（set-off or counterclaim problems）、判决执行方式（methods of enforcing a judgment）、执行豁免（exemptions from execution）、证明外国法的要件（requirements of proof of foreign law）。尽管大多数证据性问题（evidentiary questions）由法院地法支配，但有些则被视为实体问题，如特权（privilege）、口头证据规则（the parol evidence rule）与欺诈法有关的问题。诉讼时效传统上一直被认为只影响救济而不影响权利，所以属于程序问题。但现在大多数的州已经采纳了“借用法规”（borrowing statutes）。这些法规规定，如果另一州禁止某一诉因（cause of action），通常是指诉求发生地或当事人居住地州，法院地也禁止该诉因。只有当外州禁止某诉求时，才借用该外州的期限。如果诉求在法院地已过时效，则不使用借用法规。结果就是适用外州或本地的较短的时效期间。美国 1982 年《统一冲突法——时效法》（Uniform Conflict of Laws—Limitations Act，以下简称《时效法》）规定，时效期间原

---

① Restatement of the Law—Conflict of Law § 122 comment a.

② Restatement of the Law—Conflict of Law § 122 comment b.

则上应该由其实体法被指引为案件准据法的国家的法律决定。《时效法》第 2 节同时也规定了不适用准据法的例外情况，该条被称为“逃避条款”（escape clause），提供了一个“公平例外”，允许法院在极端情况下，适用法院地法。适用“公平例外”需要满足两个条件：（1）法院确定另一州的时效期间与法院地州有本质上的不同；（2）另一个州的时效期间没有提供公平的起诉机会，或者对于抗辩索赔增加了不公平的负担。要求适用逃避条款的一方有责任证明存在上述适用法院地法的两个条件。[①] 该法迈出了将时效视为实体问题的重要一步。美国法学会在考虑修订冲突法重述时，也对时效问题给予了充分关注。其曾建议法院在选择时效期间时适用第 6 节的一般原则，避免使用区分程序与实体问题的方法，而是指导法院回避识别问题，通过分析相关的影响选择的因素（analysis of relevant choice-influencing considerations）来决定时效问题应适用的法律。[②] 这也就是现代政策分析方法。

在英格兰，有学者精辟地指出，给实体问题和程序问题下定义并非难事，实体问题是有关权利存在的问题，而程序问题是有关实现（实施、执行）权利的方法与途径的问题（Substantive issues are those which concern the existence of a right whereas procedural issues are those which concern the method and means of enforcement of a right）。话虽这么说，但在英格兰，有时也会碰到很难区分某项规则究竟是实体问题还是程序问题的情况。例如在卓别林诉博伊斯案（Chaplin v. Boys）中，对受害人是否可以因过失侵权获得精神损害赔偿的问题，上议院多数意见认为这是损害的因果关系问题（remoteness of damages），而少数意见则认为这是损害的计算问题（quantification of damages）。在英格兰法中，不法行为与损害之间的因果关系问题是实体问题，而损害的计算问题则是程序问题。而将问题识别为程序性的，从而对其适用英格兰法，几乎是英格兰法官一个根深蒂固的习惯。[③] 在 2006 年哈丁诉韦兰德案（Harding v. Wealands）中，在侵权法律适用领域确认了英格兰普通法中将损害赔偿额的计算识别为程序问题的传统做法。由此，在英格兰法院，无论侵权案件的准据法为何国法律，损害赔偿额的计算一律适用法院地法即英格兰法律。

英格兰主要是通过判例法确立了实体问题与程序问题的划分规则。[④] 关于证据问题，如证明的内容、方法和证据的充分性（sufficiency of evidence）等问题，都是程序性的，举证责任亦是如此。但是有些法律或事实上的推定（presumption），证明的方式（manner of proof）以及证据的可采性等问题，如果其决定了案件的最终结果，实际上就是实体问题。

关于诉讼时效，其分为丧失诉权的规则与消灭权利的规则，前者为程序性的，后者为实体性的，并且一般认为大多数英格兰规则都属于前一类型，英格兰法院几乎总是将外国法的规则视为程序性的，所以结果是英格兰法院几乎总是适用自己的规则。但由于实践中发生的一些困难，英国议会于 1984 年通过《外国诉讼期间法》（Foreign Limitation Periods Act 1984）。该法明确规定，所有时效期间应被识别为实体问题以便可以适用外国法，不过法院有权决定是否以公共政策等为由拒绝外国法的适用。

关于救济（remedy），首先，一般认为，救济方法应由英格兰法决定。即使 1980 年《罗马

---

① e. g. , Vicknair v. Phelps Dodge Indus. , Inc. , 2011 ND 39, 15, 794 N. W. 2d 746, 754 (N. D. 2011) .

② William M. Richman and William L. Reynolds, Understanding Conflict of Laws, 3th. ed. , LexisNexis, 2003, pp. 296 – 298.

③ J. G. Collier, Conflict of Laws, 3th ed. , Cambridge University Press, 2004, p. 60.

④ J. G. Collier, Conflict of Laws, 3th ed. , Cambridge University Press, 2004, pp. 61 – 68.

公约》规定准据法决定违约后果，但这必须受英格兰程序法的限制。其次，关于损害赔偿，应区分赔偿的范围与赔偿的数额，前者为实体问题，由准据法决定，后者为程序问题，由法院地法决定。再次，过去英格兰法院只能以英国货币作出判决，现在可以以外国货币作出判决。最后，执行的方式由法院地法决定。

关于优先权（priorities），一般认为对于由英格兰法院管辖的资金优先权请求，适用作为法院地法的英格兰法，该规则在一些英格兰法院的判决中得到适用；对于外国土地的优先权请求推定由物之所在地法决定。

关于当事人（the parties），尤其是原告（plaintiff）与被告（defendant）适格问题是实体问题还是程序问题，有一个英格兰判例明确指出当事人适格为实体问题，应该适用有关的准据法。关于起诉公司成员问题，有英格兰判例区分两种不同情况确定问题是程序性的还是实体性的。

大陆法学者一般认为，当事人之间的关系，特别是其权利义务关系，属于实体法问题，法院与当事人、第三人之间的关系属于程序法问题。大陆法系国家一般将时效、举证责任、推定、赔偿问题等视为实体问题。

三、我国有关规定

我国立法和实践对实体问题和程序问题的划分有所反映。例如立法将诉讼时效视为实体问题，我国《涉外民事关系法律适用》第 7 条规定："诉讼时效，适用相关涉外民事关系应当适用的法律。"在一涉港案件中，当事人选择适用香港法。对于诉讼时效问题，最高人民法院认为，根据第 7 条规定，"本案诉讼时效即应当根据合同纠纷所适用的法律——香港特别行政区法律确定。香港《时效条例》第 4 条（1）（a）规定，基于合约或侵权行为的诉讼，于诉讼因由产生之日起计六年。"① 法院因此确定诉讼时效为 6 年。

对于优先权，从海商法的规定看，是将其视为了程序问题。我国《海商法》第 272 条规定："船舶优先权，适用受理案件的法院所在地法律。"

对于当事人适格问题，最高人民法院在前述案件中明确了是程序问题，应该适用法院地法。②

对于规定争议解决方式的管辖协议条款效力，最高人民法院认为是程序问题，应适用法院地法。③

MATERIAL

The Substance/procedure Dichotomy

It is perhaps the most inveterate doctrine of the conflict of laws that all questions of procedure in a given instance are governed by the *lex fori*, or the law of the court (forum law),

---

① 最高人民法院（2015）民四终字第 9 号民事判决书。

② "适格原告问题。原告是否适格的问题首先是程序法上的问题。程序法事项自应适用法院地法律——内地法律"，参见最高人民法院（2015）民四终字第 9 号民事判决书。

③ "当事人争议的涉案合同载明的纠纷解决方式属程序问题，对诉讼管辖协议效力的认定，应当适用法院地法即中华人民共和国法律"，参见最高人民法院（2011）民提字第 312 号民事裁定书。

regardless of that the substantive issues (those involving claims of right) are determined by the law of another jurisdiction. The substance/procedure dichotomy arises because the forum has compelling reasons for applying its own rules to issues concerning conducting lawsuit and administering the courts' processes. In matters of judicial administration, it would often be difficult to apply the local law rules of another jurisdiction. It is perhaps easy enough to state the distinction between substance and procedure in theory, but acute difficulties may be encountered in deciding whether a given issue is procedural or substantive.

It is submitted that the modern approach is to ascribe a natural meaning to the terms substance and procedure. The demarcation between substance and procedure has shifted and is perhaps clearer than it was in the past. There are useful judicial dicta as to what constitutes substance and what constitutes procedure. In relation to the term procedure, it was stated by Mason CJ that: "the essence of what is procedural may be found in those rules which are directed to governing or regulating the mode of conduct of court proceedings". More recently, the High Court of Australia provided a useful definition of substance in *Pfeiffer v Rogerson*: "matters that affect the existence, extent or enforceability of the rights or duties of the parties to an action are matters that, on their face, appear to be concerned with issues of substance". The above definitions of procedure and substance in private international law received recent approval from the majority of the Court of Appeal in *Harding v Wealands*. These useful definitions make the line between substance and procedure clearer. They have been adopted in other common law jurisdictions and may be applied in respect of various issues whose classification as substantive or procedural raises difficulties. Through statutory reform, the area of time limitations no longer serves as a living application of the substance and procedure rule. It is viewed uniformly and seen as a matter of substance.

QUESTION

Why is the Substance/procedure Dichotomy necessary in private international law?

CASE STUDY

Harding v. Wealands

[2006] UKHL 32

(abbreviated)

Ⅰ. The Facts and Issue

The issue is whether damages for personal injury caused by negligent driving in New South Wales should be calculated according to the applicable law selected in accordance with

Part Ⅲ of the Private International Law (Miscellaneous Provisions) Act 1995 (hereafter "Part Ⅲ") or whether it is a question of procedure which falls to be determined in accordance with English law. The Court of Appeal, by a majority (Arden LJ and Sir William Aldous, Waller LJ dissenting) held that it should be determined in accordance with the applicable law, which they decided was the law of New South Wales. In my opinion the dissenting opinion of Waller LJ was correct and the question is one of procedure governed by the law of the forum. I also agree with the speech to be delivered by my noble and learned friend Lord Rodger of Earlsferry, which I have had the advantage of reading in draft.

The accident happened on 3 February 2002 on a dirt track near Huskisson in New South Wales, when the respondent Ms Wealand lost control of the vehicle she was driving and it turned over. Negligence is admitted. The appellant Mr Harding, who was a passenger, was severely injured and is now tetraplegic. Mr Harding is English and Ms Wealand Australian. They had formed a relationship when Mr Harding visited Australia in March 2001 and in consequence Ms Wealand had come to England in June 2001 to live with Mr Harding. At the time of the accident they had gone together to Australia for a holiday and a visit to Ms Wealand's parents. The vehicle belonged to Ms Wealand and she was insured with an Australian insurance company. After the accident, Mr Harding and Ms Wealand returned to England.

The action was tried by Elias J, who applied English law to the assessment of damages for two reasons. First, because the assessment of damages was a matter of procedure governed by the *lex fori* and secondly, because even if it was a matter of substantive law, it was in this case "substantially more appropriate" to apply English law: see section 12 of Part Ⅲ. The Court of Appeal, as I have said, allowed the appeal on the first point by a majority and allowed it unanimously on the second. I shall first address the question of substance and procedure.

Ⅱ. The Analysis

In applying this distinction to actions in tort, the courts have distinguished between the kind of damage which constitutes an actionable injury and the assessment of compensation (ie damages) for the injury which has been held to be actionable. The identification of actionable damage is an integral part of the rules which determine liability. As I have previously had occasion to say, it makes no sense simply to say that someone is liable in tort. He must be liable for something and the rules which determine what he is liable for are inseparable from the rules which determine the conduct which gives rise to liability. Thus the rules which exclude damage from the scope of liability on the grounds that it does not fall within the ambit of the liability rule or does not have the prescribed causal connection with the wrongful act, or which require that the damage should have been reasonably foreseeable, are all rules which determine whether there is liability for the damage in question. On the other hand, whether the claimant is awarded money damages (and if so, how much) or, for example, restitution in kind, is a question of remedy.

The next question is whether this distinction between questions of liability and questions of remedy or procedure was affected by Part Ⅲ……

The conclusion that the amount of damages for an injury actionable by the *lex causae* must be determined according to the *lex fori* was to be left untouched is confirmed by the Report of the Law Commission and the Scottish Law Commission (Private International Law: Choice of Law in Tort and Delict (Law Com No 193, Scot Law Com No 129)), published in 1990, on which Part Ⅲ was based. Paragraph 3.38 dealt with damages:

"The Consultation Paper [Law Commission Working Paper No 87 and Scottish Law Commission Consultative Memorandum No 62, which had been published in 1984] provisionally recommended that there should be no change in the present law on the question of damages, which we confirm. Accordingly, the applicable law in tort or delict determines the question of the availability of particular heads of damages whereas the measure or quantification of damages under those heads is governed by the *lex fori*."

QUESTION

Why should the amount of damages for an injury be determined according to the *lex fori* in English law?

第三节 国籍、住所与惯常居所

在有关国际私法的国际国内立法中，国籍、住所与惯常居所是几个非常重要的连结点，它们广泛适用于解决当事人能力、婚姻家庭、继承等领域的法律适用问题，并形成了属人法这一系属公式。关于法人的国籍，我们在第三章“外国人法”已有论述，因此本节仅讨论自然人的国籍、住所与惯常居所。在历史上，各国多以国籍和住所作为属人法的连结点，并形成了以英美法系国家为代表的住所地主义和以大陆法系国家为代表的本国法主义。为调和属人法问题上住所地主义与本国法主义的对立，20 世纪初以来，海牙国际私法会议逐步引入了“惯常居所”(habitual residence) 这一连结点。目前惯常居所不仅成为海牙国际私法公约中属人法的主要连结点，而且在很多国家的国内立法与实践中也得到越来越广泛的采用。

一、国籍

（一）国籍的概念

关于国籍（nationality）的概念，各国有不同的理解，可大致分为两种思路。一种强调国籍是个人对国家的单方面的忠诚（allegiance）关系或服从（obedience）关系，另一种则强调国籍是个人与国家之间的契约（contract）关系，双方对等地享有权利并承担义务。[①] 我国学者李浩培教授曾为国籍下了如下定义：国籍是指一个人作为某一特定国家的成员而隶属于该国的一种法律上的身份。[②]

无论是偏向于哪一种理解，国籍都代表了个人与国家之间的一种法律上的关系，这使得国籍成为国际私法中解决能力与身份问题法律适用的重要连结点选项。在国籍概念产生以前，属人法的连结点只有一个选项，即住所。但伴随近代民族国家的形成和民族主义观念的兴起，国籍概念在各国实在法层面开始出现，这使得国籍作为属人法连结点而有了可能。国籍内国成为自然人属人法的重要连结点有两大原因：其一是1804年法国《民法典》，该法典首次明确规定，解决自然人身份和能力问题应以当事人本国法为依据。其二是孟西尼的属人主义理论。孟西尼鼓吹民族性是国际法的基础，这不仅为在实在法层面以国籍作为属人法的连结点提供了理论依据，同时在客观上也符合当时欧洲追求政治独立或国家统一的政治需要。

国籍问题涉及国家主权，因而各主权国家有权基于其国内法决定谁是其国民。换言之，一个人是否拥有某一国家的国籍，必须依据该国的国籍法确定。[③] 关于国籍的取得，可分为生来取得与传来取得。国籍的生来取得主要有血统主义、出生地主义和混合主义等三种做法。国籍的传来取得主要有入籍、婚姻、收养、领土变更以及其他原因。国籍的丧失则分为自愿丧失和非自愿丧失两种。国籍的自愿丧失主要有申请出籍和国籍的放弃等，国籍的非自愿丧失主要有婚姻、收养、入籍等原因。[④]

（二）国籍冲突的解决

各国在国籍取得与丧失问题上采取不同做法，必然会导致自然人的国籍积极冲突和国籍消极冲突的现象大量发生。国籍的积极冲突是指一个人同时拥有两个或两个以上国家国籍的情形，国籍的消极冲突是指一个人不拥有任何国家国籍或其国籍不明的情形。国际私法也会面临国籍的冲突问题，最常见的情形即当法院审理一个涉外民商事案件且法院地国的冲突规范以国籍为连结点时，如果当事人同时拥有两个或两个以上国家的国籍，或者其不拥有任何国家国籍或国籍不明，此时该如何确定准据法？

1. 国籍积极冲突的解决

从各国解决国籍积极冲突的情况看，主要有以下原则和方法。

---

① 董立坤．国际私法论．北京：法律出版社，1988：114－115.

② 李浩培．国籍问题的比较研究．北京：商务印书馆，1979：5.

③ 1930年海牙《关于国籍法冲突若干问题的公约》第1条规定："一般国家依照其本国法律决定谁是其国民。此项法律如符合于国际公约、国际惯例以及一般承认关于国籍的法律原则，其他国家应予承认。"其第2条规定："关于某人是否具有某一特定国家国籍的问题，应依照该国法律来确定。"

④ 韩德培．国际私法．3版．北京：高等教育出版社，北京大学出版社，2014：60.

第一，内国国籍优先原则。在当事人所拥有的两个或两个以上国家的国籍中有一个是内国国籍时，则以内国国籍为当事人国籍。内国国籍优先原则是大多数国家立法在解决内国国籍与外国国籍冲突时的做法。但有观点认为，内国国籍优先原则在解决公法领域的问题时可能是妥当的，但在确定国际私法领域的本国法问题上却未必合适，其原因在于，一方面，绝对地坚持内国国籍优先有违国际私法的内外国法律平等的核心精神，另一方面，就国际民商事纠纷的解决而言，作为当事人国籍国法的内国法相对于以当事人所拥有的其他国籍为标准的本国法而言未必更为适当。[①]

第二，住所地或惯常居所地国籍优先原则。在当事人所拥有的两个或两个以上国家国籍均为外国国籍时，以当事人住所或惯常居所所在国家的国籍为优先。如 1999 年《斯洛文尼亚共和国关于国际私法与国际诉讼的法律》第 10 条第 2 款即规定："非斯洛文尼亚共和国公民者，若具有两个或多个外国国籍的，在适用本法时，以该人为其公民并在其境内有住所的国家为国籍国。"

第三，最密切联系原则。在当事人所拥有的两个或两个以上国家国籍均为外国国籍时，以与当事人有最密切联系的那个国家的法律为其本国法。如 1996 年《列支敦士登国际私法》第 10 条第 1 项规定："自然人国籍国法是该自然人所属国家的法律。如果一个人除了外国国籍外还具有列支敦士登国籍，则以列支敦士登法律为准；对于其他多国籍人，则以与其有最强联系的国家的国籍为准。"在此种情况下，如何判断最密切联系是个关键，有些国家立法采用实际国籍（effective nationality）作为判断此种最密切联系的标准，如 1975 年阿尔及利亚《民法典》第 22 条第 1 款即是如此。[②] 实际国籍或曰真实联系理论（genuine link theory）是国际法院为了解决多重国籍者的外交保护问题而在诺特博姆案（Nottebohm）中提出来的理论。国际法院在该案中指出，在有多重国籍的场合，应以实际国籍为优先。而所谓实际国籍，即个人与国家间存在密切结合关系的国籍，此种结合关系的判断因素通常都表现为个人的住所、财产关系的中心地、与家族的联系、公共生活的参与、对相关国家的归属意识等。前述判断标准对于解决国际私法中多重国籍者的本国法问题未必合适，但仍不失为一个有用的方法。[③]

2. 国籍消极冲突的解决

对国籍消极冲突的解决，各国实践及相关条约法的实践基本一致，通常以当事人住所地国法为其国籍国法。[④] 如当事人无住所的，则以当事人居所地国法（或惯常居所地国法）为国籍国法。[⑤] 当事人既无住所也无居所（包括惯常居所），且需要适用当事人本国法的，则以法院地法为其本国法。[⑥]

---

① 溜池良夫「国際私法講義」（有斐閣，2005）114－115 頁。

② 1975 年阿尔及利亚《民法典》第 22 条第 1 款规定："当事人有多重国籍的，以实际国籍为准。"

③ 溜池良夫「国際私法講義」（有斐閣，2005）115 頁。

④ 1954 年《关于无国籍人地位的公约》第 12 条规定："无国籍人的个人身份，应受其住所地国家的法律支配；无住所，则受其居所地国家的法律支配。"

⑤ 如 2007 年日本《法律适用通则法》第 38 条第 2 项规定："应依当事人本国法，其无国籍时，依其经常居所地法。"又如 2001 年韩国《国际私法》第 3 条第 2 款规定："当事人的国籍不能确定或者当事人没有国籍时，适用其惯常居所所在国家的法律，没有惯常居所的，适用其居所所在的国家法律。"

⑥ 如 2007 年土耳其《关于国际私法和国际民事诉讼程序法的法律》第 4 条第 1 款规定："对于无国籍人和难民，适用住所地法；若无住所，适用惯常居所地法；若无惯常居所，适用该人在起诉时的所在地国法。"

二、住所

（一）住所的概念

作为连结点，住所（domicile）的历史要远远早于国籍。在中世纪，巴托鲁斯在其法则区别说中即将住所作为人法的连结点。在法国《民法典》问世之前，属人法一般都是指当事人的住所地法。时至今日，普通法系国家仍然坚持这一传统。而在成文法系国家，住所也已成为属人法的重要的补充性连结点，同时，住所还是解决当事人国籍冲突的重要依据。

关于何为住所，国际上尚没有一个统一的概念。国际法学会（Institut de Droit International）曾在 1931 年做过一个调查，据说世界上有 50 种不同的住所定义。① 这一局面直到今天也仍然没有得到改善。既然如此，我们只能给住所下一个高度抽象的定义，即住所是一个人市民生活的中心地。

（二）关于住所决定的学说

既然各国关于住所的概念各不相同，那么当法院受理一个涉外民事案件并根据本国冲突规范需要以当事人住所地法为准据法时，该如何确定冲突规范中住所的含义？或者说，应以何国法律为基准来判断当事人的住所地？关于这一问题，主要有以下三种学说。

1. 法院地法说

法院地法说是指根据法院地法，更精确地说是根据法院地国的实体法来确定当事人的住所。这也就意味着，在国际私法上确定当事人的住所，需要遵循民法上住所的确定方法。

这一学说的根据在于，无论是国际私法还是民法，二者同属一个法律体系，对于同一个法律概念应采用相同解释。②

2. 领土法说

领土法说认为，住所的决定应根据住所被认为位于该国的那个国家的实体法来确定。换言之，住所的确定采取与确定国籍完全相同的方法。比如，判断当事人的住所是否位于日本，需根据日本民法来判断；判断当事人的住所是否位于法国，需根据法国民法来判断；判断当事人的住所是否位于德国，则需根据德国民法来判断。历史上，布斯塔曼特法典第 22 条即采此说。此外，海牙《遗嘱形式法律适用公约》第 1 条第 3 款也采这一观点。

该说的根据在于，住所的确定关系到住所地国的公共秩序。此外，如果相关国家不认为当事人的住所位于该国，则该国也不会允许以该国法律作为当事人的属人法。③

需要说明的是，所谓领土法的英文表达为 territorial law，在国际私法中通常译为属地法，而属地法在国际私法中含义广泛，为示区别，日本学者习惯于在住所决定的场合将该术语译为领土法。④

3. 国际私法自体说

国际私法自体说认为，住所的决定在本质上属于一国国际私法的解释问题，而作为国际私法的解释问题，自然应该从国际私法自身立场出发予以展开。这一理论意味着，在国际私法

---

① 溜池良夫「国際私法講義」（有斐閣，2005）117 頁。
② 溜池良夫「国際私法講義」（有斐閣，2005）118 頁。
③ 溜池良夫「国際私法講義」（有斐閣，2005）118 頁。
④ 溜池良夫「国際私法講義」（有斐閣，2005）118－119 頁。

上，当需要确定当事人住所时，应基于住所地法将要作为国际私法上的事实，从国际私法自身的立场出发，独立地确定当事人的住所。比如，在住所地法将要作为当事人身份关系的准据法时，此时当事人的住所地应解释为当事人身份关系的中心地，而在住所地法将要作为当事人财产身份关系的准据法时，此时当事人的住所地应解释为当事人经济生活关系的中心地。这意味着，即使是对于同一个当事人，在分别面对身份关系和财产关系时对其住所的解释在理论上完全可能是不一样的。[①]

在上述三个理论中，从国际私法的性质与目的来看，相对而言，国际私法自体说更为妥当。首先，法院地法说忽视了国际私法与民法是分处不同阶段或不同层面的两套法律体系，其任务不同，因而将一国国内民法上的住所概念原封不动地适用于国际私法显然是不妥的。其次，领土法说忽视了住所的确定与国籍的确定的不同。事实上，住所的确定与住所地国的公共秩序关系不大，而且即使在相关国家不认为当事人住所位于该国的情况下，也谈不上该国会禁止以该国法律作为当事人住所地法而予以适用的问题。相较而言，将住所的确定视为法院地国国际私法的解释问题，在理论上不存在问题，因而从国际私法自身立场出发对住所做合目的的解释是合适的。[②]

（三）住所冲突的解决

在存在住所冲突的情况下，当冲突规范指引当事人住所地法为准据法时，便面临如何解决住所冲突的问题。

1. 住所积极冲突的解决

所谓住所的积极冲突，是指当事人同时在不同国家或法域拥有两个或两个以上的住所。对住所积极冲突的解决，各国主要有以下几种做法：

第一，前住所或者后住所优先。当事人所获得的两个或两个以上住所，若时间上有先后之分，对此，有的国家采前住所优先原则[③]，有的国家采后住所优先原则。[④]

第二，居所地住所优先。当当事人在两个或两个以上国家均拥有住所时，如果其在其中一个国家有居所，则以该居所地国为其住所地国；如果当事人在两个以上国家均有居所，则以现时居所地国为其住所地国。[⑤]

第三，法院地住所优先。在当事人所拥有的两个或两个以上住所中，如果其中一个位于法院地国，则以该法院地住所为当事人的住所。[⑥]

第四，意思自治原则。在当事人于不同国家拥有多个住所的情况下，由当事人根据自己的意愿选择其中一个住所地国家的法律为其属人法。

2. 住所消极冲突的解决

所谓住所的消极冲突，是指当事人在一定时期内在任何国家或法域均没有住所或住所不明

---

① 溜池良夫「国際私法講義」（有斐閣，2005）119 頁。

② 溜池良夫「国際私法講義」（有斐閣，2005）119 頁。

③ 1971 年美国《第二次冲突法重述》第 20 条规定：“当一个有能力设定选择住所者有一个以上之居住地方时，其住所在最初居住的地方，除非第二个居住的地方是其主要的家。”

④ 日本《法例》第 28 条第 2 款规定，倘若两个以上的住所均为外国住所时，依最后取得的住所地法为其属人法。不过日本 2007 年《法律适用通则法》不再采用住所作为连结点。

⑤ 如 1979 年《美洲国家关于国际私法中自然人住所的公约》第 6 条规定：“在两个缔约国内均有住所的人，应认为在其居所所在的缔约国内有住所；如果其在两国都有居所，则以其现有居住地为住所。”

⑥ 2014 年俄罗斯《民法典》第 1195 条第 3 款规定：“若外国公民在俄罗斯境内有住所，则其属人法为俄罗斯法。”

的情况。在存在住所消极冲突的情况下，各国通常采取以当事人惯常居所或居所作为住所的办法。①

三、惯常居所

（一）惯常居所的概念

由于国际国内立法中住所概念的含义差异太大，近年来，一些国际私法条约特别是海牙国际私法会议制定的相关条约，开始采用惯常居所以代替住所。而在国内立法中采用惯常居所的立法例也越来越多。一般认为，惯常居所的概念是一个单纯的事实概念，似不会像住所那样容易引起争议。但情况可能未必那么简单。惯常居所的存在到底需要以何种事实的存在为必要？对此好像没有明确的答案。总体而言，惯常居所需要以一定期间的常住为基础，除此之外是否还需要其他要件并不存在共识。

在立法例上，匈牙利国际私法和瑞士国际私法等立法为惯常居所提供了相关定义。《匈牙利国际私法》第12条第2款规定："惯常居所是指，虽没有定居的意思，但在一定时间内居住的地方。"2017年修订的瑞士《关于国际私法的联邦法》第20条第1款b项规定："当一个人在一个国家生活了一段时间，则其即在该国家拥有惯常居所，即使这段时间乍看是有限的。"据此，我们也只能为惯常居所提供一个非常抽象的定义，即惯常居所是一个人持续一定时间居住的处所。但需要强调的是，惯常居所一定是一个人在某地持续生活了足够长的时间从而使其能够相当程度融入当地市民生活，并进而使该地成为其市民生活中心的地方。换言之，我们虽无法为一个人必须得在一个地方生活多长时间才能使这个地方成为其惯常居所提供一个确切的量的标准，但作为国际私法中的一个连结点，我们完全可以为惯常居所的确定提供一个质的标准，即惯常居所应能够表征当事人与其惯常居所地之间的密切联系，如若不然，惯常居所何以能够具备作为国际私法连结点的资格。

（二）惯常居所的确定

在惯常居所的确定方面，需要强调的是，惯常居所概念原则上是一个事实概念，对此各界没有太多异议。基于此，一个人在一个特定时点的惯常居所，只能位于某个特定的唯一地域。因此，原则上，惯常居所不存在国籍或住所经常碰到的积极冲突或消极冲突问题。作为一个事实概念，惯常居所的含义具有相对性。惯常居所在本质上是一个功能性概念，因而有必要结合每个冲突规范的目的而相对地界定惯常居所的含义。换言之，对于不同的冲突规范而言，基于其规制目的的不同，其中所包含的惯常居所的含义也会有所不同。② 这同时也说明，对于惯常居所的确定，需要由法官在个案中自由裁量。③

四、我国有关规定

关于国籍的冲突，我国《涉外民事关系法律适用法》第19条规定："依照本法适用国籍国法律，自然人具有两个以上国籍的，适用有经常居所的国籍国法律；在所有国籍国均无经常居

① 2017年修订的瑞士《关于国际私法的联邦法》第20条规定："如果一人没有住所，则代之以惯常居所。"
② 出口耕自「論点講義国際私法」（法学書院，2015）59頁。
③ 木棚照一「国際私法」（成文堂，2016）73頁。

所的，适用与其有最密切联系的国籍国法律。自然人无国籍或者国籍不明的，适用其经常居所地法律。”对于国籍的积极冲突，《涉外民事关系法律适用法》并没有采纳内国国籍优先原则，而是强调经常居所地国籍优先，在当事人于所有国籍国均没有经常居所的情况下，则强调最密切联系原则，应该说，上述规定是合理的。

由于《涉外民事关系法律适用法》目前在属人法领域主要采用经常居所为连结点，并以国籍作为辅助，因而在实在法层面讨论我国有关住所冲突的解决已经意义不大。

关于经常居所的界定，最高人民法院《法律适用法解释（一）》第13条规定：“自然人在涉外民事关系产生或者变更、终止时已经连续居住一年以上且作为其生活中心的地方，人民法院可以认定为涉外民事关系法律适用法规定的自然人的经常居所地，但就医、劳务派遣、公务等情形除外。”从前述规定来看，可以对第13条做两种理解。第一种理解是，第13条为经常居所的确定规定了两条客观标准：其一是时间标准，即自然人在涉外民商事关系产生或者变更、终止时已经在某地连续居住一年以上；其二是质量标准，即此地已经构成当事人的生活中心。第二种理解是，根据对“作为其生活中心的地方”的平义解释，最高人民法院在这里设置的是一个主观标准，即要求当事人在主观上将某地视为其生活中心。在立法技术上，将第13条的结构理解为两个客观标准再辅之以排除条款在逻辑上是自洽的，但如果将其结构理解为一个客观标准加一个主观标准再辅之以排除条款，这在逻辑上就难以自洽了，因为如果有了主观标准（将某地“作为其生活中心的地方”），则后面的排除条款显然就多余了。

MATERIAL

Domicile

Domicile is a concept that performs a variety of functions in American conflicts law. For example, it is the basis of: (1) general *in personam* judicial jurisdiction and diversity jurisdiction, (2) prescriptive jurisdiction for tax and similar regulatory purposes, and (3) entitlement to certain benefits, such as welfare or tuition.

Moreover, domicile is one of the most important connecting factors under both the traditional and modern choice-of-law approaches. For example, the First Restatement called for the application of the law of a person's domicile to all succession and matrimonial property matters involving movables. The Restatement (Second) relies on the same connecting factor, albeit not exclusively. More important, under all modern American approaches, domicile has become an important factor, even in the area of tort conflicts, where territoriality used to be the dominant principle. For example, as documented in Chapter 8, infra, when both the tortfeasor and the victim are domiciled in the same state and the tort occurred in another state, most courts apply the law of the common domicile to resolve loss-distribution conflicts.

The basic principles regarding domicile are the same as in most other countries, namely: (1) every natural person has a domicile at all times, (2) no person has more than one domicile at a time, at least for the same purpose, (3) once established, a domicile continues until another is acquired, and (4) in order to acquire a new domicile, a person must establish a dwelling place with the intention of making it his or her home for an indefinite period of time. Thus, domicile presupposes physical residence, but in addition requires the concurrent mental element of intending to make it one's permanent (or at least indefinite) home.

"Habitual residence", which is a concept used in several international conventions and is something closer to domicile than to residence, is not in vogue in the United States. Also, the term "citizenship", rather than "nationality", is used in the United States. National citizenship is defined by federal law, whereas state citizenship depends on domicile. The federal Constitution provides that persons who are U. S. citizens are also citizens of the state in which they "reside", which in this context means "domiciled". Many constitutional or statutory provisions use the term "residence" when contemplating domicile. The mixed usage is also common in judicial decisions. Indeed, because many decisions use the two terms interchangeably, it is often difficult to ascertain what was intended without examining the specific context.

With regard to corporations, a federal statute provides that, for purposes of diversity jurisdiction in federal court, a corporation is a citizen of the state in which it is incorporated, as well as the state in which it has its principal place of business. 129 Each of these contacts is also a basis of general jurisdiction over a corporation in state courts. In addition, the place of incorporation is the critical connecting factor for choice-of-law purposes for matters involving the corporation's internal affairs, while its principal place of business is a connecting factor equivalent to domicile for other choice-of-law matters.

QUESTIONS

1. What is the meaning of domicile in American conflicts law?
2. What are the functions of domicile in American conflicts law?

CASE STUDY

Mark v. Mark

[2005] UKHL 42

(abbreviated)

Ⅰ. The Facts

The parties are both Nigerian nationals, born in Nigeria in 1948 and 1950 respectively, and thus having a domicile of origin in Nigeria. They were married according to the local customary law in the River State of Nigeria in 1979. This couple have four children who were born in the United Kingdom. In November 1993, the husband was compulsorily retired from the army and went into exile in this country. The parties established a matrimonial home here. Later the husband returned to Nigeria to take up a political career in September 1998 and soon became a Senator in the Upper House of the Nigerian Parliament. On 17 July 2000, at the invitation of the husband's solicitor, the wife issued a divorce petition and application for ancillary relief in the Principal Registry of the Family Division. At that date she relied only upon her habitual residence here over the previous 12 months to found the jurisdiction of the court, but her petition was later amended to include a claim that she had acquired a domicile of choice here.

Ⅱ. The Issue

The issue before us is whether a person can be either habitually resident or domiciled in England and Wales if her presence in the United Kingdom is a criminal offence under the Immigration Act 1971. The immediate context is whether our courts have jurisdiction, under section 5 (2) of the Domicile and Matrimonial Proceedings Act 1973, to entertain her divorce petition. But the domicile issue could arise in many other contexts, as a person can only have one domicile, whereas habitual residence may have a different meaning in different statutes according to their context and purpose.

Ⅲ. The Analysis

1. Habitual residence

The principal authority on this issue is the decision of this House in R v Barnet London Borough Council, Ex p Nilish Shah [1983] 2 AC 309 … "Unless, therefore, it can be shown that the statutory framework or the legal context in which the words are used requires a different meaning, I unhesitatingly subscribe to the view that 'ordinarily resident' refers to a man's abode in a particular place or country which he has adopted voluntarily and for settled purposes as part of the regular order of his life for the time being, whether of short or of long duration."

This was "ultimately a question of fact, depending more upon the evidence of matters susceptible of objective proof than upon evidence as to state of mind" (p 344). Parliament must have deliberately chosen this simpler test rather than the "difficult" concept of domicile, "dependent upon a refined, subtle and frequently very expensive judicial investigation of the devious twists and turns of the mind of man" (p 345).

Lord Scarmangave, however, one exception to this straightforward factual question:

"If a man's presence in a particular place or country is unlawful, e.g., in breach of the immigration laws, he cannot rely on his unlawful residence as constituting ordinary residence… But even without this guidance I would conclude that it was wrong in principle that a man could rely on his own unlawful act to secure an advantage which could have been obtained if he had acted lawfully."

It is common ground that habitual residence and ordinary residence are interchangeable concepts. The question is whether the word "lawfully" should be implied into section 5 (2) of the 1973 Act. I see no reason to do so. The purpose of the 1973 Act was to provide an answer to the question "when is the connection with this country of the parties and their marriage sufficiently close to make it desirable that our courts should have jurisdiction to dissolve the marriage?": see the Law Commission's Report on Jurisdiction in Matrimonial Causes (1972, Law Com No 48), para 5. The Commission went on to point out, at paras 6 and 7, that:

"If the members of a broken or separated family are so closely associated with our country that it is concerned with the welfare and financial needs of the spouses and their children and the regularization of any subsequent unions, it may be desirable that our courts should be able to exercise jurisdiction."

With the possible exception of the last, none of these considerations' points to a requirement that habitual residence here for this purpose should be lawful. Quite the reverse. As Waller LJ pointed out in the Court of Appeal, at para 57, "… there must be a very large number of extremely longstanding but unlawful residents in this and other countries whose only real links are with their adopted country and whose personal affairs should properly be governed by the laws of that country, whether to their advantage or their disadvantage".

I conclude, therefore, that residence for the purpose of section 5 (2) of the 1973 Act need not be lawful residence. The question of whether the residence is habitual is a factual one which should be answered by applying the test, derived from the 1928 tax cases, laid down by Lord Scarman in Shah [1983] 2 AC 309…

2. Domicile

Habitual residence is simply an expression used in a variety of statutes for a variety of purposes and may thus have a different meaning according to the statutory context. Furthermore, a person may be habitually resident in more than one place at a time, or may have no habitual residence at all. Domicile, on the other hand, is a concept of the common law (although the same word is sometimes used in civilian systems to denote something more like habitual residence). A person must always have a domicile but can only have one domicile at a time. Hence it must be given the same meaning in whatever context it arises.

An adult can acquire a domicile of choice by the combination and coincidence of residence in a country and an intention to make his home in that country permanently or indefinitely. There is a long line of cases showing that an alien may acquire a domicile of choice in this country even though he might be required to leave at any time by executive action with no right of appeal.

But what if the residence here is not only precarious but actually unlawful? As already seen, this is a relatively recent phenomenon. There was no authority in England and Wales on the point until Puttick v Attorney General [1980] Fam 1. However, there was Commonwealth authority, on the basis of which Dicey and Morris, The Conflict of Laws, 9th edition, 1973, at pp 96 - 97, "submitted that an English court would hold that a person who was illegally resident in this country could not thereby acquire an English domicile of choice".

Recognizing that connection despite the illegality of his presence here does not therefore offend against any general principle that a person cannot be permitted to acquire a benefit from his own criminal conduct.

As a matter of principle, that connection is established by the coincidence of residence and the animus manendi. If a person has chosen to make his homein a new country for an indefinite period of time, it is appropriate that he should be connected to that country's system of law for the kind of purposes for which domicile is relevant.

Ⅳ. Conclusion

Hence, my lords, it seems to me that there is no reason in principle why a person whose presence here is unlawful cannot acquire a domicile of choice in this country.

This is not to say that the legality of a person's presence here is completely irrelevant. As in the precarious residence cases, it may well be relevant to whether or not she had formed the required animus manendi. But this is a question of fact and not a question of law.

For those reasons, I would, with great respect, differ from the proposition of law stated by Dicey and Morris and decline to follow the authorities cited in its support. The judge was, in my view, correct in holding that the wife had acquired a domicile of choice here by the time that she presented her petition for divorce.

QUESTIONS

1. What is the difference between the notion of "habitual residence" and "domicile" based on the court's reasoning above?
2. What do you think is the key point of this judgment?

第四节　法律规避

一、法律规避的概念和构成要件

法律规避（evasion of law），又称法律欺诈，是指涉外民商事关系的当事人为了利用某一冲突规范，故意制造或改变连结点，以避开本应适用的准据法，并使对自己有利的法律得以适用的一种逃法或脱法行为。

法国最高法院 1878 年对鲍富莱蒙案的判决是有关法律规避的典型案件。该案原告鲍富莱蒙王子的王妃原为比利时人，因与鲍富莱蒙结婚而取得法国国籍，后欲离婚与罗马尼亚的比贝斯哥王子结婚，但当时法国的法律不准离婚（1884 年以前），她便只身移居德国并归化为德国人，随即在德国获得离婚判决，然后在柏林与比贝斯哥王子结婚。鲍富莱蒙遂申请法院宣告其妻加入德国国籍及离婚、再婚均属无效。法国最高法院认为，依照法国法，离婚虽然应适用当事人的本国法，但鲍富莱蒙王妃取得德国国籍的动机，显然是为了逃避法国法律禁止离婚的规定，因而构成了法律规避，判决她在德国的离婚和再婚均属无效。①

1985 年法国最高法院的另一判决再次确认了法国法院对当事人规避法律行为的效力的否定。该判决认为当事人规避了法国法，这种规避法律的行为是无效的。在该案中，当事人为了规避法国法中关于保留子女应继份额的规定，将其在法国的不动产转让与一个他拥有三分之二股份的美国公司。这些股票又被交给一个美国的信托公司，他仍然享有对该不动产的使用收益权，并享有自由处置权。这样他通过不动产物权向动产物权的转换导致了继承准据法的变更，从而非常巧妙地实现了法律规避。尽管如此，法国法院还是认为，此种规避法国法律的行为是无效的。②

国际民商事关系的当事人一般都具有趋利避害的心理，法律规避现象不仅存在于婚姻家庭法和继承法领域，在国际投资、国际贸易等领域也同样会发生。法律规避现象的发生除了有当事人规避法律的主观原因，各国法律存在差异在客观上也为当事人规避法律提供了机会。目前各国还在大量利用冲突规范确定国际民商事案件的准据法，如果与连结点相对应的事实因素发生变化，就会导致准据法发生相应改变，这样就为当事人规避对自己不利的法律提供了有利的机会。

一般而言，法律规避行为有四个构成要件：（1）从主观上讲，当事人规避某种法律必须是

① 韩德培．国际私法．3 版．北京：高等教育出版社，北京大学出版社，2014：137.

② 亨利・巴迪福，保罗・拉加德．国际私法总论．北京：中国对外翻译出版公司，1989：510－516.

出于故意，即是有目的、有意识地要规避该法律；(2) 从规避的对象上讲，当事人规避的法律是本应适用的强行法或禁止性的规定；(3) 从行为方式上讲，当事人规避法律是通过有意改变连结点或制造某种连结点来实现的，如改变国籍、住所或物之所在地等；(4) 从客观结果上讲，当事人的规避行为已经完成，如果按照当事人意愿适用法律，就要适用对当事人有利的法律。

二、法律规避制度的性质问题

法律规避制度的性质问题也就是法律规避制度究竟是国际私法中一个独立的制度，还是公共秩序保留制度的一部分？对此，各国理论和实践有不同的认识。

以法国巴迪福为代表的一种观点认为，法律规避是一个独立的问题，不应与公共秩序保留问题混为一谈。虽然两者都发生拒绝适用冲突规范指定的准据法的后果，但公共秩序制度侧重外国法的内容或适用结果违反法院地国的公共秩序，而法律规避则侧重否定当事人的欺诈行为的效力。

以德国梅尔希奥（George Melchior）为代表的另一种观点则认为，法律规避制度本身属于公共秩序保留制度的一部分，当事人进行法律规避的目的是使本应适用的法律得不到适用，而法律规避制度的目的是否认当事人的欺诈行为的效力，使原本应该适用的法律得到适用，国际私法上表现为当事人想要适用的法律，因违反有关国家的强制性法律而被排除适用。因此，法律规避和公共秩序保留一样，都是为了维护内国法的权威而排除外国法的适用。法律规避是公共秩序的一部分或一个特殊形式。[①] 我国也有学者认为，从两者的本质、内涵和特点来看，法律规避制度应属于公共秩序保留制度的一部分。[②]

从立法上看，各国几乎无一例外地在总则中都规定了公共秩序保留制度，而法律规避制度在各国国际私法立法中的地位则有明显差异：有些国家的国际私法立法将法律规避视为一个与公共秩序保留制度并行的独立制度，如1966葡萄牙《民法典》在第21条规定了法律规避制度，随后在第22条又规定了公共秩序保留制度；而有些国家则只规定了公共秩序保留制度而没有专门规定法律规避制度，如日本。另外，在规定有法律规避制度的国家，有些将法律规避制度作为一般性制度在总则或一般性规定中加以规定，如1979年《匈牙利国际私法》第8条，使法律规避制度成为法律适用的一般性制度，而有些国家则只规定了某些国际民商事关系当事人的法律规避行为无效，如阿根廷《民法典》只针对国际合同关系中的法律规避行为进行了规定。

从新近一些国家的立法来看，1998年《突尼斯国际私法典》第30条、1999年《白俄罗斯国际私法》第1097条、1999年《哈萨克斯坦国际私法和国际民事诉讼法》第1087条、2000年《阿塞拜疆国际私法》第8条均有关于法律规避制度的专门规定，而且均是在总则或一般性规定中、在公共秩序保留制度外，专门就法律规避制度作了规定。当然，1991年加拿大魁北克《民法典》、1996年《列支敦士登国际私法》、1998年《委内瑞拉国际私法》、1999年《斯洛文尼亚关于国际私法与诉讼法的法律》、2001年韩国《国际私法》、2001年《立陶宛共和国国

---

① 赵生祥．禁止法律规避制度在中国国际私法中的地位．现代法学，2004 (5)：154-155.

② 孙建．对国际私法中法律规避问题的探讨．河北法学，2003 (2)：84-85.

际私法》、2002 年蒙古国《民法典》第六编国际私法、2002 年俄罗斯《民法典》第四编国际私法均未单独规定法律规避制度。因此，针对新近国际私法立法有关法律规避制度的立场，目前还难下结论。

在法律规避的性质问题上，基于法律规避与公共秩序保留制度在发生原因、保护对象、行为性质、法律后果和在国际私法上的地位等各方面的不同，我国学者多支持前述法律规避是独立制度的观点。[①]

三、法律规避行为的效力问题

在国际私法领域，法律规避现象时有发生，对各国的法律尊严造成了严重的冲击。但对于法律规避的效力问题，理论上及各国实践却存在分歧。有些国家法律认为法律规避无效，有些国家法律则允许法律规避。认为法律规避无效的国家一般均明确否定当事人规避内国法的效力，而对于规避外国法则又可分为规避外国法有效和规避外国法无效或无明确规定两种情形，也就是说在对法律规避行为加以禁止的国家法律中又可分为三种情形：第一种情形是认为，规避法律仅指规避内国法；第二种情形是认为，规避法律既包括规避内国法也包括规避外国法；第三种情形则是对可否规避外国法无明确的态度。一般说来，大陆法系国家多认为法律规避行为无效，英美法系国家的法院一般则不运用法律规避制度，而是通过其他方法，如通过对冲突规范作出某种解释排除外国法的适用，从而达到同一目的。[②] 有英国学者认为，英国国际私法中没有法律规避这样一个一般原则。[③]

早期的一些学者，如萨维尼、瓦西特尔、魏斯等并不认为国际私法上的法律规避是一种无效的行为。他们指出，既然双边冲突规范既允许适用外国法又允许适用内国法，换言之，法律适用全取决于连结点之所在，那么内国人为使依内国实体法上不能成立的法律行为或法律关系得以成立，前往某一允许为此种法律行为或成立此种法律关系的外国，设置一个连结点，以达到适用对自己有利的法律的目的，并未超越冲突法所允许的范围。即使当事人为了某一目的而改变连结点，也并不与冲突法相抵触。既然冲突规范赋予当事人选择法律的可能，就不应归咎于当事人，如果要防止冲突规范被利用就应该由立法者在冲突规范中有所规定。

而以巴迪福为代表的主张国际私法上的法律规避行为是违法行为的学者则认为，法律规避行为的目的是逃避内国实体法的强制性规定或禁止性规定，本质上是一种欺诈行为，根据“欺诈使一切归于无效”原则，应否定法律规避行为的效力。另外有学者认为，法律规避行为本质上是一种违反公共秩序的行为，当然不应承认其法律效力。目前越来越多的国家出于对法律正义价值的追求和对本国法律尊严的维护，都通过立法或司法实践对法律规避加以禁止或限制。

从立法上看，规定规避本国法无效的立法例有前南斯拉夫 1982 年《法律冲突法》第 5 条，

---

① 黄进．国际私法上的法律规避//黄进．宏观国际法学论．北京：法律出版社，2022：197. 韩德培．国际私法．3 版．北京：高等教育出版社，北京大学出版社，2014：138. 章尚锦，杜焕芳．国际私法．6 版．北京：中国人民大学出版社，2019：69.

② 英美法著作中一般只讨论公共政策问题。

③ J. G. Collier，Conflict of Laws，3th ed.，Cambridge University Press，2004，p. 193.

其规定：如适用依该法或其他联邦法可以适用的外国法是为了规避南斯拉夫法的适用，则该外国法不得适用；至于规避外国法的效力，该法则无明确规定。规定规避本国法和外国法均为无效的国家如阿根廷《民法典》第1207、1208条，其规定：在国外缔结的以规避阿根廷法律为目的的契约是无效的，虽然该契约依契约缔结地法是有效的；在阿根廷缔结的以规避外国法为目的的契约也是无效的。1998年《突尼斯国际私法》第30条明确规定无论是规避突尼斯法还是外国法均无效。1966年葡萄牙《民法典》第21条规定，为规避原先应适用的法律，故意制造新的法律事实而导致适用另一项法律的行为无效。由此可知，根据这些国家法律的规定，无论是规避本国法还是外国法均为无效。我国也有学者主张应区别对待规避外国法的情况，如果当事人规避的是外国法中正当合理的规定，应认为此规避行为无效，但如果其规避的是外国法中不正当合理的规定的，不应禁止该规避行为。[①]

从晚近一些国家的立法和司法实践来看，似乎有一种对规避外国法行为进行否定的倾向。[②] 应该说，规避法律毕竟是一种不道德的行为，当事人规避外国法的同时，也可能规避了内国的冲突规范，因为依内国冲突规范被规避的外国法可能就是本应适用的法律。另外，有学者主张无论是允许规避外国法的做法，还是区别对待外国法的做法都是对外国法的一种歧视，是没有充分理论和法律依据的。

四、我国有关规定

我国《涉外民事关系法律适用法》对法律规避问题无明确规定，但《法律适用法解释(一)》承袭了以往的司法态度，规定规避中国法律、行政法规的强制性规定的，不发生法律适用的效力。[③] 以上规定说明：首先，我国是将法律规避问题视作一个独立于公共秩序保留的问题加以规定的；其次，就规定内容而言，我国是将其作为一般性规定，而非仅适用于某些领域的特殊规定加以规定的；最后，我国对当事人规避我国强行法的行为是予以否定的，但对于规避外国法的行为的效力未有明文规定。

MATERIAL

Evasion of Law

The Model Law of Private International law of the People's Republic of China (Article 13 of the sixth draft) states that: "Where a party is intentionally to evade the compulsive or prohibitive legal provisions of the People's Republic of China, the law which the party attempts

① 韩德培．国际私法．3版．北京：高等教育出版社，北京大学出版社，2014：140.

② 1999年哈萨克斯坦新《国际私法》和《新国际民事诉讼法》第1087条、2000年阿塞拜疆《国际私法》第8条。

③ 2012年公布的最高人民法院《涉外民事关系法律适用法解释（一）》第11条规定："一方当事人故意制造涉外民事关系的连结点，规避中华人民共和国法律、行政法规的强制性规定的，人民法院应认定为不发生适用外国法律的效力。"在一涉港保证合同纠纷案中，法院认为我国法律并未就境内个人对外提供担保作出禁止性规定。被告以该个人保证协议违反我国法律强制性规定为由主张该协议约定适用香港法律构成法律规避、该协议无效的依据不足。参见（2018）粤民初161号民事判决书。

to apply should not be applied."

Fraudulent evasion refers to a party's attempt to break existing connecting factors with one forum, and/or attempts to create connecting factors with another forum, in order to circumvent actual natural connections. This can, for example, be done by changing place of domicile or residence, moving a website from one server to another, changing the physical location of a server, or simply by downloading something onto your laptop after crossing the geographical border to another country. The anonymity of online transactions creates an ideal environment for fraudulent evasions.

Some foreign scholars point out that no general doctrine of evasion of law exists in English private international law. Art 3 (3) of Roma Convention prevent evasion of mandatory rules in some way, this does not altogether nullify the parties' selection of a law applicable to their contract.

The doctrine of evasion reflects the need for governments to prevent their citizens from intentionally and improperly manipulating their behaviour to prevent mandatory provisions in the law from applying to them. The key is an intention to displace the normal operation of the legal system. Sometimes, this intention will be express. On other occasions, it will be for the courts to decide whether a sufficient intention can be imputed. Once the intention is established, the evasive manoeuvre will be void and the normal legal provisions will apply to the parties.

QUESTIONS

1. What is evasion of law?
2. Can you give some examples of evasion of law?

第五节 反　致

从国际私法的角度看，一国国内法可分为内国法（domestic law，local law，internal law）和冲突法两大部分。[①] 当冲突规范指定外国法作准据法时，究竟应如何理解该冲突规范所指定的外国法的范围？冲突规范指定的外国法是仅仅指该外国的除冲突法以外的那部分法律（即该

① 在国际私法上，"国内法"和"内国法"是两个既有联系又有区别的概念。"国内法"通常是把一国的冲突法也包括在内的，但"内国法"则仅指除开冲突法的那部分国内法。

外国的内国法)，还是指包括该外国冲突法在内的外国法的全部？这就是著名的反致问题，即renvoi。[①] 这一问题在国际私法的理论与实践中素来存在争议，有两种截然不同的主张：一种主张是，本国冲突规范指定的外国法仅限于外国除冲突法以外的那部分法律，这被称为“单纯指引”或“实体法指引”；另一主张是本国冲突法指定的外国法，应是包括其冲突法在内的该外国法的全部，这被称为“总括指引”或“全体法指引”。如果法院地采用后一种主张，认为被指引的法律包括外国的冲突法，则就可以说它是支持反致原则的。一旦法院认为被指引的法律（the designated law）包括外国冲突法，则可能会产生反致、转致、间接反致和双重反致等几种不同的情况。

一、反致、转致、间接反致和外国法院说

（一）反致（remission）

对于某一涉外民商事关系，甲国（法院国）根据本国的冲突规范指引乙国的法律作准据法时，认为应包括乙国的冲突法，而依乙国冲突规范的规定却应适用甲国的法律作准据法，结果甲国法院根据本国的法律判决案件，这种情况在国际私法中被称为反致。例如，一在日本有经常居所的中国公民，未留遗嘱而死亡，在中国遗留有动产。为此动产的继承，其亲属在日本法院起诉。根据日本的冲突规范，继承本应适用被继承人的本国法，即中国法，但中国的冲突规范却规定动产继承适用被继承人死亡时的经常居所地法，即日本法。如果日本法院适用了自己本国继承法判决了案件，就构成了反致。法国学者称这种反致为“一级反致”，中国学者通常称其为狭义的反致。理论上，可能有人会问，指回法院地国的法律时，究竟是指向其内国法还是冲突法，如果是指向冲突法，就会发生循环指定的问题。但实践中没有任何一个国家的任何法院曾陷入此种麻烦，因为法院此时会直接接受外国法的指定，适用自己的内国法处理案件。如果乙国冲突法指向自己的内国法，则该法应得到适用，不发生反致的问题。

（二）转致（transmission）

对于某一涉外民商事关系，依甲国（法院地国）的冲突规范本应适用乙国法，但它认为指定的乙国法应包括乙国的冲突法，而乙国的冲突规范又规定此种民事法律关系应适用丙国法，最终甲国法院适用了丙国法为准据法。此种指向第三国的法律作为准据法的情况即为转致。这时问题变为被指定的丙国法是其内国法还是冲突法，这个问题通常应该由乙国冲突法决定，而这可能有几种不同结果：如果乙国法认为指向的是丙国冲突法，则丙国的冲突法可能会指向自己的内国法，或者戊国的内国法或冲突法，或者乙国的内国法或冲突法，或者甲国的内国法或冲突法。如果指向的是上述某一国家的冲突法，就又会发生循环指定的问题，但这只是理论上的设想，实践中，一旦指回某一指定国（sending states）的法律，就适用该国的内国法，指定便不再继续。

在我国学界，一般认为如果最后甲国法院适用丙国法作出了判决，则可称其为转致，而对其他几种情况未做说明。例如，一中国公民，在德国有住所，未留遗嘱而死亡，在英格兰遗留有动产，其亲属为此项动产的继承而在英格兰法院起诉。依英格兰的冲突规范，动产的继承应

① 该术语为法语，原意为指回或进一步指定（refer back or refer further），相应的英文术语为 remission 或者 transmission。

适用死者的住所地法即德国法，但依德国冲突规范，继承应适用死者死亡时的本国法，即中国法，如果英格兰法院最终适用了中国继承法判案，就构成了转致。法国学者称此种反致为“二级反致”。而如果法院适用丙国冲突法又指回法院国的法律，则构成间接反致。

（三）间接反致（indirect remission）

对于某一涉外民商事关系，甲国（法院地国）冲突规范指定适用乙国法，但乙国冲突规范又指定适用丙国法，丙国冲突规范却指定适用甲国法作准据法，最后如果甲国法院适用本国的实体法来判决案件，就构成了间接反致。例如，一住所在中国的秘鲁人，死于中国，在日本留有不动产，其亲属就该不动产的继承在日本法院提起诉讼。依日本冲突规范的规定，应适用死者的本国法即秘鲁法，但秘鲁冲突规范规定适用死者最后的住所地法即中国法，但中国的冲突规范却规定不动产适用不动产所在地法即日本法，如果日本法院最后适用了日本的继承法，就构成了间接反致。

（四）外国法院说

外国法院说（foreign courts doctrine）又称完全反致（total renvoi），而我们通常所称的反致，又被称为“单一反致”或“部分反致”（single or partial renvoi）。外国法院说主要是英格兰法中特有的一项制度。它是指英格兰法官在处理特定范围（如遗嘱有效性）的涉外民事案件时，如果依英格兰的冲突规范应适用某一外国法作准据法，则英格兰法官应将自己视为在外国审判案件，采取该外国法院处理此案时会采取的做法，即适用该国的冲突规范，并根据该国对反致的态度，决定应适用的法律。[①] 例如，在安利斯案中，一原始住所在英格兰的英格兰妇女，按照英格兰法的规定，其死亡时的住所是在法国，但按法国法的规定，她尚未取得法国法意义上的住所。她留下一份处置其全部遗产的遗嘱，但按法国法她只能处分其三分之一的财产，因为她死后还留下了两个孩子。本案中遗嘱的有效性成为焦点。英格兰法院认为，遗嘱有效性应适用死者死亡时的住所地法，由于有证据表明法国法院会适用立遗嘱人的本国法即英格兰法，并接受英格兰法向法国法的反致，所以英格兰法院最终适用了法国法，该妇女的遗嘱只限于在处置其三分之一的财产的范围内有效。[②] 这种情况又被称为“二重反致或双重反致”（double renvoi），是运用外国法院说可能发生的情形之一。如果此案中，有关法国的冲突规则指向了第三国的法律，而该第三国不采纳反致，则会发生转致。

二、反致产生的原因

导致反致产生的原因或条件有两个：一是因各国对本国冲突规范指引的外国法的范围理解不同，一些国家认为被指定的外国法包括该外国的冲突法。二是由于对同一涉外民商事关系各国规定了不同的连结点指引准据法，当然有时即使有关国家对于同一法律关系规定了相同的连结点，但如果对连结点的解释不同，也可能会产生反致。

反致引起国际社会的广泛注意始于1883年法国最高法院审理的福果案。在该案中，福果是出生时在巴伐利亚有住所的私生子，他一生绝大部分时间在法国度过，但未取得法国法意义

---

① 在外国法院说下，关于英国法官如何适用外国法可参见伊朗伊斯兰共和国诉德尼斯·拜伦德案（The Islamic Republic of Iran v Denyse Berend［2007］EWHC 132（QB））中的相关论述。

② 莫里斯．法律冲突法（中译本）．李东来，等译．北京：中国对外翻译出版公司，1990：469.

上的住所，1869年未留遗嘱死亡，其母亲及妻子都先于他去世，也没有子女。其母亲的旁系亲属要求继承其留在法国的一笔动产。根据巴伐利亚的法律，他们有权继承财产，但根据法国法，财产将归法国国家所有。法国法院本应在该案中适用巴伐利亚的法律，但法国法院认为，巴伐利亚的冲突规范将指向法国法，所以法国法院应像巴伐利亚法院一样适用法国法，最后法国法院支持了法国国库管理局的主张，适用了法国法为本案的准据法，将该项动产视为无人继承财产，并收归法国国库所有。

按照法国学者的说法，法国最高法院在福果案中创设反致的目的在于解决法国与巴伐利亚之间冲突规范的消极冲突，即在该案中，法国冲突规范指向巴伐利亚法律，而巴伐利亚冲突规范又将该案指向法国法律。但我们认为这可能只是一个基于表面现象的托词。我们认为，在本质上，法国最高法院在该案中创设反致应是为了增加法律适用的灵活性，毕竟在那个年代，冲突规范基本上都表现为僵硬的单一客观连结点，通过引入反致，的确可以适当增加法律适用的灵活性。至于法国最高法院在福果案中为何要增加法律适用的灵活性，这个不好妄加猜测，但我们知道，由于普法战争的原因，在整个1870年代在法国都蔓延着一股浓郁的民族主义思潮，并对法国当时的司法实践产生了深远影响，普法战争带来的敌对意识以及身份危机甚至延续至20世纪初。①

三、有关反致制度的理论分歧及立法与实践

关于在立法或司法实践中是否采用反致，各国主张不同，有的赞成，有的反对。

（一）传统理论上的分歧

传统理论上的分歧主要集中在是否应采纳反致，而现代争论的问题主要是在现代法律选择理论的背景下，反致是否还存在或还有必要存在。

传统上赞成反致的理由主要有：(1) 一定程度上实现判决的一致。采用反致可以使同一涉外案件，无论在哪个国家起诉，因适用的法律相同，故判决结果相同。(2) 无损本国主权，扩大内国法的适用。在可能发生的情况中，运用反致和间接反致的结果就是适用法院地的内国法，这使法律适用变得相对简单方便，因为法官总是最熟悉自己本国的法律。(3) 保证外国法律的完整性。外国实体法和冲突法是一个整体。(4) 礼让、尊重外国法的本意。该说认为国际私法就是分配各国立法管辖权，对于某一涉外民商事关系，如果依据内国冲突规范应适用外国法，而依据该外国的冲突规范却应适用其他国家的法律而不适用自己本国法，则表明该国放弃对该涉外民商事关系适用自己的法律，内国法院此时应根据国家主权原则，尊重外国法的本意。(5) 得到合理的判决结果。反致的采用扩大了法律选择的范围，增加了法律选择的灵活性，有利于取得合理的判决结果。

传统上反对反致的理由主要有：(1) 无限循环指定（endless circle of references）。如果所有国家都接受反致，就会出现无限循环指定的现象，准据法就无法得到确定。(2) 有损内国主权，有否定内国冲突规范妥当性的嫌疑。承认反致就是将法律冲突的解决交由外国冲突法，等于是放弃了本国处理涉外民商事案件法律适用的立法管辖权，同时，舍本国冲突规范而采外国

① 向在胜．从历史视角论涉外民商事诉讼中外国法的程序地位——兼论我国的外国法适用模式．法学家，2012(3)：141.

冲突规范指定的准据法，也有否认内国冲突规范妥当性的嫌疑。(3) 实际不便。反致制度的适用非常复杂，确定外国实体法不是简单之事，而确定外国冲突规范通常会更复杂。(4) 有背法律的稳定性。法律的适用应力求稳定，但采用反致可能会导致法律适用缺乏稳定性和可预见性。

（二）国际国内立法和司法实践中的反致制度

目前，反致在多数国家的冲突法学说、判例和立法，特别是新近立法中得到了采纳，虽然在具体程度和方法上存在着差异。① 例如，1995 年意大利《国际私法改革法》，一改本国学说和判例对反致所采取的否定态度，对在什么情况下、如何采用反致做了较详细的规定。② 国际条约中也有一些采纳了反致制度，如 1989 年海牙《关于死者遗产继承的法律适用公约》。新近立法中明确反对反致的有加拿大魁北克 1991 年《民法典》第 3080 条、英国 1990 年《合同（准据法）法》第 15 条以及 1995 年《国际私法（杂项规定）》第 9 条第 5 款等。

事实上，也有其他英格兰学者认为，反致在实践中并没有像学者论著中所称的那样重要。英格兰法院在实践中的做法并不统一。英格兰法院既未在英格兰法律选择规则的所有的方面都适用反致，也未在某一方面的案件中都适用反致。在一些已决案件中，可能是由于任何一方当事人在证明相关的外国法的内容时均未提供外国法中的冲突规则，所以法官就没有利用反致。英格兰法院在下列领域运用各种形式的反致：动产遗嘱的形式有效性、动产遗嘱的实质有效性、无遗嘱动产继承、无遗嘱不动产继承、生前转让不动产所有权、通过父母事后结婚而准正、婚姻形式的有效性、结婚能力等。③ 也有美国学者指出，在美国冲突法中，被指定的外国法几乎总是指向外国法院适用于纯国内问题的法律（the law that the foreign state would apply to a purely domestic problem)，本质上即外国实体法。美国法院很少将其他国家的冲突法视为解决法律选择问题的一个可资利用的工具。④

从有关国际国内实践看，现代反致制度主要有两个发展趋势。

第一，国内立法较多采纳的趋势。其根本原因是：反致制度具有增加法律选择灵活性、求得判决一致性和获得合理判决结果等方面的功用。作为传统硬性冲突规则的调节工具，反致有其存在的必要性和价值。在美国，反致成为一些法院避免按照冲突法重述的规则处理案件的“规避技巧”。在现代国际私法立法如德国、意大利、葡萄牙等国的立法中，为了取得有利的实体审判结果，通常也会采用反致制度，如德国 1986 年《国际私法改革法》第 4 条，意大利 1995 年《国际私法改革法》第 13 条第 3 款，葡萄牙 1966 年《民法典》第 17 条、第 18 条以及第 19 条。2001 年韩国《国际私法》第 9、15 条较 1962 年韩国《涉外私法》对反致接受的范围

---

① 采用反致的国家主要有：法国、英国、德国、日本、奥地利、波兰、匈牙利等。在立法上对反致抱否定态度的国家主要有：加拿大、巴西、埃及、伊拉克和秘鲁等。另外，在采用反致的国家中，有的仅采用狭义反致，有的除采用狭义的反致外，还采用转致。

② 该法第 13 条规定如下：(1) 在以下条文中指向外国法时，对外国国际私法向另一国家现行法律的反致应予考虑，如果：1) 依据该国法律接受反致；2) 反致指向意大利法。(2) 第 1 款应不适用于：1) 本法规定根据有关当事人的法律选择而适用外国法的情况；2) 行为的法定形式；3) 与本篇第十一章（法定之债）规定有关的情况。(3) 对于第 33、34 和 35 条中提到的情况，只有当所指向的法律允许确定父母子女关系时，才应考虑反致。(4) 在本法规定可以适用国际公约的任何情况下，公约中采用的关于反致问题的解决方式应予以适用。

③ 在伊朗伊斯兰共和国诉德尼斯·拜伦德案（The Islamic Republic of Iran v Denyse Berend［2007］EWHC 132 (QB)）中，英国法院讨论了一般的动产物权不适用反致的问题。

④ William M. Richman and William L. Reynolds, Understanding Conflict of Laws, 3th. ed., LexisNexis, 2003, p. 167.

有所扩大。但基于适用反致所带来的理论和实践上的困难，一般是作为例外而予以适用的，即反致只是一种辅助性的调节措施。因此，对于反致不必采取非此即彼或者说是全盘肯定或全盘否定的态度，而且在原则上采用反致制度并不意味着屈从于外国的冲突法，因为法院对反致的过程可以拥有完全的控制，可以自由决定何时、何种程度上接受反致。

从海牙国际私法会议 20 世纪 80 年代以后主持通过的公约来看，有相当数量的公约反对采用反致制度，如 1985 年《信托准据法及其承认公约》(Convention of 1 July 1985 on the Law Applicable to Trusts and on their Recognition，1992 年 1 月 1 日生效）第 17 条、1986 年《国际货物买卖合同准据法公约》(Convention of 22 December 1986 on the Law Applicable to Contracts for the International Sale of Goods，尚未生效）第 15 条、1989 年《死者遗产继承准据法公约》(Convention of 1 August 1989 on the Law Applicable to Succession to the Estates of Deceased Persons，尚未生效）第 17 条、1996 年《关于父母责任和儿童保护措施的管辖权、准据法、承认、执行以及合作的公约》(Convention of 19 October 1996 on Jurisdiction，Applicable Law，Recognition，Enforcement and Co-operation in Respect of Parental Responsibility and Measures for the Protection of Children，2002 年 1 月 1 日生效）第 21 条、2000 年《成年人国际保护公约》(Convention of 13 January 2000 on the International Protection of Adults，2009 年 1 月 1 日生效）第 19 条以及 2006 年《关于间接持有证券的某些权利的准据法公约》(Convention of 5 July 2006 on the Law Applicable to Certain Rights in Respect of Securities held with an Intermediary，2017 年 4 月 1 日生效）第 10 条等均明确规定，公约中所用“法律”一词指除了法律选择规则以外的在缔约国实施的法律。国际立法之所以采取这种态度，是因为如果仍像在国内立法中那样允许反致，国际公约所要达成的统一各国有关立法的目的就会大打折扣，从而减损公约的作用。

第二，适用领域的趋同性。虽然各国对于在什么领域可适用反致，在什么领域不可适用反致存在着差异，但目前各国在实际适用反致时，其适用通常限于身份能力、婚姻家庭和继承领域。而在合同、侵权行为、法律行为有效性的事项等领域一般不采用反致。如前述 1990 年英国《合同（准据法）法》和 1995 年英国《国际私法（杂项规定）》的规定。[①] 1995 年英国《国际私法（杂项规定）》第 9 条第 5 款明确规定在合同和侵权领域不采用反致。2009 年 1 月 11 日生效的《罗马条例 II》第 24 条也规定，该条例所指引的任何国家的法律仅指该国除国际私法规则之外的其他正在施行的法律。因此，《罗马条例Ⅱ》排除了在欧盟侵权案件中适用反致的可能性。

澳大利亚高等法院 2005 年在有关侵权案件中采用反致的一个判决，在国际上引起了关注与批评。在尼尔森诉维多利亚海外项目公司案（Neilson v. Overseas Projects Corporation of Victoria Ltd）[②] 中，尼尔森夫人因在其位于中国武汉的公寓中的楼梯上滑落而受伤，该公寓由其丈夫的雇主某海外项目公司提供。因此，尼尔森夫人在事故发生六年后，于 1997 年在西澳大利亚最高法院诉其丈夫的雇主过失致其受伤。根据澳大利亚的法律选择规则，侵权受侵权行为地法支配。这意味着争议的解决应该适用中国法律。根据中国《民法通则》（现已失效）第 136

---

① 但在美国，法院的做法比较复杂，有法院在合同案件中采纳反致的，也有根本反对反致原则的，另外，目前使用反致的一个重要领域是有关根据联邦侵权请求法［28 U. S. C. 1346（b）］起诉美国政府的案件，美国最高法院已明确指出，为了使美国政府为被告的案件和私人为被告的案件保持一致，必须适用侵权行为地法的全部法。

② ［2005］HCA 54.

条的规定，尼尔森夫人的请求已超过诉讼时效。但尼尔森夫人提出，根据中国《民法通则》第146条的规定，侵权行为的损害赔偿适用侵权行为地法律，但当事人双方国籍相同或者在同一国家有住所的，也可以适用当事人本国法律或者住所地法律。她据此主张澳大利亚法院应该适用该规定从而适用澳大利亚相关法律作为准据法来处理争议。西澳大利亚最高法院的初审法官认为，中国《民法通则》第146条的规定赋予该法官适用澳大利亚法律的选择权，因为双方当事人都是澳大利亚人。但这一判决被西澳大利亚最高法院上诉审法官推翻。在上诉到澳大利亚高等法院后，尼尔森夫人胜诉。高等法院的多数意见认为，澳大利亚法律选择规则指向侵权行为地法的全部，所以准据法被反致回澳大利亚法，对于诉讼时效应该适用澳大利亚法，因此尼尔森夫人的诉讼请求没有超过诉讼时效。有观点认为，澳大利亚法院对于采用反致的令人棘手的解释，本可通过程序问题适用法院地法的原则和实体问题采用“最有利法院”分析（“forum most interested” analysis）予以避免。但由于在2000年约翰·法伊弗私人有限公司诉罗杰森案（John Pfeiffer Pty Ltd v Rogerson）之后，时效问题被认为是实体问题，所以不可能再适用法院地法，而只能根据冲突规范来确定准据法。

（三）现代法律选择理论与反致制度的发展趋势

有学者认为，在现代冲突法体系中反致发挥作用的空间将不断地受到限制。这是因为，在现代冲突法体系中，与机械性传统规则相并列的灵活性法律选择方法或规则，如利益分析理论、意思自治原则、最密切联系原则和大量的选择适用的冲突规范的采用，都会使反致的重要性降低，在上述灵活性原则或规则发挥作用的领域，没有适用反致的必要和可能。而在国际私法的统一化运动中，各国法律之间协调性的增强，也将弱化反致制度发挥作用的必要性。例如，著名的本国法主义和住所地法主义的激烈对峙，曾是反致产生的一个基础，但近年来，各国法律在这一问题上已日趋协调与缓和，如一些欧洲大陆国家逐渐出现了以住所或惯常居所代替国籍作为连结点的趋势，惯常居所也在海牙国际私法会议指定的公约中频频出现。英国国际私法学者莫里斯认为，如果国籍与住所之冲突不若以前激烈，则反致技巧之重要性必将随之降低。①

政府利益分析说的倡导者柯里教授也曾经解释说，因为只有当法院认为外国在适用其法律和政策方面有合法利益时才会适用该外国的法律，所以毫无疑问，适用的外国法只能是外国的实体法。其他赞同政府利益的学者也同意有关反致的纷争是一个已经过时的制度的副产品。美国的法官显然也接受这些主张，因为反致过于复杂而且有关争论已逐渐淡化。② 不过也有美国学者持不同观点。他们认为，在现代法律选择过程中，反致应该对现代利益分析方法大有裨益。③ 因为现代法律选择方法关注处理相关问题的法律背后的政策以及在特定案件的选法过程中该政策是否应该优先，而反致聚焦每一国家怎样看待将自己的法律适用于特定问题的期待（也即政策），反致与利益分析方法并非对立。现代理论的根本观点是法律适用就是解释的问题，由于大多数立法并未规定其领土适用范围，因而通过考察立法目的填补空白是有意义的。但是各国有权自由采用不同的它们认为适当的方法进行解释，而这种方法构成一国实在法（positive law）的一部分。所以一国有关法律选择的方法构成一国有关其法律的领土适用范围（空间效力）

① 李双元，徐国建．国际民商新秩序的理论建构．武汉：武汉大学出版社，1998：233-241.

② Larry Kramer，Return of the Renvoi，66 N. Y. U. L. Rev. 979，981（1991）.

③ William M. Richman & William L. Reynolds，Understanding Conflict of Laws，3th. ed.，LexisNexis，2003，p. 170.

的解释规则的一个组成部分。于是，法律选择是一个解释过程，外国法必须按照外国法律选择规则加以解释。这样看来，反致不仅是一个仍将存在而且是必须加以重视的问题。[①]

学者在此问题上的讨论，可谓是大费笔墨，但似乎并无结论。笔者认为，反致的弊端并非无法克服，采用反致利大于弊。

四、我国有关规定

在 20 世纪 80 年代起草《民法通则》的过程中，由于各界对我国是否应该采纳反致制度不能达成统一意见，因而《民法通则》最终对反致问题没有作出相关规定。但 1988 年最高人民法院《执行〈民法通则〉意见》第 178 条第 2 款曾经有如下规定：人民法院在审理涉外民商事关系案件时，应当按照《民法通则》第八章的规定来确定应适用的实体法。对于该规定，有学者认为是我国反对反致的明确表态，但也有学者认为这并未表明我国反对反致的一般态度。在我国司法实践中，曾有少数法院运用反致进行法律选择，尽管对于该案本身是否应该运用反致有不同意见。《涉外民事关系法律适用法》第 9 条则采取完全排除反致制度的态度，该条明确规定："涉外民事关系适用的外国法律，不包括该国的法律适用法。"

MATERIAL

Renvoi

The field of conflict of laws is filled with concepts that sound strange even to the ear of a trained lawyer. Among the strangest of these—if strangeness is measured by the tendency to end a conversation—is "the*renvoi*". *Renvoi* is a French word meaning "send back" or "remit". In conflict of laws, *renvoi* refers to a question that arises whenever the forum considers foreign law: what role should the other state's choice-of-law rules play? Should the forum consider only the other state's "internal" or substantive law, or should it consider the "whole" law of the other state, including that state's choice-of-law rules? The difference may be significant. Consider the following classic hypothetical: an Englishman dies intestate while domiciled in France. An English court must determine who inherits the decedent's personal property. English conflict-of-laws principles refer the court to the law of decedent's last domicile. The court therefore turns to French law, only to discover that France determines intestate succession according to the law of decedent's nationality. How should the case be decided? Should the English court look only to French substantive law (i. e., "reject the renvoi"), or should it look also to French conflicts law and accept the reference back to English law (i. e., "accept the *renvoi*")? If the court chooses the latter course, is the reference back to English substantive law or to the whole law of England? And if the reference back is

① Larry Kramer, Return of the Renvoi, 66 N. Y. U. L. Rev. 979, 982 (1991).

to the whole law of England, can the court avoid an endless cycle of references back and forth and choose a substantive law to decide the case?

QUESTIONS

1. What is *renvoi*?
2. What is the justification for *renvoi* in traditional private international law?

CASE STUDY

Neilson v Overseas Projects Corporation of Victoria Ltd

[2005] HCA 54

(abbreviated)

Ⅰ. The Facts and Proceedings

In June 1997, the appellant, Mrs. Barbara Neilson, sued the first respondent, Overseas Projects Corporation of Victoria Ltd ("OPC"), in the Supreme Court of Western Australia, in respect of injury she sustained while living in China. Mrs. Neilson was born in the United Kingdom but is ordinarily resident in Western Australia. OPC is a company that is owned by the State of Victoria. Its registered office and principal place of business are in Victoria. The second respondent, Mercantile Mutual Insurance (Australia) Ltd ("Mercantile"), was OPC's public liability insurer. OPC joined Mercantile as a third party in the action, claiming that Mercantile was bound to indemnify it against any liability owed by OPC to Mrs. Neilson.

In the action, Mrs. Neilson alleged that she suffered injury as a result of OPC's breach of a contract and breach of a common law duty of care that it owed to her. In par 30 (b) (1) of its Defense, OPC pleaded that the law that was applicable to resolve the claim was "the law of Wuhan, China". The trial judge rejected this contention of OPC. He also rejected the claim in contract but found that Mrs. Neilson had been injured by reason of OPC's negligence. His Honor awarded her damages of $300 000, an amount on which the parties had agreed, and costs. His Honor also held that Mercantile was bound to indemnify OPC in respect of this judgment. The Full Court of the Supreme Court allowed the appeal, brought by Mercantile, in part on the ground that "the trial judge erred in applying Australian domestic law to Mrs. Neilson's tort claim".

Ⅱ. The Issue

The issue that requires resolution is not whether choice of law rules form part of the *lex loci delicti*. That is a question of fact. On the evidence, there is no doubt that Art 146 of the

General Principles is as much a part of Chinese law as Arts 135 and 136, which fix limitation periods. The issue is whether choice of law rules form part of the category of the *lex loci delicti's* laws that the forum court makes applicable to the characterised issue of law. In my opinion, they do not.

Ⅲ. The Analysis

This conclusion follows from the following propositions:

(i) Except in cases where evidence is tendered to show that the *lex causae* rejects the doctrine of total *renvoi*, applying the "whole" of the *lex causae* inevitably produces an "infinite regression". Under the total *renvoi* doctrine, the forum court's own choice of law rule entails the application of the entirety of the *lex causae*, which includes choice of law rules and the *lex causae*'s approach to *renvoi*.

(ii) The "infinite regression" can be interrupted only by accepting that the issue cannot be resolved by reference to the entirety of the foreign law and sacrificing logic to concerns of pragmatism.

(iii) The point at which that sacrifice is best made, and the foreign law categorized into "applicable" and "inapplicable" foreign law, is fixed by reference to the purpose of choice of law rules. That purpose is to determine which country's legal rules govern the substantive issues in the case. It is furthered by rejecting the doctrine of *renvoi* and not applying the single *renvoi*. Under the single *renvoi* doctrine, the forum court regards its reference to the law of a foreign jurisdiction as a reference to the choice of law rules of that jurisdiction. It then treats the reference by the choice of law rules of that foreign jurisdiction as a reference to the substantive law of the legal system to which those choice of rules refer the case. This legal system may be that of the forum court or a third legal system.

(i) The "infinite regression" of *renvoi*

The doctrine of *renvoi* is infamous for infinitely requiring the forum court to apply choice of law rules, but to no end. The problem of the "infinite regression" arises when:

(a) the choice of law rule of the *lex fori* makes the *lex causae* the applicable law;

(b) the choice of law rule of the *lex causae*, as proved or presumed, makes the *lex fori* the applicable law; and

(c) the *lex fori* has a doctrine of total *renvoi*.

When these circumstances arise, the forum's choice of law rule requires the forum court to apply the choice of law rules of the *lex causae*. And those choice of law rules of the *lex causae* require the forum court to apply the choice of law rules of the *lex fori*. And so "applicable law" goes back and forth on an endless journey.

(ii) The logical impossibility of applying the entirety of the *lex loci delicti*

Regardless of whether this Court rejects the entire doctrine of *renvoi* or adopts a doctrine of single *renvoi*, the Court can resolve the appeal only by applying less than the entirety of (what the evidence and the evidential presumptions demonstrate is) Chinese law. I cannot accept, therefore, that this Court can fully "take account of what the foreign jurisdiction would do if the matter were to be litigated there".

(iii) Rejecting *renvoi* or adopting single *renvoi*?

Where the forum's choice of law rules make foreign law applicable to a case, it seems logical to conclude that those choice of law rules should be applied in the way that causes the foreign law to be applied most fully. Thus, to ascertain whether a doctrine of *renvoi* should be rejected, or a doctrine of single *renvoi* should be applied, the scope of the foreign law that each approach makes applicable to the contentious issue needs to be compared.

Foreign law is applied during the choice of law process in two different spheres. First, it is applied during the "discourse" between the legal systems. That is, it is applied in the process through which the forum court refers to the foreign law in order to identify the law that is determinative of the issue. Second, the *lex causae* is applied to determine the issue. A doctrine of no *renvoi* and a doctrine of single *renvoi* differ in that the latter doctrine causes the foreign law to be more fully applicable during the "discourse", but the former doctrine causes the foreign law to be more fully applicable to determine the issue.

Ⅳ. Conclusion

On the view that the majority in this Court take of the construction of Art 146, my conclusion has the result that Mrs. Neilson loses an action that, on the majority's construction of Art 146, would have succeeded if the case had been commenced and heard in China. But that result is achieved by placing a construction on Art 146 that, with great respect, I think is unjustified. As I have indicated, it is reached only by concluding that "the law of their own country or of their place of domicile" in that Article means the substantive law and not the whole law of the parties' country or place of domicile. There is no evidence to support that construction of Chinese law—which after all is a question of fact—and it runs counter to the presumption, in the absence of evidence, that the Chinese choice of law rules are the same as the Australian choice of law rules. And, as I have indicated, even if the construction that the majority have placed on Art 146 is accepted, I am far from convinced that Mrs. Neilson has established that a Chinese court would have applied the substantive law of Australia to resolve the dispute.

Questions

1. How did the court deal with the issue of "*renvoi*" in this case?
2. What conclusion will be probably reached by the court if this case took place after 2011, when *the Law of the People's Republic of China on the Application of Laws to Foreign-related Civil Relations* was put into force?

Case study

The Islamic Republic of Iran v Denyse Berend

[2007] EWHC 132 (QB)

(abbreviated)

Should renvoi be applied with regard to movable property?

The first issue for me to resolve has been defined as follows:

As a matter of the English conflict of laws rules, in determining the question of title to the fragment as movable property situated in France, will the English court (as the Defendant contends) apply only the relevant provisions of French domestic law, or (as the Claimant contends) apply the relevant French conflict of laws rules as well as any relevant substantive provisions of French domestic law (thereby giving effect to a *renvoi*)?

There is no binding authority to the effect that English private international law will apply the *renvoi* doctrine to such questions. Whether or not it should apply in any given circumstances is largely a question of policy. To take examples, it has been applied most frequently in the context of the law of succession; on the other hand, it is not applied in the fields of contractual relations or tort. It seems that the modern approach towards *renvoi* is that there is no over-arching doctrine to be applied, but it will be seen as a useful tool to be applied where appropriate (i. e. to achieving the policy objectives of the particular choice of law rule): see e. g. *Raiffeisen Zentralbank Österreich AG v Five Star Trading LLC* [2001] QB 825, at [26]—[29], *per* Mance LJ; *Neilson v Overseas Projects Corporation of Victoria Ltd* [2005] HCA 54, High Court of Australia.

Accordingly, I determine the fifirst question in favour of the Defendant. I hold that, as a matter of English law, there is no good reason to introduce the doctrine of *renvoi* and that title to the fragment should thus be determined in accordance with French domestic law.

The outcome according to French domestic law

At least it can be said that, if a French judge were to adopt the reasoning proposed, it would represent a significant shift from the position as it has always been thought to be in French law. In particular, it is clear from the French cases cited to me that the basic *lex situs* rule has been applied hitherto in relation to works of art or antiquities without any such exception being proposed. It was argued that it would be all the more inappropriate for an English judge (or indeed any other foreign judge) to appear to be taking such a bold and innovative approach without any French judicial precedent or legislative warrant.

It is necessary to have in mind the nature of the exercise I am required to carry out. It is elementary that any decision of this court as to the substance of French law is only a finding of fact within this jurisdiction. It is right to remember that an English judge would in no way be making a decision of French law or intruding upon the French jurisdiction. It would simply be a decision *about* French law. Like Wynn-Parry J before me, I am carrying out a task required of me by English law with a view to determining the outcome in English litigation. I am only "notionally" sitting in a French court.

Accordingly, if the evidence (including that of the experts) points clearly to a particular outcome according to French principles and methods of application, an English judge should not necessarily feel inhibited by the fact that no French judge happens to have reached such a conclusion in the past. The particular question, or the particular factual circumstances, may simply not have arisen hitherto. On the other hand, an English judge must tread with care when it appears that a particular result would not only be unprecedented but also involve the application of new principles, or a judicial development of French law, by the hypothetical French judge. A test I suggested in the course of argument was that I should do my best to assess the hypothetical French court's decision, in the light of established principles and methodology, but should draw back from determining the current state of French law by reference to policy changes which it would be open to a French court (at least a higher French court) to implement.

I should not anticipate any such changes, since not only would that be presumptuous, but I should be exceeding my function—which is to determine, on the evidence, the relevant law of France *as it stands*. Whether it is appropriate to introduce into French law an exception to its choice of law rules, in the context of cultural objects, is a matter of policy for French judges to decide.

I need go no further than to say that, in the light of the evidence before me, I am far from satisfied that a French judge would apply Iranian law. I resolve the second issue in favour of the Defendant also.

Question

How should foreign law be applied in domestic courts?

第六节 区际、人际、时际冲突的解决

在确定准据法的过程中有可能会碰上一些特殊问题，如连结点所系属的国家是一个在私法领域没有全国统一法律的国家，或者因种族不同适用不同法律，或者该国的私法发生了变更，存

在新法与旧法、前法与后法的情况，此时便涉及准据法确定中的区际、人际或时际冲突问题。

一、区际冲突情况下准据法的确定

当法院地国的冲突规范所指引准据法所属国为法制不统一国家，亦即该国不同法域分别实施不同私法，则此时应该以哪一法域的法律作为案件的准据法呢？对此主要有三种做法，即间接指定主义、直接指定主义和最密切联系原则。

（一）间接指定主义

依据间接指定主义的主张，国际私法是用来处理不同国家的法律之间的适用关系的法律体系，因此，国际私法所指引的准据法，通常都表现为以国家为单位的法律秩序。这意味着，当一个法制不统一的国家的法律被指引为准据法时，本质上是该国诸法域法律的总体得到指引，因而此时其国内哪一法域的法律应被选为准据法或得到适用，应由该国的区际私法决定。①

历史上有一些国家的立法曾采纳间接指定主义，如 1963 年捷克斯洛伐克《国际私法》第 43 条、1966 年波兰《国际私法》第 5 条等。奥地利 2017 年修订的《关于国际私法的联邦法》第 5 条第 3 款也仍在采用间接指定主义。该款规定：“如果外国法律体系由多个区域性法律体系组成，则适用该国法律体系中的现行规则所指引的那一区域的法律体系。如无此种规定，则适用与案件有最强联系的那一区域的法律体系。”②

（二）直接指定主义

所谓直接指定主义，即在冲突规范采用属地性连结点的情况下，如以行为地、事实发生地、物之所在地以及住所地等为连结点的情况下，直接以这些连结点所指引的法制不统一国家的相关法域的法律为准据法。③

海牙国际私法会议有若干公约采用了直接指定主义。如 1978 年《关于婚姻缔结及其有效性之承认的公约》（Convention on Celebration and Recognition of the Validity of Marriages）第 17 条即规定：“当一个国家在婚姻法方面有两个以上的地域实施不同法律制度的，则此时对婚姻缔结地国法的指引应被解释为是对在其境内缔结婚姻或缔结了婚姻的那个法域的法律的指引。”此外，海牙国际私法会议于同年制定的《夫妻财产制法律适用公约》（Convention on the Law Applicable to Matrimonial Property Regimes）第 17 条也有类似规定。

（三）最密切联系原则

关于直接指定主义，晚近有一种新的做法开始慢慢受到重视，这就是最密切联系原则。有些国家立法选择将最密切联系原则与间接指定主义相结合，如前述奥地利《关于国际私法的联邦法》第 5 条第 3 款。但也有一些国家直接以最密切联系原则作为区际冲突情况下准据法的确定方案。如我国《涉外民事关系法律适用法》第 6 条即规定：“涉外民商事关系适用外国法律，该国不同区域实施不同法律的，适用与该涉外民商事关系有最密切联系区域的法律。”

二、人际冲突情况下准据法的确定

在有些国家，因为种族、宗教等方面的差异，所以存在针对不同的人群适用不同的私法的

---

① 溜池良夫「国際私法講義」（有斐閣，2005）175 頁。
② 邹国勇译注．外国国际私法立法选译．武汉：武汉大学出版社，2017：152.
③ 溜池良夫「国際私法講義」（有斐閣，2005）176 頁。

情况，这一点在婚姻法领域尤甚。比如在印度，不同的宗教各有自己不同的婚姻法，伊斯兰教徒有伊斯兰教的婚姻法，印度教徒有印度教的婚姻法，基督教徒有基督教的婚姻法，袄教徒有袄教的婚姻法，此外还有作为世俗法的特别婚姻法等。在马来西亚、印度尼西亚、埃及、叙利亚、伊朗、伊拉克等国也都存在人际冲突问题。我们可以将这些国家称为因人的法制不统一国家。可以设想，在一个跨国婚姻纠纷案件中，当法院地国的冲突规范指向某一个因人的法制不统一国家的法律为准据法，此时应如何确定准据法？

对于人际冲突情况下准据法的确定，与区际冲突情况下准据法的确定一样，也主要有间接指定主义和直接指定主义两种解决办法。关于人际冲突情况下准据法的确定，主流的观点是间接指定主义，即应该援引被指引国家的人际私法来决定哪一法律可以作为当事人的本国法。海牙国际私法会议制定的多个公约均采用这一做法，如 1970 年《离婚及分居承认公约》(Convention on the Recognition of Divorces and Legal Separations)、1978 年《夫妻财产制法律适用公约》、1978 年《婚姻缔结及婚姻有效性承认公约》以及 1989 年《死者遗产继承法律适用公约》等。在国内立法方面，1938 年泰国《国际私法》第 6 条第 5 款以及 1966 年葡萄牙《民法典》第 20 条第 3 款和 2017 年日本《法律适用通则法》第 40 条第 1 款等也都作了类似规定。

人际冲突情况下的直接指定主义主要表现为最密切联系原则。如日本 2017 年《法律适用通则法》第 40 条第 1 款后半段即规定，在被指引国没有人际私法的情况下，根据最密切联系原则确定当事人的本国法。

三、时际冲突情况下准据法的确定

时际冲突情况下准据法的确定主要涉及以下三方面的情形①：

第一，冲突规范发生变更，即法院地国在涉外民商事关系产生后制定了新的冲突规范，由此产生了此前发生的涉外民商事关系是依新法还是旧法的问题。

第二，连结点发生变更，即涉外民商事关系发生后，适用于涉外民商事关系的冲突规范未变更，但被用作连结点的国籍、住所、注册登记地、物之所在地等事实发生了改变。

第三，准据法发生了变更，即法院地国的冲突规范没有变更，但冲突规范援引的作为准据法的实体法发生了变更，由此就会产生是以新法还是旧法作为准据法的问题。

在法院地国的冲突规范发生变更的情况下，如何解决新旧法律适用的问题，完全取决于法院地国的立法，通常的解决方案主要有新法优先原则、新法无溯及力原则以及依据新法过渡性条款原则。至于准据法发生变更的情况，处理方案应该与冲突规范发生变更的情形一样，只是其解决方案则完全取决于准据法所属国的时际法。②

对第二种情况，即连结点发生变更，则情况相对复杂一些。对于涉外民商事关系发生后连结点事实发生变化的情形，学者多称其为“动态冲突”。对动态冲突的解决，目前国际社会尚没有统一标准，各国在实践中一般是从涉外民商事关系的性质出发，并结合案件的具体情况，分别采取“不变原则”和“可变原则”。所谓“不变原则”是指对某些涉外民商事关系规定不可根据新的连结点来确定准据法。如日本 2007 年《法律适用通则法》第五章“亲属”部分对离婚效

---

① 刘仁山．国际私法．北京：中国法制出版社，2019：97.

② 山田鐐一「国際私法」(有斐閣，2004) 94 頁。

力、父母子女关系、收养和继承等就规定不得根据新的连结点来确定准据法。“可变原则”是指对某些涉外民商事关系规定有时可以根据新的连结点来确定准据法。如日本《法律适用通则法》第13条、第25条以及第26条对婚姻效力、婚姻财产制及动产物权等就规定可以根据新的连结点来确定准据法。因连结点的变更而发生的时际冲突，大多数情况是由于当事人的行为所产生的，当事人的这种行为有积极的、善意的，也有消极的、恶意的，因此，如果绝对地采用“可变原则”，对于当事人善意改变连结点的法律关系虽具有保护作用，但这样却也会助长某些人恶意改变连结点的事实以规避对其不利的法律的风气。相反，如果完全采用“不变原则”，对维护国家法律的严肃性虽具有积极意义，因为这样做可以防止法律规避，但对于善意的当事人，连结点的改变可能是由于当事人以外的原因发生的，由此否定其民事关系的效力显然也是不公平的。①

我国《涉外民事关系法律适用法》第28条“收养的效力，适用收养时收养人经常居所地法律。收养关系的解除，适用收养时被收养人经常居所地法律或者法院地法律”的规定，以“收养时”对应适用的经常居所地法律做了限定，因此其采取的是不可变原则。

我国《涉外民事关系法律适用法》第24条是关于夫妻财产制的规定，即当事人没有选择的，适用共同经常居所地法律；没有共同经常居所地的，适用共同国籍国法律。法律对经常居所地与国籍国没有规定时间限制，对此可以理解为是采取可变原则。

在我国有关涉外夫妻财产制的司法实践中，当存在两个以上共同经常居所时，法院有不同的做法。在一些案件中，当涉及两个共同经常居所地法律时，法院似乎不愿对选择何法律作为夫妻财产关系准据法作出直接回应，但实际上采用的方法是夫妻财产关系的准据法应区分不同情况，根据不同时期的身份变化及经常居所地法律加以确定。例如，在一个案件中，法院认为，当事人同为中国内地居民时，夫妻财产关系适用内地婚姻法，即争议的财产为共同财产；在香港成为夫妻共同居所地后，夫妻财产关系适用的法律为香港法律。② 由此可以看出，其似乎是采用了分割方法和可变的原则。

在另一案件中，一方当事人主张应适用的法律是中国内地法，而另一方则主张适用香港法。从判决书看，本案的事实是，当事人的共同经常居所开始是在中国香港，但另一方主张中国内地是共同经常居所地。法院认为，夫妻财产关系应适用的法律，即共同经常居所地法应理解为夫妻姻财产关系发生时的法律，因此应适用香港法律。法院似乎有意避免直接处理是否存在两个共同经常居所地问题。③ 该案似乎是采取的不变原则。

第七节
外国法的查明

外国法的查明问题虽然具有程序性和附属性，但是在国际私法中，几乎没有什么比它更重

① 刘仁山．国际私法．北京：中国法制出版社，2019：98.
② 参见（2015）粤高法民一终字第69号民事裁定书。
③ 参见（2018）鲁06民初179号民事裁定书。

要的了。它关系到冲突法的“生死存亡”，如果任何法律体系都不存在有效地适用外国法的方法，那么冲突法孜孜以求的理想就会宣告破产。这意味着法院根本就不应该审理涉及外国法的案件，或者法院在一般情况下只应该适用法院地法，或者面对世界范围内的多元法律体系致力于制定统一实体私法规则才是唯一的可行之道。①

一、外国法的查明的含义

外国法的查明，在英美法系国家一般又称外国法的证明（proof of foreign law），是指一国法院根据本国的冲突规范指定应适用的外国法时，如何查明该应被适用的外国法（the applicable foreign law）的存在并确定其内容。由于各国法律纷繁复杂，任何法官都不可能通晓世界各国的法律，因此当一国法官在根据本国冲突规范的指引本应适用外国法时，就必须通过一定的方法来确定外国法的内容。

外国法的证明、解释和适用是国际私法中的一个核心问题。在此需要回答的一个基本问题是，外国法究竟应该被视为法律，像证明和解释本国法一样加以证明和解释，还是只是一个事实，只有当案件当事人主张适用外国法并证明其内容与效力时才被适用？

二、外国法的适用的性质

在外国法的适用（application of foreign law）中，基本问题是一国法官是否应该像适用内国法一样，按照同样的方式和条件适用外国法，即必须明确以下几个特殊问题：即使当事人未主张适用外国法，法官是否有义务依职权（is the judge obliged to apply foreign law *ex officio*）适用外国法？当对要适用的外国法有疑义时，谁负举证责任？是否应该由主张适用该外国法的当事人证明外国法的内容？如果要证明外国法，按照什么方式证明？是否用同证明事实一样的方式证明外国法？如果外国法适用发生错误，是否可以上诉？

早在1879年，欧洲著名的国际私法学家阿瑟（Tobias Asser）就提出法官应该主动适用外国法，因为法官的职责是按照他认为应适用的法律处理每一案件，而如果应适用的法律为外国法，他就应适用外国法，即使任何一方当事人均未主张适用外国法。这一理论平等地对待外国法和内国法，认为无论是外国法还是内国法均是法庭必须遵守的强制性规则。每当国际私法的某一规则指定外国法适用于某一国际民事关系时，法庭必须遵守这一规则。在此后的一个多世纪中，他的理论对法国和其他欧洲学者产生了深远影响。

但法国的许多国际私法学者并未接受其观点，而是认为外国法是事实而非法律。1959年，法国最高法院的比斯巴尔案（Bisbal）是法国现代有关外国法适用的一个著名案件。在该案中，法官认为法国的冲突规则，至少那些规定外国法适用的规则不具有公共政策的性质，所以应该由当事人主张适用，而且不能因法官未主动适用外国法而指责法官。在1960年的一个案件中，法国最高法院认为法国法官可以适用法国冲突规则指定的外国法，如果他希望如此。这两个判决确立了如下原则，即如果当事人未请求适用外国法，法官无义务按照法国的冲突规则适用外

---

① Richard Fentiman, English Private International Law at the End of the 20th Century: Progress or Regress? In Symeon C. Symeonides, Private International Law at the End of the 20th Century: Progress or Regress?, Kluwer Law International, 2000, pp. 187 - 188.

国法，但如果法官希望适用外国法，他们可以适用外国法。近 30 年后，在 1988 年的两个判决中，法国最高法院改变了其观点，认为法国法院必须适用冲突规则指定的外国法，采纳了强制适用的观点。但 1990 年，法国最高法院又回到了其以前任意适用的观点，1992 年，其又重采强制适用的观点。到这一时期为止，法国的实践还处于波动状态，未形成定论。[①] 2005 年 6 月 28 日，法国最高法院第一民事法庭和商事法庭作出的两个判决确认：法国法院的法官如果确认适用一项外国法，就必须查明该外国法的内容，或者依职权查明，或者依对适用该外国法提出主张的一方当事人的请求；在必要的情况下，法官可以要求当事人协作并亲自查明，法官有义务根据该外国实体法对争议的问题作出决定。

意大利法院于 1966 年作出的判决中坚持外国法应该被视为法律，法官有义务运用所有手段确定外国的法律规则，包括与当事人合作的方式。适用外国法的错误可以上诉到最高法院。这一判决采纳了意大利多数国际私法学者的意见，但意大利法院在此后的各种判决中并未坚持上述观点，而是认为了解外国法并不是意大利法官依职责所必备的知识，在适用外国法中享有利益的当事人必须主张和证明外国法。不过，1995 年意大利《国际私法改革法》第 14 条第 1 款统一了各方立场，要求法官应依职权查明外国法。

其他国家如希腊、奥地利、西班牙、葡萄牙、匈牙利、瑞士、罗马尼亚、俄罗斯、白俄罗斯、立陶宛、突尼斯、哈萨克斯坦、阿塞拜疆、蒙古国、韩国等通过立法明确了法官应该依据职权查明和适用外国法，比利时、德国等则通过法院实践确立了法官主动适用外国法的原则。

英格兰的戴赛和莫里斯认为，每当适用外国法时，必须像证明事实一样，以专家证据或某些其他方式向法官主张和证明该法。在不存在令人满意的外国法证据时，应该适用英格兰法。

美国的斯托里也在其著作中确立了相似的原则。在美国，外国法长期以来被视为事实，结果适用有错误通常无法上诉到上级法院。[②]但近年来，美国有关司法认知（judicial notice）的规则已经改变了上述不合理的做法。例如《联邦民事诉讼程序规则》（Federal Civil Procedure Rule）第 44.1 条即把与外国法有关的问题视为一个可以上诉的法律问题。根据该条规定，当事人可以通过诉状或其他合理书面文件提出有关外国法的相关争点。为查明外国法的目的，法院可以考虑包括证人证言在内的任何相关证据材料，不论其是否为一方当事人所提交或是否为《联邦证据规则》所允许。法院有关外国法查明的决定应被视为一个有关法律问题的裁判。很明显，《联邦民事诉讼程序规则》将外国法的证明问题与事实的证明问题作了区分。《统一外国法司法认知法》（Uniform Judicial Notice of Foreign Law Act）和《统一州际和国际程序法》（Uniform Interstate and International Procedure Act）为州法院规定了相似的程序。当然，根据《统一外国法司法认知法》，只在当有关法律为另一州法律时，才允许司法认知。司法认知程序非常有用，当对另一州的法律有疑义时，司法认知一般不会引起麻烦。但当某一外国法处于争议中时，对于那些表面与法院地法相似，仔细分析后在实质上相差甚远的法律制度，法院必须谨慎行事。因此，在美国，有关观点已经发生变化，上述规定并没有要求当事人没有主张适用

---

① Jacob Dolinger, Application, Proof, and Interpretation of Foreign Law: A Comparative Study in Private International Law, 12 Ariz. J. Int'l & Comp. Law225, 225 - 232 (1995).

② William M. Richman and William L. Reynolds, Understanding Conflict of Laws, 3th. ed., LexisNexis, 2003, p. 175. Jacob Dolinger, Application, Proof, and Interpretation of Foreign Law: A Comparative Study in Private International Law, 12 Ariz. J. Int'l & Comp. Law225, 259 (1995).

外国法时法官必须适用外国法，而是规定由法官自由裁量。这些规定的确规定当法官决定要适用或者当事人主张适用外国法时，外国法就必须被视为法律而非事实。只有在当事人没有主张适用外国法，而且法官决定不主动适用时，外国法才被视为事实。所以美国的变革被认为是温和的变革，而且是采用了法官主动调查与要求代理人全面证明外国法相结合的双重方法（dual approach）。具体而言，此种双重方法包括以下两种做法：一种方法是如果当事人不能提出有关应适用的外国法的证据，就驳回当事人的起诉；另一种方法则是适用法院地法，有各种理论支持这一做法，如推定外国法与内国法相同（但当应适用的法律是非普通法时，就很难推定内外法律相同，因此该理论受到了艾伦茨威格等的尖锐批评）以及（当事人未主张适用外国法时）推定当事人默示选择法院地法等。

三、外国法的证明

按照有些国家民事诉讼法的观点，查明法律和查明事实是截然不同的。法官应当知法（iura novit curia），至于事实则应由当事人自己举证。罗马法谚所谓“你给我事实，我给你法律”，反映的正是大陆法系国家民事诉讼体制中法官与当事人的此种分工。由于各国对外国法的性质，即外国法究竟是法律还是事实有不同的主张，所以各国查明外国法的方法也有所不同。

（一）由谁证明外国法（who proves the foreign law）

1. 法官依职权查明，但当事人亦负有协助的义务

欧洲大陆国家占主导地位的规则是法官可以要求当事人协助其发现、确认应适用的外国法的内容和效力，在没有明确成文法规则的国家，也已确立了法院与当事人合作的原则。采取这种做法的国家主要有葡萄牙、西班牙、希腊、瑞士、德国、土耳其、突尼斯、白俄罗斯、俄罗斯、罗马尼亚、哈萨克斯坦、韩国、秘鲁等。这类国家主张对外国法内容的查明既不同于查明内国法的程序，也不同于查明事实的程序，原则上应由法官调查认定，但当事人也负有协助查明外国法的义务。这种做法更重视法官的调查职权，法官对于外国法的查明具有最终的决定权。如瑞士《关于国际私法的联邦法》第16条即规定，外国法内容的查明由法官依职权查明，但为查明外国法的内容，也可以要求当事人合作。应该说这种混合方法较为合理，原来一些将外国法看成是事实而要求当事人举证的国家也开始采取这种做法，如意大利。

2. 由当事人举证证明

英格兰等普通法系国家或地区及部分拉丁美洲国家采取这种方法。这类国家不是将外国法看成法律，而是视为当事人用来主张自己权利的事实，因此应适用的外国法的内容，就须由当事人举证证明，法官没有依职权查明外国法内容的义务。在英格兰，如果当事人要援引外国法，他就得像提供其他事实一样提供外国法，否则英格兰法院就会把含有涉外因素的案件像审理纯粹国内案件一样看待。

在英格兰法院诉讼中，主张外国法规则的当事人必须主张和证明外国法规则。就这点而言，外国法规则与构成英格兰法一部分的国际公法规则不同。英格兰多数学者认为外国法规则是一种事实，但与一般事实不同，是一种特殊的事实，其证明只需满足法官的要求而不是陪审团的要求。根据英格兰普通法，外国法的某一特定规则必须在每次主张时都重新证明，因为在前一次证明后外国法有可能会发生改变。不过其1972年《民事证据法》已经规定，除非有相

反的证明，在以前的民事或刑事诉讼程序中所做的有关外国法问题的裁定或决定可以作为证明该外国法的证据。

证明外国法的方式主要是专家证据。证明外国法不仅仅是将外国的立法条文提交法院，也不仅仅是引用外国的判决或判例集。专家要发挥协助法院对上述证据资料进行评价或解释的作用。[①] 证明外国法的专家可以通过口头或书面形式对外国法进行证明。至于谁有资格担任证明外国法的专家并非一下就可说清楚的。理论上，证明外国法的专家应该是有资格在相关的外国执业的法官或律师，但这从来不是唯一的要件。1972 年《民事证据法》已明确宣布，一个人只要具备相当的知识与经验就具有对外国法发表专家意见的资格，而不论其在该外国是否已经执业或有资格执业。而在美国，如前所述，情况已发生变化，法官也可以考虑任何相关材料，包括证人证言，无论其是否为当事人提交，也无论其是否符合《联邦证据规则》有关事实证明的相关规定。美国相关法律规则正在逐步发生变化，变得更愿意接受用各种不同的方法查明外国法。

3. 法官依职权查明，无须当事人举证

欧洲大陆一些国家如荷兰等国采取这种做法。这类国家将外国法视为和内国法一样的法律，并认为法官应该知道该法律，所以应由法官负责查明外国法的内容。

（二）如何证明外国法（How does one prove foreign law）

外国法查明有时是非常困难的一件事，也是长期以来备受法学家关注的一个问题。早在19 世纪末，国际法学会就曾推出各种决议，以满足国家间交换立法信息的需要，1880 年和1886 年一些国家在布鲁塞尔签署国际协议确立了成员国间互相交流官方公报以便成员国能及时了解其他国家的最新立法。但这并不能完全解决外国法适用的难题，因为法律不仅要看立法机构是如何制定的，还要看法院是如何解释与发展的，而且要了解一部法律是否仍然有效也不能仅凭官方公告就可以恰当地得以掌握。交流法律信息或许非常有助于学术研究，但当法院或律师需要了解有关某一特定问题的法律规定状况时，必须还得使用一些其他方法。对于负有证明外国法内容和效力的举证责任的当事人来说，可以聘请某一特定领域的外国法专家出具专家证明。[②] 有学者提出，如果由法院聘请中立的专家证人，若专家证人能从一个相对稳定的学术团体如德国马克斯·普朗克外国法与国际私法研究所中所产生，那么外国法证明的费用就可以大大降低，诉讼程序就可以快捷许多，而且，中立的专家证人不受双方利益的牵制，能够更加客观地、科学地对待外国法。[③]

（三）外国法不能查明时的法律适用（the application of law in the impossibility of discovery of foreign law）

当经过一切可能的方法或途径，仍不能查明外国法的内容（fail to prove foreign law），或外国法中并无可适用的相关的法律规定时，应如何解决法律适用的问题呢？主要有以下几种不同的主张：

（1）直接适用内国法。发生外国法无法查明的情况时，一些国家的法律明确规定应该适用

---

① 莫里斯．戴赛和莫里斯论冲突法（下）．李双元，等译．北京：中国大百科全书出版社，1998：1752－1754.

② Gregory S. Alexander，The Application and Avoidance of law in the law of Conflicts，70 N W. U. L. Rev. 602，637－638（1976）.

③ 宋晓．当代国际私法的实体取向．武汉：武汉大学出版社，2004：334.

法院地法。这是大多数国家采取的做法。[①] 如奥地利 2017 年修订的《关于国际私法的联邦法》第 4 条第 2 款规定："如经充分努力，在适当时期内仍无法查明外国法时，适用奥地利法律。"[②] 法国、德国、荷兰、比利时和意大利的法院传统上在此种情形下也都适用法院地法。

（2）推定外国法与内国法相同（to presume that the foreign law is the same as the forum law），适用内国法的规定。英国和美国的法院在有些案件中采用这种做法。如曾有美国法院在一起离婚案件中推定中国法中的婚姻财产制与美国加利福尼亚州的共有财产制法（community property）相同。有学者批评此种方法过于武断。一般而言，美国法院只在不能证明的外国法为普通法系国家或地区如英格兰、加拿大和澳大利亚等的法律时才作这种推定。这实际上与直接适用内国法并没有什么不同，以至莫里斯也认为，推定外国法与内国法相同，这种推理方法很不自然，最好还是放弃推定这个词，不如直接说，如果外国法无法证明即适用英格兰法。

（3）驳回当事人的诉讼请求或抗辩（to dismiss or deny the parties' claim or defense）。有学者主张当外国法不能查明时，就应驳回当事人的诉讼请求或抗辩。理由是，既然内国冲突规范指定应适用外国法，就意味着不允许用其他法律来代替。当外国法不能查明时，就应像对待当事人不能证明其诉讼请求或抗辩一样，法院得以当事人的诉讼请求或抗辩无根据为由，驳回其诉讼请求或抗辩。而普通法系和大陆法系国家都采用过驳回当事人诉讼请求或抗辩的做法。美国、英格兰法院一般在不能查明的外国法为非普通法系国家的法律时采取这种做法。[③]

（4）适用与本应适用的外国法相似的法律。德国、法国和日本曾有采取此种做法的判例。例如，在第一次世界大战后，德国法院无法查明本应适用的厄瓜多尔《民法典》，但德国法院知道厄瓜多尔《民法典》是以智利《民法典》为蓝本制定的。德国法院认为，适用与厄瓜多尔《民法典》相近似的智利《民法典》比适用法院地法更合适。

（5）适用一般法理。日本的学说和判例有采用此说的。但关于是适用一般原则上的法理，还是适用内国法上的法理或准据法所属国法律中的法理尚有不同意见。[④]

（6）辅助连结说。此说为日本少数学者所主张。他们提出，在作为准据法的外国法内容不明时，应再次进行法律选择。例如在家庭法领域，当本国法的内容不明时，可依次用惯常居所地法、居所地法和法院地法来代替本国法。[⑤]

四、外国法的解释

关于外国法的解释（interpretation of foreign law），受有关外国法并入的两种不同观点的影响。一种观点认为如果通过法院并入外国法（incorporation of foreign law）在性质上是对外国法的实质接受（material reception），那么通过实质接受，外国法已被并入并实现内国化（na-

---

① 20 世纪 90 年代以后的立法中，绝大多数都明文规定在合理期限内外国法无法查明时，适用法院地法，如蒙古国新《国际私法》第 540 条、阿塞拜疆《国际私法》第 2（2）条、立陶宛《国际私法》第 1.12 条、俄罗斯《民法典》第 119（3）条、白俄罗斯《民法典》第 1095（4）条、罗马尼亚《国际私法》第 7 条、列支敦士登《国际私法》第 4（2）条、哈萨克斯坦《民法典》第 1085（4）条、突尼斯《国际私法》第 332 条。

② 邹国勇，译注．外国国际私法立法选译．武汉：武汉大学出版社，2017：152.

③ R. Fentiman, Foreign Law in English Courts, Oxford University Press, 1998, pp. 3 - 4.

④ 山田镣一＝早田芳郎「演习国际私法新版」（有斐閣，1992）57 頁。

⑤ 山田镣一＝早田芳郎「演习国际私法新版」（有斐閣，1992）57 頁。

tionalization)，因此应该按照法院地法解释外国法。如果是形式接受（formal reception），则外国法只是被并入但未实现内国化，所以必须按照制定该外国法所属国的法律体系加以解释。[①]欧洲大陆学者多主张后一种做法，如法国的巴迪福就认为，如果应适用的外国法中无明确的成文规定，而是源于或多或少确定的判例法，法官不得不确定外国法院本身会作出什么判决。他特别强调法官在适用自己本国法时和适用外国法时其所能发挥的作用不同，在适用其自己本国的法律时，他可以自由创制或改变已经赋予其法律的解释，只要他认为其解释将产生更好的公正（better justice），但在适用外国法时，外国法是在外国有效实施的法律，他无权判断外国法的价值和采纳创新性的不同解释。[②] 国际常设法院（Permanent International Court of Justice）和比利时法院都曾明确支持该主张。在有些国家如奥地利、葡萄牙、前南斯拉夫等国的立法中，也就外国法解释规定了相同的规则。

英格兰法院在外国法证明方面已经确立的对法院职能的自动限制的做法，也适用于外国法内容被证明后有关外国法的解释问题。因为外国法效力和内容的证明主要是专家证明，所以在证明外国法时同样也要求专家提供有关外国法解释的相关证据，如果当事人或专家没有提供这样的证据或者当事人请求法院解释外国法，则英格兰法院就推定外国法解释规则和英格兰法的解释规则一致。由以上规则可以看出，英格兰法院在很大程度上依赖专家对外国法解释规则的证明和理解，而不是由其自己研究并得出有关外国法的解释规则。外国判决也必须按照专家所赋予的外国判决的含义加以解释。这一点与美国的有很大不同。

在美国存在一种倾向，即在解释外国法时，允许法院根据自己的理解而进行自由裁量（discretion）。在伍德与塞利克公司诉跨大西洋公司案（Wood & Selick，Inc. v. Compagnie Generale Transatlantique）中，法官指出，令人窘迫的是，我们不得不按照对于某一法律制度来说是完全陌生的概念解释该法律制度，即以法院地法中的概念解释某一外国法。法院承认自己并未严格适用外国法（法国《民法典》），只是适用了法国《民法典》中有关取得时效的理念，而这可能与法国法的意图相差甚远。对此有学者批评到，适用外国法不仅仅是要求参考该法，而是要求按照该外国法中本身的术语解释外国法。事实上，在现代冲突法体系下，美国法院不太经常适用外国法作出判决，主要是因为法院倾向于寻找理由适用本地法。

五、外国法错误适用的救济

外国法的错误适用有两类：一是适用冲突规范的错误，即根据冲突规范本应适用某一外国法，却错误地适用了另一国的法律，如本应适用外国法却适用了内国法或另一外国的法律；二是适用外国法本身的错误，即虽然依内国冲突规范正确地选择了某一外国法为准据法，但对该外国法内容的解释发生错误，并据此作出了错误的判决。

对于适用冲突规范的错误，各国一般认为，它直接违反了内国的冲突规范，具有错误适用内国法的性质。与错误适用内国其他法律规范的性质一样，可以由当事人依法上诉，以纠正这种错误。

至于对外国法内容的错误解释，是否允许当事人上诉予以纠正，各国的做法不一致，有两

---

① Jacob Dolinger，Application，Proof，and Interpretation of Foreign Law：A Comparative Study in Private International Law，12 Ariz. J. Int'l & Comp. Law225，240（1995）.

② 英国也有持此观点的判决，参见 The Islamic Republic of Iran v Denyse Berend［2007］EWHC 132（QB）。

种不同的做法。

（1）不允许当事人上诉。这种做法与这些国家的诉讼制度有关。在这些国家，最高法院只是法律审的法院，它必须接受下级法院对事实的认定，其工作只限于审查从事实得出的法律结论是否正确，同时它们又将对外国法的认定视为是对事实的认定，因此，对外国法本身适用的错误便不能上诉到最高法院。另外，即使一些国家将外国法看成是法律，也不允许当事人上诉。其理由主要是：内国最高法院是为了使本国法律得到正确统一的解释而设置的，外国法解释正确与否的问题应由外国最高法院解决；如果内国最高法院对外国法的解释也有错误，会影响自己的声誉。

（2）允许当事人上诉。这些国家认为，对外国法内容解释的错误，就是对规定适用外国法的内国冲突规范的错误适用。当外国法被指定为准据法时，它与内国法并无区别，应平等对待两者。另外，上级法院比下级法院更容易查明外国法。基于以上理由，应允许当事人对外国法本身的适用错误进行上诉。将外国法看成法律的欧洲大陆国家等国家，一般都允许就外国法适用错误进行上诉。另外，英格兰等普通法系国家或地区虽将外国法看成事实，但它们也允许当事人上诉。这也与其诉讼制度有关。它们在诉讼程序上实行上诉审制度，上诉审法院对下级法院关于事实的认定和法律的适用均有权进行审查，所以对外国法适用的错误是允许当事人上诉的。美国原来一般是限制或排除当事人就外国法适用错误上诉的，但现在通常允许当事人上诉。

六、我国有关规定

近些年，我国对有关外国法查明的相关问题也已作出较为系统的规定。关于法院与当事人有关外国法查明的职责分配，我国《涉外民事关系法律适用法》第10条第1款规定：“涉外民事关系适用的外国法律，由人民法院、仲裁机构或者行政机关查明。当事人选择适用外国法律的，应当提供该国法律。”由这条规定可知，在我国，原则上还是由法院承担查明外国法的义务，当事人只有在依据意思自治原则选择准据法的情况下才承担查明外国法的责任。

关于外国法的查明方法或途径，最高人民法院《执行〈民法通则〉意见》第193条规定，对于应当适用的外国法律，可通过下列途径查明：1）由当事人提供；2）由与我国订立司法协助协定的缔约对方的中央机关提供；3）由我国驻该国使领馆提供；4）由该国驻我国使馆提供；5）由中外法律专家提供。通过以上途径仍不能查明的，适用中华人民共和国法律。随着2021年1月1日《民法典》的施行以及《民法通则》的废止，前述司法解释也随之被废止，但考虑到前述司法解释关于外国法查明方法的规定在我国涉外民商事审判中的重要影响，我们认为该司法解释所规定的关于外国法查明的五种方法在我国未来涉外民商事审判中仍将发挥重要作用。值得注意的是，随着“一带一路”国际合作的深入和对外民商事交往的迅速发展，快速、准确地确定外国法的内容成为解决涉外民商事争议、适用外国法的最大挑战。在此情形下，一些法律院校开始接受各级人民法院委托，就涉外民商事审判中的法律适用问题，特别是外国法查明问题，提供专家咨询意见，有些高校甚至专门成立了相关外国法查明中心。2015年9月20日，由最高人民法院、中国法学会和国家司法文明协同创新中心共同支持设立的“中国港澳台和外国法律查明研究中心”“最高人民法院港澳台和外国法律查明基地”“最高人民法院港澳台和外国法律研究基地”落户深圳前海，奠定了前海在域外法查明中的重要地位。这些外国法查明中心的设立为法院和仲裁机构准确查明外国法、正确适用外国法提供了便利条件，对于提高我国司法效率和司法公信力发挥了重大作用。此外，前海合作区人民法院出台的

《域外法查明办法》，对查明途径和程序、当事人权利义务等方面的内容作了详细规定，对前海合作区人民法院涉外、涉港澳台商事案件审理产生了积极的影响。①

关于外国法无法查明的认定，《法律适用法解释（一）》第15条第1款规定："人民法院通过由当事人提供、已对中华人民共和国生效的国际条约规定的途径、中外法律专家提供等合理途径仍不能获得外国法律的，可以认定为不能查明外国法律。"同时该条第2款规定："根据涉外民事关系法律适用法第十条第一款的规定，当事人应当提供外国法律，其在人民法院指定的合理期限内无正当理由未提供该外国法律的，可以认定为不能查明外国法律。"另外，我国与外国签订的相关司法协助协定中也大多规定有提供法律证明的方式。

在外国法无法查明时，《涉外民事关系法律适用法》第10条第2款规定："不能查明外国法律或者该国法律没有规定的，适用中华人民共和国法律。"由此可见，在外国法无法查明时，我国的立法与大多数国家所采用的做法一致，即直接适用法院地法。在一涉及合同解除后果的纠纷案件中，法院认为涉案一方当事人的公司住所地位于韩国，案件具有涉外因素，双方当事人依法有权选择适用于案件的实体准据法。根据双方当事人和解协议约定，协议受英国法律管辖并按英国法律解释。但双方均未提供英国法的相关内容。法院认为，根据《涉外民事关系法律适用法》第10条的规定，本案和解协议虽约定适用英国法，但双方当事人均未提供英国法律的相关规定。一审庭审中，一方当事人选择适用中国法律，另一方当事人未提出异议，且援引中国法律规定进行抗辩，故本案应当适用中国法律作为准据法。② 当然，在该案中，即使双方当事人没有达成适用中国法的默示合意，法院也可以根据《涉外民事关系法律适用法》第10条第2款直接适用中国法。

我国对适用外国法本身的错误是否允许当事人上诉无明确规定。但从我国的民事诉讼制度来看，我国对民事案件实行两审终审制，且无法律审和事实审之分，因此，对外国法的适用无论发生何种性质的错误，允许当事人依法上诉并加以纠正应该是没有问题的，甚至还可以通过审判监督程序加以纠正。事实上也只有这样才有利于维护涉外民商事关系当事人的合法权益。

另外，值得关注的是，我国涉外民商事审判实践中也出现过以下情形，即根据冲突规范原本应适用外国法，但在案件审理过程中原被告双方均未主张适用外国法，法院遂适用法院地法即中国法的情形。如在河北圣仑进出口股份有限公司诉津川国际客货航运有限公司、津川国际客货航运（天津）有限公司无单放货纠纷案中，天津海事法院认为，虽然涉案提单背面条款约定"因提单引起的争议应在韩国解决或根据承运人的选择在卸货港解决并适用英国法"，但是，在案件审理过程中，原被告双方均未曾向天津海事法院提出过适用外国法的主张，也未向法院提交过证明外国法的相应证据。天津海事法院最终适用了法院地法即中国法审理了该案。③ 该案在本质上涉及外国法的程序地位或者说冲突规范的强制适用性质或任意适用性质。这一问题曾在我国引起热烈讨论。④ 事实上，我国法院在涉外民商事审判中对冲突规范进行"任意性适

① 刘仁山．国际私法．北京：中国法制出版社，2019：176－177.

② （2022）沪民终59号民事判决书。

③ 参见天津海事法院（2002）海商初字第144号民事判决书。

④ 宋晓．程序法视野中冲突规则的适用模式．法学研究，2010（5）．徐鹏．论冲突规则的任意性适用——以民事诉讼程序为视角．现代法学，2008（4）．周晓明．当代中国外国法适用的理论构建//武大国际法评论．9卷．武汉：武汉大学出版社，2009．宋晓．外国法：事实与法律之辨．环球法律评论，2010（1）．杜涛．法律适用规则的强制性抑或选择性．清华法学，2010（3）．向在胜．从历史视角论涉外民商事诉讼中外国法的程序地位——兼论我国外国法适用模式的构建．法学家，2012（3）.

用”的情况俯拾皆是，究其原因，应与查明和适用外国法的高昂的技术、经济与时间成本相关。我们的观点是，在外国法的查明与适用问题上，应结合我国现实情况，在法官与当事人之间进行适当分工，具体而言，应由法官依职权严格适用冲突规范（不得“任意性”适用），在需要适用外国法的情况下，由当事人负责查明外国法，毕竟查明外国法的成本由当事人承担是一次性的，而由法院承担则是累积性的。当然，当事人可依其程序处分权拒绝查明外国法，此时应适用我国法律。①

MATERIAL

Proof of Foreign Law in American Conflicts Law

Prior to the enactment of Rule 44. 1, the content of foreign law was treated in federal courts as a matter of fact, and its determination by the court was subject to review under the "clearly erroneous" standard. Rule 44. 1 was added in 1966. It states explicitly that the determination of foreign law is now a "ruling on a question of law". Prompting this change in part were the 1962 Uniform Interstate and International Procedure Act. Their re-characterization as questions of law is significant, not only for the standard pertaining to their review in a court of appeal, but also, for the burden of proof in the trial court. Rule 44. 1 opened up the possibility for summary disposition, an avenue presumed closed when foreign law was a matter of "fact". Before Rule 44. 1, neglecting to prove foreign law generally resulted in a failure of proof and therefore in judgment against the party relying on the foreign law. With the addition of the Rule, this deficiency should no longer amount to a failure of proof but be considered a problem of choice of law. In some courts, this can mean that the failure to prove a foreign law leads by default to application of the forum's law. Some choice of law theories, in the absence of "proof" of foreign law, embrace a presumption that the foreign law is like that of the forum, or that the parties have selected forum law. By defaulting to forum law, courts so construing Rule 44. 1 place the burden of proving foreign law on the proponent of that law, a result contrary to the expressed goals leading to the addition of the Rule in 1966. The change from the common law's treatment of foreign law as fact to the Rule's treatment as law means that prior precedents, that is, those before 1966, should be handled with care, and attention paid to their continued relevancy.

QUESTION

Is proof of foreign law a matter of fact or law now in the United States of America?

---

① 向在胜．从历史视角论涉外民商事诉讼中外国法的程序地位——兼论我国外国法适用模式的构建．法学家，2012 (3)：145-146.

CASE STUDY

Gotha City v Sotheby's and Another

QBD 9 Sep 1998

(abbreviated)

In resolving the disputes as to foreign law, I must be guided by the following principles:

(1) When faced with conflicting evidence about foreign law I must resolve differences in the same way as in the case of other conflicting evidence as to facts (Bumper Corporation v. Commissioner of Police of the Metropolis [1991] 1WLR 1362, 1368G).

(2) Where the evidence conflicts I am bound to look at the effect of the foreign sources on which the experts rely as part of their evidence in order to evaluate and interpret that evidence and decide between the conflicting testimony (Bumper Corporation at 1369H).

(3) I should not consider passages contained within foreign sources of law produced by the experts to which those experts have not themselves referred (Bumper Corporation 1369D-G).

(4) It is not permissible to reject uncontradicted expert evidence unless it is patently absurd (Bumper Corporation 1371B).

(5) In considering foreign sources of law I should adopt those foreign rules of construction of which the experts have given evidence (this principle underlies the principle that an English court must not conduct its own researches into foreign law).

(6) Whilst an expert witness may give evidence as to his interpretation of the meaning of a statute it is not for the expert to interpret the meaning of a foreign document. His evidence will be limited to giving evidence as to the proper approach, according to the relevant foreign rules of construction, to that document. There is no dispute as to the approach the German Court would take to issues in respect of which there is no judicial precedent. It would have regard to commentaries on the German Civil Code ("BGB"). It would not feel bound by the mere fact that the majority of commentators took a particular view or by the most recent statement of opinion. It would take into account the quality of arguments, the consistency of the statements and the reputation of the authors. German Courts adopt a teleological approach, interpreting a statute according to its purpose.

QUESTION

Why does foreign law have to be proven by the parties instead of the judges in England?

第八节 公共秩序

一、公共秩序的概念与作用

国际私法上的公共秩序（public order，ordre public），主要是指法院在依自己的冲突规范本应适用某一外国法作准据法时，因该外国法的内容或其适用的结果与法院地国的重大利益、基本政策、基本道德观念或法律的基本原则相抵触，而拒绝或排除适用该外国法的一种保留制度。因此它有时又被称为“公共秩序保留”（reservation of public order）。公共秩序是一些大陆法系国家的称谓，在英美法系国家它通常被称为公共政策（public policy）。

公共秩序保留制度是目前国际私法上得到各国立法和司法实践以及国际条约最广泛肯定的一项制度。1980 年《罗马公约》第 16 条规定：“凡依本公约规定所适用的任何国家的法律，只有其适用明显地违背法院地国的公共秩序时，方可予以拒绝适用。”1968 年《布鲁塞尔公约》第 27 条也规定：“如对某一判决的承认违背了被请求承认国的公共政策，该判决不应该得到承认。”

显然，国际私法中的公共秩序问题不仅仅限于外国法的适用方面，外国判决或仲裁裁决的承认与执行方面也会涉及公共秩序保留问题。另外，在确定涉外民事管辖权方面，也有利用公共政策肯定或否定外国法院管辖权的国际国内实践。例如 1982 年土耳其《国际私法和国际诉讼程序法》第 31 条规定，在不违反土耳其专属管辖权和公共秩序的前提下，当事人就合同事项等争议可以通过协议提交外国法院管辖。2005 年海牙《法院选择协议公约》第 6 条第 3 项规定，未被选择的法院应该中止或者驳回适用排他性选择法院协议的程序，除非给予选择法院协议效力将导致明显不公平（manifest injustice）或明显违背受案法院地国的公共政策。

在法律适用层面，公共秩序保留制度通常具有两方面的作用：一是当外国法的适用与本国公共秩序相抵触时，排除或拒绝适用外国法的作用，即否定适用外国法的作用；二是由于涉及国家或社会的重大利益、道德和法律的基本原则，对特定的法律关系必须直接适用内国法中的某些规定，而根本不考虑援引冲突规范确定准据法，从而排除了外国法的适用，即肯定适用内国法的作用。总之，国际私法中的公共秩序是限制外国法适用的一种制度。有学者将其形象地称为保护本国公共秩序不受侵犯的“安全阀”。应该承认，由于各国法律规定存在差异，外国法的适用结果有时会违背内国公共利益或社会公共秩序，如果不对外国法的适用加以必要的限制，势必会对内国造成极大的损害，因此借公共秩序保留制度排除外国法的适用十分有必要，且已得到国际社会的共识。但由于公共秩序是一个相对抽象和极富于弹性的概念，如何认定公共秩序便成为运用该制度的关键。

需要指出的是，在二战以后，随着经济干预主义的盛行，各国所制定的维护内国政治、经济或社会重大利益的强制规则或者直接适用的法的数量越来越大，无论是在学术研究层面，还是在立法与司法实践层面，主流观点都主张将直接适用的法制度从公共秩序保留制度中抽离出来，而成为一个独立的法律制度，这样一来，公共秩序保留制度便仅保留了其传统的否定外国法适用的消极作用。

二、公共秩序的干预标准

公共秩序发挥了补充双边冲突规则的作用。它们控制双边冲突规则适用的实际结果，确保这种结果不损害法院地的利益。关于公共秩序的干预标准，在欧洲大陆主要有两种不同的理论，即结果说和联系说（Inlansdbeziehung，link to the forum，主要在德国盛行），英格兰法院也有采纳联系说的判例。这两种理论都试图限制公共秩序滥用的现象。

结果说认为，不应仅凭外国法规定的内容本身违反法院地国公共秩序就排除外国法的适用。在援引公共秩序保留时，应注重外国法适用的结果是否违反法院地国的公共秩序。它赞成控制外国法在法院地的适用结果，而不是外国法本身（control the effects of the application of the foreign law instead of the foreign law itself），因为外国法的内容与法院地国公共秩序相抵触并不一定导致适用该外国法的结果也与内国的公共秩序相抵触。例如某一外国法承认一夫多妻制，而内国法则主张一夫一妻制，现案件涉及一个丈夫数个妻子中的一个妻子的子女继承父亲财产的问题。尽管外国法中的一夫多妻制与内国的公共秩序相抵触，但在该案中，重婚并非诉争的问题，适用该外国法承认死者与其妻子婚姻为有效婚姻，反而是有利于子女继承财产的，所以适用该表面上看违反内国公共秩序规定的外国法并不会产生损害内国公共秩序的结果。因此，问题的关键不是抽象的外国法，而是在具体的案件中承认与执行外国法的结果如何。结果说的合理性是显而易见的，它既可以维护法院地国的公共秩序，又有利于个案合理公正的解决，因而为大多数国家所采用。

联系说则认为，只有当法院地与争议中的法律关系之间存在足够的联系（sufficient link）时，法院地公共秩序才应该对该法律关系的法律适用进行干预（intervention）。从某种角度说，联系说与结果说是一个问题的两个方面，或者说得更具体一点，争议中的法律关系与法院地国之间的联系的密切程度和适用外国法的结果会损害法院地国的公共秩序之间存在着高度的盖然性。也就是说，当争议中的法律关系与法院地国之间存在足够密切的联系时，适用外国法的结果会损害法院地国的公共秩序的可能性也会随之增大，反之亦然。

但无论是结果说还是联系说，作为公共秩序的干预标准都不是绝对的，在它们的背后起关键作用的是各国对公共秩序内涵的理解。但恰恰是在这个问题上，各国却有完全不同的理解。比如律师风险酬金协议（no win no pay or contingency fee agreement），其在希腊是完全合法的，报酬最高比例甚至可高达20%，但在法国，律师与外国当事人签订的类似协议就可能是违反法国国际公共秩序（ordre public international）的。又如，赌博合同在有些国家如新加坡是无效的，但在西澳大利亚则是合法的。一个赌博公司在西澳大利亚法院获得了对自己有利的判决后，到新加坡法院申请执行该判决，但被执行人却主张，判决债权人的请求违反新加坡公共政策，因而不应得到承认与执行。初审和上诉法院也都认为不能执行该判决，但新加坡高等法院却认为，新加坡法院不应该忽视国际礼让原则（doctrine of comity of nations），质疑有合格管辖权法院作出的判决的合法性不在新加坡法院的职权范围内，应该允许判决债权人在新加坡法院登记在西澳大利亚法院作出的判决，以防止为内国赌博者传递错误的信息。[①] 也就说，虽然根据新加坡法赌博是违法的，但新加坡法院不应该鼓励本国人到外国赌博欠下赌债后，返回新加坡逃避赌债。事实上，也只有这样，才能更好地管制跨国赌博。

三、公共秩序与公共政策的区别

在诸多国际私法论著中，公共政策与公共秩序是通用的，包括在颇具影响的 1980 年《罗马公约》英文文本中，public policy 与 ordre public 也都是通用的，它们被用来描述同一现象（当然，1986 年《布鲁塞尔公约》只使用了 pulic policy）。总体而言，公共秩序的概念在大陆法系国家用得较多，而公共政策则在普通法系国家相当流行。有观点认为，两者的含义还是有区别的。关于两者的区别，在英国的讨论颇为深入，学术界主要的观点是，两者的基本区别在于，在英格兰，不存在狭义的国际公共秩序的概念。公共政策具有统一的含义，既适用于国内法律关系也适用于国际法律关系，在上述两个场合二者的含义无明显的区别。相反，在一些大陆法系国家，存在所谓国际公共秩序的概念。国际公共秩序作为传统冲突法的例外（as an exception to the traditional conflict of laws），只适用于国际民事关系。另外，也有学者认为，两者最大的区别是，英格兰的公共政策存在所谓"公共政策的范围"，英格兰通过判例法（case law）使公共政策具体化，公共政策是普通法的产物（a product of common law），其内容是逐案发现的（discovered case by case）。而公共秩序是一个抽象的概念，它指某一法律制度或某一社会的基本原则，通过解释予以适用。这意味着两者的区别主要是两者具体内容的产生方式以及结构有所不同。实际上，这种不同源自普通法体系和大陆法体系在构造上的区别。所以，尽管这匹野马（unruly horse）的作用在两大法系是基本相同的，但其形成和干预方式却有所区别。在英格兰，公共政策依赖于案件的具体化，而在欧洲大陆国家，公共秩序向来都表现为一般而抽象的概念，其精确内容很难确定，其适用有赖个案解释。[②]

四、公共秩序与直接适用的法

直接适用的法是 20 世纪 60 年代从欧洲发展起来的一种新理论。它是在国家对经济生活的干预与日俱增的背景下产生的，其目的是能够在国际民商事交往中更好地保护国家和社会的利益。直接适用的法发挥作用的方式与传统公共秩序的不同。它不是考察外国法的适用结果或外国判决承认的结果是否会违反法院地国的公共秩序，而是基于这些规则保护内国政治、经济或社会重大利益的目的以及其强制性质而要求优先适用，正因如此，这些强制规则也不是通过确定准据法的传统规则的指引而得到适用的。它实际上是确定准据法的单边主义方法的一个表现（an express of unilateral method of localization of applicable law）。直接适用的法在不同国家或在不同学者那里有不同的称谓，但这些称谓的内涵基本相同，只是从不同角度来描述直接适用的法而已。在立法中，强制性规则这一表述更加常用，特别是在一些新近立法中一般都采用该

---

① Burswood Nominees Ltd（formerly Burswood Nominees Pty Ltd）v Liao Eng Kiat，[2004] 2 SLR 436；[2004] SGHC 64.

② Haris P. Meidanis，Public Policy and Ordre Public in the Private International Law of the EU：Traditional Positions and Modern Trends，E. L. 2005，30（1），pp. 98 - 100.

术语。

在当代，直接适用的法被许多国内立法和国际条约所接受并加以规定。1980 年《罗马公约》第 7 条是采纳该方法的最明显的体现，也是最有争议的一个条款。该条规定表明，公共秩序和直接适用的法虽共存于欧洲大陆国家，但事实上二者发挥的作用并不完全相同。一些国内立法也大都将直接适用的法与公共秩序保留条款分开规定，如瑞士《关于国际私法的联邦法》在第 17 条规定公共秩序保留条款，但在第 18 条和第 19 条规定直接适用的法。此外，阿塞拜疆《国际私法》第 5 条、加拿大魁北克《民法典》第 3079 条、俄罗斯《民法典》第 1192 条、委内瑞拉《国际私法》第 10 条、突尼斯《国际私法》第 38 条、哈萨克斯坦《民法典》第 1090 条、韩国《国际私法》第 7 条等，也都分开规定了公共秩序保留条款和强制性规则条款。这些规定在效果上间接排除了外国法适用的可能性，正因如此，有人认为直接适用的法本质上也是国际私法上公共秩序的范畴，只不过它是通过直接适用内国法来达到排除适用外国法的效果和目的，是积极的公共政策。正如本书已经讨论过的，公共秩序保留和直接适用的法之间还是存在明显区别的。从制度目的来看，公共秩序保留是在本应适用的外国法的适用结果会侵害法院地国的公共秩序时才会启动，其目的是在例外情况下保护本国的根本利益不受外国法侵害。而直接适用的法则是为了保护本国在某些特定领域如贸易、金融、市场秩序以及弱者保护等领域的重大利益而专门制定的实体法规则，它的适用不是例外的，只要相关案件符合这些直接适用的法的适用条件，则这些规则都会基于其强制性质而获得优先适用。换言之，直接适用的法是无条件适用的，其介入根本不考虑有关外国法适用的结果如何。但不可否认的是，直接适用的法或强制性规则本身也体现了一个国家在公共政策方面的利益。

我国《涉外民事关系法律适用法》第 4 条规定："中华人民共和国法律对涉外民事关系有强制性规定的，直接适用该强制性规定。"《法律适用法解释（一）》第 8 条进一步规定了何谓强制性规定以及应当认定为强制性规定的规范类型，即"有下列情形之一，涉及中华人民共和国社会公共利益、当事人不能通过约定排除适用、无需通过冲突规范指引而直接适用于涉外民事关系的法律、行政法规的规定，人民法院应当认定为涉外民事关系法律适用法第四条规定的强制性规定：（一）涉及劳动者权益保护的；（二）涉及食品或公共卫生安全的；（三）涉及环境安全的；（四）涉及外汇管制等金融安全的；（五）涉及反垄断、反倾销的；（六）应当认定为强制性规定的其他情形"。在利邦国际品牌有限公司、利邦品牌管理（山东）有限公司等金融借款合同纠纷案中，一审和二审法院均认为《跨境担保外汇管理规定》第 29 条已不属于《涉外民事关系法律适用法》第 4 条规定的因有强制性规定而不能适用我国香港地区法的情形；本案跨境担保纠纷适用我国香港地区法亦不会导致损害内地社会公共利益的结果。[①]

五、排除适用外国法后的法律适用

在外国法因其适用结果会违背法院地国的公共秩序而被排除适用后，究竟应依何国法律来裁决案件呢？

过去一般是主张在作为准据法的外国法被排除后，应依法院地法来处理有关案件。许多国家的国际私法立法也明确采用了这种做法。其中又可分为两种做法：一种是直接规定适用内国

① 参见（2022）鲁民终 173 号民事判决书。

法，而未作任何限制，如匈牙利、前联邦德国、秘鲁等；另一种虽然也规定了适用内国法，但对适用内国法附加了一定的限制，如 1995 年意大利《国际私法改革法》第 16 条即规定，违反公共秩序的外国法不得适用，在此种情况下，准据法应根据就同一问题可能提供的其他连结因素来确定，如没有相关连结因素，则适用意大利法。此外，2007 年土耳其《关于国际私法和国际诉讼程序法的法律》第 5 条也规定，应适用外国法时，如外国法的规定违反土耳其的公共秩序，则不得适用该外国法，并在必要时适用土耳其法律。“必要时”三个字也说明了土耳其法律对适用内国法也作出了一定的限制。这种立法反映了在外国法被排除后，不能一概以内国法取而代之的主张。持这种主张的学者认为，如果在外国法被排除后不分具体情况如何而一概以内国法取而代之的话，会助长滥用公共秩序的错误倾向，而且也违背了本国冲突法的本意。因为既然本国冲突法规定了应适用外国法，就表明该法律关系与外国有更密切的联系，适用外国法会更为合理。因而在外国法被排除后，不能一概以内国法取代外国法，而是应根据案件的实际情况妥善加以处理，如运用分割方法，仅排除外国法适用中与内国公共秩序相抵触的部分，而仍适用外国法中的其他有关规定。①

另外，还有学者主张，在本应适用的外国法被排除后，可拒绝审理案件。其理由在于，既然冲突法规定应适用某一外国法，这就表明不允许用其他国家的法律来代替，因而可像对待外国法不能查明一样，由法院拒绝审理案件。

六、运用公共秩序制度时应注意的问题

在运用公共秩序保留制度处理涉外民商事案件时，应注意以下几个问题。

第一，应注意区分国内公共秩序和国际公共秩序。德国学者萨维尼曾按照法律的性质将强行法分为两类，而瑞士学者布鲁歇则明确提出了国内公共秩序（national or domestic public policy）和国际公共秩序（international public policy）的概念。② 狭义的国内公共秩序是指国内民法意义上的公共秩序，其只能用以调整国内民商事交往。而国际公共秩序是指国际私法意义上的国际公共秩序法。在涉外民商事审判中，只有那些国际私法意义上的公共秩序法才可以排除外国法的适用。显然，从效力层次来看，国际私法意义上的公共秩序的效力要高于狭义的国内民法意义上的公共秩序，后者在涉外民商事审判中不足以排除外国法的适用，由于其效力等级相对较低，仅适用于国内民商事审判。当然，由于其效力等级更高，国际私法意义上的公共秩序自然也应适用于国内民商事交往。从这个角度来看，国际私法意义上的公共秩序法并非被制定用来专门调整国际民商事交往的，其之所以被称作国际私法意义上的公共秩序，完全是因为其效力等级足够高，从而可以在涉外民商事审判中排除外国法的适用，但与此同时，其也完全可以适用于国内民商事交往。显然，广义上的国内民法上的公共秩序既包括狭义的国内民法上的公共秩序，也包括国际私法意义上的公共秩序。在运用国际私法意义上的公共秩序制度时作前述区分是合理的，因为尽管国内民法上的公共秩序是包括前述两类强行法的，但涉外民商事关系毕竟不同于纯国内民商事关系，如果将国内公共秩序和国际公共秩序完全等同起来，就可

① 李双元，欧福永．国际私法．北京：北京大学出版社，2022：146-147.

② 1928 年的《布斯塔曼特法典》也明确使用了国内公共秩序和国际公共秩序的概念，其第 3 条将法律分为三类：属人法或国内公共秩序法；属地法或国际公共秩序法；任意法或私的秩序法。

能否定许多依外国法已成立的涉外民商事法律关系的成立，从而妨碍国际民商事交往的发展。因此，在国际私法中运用公共秩序制度排除外国法的适用时，应严格限定适用的条件和范围，以利于国际民商事关系的发展。可以说，二战以后，特别是近年来，随着国际民商事交往的深入发展，限制适用或严格适用公共秩序制度已成为许多国家的共识。

但在判断外国法适用结果是否违反本国公共秩序时，普遍的看法是目前国际私法上并无为所有或多数国家所承认的国际统一的标准或国际公共秩序标准（虽然如前所述一些学者及一些国家的司法实践主张应区分国内公共秩序与国际公共秩序），即各国只是在按自己本国的标准来阐释公共秩序的内涵，因而公共秩序保留制度具有相当的灵活性或弹性。

第二，援引公共秩序制度不应与他国主权行为（sovereign activity）相抵触，也不应与外国公法（foreign public law）的适用相混淆。过去，西方国家的法院常常援引公共秩序来否认外国国有化法令的域外效力。应该说，一国实行国有化是一国的主权行为，只要不违反国际法，他国就应予以尊重。戴赛和莫里斯也认为，承认外国没收私人财产的国有化法令并不违反公共政策，但他们同时还指出，如果该法令是“惩罚性”（penal）的，即如果该法令是针对特定的个人，或特定的公司，或特定的种族，或特定的外国国籍的人的财产，或该项财产在国有化开始之前已被带到英国，承认这种没收就会违反公共政策。①

一般认为，一国法院不适用外国刑法、行政法和税法等公法几乎是各国一致的立场。其理由是公法具有严格的属地性，本身不具有域外效力。根据属地原则，一国有权在其领域内实施刑法、行政法和财政法等公法，但同时也仅限于在其领域内实施。一国法院没有直接实施外国公法的义务。而用公共秩序制度排除外国法的适用是法院在根据本国冲突规范指定，本应适用外国法时，因适用的结果会违背本国公共秩序才排除该外国法的适用。由此可见，排除外国公法的适用和用公共秩序排除外国法的适用是两个不同的问题，排除外国公法的适用没有必要借助公共秩序这一工具，一国法院可以基于某一法律具有公法的性质而直接排除适用它。

但是，从有的国家晚近国际私法立法和司法实践来看，外国公法并非不具有域外效力。如瑞士《关于国际私法的联邦法》第 13 条便明确规定外国法并不因为其具有公法性质而排除其适用。也就是说，不能仅仅以外国法具有公法的性质而拒绝适用它。总体而言，在西方国家，认为公法具有严格的属地性而不能在外国获得适用的观点已经逐渐被放弃，在法国、瑞士、荷兰以及英格兰等国家或地区的司法实践中，都有适用外国公法的司法裁判。② 值得注意的是，德国法院的一些判决在承认外国公法域外效力时会附加一些条件，即从法院的观点来看，外国公法服务于合法的利益（legitimate interest）。③ 另外，根据国际货币基金组织协定第 8 条第 2 款（b）的规定，成员国对其他成员国实施或维持的符合基金协定的外汇管制法，不得再以违反本国公共政策为由不予承认。我国也有学者认为，不适用外国公法这个原则是先验的，没有理论和实践的基础。④

---

① 莫里斯．戴赛和莫里斯论冲突法（上）．李双元，等译．北京：中国大百科全书出版社，1998：119．莫里斯．法律冲突法．李东来，等译．北京：中国对外翻译出版社，1990：43．

② 韩德培．国际私法的晚近发展趋势．韩德培文集（上）．武汉：武汉大学出版社，2007：49－50．

③ 郭玉军．国际贷款法．武汉：武汉大学出版社，1998：298－300．

④ 韩德培．国际私法的晚近发展趋势．韩德培文集（上）．武汉：武汉大学出版社，2007：49－50．

第三，是否可以援引公共秩序制度来限制条约中的统一冲突规范的效力，也即当适用条约中统一冲突规范指定的外国法，会与本国的公共秩序或公共政策相抵触时，是否可援引公共秩序保留制度来限制适用条约中的规定，从而排除该外国法的适用呢？

第二次世界大战以后，许多国际私法公约中都订立了公共秩序保留条款，允许缔约国在公约中的冲突规范指引的外国法会与本国的公共秩序相抵触时，援引公共秩序保留条款排除适用公约中的冲突规范所指引的外国法。因此，只要公约中包含有公共秩序保留条款，缔约国就可以援引该条款排除外国法的适用。

但对于早先一些没有明确订立有公共秩序保留条款的国际私法公约，缔约国是否也可以援引公共秩序保留来排除公约中的冲突规范所指引的外国法的适用呢？对此有两种不同的意见。过去一般是认为除非公约缔约国在缔结或参加公约时作出了保留，否则不能在公约生效后又援引公共秩序保留来限制公约中的规定的适用。但现在越来越多的学者认为，对此应该解释为这种公约中默示地包含有公共秩序保留条款。例如劳特派特即认为，公共秩序保留制度可以说是国际私法领域的一个公认的普遍的原则，可以将其理解为《国际法院规约》第 38 条所指的一般法律原则（general principles of law）。就国际公约而言，如果没有明确的相反规定的情况，应认为它本身并不排除公共秩序保留的运用。应该说，这种观点是合理的。因为公共秩序保留制度的基础是国家主权，国家主权是国家固有的权力，未经其明示同意，不得认为其放弃了自己的此种权力。

为了避免公约适用中的含混不清以及为了在保障各国根本利益的条件下，吸引更多的国家尽快地参加到统一冲突法公约中来，以便在较为广泛的范围内达成国际私法公约，目前出现了几乎所有的统一冲突法公约都规定有公共秩序保留条款的趋势。但应该指出的是，缔结统一冲突法的目的就在于减少缔约国间法律选择的不一致，即使在公约中规定有公共秩序保留条款，仍应严加控制适用，否则便会损害缔结统一冲突法公约的宗旨。

第四，如何对待外国的公共秩序。公共秩序制度旨在保证内国公共秩序不因外国法的适用而受到损害，一般说来，一国法官通常不会考虑有关外国的公共秩序是否会因某一外国法的适用而受到损害的问题。但在接受转致的国家，的确会遇到是否要援引公共秩序保留制度来保护有关外国的公共秩序的问题。例如一个接受转致国家的法院在处理某一涉外民事案件时，依本国的冲突规范的指定应适用乙国法，而依乙国冲突规范的指定却应适用丙国法，甲国法院本应适用丙国法，但适用丙国法与乙国公共秩序相抵触，这时甲国法院该如何对待乙国的公共秩序？是否也要援引公共秩序制度排除丙国法的适用？从理论上讲，法官不仅应考虑丙国法的适用是否同甲国（法院地国）公共秩序相矛盾的问题，而且也应考虑丙国法的适用是否同乙国公共秩序相矛盾的问题，以及保护乙国公共秩序是否有损甲国公共秩序的问题，同时，只有在不损害甲国公共秩序的情况下，才能考虑维护乙国公共秩序的问题。

总之，公共秩序制度是国际私法上一项被普遍肯定的制度，并且，由于各国政治、经济、宗教、历史、文化等的不同，其法律和道德的基础也不同，因此公共秩序保留作为一项制度将长期存在。另外，在运用公共秩序保留时，应注意避免以狭隘的民族利己主义或狭隘的国家主义歪曲公共秩序的本意，即不得滥用公共秩序保留袒护本国公民或法人而损害他方当事人的正当合法的权利，否则便会破坏国际民商事交往关系在平等互利的基础上和谐稳定地向前发展的秩序。正如有些学者所指出的，目光短浅的现代民族主义严重地损害了国际私法作为一个法律体系的价值；如果对什么是公共秩序没有合理的解释，就会在很大程度上等于取消了国际私法的原则。[①]

七、我国有关规定

公共秩序保留制度作为维护内国公共秩序、限制外国法适用的工具，在我国立法中也得到了较为完备的规定。《民法典》第 8 条规定："民事主体从事民事活动，不得违反法律，不得违背公序良俗。"我国现行《民事诉讼法》第 283 条和第 289 条也分别就司法协助、外国法院判决的承认与执行等领域的公共秩序保留问题作了规定，但其使用的术语是"主权、安全或者社会公共利益"。在法律适用方面，《涉外民事关系法律适用法》第 5 条规定："外国法律的适用将损害中华人民共和国社会公共利益的，适用中华人民共和国法律。"此外，《海商法》第 276 条规定："依照本章规定适用外国法律或者国际惯例，不得违背中华人民共和国的社会公共利益。"《民用航空法》第 190 条有相同的规定。《法律适用法解释（一）》第 7 条还对我国尚未生效的国际公约的适用中的公共秩序保留问题作了规定。[②] 值得注意的是，1986 年《民法通则》曾将国际商事惯例也纳入我国公共秩序保留条款排除的对象，但学术界对此存在较大分歧，随后的《涉外民事关系法律适用法》第 5 条未再坚持这一做法。但在《海商法》和《民用航空法》中，仍可援引违反社会公共利益排除国际惯例的适用。

我国公共秩序保留条款具有如下几个特点：第一，在立法方式上，《涉外民事关系法律适用法》采取了直接限制的立法方式，即外国法的适用如果违反我国的公共秩序，则该外国法不予适用。这种方式赋予了法官较大的自由裁量权，有助于法官根据案件的实际情况作出判断，但也为法官滥用公共秩序保留制度打开了方便之门。第二，在立法标准上，《涉外民事关系法律适用法》采纳了结果说作为判断外国法的适用是否违反我国公共秩序的标准，即不仅考察外国法的内容是否与我国公共秩序相悖，同时更注重外国法适用的具体结果是否与我国公共秩序相悖。第三，在排除对象上，一方面，《涉外民事关系法律适用法》废除了以往相关立法将国际商事惯例作为公共秩序排除对象的做法，但另一方面，《法律适用法解释（一）》又将"尚未对中华人民共和国生效的国际条约"纳入公共秩序的排除对象。对我国而言，虽然同为非国家法（non-state law），但国际商事惯例系由商人们在商事交往中基于国际商事交往事理而慢慢创设的，原则上其违反我国公共秩序的可能性很小，而对我国尚未生效的国际条约则是基于其他国家的意志创设的，作为其他国家意志的产物，其适用结果违反我国公共秩序的可能性则大得多。从这一视角看，《法律适用法解释（一）》的前述规定具有一定合理性。第四，从使用的术语看，《民法典》使用的是"公序良俗"，我国《民事诉讼法》使用的是"主权、安全或者社会公共利益"，而与法律适用相关的规定多使用了"社会公共利益"。

在利邦国际品牌有限公司、利邦品牌管理（山东）有限公司等金融借款合同纠纷案中，一方当事人主张跨境担保涉及外汇管制等金融安全，与我国社会公共利益有关，应当适用中国法。法院根据《涉外民事关系法律适用法》第 4 条、第 5 条及 2012 年《法律适用法解释（一）》

---

① 李双元，徐国建．国际民商新秩序的理论建构．武汉：武汉大学出版社，1998：256－257.

② 《法律适用法解释（一）》第 7 条规定，当事人在合同中援引尚未对中华人民共和国生效的国际条约的，人民法院可以根据该国际条约的内容确定当事人之间的权利义务，但违反中华人民共和国社会公共利益或中华人民共和国法律、行政法规强制性规定的除外。

第10条，认为本案中，应审查涉港金融借款法律关系中的跨境担保是否存在涉及中华人民共和国外汇管制等金融安全的强制性规定。根据《跨境担保外汇管理规定》第29条规定："外汇局对跨境担保合同的核准、登记或备案情况以及本规定明确的其他管理事项与管理要求，不构成跨境担保合同的生效要件。"国家外汇管理局通过上述规定，已明确跨境担保的登记或备案等手续不构成跨境担保合同的生效要件，即关于本案的跨境担保并不属于《涉外民事关系法律适用法》第4条规定之情形。因此，本案"银行授信函"和"担保函"中关于适用我国香港地区法律的约定合法有效，利邦国际品牌有限公司、利邦品牌管理（山东）有限公司关于涉案担保合同因涉及社会公共利益，不能通过约定排除适用中华人民共和国法律的主张不能成立，法院不予支持。[①]

MATERIAL

Public Policy

The defendant was a doctor of German nationality who exercised his profession in Germany. The daughter of the plaintiff (both the plaintiff and his daughter had French nationality) died in Germany after having been treated by the defendant. The father of the deceased started both criminal and civil proceedings against the German doctor in France on the basis of the French nationality of the victim. The defendant did not appear in person in the French proceedings, but asked to be represented by his attorneys, a request which was dismissed by the French court. The Court found the defendant guilty (at the criminal branch of the case). The defendant was also condemned to pay compensation (at the civil branch of the case). The plaintiff tried to execute the civil judgment in Germany under Brussels Convention. The case reached the German Supreme Court, which in turn addressed certain questions for a preliminary ruling to the Court of Justice in respect of the potential incompatibility of the French judgment with the public policy under Art. 27 (1) of the Brussels Convention.

Public policy in private international law mainly functions as a safety provision. Private international law is based on the willingness of national court to apply foreign law and to recognize foreign judgments. Foreign legal system involved might contain rules that are contrary to the notions of equity prevailing in the law of the court seized. As the courts should not be forced to legitimize results that go against the basic interests and values of their legal system, private international law needs a provision to ward off or sweep away such unacceptable results: the public policy exception. This is recognized not only in the context of many private international law conventions, but also in the national systems of private international law. In private international law in general, "international public policy" is a much more limited notion

① 参见（2022）鲁民终173号民事判决书。

than "domestic public policy" . It is neither surprising nor controversial to give a strict interpretation of the public policy exception. Public policy is called the ultimate escape device available to avoid an unpalatable result. By invoking public policy, the courts could magisterially sweep away the results incurred by traditional rules and apply its own law to achieve the desired result.

QUESTION

What is the function of public policy in private international law?

CASE STUDY

Kuwait Airways Corporation v Iraqi Airways Company and Others

[2002] UKHL 19

(abbreviated)

Ⅰ. The Facts

On 2 August 1990 military forces of Iraq forcibly invaded and occupied Kuwait. They completed the occupation in the space of two or three days. When the Iraqi forces took over the airport at Kuwait, they seized ten commercial aircraft belonging to KuwaitAirways Corporation (KAC): two Boeing 767s, three A300 Airbuses, and five A310 Airbuses. They lost no time in removing these aircraft to Iraq. By 9 August nine of the aircraft had been flown back to Basra, in Iraq. The tenth aircraft, undergoing repair at the time of the invasion, was flown direct to Baghdad a fortnight later. On 9 September the Revolutionary Command Council of Iraq adopted a resolution dissolving KAC and transferring all its property worldwide, including the ten aircraft, to the state-owned Iraqi Airways Co (IAC). This resolution, resolution 369, came into force upon publication in the official gazette on 17 September. On the same day IAC's board passed resolutions implementing RCC resolution 369.

On 11 January 1991 KAC commenced these proceedings against the Republic of Iraq and IAC, claiming the return of its ten aircraft or payment of their value, and damages. The aircraft were valued by KAC at US $ 630 million. The damages claimed at the trial exceeded $ 800 million.

The UN Security Council's deadline for Iraq's withdrawal from Kuwait expired at midnight on 15 January 1991. Military action by coalition air forces began twenty-four hours later. The airfield at Mosul, in the north of Iraq, suffered several attacks from the air. In late January and early February 1991 four of the ten aircraft seized from KAC, moved to Mosul for safety reasons, were destroyed by coalition bombing. The aircraft destroyed were the two Boeing 767s and two A300 Airbuses. In these proceedings these four aircraft have become known as "the Mosul four". The other six aircraft, known as "the Iran six", were evacuated by IAC to Iran at much the same time. Following negotiations with the government of Iran these six aircraft were flown back eventually to Kuwait in July and August 1992. KAC later paid Iran a substantial amount, US $20 million, for the cost of keeping, sheltering and maintaining them.

Ⅱ. The Issue

The question raised in the present proceedings is whether resolution 369 of the Revolutionary Command Council of Iraq is of this character. This decree was one of the RCC resolutions issued with a view to giving effect to the integration of Kuwait into Iraq following the invasion. It was part and parcel of the Iraqi seizure of Kuwait and its assets and the assimilation of these assets into the political, social and economic structure of Iraq.

Ⅲ. The Analysis

That this seizure and assimilation were flagrant violations of rules of international law of fundamental importance is plain beyond argument. International reaction to the invasion was swift. On the first day of the invasion, 2 August 1990, the UN Security Council condemned the invasion as a breach of the peace and demanded immediate Iraqi withdrawal (resolution 660). On 6 August the Security Council determined that Iraq had usurped the authority of the legitimate government of Kuwait. All member states were to take specified measures to restore the authority of the legitimate government of Kuwait. The council called upon all states to take appropriate measures to protect assets of the legitimate government of Kuwait and its agencies, and not to recognise any regime set up by the occupying power (resolution 661). On 9 August the Security Council decided that the annexation of Kuwait by Iraq had no legal validity and was null and void. The council called upon all states not to recognise this annexation, and to refrain from any action which might be interpreted as an indirect recognition of the annexation (resolution 662). Later resolutions of the Security Council included resolution 674 (29 October 1990) which condemned the seizure by Iraq of public and private property in Kuwait and reminded Iraq of its liability under international law for loss and damage caused to Kuwaiti nationals and institutions. On 29 November 1990 the council authorised military action against Iraq (resolution 678).

In the event no state recognised Iraq's annexation of Kuwait or its authority in Kuwait. On 2 March 1991 the UN Security Council laid down conditions for a cease fire. The conditions included demands that Iraq should rescind its purported annexation of Iraq, accept in principle its liability under international law for any loss or damage caused to Kuwait and its nationals and corporations, and begin to return all Kuwaiti property immediately (resolution 686). On 5 March 1991 Iraq accepted these obligations and repealed resolution 369 of the

Revolutionary Command Council.

The effect of these Security Council decisions, as a matter of international law, is clear. Iraq and Kuwait are both members of the United Nations. Article 2 (4) of the United Nations Charter provides that in their international relations all members shall refrain from the use of force against the territorial integrity of any state. This is also a principle of customary international law binding on states independently of the provisions of the Charter: see the International Court of Justice in Nicaragua v United States of America [1986] ICJ Reports 14, 98 - 100, at paragraphs 187 - 188.

Further, article 25 of the United Nations Charter provides that the members of the United Nations agree to accept and carry out the decisions of the Security Council in accordance with the Charter. Chapter VII of the Charter empowers the Security Council to determine that there exists a breach of the peace. When the council has made such a determination, as happened in the present case on the very day of the invasion, the council may decide upon measures to restore international peace and security. These measures include both military and non-military measures. Decisions of the Security Council taken under these chapter VII powers are legally binding upon all members of the United Nations: see the opinion of the International Court of Justice concerning Legal Consequences for States of the Continued Presence of South Africa in Namibia [1971] ICJ Reports 16, 53 - 56, paragraphs 115 - 125. The Security Council resolutions mentioned above were decisions taken under chapter VII.

On behalf of IAC Mr. Donaldson submitted that the public policy exception to the recognition of provisions of foreign law is limited to infringements of human rights. The allegation in the present action is breach of international law by Iraq. But breach of international law by a state is not, and should not be, a ground for refusing to recognise a foreign decree. An English court will not sit in judgment on the sovereign acts of a foreign government or state. It will not adjudicate upon the legality, validity or acceptability of such acts, either under domestic law or international law. For a court to do so would offend against the principle that the courts will not adjudicate upon the transactions of foreign sovereign states. This principle is not discretionary. It is inherent in the very nature of the judicial process: see Buttes Gas and Oil Co v Hammer (No 3) [1982] AC 888, 932. KAC's argument, this submission by IAC continued, invites the court to determine whether the invasion of Kuwait by Iraq, followed by the removal of the ten aircraft from Kuwait to Iraq and their transfer to IAC, was unlawful under international law. The courts below were wrong to accede to this invitation.

My Lords, this submission seeks to press the non-justiciability principle too far. Undoubtedly there may be cases, of which the Buttes case is an illustration, where the issues are such that the court has, in the words of Lord Wilberforce at page 938, "no judicial or manageable standards by which to judge [the] issues":

"the court would be asked to review transactions in which four sovereign states were involved, which they had brought to a precarious settlement, after diplomacy and the use of force and to say that at least part of these were 'unlawful' under international law."

This was Lord Wilberforce's conclusion regarding the important inter-state and other issues arising in that case: see his summary at page 937.

This is not to say an English court is disabled from ever taking cognizance of international law or from ever considering whether a violation of international law has occurred. In appropriate circumstances it is legitimate for an English court to have regard to the content of international law in deciding whether to recognise a foreign law. Lord Wilberforce himself accepted this in the Buttes case, at page 931D. Nor does the "non-justiciable" principle mean that the judiciary must shut their eyes to a breach of an established principle of international law committed by one state against another when the breach is plain and, indeed, acknowledged. In such a case the adjudication problems confronting the English court in the Buttes litigation do not arise. The standard being applied by the court is clear and manageable, and the outcome not in doubt. That is the present case.

Against this background I return to the question whether as a matter of public policy an English court ought to decline to recognise RCC resolution 369 as effectual to divest KAC of its title to its aircraft. Mance J and the Court of Appeal said that an English court should so decline. I agree with them.

The acceptability of a provision of foreign law must be judged by contemporary standards. Lord Wilberforce, in a different context, noted that conceptions of public policy should move with the times: see Blathwayt v Baron Cawley [1976] AC 397, 426. In Oppenheimer v Cattermole [1976] AC 249, 278, Lord Cross said that the courts of this country should give effect to clearly established rules of international law. This is increasingly true today. As nations become ever more interdependent, the need to recognise and adhere to standards of conduct set by international law becomes ever more important. RCC resolution 369 was not simply a governmental expropriation of property within its territory. Having forcibly invaded Kuwait, seized its assets, and taken KAC's aircraft from Kuwait to its own territory, Iraq adopted this decree as part of its attempt to extinguish every vestige of Kuwait's existence as a separate state. An expropriatory decree made in these circumstances and for this purpose is simply not acceptable today.

Ⅳ. The Conclusion

I have already noted that Iraq's invasion of Kuwait and seizure of its assets were a gross violation of established rules of international law of fundamental importance. A breach of international law of this seriousness is a matter of deep concern to the world-wide community of nations. This is evidenced by the urgency with which the UN Security Council considered this incident and by its successive resolutions. Such a fundamental breach of international law can properly cause the courts of this country to say that, like the confiscatory decree of the Nazi government of Germany in 1941, a law depriving those whose property has been plundered of the ownership of their property in favour of the aggressor's own citizens will not be enforced or recognised in proceedings in this country. Enforcement or recognition of this law would be manifestly contrary to the public policy of English law. For good measure, enforcement or recognition would also be contrary to this country's obligations under the UN Charter. Further, it would sit uneasily with the almost universal condemnation of Iraq's behaviour and with the military action, in which this country participated, taken against Iraq to compel its withdrawal from Kuwait. International law, for its part, recognises that a national court may properly decline to give effect to legislative and other acts of foreign states which are in violation of international law: see the discussion in Oppenheim's International Law, 9th ed. (1992), vol 1, (ed. Jennings and Watts) pages 371 - 376, paragraph 113.

QUESTIONS

1. What was the court's opinion toward the "RCC resolution 369" in this case?
2. What is the meaning of "public policy" articulated by the court in this case?

第九节 先决问题

一、先决问题的概念及其构成要件

先决问题（preliminary question），又称附带问题（incidental question），指一国法院在处理涉外案件中的某一争诉问题时，如果必须以解决另一问题为先决条件，则可以将该争诉问题称为“本问题”或“主要问题”（principle question），而把需要先行解决的问题称为“先决问题”或“附带问题”。在国际私法发展史上，先决问题于1932年被德国学者梅尔希奥提出。

与继承或身份有关的涉外案件，最有可能发生先决问题，例如，继承案件中判断谁是继承人时，必须首先判断某人是否与被继承人有配偶关系（其婚姻是否有效成立）、是否为婚生子女（父母之婚姻是否有效成立或有无认领）、是否为养子女（其收养是否有效成立）等；在离婚案件中，必须首先确定其婚姻是否有效成立；在重婚案件中，必须先判断前婚姻是否有效成立或是否已经消灭；在扶养或监护案件中，必须先确定是否具有某种身份关系。然而关于财产请求权之涉外案件，亦有可能发生先决问题，例如于给付型不当得利案件，请求返还不当得利之前，必须先判断原因法律关系是否不存在。

有关先决问题的一个著名案件是加拿大的施韦贝尔诉匈牙利案（Schwebel v. Ungar）。[①] 在该案中，有一对犹太夫妇居住于匈牙利，拟移民以色列，中途在意大利的犹太街居所依犹太方式离婚，此种离婚方式为匈牙利法所不承认，但为以色列法所承认。其后，双方当事人于以色列取得住所，随后女方又移民加拿大多伦多省与第二任丈夫举行婚礼，其前夫向加拿大安大略法院提起确认前妻再婚无效之诉。

本案中，主要问题是该妇女之再婚能力。依照加拿大安大略省的冲突规范，此问题应依当事人之住所地法，即以色列法，而再婚能力之有无，又取决于该妇女前婚姻之离婚是否有效，此问题即为本案的先决问题。该离婚依加拿大安大略省的冲突规范应适用匈牙利法而不承认其效力，但依以色列冲突规范则应适用以色列法，则离婚有效。

加拿大最高法院最终维持了安大略省上诉法院的判决，认为再婚有效，其理由为依照该妇女婚前住所地法，该妇女拥有单身女子身份。本案中，加拿大法院适用以色列冲突规范，即依主要问题准据法所属国的冲突规范来决定先决问题应适用的法律。

关于先决问题的构成要件，理论上存在分歧，在德国主要有两种不同的主张。广义的观点认为，为处理主要问题而为其先决法律关系选定准据法，就有可能发生附带问题。狭义的观点认为，应该区分第一问题[②]与先决问题，认为当主要问题之准据法为外国法时，方可能发生先决问题，否则即属于第一问题。此外，不能独立之先决法律要件而有单独冲突规范者，例如行为能力或法律行为之方式等，属于部分问题（Teilfrage），应与先决问题区分。故此等学者认为先决问题应具备两个要件：（1）主要问题之准据法为外国法；（2）主要问题之先决法律关系可以独立发生（故在国际私法上有独立之冲突规范）。采狭义先决问题观点的德国学者认为先决问题虽然常常发生，然而真正难以解决之棘手先决问题甚少出现，盖其须再具备下列要件：（A）法庭地国与本案准据法国之国际私法，就该先决之法律关系所确定之准据法相异；（B）此相异之准据法就该先决之法律关系所规定之法律效果亦相异。否则，若法庭地国与本案准据法国之国际私法，就该先决之法律关系所确定之准据法相同，或不同之准据法确有相同之实体法律效果，则究竟以法庭地国之国际私法或以本案准据法国之国际私法为先决之法律关系选法，并无区别。[③]

英国学者一般认为并不是所有需要先行解决的问题都构成国际私法上的先决问题，构成国际私法上的先决问题一般必须具备三个条件：

（1）主要问题依法院地冲突规则必须以外国法为准据法；

（2）需要先行解决的问题具有相对独立性，可以作为一个单独的争议向法院起诉，并且有自己的冲突规则；

（3）依法院地国的冲突规则和依主要问题准据法所属国冲突规则，将要指定不同国家的法律为准据法，并会得出不同的判决结果。

我国教材所持观点一般与英国学者的主张一致，对所谓的第一问题和部分问题基本上未予

---

① （1963）42 D. L. R.（2d.）622；（1964）48 D. L. R.（2d.）624（Supreme Court of Canada）.

② 内国国际私法之构成要件为一待处理之法律关系，此法律关系即是第一问题。例如婚姻之一般效力，依夫之本国法。夫妻财产制，依结婚时夫所属国之法。此二条文皆以有效婚姻之存在为适用该冲突规则之构成要件；如果婚姻无效，则根本无婚姻之一般效力可言，亦无夫妻财产关系。上述条文均涉及为冲突规则构成要件之婚姻关系是否有效之问题，此即为第一问题。

③ 廖蕙玟．“先决问题”之研究．东海大学法学研究，2008（6）：123－124.

以讨论。

二、先决问题的法律适用

对于如何解决先决问题的法律适用，传统上，学者们的分歧主要体现为“准据法说”和“法院地法说”的对立。较新的观点则主张，解决先决问题并无一般规则，应根据个案的情况分别采取不同的解决方法，即所谓的“个案分析说”。

先决问题可能会涉及任何种类的法律关系或有关的法律地位、身份等问题。但实践中，先决问题突出表现在家庭法领域，例如婚姻（重婚）、收养、继承、（非）婚生子女地位问题。因此，冯·巴尔称，婚姻家庭法领域是引发先决问题的主战场。①

通过对德国、法国、瑞士、丹麦、加拿大、英国、澳大利亚等国司法实践的考察可以发现，多数国家的法院并未意识到先决问题这一“特殊问题”的存在。即便那些发现并试图解决该问题的法院，在态度和做法方面也并不总是一致的。有时先决问题的解决并不依赖于法律选择规则，而是取决于对某一个外国判决或行政决定的承认，例如，对离婚、婚姻无效宣告、亲子关系认定、收养法令或死亡推定的承认。此类特殊问题在于法官是适用法院地国关于承认外国判决或行政决定的规则，还是外国准据法国的规则（前提是两国规则不同）。②

应当指出，先决问题准据法的确定不仅仅局限于法院地国的冲突规则或主要问题准据法所属国的冲突规则。换言之，其选择范围从国家的视角看不仅包括法院地国和主要问题准据法所属国，甚至还包括转致国；从法律规则的性质看，其选择范围不仅涉及这些国家的冲突规则，还包括这些国家的实体规则，甚至包括建立在这些潜在的适用规则基础之上的其他规定。③

实际上，在处理先决问题时，法院常常既不适用主要问题准据法所属国的冲突规范，也不适用法院地国的冲突规范，而是适用内国实体法或将支配主要问题的实体法律进行解释后适用于先决问题。④而且，在晚近的一些判例中，越来越多的法院趋向于根据结果选择的方法，直接适用法院地实体规范或主要问题准据法所属国的实体规范。⑤

概括而言，关于先决问题的法律适用主要有三种主张。

（一）准据法说

准据法说主张应依主要问题准据法所属国的冲突规范来确定先决问题的准据法。支持准据法说的代表学者主要有梅尔希奥、温格勒（Wilhelm Wengler）、拉加德（Paul Lagarde）及沃尔夫（Martin Wolff）等。其主要理由为，先决问题与主要问题固然是相对独立的，但先决问题是由主要问题引发出来的，和主要问题存在着密切的联系，先决问题应该受主要问题准据法

---

① T. S. Schmidt，The Incidental Questions in Private International Law，Collected Courses of the Hague Academy of International Law，1992，Vol. 233，p. 321.

② T. S. Schmidt，The Incidental Questions in Private International Law，Collected Courses of the Hague Academy of International Law，1992，Vol. 233，p. 320.

③ A. E. Gotlieb，Incidental Questions Revisited. Theory and Practice in the Conflict of Laws，in Contemporary Problems in the Conflict of Laws，A. W. Sijtff International Publishing Company，1978，p. 69.

④ A. E. Gotlieb，Incidental Questions Revisited. Theory and Practice in the Conflict of Laws，in Contemporary Problems in the Conflict of Laws，A. W. Sijtff International Publishing Company，1978，p. 60.

⑤ 肖永平，王葆莳．国际私法中先决问题的理论重构．武大国际法评论．（3）．武汉：武汉大学出版社，2005：37.

所属国法律的制约。而且，先决问题的准据法依附于主要问题的准据法，有利于实现判决的国际一致性。因此，应依主要问题准据法所属国的冲突法规范确定先决问题的准据法。①

中国台湾地区有学者持准据法之实体法说。② 此说认为先决问题之解决应依主要问题准据法国之实体法处理，此说着眼于方便、便宜之考虑，降低法院选法的复杂性。

司法实践中，爱尔兰 R 诉布伦特伍德婚姻登记处主任案（R v Brentwood Superintendent Registrar of Marriages）③ 是采该说的一个案件。在该案中，某意大利人娶瑞士女子为妻，不久双方于其共同住所地瑞士离婚。离婚后妻又再嫁，其前夫则欲于英国与有住所于瑞士之西班牙女子结婚。但婚姻注册员拒绝注册他们的婚姻，认为其前婚姻离婚效力有问题。该意大利人遂于英国法院起诉，请求法院颁发命令，指示婚姻注册员颁发证明准予注册。依瑞士法，结婚能力依当事人本国法，而依意大利法不承认意大利人之离婚。本案主要问题是该意大利人的再婚能力问题，依照英国冲突规范，应适用当事人住所地法，即瑞士法。而本案中的先决问题则为前婚姻离婚的效力问题，该离婚之效力问题依英国冲突规范，应适用夫之住所地法即瑞士法，而依瑞士法律规定，该离婚为有效；但依照主要问题准据法国的冲突规范，即瑞士冲突规范，离婚效力问题应适用夫之本国法即意大利法，依意大利法律，则不承认意大利人之离婚。本案英国法院就先决问题适用了瑞士法，认定该离婚为无效，故再婚为重婚。

（二）法院地法说

法院地法说主张根据法院地国的冲突规则来确定先决问题的准据法。该说的代表人物主要有努斯鲍姆、拉佩（Leo Raape）及格雷夫森（Graveson）等。此派学者通常不赞成反致理论，以避免适用外国之国际私法。其主要理由为：（1）先决问题虽然影响到主要问题的处理，但是先决问题本身是一个独立问题，法院地国法中既然有调整这一问题的冲突规范，法院便应当按先决问题本身的性质，依法院地国的冲突规范来确定其准据法。（2）先决问题所包含的婚姻、离婚及其他身份问题对法院地来说甚至比主要问题更具意义，与法院地关系更为密切。另外，先决问题之发生通常与法院地之公共政策有关，而法院地政策之考虑应优先于主要问题，甚至于吸收主要问题，故应适用法院地国法。（3）如果忽视法院地公共政策，导致不适用法院地法，则将迫使本国或外国人有关身份能力问题受制于外国法律。（4）可达到法院地实体判决一致性与单纯性之效果。

需要提及的是，柯里及其追随者艾伦茨威格则认为，解决先决问题时只需考虑法院地实体法。柯里在解决先决问题时引入利益分析说，并认为法院只能对自己国家的实体法进行利益判断，从而应当完全用内国法解决主要问题和先决问题。④艾伦茨威格更直截了当地说，先决问题和反致、公共秩序保留、识别一样，都是法官用来排除外国法而适用本国法的工具。⑤

（三）个案分析说

此说认为国际私法案件复杂且变化多端，主要问题与先决问题之法律适用，无一可资遵循

① 刘仁山．国际私法．北京：中国法制出版社，2019：100.

② 金汶淑．国际家族法上先决问题（一）．民商法杂志，124（3）：378.

③ ［1968］2 Q. B. 956.

④ A. E. Gotlieb，Incidental Questions Revisited. Theory and Practice in the Conflict of Laws，in Contemporary Problems in the Conflict of Laws，A. W. Sijtff International Publishing Company，1978，p. 56.

⑤ 肖永平，王葆莳．国际私法中先决问题的理论重构．武大国际法评论．3 卷．武汉：武汉大学出版社，2005：51.

之共同原则，而应依个别案件之情形，分别定其准据法。主张此说者有戚希尔、戴赛、莫里斯、高特里普（A. E. Gotlieb）、冯梅伦（Arthur Taylor von Mehren）及特劳特曼（Donald Theodore Trautman）等。[①]

日本学者桑田三郎在介绍关于先决问题的最近学说时指出，随着国际私法理论现实主义倾向的发展，任何一个学派都在"避免根据单方面的立场来进行划一的解决"，而是"根据情况谋求个别的解决，即看某一先决问题究竟同法院地法还是同本问题（即主要问题）准据法关系更为密切，换句话说，就是看该先决问题的中心究竟偏于哪个方面"[②]。

有学者进一步指出，影响先决问题解决的因素包括法院地的政策利益、公共秩序、判决一致性、法院地法的合理解释、外国法的解释、避免挑选法院的需要、国际协调的促进、公平正义等。[③]这些因素在不同案件中分量不同。

另外，从各国立法以及国际立法的规定来看，目前世界上绝大多数国内立法和国际条约都没有规定先决问题的法律适用，仅有少数国家的国内立法和个别区域性国际条约涉及该问题，但基本上都没有对先决问题的解决作出硬性规定。[④]

三、我国有关规定

2010年《涉外民事关系法律适用法》对先决问题没有规定。《法律适用法解释（一）》第10条规定："涉外民事争议的解决须以另一涉外民事关系的确认为前提时，人民法院应当根据该先决问题自身的性质确定其应当适用的法律。"从该条规定来看，我国对先决问题的法律适用问题采法院地法说，即根据先决问题的自身性质，适用我国法中相对应的冲突规范。

在我国涉外民商事审判实践中，司法实务部门亦是按照以上规定来解决先决问题的法律适用。如在最高人民法院于2015年审理的黄艺明、苏月弟与周大福代理人有限公司、亨满发展有限公司以及宝宜发展有限公司合同纠纷案[⑤]中，主问题为"买卖股权协议"项下的股权纠纷和债权转让纠纷，但该案还涉及一项先决问题，即黄艺明的继承人资格问题。最高人民法院遂根据该先决问题的性质，援引《涉外民事关系法律适用法》第31条关于法定继承的冲突规范，适用了内地的继承法，认定了黄艺明的继承人资格。

---

① A. E. Gotlieb, Incidental Questions Revisited. Theory and Practice in the Conflict of Laws, in Contemporary Problems in the Conflict of Laws, A. W. Sijtff International Publishing Company, 1978, p. 97.

② 日本国际法学会．国际法辞典．中译本．北京：世界知识出版社，1985：280.

③ A. E. Gotlieb, Incidental Questions Revisited. Theory and Practice in the Conflict of Laws, in Contemporary Problems in the Conflict of Laws, A. W. Sijtff International Publishing Company, 1978, p. 97.

④ 对先决问题作出规定的国际国内立法（或草案）主要有以下几个：(1) 1974年阿根廷共和国《国际私法条例（草案）》第3条规定："如果一项规定指定某一法律适用于一项特定争议，则此项规定专属地适用于该争议，不得扩大适用于任何相关或附属问题。"(2) 美洲国家国际私法特别会议1979年通过的《关于国际私法的公约》第8条规定："因主要问题而提出的先决问题，不必一定依适用于主要问题的法律解决。"(3) 意大利1995年《国际私法改革法》第6条规定："如果对于所提出的诉讼请求的判决取决于意大利无管辖权的其他问题的解决，则意大利法院可以对该问题附带作出判决。"(4) 列支敦士登1996年《关于国际私法的立法》第2条规定："决定适用某一特定法律的事实上和法律上的先决问题应由法院决定，除非在某一需要进行法律选择的事件上［第20条，第29条第(3)款，第39条第(1)款］根据程序法条款当事人事实上的意愿被认为是真实的。"(5) 委内瑞拉1998年《国际私法》第6条规定："主要问题中可能出现的预先问题、先决问题或附带问题，不必依支配主要问题的法律解决。"(6) 中国国际私法学会草拟的《中国国际私法示范法（第六稿）》第15条（先决问题）："国际民商事案件或者事项的主要问题的解决依另一先决问题的解决时，先决问题所涉及的民商事关系的法律适用，应当根据本法依照该民商事关系的性质加以确定。"

⑤ 参见（2015）民四终字第9号民事判决书。

MATERIAL

Incidental Problem

For the incidental problem to arise there must be (1) the law applying to a principal or main question must be governed by a foreign law, and (2) a subsidiary or incidental question in the same case must arise which could arose on its own right and for which choice of law rules are available. Also (3) the forum's choice of law rules must select a different system to settle the subsidiary issue than would the choice of law rules of the country chosen to apply to the main question.

In every case where involves an incidental question, the specific fact must be looked to and an evaluation made of various factors that can influence the result. The factors include the policy of the forum, the need for consistency among decisions of the forum, the interpretation of the forum's statutes and substantive law, the policies of the state or states concerned, the construction of the foreign laws, the desire to avoid forum shopping, the purpose behind the potentially applicable choice of law rules, the need to promote international harmony in the decision of various courts, the doctrine of fairness and equity.

As an example, suppose that a French court hears the case of an American national died domiciled in California leaving movables in England. The French choice of law rule would refer the distribution of personal property to Californian law which has community property provisions entitling his widow to share in his estate. The marriage was in England and, as both the *lex loci celebrationis* and the *lex situs*, English law declares it valid even though it is void *ab initio* under Californian law because it is considered bigamous. A divorce decree granted by the Arcadian courts was recognised as valid in England, but not in California. Should the widow's claim be determined by the English or Californian law? There are different views.

One of the more interesting cases on this topic is the Canadian Supreme Court case of *Schwebel v Ungar* [1964] 48 DLR (2d) 644 in which a Jewish husband and wife, domiciled in Hungary, married in Hungary. While they were emigrating to Israel, they found themselves in Italy and the husband divorced his wife by a religious form. Under the laws of Hungary (their *lex domicilii*) and Italy, the religious form of divorce was invalid, but it was recognised as effective by the law of Israel where the husband acquired a domicile of choice. Subsequently, the wife moved to Canada and, without abandoning her Israeli domicile, went through a second ceremony of marriage. The second husband petitioned for nullity alleging that the marriage was bigamous. The Supreme Court held the marriage to be valid. The main question was the wife's capacity to marry which, under Canadian law, is determined by her *lex domicilii*, i. e. the law of Israel at the time of the second ceremony. The incidental question was the validity of the divorce which was to be determined either by their *lex domicilii* at the relevant time or by Italian law as the *lex loci actus*. The judgment seems to suggest that the court decided both questions by reference to the law of Israel as the law governing the main question.

In *Lawrence v Lawrence* 1 [985] Fam 106 the English Court of Appeal was asked by the second husband to rule on the validity of another potentially bigamous marriage. The wife first married in Brazil and then divorced the husband in Nevada (this was not recognised in Brazil) and immediately married the second husband in Nevada. The two laws were the wife's *lex domicilii* to which English choice of law rules referred her capacity to marry (under Brazilian law she lacked capacity to marry the second husband) and the validity of the second marriage which was determined under the *lex loci celebrationis*. The case was decided by characterising the case as one of divorce recognition rather than capacity to marry.

The outcome suggests that the same law will be applied to both the main and the incidental questions on the understanding that the forum court is probably making a policy decision on which outcome is the more desirable—in both cases, the courts seem to have been interested in upholding the validity of the second marriage reflecting a rebuttable presumption in both jurisdictions to recognise marriages valid under their *lex loci celebrationis* in default of any strong policy reason to the contrary.

QUESTION

What is incidental problem?

CASE STUDY

Schwebel v. Ungar

[1965] S. C. R. 148

(abbreviated)

Ⅰ. The Facts and Proceeding

In 1945, the defendant was married to W in Budapest, Hungary, which country was their domicile of origin. Before their marriage they had decided to leave Hungary permanently for Israel and in furtherance of this intention they left Budapest three weeks after the marriage and, having put themselves in the hands of a Jewish deputy, started for Israel in company with many thousands of other Hungarians. In 1948, while still *en route* to Israel, they obtained a Jewish bill of divorcement in Italy in conformity with rabbinical law by appearing in the presence of witness, before a rabbi at which time a formal document entitled a "gett" was delivered to the defendant. This document was not recognized either in Italy or in Hungary as bringing the marriage to an end, but it was recognized in Israel, where the defendant and W finally arrived a few weeks after the "gett" was delivered.

The defendant remained in Israel and lived with her parents for several years. The evidence of W's life and activities after his arrival in Israel was sketchy. Some years later, the defendant met and married the plaintiff in Toronto on a trip to Ontario and they lived in Toronto. Subsequently, the plaintiff obtained a declaration in the Supreme Court of Ontario that the marriage solemnized between the parties at Toronto was null and void because there was a valid and subsisting marriage then in existence between the defendant and W. On appeal by the defendant the judgment at trial was set aside. With leave of the Court of Appeal, an appeal by the plaintiff was then brought to this Court.

Ⅱ. The Issue

Whether the bill of divorcement granted before a rabbinical court at Trani, Italy is valid or should be recognized by the court or not.

Ⅲ. The Court's Finding

In essence the argument advanced on behalf of the appellant is that the validity of the bill of divorcement granted before a rabbinical court at Trani, Italy, which purported to dissolve the respondent's first marriage was not, at the time when it was granted, recognized in Hungary which was then the country of Waktor's domicile and accordingly that it should not be recognized in the Province of Ontario. It is further contended, as the learned trial judge has found, that the evidence does not justify a finding that Waktor had acquired a domicile of choice in Israel, where his marriage was regarded as having been legally dissolved, and that the respondent therefore never lost her status as Waktor's wife according to the law of his domicile of origin in Hungary which should be recognized in the Courts of Ontario as the status which she had at the time of her marriage to the appellant.

The evidence as to Waktor's life and activities after his arrival in Israel is sketchy but in the course of proving that he was still alive at the time of the respondent's second marriage, the appellant's counsel led evidence to show that, as far as was known, he had remained in Israel from the time that he arrived there, and an extract was introduced from a registration in the census book at Tel Aviv which is dated August 16, 1962, and which states that Waktor is single, that his religion and nationality are Jewish and that he is a resident of Israel from November 20, 1948.

The respondent's evidence discloses that she lived in Israel with her parents for seven and a half years after her arrival and that it was on a trip to New York and Toronto for the purpose of visiting relatives that she met and married the appellant.

The learned Chief Justice who presided at the trial of this action decided that the respondent was not domiciled in Israel at the time of her second marriage on the ground that while she was in Italy, she still retained the domicile of her first husband which was Hungary and that the evidence necessary to support a finding that Waktor had established a domicile of choice in Israel was lacking in this case.

Although there is a presumption against a change of domicile, and the intention to remain permanently in a country other than the country of origin must be accompanied by actual residence in the new country in order to establish a domicile of choice, there may nevertheless be circumstances which so clearly indicate the existence of an intention to remain permanently in the new country that the mere fact of arrival there is enough to establish the new domicile. This proposition finds support in Dicey's Conflict of Laws, 7th ed., p. 96, where it is stated:

"It is not, as a matter of law, necessary that the residence should be long in point of time: residence for a few days or even for part of a day is enough. Indeed, an immigrant can acquire a domicile immediately upon his arrival in a country in which he intends to settle. The length of the residence is not important in itself: it is only important as evidence of animus manendi."

In Cheshire's Private International Law, 6th ed., at p. 174, it is said:

"On the other hand, time is not the sole criterion of domicil. Long residence does not constitute nor does brief residence negate domicil. Everything depends upon the attendant circumstances, for they alone disclose the nature of the person's presence in a country."

On a reading of all the evidence in this case, I think the proper conclusion is that Waktor (1) had an intention to abandon his domicile of origin in Hungary, and (2) to establish a domicile of choice in Israel; and did so.

Ⅳ. The Conclusion

I am, however, of opinion that the emphasis which the Courts below have placed on the evidence or lack of evidence as to Waktor's movements after he came to Israel is unnecessary in the present case. In my view the manner of their coming was such as to justify a finding that immediately upon their arrival the Waktors acquired a domicile of choice in Israel where the dissolution of their marriage had been recognized as valid from the moment when the "gett" was delivered to the respondent, and where each of them therefore had the status of a single person with full capacity to enter into a valid and binding contract of marriage. The respondent was thereafter free to continue and did continue to be domiciled in Israel as an unmarried woman until the time of her marriage to the appellant.

I am accordingly of opinion that at the time of her marriage in Toronto the respondent had the capacity to marry according to the law of the country where she was then domiciled. This does not, however, solve the whole problem because as a general rule, under

Ontario law a divorce is not recognized as valid unless it was so recognized under the law of the country where the husband was domiciled at the time when it was obtained, and although the validity of the Jewish divorce was at all times recognized in Israel where the Waktors established a domicile of choice within three weeks of it having been granted, it was never so recognized according to the law of the husband's Hungarian domicile of origin.

For all these reasons I would dismiss this appeal with costs.

Ⅴ. The Holding

Although, as a general rule, under Ontario law a divorce is not recognized as valid unless it was so recognized under the law of the country where the husband was domiciled at the time when it was obtained, the Court of Appeal was correct in its conclusion that, for the limited purpose of resolving the difficulty created by the peculiar facts of this case, the government consideration was the status of the defendant under the law of her domicile at the time of her second marriage and not the means whereby she secured that status.

The manner of their coming to Israel was such as to justify a finding that immediately upon their arrival W and the defendant acquired marriage was recognized form the moment when the "gett" was delivered to the defendant, and where each of them therefore had the status of a single person with full capacity to enter into a valid and binding contract of marriage. The defendant was thereafter free to continue and did continue to be domiciled in Israel as an unmarried woman until the time of her second marriage to the plaintiff. Accordingly, at the time of her marriage in Toronto the defendant had the capacity to marry according to the law of the country where she was then domiciled.

QUESTION

How did the court deal with the "incidental problem" in this case?

第十节 法律适用的流程与逻辑

我们认为，法律适用是一个动态的过程，这个过程由不同的步骤或者环节构成，与此同时，这个过程也有其自身的逻辑和结构，法律适用过程中的不同步骤或环节将依照该过程的逻辑和结构构成一个关系网。换言之，在法律适用的动态过程和关系网络中，法律适用的每一个步骤或环节都将依据法律适用的自身逻辑而占据一个属于自己的位置，并发挥其应有的作用。

本章第一节至第九节所讲述的各项制度均构成法律适用的一个独特步骤或环节，以下我们结合法律适用的四步骤分析法来探讨它们在法律适用逻辑网络中的位置。①

一、法律适用的四步骤分析法概述

在国际私法上，法律适用共由四个步骤构成，这四个步骤分别是：第一，识别；第二，连结点的确定；第三，准据法的具体化；第四，准据法的适用。这四个步骤的区分既适用于冲突规范的解释，同时也适用于冲突规范的立法起草阶段。以下我们重点从法解释的视角解读四步骤分析法，以构建涉外民商事审判中法律适用的四个步骤，并将我们在本章所讨论的各项制度融入该四个步骤。

法律适用的第一个步骤是识别。国际私法立法中有众多冲突规范，应通过识别确定涉案案件应援引哪一条冲突规范来确定准据法。

第二个步骤是连结点的确定。在找到应适用的冲突规范之后，接下来就是连结点的确定或者解释问题。比如，冲突规范以当事人的国籍为连结点，如果该当事人同时有两个或多个国籍，此时应以哪个国籍作为连结点？

第三个步骤为准据法的具体化。当连结点已经被确定好，接下来便是结合连结点的地理位置来确定准据法具体是哪国法律。这一步骤有可能会面临颇为复杂的局面，如是否存在反致问题？被指引国家如果是法制不统一国家该如何办？不一而足。

最后是第四个步骤，即准据法的适用。这一步骤涉及外国法的查明以及公共秩序保留等。

二、第一步骤：识别（见图 6－1）

在法律适用的第一步骤，原则上可能会涉及以下几项制度：

第一，识别。如前所述，法院受理一项涉外民商事案件后，在法律适用层面首当其冲的一件事就是识别，通过识别来确定应援引本国的哪一条冲突规范来确定案件的准据法。

第二，实体问题与程序问题的划分。识别阶段的另一个重要任务是实体问题与程序问题的划分。基于此种划分，程序问题原则上适用法院地法，实体问题原则上则根据冲突规范确定准据法。

第三，直接适用的法。在识别阶段还会牵涉直接适用的法制度。一旦法院完成对案件的识别，则接下来就要研判内国法在相关领域是否存在直接适用的法规则，如果存在此类规则，则在此类规则调整的范围内，此类规则应获优先适用。

第四，时际冲突的第一种情形，即冲突规范的时际冲突。由于识别的目的主要在于确定要适用的冲突规则，因而在识别阶段还有可能遭遇冲突规范的时际冲突，此时只有解决了冲突规范的前法与后法、新法与旧法的冲突问题，才能确定应予适用的冲突规范。

---

① 本部分写作借鉴了日本学者道垣内正人教授的法律适用四步骤分析法，但需说明的是，本部分只是借鉴了其总体的分析框架，至于每个步骤中所包含的具体制度，以及各个制度之间的先后逻辑顺序等，则完全是根据教材作者自己的理解予以确定的，个中具体内容可能与道垣内正人教授的观点不一致。关于道垣内正人教授对法律适用四步骤分析法的讨论，参见 Masato Dogauchi，Four-step Analysis of Private International Law，Collected Courses of the Hague Academy of International Law，2005，Vol. 315，pp. 57－110。

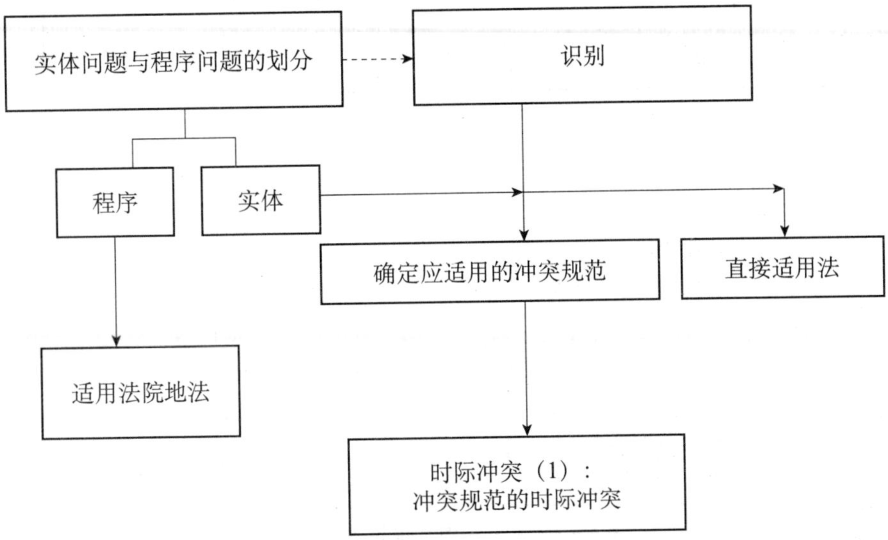

图 6-1　第一步骤：识别

三、第二步骤：连结点的确定（见图 6-2）

在经过第一步骤确定了应予适用的冲突规范后，接下来围绕连结点的确定可能会涉及以下几项制度：

第一，国籍的冲突。如果冲突规范以当事人的国籍为连结点，则会遇到当事人国籍的确定。如果当事人同时有两个或两个以上国籍，或者当事人没有国籍或国籍不明，则此时需要解决国籍的冲突问题。

第二，住所的冲突。同样，如果冲突规范以当事人的住所为连结点，则会遇到当事人住所的确定。如果当事人同时有两个或两个以上住所，或者当事人没有住所，则此时需要解决住所的冲突问题。

第三，惯常居所及其他连结点的确定问题。如前所述，如果冲突规范以惯常居所（或经常居所）为连结点，需要法院结合冲突规范的规制目的在自由裁量基础上予以确定。如果冲突规范采用的是侵权行为地等其他类型的连结点，在实务中也都有可能遭遇连结点的具体确定问题。

第四，时际冲突的第二种情形，即连结点事实的改变。如果冲突规范以国籍、住所或惯常居所等为连结点，但当事人的国籍、住所或惯常居所等发生了前后改变，则此时应以当事人的哪一个国籍、住所或惯常居所等为连结点以确定准据法？此即动态冲突，也需要法院解决。

第五，法律规避。在连结点的确定阶段，法院还有可能遭遇当事人故意改变或制造连结点以规避对其不利的法律的情况。比如在住所为连结点的情况下，当事人的住所发生了前后改变，那么这是为了顺应当事人市民生活中心发生改变而发生的动态冲突，还是当事人为了规避法律而故意作出的改变？这需要法院明察。

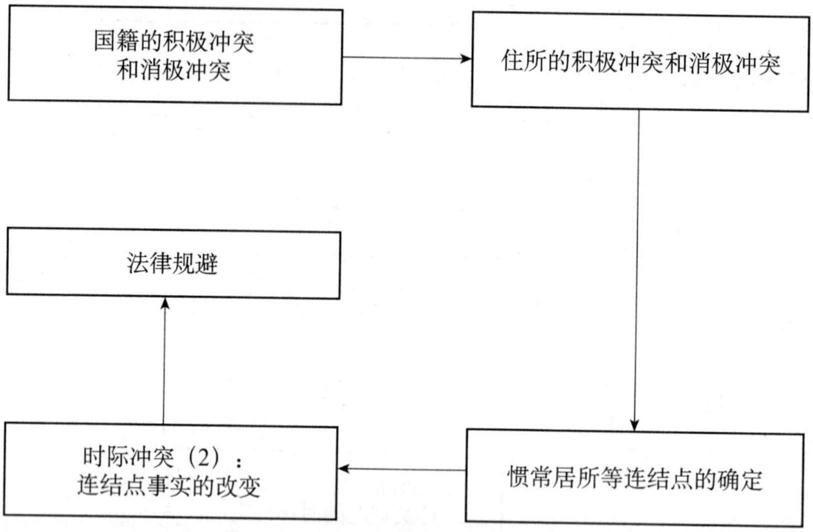

图 6-2　第二步骤：连结点的确定

四、第三步骤：准据法的特定化（见图 6-3）

第二步骤确定好连结点后，则连结点落于哪一国家（如内国或某一外国）也就得以确定，接下来便可以确定准据法是哪一国法律了。在准据法的特定化阶段，法院有可能会遭遇以下几个问题：

第一，法制不统一国家法律的指引。当连结点指向某一外国，而该国为法制不统一国家，如存在区际法律冲突或人际法律冲突，此时便需要解决区际冲突情况下或人际冲突情况下的准据法确定问题。

第二，时际冲突的第三种情形，即准据法的变更。如果某一国家或法域的实体法将被指引为准据法，但如果该实体法体系存在先法与后法、前法与后法的情况，则此时法院也需要解决潜在准据法的时际冲突问题。

第三，反致。如果连结点指向外国，而且法院地国国际私法承认反致，则此时显然还会存在反致的可能性。

第四，外国法的查明。当准据法得到特定化之后，接下来的任务就是查明外国法。道垣内正人教授将外国法的查明置于法律适用的第四阶段，即准据法的适用阶段，但笔者认为将其置于第三阶段更为合适，因为从某种角度说，对作为准据法的外国法的查明也属于准据法的特定化的情形。

五、第四步骤：准据法的适用（见图 6-4）

当准据法实现特定化并被查明之后，接下来便是准据法的适用阶段。在准据法的适用阶段，我们认为主要存在以下两个问题：

第一，公共秩序保留。如果准据法为外国法，则显然法院需要注意是否存在外国法适用的结果会违反内国公共秩序的问题。当然，如果存在直接适用的法的适用问题，那么在这一阶段还存在直接适用的法与准据法的协调问题。

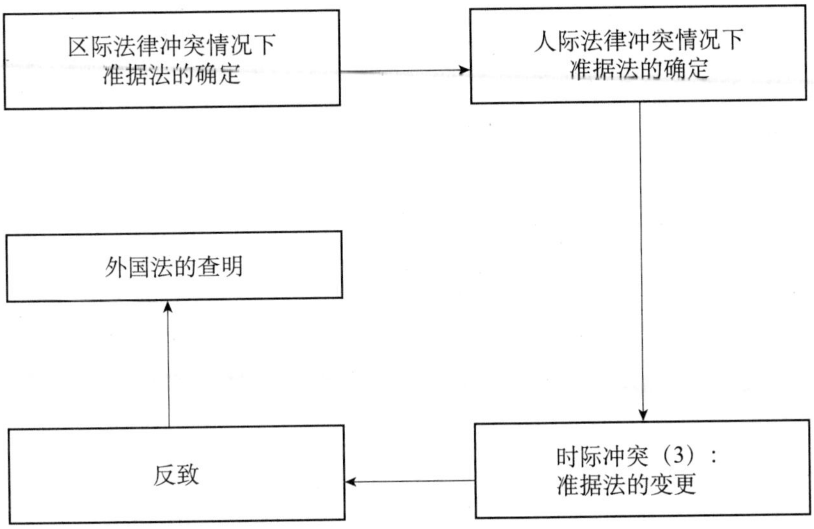

图 6－3　第三步骤：准据法的特定化

第二，先决问题。道垣内正人教授将先决问题的解决置于第一阶段，笔者认为这是不合适的，因为在本质上只有在主要问题准据法的适用阶段我们才能知道是否存在先决问题。比如在一个涉外继承案件中，一女子主张与死者生前具有婚姻关系因而对死者财产拥有继承权，此时该婚姻的有效性便可能构成先决问题，但该婚姻的有效性可否构成先决问题取决于继承问题准据法的规定，如果继承的准据法规定配偶不具有继承权，则该婚姻的有效性自然也就无法构成继承问题的先决问题。基于此，我们认为将先决问题置于准据法的适用阶段应该更为妥当。

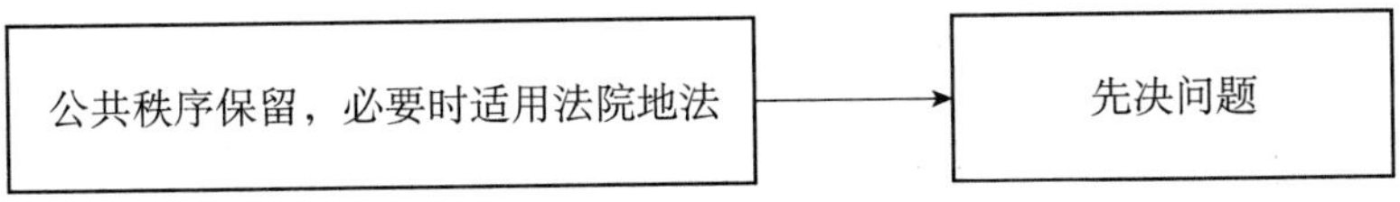

图 6－4　第四步骤：准据法的适用

第三编
法律适用法各论

第七章 能力的法律适用

提要

本章主要探讨自然人权利能力和行为能力的法律适用、失踪宣告与死亡宣告的法律适用以及法人的属人法问题。

重点问题

- ❑ 自然人行为能力法律适用中的交易保护条款
- ❑ 失踪宣告与死亡宣告的管辖权与法律适用
- ❑ 法人属人法的确定方法及其适用范围

第一节 自然人权利能力的法律适用

关于自然人权利能力（legal capacity）的法律适用，严格地讲应该区分一般权利能力和个别权利能力。一般权利能力关涉当事人在法律上的人格，即当事人是否拥有作为权利义务主体的资格。个别权利能力关涉当事人在法律上的人格的范围，即其在多大的范围内可以享有相关个别性的权利并承担与之相应的义务。

一、一般权利能力的法律适用

（一）概说

关于一般权利能力的法律适用，从法理上看自然应适用当事人的属人法（personal law）。在立法例上，对一般权利能力的法律适用作出规定的立法不多，主要有 1979 年匈牙利《国际私法》第 10 条第 1 款、2007 年土耳其《关于国际私法与国际民事诉讼程序法的法律》第 9 条、以及 2010 年中国《涉外民事关系法律适用法》第 11 条等。

历史上曾经有一些国家采取奴隶制（slavery）和民事死亡（civil death）制度[①]，这些制度会对人的一般权利能力构成限制。但在今天，世界上几乎所有国家都无一例外地承认人的一般权利能力。这意味着，在国际私法上规定一般权利能力的法律适用实际上已经没有太大必要。当然，假如在实务中真的遭遇了当事人人格存否的问题，在没有立法的情况下则可以如前所述，依据法理适用当事人的属人法，至于是本国法、住所地法抑或惯常居所地法，则依每个国家的情况而定。

当然，即使是在今天，我们也不能完全排除在世界上的某个角落仍有国家在施行奴隶制。因此，假如一个法院在涉外民商事审判中就一般权利能力所要适用的外国法中包含有奴隶制或民事死亡等内容，则完全可以启动公共秩序保留制度以排除该外国法的适用。瑞士《关于国际私法的联邦法》第 34 条第 1 款规定自然人的民事权利能力适用瑞士法，正是考虑到民事权利能力问题关涉内国公共秩序而作出的。

（二）人格的始期与终期

一般权利能力还存在发生和结束的时间问题，即人格的始期和终期。对此各国的规定也多有不同。关于人格的始期，日本《民法典》第 1 条之三规定以出生的时间为准，而西班牙《民

---

① 所谓民事死亡，系基于对一个人的刑罚而认定其在民事上死亡的制度。历史上很多欧洲国家如法国、德国以及英国等均采用该制度。民事死亡会带来婚姻解除以及继承开始等法律效果。溜池良夫「国際私法講義」（有斐閣，2005）255 頁。

法典》第30条却要求在出生后经过24小时的时间才开始计算人格的始期。因此，关于人格的始期存在法律适用问题。关于人格的终期，情况也是一样。比如关于自然死亡的标准，各国存在脑死亡和将“心跳停止、呼吸停止”合并为“呼吸心跳停止”等两种不同标准。此外，各国关于推定死亡的规定也有很大区别。因此，关于人格的终期也存在法律适用问题。

关于人格的始期与终期的法律适用，传统上既有从法院地国公共秩序保护的角度主张法院地法原则的，也有从能力法律适用的一般法理出发主张属人法原则的。但在实务中，人格的始期与终期问题的提出几乎都与损害赔偿和继承等问题相关联，抛开个别性的权利义务问题而专门讨论人格的始期与终期问题自身的情形实际上几无存在。正因为如此，在晚近的立法例中，通常都将人格的始期与终期作为个别的权利能力问题而适用损害赔偿或继承等所涉权利义务自身的准据法。如瑞士《关于国际私法的联邦法》第34条第2款规定：“人格的开始及终止，由适用于以民事权利能力为先决条件的法律关系的法律支配。”此即所谓效果法（Wirkungsstatut）原则。[①] 意大利1995年《国际私法改革法》第21条也规定：“当需要确定一个人相对于另一个人的存活状态，而又无法确定二人中谁先死亡时，则二人的死亡顺序应由受此种死亡顺序影响的法律关系的准据法来支配。”

另外，在一些在人格的始期与终期问题上采本国法主义的国家可能会存在以下问题，即在继承问题上，共同死亡人的国籍不同，其本国法关于死亡顺序的推定规定彼此不同，从而产生死亡顺序推定的冲突。比如不同国籍的夫妇二人同时死亡，丈夫的本国法推定丈夫先死亡，妻子的本国法推定妻子先死亡。对于此种情况应如何解决？有学者主张采取实体法的解决方案，具体而言，即推定该夫妇二人同时死亡，相互间不发生继承关系。[②]

二、个别权利能力的法律适用

个别权利能力，又称特别权利能力，是指一个人可以拥有哪些个别的权利并承担相应的义务。个别权利能力问题在本质上是每个特别的权利义务的构成要件问题，因而只能依据每个特别的权利义务关系的准据法予以判断。比如，一个人可否享有损害赔偿请求权，需要根据该损害赔偿请求权的准据法判断；一个人可否享有某项不动产物权，需要根据该不动产物权的准据法判断；同样地，一个人可否享有继承权，也只能根据继承准据法判断。[③]

三、失踪宣告与死亡宣告的管辖权与法律适用

关于失踪宣告与死亡宣告（declaration of missing，declaration of death），在国际私法教材中通常会首先讨论其管辖权，然后再讨论其法律适用问题。个中原因，正如下文将要讨论的，应该是跟在这个领域管辖权与法律适用的密切联系相关。

（一）管辖权

关于失踪宣告与死亡宣告，应由哪一国家的法院来行使管辖权呢？目前在日本等国采纳原则的管辖权与例外的管辖权的体系。在这种体系下，失踪宣告与死亡宣告原则上应由失踪人

---

① 溜池良夫「国際私法講義」（有斐閣，2005）256頁。
② 溜池良夫「国際私法講義」（有斐閣，2005）257頁。
③ 木棚照一「国際私法」（成文堂，2016）160頁。

(the missing person）的国籍国法院行使管辖权，但在例外情况下，其国内民事秩序受到失踪人失踪状态影响的国家的法院也有管辖权。

1. 原则的管辖权

根据前述管辖权体系，失踪宣告与死亡宣告原则上应由失踪人的国籍国法院行使管辖权。此即所谓本国管辖权原则。学术界对本国管辖权原则的解释主要有二。

第一种解释认为，失踪宣告与死亡宣告将产生死亡或类似于死亡的法律效果，因而被视为一项事关人格之存否的法律制度，在那些对人格存否问题适用当事人本国法的国家看来，人格存否问题与当事人的本国关系非常密切，因而，相应地，失踪宣告与死亡宣告的管辖权也应赋予失踪人的本国法院。①

第二种解释与德国法中的并行原则相关。并行原则是一项适用于非讼事件的原则。德国国际私法学者认为，在非讼事件中，如涉及失踪宣告与死亡宣告、禁治产宣告、亲权者指定、监护人选任和遗嘱执行人选任等司法程序，准据法与管辖权应该处于并行关系。在国际私法中，管辖权问题与法律适用问题原本是彼此独立的关系，亦即A国法院对案件行使管辖权，不见得A国的实体法也必须被指定为准据法。但在非讼事件中，如果内国实体法将被指定为准据法，则内国法院即相应地行使管辖权，也就是说管辖权的确定同步于准据法的确定，或者更具体地说，内国法院行使管辖权仅限于内国实体法被指定为准据法的场合。德国学者之所以在非讼事件中主张并行原则，主要是因为他们看到了法院在处理非讼事件与诉讼事件上的不同。在诉讼事件中，法官主要是通过裁判书将抽象的法律规则得以具体落实从而解决当事人之间的私法纠纷，而在非讼事件中，法官则主要是出于助成或监督民事生活关系的目的而发挥辅佐作用。因此，与法院在诉讼中更多地是发挥司法作用不同，法院在非讼事件中发挥更多的是行政作用。换言之，非讼程序具有强烈的职权主义色彩，其不以当事人权利义务的确定为目的，而是在内国实体法框架内基于自由裁量对相关事件进行适当处分。因此，在非讼事件中，实体法与程序法关系密切，如果二者分属不同国家的法律，将会产生法律适用的困难。②

2. 例外的管辖权

本国管辖权原则并不意味着失踪宣告与死亡宣告的管辖权应绝对地专属于失踪人的本国管辖权。这是因为，在有些情况下，外国人与内国联系密切，其长期失踪状态导致其在内国的法律关系处于不确定状态，从而影响内国良好的民商事秩序。在这种情况下，应例外地允许内国法院行使管辖权。③ 根据日本《法律适用通则法》第6条第2款的规定，此种例外的管辖权主要包括以下两种情形。

第一，若失踪人在日本拥有财产，则日本法院仅针对这些财产拥有例外的管辖权。对失踪人的财产是否位于日本的判断，在此种财产为有体财产的场合当然不会产生问题。但如果是债权或其他无体财产权的场合，问题就来了。以债权为例，如果就某项债权的请求可以在日本法院提起诉讼，则可以认定该债权位于日本。如失踪人的债务人的住所位于日本，或者债务的履

① 溜池良夫「国際私法講義」（有斐閣，2005）260頁。
② 溜池良夫「国際私法講義」（有斐閣，2005）261-262頁。
③ 溜池良夫「国際私法講義」（有斐閣，2005）262頁。

行地位于日本，则此时可以认定该债权位于日本。

第二，与失踪人有关的法律关系（如婚姻关系）需要以日本法为准据法，且依据相关法律关系的性质、当事人的住所或国籍以及其他情势而断定该法律关系与日本联系密切的，则日本法院仅针对该法律关系拥有例外的管辖权。相关法律关系是否以日本法为准据法，需要根据日本国际私法判断，而且此种法律关系既包括财产法律关系，也包括身份法律关系。比如一对在日本拥有共同惯常居所的异国籍夫妇，如果其中一人失踪，则针对该夫妇的婚姻关系等法律关系，日本法院拥有例外的管辖权。

（二）法律适用

在采原则的管辖权与例外的管辖权的框架下，失踪宣告与死亡宣告的法律适用原则上应依法院地法。其原因则如前所述，失踪宣告与死亡宣告有非讼事件性质，内国法院行使管辖权本身即以内国实体法系准据法为前提。需指出的是，失踪宣告与死亡宣告的准据法不仅规制失踪宣告与死亡宣告的成立要件以及请求权人的范围，也规制此种宣告的效力。[①]

MATERIALS

1. Legal Capacity

Legal capacity is one of the most general categories of law, which means a legally expressed qualification of persons, primarily physical but also legal, and of the State to be subjects of civil-law relations.

Legal capacity ceases upon death. In extreme cases the time of death may also give rise to a problem, for it is not sure that biological death and death in the legal sense clearly coincide in each legal system.

The legal status of refugees may have a bearing on personal status. Refugees generally retain their original personal law (nationality, domicile) because their status is notionally temporary. As regards its political and legal substance, the situation of refugees is normally better in the host country than it would be in the country of escape. This may affect the content of the personal law, too.

2. Declaration of Death

Man's legal capacity and disposing capacity cease upon death. In addition to natural death, however, the law knows a sort of civil death, viz. declaration of persons as dead or, sometimes, missing.

As regards their substance, such declarations bear a similarity to death in having the

① 木棚照一「国際私法」(成文堂，2016) 171 頁。

same civil-law consequences, namely the termination of legal and disposing capacity. The essential difference between someone being declared dead and being declared missing consists in that declaration of death includes the presumption of death, whereas in the case of missing such presumption is not foreseen by the law. This difference, however, generally has no relevance for the subsequent phase of property relations because these behave as if such a person had died.

There are three major issues arising in private international law in connection with the declaration of death: they concern the applicable law, the jurisdiction, and the recognition of judicial judgments declaring a person legally dead.

QUESTIONS

1. What is the meaning of legal capacity?
2. What is the justification for the institution of declaration of death?

第二节 自然人行为能力的法律适用

自然人的行为能力（disposing capacity），是指法律所确认的自然人能够通过自己的行为从事民事活动并享有民事权利和承担民事义务的能力。各国关于自然人行为能力的法律规定不同，从而导致自然人行为能力的法律冲突。关于自然人行为能力的取得，各国立法一般要求当事人应达到一定年龄并具备健全认知能力。但在自然人成年年龄问题上，各国立法存在较大差异，如德国、法国、意大利、英国等国均要求年满 18 周岁；瑞士、日本等国要求年满 20 周岁；新加坡、印度尼西亚等国要求年满 21 周岁。在认知能力要求上，各国的规定也存在差异。

一、属人法主义

关于自然人的行为能力，各国均遵循属人法主义，至于是适用当事人的本国法、住所地法抑或惯常居所地法，则取决于各国的具体情况。属人法主义自中世纪巴托鲁斯提出法则区别说以来一直为各国所遵循。

在自然人行为能力的法律适用问题上，历史上英美法系国家一直遵循住所地法主义，但二战以后，大陆法系国家在该问题上开始出现分化。比如德国一直遵循本国法主义。[1] 瑞士在

[1] 参见德国 2017 年修订的《民法典施行法》第 7 条第 1 款。

1891 年《关于定居的或暂居的公民的民法关系的联邦法》中就规定民事行为能力适用当事人的本国法，但在 20 世纪 70 年代起草《关于国际私法的联邦法》时，曾经围绕住所与惯常居所的选择有过争论，并最终选择了住所作为行为能力法律适用的连结点。①

此外，还有一个需要关注的问题：在作为属人法连结点的国籍、住所或惯常居所发生变更的情况下，如果在连结点事实发生变更前当事人拥有行为能力，但在连结点事实发生变更后依据新的属人法当事人不再拥有行为能力，此种情况应如何处理？对此，大部分国家的法律均没有规定。在此情况下，日本学者认为应依据行为当时的属人法来判断当事人是否拥有行为能力。不过也有少数国家在立法中明确规定，一旦当事人获得了行为能力，此种能力状态将不受后续的连结点事实发生变更的影响，如德国《民法典施行法》第 17 条第 2 款、瑞士《关于国际私法的联邦法》第 35 条第 2 款以及西班牙《民法典》第 9 条第 1 款后段。相较而言，德国等国的做法更为合适，因为其有利于维持当事人能力状态和交易秩序的稳定性。②

二、交易保护主义

在自然人行为能力法律适用的属人法主义方面，各国普遍承认存在一个重要例外。比如瑞士《关于国际私法的联邦法》第 36 条第 1 款规定："法律行为的当事人依照住所地法律为无行为能力，而依照法律行为实施地的法律有行为能力，则该当事人不得主张其无行为能力，除非对方当事人已知晓或理应知晓其无行为能力。"此即交易保护条款。

交易保护条款设置的目的在于保护行为地的交易秩序和善意的对方当事人。交易保护条款最初产生于 1861 年法国的李查蒂案。在该案中，23 岁的墨西哥人李查蒂通过背书票据在巴黎的宝石店购买了价值 8 万法郎的宝石。随后，李查蒂援引法国《民法典》第 3 条第 3 款，主张其行为能力应适用当事人本国法，而墨西哥法律规定成年年龄为 25 岁，因而该票据应为无效。当时法国法规定的成年年龄为 21 岁。法国最高法院基于保护内国交易秩序的目的，最终适用了法国法，认定李查蒂已经成年并具备行为能力。

早期的交易保护条款多为单边的交易保护条款，即仅保护内国的交易秩序，对发生于外国的交易行为不予过问，如日本《法例》第 3 条第 2 款等。但晚近的国际国内立法多采用双边的交易保护条款，如《罗马公约》第 11 条、德国《民法典施行法》第 12 条、意大利《国际私法改革法》第 23 条、瑞士《关于国际私法的联邦法》第 36 条第 1 款、罗马尼亚《国际私法》第 17 条、加拿大魁北克《民法典》第 3086 条、韩国《国际私法》第 15 条第 1 款以及日本《法律适用通则法》第 4 条第 2 款等。此种转变主要是为了强调国际私法上内外国法律平等的理念。此外，不可忽视的是，即使是对发生于外国的交易，也同样有交易秩序保护的需求。③

需注意的是，交易保护条款本身的适用也有例外，主要表现在交易保护条款不适用于婚姻家庭法和继承法领域的法律行为。由于交易保护条款主要用于保护行为地的财产法交易秩序，其不适用于身份法律行为应属当然。另外，有些国家立法如日本《法律适用通则法》第 4 条第 3 项还规定了另一项例外，即针对位于行为地之外的不动产的法律行为。之所以规定此项例

---

① 陈卫佐．瑞士国际私法法典研究．北京：法律出版社，1998：78－79.

② 木棚照一「国際私法」(成文堂，2016) 161 頁。

③ 日本法务省民事局参事官室．国际私法现代化要纲中间草案补充说明：2.

外，主要是因为在针对位于外国的不动产进行交易时，当事人原本就应该足够谨慎，通过将此种行为排除于交易保护条款的适用范围，可以让本国法主义原则得以明确。①

MATERIAL

Disposing Capacity

Most provisions of law on legal capacity are automatically applicable to disposing capacity. Being an element of personal status, which in turn is determined by the personal law, disposing capacity is likewise governed by the personal law.

Disposing capacity means a legally recognized and expressed capacity of the individual to acquire rights and to assume obligations by his own acts. Divergences between, and hence conflicts of, laws are likely to exist in any of those questions in which disposing capacity is fully covered by law.

Disposing capacity means general contract-making or commitment capacity. However, some transactions are controlled by substantive-law rules different from the general rules on disposing capacity.

QUESTION

What is the difference between legal capacity and disposing capacity?

第三节 法人的属人法

一个社团、财团或其他组织需要基于何种法律要件才能拥有法律上的一般权利能力，从而成为法人，各国法律对此的规定不同，由此便产生了以下问题，即在国际民商事交往中，一个社团、财团或其他组织需要根据哪一国的法律来判断其是否拥有法人资格?② 这便是有关法人的准据法决定问题或曰冲突法问题，其与我们在第三章所讨论的有关法人的外国人法问题不同。

一、法人属人法的概念

有关法人的冲突法问题，都是围绕法人属人法的确定及其适用问题而展开的。在传统观念

① 木棚照一「国際私法」(成文堂，2016) 164 頁。
② 溜池良夫「国際私法講義」(有斐閣，2005) 294－301 頁。

上，法人的属人法一直被当作法人固有的法律而看待，其最初被用以调整法人的一般权利能力的存否问题。由于此种法律调整法人的一般权利能力也就是法人人格的存否问题，因而也被称为法人的属人法。在日本，江川英文教授率先称法人的属人法为法人的从属法，从而使“属人法”“本国法”这样的用语专属于自然人。法人的从属法这一称谓现在已被越来越多的日本学者接受，甚至包括日本最高法院在内的一些法院的裁判也采用这一称谓。

除了用以调整法人人格的存否问题，法人的属人法还规制法人的内部组织及消灭原因等问题。这是法人属人法的两大任务。

二、法人属人法的确定

法人属人法的确定方法主要有二，即设立地主义和本座主义。

（一）设立地主义和本座主义

设立地主义（incorporation theory，Gründungstheorie 或 Inkorporationstheorie）又称英美主义，为英美法系国家所采用。此外，荷兰、瑞士以及苏联东欧国家也采用此种做法。所谓设立地主义，亦即无论是采特许主义、许可主义还是准则主义等，法人通常都要依据一定国家的法律予以设立并由此获得法人人格，因此，法人的属人法应该是法人在设立当时所依据的那个法律。因此，一个社团或财团是否为法人，应根据其设立时所依据的那个法律来判断。

本座主义（seat theory，Sitztheorie）又称住所地主义，当然，与英美主义相对应，也可称其为大陆主义，多为德国、奥地利等西欧诸国所采用。基于对法人与其本座地之间最密切联系的强调，加之出于保护与法人存在交易关系的当地当事人的目的，本座主义主张以法人的本座地法为法人的属人法。因此，一个社团或财团是否为法人，应根据其本座地的法律来判断。

（二）对两种做法的评价

设立地主义与本座主义各有利弊。比如，根据设立地主义，法人属人法将会保持不变，而与之相反，根据本座主义，法人的属人法将随着法人本座的变更而相应发生变更。由于法人属人法还将调整法人的内部组织以及行为能力等法律问题，因而法人的属人法如果能保持稳定不变显然是更易被接受的。在这一问题上，设立地主义更胜一筹。不止如此，本座的含义颇为模糊，这是本座主义的另一个短板。关于法人本座所在地的确定，可分为两种方法，即以法人的营业中心地作为其本座所在地和以法人的管理中心地作为其本座所在地。关于法人的管理中心地，又可以分为事实上的管理中心地和章程中规定的管理中心地两种。在这两种理解中，一般认为以采前者为妥。总之，关于法人本座的确定颇具争议。

但设立地主义也有缺陷。比如一个在 B 国根据 B 国法设立的法人，现在却在 A 国拥有现实本座并在 A 国进行营业活动，对于此种情况，如果在 A 国还必须以 B 国法为其属人法并进而认定其为 B 国法人，这对于 A 国当地的交易秩序的保护来说显然是不利的。另外，设立地主义在公司的设立方面也容易纵容法律规避。比如，即使投资者希望公司未来在美国特拉华州以外的地方营业，但考虑到在特拉华州设立公司更容易，手续费更低，这里对公司的规制更少，税负也要低得多，因而很多投资者会来到特拉华州设立公司，从而导致很多假外国公司或假外州公司（pseudo-foreign-corporation）的情况。而本座主义可以很好地规制这种情况。

（三）法人属人法的适用范围

法人属人法主要用于解决以下问题。

1. 法人的成立、内部组织以及内部关系

法人属人法首先用于解决与法人的成立相关的一系列问题，具体而言即法人设立的实质要件与形式要件，如章程及其他附随行为的作成、国家机关的许可、设立的登记以及设立无效的原因等。

2. 法人的权利能力

（1）一般权利能力。

与自然人不同，法人的一般权利能力存在着一个范围的问题；法人的属人法不同，则其一般权利能力的范围也可能随之不同。因此，对于外国法人而言，其享有的民事权利首先应局限于其属人法所规定的范围内。换言之，在具体探讨外国法人可否享有某项个别权利之个别权利能力问题之前，应首先基于其属人法判断其一般权利能力问题。

对于外国法人，当根据其属人法（外国法）确定其一般权利能力的范围时，则有可能会给行为地的交易秩序造成损害。这是因为，在行为地，与外国法人进行交易的交易对方很有可能会预想外国法人享有与行为地国同类法人相同的一般权利能力范围。如此一来，如果外国法人的属人法坚持英美法传统的能力外原则（ultra vires doctrine）而将法人的一般权利能力局限于章程目的，则根据行为地法为有效的交易，很有可能会因为被属人法视为能力外的行为而无效，由此给交易对方造成不可预测的损失。正因为这样，也有观点认为，出于保护行为地交易秩序的目的，应扩大（关于自然人行为能力法律适用的）交易保护条款的适用范围，将其类推适用于法人的一般权利能力，当外国法人根据其属人法不具有某项权利能力，但根据行为地法具有某项权利能力时，视其拥有该项权利能力。但这样一来，对法人的投资者和债权人的保护便也会有所欠缺，对此如何进行协调，有待深入研究。

（2）个别权利能力。

关于法人的个别权利能力，与自然人一样，也应根据各相关具体权利的准据法来判断。但问题是，对于法人属人法禁止法人享有的相关权利，法人最终不得享有。比如，继承权、基于名誉权遭受侵害而产生的非财产损害的赔偿请求权等，即使根据这些权利的准据法法人可以享有它们，但如果法人属人法禁止法人享有这些权利，则法人仍然不得享有这些权利。

3. 法人的行为能力

法人的行为能力问题，即法人通过其哪些机关来实施法律行为的问题，换言之，即法人机关的代表权的有无及范围问题。法人的行为能力原则上也应适用法人的属人法，但如果从法人与同其交易的对方的关系的视角出发，法人的行为能力问题也涉及行为地的交易安全，因而出于保护交易对方的目的，法人属人法的适用可能会面临行为地法的限制。这也就涉及前述交易保护条款的类推适用问题，换言之，在法人属人法中对法人行为能力的限制，可能会在行为地遭到行为地法的拆解，从而不能对抗善意的交易对方。

瑞士《关于国际私法的联邦法》第158条出于保护交易对方的目的即有类似规定。该条规定："如果一个公司对其相关机关或代理人的权力所施加的限制不为交易对方的惯常居所地法或营业地法所承认，则该公司不得援引该项限制对抗交易对方，除非对方知道或应该知道该项限制。"显然，这条规定的预设是，交易对方在实施法律行为时，相对于行为地法，其更多是将其惯常居所地法或营业地法置于脑海之中。

4. 法人的不法行为能力

法人的不法行为能力是指，何人的行为应被视为法人的侵权行为而由法人承担赔偿责任或连带赔偿责任的问题。对这一问题的法律适用主要有两种观点，一是主张适用法人的属人法，二是主张适用侵权的准据法。前一主张以法人及其社员和债权人的利益为中心，可以使法人避免承担其预想不到的损害赔偿责任。后一主张则从被害者保护的视角出发，根据这一主张，即使某项损害赔偿责任不为法人属人法所承认，但只要其在侵权准据法上有规定，法人也仍然要承担此种责任。

5. 法人的消灭

法人属人法也适用于与法人消灭相关的诸问题，具体而言即法人的解散事由以及清算手续等。不过，在清算人的权限范围涉及第三人的场合，从保护第三人的角度出发，与前述对法人机关的权力的限制一样，法人的属人法可能也要受到清算人行为地法或清算财产所在地法的限制。

MATERIAL

The Two Competing Theories on the Nationality of Corporation

From the traditional legal viewpoint "a corporation is called foreign when it is considered governed by the law of a foreign state." The orthodox common law rule attributes to a corporation the nationality of the jurisdiction which chartered it and defines a foreign corporation as one which is "organized under laws other than the laws of this State for a purpose or purposes for which a corporation may be organized under this Act." Conversely, the civil law rule traditionally decides the nationality of companies according to their principal place of business or central administration, that is, the company "seat", siège or Sitz (hereinafter the "Seat"), or the "real seat", siège social or siège réel (hereinafter the "Real Seat").

Under the Anglo-American conflict of laws concept, a corporation is the creation of the state or country of incorporation, if a corporation is doing business other than in its place of incorporation, it is considered a foreign corporation in such other host jurisdiction, owing its existence to the laws of the incorporating home country. It is a well settled Anglo-American rule that the legal existence and, for many purposes, the domicile, as well as the governing law of a corporation, are determined by the law of the state in which it was created. Although the significance of corporate domicile has declined in Anglo-American law, it continues to govern choice-of-law questions in these jurisdictions. Pursuant to the traditional theory, the domicile of a corporation is in the state of incorporation. Nevertheless, the corporation may engage in business and have offices, officers, directors, and stockholders in a state or country other than its place of incorporation, thus becoming a resident of such foreign state or country, while still preserving its original domicile.

In contrast, the Seat rule favors either the place of central administration, from which key business decisions are made and management and control are exercised, or the principal place of business, in determining nationality of companies for choice of law purposes. The law of the company's Seat determines both its existence as a legal entity and its governing law. Most Continental countries adhere to the Seat rule, with the Netherlands being a notable exception. Under the Continental rule, the Seat is determined according to the circumstances of each cases, with the tendency being to rely on the place of the corporate headquarters as the dominant factor. The place where the board of directors usually meets is considered decisive by some countries, while the location of the general meeting of shareholders is more important in other countries. However, these factors are not always determinative; and even within the same country, courts may use different standards, depending upon the circumstances under consideration. In Germany, for example, various cases have held the Seat to be the corporate headquarters, the place where the directors meet, or the place of the general meeting of shareholders, if they control the board of directors. Other German cases have held the place where the company conducts its major business operations to be the decisive factor, notwithstanding the fact that management is located elsewhere. Moreover, in still other decisions, the German courts have come close to the common law rule, looking to the place of the registered office listed in the company's articles, though the headquarters was located elsewhere. In one of these cases, such a decision was reached even when the corporation in question was a wholly-owned subsidiary of a foreign parent.

Company laws of many Continental countries require that the company's articles declare the location of the company Seat; therefore, a change of the national location of the company Seat demands an amendment of the charter.

Such a requirement does not exist in the common law countries. In most United States jurisdictions, a corporation has only to designate and maintain a registered office in the state of incorporation, which may not be the Seat of the corporation. The practice of American corporations of incorporating in one state, notably Delaware, while maintaining their headquarters or principal place of business in another state, is well established. Similarly, the English Companies Act requires the company to designate and maintain a registered office in England or Scotland, while the headquarters or principal place of business may be elsewhere.

The traditional rationale for the Seat rule is that it reflects the economic reality and prevents fraud or abuse of law. The rationale for the Anglo-American rule is that it provides certainty in choice of law, since the state of incorporation is easily ascertainable. The Seat concept emphasizes the "commercial domicile" of the firm, but raises the factual problems of ascertaining the place of central administration or control or the principal place of business. Where is the Seat of an enterprise when its interests are spread over several countries? The question does not arise under the Anglo-American rule in the choice of law context, at least if the enterprise is incorporated or chartered in only one jurisdiction.

An interesting analogy to the factual difficulty facing Continental courts is the problem faced by American courts in jurisdictional cases involving multistate corporations. Since 1958, the "principal place of business" has been one standard of corporate citizenship in diversity of citizenship cases where jurisdiction is at issue. Consequently, American courts are confronted with a problem similar to that faced by the Continental courts in ascertaining the Seat of a company. It seems that the two main factors considered in such jurisdictional questions in the United States are the place of control and management (the so-called nerve center or home office) and the situs of the corporate business and activities. Illustrative of one group of cases is that of a manufacturing company where most of the business operations and day-to-day management were carried on in one state, while the overall management and control of the corporation were exercised from another state. In such a case, the United States courts have tended to find the former to be the corporation's principal place of business. On the other hand, in the case of a genuine multi - state corporation having no single principal locus of business operations, courts have selected the state from which overall management and control are performed, in addition to a substantial part of the company's business, as the corporation's principal place of business.

QUESTION

How can we determine the nationality of an alien corporation?

第四节 我国有关能力法律适用的规定

一、自然人权利能力的法律适用

关于自然人的一般权利能力，根据我国《涉外民事关系法律适用法》第 11 条，应适用自然人经常居所地法律。很明显，在自然人一般权利能力问题上，我国采取的是属人法主义，并以经常居所作为连结点。考虑到惯常居所作为连结点也得到越来越多国家的青睐，我国前述做法具有一定合理性。

关于失踪宣告和死亡宣告的管辖权问题，我国法律无明确规定。对失踪宣告和死亡宣告的法律适用问题，我国《涉外民事关系法律适用法》第 13 条规定："宣告失踪或者宣告死亡，适用自然人经常居所地法律。"关于失踪宣告和死亡宣告的管辖权问题，笔者建议我国未来可以考虑从外法域的相关做法中吸取经验，具体而言即当失踪人的失踪状态会对我国良好的民商事秩序造成重大影响时，我国法院应该对针对该失踪人的失踪宣告或死亡宣告拥有管辖权，而且在法律适用方面，在我国法院对失踪宣告或死亡宣告拥有管辖权的情况下，考虑到程序法与实体法的协调，应以我国法律为此种宣告的准据法。

二、自然人行为能力的法律适用

对于自然人的民事行为能力，《涉外民事关系法律适用法》第 12 条第 1 款规定适用自然人的经常居所地法律。与前述有关一般权利能力法律适用的规定一样，第 12 条第 1 款的规定也具有合理性。

关于自然人的民事行为能力，《涉外民事关系法律适用法》第 12 条第 2 款还规定了交易保护条款。该款规定：“自然人从事民事活动，依照经常居所地法律为无民事行为能力，依照行为地法律为有民事行为能力的，适用行为地法律，但涉及婚姻家庭、继承的除外。”值得注意的是，《涉外民事关系法律适用法》第 12 条第 2 款还将我国的交易保护条款予以双边化，也就是说，该条款不仅在交易地位于我国时保护我国的交易秩序，在必要时，也会保护外国的交易秩序。

三、法人的属人法

关于法人的属人法或者说法人内部事项的法律适用，《涉外民事关系法律适用法》第 14 条作了如下规定：“法人及其分支机构的民事权利能力、民事行为能力、组织机构、股东权利义务等事项，适用登记地法律。法人的主营业地与登记地不一致的，可以适用主营业地法律。”从形式上看，第 14 条就法人属人法的确定采取了选择适用的冲突规范。如前所述，目前国际上关于法人属人法的两种做法背后各有不同的政策取向，因而第 14 条采取选择适用的做法并不妥当，它使我国立法到底应强调哪一种政策取向不够明确。在解释论上，也许可以将第 14 条解释为以设立地主义为主而以本座主义为辅。本座主义作为辅助的做法可用于规制虚假外国公司现象。此外，根据《法律适用法解释（一）》第 14 条，人民法院应当将法人的设立登记地认定为法人的登记地。①

根据《涉外民事关系法律适用法》第 14 条，法人的经常居所地为其主营业地。

---

① 在英国东化有限公司、大连九港生物科技有限公司等撤销之诉纠纷民事再审案件中，法院认为本案审理涉及东化公司在凯飞精细公司中的股东权利义务事项，凯飞精细公司登记地为中华人民共和国辽宁省大连市，故本案应适用中华人民共和国法律规定。参见（2021）辽 02 民再 131 号民事裁定书。

第八章 财产关系的法律适用

提要

本章主要讨论物之所在地法原则的确立与发展、有体动产的法律适用、无体动产的法律适用、不动产的法律适用、物之所在地法原则的适用范围及其例外、国有化问题、知识产权的法律适用以及信托的法律适用。

重点问题

- 物之所在地法原则
- 动产与不动产的法律适用

国际私法中的财产是一个大而复杂的话题，其涉及的范围广泛多样，包括：动产和不动产（movable and immovable），有体财产和无体财产（tangible and intangible property），以及知识产权和家庭财产（intellectual and family property）。财产关系源于多种行为模式：商事的和家事的，自愿的和非自愿的，生前的（*inter vivos*）以及由于死亡等所产生的结果。在国际私法中，有关财产问题的难题是司法管辖权与法律适用之间的关系，以及财产法与债法之间的关系。

国际私法中的财产传统上分为动产和不动产，动产又分为有体动产（tangible movables）和无体动产（intangible movables）。

第一节 物之所在地法原则

一、财产性质的识别

关于财产法，世界各国存在较大的法律冲突，例如在物权客体的范围，物权的种类和内容，物权的取得、转移、变更和消灭的方式及条件，以及物权的保护方法等方面均存在差异。

在国际私法中，有关财产权利（title to property）的一个首要问题就是如何识别财产权利的性质，即某项财产权利究竟是动产（movable）权利还是不动产（immovable）权利，然后才能决定是适用有关动产的冲突规则还是适用不动产的冲突规则。这主要是因为，对于同一财产，不同国家对其性质的认定可能会有所不同。

例如在英格兰法上，基于历史的原因，财产被分为 real property 和 personal property，这种分类未考虑财产的物理特点，而且也与区分自然属性为无法移动的土地、可移动的有形物品如汽车，以及无形但可以被拥有的债务或著作权等的做法不符。在英格兰法上，某些土地利益（interests in land）如租金（leases）被定性为 personal property 而非 real property，尽管其被称为 chattels real。英格兰法上的分类与大多数国家通常将财产分为动产和不动产（包括所有土地利益和其上的建筑物）的做法显然不同。为此，在英格兰也有观点认为，英格兰法上关于财产的分类就冲突法而言是明显不适合的。所以英格兰法院在冲突法层面放弃了实体法上的分类，改而采用了动产与不动产这种分类方法。①

虽然大多数国家将财产区分为动产和不动产，而且一般也认为，动产和不动产的区别在于物能否从一个地方被移到另一个地方且不损害其经济价值，能移动之物为动产，不能移动之物为不动产。然而，在现实中，各国法律对某类物属于动产或不动产的定性仍会不尽相同。例如，有的国家认为，池塘里的鱼和森林中的野兽为不动产，而有的国家则认为其是动产。又如，有的国家认为蜂房是动产，而有的国家则认为其是不动产。在我国，1988 年最高人民法院《关于贯彻执行〈中华人民共和国民法通则〉若干问题的意见（试行）》（已失效）第 186 条规定："土地、附着于土地的建筑物及其他定着物、建筑物的固定附属设备为不动产。"这意味着其他物均为动产，而关于土地利益究竟为何，尚有讨论的空间。

在财产性质的识别问题上，大多数国家的法院都会依据物之所在地法进行识别，而不是依据法院地法识别。如 2017 年修订的奥地利《关于国际私法的联邦法》第 31 条第 2 款即规定："物的法律分类……，依物之所在地国的法律。"显而易见，如果一国法院依据自己的概念，而

① J. G. Collier, Conflict of Laws, 3th ed., Cambridge University Press, 2004, p. 243.

不顾及物之所在地法的分类方法，法院可能很难贯彻实施自己的主张及其解决方案，也就是说，执行判决时会遇到麻烦。

二、物之所在地法原则的确立与发展

国际上关于涉外物权关系法律适用的普遍原则是物之所在地法（*lex loci rei sitae*，*lex rei sitae*）原则。所谓物之所在地法，即物权关系客体物所在地的法律。

物之所在地法原则起源于中世纪的意大利学说。当时，法则区别说的倡导者巴托鲁斯提出不动产物权应适用物之所在地法。但他认为，动产物权应依当事人属人法。随后，许多学者也主张，涉外不动产物权争议，应依物之所在地法来解决，不动产物权适用物之所在地法逐步得到许多国家的支持和肯定。在立法上，法国《民法典》第3条只是规定了位于法国的不动产适用法国法，但效仿法国《民法典》的许多欧洲国家的民法典均采纳了该形式。尽管法国的规定只是单边冲突规则，但毫无疑问的是该规则中所蕴含的不动产物权适用不动产所在地法原则却大大盛行起来。1881年奥地利《民法典》和1865年意大利《民法典》以及1926年波兰国际私法均确定了不动产物权依物之所在地法的原则。英格兰和美国各州在审判实践中也采纳了这一做法。不动产物权适用物之所在地法的理由是由不动产的本质自然属性——不可移动性（immobility）决定的。不动产是其所在地国的组成部分，与该国有密切联系，所在地国是其重力的自然中心（natural center of gravity），不动产权利是对世权，可以对抗所有的人，并为所有的人所尊重。如果土地所有权由实际所有人的属人法决定，则支配某一块土地的法律就会随着所有人的每一次改变而改变，与所有权相关的其他附属关系，例如相邻关系，就会因土地转让给外国人或者所有人住所的改变而发生变化，而这样显然很容易导致法律秩序的紊乱。

关于动产物权的法律适用，目前，国际上一般也同样主张适用物之所在地法。但历史上，关于动产物权的法律适用还有其他一些主张，如当事人的住所地法（the law of the domicile of the parties）、交易发生地法（the law of the place where the transaction took place）以及交易准据法或自体法（the proper law of the transaction）等。[①]

动产物权适用当事人住所地法符合“动产随人”（mobilia sequuntur personam）或“动产附骨”（*mobilia ossibus imhaerent*）或“动产无场所”（personalty has no locality）的法律格言。中世纪意大利法则区别说的提倡者以及该学说在法国、荷兰、英格兰、苏格兰和德国的追随者提出了动产适用所有人或占有人的住所地法的原则（tangible movables are subject to the law of the domicile of the owner or the possessor）。该原则曾为近代的一些法典所采用，如1794年《普鲁士法典》、1865年意大利《民法典》和1888年西班牙《民法典》。不过，早在16世纪，德国的学者就提出了动产和不动产一样应适用物之所在地法的学说，以萨维尼为代表的19世纪的学者提出的理论废弃了法则区别说学者的主张或者说限制了住所地法原则的适用范围，仅适用于继承或夫妻财产制。[②] 实际上，普鲁士、奥地利和意大利法典的规定在司法实践中也是被法院和学者如此解释的，即在转移作为某人的全部财产的组成部分时，才适用住所地法。因

---

① 关于proper law的翻译，我国国际私法学者有不同译法，例如“准据法”“宜用法”“适当法”“特有法”“关系法”“自体法”“适当准据法”等。刘慧珊．“Proper Law”问题探究．国际经济法学刊，2004，9（02）：1以下．陈卫佐．论准据法与“适当准据法”．清华法学，2009（4）：125以下．

② Martin Wolff，Private International Law，Oxford University Press，1944，pp. 515－516.

为当事人可能会拥有不同的住所，如果是这样就会产生究竟依据当事人的哪一个住所地法的难题。另外，动产所有者的住所地与动产所在地经常不一致，一个动产所在地国也不愿意适用所有人的属人法来解决位于自己境内的动产的物权问题。这样，“动产随人”这一古老规则已不能适应实际需要，因此遭到许多学者的反对和批判。

在英格兰和美国各州，古老的法则区别说有关动产物权的主张相较于其他法律制度存在得更久，这或许首先是因为美国著名法官和学者斯托雷曾反复强调的一项著名原则，即“动产的转移，如果依照所有人的住所地法是有效的，那么不论该财产位于什么地方，都是有效的（A transfer of property，good by the law of the owner's domicile，is valid wherever else the property may be situated)”。但美国法最终在《第一次冲突法重述》中采用了动产物权适用物之所在地法的原则。在英格兰，住所地法原则在早期的一些判例中得到援引，直到 1895 年，仍有法院适用住所地法原则。不过后来英格兰只在几种有限的情况下适用住所地法原则，如处于争议中的物为公海上的船舶、所有动产的总括转让（general or universal assignments of all movables)、继承或者为了债权人利益而将债务人的所有财产转让给受托人等。

第一个明确适用物之所在地法的英格兰案件是 1858 年卡梅尔诉休厄尔案（Cammell v. Sewell)。① 随后有一些判决支持了物之所在地法原则。在 1958 年贸易与航运银行诉斯拉特福德案（Bank voor Handel en Scheepvaart NV v. Slatford)② 中，英格兰法官明确指出，毫无疑问，当合同有效签订时，物之所在地法作为一般原则支配动产的转让（There is little doubt that it is the *lex situs* which，as a general rule，governs the transfer of movables when effected contractually)。在有关外国国家或政府征用或没收财产的案件中，英格兰法院也适用了物之所在地法原则。在文科沃茨诉佳士得拍卖行案（Winkworth v. Christie Manson & Woods Ltd.)③ 中，窃贼从威克沃斯在英格兰的住所盗走了几幅日本版画并在意大利出售，后该批版画的购买人将版画送交英国的克里斯蒂拍卖行拍卖。威氏在英格兰法院起诉要求法院发布禁令，禁止被告拍卖，并声称对版画享有所有权，要求被告返还。在该案中，法官认为，判断在英国被盗的版画在意大利的转让是否有效，根据物之所在地法原则，应该适用意大利法而非英格兰法判定版画的所有权转让行为。但法官必须在英格兰法和意大利法中作出选择，因为法官认为，如果意大利法院根据反致会适用英格兰法，则原告就可以主张英格兰法院适用英格兰法。最后法官认为由于意大利不承认反致，所以应该适用意大利法判断版画的购买人是否已经取得所有权。由于版画的转让行为发生在保护善意取得人的意大利，所以尽管威克沃斯从未同意或授权转让其版画，也只能接受败诉的结果从而丧失了对版画的所有权。这一案件生动地再现了因国家之间有关盗窃物品所有权转让规则不同而导致的“艺术洗钱”的发生。

交易发生地法也曾为英格兰法院在 19 世纪末 20 世纪初有关汇票交易的判决中所采纳，但适用交易发生地法有一个必要的前提，即在具体案件中交易发生地必须与物之所在地重合，因为当事人要在支票上签名或交付支票就必须占有该支票。目前，合同缔结地法在合同问题上也只支配与形式有关的问题，而且是选择性的。在当今，交易发生地法已经不再受宠。

交易准据法或交易自体法说主张对于物权问题适用交易的准据法。英国法学家戚希尔曾特

① S. C. 27 L. J. Ex 447；4 Jur. (N S.) 978；affirmed 1860，5 H. & N 728.

② [1953] 1 QB 248.

③ [1980] Ch. 496.

别推崇该主张。但反对此主张的学者指出，持此主张的人过分地强调了合同问题与财产问题在概念上的区别。当交易先是发生在一国，然后又发生在另一国时，交易准据法就毫无用处，或者当事人之间根本没有任何交易，如物品在一国被盗之后又在另一国被转卖，因此而发生的所有权之争议便不涉及交易。

总之，从19世纪末开始，许多国家逐渐在立法和司法实践中抛弃了“动产随人”原则，转而主张不分动产和不动产，物权关系一律适用物之所在地法。例如，日本1898年《法例》第10条第1款规定：“关于动产及不动产的物权及其他应登记之权利，依其标的物所在地法。”1938年泰国《国际私法》第16条第1款规定：“动产及不动产，依物之所在地法。”所以，自20世纪以来，物之所在地法已成为解决有关动产物权法律冲突的基本原则，这似乎也是有关物权法律适用的最令人满意的原则。

关于为什么物权关系一定要适用物之所在地法，学者们曾提出种种主张，如主权说、法律关系本座说、利益需要说、方便说和控制说[①]，等等，其实或许最简单及最主要的理由是该原则具有简单而又确定的特点，当然处于流动中的货物（goods in transit）除外。而且只有将物置于其所在地的法律控制下，物权才能得到最有效的保障。必须指出的是，该原则也有一些重要的例外，对此下文将有详细介绍。

三、物之所在地的确定

在物之所在地法的适用中，物之所在地的确定非常重要。

首先需要说明的是，对于作为物权客体的物是否限于有体物，各国法律有不同的规定。普通法系国家法律和法国《民法典》明确规定物分为有体物和无体物，这样，物权的客体既包括有体物，也包括无体物。而在德国民法和日本民法中，明确规定物为有体物，排除了无体物的概念，但在物权中规定权利可以作为物权的客体。本书采纳将物分为不动产和动产，动产又分为有体动产（tangible movables）和无体动产（intangible movables）的分类方法。

显然，不动产的处所是固定的，其所在地的确定自然十分容易。有体动产所在地一般也较易确定，其物之所在地应为有体物在物理上的处所。但动产是可以移动的物，有时其处所常常带有偶然性，特别是对于处于流动中的动产，有时可能会无法确定交易进行时其所在地究竟为何处。对于无体动产的物之所在地的确定则相对不容易，因为无体动产不占有物理上的空间，显然不能在任何地方拥有实际的处所，但其在法律上却是可以拥有一个处所的，而法律一般也确实赋予了无体动产以所在地。

动产可能处于不断运动之状态，为其所在地的确定带来了困难，故过去有“动产无场所”之说。在实践中，对动产所在地的确定，一般采取如下两种办法：一是在冲突规范中对动产所在地加以时间上的限定。例如，1948年埃及《民法典》第18条规定：“占有、所有或其他物权……动产适用导致取得或丧失占有、所有或其他物权发生时该动产所在地法。”2007年土耳其《关于国际私法和国际诉讼程序法的法律》第21条第3款规定：“在物的场所发生变化时，尚未取得的物权，依该物的最后所在地国法。”二是在冲突规范中，对一些特殊的动产物权关系的法律适用作例外规定，即不以物之所在地这一连结点为法律适用的根据，而以其他的连结

① 韩德培．国际私法．3版．北京：高等教育出版社，北京大学出版社，2014：185-186.

点代替。如前述土耳其《关于国际私法和国际诉讼程序法的法律》第 21 条第 2 款规定："处于运输途中之物的物权，适用送达地国法。"

而有关无体动产或无体利益（intangible interests）的所在地的确定有一些特殊的规则。例如，关于知识产权如专利权、著作权和商标权，其所在地就是根据支配其创设的法律，其能被有效地转让的地方，而且如果它们被转让，则其所在地即为持有人所在地。股票或其他有价证券如果可以通过在公司股票登记簿被记载而转让，则其所在地为股票登记簿保存地。于合同债务（contract debt）而言，其所在地通常是它可以被适当地追索或被强制执行的地方，即债务人的居所地。如果债务人有两个以上的居所，则为明确或默示指定的付款地。例如一在我国香港地区经商的利比亚公司给了一位我国香港地区居民一张本票（promissory note），则该债务即应位于利比亚。如果没有指定付款地，则债务的所在地为正常商事交易过程中将会进行支付的地方。基于银行跟单信用证而发生的债务，其所在地为付款地而非发证行所在地。[①]

物之所在地的确定是一个非常重要的问题，财产的转让、继承、财产的征收和国有化、遗产管理等许多问题都与其有关。在国际私法上，物之所在地的确定原则上应依照法院地法，因为所有标志连结因素的概念一般均应依法院地法解释。但外国法并非总是不相关的，有时法院地法可能会要求适用外国法。例如，英格兰法认为，公司的股份位于持有人和公司可以有效处置它的地方，但在位于外国公司的情况下，其有效转让的地点只能依该公司设立地法确定。

四、物之所在地法的适用范围及其例外

（一）适用范围

一般而言，物之所在地法的适用范围（scope of application）主要包括以下事项。

1. 物权客体的范围

笼统地讲，作为物权客体的物在范围上是十分广泛的，凡是存在于人身之外，能为人力所支配和控制并能够满足人们的某种需要的物，都能够成为物权的客体。但各国在这方面的规定并不完全相同。例如，在哪些物可以分别作为自然人、法人或国家物权的客体方面，各国的规定就不尽相同。但无论如何，物权客体的范围只能由物之所在地法决定。

2. 物权的种类和内容

物权的种类是由法律具体规定的。但是，在不同的历史时期和不同国家的法律中，物权的种类是不一样的。对于物权的种类和内容，各国一般都主张依物之所在地法确定。如 2017 年修订的瑞士《关于国际私法的联邦法》第 100 条第 2 款规定："动产物权的内容与行使，适用动产所在地国家的法律。"

3. 物权的取得、转移、变更和消灭的方式及条件

物权的取得、转移、变更和消灭是基于一定的法律行为或法律事实的发生，各国法律对其方式及条件都有自己的规定。这些问题在实践中一般根据物之所在地法决定。例如，2017 年修订的奥地利《关于国际私法的联邦法》第 31 条第 1 款规定："对有形物物权的取得与丧失，包括占有在内，依此种取得或丧失所依据的事实完成时物之所在地国家的法律。"

对于物权变动的方式与条件，也有观点主张区别因法律行为而变动和因事实行为而变动的

---

① J. G. Collier, Conflict of Laws, 3th ed., Cambridge University Press, 2004, pp. 251 - 252.

不同情形而分别确定准据法。在因法律行为而发生物权变动时，物权法律行为的成立和效力，一般应依物之所在地法。如 1946 年希腊《民法典》第 12 条规定：“物权的法律行为的方式适用物之所在地法。”但对当事人行使物权的行为能力，大陆法系各国一般主张适用当事人属人法，德国《民法典施行法》出于对本国贸易的保护，也主张兼采行为地法。英美普通法系国家则主张，物权的法律行为方式，例如登记或进行处分（如土地抵押设定方式、房屋让渡方式、财产租赁方式等），概依行为地法。但也有人主张区分物权行为和债权行为分别确定准据法。在因法律行为以外的事实或事实行为（例如无主物的占有、遗失物的拾得、埋藏物的发现等）而发生物权变动时，一般都主张只适用物之所在地法。

4. 物权的保护方法

在民法上，物权的保护方法主要有停止侵害、排除妨碍、恢复原状、返还原物、消除危险、确认其所有权或其他物权存在、损害赔偿等。物权人是否有上述请求以及如何行使均应依物之所在地法决定。

（二）适用例外

虽然物之所在地法在物权关系的法律适用上运用得非常广泛，但某些物的特殊性或处于某种状态之中，使某些物权关系适用物之所在地法成为不可能或不合理，因而在各国实践中，这一原则并不是解决一切物权关系法律适用问题的绝对做法。归纳起来，物之所在地法适用的例外主要有如下几个方面。

1. 运送中的物品的物权关系的法律适用

运送中的物品的所在地处于不断变化状态中，难以确定适用何时的所在地法来调整有关物权关系。即使能够确定物之所在地法，该物之所在地与运送中的物品的联系很可能是偶然的联系，适用该法调整有关物权关系也未必合理。而且，运送中的物品有时处于公海或公空等不受任何国家法律管辖的空间，因此，运送中的物品的物权关系亦不便适用物之所在地法。在一些国家立法实践中，对于运送中的物品的物权关系，有法律适用的特殊规定：（1）适用送达地法。如 2017 年修订的瑞士《关于国际私法的联邦法》第 101 条规定：“对运送中的货物的物权的取得与丧失，由目的地国家的法律支配。”（2）适用发送地法。如 2012 年捷克《关于国际私法的法律》第 70 条第 3 款规定：“假如作为有体动产物权的取得及消灭之根据的法律行为，在自有体动产交付开始后的交付期间业已成立，则物权的取得及消灭，依照该物之发运地法律。”（3）适用所有人本国法。如 1938 年泰国《国际私法》第 16 条第 2 款规定：“把动产运出国外时，依起运时其所有人本国法。”在理论上，还有学者主张适用交易时物品实际所在地法或转让契约的准据法。

不过，运送中的物品的物权关系的法律适用并不是绝对不适用物之所在地法的。在有些情况下，如运送中的物品的所有人的债权人申请扣押了运送中的物品，导致运送暂时停止，或运送中的物品因其他原因长期滞留于某地，对该物品的买卖和抵押所形成的物权关系，也可适用该物品的现实所在地法。①

2. 船舶、飞行器等运输工具之物权关系的法律适用

处于运动中的船舶、飞行器等运输工具，因其所在地难以确定，或有时处于公海或公空，

---

① 韩德培．国际私法．3 版．北京：高等教育出版社，北京大学出版社，2014：189.

一些国家立法对此类物权关系的法律适用作出特殊规定，如适用登记注册地法、旗国法、标志国法或主营业地法，代表性的如2017年修订的奥地利《关于国际私法的联邦法》第33条第1款规定，水上或空中运输工具的物权依注册国的法律，但铁路车辆依在营业中使用该车辆的铁路企业有其主营业所的国家的法律。

3. 外国法人终止或解散时有关物权关系的法律适用

外国法人在自行终止或被其所属国解散时，其财产的清理和清理后的归属问题不应适用物之所在地法，而应依其属人法解决。不过，外国法人在内国境内因违反内国的法律而被内国撤销时，该外国法人的财产的处理就不一定适用其属人法了。①

4. 遗产继承的法律适用

关于遗产继承的法律适用，不同国家有不同做法。在采纳单一制的有些国家中，遗产继承不区分动产和不动产，而是主张遗产继承适用被继承人的属人法，不考虑遗产继承适用物之所在地法。而在采纳区别制的有些国家中，遗产继承区分动产和不动产，分别适用不同的法律，动产的继承适用被继承人死亡时的属人法，不动产的继承适用不动产所在地法。

5. 无体动产的法律适用

如前所述，无体动产是与有体动产相对应的概念，它指不以实体形态存在的财产。这类动产由于不以实物形态存在，其所在地难以确定，因而其法律适用问题采用了与一般动产物权不同的规则。

MATERIAL

The Role of the Distinction between Movables and Immovables

In order to arrive at a common basis on which to determine questions involving a foreign element, English private international law classifies the subject matter of ownership into movables and immovables, and thus adopts a distinction that is accepted in other legal systems, though even common law jurisdictions cannot agree whether some kinds of property are movable or immovable. The first task of the court in a private international law case when required to decide some question of a proprietary or possessory nature is to decide whether the item of property which is the subject of the dispute is movable or immovable. The legal system that will be applicable to the case depends on this preliminary decision. Rights over immovables are determined by the law of the situs; rights over movables are not necessarily governed by that law. In the sphere of private international law, then, the common law distinction between realty and personalty is abandoned, even though the case concerns a common law country where it is recognized in the sphere of domestic law. The importance of not confusing the domestic distinction between realty and personalty with the private international law distinction between movables and immovables can scarcely be exaggerated. They do not cover the

① 韩德培．国际私法．3版．北京：高等教育出版社，北京大学出版社，2014：189.

same ground. The one cuts across the other in the sense that personalty includes both movables and immovables. Thus "realty" is not synonymous either with "land" or with "immovables", for though a life tenant, for instance, holds an interest in realty, a leaseholder holds an interest in personalty. For the purpose of private international law, however, a lease creates an interest in an immovable and is subject to the law of the situs.

The determination of whether the subject matter of ownership is movable or immovable generally presents no difficulty. English law and most other legal systems accept that interests in land, whether classified according to their nature, such as legal estates and equitable interests; or limited in duration, such as fees simple, entails and terms of years; or independent of the right to possession of the land, such as easements, profits and rent charges, are interests in immovable property. A more complex problem arises in those cases where a right over what is physically movable is regarded by a particular legal system as a right over immovable property. For instance, the owner of such obvious chattels as title-deeds, fixtures, fish in a pond and the key of a house is regarded by English internal law as having an interest in land. Again, it seems obvious at first sight that a building erected for the purpose of an exhibition, and which cannot be removed without losing its identity, must be in the same category as normal buildings, yet in the USA its owner has been deemed to hold an interest in movable property. If, therefore, the subject matter of ownership is regarded as immovable by one system of law but as movable by another, to which law is the decision left? The answer given by English law and by most foreign legal systems is: the law of the situs. If the law of the situs attributes the quality of movability or of immovability to the property in question, the English court which is seised of the matter must proceed on that basis.

QUESTION

What is the role of the distinction between movables and immovables in English private international law?

第二节 有体动产的法律适用

一、注意区分合同问题与物权问题

在有体动产的法律适用中，首先要区分合同问题（contractual issues，如是否存在合同）

和财产或物权问题（proprietary issues，如货物所有权是否有效转让或从非所有人取得的所有权）。前一类问题应该适用合同的准据法，而后一类问题则应该适用物之所在地法。在实践中，常有不能准确定性的问题发生，对于合同问题适用了物之所在地法[①]，对于物权问题适用了合同的准据法。[②]

二、有体动产的法律适用应注意的问题

在有体动产的法律适用中，应该注意区分两种情形：第一，物之所在地在某一国保持不变，该国法律将决定货物的所有权；第二，物之所在地因货物由一国被转移至另一国而发生改变，此时法院面临适用何时的物之所在地法的问题。对此，需要区分两种情形。

一是如果X在货物位于A国时，根据A国法取得了货物的所有权，但随后货物被转运至B国，在B国发生交易，根据B国法，Y为货物所有人。此时法院会适用B国法为物之所在地法，而不是曾经的物之所在地法即A国法。因此，Y的所有权优先。

二是上述基本案情不变，但在B国没有发生交易，或者虽有交易发生，但根据B国法律，Y并没有所有权，则X将继续保有所有权。

例如，在1858年卡梅尔诉西韦尔案（Cammell v. Sewell）[③] 中，一住所在英格兰的人X，根据俄国法已经有效地取得了当时位于俄国的一批木材的所有权。该批木材被装载至一艘普鲁士船舶，该船舶在由俄国驶往英格兰的途中于挪威海岸沉没，船主将木材在挪威卖给了另外一人Y。根据挪威法，Y已经取得了该批木材的所有权，而根据英格兰法，答案则是否定的。后来Y又将木材运至英格兰，X遂在英格兰法院对Y提起诉讼。法院认为，Y根据挪威法所取得的当时位于挪威的货物的所有权优先于X的所有权。该案说明，如果X根据A国法律取得了当时位于该国的货物的所有权，则该所有权将为英格兰法所承认，除非货物又被转移至另一国B国，而且在该国发生一笔交易使货物的所有权被转让给Y，则Y的所有权将优先于X的所有权。当然如果货物虽然被转移至B国，但未发生任何交易或虽有交易发生，但根据该国法所有权未转让给Y，则X的所有权仍将继续被承认。该案是英格兰有关动产物权法律适用的早期著名案例。持多数意见的法官在该案中确立了如下规则：如果动产按照动产所在地法被合法处分，则该处分在任何地方都是有效的，也即确立了动产物权适用物之所在地法的原则。

在有关以所有权保留（retention or reservation of title）方式买卖货物或租买（hire purchase）的案件中，上述规则仍得适用。当然也存在以下两种可能性。

一是某交易发生于B国，根据该国法，该交易具有消灭X所有权或其他权利的效果。该规则为加拿大世纪信贷公司诉理查德案（Century Credit Corporation v. Richard）[④] 所证实。在该案中，X将位于魁北克（A）的一辆轿车以附条件买卖协议卖给Y，根据协议X仍保留对汽车的所有权直至Y付清所有款项。根据魁北克法，该协议有效。Y将车带到安大略（B）后将车卖给Z，Z对X的权利一无所知。根据安大略法：(a) 只有经过登记，附条件买卖的出卖人保留所有权才是有效的，而且，(b) 因为Y已经同意购买该车并占有该车，Y将车卖给Z的买卖

---

① 参见（2021）粤01民再81号民事判决书。
② 参见（2021）粤01民终21950号民事判决书。
③ （1858）3 H & N 617，638，affd（1860）5 H & N 728.
④ （1962）34 DLR（2d）291.

行为将赋予Z无瑕疵的所有权。安大略法院认为，(a) 规定并不影响X在魁北克保有的权利，因为该规定并不能阻碍安大略承认当事人根据物之所在地法所取得的权利。但关于 (b) 规定，因Y将车卖给Z时，车在安大略，根据安大略法，该买卖行为具有优先于X权利的效果，所以Z的所有权优先于X的权利。①

二是在货物位于A国时，B国法中的登记要件是不相关的，而且X的权利也不会因为货物被运至B国而丧失，因为在B国未发生任何根据B国法将剥夺X权利的情况。这一点为美国该丘斯诉布赖特曼案 (Goetschius v. Brightman)② 所证实。该案中，X以租买方式将车卖给Y，并约定X保留该车所有权直到Y付清车款。在未付清款项以及违背不得将车开出加利福尼亚州的约定的情况下，Y将车带至纽约州卖给Z。根据加利福尼亚州法，X的权利优先，根据纽约州法，除非在纽约州经过登记，否则所有权保留无效。但纽约州法院认为，X的权利优先，车在加利福尼亚州时，X保有权利，纽约州的登记要件显然是不相关的。车在纽约州时未发生任何根据纽约州法将剥夺X权利的事情，因为纽约州法中并不存在可以使Z的权利优先的规定。

上述案件表明法院适用的是有关动产物权的法律事实发生时的物之所在地法。

从国际社会立法实践看，大多数国家在有关动产物权取得或丧失的问题上也都明确规定适用据以取得或丧失物权的事实发生时的物之所在地法。例如2017年修订的瑞士《关于国际私法的联邦法》第100条第1款规定，动产物权的取得与丧失，适用据以取得或丧失物权的事实发生时该动产的所在地国法律。2011年波兰《关于国际私法的法律》第41条第2款规定，所有权的取得与丧失，以及其他物权的取得、丧失及其内容或者优先顺序的变更，适用产生上述法律效力的事件发生时这些权利的标的物之所在地国法。此外，乌兹别克斯坦、哈萨克斯坦、亚美尼亚、摩尔瓦多、卡塔尔、阿尔及利亚、阿曼苏丹、奥地利、保加利亚、土耳其、黑山等国家有关国际私法立法中也有类似规定。

MATERIAL

Situs Rule in Choice of Law for Movables

Despite its shortcomings, the situs rule has one undeniable advantage with regard to immovables: it is certain and predictable. The same is not true with regard to movables, which may move or be moved from one state to another. Thus, any choice-of-law rule that is based on situs as the exclusive connecting factor must confront the possibility that there may be more than one situs, a phenomenon descriptively called *conflit mobile*. Rigid adherence to the law of the first situs would ignore the legitimate interest of the second situs in protecting persons who acquire rights in justifiable reliance upon the law of the second situs. Conversely, rigid adherence to the law of the second situs would lead to the divestiture of rights created

① J. G. Collier, Conflict of Laws, 3th ed., Cambridge University Press, 2004, p. 248.
② 245 NY 186 (1927).

while the thing was situated in the first situs. The conflict between the laws of the two situses must be resolved in a way that takes into account the legitimate interests of each situs, without frustrating justified party expectations or running afoul of the constitutionally sanctioned principle that the mere movement of a thing from one state to another, without more, should not alter existing rights in that thing.

Aware of these potential complexities and uncertainties, the drafters of the Restatement (Second) have considerably softened the inexorable situs rule of the First Restatement. The Restatement (Second) provides that the validity and effect of a conveyance of an interest in a chattel are determined by the law of the state that, "with respect to the particular issue," has the "most significant relationship" to the parties, the chattel, and the conveyance "under the principles stated in § 6." The next sentence makes this flexible approach only slightly more specific by stating that, in the absence of an effective choice of law by the parties, "greater weight will usually be given to the location of the chattel at the time of the conveyance" than to any other contact. However, this rule applies only "as between the parties to the conveyance." A separate Restatement section, applicable to third parties, points to situs law in slightly less equivocal terms. It provides that the effect of a conveyance upon a preexisting interest in a chattel of a person who was not a party to the conveyance will "usually" be determined by the law that would be applied by the courts of the state where the chattel was at the time of the conveyance, and that these courts would "usually" apply their own local law. The Restatement abandons its equivocation only in cases of acquisition by adverse possession or prescription. It provides that such acquisition, and the nature of the acquired interest, are determined by the law of the state where the chattel was at the time the acquisition is claimed to have taken place.

Finally, the Restatement addresses the *conflit mobile* problem by providing that interests in a chattel are "not affected by the mere removal of the chattel to another state," but that such interests "may be affected by dealings with the chattel in the other state." Although the Restatement does not explain what exactly can affect such interests, its adoption of the aforementioned distinction between the parties to the conveyance and third parties, and its flexible phrasing of its choice-of-law rules can lead to results rationally accommodating both the interests of the two situses and the circumstances of most cases.

QUESTIONS

1. What is the difference between the roles of situs rule in both areas of movables and immovables?
2. What is *conflit mobile*?

第三节 无体动产的法律适用

有关有体动产的法律适用规则已经比较清晰，然而有关无体动产的法律适用规则却未必如此。从国际社会的立法实践看，有些国家对无形财产的法律适用作出了专门规定，如“无形财产权，适用无形财产的使用地国法”[①]。有些国家主要是对无形财产权中的知识产权、票据、股份或股权的法律适用作出了规定。

关于无体动产的范围，一般认为主要包括：第一，通过诉讼得以实现的权利（right in action），如产生于借贷或正常商事活动的债（debt）；第二，由一些文书所代表的、不仅可以交割而且在现代社会还可作为独立物流通的权利，如流通票据和股票（negotiable instruments and shares）。

对于无体动产的法律适用，无论是理论上还是司法实践中都存在分歧，造成这一领域法律适用的混乱的原因有两个方面。[②] 一是未清晰地区分与被转让权利相关的问题和与转让本身相关的问题。二是未能区分财产问题和合同问题。尽管有些问题是合同问题，但转让一项债权也同样具有物权效果，就如销售汽车的合同一样，认为问题几乎完全是合同性质的倾向可能会被认为是过分地强调了合同准据法而非物之所在地法。而且处于争议中的利益可能根本不是产生自合同，相反是基于法律规定，更具体而言是基于法律规定的非自愿转让（involuntary assignments）。

无体动产的法律适用分为自愿转让和非自愿转让两种情况，自愿转让又分为与被转让的利益或权利相关的问题和与转让本身有关的问题。一些国家立法及1980年《罗马公约》《罗马条例Ⅰ》区分自愿转让与非自愿转让，并分别规定了应适用的法律。

一、自愿转让的法律适用

（一）与被转让利益或权利相关的问题

如果有关利益产生于合同，则它只是一个简单的合同债务，根据1980年《罗马公约》第12条第2款的规定，支配（被转让）权利的法律（权利的准据法）将决定该权利的可转让性（assignability）、受让人（assignee）与债务人的关系、该转让可以对抗债务人的条件以及与债务人的义务是否已被免除（The law governing the right to which the assignment relates shall determine its assignability , the relationship between the assignee and the debtor, the conditions

① 1998年格鲁吉亚《关于调整国际私法的法律》第34条。

② J. G. Collier, Conflict of Laws, 3th ed. , Cambridge University Press, 2004, pp. 251 - 261.

under which the assignment can be invoked against the debtor and any question whether the debtor's obligations have been discharged)。在有关转让利益是基于合同而产生时，支配权利的法律（the law governing the right）可以被推定为是合同的准据法。

英格兰法院认为，支配被转让的利益或权利的法律决定无形财产是否可以被转让。例如，流行歌曲中的可续展的版权（renewable copyright）是否可以被转让的问题，应该由版权创设地或产生地法决定，而不是由转让本身的准据法决定。一个英格兰的诉因（an English cause of action）是否可以转让的问题应该受英格兰法而不是转让本身的准据法支配。有关这类权利的转让要件是英格兰法的问题。①

另一个问题是是否必须通知债务人以便允许受让人以自己的名义起诉或者他是否必须追加转让人为一方当事人。这些问题与债务人有关而不仅仅是转让当事人的问题。

（二）与转让本身有关的问题

转让无体财产是转让人和受让人之间的交易，有时并不涉及债务人。

根据1980年《罗马公约》第12条第1款规定，只要转让是通过合同进行的，与转让相关的问题作为合同问题应该由转让合同的准据法决定。②《罗马条例I》第14条对自愿转让和合同代位也进行了规定：（1）基于自愿转让而产生的让与人与受让人之间的关系，以及对另一人（债务人）的债权基于合同而发生的代位，应由根据本条例的规定适用于让与人和受让人之间的合同的法律支配。（2）债权的可转让性、受让人和债务人之间的关系、向债务人主张受让权或代位权的条件以及债务人的债务是否已被免除等问题，由支配该被转让或代位的债权的法律决定。

有些国家立法有类似规定，对转让人和受让人之间的关系，采用适用支配有关债权转让合同的法律，但可转让性等适用被转让的债权的准据法。如俄罗斯《民法典》第1216条“债权转让的准据法”规定：“1. 债权人和新债权人之间有关债权转让的协议的准据法，依照本法典关于合同准据法的规定确定。2. 债权转让的许可、新债权人与债务人之间的关系、新债权人向债务人主张该债权的条件以及债务人适当履行债务的问题，均依照作为转让标的之债权的准据法确定。”黑山也有类似规定。③

实践中，与转让有关的纠纷通常涉及转让人转让财产的能力以及受让人受让的能力、优先权冲突问题。

关于转让人转让财产的能力以及受让人受让的能力，例如夫妻之间是否可以转让保险利益（受益人）的问题，英格兰法中并无清晰的规则。有两个相关的英格兰案例，但其对该问题的处理却显然缺乏明确性。

一个案件涉及一对住所在南非的夫妻。在该案中，丈夫将在南非向英国保险人投保的保单上的利益转让给妻子。根据南非法，该转让因丈夫与妻子缺乏转让或受让能力而无效。英格兰

---

① J. G. Collier, Conflict of Laws, 3th ed., Cambridge University Press, 2004, p. 254.

② 《罗马公约》第12条第1款的英文原文为：The mutual obligations of assignor and assignee under a voluntary assignment against another person ("the debtor") shall be governed by the law which under this Convention applies to the contract between the assignor and the assignee.

③ 2013年黑山共和国《关于国际私法的法律》第46条规定：因债权转让而产生的转让人和受让人之间的关系，适用支配有关债权转让合同的法律，支配被转让的债权的法律，决定该债权的可转让性、受让人和债务人之间的关系、债务人得以抗辩该项转让的条件以及因债务人的履行而产生的免除效果。本条所指的“转让”之概念，包括债权的完全转让、为设立担保而进行的债权转让以及在债权上设立抵押权或者其他担保权的转让。

法院认为该转让无效，因为作为其住所地和合同签订地的南非法认为此种转让无效。

另一案件为危地马拉共和国诉努涅斯案（Republica de Guatemala v. Nunez）。[①] 在该案中，危地马拉总统卡布雷拉（Cabrera）于 1906 年在英格兰的拉扎德（Lazard）银行存入一笔款项。后于 1919 年在危地马拉将该存款转让给其非婚生子努涅斯。1920 年，他被罢免职位。1921 年迫于压力他将该款项转让给危地马拉共和国，并由此导致努涅斯和危地马拉共和国都对该款项提出权利主张。努涅斯根据 1919 年的转让事实而提出的权利主张在英格兰法上是有效的，而根据危地马拉法律，基于以下两点其主张无效：一是作为未成年人（minor），除非通过法定的代表人，否则他不具备受让的能力；二是由于转让没有对价和未经过公证程序，该转让在形式上无效。最终双方的权利主张均被驳回（dismissed）。该案的裁判理由（*ratio decidendi*）并不十分明确。英格兰法是物之所在地法和债务的准据法，危地马拉法是转让行为地法、当事人的住所地法以及几乎肯定也是转让的准据法。其中两位法官认为，关于行为能力，或是根据住所地法，或是行为发生地法，由于两者均为危地马拉法，所以没必要再决定究竟是适用住所地法还是行为地法。但有主张认为，对该行为能力也应该像确定支配合同的缔约能力的法律一样，根据独立的冲突规范确定。

也有主张认为，无体动产转让的物权效力应适用物之所在地法。《罗马公约》只涉及合同义务，非常有可能的情况是，某项买卖合同由一个法律支配，而合同对所有权的效力由另一法律支配。所以即使一项转让根据转让合同准据法是有效的，但转让合同也许并不发生赋予受让人所有权的效力，如果物之所在地法不允许发生此效力。《罗马公约》的官方报告指出，公约不适用于财产权利，特别是当权利不是基于合同而产生时。但英格兰学者如戴赛、莫里斯、戚希尔和诺斯等均对此持反对意见。荷兰最高法院也认为，《罗马公约》第 12 条第 1 款也适用于无体动产转让的物权效力。[②] 英格兰法院也在 2000 年的一个保险单转让案件中适用了《罗马公约》第 12 条第 2 款。该案既涉及合同问题也涉及物权问题。在该案中，C 是一海事保险单的受让人，保险人是法国公司，但该保单受英格兰法支配。根据法国法（物之所在地法）受让人不能索赔，因为转让未经法国的执达官（bailiff）通知给保险人。但根据英格兰法（支配保险合同的法律），他却可以索赔，因为通知已经以书面形式作出，满足了英格兰法的要求。法院认为应该适用《罗马公约》第 12 条第 2 款，因其涉及了在何种条件下转让可以对抗债务人，而且英格兰法支配该事项。必须指出的是，法院认为很难说该索赔主张与转让的物权效力有关。

有人主张，物之所在地法应该限于支配现有债务（existing debts），而未来债务（future debts）转让的物权效力应该由转让人的居所地法或营业所所在地法支配。[③] 但对此并无权威的观点。

实践中，有关无体动产转让的争议中优先权的问题比较复杂。对于优先权问题，各国法律存在较大差异。在一些国家中，例如日本、西班牙，一般依照通知的次序来决定优先权。因此，首位发出通知的受让人优于其后的后继受让人。对于多次转让的同一权利的优先权，根据

---

① （1927）1 KB 669 CA.

② J. G. Collier, Conflict of Laws, 3th ed., Cambridge University Press, 2004, p. 256.

③ J. G. Collier, Conflict of Laws, 3th ed., Cambridge University Press, 2004, p. 257.

英格兰法，如果接受转让时不知道之前存在转让，则第一个通知债务人的受让人获得优先权。

如果通知发生在执行或破产程序之前，该受让人还优于转让人的债权人和破产管理人。在单一应收款的转让中，或即使是系列应收款的转让中，如果该应收款在转让时就存在，且第三方依赖债务人所作的陈述，那么这种规定能起到很好的作用。但是，如果一项融资交易包括大量小额应收款的大规模转让，而没有具体指明该应收款的确切数量或债务人的身份，例如在证券化过程中出现的情形，那么这种规定并不很适宜。

在另外一些国家如美国，转让是否具有对抗第三人的效力，取决于在公共注册机关所登记的有关转让的资料。依照法律要求进行资料登记的首位受让人优于没有登记的或其后登记的受让人。为了使受让人优于法院判决确定的债权人和破产管理人，转让和登记必须在破产程序执行或开始之前进行。在转让人向潜在的融资人提供应收款融资，或者将应收款作为延期债权的担保的情形下，这种做法的主要优点在于可以警示潜在的融资人，为其提供转让人名单下所存在的对该应收款的其他权利人的登记情况。并且，登记体制可以较好地解决受让人与第三人之间的冲突。

对于优先权冲突问题的解决，传统上由应收款所在地法（物之所在地法）处理。但还有其他几种法律可供选择：转让地法、转让的准据法、债务的准据法和法院地法。转让地法和转让的准据法可能因不同的转让而不同，可能会同时有几个，没有理由厚此薄彼。而且优先权主要是涉及债务人，因为他必须知道他究竟该向谁履行债务。英格兰的一个案件对于一份人寿保单的两次转让适用了英格兰法，尽管该法是转让人和其中一个受让人（其妻子）的住所地法，以及两次转让的发生地法和法院地法。

在另一个案件中，一个英格兰立遗嘱人的遗产在英格兰为英格兰受托人管理。立遗嘱人的儿子的住所在美国纽约州，他将其权利：(1) 在纽约州以契据（deed）的形式转让给其妻子，但其妻子未通知受托人，因为纽约州法无此要求；(2) 在英格兰转让给 C，C 通知了受托人。根据纽约州法，妻子有优先权，而根据英格兰法，C 有优先权。英格兰法院认为英格兰法支配该问题，C 胜诉。由于该信托基金是英格兰信托基金，有关当事人对基金的优先权必须由正在管理基金的法院所在地法调整。[①]

对于诸如遗产管理、破产或海上留置权（maritime lien）等事项，由于均是由法院管理相关基金，而且基金管理是程序事项，所以有必要适用法院地法。但当只是一项债务处于争议中时，适用法院地法就未必合适，此时可能需要在传统上采用的物之所在地法和债务的准据法或自体法（proper law）之间进行选择。通常两者会重合，如果两者不一致，自体法似乎更合适，但支持物之所在地法也有充分理由。例如该问题是财产或物权性质的问题，如果物之所在地法支配有体动产的权利冲突问题，其同样能适用于无体动产，优先权关系到债务人，而物之所在地就是债务人所在地。

在此，值得一提的是联合国《国际贸易中应收款转让公约》，该公约对于国际贸易中的应收款转让的优先权问题适用转让人所在地法律。该公约第 22 条规定，除公约其他条款已经解决的事项外，并以符合该公约第 23 条和第 24 条规定为条件，转让人所在国的法律调整受让人对所转让应收款的权利相对于竞合求偿人权利的优先性。这种规定的目的主要是提高法律适用

① J. G. Collier, Conflict of Laws, 3th ed., Cambridge University Press, 2004, p. 258.

的确定性和可预见性，降低法律适用的复杂性。

二、非自愿转让的法律适用

非自愿转让是指转让人和受让人之间无协议的转让。当被转让的权利不是产生于合同而是基于法律规定，例如对公司有担保权益的债权人任命接管人（appointment of receiver），这种任命对公司债务的债权人发生衡平转让的效力。对于诸如此类的权利，准据法应该如何确定？

有些国家立法对法定债权转让的法律适用有明确规定，如保加利亚《关于国际私法的法典》在第十章“合同关系”中专设第 99 条“法定的债权转让”，并规定：“1. 如果第三人有义务向债权人进行清偿，或者该第三人已向债权人清偿，则该第三人能否或者能在多大范围内行使已被清偿的债权人根据其债务关系的准据法对债务人享有的全部或部分权利，依支配该第三人对债权人的义务的准据法确定；2. 如果多个（第三）人均应履行同一义务，且债权人已从其中一人处得到清偿，则第 1 款同样适用。”

俄罗斯《民法典》第 1216.1 条“债权人权利向其他人法定转移的准据法”规定：（1）第三人清偿了债权人对债务人的债权时，则债权人权利向该第三人（新债权人）的法定转移由调整原债权人与新债权人之间关系的法律确定，但从法律规定或案件整体情况能得出其他结论的除外。（2）此时，适用于债务人与原债权人之间的债务关系、旨在保护债权人的法律规定在适用于债务人和新债权人之间关系时不受影响。

欧盟也采取区分方法，《罗马条例Ⅰ》第 15 条对法定代位作出如下规定：当一个人（即债权人）对另一个人（即债务人）拥有合同上的请求权，而第三人有义务向债权人进行债务清偿或事实上已向债权人进行了债务清偿时，应由支配第三人清偿义务的法律来决定以下事项，即第三人是否以及在多大范围内有权向债务人行使债权人根据其与债务人之间关系的准据法而可向债务人行使的相关权利。

有的国家未区分自愿转让与非自愿转让，只是笼统规定“债权转让或债务承担对于未参与该转让的债务人或者未参与该承担的债权人的效力，适用支配该债权或债务的准据法”①。

在有关法域的司法实践中，例如在英格兰法院，诉权（right of action in an English court）是否可以转让的问题显然是英格兰法的问题，应该认为这类权利的所在地在英格兰，应该适用作为物之所在地法的英格兰法。英格兰法院对于扣押第三人财产令与优先权法律适用的实践具有代表性。

（一）扣押第三人财产令

扣押第三人财产令（garnishee orders）是指通过扣押债务（attachment of a debt）执行判决的方法。例如 A 对 B 负债，C 取得了针对 B 的胜诉判决，则 C 可以请求法院发布命令由 A 而非 B 向 C 履行债务。在英格兰，是否作出此种扣押令由法院自由裁量，通常只有债务位于英格兰，即 A（债务人）位于英格兰或者英格兰法院对其有管辖权，法院才会发布扣押令。而且 B 作为 A 的债权人和 C 的判决债务人（judgment debtor），也需要英格兰法院对其拥有管辖权，以便其能够为该扣押令所约束。如果 B 不在英格兰法院的管辖范围内，则存在 A 在外国仍得向其履行债务的风险。不过，即使 B 不在英格兰法院管辖范围内，但只要债务在英格兰，也即

① 2007 年马其顿共和国《关于国际私法的法律》第 28 条。

A在英格兰，而且B也愿意接受英格兰法院的管辖，则英格兰法院通常也会发布扣押令。

例如S起诉B（一家捷克银行），B服从了英格兰法院的管辖。S获得了一扣押令，扣押了两家英格兰银行应付给B的债务。这两家银行请求撤销该扣押令，主张如果它们付款给S，它们在布拉格仍可能有义务付款给B。英格兰法院认为，债务位于英格兰，B也服从了其管辖，再次付款的风险只不过是一种理论上的可能。但如果债务人是一家德国银行，则似乎存在再次在德国付款的真实风险，所以法院将拒绝发布扣押令。在佐为希斯合作有限公司诉中国天津国际技术合作公司案（Zoneheath Associates Ltd. v. China Tianjin International and Technical Cooperative）① 中，英格兰法院拒绝向一家中国的银行在中国的分行发布扣押令，只是因为该银行在英格兰还有一家分行，而且有证据表明英格兰法院的扣押令将不会在中国得到承认。

关于扣押令的承认，英格兰法院主要考虑债务是否位于作出扣押令的法院所在国。例如，英格兰曾拒绝承认一埃及的扣押令，因为根据英格兰法，债务所在地是安大略而不是埃及，尽管按照埃及法债务位于埃及，但在英格兰法院看来，该问题和埃及法是不相关的。

（二）优先权

同一债务的两次或两次以上非自愿转让的优先权适用何地法律？根据英格兰判例，由债务所在地法（situs of the debts）支配。在由债券持有人提起的一个英格兰诉讼中，法院为一家英格兰公司指定了接管人。这一指定发生将公司的法国债务人到期债务的债权转让给公司债券持有人的效力（债务所在地为法国）。然后，这家公司在英格兰法院获得了针对这些法国债务人的扣押令。法院认为，法国法作为债务所在地法决定债券持有人和其他债权人之间的优先顺序。前述规则也适用于自愿转让与非自愿转让发生冲突的情形。一昆士兰公司将自己的未催缴股本（uncalled share capital）质押给一澳大利亚银行，但是未通知苏格兰的股东。随后昆士兰公司收缴（called in）了这一资金并创设了由股东承担的债务。在支付前，公司的一苏格兰债权人获得了扣押应由苏格兰股东支付的款项。根据苏格兰法，该债权人享有优于银行的权利，但根据英格兰法或澳大利亚法，情况则不同。英格兰法院认为，扣押令效力以及优先权都由债务所在地法即苏格兰法决定。

三、国际贸易中应收款转让的法律适用

2001年联合国《国际贸易中应收款转让公约》（Convention on the Assignment of Receivables in International Trade，以下简称《公约》）② 第26条至第32条对应收款转让的法律适用作了如下规定：

（一）适用于转让人与受让人之间的权利义务的法律

转让人与受让人根据协议产生的权利和义务受双方选定的法律调整。如果转让人与受让人没有选择法律，根据其协议产生的权利义务关系由与该转让合同关系有最密切联系的国家的法律调整。这反映了转让合同法律适用方面的当事人意思自治原则，当事人选定的法律适用于转让合同的纯合同事项，这些纯合同事项包括转让合同的订立和实质有效性问题、其条款的解释、受让人支付价款或提供允诺的信贷的义务、对应收款的有效性和可执行性所作的表示是否

---

① ［1994］CLC 348.

② 该公约目前未生效，利比亚和美国批准了该公约，卢森堡、马达加斯加签署了该公约。

存在及其效力。

（二）适用于受让人与债务人之间的权利义务的法律

《公约》第 29 条规定，调整原始合同的法律决定对受让人与债务人之间的转让在合同上的限制是否有效、受让人与债务人之间的关系、转让在哪些条件下可对债务人发生效力和关于债务人的债务是否已经得到解除的任何问题。根据保护债务人的原则，公约将受让人与债务人之间关系中产生的问题交由调整应收款的法律处理。对于合同应收款，这种法律就是支配产生应收款的原始合同的法律。规定适用支配原始合同的法律是因为，第 29 条仿效的是 1980 年《罗马公约》，但与可适用于非合同权利的《国际合同法律适用通则》第 12 条第 2 款的规定不同，《公约》第 29 条仅提及合同应收款，并未规定应如何确定原始合同应适用的法律。这是因为，《公约》第五章规定的目的在于制定国际贸易中应收款转让方面的一般原则，而不是处理与转让有关的一切国际私法问题，没有必要制定这些详细规则，况且，试图确定对可能是应收款来源的各种合同（如销售合同、保险合同或与金融市场业务有关的合同等）的准据法并不适当。

第 29 条的规定也适用于交易的抵销（即由原始合同或密切相关合同引起的相互索偿权），因为交易的抵销属于“受让人与债务人之间的关系”范围。但是，其并未涉及独立的抵销（即由于与原始合同无关的来源引起的索偿权）。这些索偿权可因各种来源引起（如转让人与债务人之间的单独合同、法律规定以及法院判决或仲裁裁决）。这些索偿权的取得以及其取得的条件（如偿债能力、同一货币、到期日）留待其他法律处理，《公约》并未规定应适用什么法律。第 29 条还涉及合同规定的而非法定的可转让性，这是一个与债务人付款或解除义务相关联的问题。这意味着，如果除第五章以外的公约条款对债务人不适用，那么违反关于受让人与债务人之间关系的合同限制的后果留待支配原始合同的法律调整；如果公约中的条款对债务人适用，违反合同限制所作的转让对债务人有效（见《公约》第 9 条第 1 款），债务人将不得对受让人提出抗辩（见《公约》第 18 条第 3 款）。

（三）适用于优先权的法律

《公约》第五章第 30 条对适用于优先权的法律作了规定。首先，转让人所在地国家的法律调整受让人对所转让应收款的权利相对于竞合求偿人权利的优先性（见《公约》第 30 条第 1 款）。其次，不论本可适用何国法律，法院所在地国或任何其他国家适用的强制性法律规则不得阻止转让人所在国法律某项规定的适用（见《公约》第 30 条第 2 款）。最后，为了使《公约》更能够为各国所接受，《公约》规定，尽管有前面两款的规定，在转让人所在国之外的其他国家开始的破产程序中，根据法院地国法律依法产生并根据该国法律在破产诉讼程序中相对于某一受让人的权利而被给予优先地位的任何优惠权利，可具有这种优先性（见《公约》第 30 条第 3 款的规定）。

对日益复杂的国际贸易法律关系来说，传统规则有时并不是切实可行的或具有效率的。现有及未来应收款的整体转让情况日益普遍，适用应收款的物之所在地法有时并不是十分适当的。这种做法还会使未来受让人面临不得不从概念上分别确定每项应收款所在地的负担。适用调整应收款的法律或当事人选定的法律也会产生类似的后果。在多项应收款中，各项应收款优先权适用各种不同的优先权规则。如果属于未来应收款，则当事人之间无法肯定地确定优先权应适用的法律。这种因素可能毁掉一笔交易或至少增加信贷成本，特别是如果适用转让人和受让人选定的法律，则可能致使转让人为获得特别的好处而与某个求偿人串通起来。

尤其是当优先权冲突所应适用的法律正是调整该应收款的法律时，更难达到法律适用的确定性。因为根据这样的规则，第三方必须确定调整转让人和债务人之间基础关系（原始合同关系）所应适用的法律。在订立合同的情况下，该法可能是当事人自己选择的法律，或某些其他法律，例如可以是与产生应收款的合同存在最密切联系的法律。此外，根据这样的规则，对于从不同合同中所产生的应收款，以及同一转让人向同一受让人大批转让的应收款，将会适用不同的规则。并且，对于未来应收款，在转让时，受让人将不能确定所应适用的法律。①

转让人所在地法将会提高法律适用的确定性，因为第三方在转让时可以确定调整该权利冲突所应适用的法律。因此，公约规定优先权冲突由转让人所在地国法律调整。转让人所在地作为一种连结因素指引了一个单一的连结点，即使在未来应收款的整批转让的情况下，也能很容易地查明和确定转让人的所在地。并且，在某些转让需要登记的法律体制下，通常第三方是依转让人所在地来确定应收款的状况，对于这种法律体制而言，转让人所在地是一种比较适宜的连结因素。

另外，从法律适用的复杂性看，《公约》的规定至少可在两个方面从一定程度上减少法律适用中存在的冲突，即减少转让人所在地国优先权规则与法院地国优先权规则的冲突、转让人所在地国优先权规则与破产程序开始国优先权规则的冲突。因为优先权争议以及有关破产程序通常在转让所在地国进行，这样就使所在地国法与法院地法或破产地法重合，减少了法律适用上的冲突。

（四）强制规则和公共秩序

在《公约》第五章规定的冲突规则中对强制性规则也作出了规定。《公约》第 31 条规定，不论本可适用的法律为何国法律，如果法院地国的法律规则是强制性的，第 27 条至第 29 条中的任何规定概不限制这些规则的适用。如果与第 27 条至第 29 条所作规定的事项有密切关系的另一国的法律规则是强制性的，而且根据该另一国的法律，不论本可适用的法律为何国法律，这些强制性规则必须适用，第 27 条至第 29 条规定概不限制这些规则的适用。这种规定反映了国际私法中公认的一项原则。但根据该条规定，这些强制性规则仅可排除本应适用于转让人与受让人之间关系的法律以及适用于受让人与债务人之间关系的法律，而对优先权冲突，即使优先权准据法所属国的法律规则违背法院地国或另一国的有关优先权的强制性法律规则，仍可以得到适用。之所以如此规定，是因为有关优先权的规则具有强制性，撇开优先权准据法所属国的强制性规则而支持法院地国或另一国的强制性法律规则，会造成优先权法律适用的不确定性。对于公共政策，《公约》第 32 条规定，对于第五章所解决的事项，第五章指明的一项法律规定只有在该规定的适用明显违背法院地国公共政策的情况下才可拒绝适用。这样规定的目的是，如果该规则适用于具体情况时"明显违背"法院地国的公共政策，则可以撇开本应适用的法律规则。

四、股份的法律适用

股份（shares）首先与其发行公司的所在地相联系，因为一般的规则是它只能通过股东登

① Spiro V. Bazinas, An International Legal Regime for Receivables Financing: Uncitral's Contribution, 8 Duke J. Comp. & Int'l L. 315, 1997—1998, pp. 351 - 352.

记以受让人的名义代替出让人而有效转让。该登记通常保存于公司的主营业地。只能通过登记才可转让的股份位于该登记被保存的国家。如果一个公司在多个国家保存登记，转让可在一处予以登记，则任何特定股票位于何处的问题依赖于按照正常商业程序转让的登记国。

股份转让的效力可以分为两个方面，一是对公司的效力，二是对转让关系当事人及第三人的效力。因此，关于股份的法律适用可以分为以下两个方面。

(1) 关于股份转让对公司的效力，由股份所在地法决定。这主要是因为该事项与公司的联系较为密切，所以应较多地考虑公司所在地法的规定，通常情况下也就是股份登记保存地，即股份所在地法律的规定。例如，一个成立于美国纽约的公司的股票的发行，应遵守纽约州法的规定。如果该公司的某一股份在英国伦敦被转让，则应由纽约州法来决定该转让是否使受让人经登记而成为股东。

(2) 关于股份转让对转让关系当事人及第三人的效力，则由交易的准据法决定，实际上在所有案件中都是证券交付地法。还举上面的例子来说，受让人是否通过交易而有权持有股票的问题应受英格兰法支配。如果英格兰法决定支持受让人，则他是否能够要求登记作为股东就是一个由美国纽约州法决定的事项。

股份的转让是一个独立的交易关系，双方当事人或者相关的第三人对有关股份的权利义务是由该交易关系派生出来的。因而，转让对相关当事人的效力，应该适用交易关系的准据法。对于第三人的效力，也是基于同样的道理而适用交易关系的准据法。

MATERIAL

The Situs of Intangible Movables

Intangible movables may be divided into rights which are mere rights of action, and rights which are represented by some document or writing that is not only capable of delivery but in the modern commercial world is negotiated as a separate physical entity. A debt, arising from a loan or from an ordinary commercial contract, is an example of the first class; while the second class is chiefly exemplified by negotiable instruments and shares. In the next paragraphs we will focus on the situs of a debt.

It is obvious that the determination of the situs of immovable and tangible movable property may be necessary in order to determine the applicable law. It is also possible that a debt may be deemed by English law to have a definite locality of its own for several different purposes, such as the exercise of jurisdiction, the payment of taxes, the grant of probate or of letters of administration, or the determination of the location of damage for the purpose of another choice of law rule. The test by which the locality is traditionally determined has been explained by Atkin L. J. in the following words:

"The test in respect of simple contracts was: Where was the debtor residing? ... The reason why the residence of the debtor was adopted as that which determined where the debt was situate was because it was in that place where the debtor was that the creditor could, in fact, enforce payment of the debt."

Thus the traditional rule is that an intangible movable, such as a right to recover a loan or money due under an insurance policy, is situated in the country where the debtor resides (for legal persons, generally understood to be their place of business), because that is where it can be enforced. This rule is, however, far from a complete or clear guide.

One suggested approach is that if the debtor resides in two or more countries, the debt should be situated in the one in which "it is required to be paid by an express or implied provision of the contract or, if there is no such provision, where it would be paid according to the ordinary course of business." If, however, the debtor resides only in one country, the debt is situated there alone, notwithstanding that it may be expressly or implicitly payable elsewhere. An Australian court has suggested that the place of payment in the ordinary course of business should be preferred as a general rule, notwithstanding the fact that the debtor is not resident there. The general view, however, is that the residence of the debtor is "an essential element in deciding the situs of the debt." On this basis, the better approach may be that a debt is located at the place of residence (for companies, place of business) of the debtor, and if there is more than one such place, at the place of residence which is most closely connected to the debt.

QUESTION

How to ascertain the situs of intangible movables?

第四节 不动产的法律适用

一、不动产的管辖权

作为一般原则，一国法院不受理位于外国的不动产（immovables）案件，而对位于本国境内的不动产纠纷有专属管辖权。有些国家的法律规定涉及本国境内不动产的物权之诉，由不动产所在地法院专属管辖。[①] 有的则进一步明确规定不动产物权及其他物权纠纷、因妨碍不动产

① 2017年瑞士《关于国际私法的联邦法》第97条规定：涉及瑞士境内不动产的物权之诉，由不动产所在地法院专属管辖。

的占有而产生的纠纷以及因不动产的租借关系或租赁关系、有关住宅或店房的使用合同而产生的纠纷，只要不动产在本国境内，本国法院就有专属管辖权。①

但对于有关位于外国的不动产租金的案件，或者对位于外国的土地或建筑物的侵权，是否只能由不动产所在地国法院专属管辖？在满足某些条件的情况下，非不动产所在地国法院是否可以行使管辖权？

根据英格兰1982年《民事管辖权与判决法》第30条规定，对于位于外国的不动产的侵权行为，英格兰法院可以行使管辖权，除非诉讼主要是有关不动产的所有权或占有权的。② 此外，英格兰法院对位于外国的不动产无管辖权的基本原则还存在其他一些例外：(1) 当英格兰法院正在行使管辖权和管理一项英格兰信托或遗嘱时，若该信托或遗嘱全部或部分地涉及外国土地以及因此而附带产生的所有权问题，该一般原则不予适用。(2) 对人的衡平管辖权（equitable jurisdiction in personam）。当标的物位于外国时，英格兰法院对于自己辖区内的人可以行使属人管辖权，通过发布实际履行令（a decree of specific performance），来执行该人承担的个人义务（personal obligation），如果其不遵守该命令，则按照蔑视法庭（contempt of court）来处理。但此情况下行使管辖权需满足三个基本要件：一是被告在法院辖区；二是诉讼标的产生于当事人的合同，或者与被告的欺诈或其他非善意的行为有关，或者起因于衡平或信托关系；三是命令被告所为的行为按照物之所在地法必须不是违法的或者不可能的。

《布鲁塞尔公约》第16条第1款规定，对于有关不动产物权或共有的诉讼，物之所在地的缔约国法院有排他性的管辖权（exclusive jurisdiction）。该条规定明确了不动产物权或租赁权案件由物之所在地法院专属管辖，但没有明确该条款是否同样适用于对不动产的损害赔偿诉讼（an action for damage to immovable property）。欧洲法院认为，赠与人（donor）基于欺诈而提起的取消赠与土地的诉讼不属于该公约第16条第1款的适用范围。

在海沃德案（Re Hayward）③ 中，H与X在西班牙共同购置了一份财产并在西班牙财产登记机关登记为每人一半（in indivisible halves）。此后H破产，其财产由破产受托人管理，后来H未立遗嘱死亡，其遗孀打算将H的那半财产转让给X，破产受托人向英格兰法院申请发布命令，要求法院宣布他作为破产受托人对该半份财产享有权利。英格兰法院认为该项诉讼与破产无关，破产受托人的诉讼标的是物权，因此英格兰法院无管辖权。英格兰法院还认为，由于诉讼涉及西班牙财产登记机关，该案件属于《布鲁塞尔公约》第16条第1款的适用范围，基于此，英格兰法院也没有管辖权。

在共有案件中，欧洲法院指出，对于不动产租赁（tenancies）应作限制性解释，因公约的适用可能会导致赋予非任何一方住所地的缔约国法院以排他的管辖权。较早的欧洲法院判决不认为有关建筑物租赁的案件必须由物之所在地法院专属管辖。在一个案件中，两个荷兰人S与V达成协议，由S接管V在德国的花卉生意，花店位于德国。S应向房东付大部分租金，另付部分租金给V，S后来对该协议提出异议，V在荷兰法院对S提起诉讼。S主张德国法院对该案件享

① 参见2007年马其顿共和国《关于国际私法的法律》第69条。

② 英格兰1982年《民事管辖权与判决法》第30条的原文为：Jurisdiction of any court… to entertain proceedings for trespass to, or any other tort affecting immovable property shall extend to cases in which the property in question is situated outside [England] unless the proceedings are principally concerned with a question of title to, or the right to possession of that property.

③ [1997] Ch. 45.

有专属管辖权。欧洲法院否认了S的主张。但在此后的一个案件中，欧洲法院认为，不动产租赁案件应由物之所在地法院专属管辖。假如A与B住所均在英格兰，A将自己在意大利的酒店以一定租金租给B一个月，如果B未付租金，则A必须在意大利而不能在英格兰起诉B。不过根据1989年修订的《布鲁塞尔公约》，如果双方为自然人，住所都在英格兰而且租期不超过6个月，任何一方都可以在英格兰被诉。也有国家有类似规定，对短期租借或用益租赁诉讼不采取不动产法院有专属管辖权的做法。①

从2019年《海牙判决公约》第5条第1款（h）项和（i）项、第3款及第6条的规定看，其坚持了不动产所在地国的专属管辖权。只有原审国法院为不动产所在地国时，涉不动产的外国判决才有可能按照公约得到承认与执行。② 其特别规定了，由不动产所在地国的法院作出的有关不动产租赁的判决，才符合公约对原审国法院管辖权的要求。

二、物之所在地法原则及其例外

不动产适用不动产所在地法是一般原则，但也有例外，如继承领域。一般认为，不动产权利的转让和消灭（extinction）、转让的形式与实质有效性都应由物之所在地法支配。例如，两个住所在英格兰的人，在英格兰签订协议出租一块位于苏格兰的土地。该租赁协议未封蜡，而且出租人认为狩猎权（shooting right）不附属于土地，正如英格兰法所规定。但法院认为应适用苏格兰法来解决前述问题。根据苏格兰法，租赁协议不要求封蜡，狩猎权应附属于土地。此外，有关转让或取得位于外国的不动产的行为能力，也应由物之所在地法决定。

对于与不动产有关的合同或义务（obligation），其法律适用如何？虽然不动产适用不动产所在地法是一般原则，与不动产有关的合同也应受不动产所在地法支配，然而，也有不同的主张与实践，认为与不动产有关但不直接影响财产本身的所有权或权益，以及纯粹的个人债务（purely personal obligation）适用通常的合同的准据法。实际上，没有理由假设或坚持认为，与不动产有关的义务的准据法必须是物之所在地法，尽管在当事人没有选择法律的情况下，物之所在地法可被推定为是有关不动产合同应适用的法律。例如，英国的两个人签订在巴黎买卖土地或在巴巴多斯购买海滨别墅的合同，他们会期待，并且当然可以选择合同受英国法律支配。如果卖方未能完成销售行为，或买方未能完成购买行为，因为按照物之所在地法，外国人不能拥有土地，则合同准据法将决定外国人不能拥有土地这一事实对买卖合同法律有效性的影

---

① 例如2013年黑山共和国《关于国际私法的法律》第119条对于以不动产物权以及不动产的租借、用益租赁为标的之诉讼，如该不动产在黑山领域内，则黑山法院具有专属管辖权。但是，对于供私人临时使用连续不超过6个月的不动产的租借或用益租赁之诉，如果所涉的租借人或承租人为自然人并且所有权人（出租人）以及租借人或者承租人在同一国家有住所，则被告住所地国的法院亦具有管辖权。

② Article 5 Bases for recognition and enforcement：1. A judgment is eligible for recognition and enforcement if one of the following requirements is met…（h）the judgment ruled on a lease of immovable property（tenancy）and it was given by a court of the State in which the property is situated；（i）the judgment ruled against the defendant on a contractual obligation secured by a right in rem in immovable property located in the State of origin，if the contractual claim was brought together with a claim against the same defendant relating to that right in rem…3. Paragraph 1 does not apply to a judgment that ruled on a residential lease of immovable property（tenancy）or ruled on the registration of immovable property. Such a judgment is eligible for recognition and enforcement only if it was given by a court of the State where the property is situated.

Article 6 Exclusive basis for recognition and enforcement：Notwithstanding Article 5，a judgment that ruled on rights in rem in immovable property shall be recognised and enforced if and only if the property is situated in the State of origin.

响，如果有效，则合同具有可执行性，如果法院裁定卖方因未能履行其承诺而违约，法院将不会命令卖方实际履行，但没有任何理由反对法院作出违约损害赔偿的裁决。①

从有关立法看，对于不动产合同的形式有效性，有的国家规定适用不动产所在地国法②，有的国家规定可以适用合同签订地或合同的准据法，但应该遵守物之所在地法中有关合同形式的强制性规定。③

对于不动产合同，有的国家规定，只能适用不动产所在地国法，如马其顿。④ 而《罗马条例Ⅰ》第4条"未选择合同应适用的法律"之（c）（d）款规定，有关不动产物权或者不动产租赁的合同，依不动产所在地国法。但供私人暂时使用连续不超过6个月的不动产租赁合同，如果租赁人为自然人而且与出租人在同一国家有惯常居所，则依出租人的惯常居所地国法。其规定表明，首先当事人可以选择不动产合同的准据法，在没有选择时，则适用不动产所在地国法，满足一定条件的短期租赁合同可以适用出租人惯常居所地法。还有其他国家也有类似规定，如黑山。⑤

MATERIAL

The Law of the Situs Rule

In the USA and in most European countries the general rule is that the law of the situs (often referred to as the lex situs) is the governing law for all questions that arise with regard to immovable property. The same rule was authoritatively stated for English law in Nelson v. Bridport. Whilst the situs rule may have been authoritatively stated, it has come under occasional criticism. Indeed the rule has been condemned as a "taboo". There is no doubt, however, that the law of the situs has a powerful interest in its rules being applied to a wide range of matters—essentially "with the manner in which land is used, occupied or developed." This concern is seen at its strongest in the case of the transfer of title to land. At the end of the day, only the law of the situs can control the way in which land, which constitutes part of the situs itself, is transferred. Application of the law of the situs to questions of transfer of title is thus desirable as a matter of comity and also often necessary in terms of effectiveness. In other cases, however, "where the parties are non residents and the policy of the situs does not concern the use, tenure or marketing of its land," the case for the application

① Adrian Briggs, The Conflict of Laws, Oxford University Press, 4th edn., 2019, p. 283. 对与不动产有关的合同的法律适用，我国法律没有作出特别规定。司法实践中有案件涉及在境外购买土地，因外国法律禁止外国人购买土地，原告主张销售协议无效，要求返还土地购买款项及支付资金占用费等。我国法院对该案件行使了管辖权并将争议定性为合同纠纷，具体参见（2021）京01民终3108号民事裁定书。

② 2012年捷克《关于国际私法的法律》第42条第1款第（4）项及第2款。

③ 2005年保加利亚共和国《关于国际私法的法典》第98条第6款规定：如果合同以不动产物权为标的，则不论合同缔结地位于何处或者合同准据法为何，必须满足该不动产所在地国法中必须适用的强制性形式要求。《罗马条例Ⅰ》第11条第4款有类似规定。

④ 2007年马其顿共和国《关于国际私法的法律》第23条。

⑤ 2013年黑山共和国《关于国际私法的法律》第39条第（3）（4）款。

of the law of the situs is much weaker. Although the courts have been prepared to apply a law other than that of the situs to govern a contract for the sale of land, equitable questions arising under a mortgage of foreign land, a foreign implied marriage settlement, the division of property upon divorce, or the formal validity of a will of immovables, the generality of the situs rule remains in force, as is illustrated by the law on intestate succession to immovables and on the essential validity of a will relating to immovables. It seems unlikely that the entrenched position of the law of the situs as the choice of law rule for immovables is going to be altered other than by legislation.

QUESTION

What is the rationale for the law of the situs to govern questions arising from immovable property?

第五节 国有化问题

国有化（nationalization）通常是指主权国家或政府依据本国法律，将某些原属私人（包括外国自然人和法人）所有的财产和权利收归国有，由国家或它的机构加以控制和使用的一种法律措施。采取国有化措施而没有给予补偿，即为“没收”（confiscation），采取国有化措施但给予补偿称为“征收”（expropriation）。征收可以分为个人征收和一般征收（individual expropriation and general expropriation）。个人征收针对明确的个人及其被征收的财产，而一般征收与特定国家经济或社会结构的变化有关，旨在将私人资本排除在国民经济的某一或某些特定部门之外，是针对全行业的国有化。在许多情况下，一般征收一词本质上是“国有化”的同义词。历史上的征收案例主要是直接征收财产，但如今，征收最常见的形式是间接征收（indirect expropriation ）。国际私法上讨论国有化问题主要涉及国有化法令对在外国的财产的效力和对在其境内的财产的效力及其补偿问题。①

一、国有化法令对境外财产的效力

国有化法令对在外国的财产的效力问题，实际上是国有化法令的域外效力（extraterritorial effect of nationalization decree）问题。

一国的国有化法令对位于国外的财产是否有效？一些国家法院如英国法院认为，根据通常适用物之所在地法的原则，财产所有权不受国有化法令影响，因为在颁布国有化法令时该财产

① 区分境内、境外具有重要意义，国有化与国籍无关。

位于其境外。基于此种国际私法的逻辑，他国国有化法令的域外效力往往未得到承认。

在国际公法上，一国的管辖权延伸于其国民及其财产，不管它们位于何处，但一国政府干预其国民位于国外的财产的权利在一些国家或地区不会得到承认，如其在英格兰就从来没被承认过。有英格兰法官指出，现代的趋势是否认相关立法对位于国外的财产的效力。还有观点认为，对相关财产应适用财产所在地法。不过，戴赛等学者认为，在英格兰，不能仅仅因为外国立法是征收性的，即没有提供补偿或提供的补偿不足，就不予承认。

总的来看，否定外国国有化法令的域外效力的理由通常有：(1) 外国国有化法令或措施是惩罚性的；(2) 外国国有化法令或措施违反公共政策；(3) 以物权适用物之所在地法来否定外国国有化法令或措施的域外效力；(4) 以有关外国未被承认为由，拒绝承认其国有化法令或措施的域外效力。

二、国有化法令对境内财产的效力和补偿

关于国有化法令或措施对在其境内的财产的效力，原来各国多依习惯国际法上禁止没收外国人财产的规则，拒绝予以承认。但近些年来，由于国际社会的合作不断增强，各国一般倾向于承认外国国有化法令对于其境内的外国人的财产的效力。

在英国司法实践中，如果被国有化的财产位于国有化国家领土管辖范围内，则英国法院认为，无论是按照物之所在地法还是根据礼让要求，都应该尊重主权者在其领土管辖范围内的完全主权行为，尊重其根据国有化法令取得的所有权。① 例如，一国根据国有化法令实行国有化后，在其境内被国有化的财产，由有关国家当局出售给有关买家，新所有人根据该国法律拥有有效所有权。其后，该财产通过贸易被转移到国外，该财产的原所有人在外国法院主张对财产的权利，这时法院就面临着是否承认外国国有化法令的域外效力的问题。对于这种情况，英国法院认为，原所有权人不得要求非法强占或其他错误行为导致的损害赔偿，因为其所有权被剥夺完全是根据国有化法令进行的。只有当该国有化法令如此可恶，甚至应被拒绝承认时②，根据该法令获得的所有权以及物之所在地法原则才应该被完全忽视，结果才会不同。

美国最高法院在古巴国民银行诉沙巴蒂诺案（Banco Nacional de Cuba v. Sabbatino）③ 中也指出，在缺乏条约或其他协议的情况下，法院不评判外国政府在其境内占有财产的效力，即使该行为违反习惯国际法。

必须指出，各国在承认外国国有化法令的域外效力的同时，通常还要求所在国给予一定的补偿。关于对境内外国人的财产被国有化后是否给予补偿的问题，各国的做法有所不同，归结起来大致有三种：(1) 不予补偿；(2) 给予"充分、有效、及时"的补偿；(3) 给予"适当、合理"的补偿。国际法的历史发展表明，传统的"充分、有效、及时"的补偿标准正逐渐被新的标准所代替，即"适当、合理"的补偿。这一新的标准不仅规定在众多的双边条约中，而且也被一系列国际文件，如联合国大会通过的《关于自然资源永久主权的决议》和《各国经济权利和

---

① Luther Co v. James Sagor & Co [1921] 3 KB 532 (CA); Princess Paley Olga v. Weisz [1929] 1 KB 718 (CA).

② Kuwait Airways Corp v. Iraqi Airways Co (Nos 4 and 5) [2002] UKHL 19, [2002] 2 AC 883, refusing to recognize an Iraqi law dissolving Kuwait and assuming ownership of Kuwaiti-owned Property. Adrian Briggs, The Conflict of Laws. Oxford University Press, 4th edn., 2019, p. 295.

③ 376 U.S. 398 (1964).

义务宪章》，以及国际实践所确认，从而逐渐成为各国普遍接受的一项国际法原则。

三、我国的有关规定

中华人民共和国成立初期，我国对一些帝国主义国家在华财产采取了区别对待的方法，即对控制我国国计民生的、带有垄断性的主要工商业采取没收方式，将其财产权收归国有，对一般外国人的财产则采取征用等方式。改革开放以后，我国加强了对外联系和经济交往，并在宪法和有关法律中明确规定，允许外国自然人、法人在我国投资设厂，或与我国企业合资兴办企业。我国对外国投资者的财产一般不征收、不征用，更不会进行大规模的国有化；即使在将来非常特殊的情况下，确有必要对其进行征收、征用或国有化时，亦会给予外国投资者合理的、不低于原财产价值的补偿。

我国政府的上述立场不但在我国的国内立法，而且在我国签订的双边投资保护协定中加以贯彻。如2020年《外商投资法》第20条规定，国家对外国投资者的投资不实行征收。在特殊情况下，国家为了公共利益的需要，可以依照法律规定对外国投资者的投资实行征收或者征用。征收、征用应当依照法定程序进行，并及时给予公平、合理的补偿。另外，我国同美国、加拿大、罗马尼亚、德国、法国和意大利等国签订的双边投资保护协定中通常都约定了以下内容：（1）只有根据公共利益的需要，按照法律程序，并且基于非歧视性原则，才可以对外国投资者的财产实行征收和其他相同效果的措施。（2）征收所给予的补偿，其价值应与采取征收或其他相同效果措施之时的被征收财产的实际价值相等。（3）对投资的保护和补偿如发生争议，可由双方协商解决。在一定时间内未获救济的，可申请仲裁，仲裁应根据双方所签协定和一般国际法原则进行。（4）如缔约一方根据其对在缔约另一方领土内的某项投资所作的保证向投资者支付了款项，缔约另一方应承认缔约一方对投资者的权利和义务的代位求偿权，但代位求偿权只能在经过国内司法救助和仲裁仍不能解决以后才能行使。

第六节 知识产权的法律适用

知识产权（intellectual property）可分为两大类，即工业产权（industrial property）和著作权（copyright）。一般而言，著作权的取得无须要式性，而工业产权的取得却需要登记、审查及授权等要式行为，而且工业产权通常也与各国的产业政策密切相关，这些区别对两类知识产权的法律适用有很大影响，本节主要讨论著作权和专利权的法律适用。

一、知识产权确权与效力的法律适用

（一）著作权（copyright）

与专利权不同，著作权的取得不需要要式性，只需要有创作行为即可。因此，对于作品的最初权利人的确定，主要有保护国法说和来源国法说两种主张。

保护国法说的依据被认为是《伯尔尼公约》第 5 条。《伯尔尼公约》第 5 条第 1 款规定了国民待遇原则，即就享有该公约保护的作品而言，作者在作品来源国以外的成员国中享有该国法律现在给予和今后可能给予其国民的任何权利。而《伯尔尼公约》第 5 条第 2 款则进一步强调，享有和行使公约成员国所赋予的权利不需要履行任何手续，也不论作品来源国是否存在保护，但是公约成员国给予的保护程度以及为保护作者权利而向其提供的救济方法则完全由被要求给予保护的国家的法律规定。保护国法说的主要支持者是德国学者奥伊金·乌尔默（Eugen Ulmer）。他在 1975 年出版了《国际私法中的无体财产权——比较法研究及关于在欧共体内统一相关法律的建议》一书，并在该书中从《伯尔尼公约》第 5 条推演出了保护国法说这一冲突法规则。但对乌尔默教授的主张也有持不同观点者。[①]

来源国法说认为，作品的最初权利人的确定应适用作品的最初发行国的法律，如果没有此种国家，则适用作者的本国法。来源国法说的依据在于强调著作权的自然权利性质，在来源国成立的著作权应该得到普遍的承认。另外，美国的相关判例法［如俄塔社诉俄罗斯库尔捷公司案（Itar-Tas Russian New Agency v. Russian Kurtier In.）等］以及美国法律协会起草的与知识产权相关的国际私法与国际民事程序法之统一法草案也都采这一立场。

两种主张各有利弊。保护国法说的弊端在于，著作权人的确定要等到保护国被确定之后才有可能，而其优势则在于，在这种法律适用方案之下，著作权的原始取得与其他相关问题有望在保护国法的统一适用之下得到协调解决。《伯尔尼公约》在电影作品著作权人的确定方面即持这一立场（见《伯尔尼公约》第 14 之二条第 2 款）。而来源国法说的优势在于其可以避免保护国法说的前述弊端，即作品的原始归属取决于保护国的选择，而其弊端则在于，在作品发行前后可能存在来源国发生变更的情况。此外，来源国法说也可能导致著作权的确定与其他问题分别适用不同国家法律而出现不协调。[②]

此外，还有关于最密切联系原则的主张。最密切联系原则强调适用与著作者和作品拥有最密切联系的国家的法律。

（二）专利权（patent）

工业产权是以具有产业利用价值的无形客体为基础的无形财产权，主要包括专利权、商标权、服务标志权、厂商名称权、原产地名称权以及植物新品种权和集成电路布图设计专有权等。就专利权而言，由于与历史上封建君主授予的经营特权相联系，加之在现代社会其又与各国产业政策关联颇深，因而被认为具有某种公法的政策目的，也进而一直为某种浓厚的属地主义（territorialism）色彩所笼罩。但就知识产权领域的属地主义而言，论者通常在不同的意义上使用之，很难说其有一个明确而又广为接受的定义。不过，值得关注的是，就专利权而言，日本最高法院曾在 1997 年 BBS 案裁判中为属地主义下了一个定义："就各国的专利权而言，其成立、转移和效力等问题由各该国法律调整，专利权的效力也仅在各该国领域内获得承认。"

正因为属地主义的影响，有关专利权的效力等问题的法律适用一直有两大主张。其一是以属地主义为理论基础，认为在专利权的效力等问题的法律适用中根本没有法律选择的余地，因

---

① 木棚照一「国際私法」（成文堂，2016）338 頁。
② 木棚照一「国際私法」（成文堂，2016）337 頁。

而基于公法的介入，适用于专利权的效力等问题的法律只能是专利登录国法（我国学者多称之为专利授予国法）。[①] 其二，虽然同是以属地主义为基础，但却主张对专利权的效力等问题的法律适用采取与私法上的权利的救济一样的思路，通过冲突规范指引准据法。[②] 至少就日本学术界的主流观点而言，基于此种思路的准据法应为保护国法（我国学者多称之为被请求保护国法）。所谓保护国法，即“请求就与其领土相关的知识产权而得到保护的那个国家的法律”。就专利权而言，此种保护国通常可能是专利的实施地国、受专利保护的行为的行为地国等。如果是著作权，则此种保护国可能是作品利用行为的实施地国或侵权行为地国等。

但在以上讨论中，就属地主义自身的根据而言，也难言明确，存在各种各样的说法，如一国一专利原则、巴黎公约的国民待遇原则、巴黎公约的专利独立原则以及属地主义作为专利相关公约之默示前提的预设等。总体而言，就属地主义对知识产权法律适用的影响，需要结合每个具体问题的性质进行个别讨论，而不能说属地主义可以自动地适用于知识产权的所有问题。[③]

从国际社会的立法实践看，有不同的做法。有的国家立法区分权利的类型如著作权与其他知识产权，分别规定准据法。著作权适用被请求保护国法，工业产权等需要登记注册的权利适用注册登记地法律，如黑山[④]、保加利亚的规定。而且是既区别权利类型，又列举调整的事项，如保加利亚法律规定：“著作权以及与著作权相关的权利的产生、内容、转让和终止，依著作权被请求保护地国家的法律；工业产权标的物上的权利的产生、内容、转让和终止，依专利权授予地或者注册地国家的法律或者提出授予专利权或注册专利权的申请所在地国家的法律”[⑤]。

有的国家立法则不区分权利类型，只是笼统地规定知识产权的准据法。例如，规定知识产权适用该权利被请求保护地国法律。[⑥] 瑞士、亚美尼亚、白俄罗斯和哈萨克斯坦即采纳此种规定。而捷克则是规定：“知识产权，依照授予该权利并给予其保护的国家的法律确定”[⑦]。有的国家立法虽然不区分权利类型，但细化列举调整的事项而分别规定准据法。例如，有的国家规定“知识产权的成立、内容和消灭，适用该权利的行使地国法”，如波兰。[⑧]

二、知识产权许可使用与转让的法律适用

知识产权作为一种财产权，也存在许可使用和向第三人转让的问题。当这些问题含有涉外因素时，便存在法律适用问题。

知识产权的许可使用与转让通常涉及两方面的问题。首先是许可使用协议和转让协议，这是合同方面的问题。其次则是就相关工业产权而言，权利的成立需要以要式行为为基础，因而会涉及权利转让与许可要件（如转让与许可使用是否允许、转让与许可使用的方式以及是否需要登记等）、对抗要件等权利的归属问题。[⑨]

---

① 木棚照一「国際私法」（成文堂，2016）336；山田鐐一「国際私法」（有斐閣，2004 ）385 頁。
② 木棚照一「国際私法」（成文堂，2016）336；山田鐐一「国際私法」（有斐閣，2004）385 頁。
③ 木棚照一「国際私法」（成文堂，2016）336 頁。
④ 2013 年黑山共和国《关于国际私法的法律》第 35 条。
⑤ 2005 年保加利亚共和国《关于国际私法的法典》第 71 条。
⑥ 1997 年乌兹别克斯坦共和国《民法典》第 1180 条。
⑦ 2012 年捷克《关于国际私法的法律》第 80 条。
⑧ 2011 年波兰共和国《关于国际私法的法律》第 46 条第 1 款。
⑨ 山田鐐一「国際私法」（有斐閣，2004）388 - 389 頁；木棚照一「国際私法」（成文堂，2016）339 - 340 頁。

基于以上问题，关于知识产权许可使用与转让的法律适用主要有两种主张。第一种主张认为，对工业产权的许可使用与转让而言，其债权的要素与物权的要素不可分离，因而无论是其合同问题，还是转让要件、许可要件、对抗要件等权利归属，应一律适用保护国法。但对于工业产权许可使用与转让的合同方面也适用保护国法，学者们有颇多质疑。第二种主张认为，对于工业产权的许可使用与转让，应区分问题的不同性质而分别适用不同法律，对于其合同问题应适用合同的准据法，对于其知识产权自身的问题，则适用保护国法。第二种主张在日本判例法中得到了支持。①

从国际社会立法实践看，有的国家专门规定“以知识产权为标的之合同适用根据本编有关合同法律关系的规定所确定的法律”②，即适用合同准据法，如白俄罗斯、乌兹别克斯坦、亚美尼亚和哈萨克斯坦。

三、知识产权侵权的法律适用

关于知识产权侵权的法律适用，与前述有关专利权的确权和效力问题一样，也有两种不同主张。第一种主张从属地主义出发，强调知识产权侵权不存在法律选择问题。第二种主张则强调将知识产权侵权看作一般私法问题，在含有涉外因素情况下自然也存在准据法的确定问题。相对而言，第二种主张是主流观点。③

第二种主张又可分为不同做法。第一种做法为日本最高法院在FM信号复调机案中的主张，其强调将针对知识产权的救济方法区分为两种，即差止请求（停止侵害请求、预防侵害请求以及废弃拆除请求）和损害赔偿请求，前者以独占权的排他效力为基础，本质上属权利的效力问题，因而应适用与该权利有最密切联系的登录国的法律；而对于后者，则作为侵权问题适用侵权的准据法。第二种做法则强调，应将针对知识产权侵权的所有救济方法作为一个整体，统一适用侵权的准据法。对于第二种做法，也有学者从属地主义出发主张适用保护国法。

对于日本最高法院的前述做法，也有日本学者提出异议。具体而言，对差止请求权和损害赔偿请求权的区分只是日本民法的做法，而在国际私法层面，应从国际私法自身来对这些请求权进行定性，而从世界上大部分国家的立法与司法实践来看，基本上都把二者统一作为侵权问题来对待。④

从国际社会立法实践看，有的国家立法区分权利类型，著作权侵权适用被请求保护地国法，工业产权适用注册登记地法，如黑山。有的国家则笼统地规定，知识产权的保护，适用据以请求保护的国家法律，如波兰。⑤ 有的国家允许当事人选择侵权适用的法律，但只能约定适用法院地法，如土耳其⑥、瑞士。

---

① 山田鐐一「国際私法」（有斐閣，2004）388－389頁；木棚照一「国際私法」（成文堂，2016）339－340頁。

② 1999年白俄罗斯共和国《民法典》第1132条第2款。

③ 木棚照一「国際私法」（成文堂，2016）343－344頁。

④ 木棚照一「国際私法」（成文堂，2016）344頁。

⑤ 2011年波兰共和国《关于国际私法的法律》第46条第3款。

⑥ 2007年土耳其《关于国际私法与国际民事诉讼程序法的第5718号法律》第23条第2款规定：“在侵权事件发生后，当事人各方可协议选择将法院地法适用于因侵害知识产权而提出的请求权。”

MATERIAL

Lex Loci Protectionis

The *lex loci protectionis* is the law of the country for which protection is sought, not the law of the country where protection is sought. The two expressions are sometimes confounded, but must be clearly distinguished. The latter could be interpreted as referring to the country of the court where a claim for protection is pending; in this case it would simply be synonymous to the *lex fori* and would indirectly refer to the rules on jurisdiction. Where legal action is taken in the courts of the country of protection, *lex fori* and *lex loci protectionis* would be identical. But there may also be a competent court outside that country, and such court should not apply its own law, but the law of the country for which protection is sought, which would be a foreign law in that case.

Except for the Belgian Code on Private International Law, other statutory materials do not contain much information on the substantive scope of the *lex loci protectionis*. Following the Belgian law, both the ALI Principles and the CLIP Principles are more detailed in this respect. Under these instruments there is unanimity that the existence of IP rights, including the formal and substantive requirements for their constitution, are subject to the *lex loci protectionis*, which also governs their validity, their scope and possible limitations or exceptions, their duration including the extinction, their transferability and the manner and formal requirements of transfer, licenses and security interests in IP rights, co-ownership and the transferability of shares, as well as the infringement of IP rights.

At first sight, the ALI Principles appear to take a different approach, allowing the parties to agree at any time on the designation of a law that will govern their dispute. However, the seemingly wide party autonomy is narrowed by a large number of exceptions that reflect the IP aspects. The comments and illustrations for party autonomy provided by the ALI appear to be limited to purely obligatory—i. e., inter partes—effects, in particular to infringement, and explicitly state that an "agreement cannot create intellectual property protection in jurisdictions where none exists." While the differences between the national laws and principles are not as significant as it might appear at first sight, marked differences can be ascertained regarding the law applicable to infringements and to initial ownership; in both areas the ALI Principles give room to party autonomy.

QUESTION

What is the exact meaning of *lex loci protectionis*?

第七节 信托的法律适用

一、概述

信托（trust）通常是指委托人将财产权转移于受托人，受托人依信托文件所定，为受益人或特定目的而管理或处分信托财产的法律关系。它是一种转移与管理财产的制度，起源于英美衡平法，后为大陆法系的日、韩等国所继受。尽管信托制度在英美法系形成后，也被部分大陆法系国家所采用，但两大法系在信托制度的不少方面如信托定义、信托财产权的构成、信托制度的内容、信托的生效要件以及当事人的意思表示、信托人占有瑕疵的处理方面都存在着差异。这就导致在涉外信托关系中，会出现法律适用冲突而需确定准据法。

二、信托关系的法律适用

对于信托关系的法律适用，在早期由于信托的标的主要是土地，因而物之所在地法原则占有支配地位。英格兰和加拿大的法院在第二次世界大战之前往往并不考虑更多的连结点和可供选择的法律，而是满足于单纯适用物之所在地法或委托人的住所地法。但在第二次世界大战之后，这种情况发生了很大变化，主要标志是信托关系法律适用的灵活化，尤其是信托关系也吸收了来自合同法律适用的相关理论与实践。

关于信托关系的准据法，有一些国家的国际私法立法作出了明确规定，主要有以下做法。

将信托关系视为类似合同的关系，在有关合同准据法的规定中予以规定。如根据亚美尼亚法律，首先，当事人可以选择信托适用的法律；其次，当事人未选择时，规定“不动产合同以及有关信托管理财产的合同，适用该财产所在地国法”①。白俄罗斯、摩尔多瓦也有类似规定。根据白俄罗斯法律，当事人未选择法律时，因不动产合同以及信托管理财产合同而产生的权利与义务关系，适用该财产所在地国法。若涉及已在白俄罗斯共和国注册的财产，则适用白俄罗斯共和国法律。摩尔多瓦法律则规定，在未选择法律时，合同依与之有最密切联系的国家的法律，并推定与履行义务的债务人在订立合同时的住所地国、惯常居所地国或者法人注册地国存在最密切联系。但当事人未协议选择合同准据法的，对于不动产合同以及有关信托管理财产的合同适用该物之所在地国法，不适用前述最密切联系原则。②

---

① 1999 年亚美尼亚共和国《民法典》第 1285 条第 2 款第（1）项。

② 1999 年白俄罗斯共和国《民法典》第 1125 条第 2 款。根据 2002 年摩尔多瓦《民法典》第 1611 条第 2 款第（1）项。

有的国家对信托关系的准据法，在有关物权的规定部分予以规定。如捷克《关于国际私法的法律》专设一条“信托基金或类似机构”，规定首先适用发起人指定的法律，如果前述法律不能确定或无法适用，基金依照与其有最密切联系的国家的法律。在确定该种法律时，应尤其考虑：(a) 基金的管理地；(b) 构成基金的主要财产所在地；(c) 信托管理人的注册登记地或者经常居所地；(d) 通过设立基金所要追求的目标以及实现这些目标的地点。

此外，上述法律进一步规定，如果基金的某特定部分能与其他部分相分离，则可为该特定部分单独确定准据法。在外国设立的基金，只要其具备捷克法律所规定的基金基本特征，则在捷克法律领域内亦予以承认。① 其规定明显受到《关于信托的法律适用及其承认的公约》的影响。

还有的国家在国际私法立法中专设信托一章，如瑞士《关于国际私法的联邦法》专设第九章信托，规定了管辖权、应适用的法律及其信托的承认等。其有关信托法律适用的规定更是直接规定：“信托应适用的法律依照 1985 年 7 月 1 日《关于信托的法律适用及其承认的公约》确定。”②

总的来说，关于信托的法律适用首先是采用意思自治原则，其次则是或直接适用财产所在地法或按照最密切联系原则确定应适用的法律。

三、《关于信托的准据法及其承认的公约》

信托的法律适用问题较早就引起了海牙国际私法会议的注意。1985 年 7 月 1 日，海牙国际私法会议通过了《关于信托的准据法及其承认的公约》(Convention on the Law Applicable to Trusts and on Their Recognition)。③《信托公约》通过促进信托的跨境承认，为信托受益人和与信托设立的法律关系有关的人提供可预测性和确定性保障。它通过优先考虑信托委托人所选择的法律来增强当事人的自治，并协调承认设立信托制度的司法管辖区之间相互冲突的国际私法。公约的主要内容有：

（一）适用范围

根据《信托公约》第 2 条的规定，信托指一个人，即委托人——在生者之间或因死亡——为受益人的利益或特定目的把财产置于受托人控制之下时所产生的法律关系。信托具有如下法律特征：

（1）财产构成独立的资金，且不是受托人财产的一部分。

（2）信托财产的所有权是以受托人的名义，或者以为受托人利益的其他人的名义。

（3）受托人有义务按照信托条款或法律规定的特别职责，管理、使用或处置该财产。受托人对某些权利的保留，以及受托人有权自己作为受益人的事实，并不必然与信托的存在相矛盾。

《信托公约》同时又强调，它只适用于自愿设立的且有书面文书证明的信托，但公约也允许成员国将公约的适用范围延伸于法定信托。《信托公约》不适用于以下事项：（1）有关遗嘱

---

① 2012 年捷克《关于国际私法的法律》第 73 条。

② 2017 年瑞士《关于国际私法的联邦法》第九章。

③ 该公约于 1992 年生效，截至 2022 年 8 月有 14 个成员国。

或者将财产转移至受托人的其他行为的效力的先决问题；（2）《信托公约》第二章确定的法律没有对有关信托种类作出规定的。

（二）信托的准据法及其适用范围

1. 准据法的确定

《信托公约》关于信托的准据法的规定主要是采当事人意思自治原则。《信托公约》第 6 条指出，信托受委托人（settlor）选择的法律支配，该选择应是明示的，或者隐含在创立信托或证明信托的书面文件之相关条款中，并且如果必要，可以根据案件情况对相关条款进行解释。如果委托人所选择的法律没有就信托或相关种类的信托作出规定，则委托人的选择将归于无效，信托的准据法将根据《信托公约》第 7 条确定。

《信托公约》第 7 条规定，在没有选择准据法时，信托受与其有最密切联系的法律支配。在确定与信托有最密切联系的法律时，应主要考虑以下几个因素：（1）委托人指定的信托管理地；（2）信托财产的所在地；（3）受托人的居所地或营业地；（4）信托的目的以及实现信托目的的地方。

不过，这里规定的几个因素并非排他性的。在实践中，法院还可以考虑其他因素，如当事人的住所等。对于相关因素的重要性，只能在个别案件中根据具体情况来衡量。

关于确定最密切联系的时间，根据《信托公约》关于准据法变更的规定，应为信托成立的时间。

《信托公约》还指出：（1）信托的准据法指一国的现行实体法规范，而不包括其冲突法规范，这意味着信托公约不承认反致；（2）信托可以分割的方面，特别是管理事项，可以受信托准据法之外的其他法律支配；（3）信托的准据法可否变更，由调整信托效力的信托准据法（相对于适用于信托可分割方面的其他法律而言）来决定。

2.《信托公约》准据法的适用范围

《信托公约》第 8 条规定，信托的准据法支配信托的有效性、信托的解释、信托的效力以及信托的管理。所以，尽管公约规定可分割的部分可以受不同的法律支配，但其出发点是所有这些问题都应受相同的法律支配。因而，即使信托财产包括动产和不动产，信托原则上也应适用相同的法律。

第 8 条进而规定了一些受准据法支配的特别事项，即：（1）受托人的任命、辞职和更换，受托人的行为能力以及受托人事务的授权代理；（2）受托人之间的权利义务；（3）受托人委托他人全部或部分地履行其职责或行使其权力的权利；（4）受托人管理或处分信托财产、在信托财产上设置担保利益或获得新的财产的权力；（5）受托人进行投资的权力；（6）对信托期限以及积累信托收益的权力的限制；（7）受托人与受益人的关系，包括受托人对受益人的个人责任；（8）信托的变更或终止；（9）信托财产的分配；（10）受托人报告管理情况的义务。

《信托公约》在这里的列举并非穷尽性的，其他相关事项同样也可以受信托准据法支配。

（三）信托的承认

信托的承认对于大陆法系国家来讲更具有实践上的重要性。各缔约国应承认按照公约确定的准据法有效成立的信托。《信托公约》项下的承认至少意味着信托构成独立的资金，受托人可以自己的名义起诉和被诉，而且可以自己的名义在公证人和任何代表官方能力的人面前出现或实施有关行为。在信托准据法要求的范围内，被承认的信托具有以下法律效力：（1）受托人的个人债权人对信托财产无返还追偿权；(2) 信托财产不因受托人清算或破产而构成其财产的一部分；(3) 信托财产不构成受托人或其配偶的婚姻财产的一部分，也不因受托人死亡而构成其遗产的一部分；(4) 在违反信托义务的情况下，如果受托人将信托财产与其自己的财产混合或者已转让信托财产，信托财产仍可以返还。不过，财产的任何第三方持有人的权利和义务仍受法院地冲突法规则确定的法律支配。

此外，《信托公约》还规定了强制规则和公共政策，以作为对信托准据法和信托承认的共同限制。尽管有冲突法规则和承认规则的存在，法院地的强制规则仍得适用。《信托公约》第16条强调，不管冲突法规则如何规定，信托公约不妨碍法院地强制规则的适用。《信托公约》还允许法院适用其他与案件有足够联系的国家的强制规则。

第八节 我国有关财产关系法律适用的规定

一、动产的法律适用

关于动产物权，此前《民法通则》(现已废止) 以及最高人民法院的司法解释都没有涉及该问题的法律适用问题，只有《海商法》和《民用航空法》对船舶、航空器这两类特殊运输工具的物权作了特别规定。《涉外民事关系法律适用法》第37条规定："当事人可以协议选择动产物权适用的法律。当事人没有选择的，适用法律事实发生时动产所在地法律。"《涉外民事关系法律适用法》第37条除在动产物权的法律适用中坚持了物之所在地法原则之外，还引入了当事人意思自治原则。这在各国的立法例中比较少见。对于在动产物权法律适用中引入意思自治原则，有一部分学者持抵制和批评态度，认为物权法属于强行法，物权的种类、内容等采法定主义，因而没有当事人意思自治的空间。但也有学者认为，绝对的物之所在地法原则过分强调了物权的独立性，而忽略了物权与作为其基础关系的债权的有机联系。物权虽是针对不特定第三人的对世权，但如果涉外动产物权争议只是停留在交易双方之间，而不涉及第三人，则双方之间的涉外动产物权争议应允许当事人意思自治，以最大限度地避免不同法律割裂同一交易中的物权关系和债权关系的有机联系。当然，动产物权法律适用中的意思自治是有限度的，这就是，当动产物权争议涉及第三人时，此时即应恢复物之所在地法原则的主导地位。①

《涉外民事关系法律适用法》第38条规定："当事人可以协议选择运输中动产物权发生变更适用的法律。当事人没有选择的，适用运输目的地法律。"关于在途货物物权的法律适用，有的国家规定适用运输目的地法律，有的国家规定适用起运地法律，有的国家则规定适用当事人选择的法律，这样规定的主要原因在于在途货物物权适用物之所在地法律不合适或者根本不

① 宋晓．意思自治与物权冲突法．环球法律评论，2012 (1)：77-89.

可能（例如途经公海时）。该条的适用范围，仅限于“运输中动产物权发生变更”，仅指运输状态下的动产发生物权变动的情况，不包括其他状态下的动产物权问题。

此外，《涉外民事关系法律适用法》第39条和第40条还分别规定，有价证券适用有价证券权利实现地法律或者其他与该有价证券有最密切联系的法律。权利质权则适用质权设立地法律。这两条规定涉及的是典型的无体动产的法律适用。如前所述，无体动产本身不占据空间，对其所在地需要仰仗法律拟制。对此，法院需要在前述两个条文规定的基础上，分别结合有价证券和权利质权的法律特点，对两种无体动产的所在地进行裁量。

二、不动产的法律适用

关于不动产的法律适用，1986年《民法通则》（已失效）第八章仅就不动产的所有权的法律适用作了规定。根据该法第144条的规定，不动产的所有权，适用不动产所在地法律。相较而言，《涉外民事关系法律适用法》则作了较为全面的规定。该法第36条规定：“不动产物权，适用不动产所在地法律。”从条文文义来看，《涉外民事关系法律适用法》第36条调整的范围比《民法通则》（已失效）第144条的要广泛得多，毕竟前者调整的是“不动产物权”，而后者的仅为“不动产所有权”。

三、知识产权的法律适用

《涉外民事关系法律适用法》第七章用3个条文规定了知识产权的法律适用。第48条规定：“知识产权的归属和内容，适用被请求保护地法律。”我们认为这一规定基本合理。就工业产权的确权与效力而言，如前所述，日本学界的主流观点也是从一般私法的角度主张适用保护国法。至于著作权，也一如前述，保护国法说与来源国法说各有利弊，采取哪一种似乎都无可厚非。关于知识产权的转让与许可使用，第49条规定：“当事人可以协议选择知识产权转让和许可使用适用的法律。当事人没有选择的，适用本法对合同的有关规定。”该条规定很显然仅从合同方面规定了知识产权转让与许可使用的法律适用，而对于知识产权转让与许可使用中的物权要素却付之阙如。至于知识产权转让与许可使用的合同问题，事实上也完全可以援引《涉外民事关系法律适用法》第41条的规定。至于知识产权侵权，第50条规定，知识产权的侵权责任适用被请求保护地法律，当事人也可以在侵权行为发生后协议选择适用法院地法律。第50条规定知识产权侵权主要适用被请求保护国法，这也与国际社会的主流做法基本一致。[①] 与此同时，第50条在知识产权侵权领域引入了意思自治原则。一方面，考虑到法院地国与被请求保护国有可能不一致，因而引入意思自治原则可在一定程度上减轻法院查明外国法的负担，但另一方面，这么做也有可能破坏知识产权固有的地域性特征。[②] 不过，从法解释的视角看，我们可以将此处的意思自治仅限于知识产权侵权的损害赔偿问题。由于损害赔偿更多地是当事人之间的私事，限缩解释不仅可以缓解此处的意思自治原则与知识产权属地性的矛盾，同时也可以充分保护当事人的私法自治。

---

① 杜涛．国际私法原理．上海：复旦大学出版社，2018：278.

② 齐爱民，何培育．涉外知识产权纠纷的法律适用——兼评《涉外民事关系法律适用法》相关规定．知识产权，2011（2）：124.

四、信托的法律适用

涉外信托业务在我国逐年增多，与我国有关的涉外信托案件时有发生。《涉外民事关系法律适用法》第 17 条规定：“当事人可以协议选择信托适用的法律。当事人没有选择的，适用信托财产所在地法律或者信托关系发生地法律。”

第九章
合同的法律适用

提要

涉外合同的法律适用一直以来在国际私法中占有重要地位，是传统国际私法的核心内容。20世纪中叶以来，在涉外合同的法律适用问题上，产生了许多有影响的新理论、新方法，如最密切联系原则、特征性履行方法等。本章重点阐述涉外合同及其法律适用的理论分歧、合同法律适用的一般原则、消费者合同和劳动合同的法律适用、我国有关涉外合同法律适用的规定等。

重点问题

- 确定合同准据法的一般方法
- 当事人意思自治原则
- 最密切联系原则
- 特征性履行方法
- 消费者合同和劳动合同的法律适用
- 我国有关涉外合同法律适用的立法与司法实践

债是特定人与特定人之间得请求为特定行为的法律关系。按照发生原因分类，债通常可分为合同之债、侵权之债、不当得利和无因管理之债等。本章探讨合同之债的法律适用问题。

第一节 涉外合同及其法律适用的理论分歧

一、概述

合同又称契约（contract），是双方当事人为设定、变更或消灭某种权利义务关系而订立的一种协议。合同不仅在国内民商事交往中占有重要地位，而且在国际民商事交往中也是一项非常重要且不可或缺的法律制度。国际私法所研究的是涉外合同的法律适用问题。所谓涉外合同，即指含有涉外因素的合同。根据我国《法律适用法解释（一）》第1条规定的精神，凡一项合同具有以下情形者，均应为涉外合同：合同主体的一方或双方为外国公民、外国法人或者其他组织、无国籍人，或在外国有住所，或者其内容所指向的标的为在外国的物、智力成果或需要在外国完成的行为，或者合同关系赖以成立、变更或消灭的法律事实发生于外国。但国内外立法与学者对何为涉外合同有不同看法。根据英国1977年《不公平合同条款法》（Unfair Contract Terms Act）第26条的规定，两个国籍相同的人，在外国缔结了一个纯粹由二者在国内履行的合同时，该合同并不是涉外合同。我国也有学者认为，判断一个合同是否为涉外合同，不应只看它是否含有涉外因素，还应看其是否因为有了这种涉外因素而涉及外国法的适用问题。[①] 但也有一些立法对何为涉外合同持较为宽松的态度。如根据1980年欧共体《罗马公约》第3条第3款的规定，即使是一个纯粹的国内合同，当事人也可以选择外国法作为准据法，只要此种选择不违反国内法的强制性规则即可。由此，一个纯粹的国内合同也会因为当事人选择了外国法而成为涉外合同，从而接受《罗马公约》的调整。[②]

任何一项合同都会涉及当事人的缔约能力、合同形式、合同成立、合同生效、合同解释、合同履行、违约责任以及合同的变更、中止、转让、解除、终止等问题，而各国在这些问题上的立法及实践往往存在较大差异。如关于合同形式，有的国家规定可以采用书面、口头及其他能证明合同已订立的形式，有的国家规定合同只能采用书面形式。又如，关于合同成立的时间，有所谓投递主义和收信主义。前者认为，以书信或电报作出承诺时，承诺一经投递，合同即告成立；后者则认为，要约人收到承诺人作出承诺的书信或电报的时间为合同成立的时间。各国上述不同的法律规定，为合同法律适用冲突的产生提供了可能，在具体的涉外合同纠纷案件中，便有为合同确定准据法的必要。

二、合同法律适用的理论分歧

由于合同关系本身具有高度的人为的性质，加之随着国际经济贸易关系的快速发展，合同

---

① 李双元．国际私法（冲突法篇）．武汉：武汉大学出版社，2016：390－391.

② 在2008年《罗马条例Ⅰ》中，《罗马公约》第3条第3款的上述规定得以延续。

的种类越来越多，合同的内容也越来越复杂，合同的法律适用问题遂成为国际私法中最为复杂的问题之一，有关合同法律适用的理论与学说也不无分歧。

（一）分割论与统一论

分割论与统一论的分歧主要体现在：对于同一个合同的不同方面，到底是应该分别确定其准据法，还是应该适用同一个法律作为准据法?

分割论主张，对于合同的不同方面，诸如当事人缔约能力、合同形式、合同成立及合同效力等，应分别依据各自的冲突规则确定其准据法。因此，分割论认为，一个合同的准据法可能是多个的，而不是单一的。

分割论可追溯至意大利的法则区别说。法则区别说的集大成者巴托鲁斯，即主张对合同的不同方面分别适用不同的法律，如合同的形式和实质问题，应受合同缔结地法的支配；合同的效力，应受合同履行地法或法院地法支配；合同的“正常后果”（natural consequences，指当事人约定并希望发生的后果），如按要求履行，因属合同的实质问题，故应受合同缔结地法支配；合同的“非正常后果”（irregular consequences，指当事人未约定且当事人并不希望发生的后果），如当事人的过失或迟延履行等，因属合同的效力问题，故应受合同履行地法支配；合同当事人的缔约能力，应受当事人住所地法支配。这一做法为后世很多国家的学说与实践所采纳。如美国联邦最高法院在1875年的斯卡德诉芝加哥联合国民银行案（Scudder v. Union National Bank of Chicago）中即曾指出，合同的订立、解释和效力问题，受缔约地法支配；合同的履行，受履行地法支配。美国联邦最高法院的这种分割适用法律的做法被比尔写进了1934年《第一次冲突法重述》，继而又为1971年的《第二次冲突法重述》所沿用。在德国，萨维尼从“法律关系本座说”出发，认为合同债务的“本座”是它的履行地，但在双务合同中，每一方当事人如在不同国家履行其债务，那么适用履行地法即意味着把合同进行分解。这一主张受到了德国理论及司法实务部门的支持。德国还有一种学说主张将合同准据法分为两种，一种是支配合同实质及效力的法律，即合同准据法；另一种是支配有关合同履行细节（details of performance）如交易日期、货币种类和度量衡等的法律，即合同准据法支配范围以外的“辅助准据法”①（Nebenstatut）。

所谓统一论，是指涉外合同的所有事项，诸如当事人缔约能力、合同形式、合同成立及效力等，均应受同一法律支配。美国联邦最高法院在1891年豪尔诉科德尔案（Hall v. Cordell）中即曾否定过此前其在斯卡德诉芝加哥联合国民银行案中所支持的分割论。此外，美国也有其他一些判例认为，采取分割方法，在问题的性质比较复杂、不能简单地将其归入某一范畴时，往往会带来不便。瑞士法院在1952年的卡瓦里案（Chevalley）中也认为，将合同的形式和合同的效力区分开来，分别适用不同的法律，常常是十分困难的；无论从经济观点还是从法律观点看，一项合同都应该是一个整体，因而合同的履行、解释、解除都应该只由一个法律支配。②

分割论与统一论各有利弊。分割论强调合同内在要素的相对独立性，统一论则强调合同内在要素的统一性。但从当今世界各国立法与司法实践看，各国在合同法律适用领域几乎都不同程度地采用分割论。就目前各国立法而言，最普遍的分割是将当事人缔约能力、合同形式和合同的成立与效力三者进行分割。从我国现有立法与司法实践来看，我国在合同法律适用领域采

---

① 李双元．国际私法（冲突法篇）．武汉：武汉大学出版社，2016：392-395.

② 李双元．国际私法（冲突法篇）．武汉：武汉大学出版社，2016：393-394.

用的也是分割论。2007 年最高人民法院《民商事合同纠纷法律适用规定》(已失效)第 2 条规定:“本规定所称合同争议包括合同的订立、合同的效力、合同的履行、合同的变更和转让、合同的终止以及违约责任等争议。”这意味着,在我国,合同法律适用被分割为三个方面,即当事人缔约能力、合同形式要件,以及除二者之外的以合同的成立与效力为中心的合同其他问题。调整后者的准据法通常被称为合同准据法。

(二)主观论与客观论

在合同法律适用理论的演进中,还存在着主观论与客观论的对立。主观论认为,当事人既然在合同中有权按照自己的意志创设彼此的权利义务,其当然也有权选择用于确定彼此权利义务的准据法。客观论认为,合同的成立与效力总是与一定的场所相联系的,因而合同应适用何国法律不能根据当事人的意志进行选择,而应根据合同与某个场所(或地域)之间的客观联系来确定,或者说,合同应适用其被“场所化”了的地方的法律。

早在 16 世纪法国法则区别说时代,由于资本主义经济自由发展的需要,便产生了“合同的准据法应由当事人双方自主选择的法律支配”的思想。这种以意思自治说为核心的主观论在当时的合同法律适用中并没有占据主导地位,不过由于其比较适合资本主义经济发展的需要,自 1865 年意大利《民法典》首次在立法中采用该学说后,其便陆续为各国国际私法立法所采纳,成为各国确定合同准据法的最为普遍的原则。

相较而言,客观论的产生更早,可追溯至意大利法则区别说时期。在当时,人们强调单纯依空间连结因素确定合同准据法,主要以缔约地、履行地等作为连结点,其中尤以前者为主。以缔约地作为连结点在法律适用上具有确定性和可预见性的优点,因而其符合当时社会经济发展的实际需要,所以从意大利法则区别说产生时起即一直在合同法律适用领域占据统治地位。到了 19 世纪,客观论已逐渐不能适应社会经济发展的需要,特别是随着国际合同关系越来越复杂,用单一固定的标准确定合同准据法不仅显得缺乏针对性,而且也显得非常呆板、机械和不灵活,其统治也渐渐地让位于意思自治说。在当今社会,客观论在合同法律适用领域仍具有较大影响,只不过其用具有灵活性的最密切联系原则代替了传统的单一固定的空间连结因素而已。①

从当今世界各国的理论与实践来看,合同法律适用进入了一个以意思自治为主而以最密切联系原则为辅的阶段,这意味着主观论与客观论并非相互排斥的关系,二者密切配合、相辅相成,共同构成了合同法律适用的两个重要方法。

第二节 合同法律适用的一般原则

合同法律适用的一般原则主要包括两个方面,其一是当事人意思自治原则,其二是最密切

① 李双元. 国际私法(冲突法篇). 武汉:武汉大学出版社,2016:396-398.

联系原则。

一、当事人意思自治原则

(一) 当事人意思自治原则的含义

合同法律适用中的当事人意思自治原则(autonomy of parties),是指合同当事人可以协议选择合同受哪一国或地区的法律支配。

意思自治原则作为涉外合同法律适用的一种理论,其萌芽可追溯至15世纪后期注释法学派代表人物诺忽斯·柯迪乌斯(Rochus Curtius)的观点。而对该理论进行系统阐述,则是由杜摩兰在其《巴黎习惯法评述》一书中完成的。在后世的法学家中,荷兰的胡伯、德国的萨维尼、意大利的孟西尼以及美国的斯托雷等,都先后接受了这一学说。

在普通法系国家,英国是最先在判例法中承认意思自治原则的国家。在1760年罗宾逊诉布兰德案(Robinson v. Bland)中,曼斯菲尔德勋爵指出,作为一种例外,当事人可以选择适用合同缔结地之外地方的法律。而在1865年的香德案(P & O Steam Navigation Co. v. Shand)中,英国法院最终放弃缔约地法原则,转而确立了意思自治原则在合同法律适用领域的支配地位。此外,美国也通过相关判例承认了意思自治原则。大陆法系国家中最早通过立法明确接受意思自治原则的是1865年的意大利《民法典》,其第25条规定:“……在任何情况下,如当事人另有意思表示,从当事人的选择。”此后,其他大陆法系国家先后在合同法律适用领域接受了该原则。至此,尽管也受到了一些批判,但现代国际私法的实践表明,意思自治原则已经成为确定涉外合同准据法的首要原则。意思自治原则能够得到各国国际私法的广泛接受,一方面是因为其在合同法律适用上具有确定性、可预见性、一致性以及易于当事人解决纠纷等一系列优点,另一方面也有其深刻的社会经济背景:资本主义自由经济的发展为其产生提供了社会基础,当时盛行的平等、自由思想为其产生奠定了思想基础,而私法上的契约自由和私法自治原则则为其在合同法律适用领域的产生提供了法理基础。

(二) 当事人意思自治原则的具体适用

当事人意思自治原则在具体适用上主要有以下几个方面。

1. 当事人选择法律的时间

关于当事人选择法律的时间,主要涉及两个问题:第一,当事人订立合同后是否还可以选择支配合同的准据法?第二,当事人订立合同后可否变更其在订立合同当时所选择的准据法?从晚近各国立法及国际公约的规定来看,绝大部分国家在当事人选择法律的时间问题上都持较为宽松的态度,这意味着,当事人不仅可以在订立合同后选择法律,而且还可以在订立合同后变更其以前作出的选择。应该说,允许当事人事后选择或事后变更选择法律,不仅是当事人的自由,而且也更为符合意思自治原则的本意。不过,从国际国内立法的情况看,当事人事后选择或事后变更选择法律也要受到一定的限制,即其不得使合同归于无效或使第三人的合法权利遭受损害。

2. 当事人选择法律的方式

当事人选择法律的方式是指,合同当事人表达其选择合同准据法的意向的形式,通常包括明示和默示两种。[1] 以明示方式选择法律,亦即通过合同中的法律选择条款或合同之外的专门

---

① 刘仁山. 国际私法. 北京:中国法制出版社,2019:269.

法律选择协议来选择法律，因其具有较高透明度，且在法律适用上具有确定性和可预见性的优点，而得到各国立法普遍首肯。对于以默示方式选择法律，各国立法与司法实践则有不同态度：有些国家，如土耳其、秘鲁等，不承认任何形式的默示选择；有些国家，如荷兰、瑞士等，则是有限度地承认默示选择。如瑞士《关于国际私法的联邦法》第 116 条第 2 款规定："当事人选择法律应采用明示方式，或是从合同条款或合同具体情况中明确地显示出来的。"美国 1971 年《第二次冲突法重述》亦是如此；有些国家如英国等，则对默示选择没有太多限制，允许法官在审理案件时推定当事人的选法意图。从英国的司法实践来看，当事人对争议解决地点的选择，对合同格式、用语及特有法律术语的选择，当事人的住所与国籍，合同标的的特点及履行地等，均可以作为法官推定当事人选法意图的依据。

3. 当事人选择法律的范围

关于当事人选择法律的范围，首先涉及当事人所选法律是仅限于其所选国家法律中的实体法，还是亦包括该国的冲突法。对此，绝大多数国家立法和国际公约均一致认为，当事人依据意思自治原则所选择的法律应仅限于被选国家的实体法，而不包括该国的冲突法。这就是所谓"合同法上无反致"①。

其次就是当事人选择法律的空间范围问题，亦即当事人可否选择与合同没有客观联系的法律。对此各国有不同做法。在很多大陆法系国家的立法中，往往要求当事人不得选择与合同毫无实际联系的法律。这些国家要求当事人只能在缔约地法、履行地法、物之所在地法、当事人的住所地法或国籍国法等法律之间进行选择。美国《统一商法典》第 1 章第 105 条之一也规定，当事人可以选择买方、卖方甚至第三国的法律，但这些国家应与合同具有合理联系。美国学者在阐释《第二次冲突法重述》时，也强调认为，允许当事人在通常情况下选择准据法，并不等于给予他们完全按照自己的意愿缔结合同的自由，因为当事人在选择法律时，必须得有合理依据，而这种合理依据通常即表现为当事人或合同与所选法律之间具有重要联系。不过，以英国为代表的一些国家则反对上述做法，认为不应要求当事人所选法律与合同之间必须得有客观联系。英国之所以持这一主张，主要是因为英国曾经是海上贸易大国，其在国际贸易和海上航运领域的法律非常发达和完善，如果强行要求当事人选择的法律与合同之间具有客观联系，将会阻碍各国当事人在国际贸易合同中选择适用英国法。此外，英国之外的一些国家的学者也有持类似观点的，如德国学者努斯鲍姆即认为，尽管合同与某一国家在空间上或客观上没有任何联系，但只要该国法律具有有关方面的明显优点，还是可以被当事人选择以作为合同准据法的。②

此外，当事人意思自治原则在具体适用中还可能受到其他方面的限制。首先，出于保护弱势方当事人的目的，有些国家立法规定，一些特殊种类的合同应排除当事人意思自治，或者只允许当事人在特定范围内的法律中进行选择。此类规定通常适用于消费者合同或雇佣合同。如瑞士《关于国际私法的联邦法》第 120 条规定，对于消费者合同，当事人不得进行法律选择，只能适用消费者惯常居所地国家的法律；在雇佣合同方面，该法第 121 条规定，合同当事人所选择的法律只能限于劳动者惯常居所地法，或雇主营业机构所在地、住所地或惯常居所地国家的法律。其次，当事人意思自治原则也可能受到"直接适用的法"(loi d'application immédiate)

---

① J. H. C. 莫里斯．戴西和莫里斯论冲突法．下．李双元，等译．北京：中国大百科全书出版社，1998：1116.
② 李双元．国际私法（冲突法篇）．武汉：武汉大学出版社，2016：413-414.

的制约。同样是在消费者合同和雇佣合同领域，某些国际性立法以及一些国家的国内立法规定，当事人协议选择准据法要受到“直接适用的法”的限制。如欧盟 2008 年《罗马条例Ⅰ》第 6 条规定，在企业在消费者惯常居所地国实施商业或职业活动，或者其利用任何方式针对消费者惯常居所地国或包括该国在内的几个国家实施上述活动的情况下，双方当事人虽可协议选择准据法，但此种选择不得剥夺消费者惯常居所地国强制性规则给予消费者的保护。另外，当事人选择法律还必须是善意的，亦即不得规避有关法律所在国家的法律。

二、最密切联系原则

（一）最密切联系原则的含义

最密切联系原则（the doctrine of the most closest or significant relationship），是美国学者里斯在研究借鉴美国法院相关判例的基础上，通过对美国学者在美国冲突法革命期间提出的相关理论学说进行折中改良而提出的一项法律适用理论。其最先于美国 1971 年《第二次冲突法重述》中得到肯定。该理论要求，对涉外民事案件，应适用与之有最密切联系的国家或地区的法律。最密切联系原则的思想渊源可追溯至萨维尼的法律关系本座说。萨维尼认为，每一种法律关系，根据其自身的特性，都与某一法律制度相联系，而联系的所在，即是该法律关系的本座；对于每一种法律关系而言，其均应该适用其本座所在地的法律。法律关系本座说中的“本座”与最密切联系原则中的“最密切联系地”在含义上似乎较为接近。不过，后者是对前者的扬弃。萨氏认为，每一类法律关系有且只有一个“本座”，由此其所建立的一整套法律选择规范体系就只能是机械的，而最密切联系原则恰恰反对建立机械的法律选择规范体系，其强调的是法院应根据每一个案件的具体情况判断案件应适用哪一国法律。早在 1880 年，深受萨维尼影响的英国学者韦斯特莱克在其所著《国际私法论》一书中就提出了“最真实联系”（the most real connection）的概念。在 20 世纪中期，美国法院的一些判例，其中较为知名的有纽约州上诉法院先后于 1954 年和 1963 年审理的奥登诉奥登案和贝科克诉杰克逊案，开始采用“重力中心地”或“联系聚集地”（grouping of contacts）理论进行法律选择。而里斯显然是在受到上述案例的启发后，在编撰《第二次冲突法重述》时创造了最密切联系原则。

最密切联系原则目前已得到各国较普遍的接受，在合同法律适用方面尤其如此。该理论认为，合同应适用的法律是合同在经济意义上或其他社会意义上集中定位于某一国家的法律。但确定合同准据法的依据并不是单一的连结因素，而是弹性的联系概念。根据这一理论，某一合同之所以要适用某一国家的法律，并不是因为该国是合同的缔结地或履行地，而是因为从合同的整体情况看，合同与该国有着最密切联系。这就要求法院必须根据案件的具体情况，对案件应适用何国法律作出灵活而妥当的判断，这无疑有助于国际民商事案件得到公正、合理的处理。

但是，最密切联系原则往往赋予法官较大的自由裁量权，法官在综合分析和考察与合同有最密切联系的国家的法律时，难免会受到自己主观意志的影响，这就会导致法律适用结果的不公正和不可预见性。因此，有必要采取一种相应的措施，以便防止法官在对最密切联系地进行具体化的过程中拥有太大的主观随意性。自 20 世纪 60 年代以来，许多大陆法系国家开始采用特征性履行说，将其与最密切联系原则相结合，以作为法院确定最密切联系地的客观依据，同时增加最密切联系原则的可操作性。

（二）特征性履行说

所谓特征性履行说（the doctrine of characteristic performance），是指在国际合同的当事人未选择合同准据法的情况下，根据合同的特殊性质确定合同准据法的一种理论。其实质在于通过考察合同的功能，尤其是合同企图实现的具体的社会目的，确定各种合同所具有的特殊功能，即它的特征性履行，并最终适用特征性履行地的法律。[①]

在逻辑上，特征性履行说的应用分为两步：第一步是确定一项合同的特征性履行行为；第二步是确定特征性履行地。何为合同的特征性履行行为，无论在理论上还是在实践中，都存在较大分歧。一般而言，在双务合同中，特征性履行行为就是"非支付价款履行行为"，如货物买卖合同中卖方的交货行为一般被认为是该种合同的特征性履行行为，因为该交货行为能够使货物买卖合同与货物运输合同和货物运输保险合同区别开来，即该行为能够反映出货物买卖合同的本质特征。关于如何确定合同的特征性履行地，理论上也存在分歧，但从各国实践看，合同的特征性履行地一般是指特征性履行行为方的住所地、惯常居所地或营业所所在地等。因此，如果以特征性履行说作为对最密切联系原则进行具体化的依据，则合同的最密切联系地法通常就是指合同特征性履行行为方的住所地法或惯常居所地法。

从立法实践看，大陆法系国家国内立法和有关国际条约对最密切联系原则和特征性履行说的应用可分为以下三种情况。[②]

第一，在立法中并没有规定最密切联系原则，而是直接采用特征性履行说。历史上，波兰曾是这一做法的典型代表。1966 年波兰国际私法第 27 条规定：(1) 当事人住所不在同一国家，又未选择法律时，依下列法律：动产买卖契约，依卖主缔结契约时之住所地法；承包、代理、委托等契约，依承包人、代理人、委托人缔结契约时之住所地法；保险契约，依保险人缔结契约时之住所地法；出版契约，依发行人缔结契约时之住所地法。(2) 当事人的住所无法确定时，依契约缔结地法。(3) 对承包作业的契约，依承包企业主要住所地法。[③]

第二，以特征性履行说作为最密切联系原则具体化的依据。日本是这一做法的典型代表。日本 2007 年《法律适用通则法》第 8 条第 1 款规定，在当事人没有选择准据法的情况下，法律行为的成立及效力适用该法律行为实施时其最密切联系地法。该条第 2 款又规定，对于第 1 款所规定的法律行为，当只有一方当事人实施特征性履行行为时，推定实施该特征性履行行为的一方当事人的惯常居所地法为该法律行为实施时的最密切联系地法。

第三，以特征性履行说作为最密切联系原则具体化的依据，同时规定例外条款。即当合同明显地与特征性履行地之外的地方的法律有更密切联系时，则适用该更密切联系地法律。这是以瑞士为代表的做法。瑞士《关于国际私法的联邦法》第 117 条规定，当事人没有选择合同所适用的法律时，合同由与之有最密切联系的国家的法律支配。应实施特征性履行行为的当事人一方的惯常居所地国或营业机构所在地国，应被视为合同与之有最密切联系。但该法第 15 条第 1 款规定，根据所有情况，如果案件与该法指定的法律联系并不密切，而与另一项法律却有更密切联系的，则可作为例外，不适用该法所指定的法律。1986 年海牙《国际货物买卖合同法律适

---

① 韩德培．国际私法．3 版．北京：高等教育出版社，北京大学出版社，2014：205.

② 刘仁山．国际私法．北京：中国法制出版社，2019：274－275.

③ 随着波兰加入欧盟，前述做法已被废除。根据波兰 2011 年《关于国际私法的法律》第 28 条，合同的法律适用根据《罗马条例Ⅰ》相关规定予以解决。

用公约》第 8 条的规定也与之类似。[①]

不过，特征性履行说未必适用于任何种类的合同，事实上，有些种类的合同很难判断哪一方当事人的履行为特征性履行，因为双方当事人的履行对合同而言都不具有特征性。如交换合同或以货易货合同，双方当事人相互交换实物而都不支付价款，何者的履行为特征性履行即无法确定。又如，在双方共同投资合同中，也很难确定何者的履行为特征性履行。不过有些合同，如贷款合同，虽然双方当事人的履行都是支付金钱，但其中一方支付金钱的目的实际上是为了向对方提供服务，而对方支付金钱只是作为报酬，此时应当说贷款人支付金钱的履行行为应是贷款合同的特征性履行。[②]

我国《涉外民事关系法律适用法》第 41 条规定："当事人可以协议选择合同适用的法律。当事人没有选择的，适用履行义务最能体现该合同特征的一方当事人经常居所地法律或者其他与该合同有最密切联系的法律。"该条将特征性履行和最密切联系原则并列规定，而且没有规定适用的顺序。

第三节 消费者合同和劳动合同的法律适用

一、消费者合同的法律适用

消费者合同（consumer contract），是指由专供消费者个人或家庭使用而与其职业或商务活动无关的日常消费给付所形成的合同。[③] 由于消费者合同是消费者与企业（如生产者、销售者等）签订的，消费者是合同中的弱方当事人，其相关权益有可能被企业侵犯，因而在法律适用方面，消费者合同与一般的合同有较大不同。

（一）消费者合同法律适用中直接适用的法的介入

在消费者合同法律适用问题上，《罗马条例Ⅰ》的做法令人瞩目，其通过引入直接适用的法限制意思自治以保护消费者。

《罗马条例Ⅰ》第 6 条将消费者区分为"被动"的消费者和"主动"的消费者。在"被动"的消费者的情况下，均是职业者主动地在消费者惯常居所地国或通过任何其他方式（其中主要是网络方式）针对消费者惯常居所地国实施商业或职业活动，而消费者则"被动地"在其惯常居所地国与职业者签订消费者合同。而在其他情形之下，如消费者主动赴职业者营业地国进行旅游消费等，则属于消费者主动追求与职业者签订消费者合同，属于"主动"的消费者。对于

---

① 该公约第 8 条第 3 款规定，从总的情况 看，如在双方当事人的商业关系中，合同如果明显地与根据本条第 1 款或第 2 款规定将会适用于合同的法律以外的法律有着更加密切的联系，则该合同依该另一国的法律。

② 杜涛．国际经济贸易中的国际私法问题．武汉：武汉大学出版社，2005：190.

③ 瑞士 2017 年修订的《关于国际私法的联邦法》第 120 条第 1 款的规定。

“被动”的消费者签订的消费者合同，当事人虽也可以自由地选择准据法，但消费者惯常居所地法的强制规则为消费者提供的保护不得受到任何妨碍。换句话说，《罗马条例Ⅰ》第6条第1款运用消费者惯常居所地法的强制规则对当事人的意思自治进行约束，使职业者不能运用其优势地位在准据法的选择上侵害消费者的合法权益。

此外，在消费者为“被动”的情况下，如果双方当事人没有选择准据法，《罗马条例Ⅰ》第6条第2款没有采用最密切联系原则，而是要求适用消费者惯常居所地法，从而在法律适用层面作出了对消费者有利的安排。

对于“主动”的消费者，《罗马条例Ⅰ》第6条没有为其提供特别保护。根据该条例第6条第3款，对于“主动”的消费者签订的消费者合同，应按照该条例第3条和第4条有关合同法律适用的一般规定确定准据法，这意味着此类合同与一般合同在法律适用上没有任何不同，消费者不能享受任何照顾。[①]

（二）消费者合同法律适用中对意思自治原则的排除

在消费者合同法律适用问题上，为保护消费者的目的，瑞士《关于国际私法的联邦法》采取完全排除意思自治原则的做法。

根据瑞士《关于国际私法的联邦法》第120条第1款的规定[②]，瑞士国际私法也区分“被动”的消费者和“主动”的消费者，但瑞士国际私法与《罗马条例Ⅰ》不同之处在于，无论是“被动”的消费者还是“主动”的消费者，在法律适用上均得排除当事人意思自治原则。瑞士国际私法区分两类消费者的意义在于，对于“被动”的消费者签订的消费者合同，要求强制性地适用消费者惯常居所地法，以为此类消费者提供一定程度的保护。

二、劳动合同的法律适用

（一）劳动合同法律适用中直接适用的法的介入

在劳动合同（employment contract）法律适用问题上，《罗马条例Ⅰ》引入直接适用的法限制意思自治的做法同样引人瞩目。与“被动”的消费者签订的消费者合同一样，《罗马条例Ⅰ》也针对劳动合同规定了有限制的意思自治，即当事人双方虽可以自由约定准据法，但在双方没有选择准据法时，与劳动合同有最密切联系的国家的法律中的强制规则为受雇人提供的保护不得受到任何影响，也就是说在准据法的选择上，雇佣企业不得利用其优势地位侵害受雇人的合法权益。[③]

---

① 《罗马条例Ⅰ》第6条之所以在消费者合同的法律适用问题上区分“被动”和“主动”的消费者，主要是因为过度保护消费者即意味着对企业利益的损害，不利于鼓励企业将其产品投入国际流通。因此，为了实现企业和消费者的利益平衡，在消费者合同与企业所在地存在更密切联系的情况下，或者在企业因产品的国际流通而对法律适用完全不可预测的情况下，上述旨在保护消费者的特殊法律适用规则即应不予适用。向在胜．日本国际私法现代化的最新进展——从《法例》到《法律适用通则法》．时代法学，2009（1）：115.

② 2017年瑞士《关于国际私法的联邦法》第120条第1款规定，消费者合同符合下述条件之一者，适用消费者惯常居所地国家的法律：（a）供应商在该国收到订单；（b）在该国发出要约或广告以订立合同为目的，且消费者完成了为订立合同所必需的法律行为；或者（c）消费者在供应商的安排下来到外国并在那里提交订单。其第2款同时规定，当事人的法律适用选择应予排除。

③ 《罗马条例Ⅰ》第8条第1款规定，劳动合同可以适用当事人选择的法律，但当事人对准据法的选择不得剥夺在当事人没有选择准据法时根据该条第2、3、4款规定应予适用的法律中的强制规则所赋予受雇人的保护。该条例第8条第2款接着规定，在当事人没有选择准据法的情况下，劳动合同适用受雇人惯常工作地法。根据该条第3款，如果实务中不存在受雇人惯常工作地，则劳动合同适用雇佣劳动者的营业所所在地法。该条第4款则是一个例外条款，根据该款规定，如果合同与该条第2款和第3款所指定国家之外的另一国家有更密切联系，则应适用该更密切联系地国家的法律。

对于在当事人没有选择法律的情况下如何确定准据法，《罗马条例Ⅰ》针对消费者合同和劳动合同有完全不同的做法。对于“被动”的消费者签订的消费者合同，《罗马条例Ⅰ》完全排除了最密切联系原则，径直规定适用消费者惯常居所地法。而对于劳动合同，《罗马条例Ⅰ》则采取了最密切联系原则，首先推定受雇人惯常工作地为最密切联系地，如果不存在这一地点，则推定劳动者受雇营业所所在地为最密切联系地。此外，如果存在其他地点与合同的联系比以上地点更为密切的情况，则该更密切联系地的法律应予适用。

（二）劳动合同法律适用中对意思自治原则的地域限制

瑞士《关于国际私法的联邦法》第121条规定，劳动合同适用劳动者惯常完成其工作所在地国家的法律。如果劳动者惯常在多个国家完成其工作，则劳动合同适用雇主的营业所所在地国家的法律，或者在雇主无营业所时，适用其住所地或惯常居所地国家的法律。此外，当事人可以选择适用劳动者的惯常居所地国家的法律或者雇主的营业所所在地、住所地或惯常居所地国家的法律。

可以看出，对于劳动合同的法律适用，与《罗马条例Ⅰ》一样，瑞士国际私法也采取有限制的意思自治原则。但二者的不同之处是，《罗马条例Ⅰ》对当事人选择法律没有地域上的限制，其强调当事人选择准据法不得影响相关法律的强制规则为受雇人提供的保护。而瑞士国际私法则仅允许当事人在劳动者惯常居所地法与雇主营业所所在地、住所地或惯常居所地法之间选择准据法，其采取的是地域限制。当当事人没有选择法律时，瑞士国际私法与《罗马条例Ⅰ》一样，也主张适用最密切联系原则确定准据法，并推定劳动者惯常工作地或受雇企业营业所所在地为最密切联系地。总体而言，无论是《罗马条例Ⅰ》还是瑞士国际私法，其对受雇人提供的保护在程度上均不及为“被动”的消费者提供的保护。

第四节

我国有关涉外合同法律适用的规定

在《民法典》施行前，我国有关涉外合同法律适用的规定，在立法上主要见于1986年《民法通则》（第145条）、1999年《合同法》（第126条）、1992年《海商法》（第268条、第269条、第271条、第276条）、1995年《民用航空法》（第184条、第188条、第190条）和2010年《涉外民事关系法律适用法》（第41条、第42条和第43条）中。在司法解释方面，其主要有最高人民法院1988年《执行〈民法通则〉意见》和最高人民法院于2007年发布的《民商事合同纠纷法律适用规定》。虽然在《民法典》于2021年1月1日开始施行后，《民法通则》《合同法》及相关司法解释均已被废止，但这些规定在我国涉外合同法律适用实践中仍具有重要参考价值，因而本教材以下在阐述我国涉外合同法律适用法体系时亦会适当参考这些已被废止的法律。

就我国涉外合同法律适用法体系而言，参考2007年《民商事合同纠纷法律适用规定》第2

条，我国在合同法律适用方面采纳的是分割论①，即我国前述立法及司法解释关于合同法律适用的规定仅针对合同的订立、合同的效力、合同的履行、合同的变更和转让、合同的终止以及违约责任等争议，关于合同当事人缔约能力和合同形式的准据法，则根据其他冲突规范予以确定。

一、当事人意思自治原则

《民法通则》第 145 条、《合同法》第 126 条、《海商法》第 269 条、《民用航空法》第 188 条以及《涉外民事关系法律适用法》第 41 条均将意思自治原则作为涉外合同法律适用的首要原则。如《涉外民事关系法律适用法》第 41 条规定："当事人可以协议选择合同适用的法律。"

根据我国现有立法、司法解释及实践，意思自治原则在我国的具体适用情况如下：

首先，关于当事人选择法律的时间，《涉外民事关系法律适用法》没有具体规定。最高人民法院 1987 年《〈涉外经济合同法〉解答》曾有较为宽松的规定，指出当事人在订立合同时，或者在发生争议后，甚至在人民法院受理案件后开庭审理前，都可以选择法律。《〈涉外经济合同法〉解答》虽于 1990 年随《涉外经济合同法》一起被废除，但司法实践中上述做法基本被保留下来。《法律适用法解释（一）》第 6 条对当事人选择法律的时间有更为宽松和合理的规定。根据该条，当事人在一审法庭辩论终结前协议选择或者变更选择适用的法律的，人民法院应予准许。

其次，关于当事人选择法律的方式，从《〈涉外经济合同法〉解答》开始，我国一直要求采用明示方式，从而排除了默示方式。《涉外民事关系法律适用法》第 3 条虽就明示方式有所规定，但似乎并没有对默示方式绝对排除。《法律适用法解释（一）》第 6 条第 2 款规定，各方当事人援引相同国家的法律且未提出法律适用异议的，人民法院可以认定当事人已经就涉外民事关系适用的法律作出了选择。这似乎意味着，我国有限度地承认了默示选法方式。

最后，关于当事人选择法律的范围，我国以前在实践中的做法是，当事人既可以选择境内法，也可以选择境外法，但当事人选择的法律必须是现行的实体法，不包括冲突法和程序法，由此排除了反致在当事人根据意思自治原则选择法律时的适用。对上述做法，2007 年《民商事合同纠纷法律适用规定》基本予以保留。② 关于当事人选择的法律是否必须与合同存在一定的联系，无论是以前的立法与司法解释，还是《涉外民事关系法律适用法》，均没有明确规定。《法律适用法解释（一）》第 5 条对此作出了回应："一方当事人以双方协议选择的法律与系争的涉外民事关系没有实际联系为由主张选择无效的，人民法院不予支持。"

二、最密切联系原则

《民法通则》第 145 条、《合同法》第 126 条、《海商法》第 269 条以及《民用航空法》第 188 条同时都还规定，在涉外合同的当事人没有选择法律时，适用与合同有最密切联系的国家的法律。但上述这些法律都只是笼统地规定最密切联系原则，并没有规定法院具体应如何确定最密切联系地。2007 年《民商事合同纠纷法律适用规定》第 5 条第 2 款规定："人民法院根据

① 2007 年《民商事合同纠纷法律适用规定》第 2 条规定："本规定所称合同争议包括合同的订立、合同的效力、合同的履行、合同的变更和转让、合同的终止以及违约责任等争议。"

② 2007 年《民商事合同纠纷法律适用规定》第 1 条规定："涉外民事或商事合同应适用的法律，是指有关国家或地区的实体法，不包括冲突法和程序法。"

最密切联系原则确定合同争议应适用的法律时，应根据合同的特殊性质，以及某一方当事人履行的义务最能体现合同的本质特性等因素，确定与合同有最密切联系的国家或者地区的法律作为合同的准据法。”《涉外民事关系法律适用法》第41条规定：“当事人可以协议选择合同适用的法律。当事人没有选择的，适用履行义务最能体现该合同特征的一方当事人经常居所地法律或者其他与该合同有最密切联系的法律。”从该条文的措辞来看，由于特征性履行义务人经常居所地法律与最密切联系地法律是没有适用顺序的并列关系，实践中法官有不同的选择。合理的解释应该是以特征性履行说作为确定最密切联系地的主要方法，但根据合同的具体情况（如合同的特殊性质），也可以适用其他与合同有最密切联系的法律。《涉外民事关系法律适用法》并没有像2007年《民商事合同纠纷法律适用规定》那样针对各类具体的有名合同规定其特征性履行地或最密切联系地，以下主要介绍2007年《民商事合同纠纷法律适用规定》针对17类有名合同所规定的各类合同的最密切联系地：

（1）买卖合同，适用合同订立时卖方住所地法；如果合同是在买方住所地谈判并订立的，或者合同明确规定卖方须在买方住所地履行交货义务的，适用买方住所地法；

（2）来料加工、来件装配以及其他各种加工承揽合同，适用加工承揽人住所地法；

（3）成套设备供应合同，适用设备安装地法；

（4）不动产买卖、租赁或者抵押合同，适用不动产所在地法；

（5）动产租赁合同，适用出租人住所地法；

（6）动产质押合同，适用质权人住所地法；

（7）借款合同，适用贷款人住所地法；

（8）保险合同，适用保险人住所地法；

（9）融资租赁合同，适用承租人住所地法；

（10）建设工程合同，适用建设工程所在地法；

（11）仓储、保管合同，适用仓储、保管人住所地法；

（12）保证合同，适用保证人住所地法；

（13）委托合同，适用受托人住所地法；

（14）债券的发行、销售和转让合同，分别适用债券发行地法、债券销售地法和债券转让地法；

（15）拍卖合同，适用拍卖举行地法；

（16）行纪合同，适用行纪人住所地法；

（17）居间合同，适用居间人住所地法。

在上述17类有名合同中，并非所有合同的最密切联系地都是按照特征性履行说来确定的，有些合同则直接以“合同履行地”作为最密切联系地，如成套设备供应合同、建设工程合同以及拍卖合同等。[①]

此外，2007年《民商事合同纠纷法律适用规定》第5条还规定了一条例外条款。根据该例外条款，对于上述17类有名合同而言，如果上述合同明显与另一国家或者地区有更密切联系，则适用该另一国家或者地区的法律。这主要是因为在司法实践中难免会存在一些例外情况，在

① 杜涛．国际经济贸易中的国际私法问题．武汉：武汉大学出版社，2005：190.

这些例外情况下，合同可能并没有和立法事先指定的特征性履行地存在最密切联系，而是和其他国家或地区存在最密切联系，此时作为例外，应适用该更密切联系地法，也只有这样，才能真正体现最密切联系原则。司法实践中，对于那些既不属于上述17类有名合同，又很难运用特征性履行说确定最密切联系地的合同而言，法院应当综合合同的全部情况对合同的最密切联系地进行裁量。由于《涉外民事关系法律适用法》第41条关于最密切联系原则的规定非常富于弹性和灵活性，因而其已没有必要再规定例外条款了。

关于特征性履行在实践中的运用，在一涉港合同纠纷案中，一方当事人为我国香港地区法人，根据《法律适用法解释（一）》第17条的规定，应参照适用《涉外民事关系法律适用法》第41条的规定。最高人民法院认为，当事人未选择合同适用的法律，原告公司的主要合同义务为支付款项，被告公司的主要合同义务为提供技术服务及产品，后者最能体现合同特征，故应适用被告公司经常居所地的法律，即内地法律。[①]

关于最密切联系原则在司法实践中的运用，在一涉港金融借款合同纠纷中，最高人民法院认为因案涉主合同“综合授信额度合同”没有约定争议解决所适用的法律，虽然“流动资金借款合同”约定了合同适用中国内地法律，但“流动资金借款合同”是“综合授信额度合同”的子合同，故本案仍应按最密切联系原则确定准据法。由于本案合同签订地、合同履行地、除被告之一的当事人住所地均在中国内地，故中国内地法律是与本案具有最密切联系的法律，依法适用中国内地法律作为审理本案的准据法。[②]

三、特殊类型合同的法律适用

（一）投资合同的法律适用

根据《合同法》第126条以及2007年《民商事合同纠纷法律适用规定》第8条的规定，出于维护我国重大经济利益的目的，以下在我国履行的投资合同，必须适用我国法律：

（1）中外合资经营企业合同；

（2）中外合作经营企业合同；

（3）中外合作勘探、开发自然资源合同；

（4）中外合资经营企业、中外合作经营企业、外商独资企业股份转让合同；

（5）外国自然人、法人或者其他组织承包经营在中华人民共和国领域内设立的中外合资经营企业、中外合作经营企业的合同；

（6）外国自然人、法人或者其他组织购买中华人民共和国领域内的非外商投资企业股东的股权的合同；

（7）外国自然人、法人或者其他组织认购中华人民共和国领域内的非外商投资有限责任公司或者股份有限公司增资的合同；

（8）外国自然人、法人或者其他组织购买中华人民共和国领域内的非外商投资企业资产的合同；

（9）中华人民共和国法律、行政法规规定应适用中华人民共和国法律的其他合同。

---

① 参见（2021）最高法知民终1039号民事判决书。

② 参见（2021）最高法民终595号民事判决书。

《涉外民事关系法律适用法》没有上述类似规定。随着《合同法》及相关司法解释的废止，对以上各类投资合同是否有必要继续规定单边冲突规范以确保我国法律的适用，在未来修法中显然有讨论的必要。

（二）消费者合同的法律适用

根据我国《涉外民事关系法律适用法》第 42 条的规定，消费者合同适用消费者经常居所地法律；消费者选择适用商品、服务提供地法律或者经营者在消费者经常居所地没有从事相关经营活动的，适用商品、服务提供地法律。

从第 42 条的措辞来看，我国《涉外民事关系法律适用法》似乎借鉴了《罗马条例Ⅰ》和瑞士国际私法等大陆法系立法，以经营者是否在消费者经常居所地从事相关经营活动为标准，将消费者区分为“被动”的消费者和“主动”的消费者。对于“被动”的消费者参与签订的消费者合同，适用消费者惯常居所地法，但消费者亦可以选择适用商品、服务提供地法；对于“主动”的消费者参与签订的消费者合同，则适用商品、服务提供地法。在意思自治原则可否适用于消费者合同的问题上，我国《涉外民事关系法律适用法》第 42 条区别于《罗马条例Ⅰ》，而采纳了与瑞士《关于国际私法的联邦法》第 120 条一样的做法，即在消费者合同法律适用问题上完全排除了当事人意思自治。我国《涉外民事关系法律适用法》第 42 条的立法特色在于，对于“被动”的消费者参与签订的消费者合同，其允许消费者在其惯常居所地法和商品、服务提供地法之间进行选择，从而在法律适用上为“被动”的消费者作出了最有利的安排。

（三）劳动合同的法律适用

根据我国《涉外民事关系法律适用法》第 43 条的规定，劳动合同适用劳动者工作地法律；难以确定劳动者工作地的，适用用人单位主营业地法律。劳务派遣，可以适用劳务派出地法律。

关于劳动合同的法律适用，与《罗马条例Ⅰ》和瑞士国际私法立法有所不同的是，我国《涉外民事关系法律适用法》第 43 条完全不承认当事人意思自治，而仅允许根据相关客观连结点确定准据法。在客观连结点方面，我国《涉外民事关系法律适用法》第 43 条与《罗马条例Ⅰ》和瑞士国际私法立法基本一致，也规定了一个阶梯性的冲突规则，要求首先适用劳动者工作地法，如果这一地点难以确定，则适用用人单位主营业地法。我国《涉外民事关系法律适用法》第 43 条在立法上的一大特色在于，对于劳务派遣，其规定除可以适用劳动者工作地法或用人单位主营业地法外，法院也可以选择适用劳务派出地法。考虑到我国向海外派遣劳工人数近年持续增加的情况，我国《涉外民事关系法律适用法》第 43 条的前述规定可提高适用中国法律的机会，这无疑会有利于加强对我国海外劳工的保护。

MATERIAL

The Principle of Party Autonomy

The principle of party autonomy is simply the “external” side of a domestic law principle, usually referred to as "freedom of contract", which allows contracting parties to derogate from all the waivable rules (*jus dispositivum*), as opposed to the non-waivable or mandatory rules (*jus cogens*), of that law. This principle "extends to the freedom of parties to choose the law to govern their contract" .

However, neither the internal nor the external iterations of this freedom are boundless. For example, in contracts involving presumptively weak parties, such as consumers or employees, "an unfettered freedom to choose a law may be a freedom to exploit a dominant position. " Consequently, most domestic laws "curtail th [is] freedom", and this curtailment extends to the multistate arena: "The frameworks of private international law… are not subordinated to the private agreement of parties to litigation. " Moreover, the fact that the restrictions to freedom of contract, or the line separating *jus cogens* and *jus dispositivum*, vary from state to state is one of the many conflicts encountered when contracting parties assert their autonomy at the multistate level.

Historically, the first confirmed statutory rule sanctioning party autonomy at the multistate level appears in a decree issued in Hellenistic Egypt circa 120 – 118 b. c. The decree provided that contracts written in the Egyptian language were subject to the jurisdiction of the Egyptian courts, which applied Egyptian law, whereas contracts written in Greek were subject to the jurisdiction of the Greek courts, which applied Greek law. Thus, by choosing the language of their contract, parties could directly choose the forum and indirectly choose the applicable law.

For centuries, the principle of party autonomy remained, as far as Western literature knows, unexploited and unexplored until it reappeared first in the writings of Charles Dumoulin and then Ulrich Huber. These authors, and later Robert Pothier and Joseph Story, used the presumed intention of the parties as the rationale for arguing against the rule of *lex loci contractus* and in favor of the *lex loci solutionis*. In the late eighteenth and early nineteenth centuries, judicial decisions in England and the United States also relied on the parties' presumed intention to the same end. Needless to say, if the presumed intention of the parties deserves some deference, then, a fortiori, their actual intention expressed in a choice-of-law clause also deserves deference. Even so, express clauses were rare at the time, and when Pasquale Mancini first proposed an autonomous choice-of-law rule calling for the application of the law expressly chosen by the parties, he had little success. Ironically, until the end of the nineteenth century, European authors were more resistant to this idea than courts.

Today, party autonomy enjoys the status of a self-evident proposition, a truism. It has been characterized as "perhaps the most widely accepted private international rule of our time", a "fundamental right", and an "irresistible" principle that belongs to "the common core of the legal systems".

QUESTIONS

1. What is the role of party autonomy in choice of law for contract?
2. What is the rationale of party autonomy in private international law?

CASE STUDY

Auten v. Auten

308 N. Y. 155, 124 N. E. 2d 99 (1954)

(abbreviated)

Ⅰ. The Facts

Margarite Auten (plaintiff) and Harold Auten (defendant) were married in England and lived there for several years with their children. Harold abandoned Margarite, obtained a divorce in Mexico without her involvement, and ultimately moved to New York. Margarite came to New York and entered into a separation agreement with Harold requiring him to make monthly payments for the support of Margarite and their children, with the payments to be made in English pounds. The support payments were to be made through a trustee located in New York. The separation agreement further provided that neither party would file suit against the other with regard to the separation. After the separation agreement was executed, Margarite returned to England, where she continued to live with the children. After Margarite's return to England, Harold stopped making payments. Margarite filed an action in England seeking separation and obtained alimony pending litigation, but she never litigated the matter to conclusion. Years later, Margarite filed an action in New York seeking to recover arrearages under the separation agreement. Harold argued that Margarite's commencement of the action in England was a repudiation of the separation agreement. The lower courts, applying New York law, held that Margarite had repudiated the separation agreement by filing the action in England, and they dismissed her complaint.

Ⅱ. The Holding

Choosing the law to be applied to a contractual transaction with elements in different jurisdictions is a matter not free from difficulty. The New York decisions evidence a number of different approaches to the question.

Most of the cases rely upon the generally accepted rules that "All matters bearing upon the execution, the interpretation and the validity of contracts are determined by the law of the place where the contract is made," while "All matters connected with its performance are regulated by the law of the place where the contract, by its terms, is to be performed." What constitutes a breach of the contract and what circumstances excuse a breach are considered matters of performance, governable, within this rule, by the law of the place of performance.

Many cases appear to treat these rules as conclusive. Others consider controlling the intention of the parties and treat the general rules merely as presumptions or guideposts, to be considered along with all the other circumstances. And still other decisions, including the most recent one in this court, have resorted to a method—first employed to rationalize the results achieved by the courts in decided cases—which has come to be called the "center of gravity" or the "grouping of contacts" theory of the conflict of laws. Under this theory, the courts, instead of regarding as conclusive the parties' intention or the place of making or performance, lay emphasis rather upon the law of the place "which has the most significant contacts with the matter in dispute".

Although this "grouping of contacts" theory may, perhaps, afford less certainty and predictability than the rigid general rules, the merit of its approach is that it gives to the place "having the most interest in the problem" paramount control over the legal issues arising out of a particular factual context, thus allowing the forum to apply the policy of the jurisdiction "most intimately concerned with the outcome of [the] particular litigation". Moreover, by stressing the significant contacts, it enables the court, not only to reflect the relative interests of the several jurisdictions involved, but also to give effect to the probable intention of the parties and consideration to "whether one rule or the other produces the best practical result".

Turning to the case before us, examination of the respective contacts with New York and England compels the conclusion that it is English law which must be applied to determine the impact and effect to be given the wife's institution of the separation suit. It hardly needs stating that it is England which has all the truly significant contacts, while this state's sole nexus with the matter in dispute—entirely fortuitous, at that—is that it is the place where the agreement was made and where the trustee, to whom the moneys were in the first instance to be paid, had his office. The agreement effected a separation between British subjects, who had been married in England, had children there and lived there as a family for fourteen years. It involved a husband who, according to the papers before us, had willfully deserted and abandoned his wife and children in England and was in the United States, when the agreement was signed, merely on a temporary visa. And it concerned an English wife who came to this country at that time because it was the only way she could see her husband to discuss their differences. The sole purpose of her trip to New York was to get defendant to agree to the support of his family, and she returned to England immediately after the agreement was executed. While the moneys were to be paid through the medium of a New York trustee, such payments were "for account of" the wife and children, who, it was thoroughly understood, were to live in England. The agreement is instinct with that understanding;

not only does it speak in terms of English currency in providing for payments to the wife, not only does it recite that the first payment to be made to her "immediately before sailing for England", but also it specifies that the husband may visit the children "if he should go to England".

In short, then, the agreement determined and fixed the marital responsibilities of an English husband and father and provided for the support and maintenance of the allegedly abandoned wife and children who were to remain in England. It merely substituted the arrangements arrived at by voluntary agreement of the parties for the duties and responsibilities of support that would otherwise attach by English law. There is no question that England has the greatest concern in prescribing and governing those obligations, and in securing to the wife and children essential support and maintenance. And the paramount interest of that country is not affected by the fact that the parties separate and provide for such support by a voluntary agreement. It is still England, as the jurisdiction of marital domicile and the place where the wife and children were to be, that has the greatest concern in defining and regulating the rights and duties existing under that agreement, and, specifically, in determining the circumstances that effect a termination or repudiation of the agreement.

Nor could the parties have expected or believed that any law other than England's would govern the effect of the wife's institution of a separation action. It is most unlikely that the wife could have intended to subject her rights under English law to the law of a jurisdiction several thousand miles distant, with which she had not the slightest familiarity. On the contrary, since it was known that she was returning to England to live, both parties necessarily realized that any action which she took, whether in accordance with the agreement or in violation of it, would have to occur in England. If any thought was given to the matter at all, it was that the law of the place where she and the children would be should determine the effect of acts performed by her.

Since, then, the law of England must be applied, and since, at the very least, an issue exists as to whether the courts of that country treat the commencement of a separation action as a repudiation of an earlier-made separation agreement, summary judgment should not have been granted.

QUESTION

Why was the law of England instead of the law of New York applied in this case?

第十章
非合同之债的法律适用

提要

非合同之债的法律适用，尤其是侵权之债的法律适用，一直以来都是国际私法的重要组成部分。在美国20世纪中叶的冲突法革命中，很多革命性的思想均发生于侵权法律适用领域。本章重点阐述一般侵权行为的法律适用、特殊领域侵权行为的法律适用、不当得利和无因管理的法律适用以及我国有关非合同之债法律适用的立法与司法实践等。

重点问题

- ❑ 一般侵权行为的法律适用
- ❑ 特殊领域侵权行为的法律适用
- ❑ 不当得利和无因管理的法律适用
- ❑ 我国有关非合同之债法律适用的立法与司法实践

除合同之外，债的发生原因还有侵权、不当得利以及无因管理，这些被统称为非合同之债。本章讨论非合同之债的法律适用。

第一节 一般侵权行为的法律适用

由于社会制度、经济发展水平、民族文化传统以及价值观念等的不同，各国民商事法律在侵权法领域存在着诸多差异。随着国际民商事交往日益增多，涉外侵权的种类和范围亦不断扩大，因而如何解决涉外侵权法律冲突成为国际私法研究的重要内容。

一、侵权行为地法原则

（一）侵权行为地法原则（*lex loci delicti* principle）的含义

侵权行为适用侵权行为地法，自 13 世纪法则区别说以来，即已确立。正如法国学者亨利·巴迪福所言，侵权适用侵权行为地法，是国际私法上最早确立的原则之一。[①] 即使时至今日，侵权行为地法原则仍为世界上绝大部分国家立法采纳。如德国于 1999 年修订的《民法典施行法》第 40 条第 1 款规定，“基于侵权行为而提起的诉讼请求，适用赔偿义务人行为地国法律，受害人可以要求适用结果发生地国法律以代替上述法律”。日本于 2007 年施行的《法律适用通则法》第 17 条规定，“由不法行为所产生的债权的成立及效力，适用加害结果发生地法”。《罗马条例Ⅱ》第 4 条第 1 款亦规定，“除非本条例另有规定者，侵权行为所生债务适用损害发生地法，至于侵权行为实施地以及侵权行为的间接结果位于何处，则一概不问”。

在不同历史时期和不同国家，采用侵权行为地法原则的理论依据并不完全相同。在法则区别说时期，“场所支配行为”这一古老原则是侵权行为地法原则的理论基础。在现代社会，对侵权行为之所以应适用侵权行为地法，主要基于以下几点考虑：首先，侵权行为之债的发生是基于法律的权威，而非债权人和债务人的意思，法律要求行为人应预见其行为的后果；其次，对行为人施加责任，旨在维护每个人的权利平衡，而此种平衡之所以被打破，恰是因为侵权人在侵权行为地实施了侵权行为；最后，适用侵权行为地法也是当地公共秩序的要求，并且易于查明事实和确定法律上的责任。[②] 在英美法系国家，侵权适用侵权行为地法的传统理论依据是戴赛的既得权理论。比尔主持编纂的 1934 年美国《第一次冲突法重述》即根据既得权理论，认为受害人在侵权行为地因受到不法侵害而获得的权利，当然应依行为地法予以实现。

（二）隔地侵权中侵权行为地的确定

采用侵权行为地法原则，在侵权行为的各个要素分散位于不同国家的情况下，便会遇到如

① 亨利·巴迪福．国际私法各论．曾陈明汝，译．中山学术文化基金董事会，正中书局印行，1979．转引自韩德培．国际私法．3 版．北京：高等教育出版社，北京大学出版社，2014：209。

② 韩德培．国际私法．3 版．北京：高等教育出版社，北京大学出版社，2014：209－210.

何确定侵权行为地的棘手问题。对此，国际国内立法有以下几种不同做法。

1. 以侵权行为实施地（*lex loci actus*）作为侵权行为地

在国际私法立法中，原则上以侵权行为实施地作为侵权行为地的国家主要有奥地利、列支敦士登、白俄罗斯、哈萨克斯坦等国。这一做法的合理性在于，其一定程度上有利于对案件作统一处置，即无论侵权行为在哪些国家造成损害，最终都统一适用侵权行为实施地法，而且其也有利于判决的承认与执行，因为毕竟侵权行为实施地往往也就是被告的住所地和财产所在地。

2. 以损害结果发生地（*lex loci damni*）作为侵权行为地

历史上，欧洲经济共同体 20 世纪 70 年代有关合同与非合同之债法律适用公约草案、民主德国国际私法以及美国《第一次冲突法重述》等，都曾采用损害结果发生地作为侵权行为地。在今天，英国、土耳其、罗马尼亚等国的国际私法立法，以及《罗马条例Ⅱ》第 4 条有关一般侵权的法律适用原则，仍采此种做法。在法国，损害结果发生地法原则也得到了学说和判例法的支持。这一做法的合理性在于，在侵权事件中，致使受害人提起司法诉讼的关键不是侵权人的作为或不作为，而是其行为对受害人人身或财产造成了损害。无过错责任原则在现代各国侵权法中的渗透进一步突出了“损害”概念在侵权法中的重要性，这一发生于各国实体法中的发展趋势在国际私法中的映射，即表现为侵权适用损害结果发生地法。另外，受害人通常都会合理地期待损害结果发生地法为其提供保护，而且损害结果发生地往往也是受害人的住所地和财产所在地。

3. 可预测性标准

根据可预测性标准适用法律是指，侵权案件原则上适用侵权行为实施地法，但如果侵权人能够预测其行为将在损害结果发生地国造成损害，则适用损害结果发生地法。或者说，侵权案件原则上适用损害结果发生地法，但如果侵权行为在该地造成损害结果通常不可预见，则适用侵权行为实施地法。

可预测性标准的理论基础是信赖原则和最密切联系原则。一方面，可预测性标准可以避免适用损害结果发生地法对侵权人造成所谓“不公平的惊讶”（unfair surprises），另一方面，既然侵权人本人都能预测到损害结果会在相关外国发生，这也意味着案件与损害结果发生地国有较密切联系。一般而言，适用损害结果发生地法对受害人相对有利而对侵权人相对不利，可预测性标准强调，只有在侵权人能够预测到其行为将在损害结果发生地国造成损害时，适用损害结果发生地法对其才是适当的，因此，在价值取向上，可预测性标准强调侵权人与受害人之间利益的协调。

晚近各国国际私法立法中有不少采用可预测性标准，如 1991 年加拿大魁北克《民法典》第 3126 条、1999 年斯洛文尼亚《关于国际私法与诉讼的法律》第 30 条、2001 年俄罗斯《民法典》第 1219 条、2001 年荷兰《侵权冲突法》第 3 条以及 2007 年日本《法律适用通则法》第 17 条等。

4. 有利原则

所谓有利原则，即在侵权行为实施地法和损害结果发生地法中选择适用对受害人最为有利的法律。有利原则体现了在侵权法律适用中保护受害人的政策取向。德国是最先在一般侵权法律适用领域采用有利原则的国家。[①] 在 1999 年国际私法改革前，德国司法部门和学术界的主流观点即已主张采用有利原则。该原则在德国最终于 1999 年国际私法改革时在立法中得到正式确认。匈牙利、意大利、委内瑞拉以及前南斯拉夫等国的国际私法也采用该原则。有些国家虽未在立法中明确规定该原则，但在判例法中却承认之，如希腊与西班牙等。[②]

二、双重可诉原则

（一）双重可诉原则的含义

英格兰曾在历史上采用双重可诉原则（principle of double actionability）。双重可诉原则于 1870 年由菲利普诉艾尔案（Phillips v. Eyre）确立。在该案中，法官指出，在英格兰就据称发生于国外的侵权行为提起一项诉讼，必须符合两项条件：第一，该行为如果发生于英格兰，应是可以起诉的（actionable）；第二，根据行为发生地法，该行为应是不正当的（not justifiable）。在双重可诉原则下，法院地法和侵权行为地法并非简单地重叠适用，二者并没有处于同等地位。在该原则中，"英格兰的实体法起着主导作用，案件诉由由该法决定，而行为发生地的法律仅起着从属作用，其作用仅在于为原告的行为提供辩护，从而挫败案件的诉讼理由，但其本身并不能决定案件的诉由"[③]。因此，双重可诉原则在本质上是一项以适用法院地法为基调的法律适用规则。

在英格兰，双重可诉原则的产生并非偶然，其有一系列复杂背景：首先，从历史上看，该原则以适用法院地法为主，源于英国上议院的审判实践。在 19 世纪中叶，英格兰有关国际私法的普通法的发展还远未完善，在当时适用法院地法完全是常态，其与英格兰法院在当时不愿意适用外国法的传统一脉相承。其次，从法理上看，当时民事责任与刑事责任尚没有严格区分，侵权法被认为与刑法一样，具有惩罚或恐吓的功能，而不具有补偿的功能，因而，与刑事案件必然适用法院地法一样，对于侵权纠纷，自应适用法院地法。最后，从实务的便宜性上看，适用侵权行为地法将要求查明外国法，而适用法院地法显然将免除这一麻烦。

（二）双重可诉原则的晚近发展

受英格兰的影响，绝大部分英联邦国家在侵权法律适用问题上也都曾先后采取了双重可诉原则。但 1995 年《国际私法（杂项规定）法规》出台后，英格兰基本废除了上述普通法中的双重可诉原则，而代之以侵权行为地法原则。目前其他受英格兰影响较大的英联邦国家也已逐渐放弃了该原则。

三、重叠适用侵权行为地法与法院地法

（一）重叠适用模式的典型做法

德国在 1999 年国际私法改革前，其《民法典施行法》第 38 条曾规定，"就在国外发生的

---

① 德国法院在侵权案件中运用有利原则最早可追溯至 1888 年的一个案件。该案涉及一份于里昂签发并于苏黎世接收的载有虚假银行信息的票据。审理法院认为，该案涉及一个由不同要素构成的单一侵权行为，里昂和苏黎世都可以作为侵权行为地。

② 向在胜．跨国环境污染中的国际私法问题研究——以法律适用问题为中心．北京：中国政法大学出版社，2016：69.

③ Peter M. North，Reform，but not Revolution：General Course on Private International Law，Collected Courses of the Hague Academy of International Law，1990，Vol. 220，p. 219. 另可参见科威特航空公司诉伊拉克航空公司案中对双重可诉原则的讨论，Kuwait Airways Corporation V. Iraqi Airways Company，[2002] 3 All ER 209。

侵权行为而针对德国人所提出的诉讼请求，不能超出德国法律的规定”。在司法实践中，德国法院认为上述第38条隐含了有关侵权法律适用的一项基本原则，即侵权适用侵权行为地法。这一条款间接地将被告区分为德国人和非德国人，并对德国被告重叠适用法院地法即德国法，从而为其提供特殊保护。因此，《民法典施行法》第38条一度被德国学术界称为“内国人保护条款”。德国在1999年国际私法改革中废除了前述不合理的重叠适用条款，而代之以现行《民法典施行法》第40条第3款的“特殊公共秩序保留条款”。该款规定，对于侵权案件，根据外国法提出的诉讼请求不得从根本上远远超出受害者所需要的适当赔偿，或者不得明显出于对受害者进行适当赔偿之外的目的。

在重叠适用侵权行为地法与法院地法方面，日本的做法最为典型。日本1898年《法例》第11条规定：

1. 因……不法行为而发生的债权的成立及效力，依其原因事实发生地的法律。

2. 前款规定，不适用于在外国发生的事实依日本法律不为不法的情形。

3. 在外国发生的事实，虽依日本法律为不法，但除非是日本法律认许的损害赔偿或其他处分，否则受害人不得请求之。

《法例》之所以在侵权法律适用领域采用重叠适用条款，主要是因为在《法例》制定时，侵权法被视为公共秩序法，只有重叠适用日本法，才能够实现以下维护日本公共秩序的效果：凡依日本法不被评价为违法的行为，在日本一律不得构成不法行为；作为不法行为的效果，凡依据外国法作出而又不为日本法所认许的惩罚性损害赔偿，也一律不得在日本获得承认。① 《法例》的上述规定在东亚国家和地区有较大影响。韩国1966年《涉外私法》、朝鲜1995年《对外民事关系法》，均采纳了日本的上述做法。日本《法例》的前述做法在其2007年《法律适用通则法》中得以延续。

（二）重叠适用模式的晚近发展

重叠适用侵权行为地法与法院地法作为侵权法律适用的一种方案已逐步为一些国家所抛弃。相关国家和地区在侵权案件中重叠适用法院地法的目的主要在于对损害赔偿额的计算进行限制，以防止根据外国法作出非补偿性损害赔偿或过高的损害赔偿。但这一目的完全可以通过更加灵活的公共秩序保留条款予以实现，而大可不必采用重叠适用这种既不利于受害人又不利于司法效率的做法。② 在立法例上，世界上采用重叠适用模式的国家已经寥寥无几。自20世纪90年代以来，随着英国及其他英联邦国家以及德国、韩国等大陆法系国家逐步放弃重叠适用原则，目前世界上采用重叠适用模式的国家数量已经屈指可数。③

四、当事人共同属人法原则

（一）当事人共同属人法原则的含义

有不少国家立法规定，在侵权案件中，如果侵权人与受害人拥有同一个国家的国籍，或者

---

① 小出邦夫「一问一答 新国际私法——法律适用通则法的解说」（商事法务，2006）122頁。

② 在司法实践中，累积适用两个法律体系会徒使法律适用变得不必要地复杂。陈卫佐．日本国际私法的最新改革．法律适用，2009（02）：85-86.

③ 除我国之外，目前仅有日本、朝鲜、匈牙利等少数几国在侵权法律适用上一般性地采用重叠适用模式，英格兰、瑞士和罗马尼亚三国则仅在个别的特殊侵权领域采用重叠适用模式。

在同一个国家拥有住所或惯常居所，则适用当事人共同属人法。在这方面，德国《民法典施行法》第 40 条第 2 款的规定是一个典型例子。该款规定，“如果侵权人与受害人在责任事件发生时在同一国家拥有惯常居所，则适用该国法律”。《罗马条例Ⅱ》第 4 条第 2 款也有类似规定。事实上，德国早于 1942 年颁布的《关于德国公民在帝国领域以外遭受损害的法律适用的条例》第 1 条就规定，“对于因德国人在帝国领域外所实施的一项行为或过失而导致的非合同损害的赔偿请求权，如果是德国人受到损害，则适用德国法律……”

（二）当事人共同属人法原则在侵权领域适用的法理基础

相较于早期的强调适用当事人共同本国法，当代各国立法更强调优先适用当事人共同惯常居所地法或共同住所地法。如前述德国《民法典施行法》第 40 条第 2 款即强调优先适用当事人共同惯常居所地法。德国立法如此规定的理由在于，侵权人与受害人拥有的共同惯常居所地，对双方当事人而言是一项稳定的联系因素，相对更具临时性和偶然性的侵权行为地而言，其作为侵权法律适用的连结点显然应被置于更为优先的位置。另外，适用当事人共同惯常居所地法还有一些实践性的考虑因素，如当侵权事件在外国发生后，双方当事人通常都会返回其惯常居所地；适用共同惯常居所地法有利于损害赔偿的解决。[①] 从有些国家立法的措辞来看，适用当事人共同惯常居所地法也体现了最密切联系原则。如日本《法律适用通则法》第 20 条即规定，考虑到在侵权发生当时当事人在同一国家有惯常居所、侵权行为的发生系基于当事人间已有契约义务的违反及其他情况，相比侵权行为地，如果案件与其他地方有更密切联系，则适用该更密切联系地法。

五、最密切联系原则

（一）侵权行为自体法

英国学者莫里斯于 1951 年提出了“侵权行为自体法”（proper law of the torts）理论。所谓侵权行为自体法，就是与案件和当事人有最密切联系的国家的法律。莫里斯提出侵权行为自体法理论的目的，主要是校正侵权行为的传统法律适用原则的弊端。侵权行为在某地发生有时具有偶然性，侵权行为地并不总是与案件具有最本质的联系，因此对侵权行为地法的普遍的、不加分析的适用，并非在任何情况下都能带来令人满意的结果。如果适用侵权行为自体法或者与案件和当事人有最密切联系的国家的法律，则可以避免因绝对适用侵权行为地法所带来的相关弊端。侵权行为自体法理论的本质，在于其主张将最密切联系原则引入侵权法律适用中。从当前各国的立法与司法实践来看，各国均已程度不等地在侵权法律适用中引入了最密切联系原则。

（二）最密切联系原则在侵权领域的适用

美国纽约州上诉法院于 1963 年在审理贝科克诉杰克逊案中就已采用了这一原则。此后，美国 1971 年《第二次冲突法重述》正式将最密切联系原则引入侵权法律适用领域。美国《第二次冲突法重述》第 145 条规定，当事人在侵权行为某个问题上的权利义务，依在该特定问题上与该事件及当事人有最密切联系的州的法律。大陆法系国家立法虽然在侵权法律适用领域都

---

① Jan Kropholler, Internationales Privatrecht einschliesslich der Grundbegriffe des Internationalen Zivilverfahrensrechts, 4. Aufl., Tübingen: Mohr Siebeck, 2001, S. 500.

采纳了最密切联系原则，但基本都将该原则作为侵权行为地法原则的例外条款，即侵权行为原则上适用侵权行为地法，但如果案件的总体情况表明，侵权行为与另一国有实质性的更密切联系，则适用该另一国法律。如德国《民法典施行法》第 41 条第 1 款即规定，如果某一国法律比侵权行为地法或当事人共同惯常居所地法存在实质性的更密切联系，则适用该另一国法律。《罗马条例Ⅱ》第 4 条第 3 款也有类似规定。而且从《罗马条例Ⅱ》第 4 条第 3 款的规定看，此种“更密切联系”在实践中主要表现为侵权人与受害人之间事先已经存在的诸如合同等相应关系，且该关系与侵权联系密切。

六、意思自治原则

（一）意思自治原则在侵权领域适用的法理基础

在侵权法律适用领域，基于公平、正义的观念，从维护社会秩序的公益的视角出发，各国向来都拒绝承认当事人意思自治。然而，与公益的视角相比，晚近理论上更加强调侵权的私益性质，更加强调对受害人损失的填补和对当事人间利益的调整，加之由侵权行为所生债权通常亦主要表现为金钱债权，其与其他债权一样，也可以由当事人自由处分。基于此，晚近的主流观点认为，在侵权法律适用领域也应允许当事人意思自治。① 在侵权领域引入意思自治有以下优点：第一，增加法律适用的可预测性，从而有助于提高法律安全并实现双方当事人的利益；第二，如果双方当事人选择法院地法，则将有助于使诉讼程序更为迅捷，降低诉讼上的经济成本；第三，在侵权领域引入意思自治会间接减少司法诉讼，因为双方当事人通过合意选择准据法，会进一步考虑是否有必要进行诉讼，从而有可能选择法院外争议解决机制。

初看起来，意思自治原则在侵权领域适用的实际效果颇有疑问。一方面，通过客观连结点同样有可能指引适用当事人所选择的法律，另一方面，在侵权案件中，双方当事人就准据法的选择达成一致并非易事，因为如果一项法律对一方当事人有利，势必会对另一方当事人不利，即使双方当事人最终达成一致意见，也会付出费时费力进而推延诉讼的代价。不过上述质疑未必完全站得住脚。事实上，当事人选择准据法的动机非常复杂，相关法律的实体内容并非唯一的决定因素，有时甚至不是其选择法律的主要考虑因素。如在 1979 年荷兰鹿特丹地方法院审理的阿尔萨斯钾矿污染案中，法院即接受了双方当事人对荷兰法律的选择，而双方当事人选择法院地法，则完全是基于程序上的考虑。②

（二）意思自治原则在侵权领域的适用

首次在司法实践中采用当事人意思自治原则的侵权案件是前述荷兰鹿特丹地方法院审理的阿尔萨斯钾矿污染案。③ 在该案中，法院接受了双方当事人对法院地法即荷兰法的选择。瑞士《关于国际私法的联邦法》第 132 条首次以成文立法的形式，在侵权法律适用领域承认了当事人意思自治，但其将当事人选择法律的范围限于法院地法。从晚近各国立法实践来看，已有越来越多的国家立法在侵权领域允许当事人意思自治，如奥地利、瑞士、德国、荷兰、韩国以及

---

① 向在胜．日本国际私法现代化的最新进展——从《法例》到《法律适用通则法》．时代法学，2009（1）：72.

② 具体而言，在荷兰法中，只有对荷兰法律的错误适用才能上诉，如果当事人选择适用法国法，则意味着将来就法院错误适用法国法问题会丧失上诉的机会。

③ 在该案中，法国阿尔萨斯钾矿污染了莱茵河，致使荷兰的苗圃种植者受到了损害。荷兰苗圃种植者遂向鹿特丹地方法院提出诉讼，要求阿尔萨斯钾矿赔偿其损失。

日本等均是如此。目前立法中对意思自治原则在侵权领域适用的关键是给予其多大程度的限制，对此各国尚有很大分歧，有些国家立法对其没有特别限制，但有些国家立法如瑞士国际私法仅允许当事人选择法院地法。[①]

第二节 特殊领域侵权行为的法律适用

本节主要讨论海上侵权行为、航空侵权行为、公路交通事故、产品责任、人格侵权以及环境侵权等几种特殊领域侵权行为的法律适用。

一、海上侵权行为的法律适用

海上侵权行为（maritime tort）主要包括三种情形：其一是船舶碰撞或船舶与海上设施碰撞所导致的侵权行为；其二是发生在船舶内部的侵权行为，如发生在旅客与船员之间或旅客之间的侵权行为；其三是因海上运输致旅客人身伤亡与财产损害所发生的侵权行为。[②]

（一）船舶碰撞的法律适用

根据船舶碰撞（collision between vessels）发生的地点的不同，各国立法对船舶碰撞的法律适用往往也会作出不同规定。

如果船舶碰撞发生于一国领海之内，各国法律一般规定适用碰撞地法律，亦即领海国法律。如韩国2001年《国际私法》第61条规定："有关发生在开放港口、河流或领海的船舶碰撞的责任适用碰撞地法。"

如果船舶碰撞发生于公海之上，且碰撞船舶拥有同一国家国籍，则适用共同船旗国法律；如果碰撞船舶没有拥有共同国籍，则大多数国家均主张适用法院地法，但也有国家主张适用加害船舶船旗国法，或者被害船舶船旗国法。如韩国2001年《国际私法》第61条规定："发生在公海的船舶碰撞的责任，各船舶属相同船籍国时适用其船籍国法，各船舶船籍国不同时适用加害船舶的船籍国法。"又如罗马尼亚1992年《关于调整国际私法法律关系的法律》第141条规定："在公海上发生碰撞适用船舶共同船旗国法。如果国籍不同则适用受损方船舶船旗国法。如果双方均受损害，但有一方船舶具有罗马尼亚国籍，则适用罗马尼亚法律，但受损船舶选择适用对方船舶船旗国法的除外。"

1977年《统一船舶碰撞中有关民事管辖权、法律选择及判决的承认和执行方面若干规则的国际公约》（International Convention for the Unification of Certain Rules concerning Civil Jurisdiction, Choice of Law and Recognition and Enforcement of Judgments in Matters of Collision）

---

① 前者如奥地利《关于国际私法的联邦法》第35条，后者如瑞士《关于国际私法的联邦法》第132条。

② 李双元．国际私法（冲突法篇）．武汉：武汉大学出版社，2016：480.

第 4 条规定，除当事人另有约定外，碰撞在一国内水或领海内发生时，适用该国法；如果碰撞发生在领海以外的水域，则适用受理案件的法院地法；如果发生碰撞的船舶在同一个国家登记或具有同一个国家出具的证件，或者属于同一个国家所有，则无论碰撞发生于何处，均适用该国法律。如果船舶在不同国家登记或由它们出具证件，或属不同国家所有，则法院应适用对所有这些国家都适用的公约；如果经由确定所有这些国家的法律与公约的原则相一致，则法院应适用这种相一致的法律。与此同时，该公约第 6 条还排除了反致的适用。

（二）发生在船舶内部的侵权行为的法律适用

发生在船舶内部的侵权行为，无论该船舶系处于公海还是某国领海，各国法律多主张适用旗国法。我国法院对于公海上发生的侵权行为，有按照最密切联系原则确定准据法的实践，该案中，法院认为无论是从连接点的质量还是数量要求来考量，本案的准据法都应当确定为中华人民共和国法律。① 之所以如此，盖因船舶可被视为船旗国的浮动领土。不过，如果船舶位于他国领海之内，且该侵权行为影响领海国的利益，有些国家如美国主张适用领海国法。英国则不加区别，对位于他国领海内的船舶内部侵权行为，不问是否影响到领海国的利益，一律适用领海国法以作为此种侵权行为的准据法。②

（三）海上运输致旅客人身伤亡与财产损害之侵权行为的法律适用

海上运输导致的旅客人身伤亡与财产损害的赔偿问题，存在责任竞合。如果选择以违约为诉因，一般根据运输合同的冲突规则确定准据法。如果选择侵权之诉，则根据有关侵权的冲突规则确定准据法。③

二、航空侵权行为的法律适用

航空侵权行为（aviation tort）通常包括以下三种情形：其一是发生在航空器内部的侵权行为，如乘客与乘务人员之间或乘客之间发生殴打、侮辱、诽谤等行为；其二是因航空器碰撞或航空器与其他物体之间碰撞所发生的侵权行为；其三是因航空器事故致乘客死伤或物品毁损的侵权行为。④

（一）发生在航空器内部的侵权行为的法律适用

对于发生在航空器内部的侵权行为，由于航空器在高空活动而无法确定侵权行为地，或者由于航空器的速度极快而不易确定侵权行为地，而且航空器内部的侵权行为通常和航空器航行时所经地面国家没有太大关联，因此多数国家主张适用航空器登记国法，而不是侵权行为地法。

（二）航空器碰撞或航空器与其他物体之间碰撞之侵权行为的法律适用

对于因航空器碰撞或航空器与其他物体碰撞所发生的侵权行为，一般主张适用被碰撞或受害方的航空器登记地法，其目的主要是加强对受害方利益的保护。如碰撞双方均有过错，也可适用法院地法；同一国家登记的航空器之间的碰撞，则可适用其共同登记国法。但是，从各国

---

① 上海海事法院在羊某某 1 与英国嘉年华邮轮有限公司、浙江省中国旅行社集团有限公司海上、通海水域人身损害责任纠纷一案中，对公海上发生的侵权行为的法律适用有较详细阐述，参见（2016）沪 72 民初 2336 号民事判决书。

② 李双元．国际私法（冲突法篇）．武汉：武汉大学出版社，2016：481.

③ 杜涛．国际经济贸易中的国际私法问题．武汉：武汉大学出版社，2005：309.

④ 李双元．国际私法（冲突法篇）．武汉：武汉大学出版社，2016：483.

晚近立法和司法实践来看，在保留传统法律适用原则的同时，也出现了一些新的法律适用倾向。如美国法院在审理特拉蒙特纳案（Tramontana v. S. A. Empresa de Viacao Aerea Rio Grandense）① 时，对赔偿责任问题适用的即是加害一方航空器登记国的法律。该案受害人居住于美国马里兰州，其在巴西乘坐一架美国海军飞机时，在里约热内卢上空被一家巴西航空公司的飞机碰撞而死亡。原被告之间就法律适用问题发生分歧。根据巴西航空法的规定，对航空事故伤亡者的最高损害赔偿为 10 万科鲁塞罗（当时时值约 170 美元），远低于美国法律规定的损害赔偿金。根据传统的法律适用原则，在被碰撞一方没有过失的情况下，应该适用被碰撞方的法律亦即美国法。但美国法院在本案中却适用了巴西的航空法，理由是巴西是最关心此案赔偿问题的国家，其航空法系为了保护其年轻的航空运输事业而订立，因此，从利益分析的视角看，应该适用巴西航空法。

（三）航空器事故致乘客死伤或物品毁损之侵权行为的法律适用

对于因航空器事故致乘客死伤或物品毁损的侵权行为，一般主张适用航空器登记国法或法院地法，不过在该领域，目前已存在一系列国际公约可供适用。这些公约主要有：1929 年《华沙公约》（已于 1958 年 10 月 18 日对我国生效）、1955 年《海牙议定书》（1975 年 11 月 8 日对我国生效）、1961 年《瓜达拉哈拉公约》、主要对《华沙公约》和《海牙议定书》中的旅客与行李运输规则进行修订的 1971 年《危地马拉议定书》以及 1999 年《蒙特利尔公约》（我国于 1999 年签署该公约）。

上述公约基本都是统一实体法公约，只有《华沙公约》有涉及司法管辖权及当事人不得利用选择准据法或变更管辖权以免除承运人责任的少量规定。我国也有适用《华沙公约》解决国际航空旅客运输损害赔偿纠纷的案例。②

三、公路交通事故的法律适用

关于公路交通事故（Highway Traffic Accident）中的侵权责任的法律适用问题，各国立法大多未作专门规定。随着跨国公路交通的发展，一些国家国内立法开始对公路交通侵权的法律适用问题作出规定，如突尼斯 1998 年《国际私法典》第 73 条规定："公路交通事故责任由事故发生地法支配。受害人可请求适用损害发生地法。但当事人各方为同一国家居民，且有关车辆均在该国登记的，应适用该国法律。"有些国家如美国，由于国内公路交通较为发达，甚至专门针对跨州公路交通侵权发展出了一套系统的公路侵权法律适用规则体系。

除国内法的规定外，海牙国际私法会议制定的 1971 年《公路交通事故法律适用公约》（Convention on the Law Applicable to Traffic Accidents），对公路交通事故的法律适用问题也作了较为详尽的规定。有些国家的国内立法，如瑞士《关于国际私法的联邦法》第 134 条甚至规定，该国法院受理的因交通事故而提出的赔偿请求，适用 1971 年《公路交通事故法律适用公约》的规定。

《公路交通事故法律适用公约》的第 1 条规定了公约的目的和适用范围。公约的目的在于规

---

① Tramontana v. S. A. Empresa de Viacao Aerea Rio Grandense, 350 F. 2d 468 (1965).

② 在陆某诉美国联合航空公司国际航空旅客运输损害赔偿纠纷案中，法院认为："我国与美国都是《华沙公约》和《海牙议定书》的成员国。作为公约缔约国，我国有义务遵守和履行公约，故本案应首先适用《华沙公约》和《海牙议定书》。"最高人民法院公报，2002（4）.

范由公路交通事故而引起的非合同性质的民事责任，并且只适用于涉及一辆或数辆机动或非机动车辆，并与公路、向公众开放的地面，或特定人有权通行的私有地面上的交通有关的事故。

公约规定公路交通事故的准据法应为事故发生地法，但以下情况例外：(1) 如果只有一部车辆涉及事故，且其又非在事故发生地国登记注册，则适用车辆登记国法以决定驾驶员、车辆所有人或其他实际控制车辆或对车辆有利害关系的人的责任；(2) 如果有两部或两部以上的车辆涉及事故，且所有车辆均于同一国家登记注册的，适用该登记国的法律；(3) 在事故发生时，车外的一人或几人涉及事故并可能负有责任的，即使这些人同时又是事故的受害者，若他们在车辆登记国均有惯常居所，即应适用车辆的登记国法律；(4) 在任何情况下，在适用上述冲突规范确定的准据法确定侵权责任时，均应考虑在事故发生地施行的交通管理规则和安全规则。

公约规定，公路交通事故侵权的准据法用于解决下列问题：当事人承担责任的根据及其范围；免除责任以及任何限制责任和划分责任的理由；可能会导致赔偿的侵权或损害是否存在及其种类；损害赔偿的方式及其范围；损害赔偿请求权可否转让或继承；遭到损害并能直接请求损害赔偿的人；本人对其代理人的行为或雇主对其雇员的行为所负的责任；侵权责任的消灭时效或除斥期间的开始、中断和中止。

四、产品责任的法律适用

随着国际贸易的快速发展，由产品的瑕疵而导致对人的生命、身体或财产带来损害的国际产品责任事件层出不穷，有关产品责任（products liability）的法律适用问题亦逐渐引起各国立法的重视。将产品责任作为一种特殊领域的侵权责任，最初发端于美国，20 世纪 60 年代以后逐渐为世界各国所接受。关于产品责任的法律适用，国际性立法主要有海牙国际私法会议于 1973 年第 12 届会议上通过的《产品责任法律适用公约》(Convention on the Law Applicable to Products Liability)。此方面国内立法相对较少，目前主要有瑞士《关于国际私法的联邦法》、意大利《国际私法改革法》以及日本《法律适用通则法》有相关规定。此外，《罗马条例Ⅱ》第 5 条也有关于产品责任法律适用的规定。在立法例上，国际国内立法关于产品责任法律适用主要有三种做法，即由受害人选择准据法、适用市场地法以及阶梯型的冲突规则。

（一）由受害人选择准据法

瑞士《关于国际私法的联邦法》第 135 条第 1 款规定，基于产品存在瑕疵或缺陷而提出的请求，应依受害人的选择，适用以下任一法律：(a) 加害人营业机构所在地法或加害人无营业机构所在地时其惯常居所地法；(b) 取得产品的国家的法律，除非加害人证明产品未经其同意而通过商业渠道进入该国。瑞士国际私法的前述规定明显是为了更好地保护受害人，其如此规定的思路在于，既然在实体法层面各国特别制定产品责任法的宗旨在于对受害人的保护，那么在冲突法层面，为产品责任的法律适用设计特别规定也应该以加强对受害人的保护为宗旨。[①] 瑞士《关于国际私法的联邦法》第 135 条的另一个特色是其第 2 款的规定。根据该款，基于产品存在瑕疵或缺陷而提出的请求应适用外国法时，在瑞士提出的补救请求，只能根据瑞士法律的规定实行处理。这一规定属于特别公共秩序保留条款，其目的是排除那些不具有补偿性质的

---

① 日本法务省民事局参事官室．国际私法现代化要纲中间草案补充说明［2007－08－25］．www.moj.go.jp/PUBLIC/MINJI57/refer02.pdf：86.

惩罚性赔偿金。

此外，意大利《国际私法改革法》第 63 条亦规定，对于产品责任，受害人有权选择以下法律作为准据法：生产者的住所地法或管理中心地法，或者产品取得地法，但前提是产品在该地销售须取得生产者的同意。显然，意大利国际私法前述规定的立法宗旨与瑞士国际私法的相同。

（二）适用市场地法

日本《法律适用通则法》第 18 条规定，因产品的瑕疵而侵害他人生命、身体或财产而产生的债权的成立及效力，适用产品取得地法，但前提是产品在该地销售为通常可以预见，否则适用生产者的主营业地法（如果生产者没有营业地，则适用其惯常居所地法）。

对于产品责任，日本主流的观点认为应适用市场地法。所谓“市场地”，也就是最终消费者取得产品的地方，亦即“产品取得地”。产品责任的特点在于，生产有瑕疵的产品且将之投入市场流通，并由此引起侵权责任。原则上，作为生产者适法行为之判断标准的法律规范，与作为生产者生产流通有瑕疵产品的不法行为之判断标准的法律规范，其实是一个事物的两个方面。在现代社会，作为生产者，其通常都遵循产品流通地的产品安全标准，既然适法行为的判断标准是市场地法，那么评价生产者行为为不法的标准也应该是市场地法。另外，市场是生产者与受害者（产品取得者）的交汇点，市场地与双方当事人均具有较密切联系，与此同时，市场地法对双方当事人而言亦具有中立性，适用该法有利于双方当事人利益的平衡。①

但是，产品责任绝对地适用产品取得地法，有时会出现损害生产者对于准据法的预见可能性的情况。如一方当事人在 A 国购买仅能在 A 国流通的产品，然后在 B 国旅行途中，将该产品转卖给 B 国的最终消费者，并在该国造成损害，在此情况下，该产品的取得地与此种产品通常的市场地便有不同。根据日本《法律适用通则法》第 18 条的规定，当生产者对于同类产品在 B 国取得不能预见，且其对此种不能预见没有过失时，产品责任应适用生产者的主营业地法。显然，相对于瑞士和意大利国际私法的规定，日本《法律适用通则法》的前述规定更加强调生产者与消费者间利益的平衡。

（三）阶梯型的冲突规则

海牙《产品责任法律适用公约》关于产品责任法律适用的规定有以下三个特点：首先，其指定被害者惯常居所地、加害者主营业地、产品取得地以及损害发生地等四个连结点，以其中两个连结点的竞合为重点连结政策来作为确定产品责任准据法的依据；其次，在不存在第一顺序连结点竞合的情况下，根据第二顺序的连结点竞合确定准据法；最后，在一定范围内允许原告选择对其有利的法律。

具体来说，根据海牙《产品责任法律适用公约》第 4 条至第 7 条的规定，应按照如下顺序确定产品责任的准据法：

首先，适用受害者的惯常居所地法，如果该地同时又是加害者的主营业地或产品取得地；

其次，适用损害发生地法，如果该地同时又是受害者惯常居所地或加害者的主营业地或产品取得地；

① 日本法务省民事局参事官室．国际私法现代化要纲中间草案补充说明［2007－08－25］．www.moj.go.jp/PUBLIC/MINJI57/refer02.pdf：85.

再次，如果不存在以上法律，则适用加害者主营业地法，但原告可以选择适用损害发生地法；

最后，前述被指定的损害发生地的法律和受害者惯常居所地的法律不予适用，如果加害者能够证明其不能合理地预测其产品将会通过商业渠道流通到这些国家的话，此时只能适用加害者主营业地法。

海牙《产品责任法律适用公约》前述规定的政策取向是，通过与被害者和加害者有关的连结点的重叠实现准据法的确定，从而避免在国际产品责任诉讼中由于法律适用的偶然性而导致对被害者不利的结果。不过相对前述瑞士和意大利国际私法保护被害者的倾向，《产品责任法律适用公约》在法律适用选择政策上更接近于日本《法律适用通则法》，强调原被告双方间的公平。海牙《产品责任法律适用公约》的问题是，当加害者不能预测其产品会流通到损害发生地或受害者惯常居所地时，产品责任将只能适用加害者主营业地法，而不问此时被害者与该地是否有任何联系，这与该公约有关产品责任法律适用的整体连结政策很不协调。另外，公约的规定也有使产品责任法律适用复杂化的嫌疑。①

此外，《罗马条例Ⅱ》第5条采取的也是阶梯型的冲突规则。根据该条规定，产品责任：第一，适用受害人惯常居所地法，前提是此种产品在受害者惯常居所地有销售；第二，适用产品取得地法，前提是此种产品在产品取得地有销售；第三，适用损害发生地法，前提是此种产品在损害发生地有销售；第四，如果加害者不能预测其产品或同类产品在前述准据法所属国销售的话，则适用加害者惯常居所地法；第五，如果从案件整体情况看，侵权明显与其他国家有更密切联系，则适用该更密切联系地法。需注意的是，《罗马条例Ⅱ》第5条还规定，本条的适用不得影响该条例第4条第2款的规定，这意味着在国际产品责任诉讼中，如果原被告双方在同一国家有惯常居所，则该共同惯常居所地法应得到优先适用。总体来看，《罗马条例Ⅱ》第5条规定的思路与海牙《产品责任法律适用公约》的较为接近。

五、人格侵权的法律适用

关于人格侵权（personality infringement），在运用一般侵权行为的冲突规则解决其法律适用问题时，问题的关键是相关法益在遭受侵害时不存在相应的物理场所，这使得侵权行为地特别是损害发生地的确定没有一个统一的标准。另外，在人格遭受侵害特别是名誉或信誉遭受毁损时，由于互联网等信息传播手段在现代社会的广泛使用，很容易使毁损名誉或信誉的相关信息在世界范围内得到迅速传播，此时如何确定侵权行为地特别是损害发生地，就更不是一件易事。正因为如此，为人格侵权特别设计一条冲突规范实有必要。但从目前各国立法例来看，有关人格侵权法律适用的立法尚不多见，主要有瑞士《关于国际私法的联邦法》和日本《法律适用通则法》有相关规定。此外，英国普通法在该领域的实践也值得关注。

（一）由受害人选择适用法律

瑞士《关于国际私法的联邦法》第139条第1款规定，基于以传播媒介，特别是通过出版物、无线电、电视或其他公共信息传播工具侵犯人格权的行为而提出的损害赔偿请求，应依受害人的选择，适用以下任一法律：(a) 受害者惯常居所地法，前提是加害者应能预见损害结果

---

① 鈴木敏英「国際私法における生産物責任の問題について」福岡国際大学紀要4号（2000）47－58頁。

将会在该地发生；(b) 加害者营业机构所在地法或惯常居所地法；(c) 损害发生地法，前提是加害者应能预见损害结果将会在该地发生。

该条第2款同时规定，对于针对定期发表的媒介发表相反意见的请求权，应特别地适用出版地法，或者广播或电视的信号发送地法。该条第3款还规定，第1款的前述规定同样适用于基于对个人情报的处理而导致的人格权侵害以及基于对个人情报知情权的侵害而导致的请求。

总体而言，对于人格权侵权，瑞士国际私法采取的是对受害者比较有利的做法，其允许受害者在一定范围内选择对其最有利的法律作为准据法。

（二）适用受害人经常居所地法

对于由侵害他人名誉或者信誉而产生的侵权责任，日本《法律适用通则法》第19条规定应适用受害人经常居住地法，受害人为法人及其他社团或者财团时，则适用其主要营业地法。适用受害人经常居住地法，不仅是出于保护受害人的目的，而且是考虑到适用该地法律对加害人而言也具有一定的可预测性。与此同时，即使对受害人名誉或信誉的毁损系发生于多个法域，但通常而言，这种毁损在受害人经常居住地国所造成的社会损害才是最大的。①

（三）双重可诉原则

正如本章前面已经介绍的，英格兰普通法关于侵权法律适用曾采取的是双重可诉原则。英格兰1995年《国际私法（杂项规定）法规》出台后，原则上废除了上述普通法中的双重可诉原则，而代之以侵权行为地法原则。不过，出于保护言论自由的目的，该法第13条规定，诽谤诉讼将继续适用双重可诉原则。这意味着对于由诽谤而导致的人格权侵权责任，将主要适用作为法院地法的英格兰法律，同时兼顾侵权行为地法。

六、环境侵权的法律适用

二战以后，随着生产力的飞速发展，人类对大自然的破坏有愈演愈烈之势。由于环境损害因子借以传播的媒介（主要是水和空气）并不局限于国界，因此跨国环境污染现象非常普遍。从二战以后的情况看，跨国环境污染主要体现在有毒化学物质污染、核污染以及石油污染等领域。此外，太空污染和生活与工业垃圾的跨海漂流等也开始日益普遍。环境保护已经成为当代国际社会所面临的重大挑战之一。关于环境侵权的法律适用，相关立法例尚不多见，目前主要有瑞士国际私法、比利时国际私法以及《罗马条例Ⅱ》等的相关规定。

（一）有利原则

瑞士《关于国际私法的联邦法》第138条的规定比较特殊，仅就环境损害中比较常见的不动产不可量物侵害（Grundstücksimmissionen）② 的法律适用问题作了规定。该法第138条规定："由不动产的不可量物侵害所导致的诉讼请求，依受害人的选择，适用不动产所在地法或损害结果发生地法。"事实上，在瑞士《关于国际私法的联邦法》施行之前，瑞士最高法院即已经在涉外侵权案件中允许受害人在侵权行为实施地法与损害结果发生地法之间进行选择。尽管有学者批评此种做法系基于对刑法遍在规则的错误类推，而且有利原则将受害人的利益置于

---

① 日本法务省民事局参事官室．国际私法现代化要纲中间草案补充说明．88［2007-08-25］．www.moj.go.jp/PUBLIC/MINJI57/refer02.

② 不动产不可量物侵害（Grundstücksimmissionen）在国家相对稠密而工业又较发达的欧洲大陆曾非常普遍，其典型例子如某处工业设施排放的煤烟对附近居民的房屋或其他相关权利造成的侵害。

优先地位并不总是合适的，但随着瑞士《关于国际私法的联邦法》于1989年施行，有利原则最终在环境侵权法律适用立法中还是被采纳了。

在环境侵权法律适用问题上，《罗马条例Ⅱ》采纳的也是有利原则。《罗马条例Ⅱ》第7条规定，环境损害或由环境损害所导致的人身伤害或财产损害，适用由该条例第4条第1款所指引的法律，除非原告选择侵权行为实施地法律作为准据法。《罗马条例Ⅱ》第4条是有关侵权法律适用的一般规则。该条第1款规定，侵权适用损害结果发生地法。这就意味着，根据《罗马条例Ⅱ》第7条，对于环境损害或由环境损害所导致的人身伤害或财产损害，受害人可在侵权行为实施地法和损害结果发生地法之间选择适用。

无论是瑞士国际私法还是《罗马条例Ⅱ》，其采纳有利原则的目的主要有二：第一，保护受害人的合法利益；第二，提高环境保护水平，尤其是考虑到环境损害的肇事者与其他类型侵权者不同，其通常都将从其危害行为中获取经济利益。[①] 在前述两项目的中，第二项目的的实现有赖于第一项目的的实现。一般而言，受害人都会选择环保水平较高或损害赔偿标准较高的国家的法律作为准据法，从而在实现自己利益最大化的同时，也间接地提高了环保标准，实现了有关国家和地区的环境政策利益。

根据《罗马条例Ⅱ》第7条的规定，该条不仅适用于环境损害对个人人身和财产所造成的损害，同时还适用于环境损害（environmental damage）本身。根据《罗马条例Ⅱ》序言第24条，第7条所指“环境损害”包含以下三种情况：第一，对诸如水、土地和空气等自然资源的有害影响；第二，对此种自然资源所发挥的对其他自然资源或公众有益的功能的损害；以及第三，对生物多样性的损害。显然，第7条中的“环境损害”系指狭义的环境损害或曰生态损害，仅涉及对“环境”这种公共权利的侵害。

（二）适用损害结果发生地法

比利时2004年《关于国际私法典的法律》第99条第2款就一些实务中颇为重要的特殊类型侵权的法律适用作了规定，其中包括环境侵权。这些特殊侵权的法律适用规则大同小异，基本都以适用损害结果发生地法为基础。关于环境侵权，该款规定，“对于环境污染造成的财产或人身损害，适用损害结果发生地或可能发生地国家的法律”[②]。显然，比利时国际私法并没有采用有利原则，这是它与早于其制定的瑞士国际私法和晚于其制定的《罗马条例Ⅱ》的不同之处。环境侵权适用损害结果发生地法有以下几项优势。[③]

第一，环境污染损害的不仅仅是一群个体化的主体，其负面影响往往还要波及整个群体，甚至会损害一个国家的完整、安全及其他利益。因此，在此类案件中，适用损害结果发生地法不仅更为合理，而且也只有适用该法才能对该地的利益进行最合适的保护。

第二，在跨国环境污染中，受害人通常都会合理地期待损害结果发生地法为其提供保护。

---

① 向在胜．跨国环境污染中的国际私法问题研究——以法律适用问题为中心．北京：中国政法大学出版社，2016：26－27. Marc Lahusen, Die Unerlaubte Handlung durch Immissionen nach Art. 138 IPRG: eine Rechtsvergleichende Studie unter Besonderer Berücksichtigung der Umwelt-und Verwaltungsrechtlichen Probleme von Flughäfen und Flugverkehr, Schulthess 2001, S. 33.

② 与《罗马条例Ⅱ》第7条相比，该款规定的实体适用范围相对有限，仅限于环境污染造成的传统民事损害，即财产或人身损害，而不包括环境损害。

③ 向在胜．跨国环境污染中的国际私法问题研究——以法律适用问题为中心．北京：中国政法大学出版社，2016：60－61.

而且，损害结果发生地往往也是受害人的住所和财产所在地。

第三，无过错责任原则在环境责任法中的渗透，尤其是在环境损害领域，危险责任原则逐渐取代过错责任原则，这一发展趋势进一步突出了“损害”概念的重要性，这一发生于各国实体法中的发展趋势在国际私法中的映射，即表现为跨国环境侵权适用损害结果发生地法。

MATERIAL

Choice of Law for Tort

As a single choice of law rule, the *lex loci delicti* principle is the most important. It has been widely adopted in many countries, in one form or another, and sometimes is subject to particular exceptions. Until a recent revolution in American conflicts law, the *lex loci delicti* rule was firmly entrenched in the United States where it was advocated in the First Restatement and adopted by the courts. The *lex loci delicti* rule has also been accepted in France, Hungary, Italy and was enshrined in German law. In England, Canada and Australia the *lex loci delicti* rule formed one limb of the famous tort choice of law rule in Phillips v. Eyre. Interestingly, though, the Phillips v. Eyre rule appears to have been replaced in Australia, at least as far as inter-state torts are concerned, by a single *lex loci delicti* rule.

The wide adoption of the *lex loci delicti* rule is hardly surprising. The *locus delicti* is one of the most obvious and perhaps the most obvious connecting factor which can be selected for torts. Indeed if we reject the *lex fori* rule on the ground that it is too parochial and if we search for a rule that is reasonably certain and will promote uniformity, the claim of the *lex loci delicti* rule is extremely strong. Nothing else really suggests itself unless we look to the domicile or residence of the parties. The only real alternatives are founded on flexible and therefore uncertain rules based on the proper law of the tort (most significant relationship) or on interest analysis approaches.

Application of the *lex loci delicti* rule presupposes that the place of wrong is known or can be determined. Often all elements of a tort take place in the one country and the place of the tort is perfectly clear. However sometimes the constituent elements of a tort occur in several countries and the determination of the place of the tort is more difficult. Take, for example, the case of a motor vehicle which is manufactured in Japan. A fault occurs in the assembly of the vehicle due to negligence of the manufacturer. The vehicle is then exported to France where it is sold to a consumer. Subsequently it is involved in an accident in France caused as a result of the fault in manufacture. If the measure of liability is to be determined in accordance with the *lex loci delicti* rule we must first ascertain the *locus delicti*. Some elements of the tort clearly occurred in Japan namely the negligent conduct of the defendant. But it is just as obvious that some of the vital elements occurred in France namely the happening of the accident and the sustaining of injuries. Is Japan or France the *locus delicti*? Various approaches can be taken in determining the *locus delicti* in multi-State torts.

QUESTION

What is the rationale for the wide adoption of the *lex loci delicti* rule?

CASE STUDY

Babcock v. Jackson

191 N. E. 2d 279, 12 N. Y. 2d 473 (N. Y. 1963)

(abbreviated)

Ⅰ. The Facts

In 1960, plaintiff Georgia Babcock and her friends, Mr. and Mrs. William Jackson, all residents of Rochester, New York, left that city in Jackson's automobile, Babcock as guest, for a weekend trip to Canada. Some hours later, as Jackson was driving in the Province of Ontario, he apparently lost control of the car; it went off the highway into an adjacent stone wall, and Babcock was seriously injured. Upon her return to New York, Babcock brought the present action against William Jackson, alleging negligence on his part in operating his automobile.

At the time of the accident, there was in force in Ontario a statute providing that "the owner or driver of a motor vehicle, other than a vehicle operated in the business of carrying-passengers for compensation, is not liable for any loss or damage resulting from bodily injury to, or the death of any person being carried in… the motor vehicle." Even though no such bar is recognized under New York's substantive law of torts, defendant Jackson moved to dismiss the complaint on the ground that the law of the place where the accident occurred governs and that Ontario's guest statute barred recovery. The court at Special Term, agreeing with defendant, granted the motion, and the Appellate Division affirmed the judgment of dismissal without opinion.

Ⅱ. The Holding

The traditional rule is that tort cases will be governed by the substantive law of the jurisdiction where the tort occurred. However, that rule has been criticized and eroded because jurisdictions other than where the tort occurred may have interests in the resolution of issues raised. For example, in contract cases, New York courts have moved away from mechanical application of the law of the parties' intended jurisdiction to consider the center of gravity of the contractual relationship, the jurisdiction with the most significant contacts to the dispute. New York courts have taken a similar approach in certain tort contexts, as well, declining to apply the law of the jurisdiction where the tort occurred if that jurisdiction has no interest in the particular issue involved. Instead, New York courts apply the law of a jurisdiction with a more compelling interest in the issue's resolution. In tort cases, as in contract cases, consideration of the center of gravity will ensure that issues are resolved according to the law of the jurisdiction with the most interest in the particular issue. This approach is also consistent with that taken in the Restatement (Second) Conflict of Laws § 379. Considering the relative contacts, New York has a far greater interest in the resolution of the question presented than Ontario. This case involves injuries suffered by a New York resident in a vehicle operated by a New York resident on a trip that started and was intended to end in New York. On the other hand, Ontario's only contact is that the accident happened in Ontario. Consideration of the applicable policies of New York and Ontario also supports application of New York law here. New York has a strong public policy in favor of permitting an injured guest to recover against a negligent driver, and that policy applies to this case involving solely New York residents. In contrast, Ontario's statute is intended to prevent collusive claims against Ontario defendants and their insurers. That underlying policy is inapplicable to this case involving a New York defendant and insurer. If the issue were whether Jackson had deviated from the standard of care, then Ontario would have a stronger interest in its law controlling, as that law is intended to regulate the actions of drivers while in Ontario. Here, however, the issue is solely whether Babcock is barred from suing Jackson simply because she was a guest in his vehicle. That issue should be resolved by the law of New York, the jurisdiction where the parties resided and their relationship commenced. The judgment is reversed, and the motion to dismiss is denied.

Dissent (Van Voorhis, J.)

The majority's decision to give extraterritorial application of New York law precedence over the law of the jurisdiction where the tort occurred will only lead to confusion and inconsistency. No public policy of New York supports deviation from the traditional rule that tort claims should be governed by the law of the jurisdiction where the tort occurred.

QUESTION

In this case, why should the tort claims be governed by the law of New York rather than the law of Ontario?

第三节 不当得利和无因管理的法律适用

不当得利（unjust enrichment）和无因管理（negotiorum gestio，voluntary service）是重要的民事法律制度。因不当得利和无因管理而发生的债，又称准合同之债（quasi-contractual obligation），它包括那些既不是由于合同也不是由于侵权行为而发生的具有债的特征的法律关系。

一、不当得利的法律适用

凡无法律上或合同上的依据使自己获得利益而使他人受到损害的事实，称为不当得利。如对已经清偿的债务再为给付，或基于原合同关系而为给付，后来合同被宣告无效或撤销，以及在合同双方当事人之间一方因不可抗力无法履行而在此之前已受领了对方的给付，等等，均属于不当得利的情形。

从晚近各国立法来看，对不当得利的法律适用主要有以下几种主张。

（1）适用不当得利事实发生地法（原因事实发生地法）。主张适用不当得利事实发生地法的根据是，不当得利主要是从正义和衡平的视角出发，在得利者和损失者之间创立债权债务关系的公益性制度，因而对其应由属地法管辖，也就是由不当得利事实的发生地法管辖。根据这一主张，不管当事人身份为何，也不管当事人的国籍、住所在哪些国家，不当得利一律由其发生地国家的法律支配。[①] 目前有不少国家立法采用这一主张。如日本 2007 年《法律适用通则法》第 14 条规定："由无因管理或不当得利所产生的债权的成立与效力，适用原因事实发生地法。"意大利 1995 年《国际私法改革法》第 61 条以及《罗马条例Ⅱ》第 10 条第 3 款等也有类似规定。

（2）适用支配基础关系的法律。不当得利通常发生在非债清偿等当事人之间事先已经存在某种法律关系的情况之下。在这种场合，很难将对不当得利的处理与作为其发生原因的基础关系分离开来。前述适用不当得利发生地法的主张，不问不当得利的发生是否存在某种基础关系，如果存在此种基础关系，也不问此种基础关系情况如何，硬性规定不当得利应适用不当得利发生地法。而此种不当得利的发生地，有时可能具有偶然性。相较而言，在存在基础关系的场合，不当得利适用支配基础关系的法律更为合适，因为此时可将不当得利关系视为作为其发生原因的基础关系的发展与延伸，调整基础关系的法律同时亦调整由该法律关系所产生的不当得利关系。[②] 目前亦有不少国家采纳这一主张。如 2017 年瑞士《关于国际私法的联邦法》第

① 山田鐐一「国際私法」(有斐閣，2004) 348 頁。
② 山田鐐一「国際私法」(有斐閣，2004) 349 頁。

128 条第 1 款规定："因不当得利而提出的请求，适用支配不当得利据以发生的现有的或假定的法律关系的法律。"[①]

(3) 适用最密切联系地法。美国《第二次冲突法重述》第 211 条规定，当事人在不当得利诉讼中有关某特定问题的权利和义务，由与案件事实和当事人有最密切联系的那个州的法律调整。在确定最密切联系地时应考虑下列因素：当事人之间关系集中的地方，但不当得利须与该关系有实质性联系；不当得利发生地；不当得利起因行为发生地；当事人的住所、居所、国籍、公司成立地及营业地；以及与不当得利有实质性联系的有体物如土地或动产在不当得利产生时的所在地。对这些最密切联系地应按其对特定问题的重要程度加以衡量。

在大陆法系国家，最密切联系原则往往作为不当得利法律适用的补充性原则。如根据日本 2007 年《法律适用通则法》第 15 条的规定，相比原因事实发生地，如果案件明显地与其他地方有更密切联系的，适用该更密切联系地法。而且该条还将双方当事人在同一国家拥有惯常居所或双方当事人之间事先存在契约关系作为判断更密切联系地的主要依据。德国《民法典施行法》第 41 条在对最密切联系原则的适用上与日本前述规定类似。

(4) 当事人意思自治原则。在不当得利法律适用问题上，一些国家立法开始承认当事人意思自治原则。如瑞士《关于国际私法的联邦法》第 128 条第 2 款规定，在没有基础关系的情况下，因不当得利而提出的请求适用不当得利行为发生地法，但当事人也可以约定适用法院地法。但晚近一些立法已不要求当事人选择的法律必须被限定于法院地法，如德国《民法典施行法》第 42 条规定，在非合同之债法律关系据以产生的事件发生后当事人可以选择应适用的法律，但第三人的权利不受影响。日本《法律适用通则法》第 16 条亦有类似规定。

关于不当得利的法律适用，尚有其他一些主张，如主张适用当事人共同属人法。《罗马条例Ⅱ》第 10 条第 2 款即规定，在不当得利的产生没有基础关系的情况下，如果双方当事人在同一国家拥有惯常居所，则适用该共同惯常居所地法。如前所述，有些国家立法如德国、日本的立法，则将当事人在同一国家拥有惯常居所视为最密切联系原则的一种特殊情况。

二、无因管理的法律适用

无因管理是指既没有法定义务也没有约定义务，而为他人管理财产或事务并支出劳务或费用，从而在管理人与受益人之间产生的债权债务法律关系。作为债之法律关系发生的原因之一，与合同和侵权行为相比，各国法律有关无因管理的规定差别较大，此种差别不仅体现在大陆法系与英美法系的规定之间，也体现在同为大陆法系的国家立法之间。

从晚近各国立法来看，对无因管理的法律适用主要有以下几种主张。

(1) 适用事务管理地法。与不当得利一样，无因管理也是从正义和衡平的视角，以维护一般的公益为目的，对一方当事人在既没有法定义务也没有约定义务的情况下所实施的管理行为赋予其一定的法律效力的制度。[②] 从这个视角看，对其也应适用属地法，亦即事务管理地法。适用事务管理地法是各国立法有关无因管理法律适用的最为普遍的做法。如德国《民法典施行法》第 39 条规定，"处理他人事务引起的法定请求权，适用事务处理地国法律"。日本《法律

① 邹国勇．外国国际私法立法选译．武汉：武汉大学出版社，2017：403.

② 山田鐐一「国際私法」（有斐閣，2004）344 頁。

适用通则法》第14条亦规定："由无因管理或不当得利所产生的债权的成立与效力，适用原因事实发生地法。"此处的"原因事实发生地"亦即事务管理地。《罗马条例Ⅱ》第11条第3款亦作如是规定。

实务中，如何确定事务管理地是一个问题。日本有学者认为，事务管理地就是事务管理所实际发生的地方，换言之，也就是管理客体所在地。因此，如果事务管理是财产管理，事务管理地即为财产所在地；如果事务管理是营业管理，事务管理地即为营业所所在地；如果事务管理是人的管理，则事务管理地即为人的所在地。①

（2）适用支配基础关系的法律。与不当得利一样，有些国家立法规定，如果无因管理也是基于当事人之间事先已经存在的某种法律关系而发生，则此时对无因管理之债亦应适用支配基础关系的法律。如德国《民法典施行法》第39条规定，"为他人偿还债务引起的请求权，适用支配该债务的法律"。

（3）适用最密切联系地法。美国《第二次冲突法重述》主张在确定返还请求权的准据法时，应采用最密切联系原则的方法。

与不当得利一样，在大陆法系国家，最密切联系原则往往亦作为无因管理法律适用的补充性原则。日本《法律适用通则法》第15条和德国《民法典施行法》第41条即是较好的例子，此处不再赘述。

（4）当事人意思自治。在无因管理法律适用问题上，晚近一些国家立法亦开始承认当事人意思自治原则。如德国《民法典施行法》第42条规定，在非合同之债法律关系据以产生的事件发生后当事人可以选择应适用的法律，但第三人的权利不受影响。日本《法律适用通则法》第16条亦有类似规定。

与不当得利一样，关于无因管理的法律适用，亦有其他一些主张，如主张适用当事人共同属人法。《罗马条例Ⅱ》第11条第2款即规定，在无因管理的产生没有基础关系的情况下，如果双方当事人在同一国家拥有惯常居所，则适用该共同惯常居所地法。不过，德国、日本等国立法则将当事人在同一国家拥有惯常居所视为最密切联系原则的一种特殊情况。

第四节 我国有关非合同之债法律适用的规定

一、一般侵权行为的法律适用

《民法通则》（已失效）第146条就侵权行为的法律适用作了如下一般性的规定："侵权行为的损害赔偿，适用侵权行为地法律。"《涉外民事关系法律适用法》第44条则规定："侵权责

① 山田鐐一「国際私法」（有斐閣，2004）344頁。

任，适用侵权行为地法律，但当事人有共同经常居所地的，适用共同经常居所地法律。侵权行为发生后，当事人协议选择适用法律的，按照其协议。”

显然，与世界上大部分国家一样，我国在侵权法律适用领域也采用侵权行为地法原则。但在侵权案件的相关要素分散于不同国家的情况下，如何确定侵权行为地，无论是《民法通则》还是《涉外民事关系法律适用法》，均没有明确规定。最高人民法院《执行〈民法通则〉意见》（已失效）第 187 条规定：“侵权行为地的法律包括侵权行为实施地法律和侵权结果发生地法律。如果两者不一致时，人民法院可以选择适用。”遗憾的是，上述司法解释对法院在侵权行为实施地法和侵权结果发生地法之间进行选择的标准仍然没有提供明确的答案。

在侵权法律适用问题上，我国《民法通则》也采用重叠适用侵权行为地法和法院地法的做法。《民法通则》第 146 条规定，“侵权行为的损害赔偿，适用侵权行为地法律……中华人民共和国法律不认为在中华人民共和国领域外发生的行为构成侵权的，不作为侵权行为处理”。与相关国家如德国采重叠适用模式的主要目的为限制损害赔偿的计算不同，我国《民法通则》仅在侵权行为的成立问题上重叠适用我国法律，而在损害赔偿问题上，则不要求重叠适用。[①]《涉外民事关系法律适用法》第 44 条已经放弃了重叠适用模式。

《民法通则》第 146 条强调，在双方当事人国籍相同或者在同一国家有住所的情况下，可以选择适用当事人本国法律或者住所地法律。《涉外民事关系法律适用法》第 44 条关于当事人共同属人法原则的规定与《民法通则》第 146 条有明显不同。首先，在《涉外民事关系法律适用法》第 44 条的规定下，国籍不再作为当事人共同属人法的连结点，共同属人法仅以惯常居所为连结点，这一点与当事人惯常居所与其市民生活联系更为密切的趋势是吻合的。其次，与《民法通则》第 146 条所规定的当事人本国法律或者住所地法律的选择适用不同，《涉外民事关系法律适用法》第 44 条规定了当事人共同属人法的优先适用。显然，《涉外民事关系法律适用法》第 44 条关于当事人共同属人法原则的规定更为合理。

相较《民法通则》，《涉外民事关系法律适用法》第 44 条另一个值得肯定的地方是其关于意思自治的规定。根据该条规定，侵权行为发生后，当事人可以协议选择准据法。从第 44 条的规定看，《涉外民事关系法律适用法》对当事人在侵权案件中选择准据法没有地域限制。

二、特殊领域侵权行为的法律适用

在海上侵权行为的法律适用方面，我国 1992 年颁布的《海商法》第 273、274、275 条作了如下规定：

（1）船舶在领海内发生碰撞的损害赔偿，适用侵权行为地法；

（2）船舶在公海上发生碰撞的损害赔偿，适用受理案件的法院地法；

（3）同一国籍的船舶，无论碰撞发生于何地，损害赔偿一律适用其船旗国法；

（4）共同海损理算，适用理算地法；

（5）海事赔偿的责任限额，适用受理案件的法院地法。

《海商法》上述规定主要对船舶碰撞的法律适用问题作了规定，对于船舶内部的侵权行为

---

① 《民法通则》的上述规定应源自 1918 年北洋政府时期的《法律适用条例》。《法律适用条例》关于侵权法律适用作如下规定：“因不法行为发生之债，依行为地法；但依中国法不认为不法者，不予适用。”

以及因海上运输致旅客死伤、货物毁损所发生的侵权行为的法律适用，该法没有作出规定。

关于航空侵权行为的法律适用，主要见于我国《民用航空法》的规定。该法第 189 条规定："民用航空器对地面第三人的损害赔偿，适用侵权行为地法律。民用航空器在公海上对水面第三人的损害赔偿，适用受理案件的法院所在地法律。"对发生在航空器内的侵权行为，以及因航空器事故致乘客死伤或物品毁损的侵权责任的法律适用问题，该法未见规定。

此外，《涉外民事关系法律适用法》第 45 条和第 46 条还分别就产品责任和人格权侵权的法律适用问题作了规定。《涉外民事关系法律适用法》第 45 条规定："产品责任，适用被侵权人经常居所地法律；被侵权人选择适用侵权人主营业地法律、损害发生地法律的，或者侵权人在被侵权人经常居所地没有从事相关经营活动的，适用侵权人主营业地法律或者损害发生地法律。"从前述规定看，《涉外民事关系法律适用法》第 45 条借鉴第 42 条关于消费者合同的立法思路，将作为受害人的消费者区分为"主动"的消费者和"被动"的消费者。对于后者，产品责任主要适用受害人经常居所地法，考虑到加害人在受害人经常居所地从事相关经营活动，其对于其产品可能会在该地造成损害应有可预见性，因而为保护消费者的目的而规定适用该法不无合理性。但该法同时规定，在"被动"的消费者的情况下，受害人还可以选择适用侵权人主营业地法或损害发生地法，但此时第 45 条没有要求加害人对其产品在该两地造成损害有可预见性，显然，第 45 条的规定过于强调保护消费者，而忽略了消费者和企业间利益的平衡。在"主动"的消费者的情况下，根据第 45 条的规定，应适用加害人主营业地法或损害发生地法，此时应基于何种政策取向而在两个法律之间进行选择，该条规定并没有明确指示。

总体来看，《涉外民事关系法律适用法》第 45 条与外国立法和相关国际立法一样，在产品责任法律适用问题上均适当考虑了消费者与企业间利益的平衡，但外国立法和相关国际立法在考虑企业利益时主要是采取企业对其产品在某一连结点所属国家造成损害是否具有可预见性这样的主观标准，而我国立法则采取的是企业是否在相关地点从事了经营活动这样的客观标准。关于人格侵权的法律适用，《涉外民事关系法律适用法》第 46 条规定："通过网络或者采用其他方式侵害姓名权、肖像权、名誉权、隐私权等人格权的，适用被侵权人经常居所地法律。"这一规定在法理上与日本《法律适用通则法》第 19 条的规定较为一致。

三、不当得利和无因管理的法律适用

《涉外民事关系法律适用法》第 47 条就不当得利和无因管理的法律适用作了规定。该规定体现了晚近各国立法在前述两个领域的发展趋势。其首先允许当事人就不当得利和无因管理选择准据法；如果双方当事人没有选择准据法，但双方当事人在同一国家拥有经常居所的，则基于最密切联系原则应适用该共同经常居所地法；在其他情况下，不当得利和无因管理应分别适用其发生地法律。

第十一章 婚姻家庭关系的法律适用

提要

本章主要探讨结婚、夫妻关系、离婚、父母子女关系、收养、扶养与监护的法律适用。

重点问题

- ❑ 结婚形式要件与实质要件的法律适用
- ❑ 夫妻人身关系与财产关系的法律适用
- ❑ 两大法系关于离婚法律关系的不同
- ❑ 父母子女关系法律适用的几种做法

婚姻家庭制度反映了各国的社会经济制度、历史文化传统、宗教信仰和风俗习惯等。在婚姻家庭领域，各国立法与实践存在较大差异，一直以来都是冲突规范发挥作用的重要领域。在涉外婚姻家庭问题上，当事人的属人法具有重要的意义。随着社会的发展进步，各国实体法中保护妇女、儿童利益及有利于离婚等政策对冲突规范的影响很大，涉外婚姻家庭领域的法律适用出现了尊重男女平等、儿童最佳利益、有利于离婚等新的发展趋势。意思自治原则、最密切联系原则和有利原则在涉外婚姻家庭领域的适用范围有所扩大。中国《涉外民事关系法律适用法》专设第三章，以10条的篇幅规定了涉外婚姻家庭的法律选择规则。[①] 本章分别讨论结婚、夫妻关系、离婚、父母子女关系、收养、扶养与监护的法律适用问题。

---

① 郭玉军．涉外民事关系法律适用法中的婚姻家庭法律选择规则．政法论坛，2011 (3).

第一节 结婚的法律适用

结婚（marriage）是男女双方根据法律规定的程序和条件结成夫妻的一种法律行为。结婚只有符合法律规定的实质要件和形式要件，才能够有效成立。在不同国家，对于结婚的能力、条件和形式有不同的法律规定，有些国家允许多配偶婚姻，基本上没有统一实体法规范。法院在许多不同的情形下可能需要决定某一涉外婚姻的有效性，如婚姻无效、司法分居、离婚、扶养、继承财产、移民和重婚等，婚姻有效对这些问题的解决至关重要。在法律适用上，目前出现了有利于婚姻成立的立法倾向。

一、结婚实质要件的法律适用

结婚实质要件（substantial requirements）包括婚姻当事人必须具备的条件和必须排除的条件。前者一般指双方当事人必须达到法定婚龄，双方当事人自愿结婚等。后者一般指双方当事人不在禁止结婚的血亲之内，没有不能结婚的疾病或生理缺陷，不存在另外的婚姻关系等。

关于结婚实质要件的准据法主要有以下几种。

（一）婚姻举行地法（*lex loci celebrationis*）

结婚实质要件依婚姻举行地法。也就是说，如果结婚符合婚姻举行地法有关结婚实质要件的规定，该婚姻就是有效的婚姻，它在任何地方都是有效成立的婚姻；如果结婚不符合婚姻举行地法有关结婚实质要件的规定，该婚姻就是无效的婚姻，它在任何地方都是无效的婚姻。赞成这一原则的理由有：结婚也是一种契约关系或法律行为，根据“场所支配行为”原则，其成立的实质要件也应该适用婚姻举行地的法律；应该将当事人依婚姻举行地法结成的婚姻视为一种既得权，根据“既得权说”，这种婚姻也应该得到其他国家的承认和保护；婚姻的有效成立与否关系到举行地国家的善良风俗和公共秩序，所以必须适用婚姻举行地法；结婚实质要件适用婚姻举行地法简便易行。适用婚姻举行地法是一条古老但目前仍流行的原则。无论以传统的还是现代的法律选择方法为视角，婚姻的有效性适用婚姻缔结地法都是合理的，因为结婚是在当事人之间创设身份关系，所以其有效性就应该由身份创设地的婚姻缔结地法决定。这一原则的实际效果就是使婚姻有效，尽管有时尽量使婚姻有效的考虑被过分地强调了，但这样的原则有利于确保当事人的合理期望，保证法律关系的稳定，特别是对于子女和财产问题，稳定在这一领域特别重要，避免了婚姻的合法性因所在地不同而不同的可怕后果。当然该一般原则也有例外，例如在美国，如果某些被禁止的结合如此侵犯公共道德以致被认为是令人厌恶和违背“自然法”的，就排除适用婚姻举行地法这个一般原则。

采用婚姻举行地法原则的国家和地区有美国的许多州和大多数的拉丁美洲国家，如阿根廷、巴拉圭、危地马拉、秘鲁、哥斯达黎加和墨西哥等。

近年来，随着同性婚姻（注册伴侣关系）在一些国家和地区得到法律上的认可，同性婚姻的承认问题在国际私法中凸显其重要性，在不承认同性结合合法性的国家，即使按照婚姻举行地法其结合是合法的，也很有可能得不到承认。一些国家立法对同性婚姻的法律适用作出了明确规定，原则上适用注册地或缔结地法律。[①]

（二）当事人的属人法（*lex patriae*）

由于结婚与当事人的身份地位（如是否成年、是否神智健全、是否已婚等）有密切关系，所以许多国家对有关结婚实质要件的问题适用当事人的属人法——符合当事人属人法的婚姻即为有效婚姻，否则为无效婚姻。在采用当事人属人法的国家中又分为采用本国法和采用住所地法两种。如果双方当事人属人法相同，适用当事人属人法自然简便容易。如果双方当事人的属人法不同，就要解决如何适用当事人属人法的问题。在这种情况下，主要有以下几种做法：

（1）适用夫的本国法。目前此种做法已落伍于时代，为许多国家所放弃。

（2）分别适用双方当事人各自的属人法。即只要结婚分别符合双方当事人各自属人法规定的实质要件，该婚姻就是有效婚姻。例如 2007 年日本《法律适用通则法》第 24 条第 1 款规定，婚姻成立的实质要件适用夫妻双方各自的本国法。波兰、奥地利和秘鲁等国也采用此种规定。

（3）重叠适用双方当事人的属人法。即婚姻只有在满足双方当事人的属人法所要求的实质要件时，才被认为是有效的婚姻。匈牙利 2017 年《关于国际私法的第 28 号法律》第 26 条第 1 款就是如此规定的。

（三）混合制

婚姻的成立涉及婚姻举行地法和当事人双方的属人法。所谓的混合制，是指关于婚姻成立的实质要件，或是以婚姻举行地法为主，但在一定条件下也可以适用当事人的属人法；或是以当事人的属人法为主，但在一定条件下也可以适用婚姻举行地的立法。前者可以以瑞士《关于国际私法的联邦法》为例。根据该法第 44、45 条的规定，在瑞士结婚的实质要件由瑞士法律支配；如果外国人之间结婚不符合瑞士法律规定的要件，但满足当事人一方本国法规定的要件的，仍可以结婚；在国外缔结的婚姻，如果当事人任何一方为瑞士人或双方在瑞士有住所，则对其在国外缔结的婚姻予以承认，但在国外结婚明显违反瑞士法律的强行规定的，则不予承认。后者可以以匈牙利 2017 年的《关于国际私法的第 28 号法案》为例。该法第 26 条以适用当事人的属人法为主，但同时规定“如果外国人依照匈牙利法缔结婚姻有不可逾越的障碍时，则不能在匈牙利结婚”，也即外国人若在匈牙利结婚，就必须符合婚姻举行地法——匈牙利法的某些要件的规定。

混合制考虑了在不同的情况下适用不同的准据法，避免了单纯适用婚姻举行地法或当事人属人法的不足。由于其比较灵活和切实可行，已为越来越多的国家所接受。

在英国，关于婚姻有效性的法律适用区分为婚姻形式、当事人的结婚能力、当事人同意和生理缺陷几个方面，分别确定应适用的法律。如关于婚姻形式一般适用婚姻缔结地法，但也有一些例外。关于结婚能力，实践和理论上则存在两种对立的法律选择规则，即双重或婚前住所地标准和打算的婚姻之家所在地法。这两种主张与一些已决案件的判决在一定程度上是一致

---

① 如 2017 年德国《民法典施行法》第 17b 条、2017 年奥地利《关于国际私法的联邦法》第 27a 条。

的，但目前一般认为双重或婚前住所地标准是正确的，当然也有一些法官明显赞成后一标准。关于当事人的同意，适用当事人的属人法，也即住所地法。如果双方当事人住所地法不同，有学者主张应适用被主张缺乏同意的当事人的住所地法。关于生理缺陷，到目前为止，英国法上尚无明确的规则，法院的做法也存在分歧，有人建议应适用申请人的住所地法。①

二、结婚形式要件的法律适用

结婚实质要件是婚姻成立的基本条件，但是婚姻的成立还需要一定的形式。目前有关缔结婚姻的方式（formalities）主要有民事登记方式和宗教方式。根据民事登记方式，缔结婚姻的双方当事人必须到法律指定的机关办理登记手续，取得一定的证件后，婚姻才有效成立。世界上的许多国家包括中国在内都采取民事登记方式。宗教方式要求缔结婚姻的双方当事人根据自己信仰的宗教的规定，举行一定的宗教仪式后，婚姻才成立。目前，除极少数国家外，大部分国家已不再将依宗教方式结婚视为婚姻成立的必要条件。在许多国家中，当事人在进行民事登记的同时也举行宗教婚礼，在举行宗教婚礼时，也办理民事登记。此外，一些国家或地区承认“普通法婚姻”，即双方以夫妻名义共同生活的②，即使他们从未举行正式结婚仪式或者进行婚姻登记，其婚姻效力也与传统婚姻的一样。

对于婚姻的形式要件的法律适用，根据“场所支配行为”原则，世界上许多国家长期以来都适用婚姻举行地法，即只要结婚的方式符合婚姻举行地法的要求，即为有效的婚姻。但是单纯适用婚姻举行地法，有时会出现“跛脚婚姻”（limping marriage）。为了避免发生这种情况，有些国家除了规定结婚的形式要件适用婚姻举行地法，还规定本国公民在国外结婚也必须遵守本国法规定的方式，或者规定在内国结婚的外国人，如果遵守了他们的本国法对结婚方式的要求，亦为有效。这种立法以婚姻举行地法为主，同时兼采当事人属人法。例如日本《法律适用通则法》第 24 条第 2 款规定，关于婚姻的方式，原则上适用婚姻举行地法。接着第 3 款又进一步规定，符合当事人一方的本国法规定的方式，亦为有效。但如果婚姻在日本举行，当事人一方为日本人时，则不在此限，即此种情况下适用婚姻举行地法也是一方当事人的本国法。据此规定，外国人之间在日本举行的结婚或外国人和日本人之间在国外举行的结婚，如果符合当事人一方的本国法，也是有效的。这种立法方式，明显地表现了广泛地承认婚姻效力的倾向③，以防止发生“跛脚婚姻”。

MATERIAL

Validity of Marriage

The traditional choice-of-law rule for determining the validity of marriage was to apply

① J. G. Collier, Conflict of Laws, 3th ed., Cambridge University Press, 2004, pp. 295 - 312.

② 普通法婚姻一般需要满足三个条件：一是双方同居；二是双方曾经同意结婚；三是在公众面前显示双方已经结婚。

③ 1991 年美国路易斯安那州《民法典》第 3520 条未区分形式和实质要件，规定只要符合婚姻缔结地法或者夫妻双方当事人最初住所地法的婚姻，即为有效婚姻。

the *lex loci celebrationis*, that is, the law of the state where the marriage took place. This rule was subject to public policy exceptions in favor of either the *lex fori* or the law of either party's premarital domicile. Polygamous marriages and certain incestuous or interracial marriages were mentioned as examples falling within the public policy exception.

The Restatement (Second) has softened the rule, in both language and substance. Section 283 provides:

(1) The validity of a marriage will be determined by the local law of the state which, with respect to the particular issue, has the most significant relationship to the spouses and the marriage under the principles stated in § 6.

(2) A marriage which satisfies the requirements of the state where the marriage was contracted will everywhere be recognized as valid unless it violates the strong public policy of another state which had the most significant relationship to the spouses and the marriage at the time of the marriage.

It is not a coincidence that, departing from the drafters' usual wishy-washy practice, Subsection (2) is phrased as a categorical black-letter rule, displaced only by a contrary and "strong" public policy of only one state—the state that had the "most significant" relationship "at the time of the marriage" and not later. Numerous cases have upheld foreign marriages under these circumstances, including common-law marriages, customary non-formal marriages, marriages by proxy, and other marriages considered invalid under the internal law of the forum state.

Moreover, as the accompanying comments to the Restatement make clear, a marriage that is invalid under the law of the state of contracting will not necessarily be treated as invalid elsewhere. Rather, the marriage will be upheld if it would be valid under the law of "some other state having a substantial [i. e., not necessarily 'the most significant'] relation to the parties and the marriage." Many cases, including cases that do not follow the Restatement (Second), have reached this result in these situations.

Thus, if read literally, the Restatement (Second) adopts an alternative-reference type "rule of validation"—a marriage is valid if it would be valid under the law of:

(a) A state that had the most significant relationship, either at the time of marriage or at a later time;

(b) A state having a "substantial" relation to the parties and the marriage; or

(c) The state of contracting.

The only exception resulting in invalidity operates when the marriage is valid only in the state of contracting and its validation elsewhere would violate a "strong" public policy of the state that had the "most significant" relationship "at the time of the marriage." Obviously, this public policy must be constitutionally permissible. For example, after *Obergefell*, a state may not have a public policy against same-sex marriages and thus may not invoke such a policy as the reason for denying recognition to an out-of-state same-sex marriage.

The Restatement's clear preference for validation reflects the old policy *of favor matrimonii*, which, at the time of the Restatement's drafting, was entrenched in the domestic law of all states. At the multistate level, this policy is reinforced by the desideratum of avoiding "limping marriages." This policy favored upholding the validity of marriages whenever reasonably possible, precisely because the consequences of invalidity were too grave, especially on the statuses of children and good-faith spouses. This policy remains important, even after the Supreme Court declared unconstitutional state laws discriminating against illegitimate children or same-sex spouses. As the Court stated in *Obergefell*, "[b] eing married in one State but having that valid marriage denied in another is one of 'the most perplexing and distressing complication [s]' in the law of domestic relations," which causes "instability and uncertainty".

QUESTIONS

1. What was the traditional choice-of-law rule for validity of marriage in USA?
2. What are the changes given to the choice-of-law rules for validity of marriage in the Restatement (Second)?
3. What is the underlying policy of the choice-of-law rules for validity of marriage in the Restatement (Second)?

第二节 夫妻关系的法律适用

夫妻关系（marital relationship）是合法有效的婚姻所产生的特定男女之间的一种法律关系，包括夫妻人身关系（婚姻的一般效力）和夫妻财产关系（夫妻财产制）。实践中，涉外夫妻关系争议常涉及夫妻财产制，而不同国家在约定财产制与法定财产制、分别财产制与共同财产制方面的立法存在差异。对于夫妻财产制的法律适用，除采用传统的意思自治原则和属人法原则外，最密切联系原则也开始得到重视。

一、夫妻人身关系的法律适用

夫妻人身关系（marital personal relationship）包括姓氏权、同居义务、忠贞及扶助义务、住所决定权、从事职业和社会活动的权利、夫妻之间的代理权等方面的内容。对于这些问题，由于各国政治、经济、社会风俗、历史传统和宗教信仰的不同，常有不同的法律规定。为了解决法律适用上的冲突，大致有以下几种主张。

（一）当事人的属人法

其中一些欧洲国家适用当事人的本国法，而南美洲一些国家，如乌拉圭、秘鲁和巴西等，适用当事人的住所地法。在早期立法中，适用当事人的本国法以适用夫的本国法为多见。目前，关于夫妻人身关系，适用夫妻双方共同属人法的趋势有所增加。① 另外，近年来有一种放弃本国法而采用惯常居所地法的倾向。②

（二）法院地法和行为地法

由于夫妻人身关系有时关系到法院地或行为地的公共秩序和善良风俗，因此也有人主张夫妻人身关系的某些方面应该适用法院地法或行为地法。例如，在英国，夫妻人身关系一般适用夫妻的住所地法，但关于丈夫是否可以对妻子施加强力，以及一方对他方的扶养义务如何等问题，则适用法院地法。国际公约中也有类似的做法。③

二、夫妻财产关系的法律适用

夫妻财产关系（marital property relationship），是指具有合法婚姻关系的男女双方对家庭财产的权利义务关系。其主要包括婚姻对双方当事人的婚前财产发生什么效力，婚姻存续期间所获财产的归属，以及夫妻对财产的管理、处分和债务承担等方面的制度。当婚姻关系终止时，如离婚或一方死亡时，会对夫妻财产关系产生影响。

（一）意思自治原则

由于一些国家的立法和判例将婚姻关系看作一种特殊的契约关系，因此在夫妻财产关系的法律适用问题上，它们也主张适用意思自治原则。采用这种原则的国家有美国、英国、法国、德国、日本、瑞士、波兰和奥地利等国。按照奥地利和日本的法律，如果夫妻双方对夫妻财产关系无明示协议，就适用支配婚姻人身效力的或婚姻效力的准据法。④ 在英国和美国，如当事人对财产关系无协议，法官也无法推定财产关系的准据法时，法院将适用物权的冲突法原则，即动产适用当事人住所地法，不动产适用不动产所在地法。

1978 年海牙《夫妻财产制法律适用公约》、2016 年《欧盟夫妻财产制条例》也规定了有限制的意思自治原则。

（二）属人法原则

一些国家在夫妻财产关系上排除适用意思自治原则，直接规定夫妻财产关系应适用何国法

---

① 例如，1898 年日本《法例》第 14 条规定，婚姻的效力适用夫的本国法。1989 年修改后，其第 14 条规定，关于婚姻的效力，如果夫妻双方具有相同的本国法，依该法；无共同本国法时，如夫妻具有共同惯常居所地法，则依共同惯常居所地法；既无共同本国法也无共同惯常居所地法时，适用与夫妻有最密切关系的地方的法律。

② 1996 年列支敦士登《国际私法》第 19 条规定，婚姻效力适用夫妻双方惯常居所地法律，如无，则适用双方最后惯常居住地法，只要一方当事人持续居住在此地即可。

③ 例如，1905 年《关于婚姻效力的海牙公约》第 1 条规定，“关于夫妻身份上的权利义务，依其本国法定之”，但“前项权利义务的行使非依行为地法所认可的方式，不得为之”。

④ 2017 年奥地利《关于国际私法的联邦法》第 19 条规定，夫妻财产，依当事人明示选择的法律，无此种协议选择的法律时，依结婚时支配婚姻的人身效力的法律。2007 年日本《法律适用通则法》第 26 条第 1 款规定了夫妻财产关系准用第 25 条关于婚姻效力的准据法，但如果夫妻以署名、附日期的书面协议选择法律时，则夫妻财产关系适用该法。当事人可以选择的法律是夫妻一方国籍所属国的法律、夫妻一方的惯常居所地法及关于不动产的夫妻财产关系的不动产所在地法。奥地利法对当事人的选择范围未作明确规定，而日本法对当事人的选择范围作了明确的指定。

律。例如2005年阿尔及利亚《民法典》第12条规定，婚姻的人身与财产效力，以结婚时丈夫的本国法为准。

（三）最密切联系原则

有些国家对于夫妻财产关系，规定当事人不存在共同本国法和共同住所地法时，可以适用最密切联系原则。例如1992年罗马尼亚《关于调整国际私法关系的第105号法律》第20条规定，当事人不存在共同本国法和共同住所地法时，可以适用最密切联系原则。2011年波兰《关于国际私法的法律》第51条亦有同样规定。

MATERIAL

Marital Property

The increased mobility of the typical American family generates a considerable number of marital-property conflicts. Even when spouses do not move from one state to another, they may live in a separate property state and acquire immovable property in a community property state, or vice versa. Which law should govern the respective interests of the spouses in such property?

Civil law systems focus on the spouses rather than on the property's location, and generally assign these matters to the law that governs the marital relationship (usually the law of the matrimonial domicile) rather than the law of the situs of the property. However, these systems encounter a difficult dilemma in the case of the mobile family, and they vacillate between the principles of immutability and mutability of the law governing the matrimonial regime. Some systems take the position that the law governing the regime at the beginning of the marital relationship remains applicable at the end of the relationship, regardless of any intervening change of domicile. Other systems provide that the change of matrimonial domicile brings about a change in the law governing the matrimonial regime, a change that may be partial or total, prospective only or also retrospective. In all instances, these systems recognize the freedom of the spouses to agree on the law governing their property relations. However, as is the case with other choice-of-law agreements, the spouses' agreement may not exceed the public policy limits of the otherwise governing law.

Common law jurisdictions, including most American states that follow the community property system, also recognize the spouses' freedom to agree on the governing law, subject to the same public policy limits. However, in contrast to civil law systems, common law systems focus on the property of the spouses, rather than on the spouses themselves. If the property in question is immovable, then the "whole law" of the situs state governs the respective rights of the spouses. If the property is movable, the applicable law is, in principle, the law of the state in which the acquiring spouse was domiciled *at the time of the acquisition*.

The italicized phrase means that when the spouses change their domicile, the movables they acquired in the new domicile will be governed by the law of the new domicile. Indeed, since the early nineteenth century, American conflicts law adopted the principle of mutability of the law governing the property relations of spouses. However, American conflicts law remains divided as to whether this mutability should be prospective only or also retrospective, that is, whether movables the spouses acquired before the change of domicile should be governed by the law of the former or the new domicile.

QUESTIONS

1. How about the choice-of-law rules for marital property in civil law systems?
2. How about the choice-of-law rules for marital property in common law systems?

第三节 离婚的法律适用

离婚（divorce）的方式主要有非诉讼（或非对抗的）离婚和诉讼离婚。有些国家既允许当事人到法院办理离婚，也允许当事人到非司法机关（在中国为婚姻登记机关）办理离婚。而在多数国家，离婚必须通过法院程序，即使双方达成离婚协议，离婚协议也须经法院程序确认，方为有效。关于诉讼离婚法律适用，国际上出现了采用有利于离婚、意思自治原则等做法。

一、协议离婚的法律适用

近年来，国际上调解离婚和合作离婚（collaborative divorce）增多。在美国有些州，当事人所达成的调解离婚协议和合作离婚协议仍须经法院确认。在一些国家，如葡萄牙和中国，离婚协议可以经非司法机关确认。目前，国际上鲜有国家立法对协议离婚的法律适用作出规定。

二、诉讼离婚的法律适用

（一）法院地法

美国、英国、爱尔兰、瑞典、芬兰、丹麦、塞浦路斯和拉脱维亚等国家在离婚的法律适用问题上采用法院地法。这些国家的法院一旦确定自己对离婚案件有管辖权，一般就只适用法院地法。但苏格兰和瑞典的法律也规定在一定条件下会考虑外国法。①

① Commission Staff Working Paper-Annex to the Green Paper on Applicable Law and Jurisdiction in Divorce Matters, Brussels, 14.3.2005, SEC (2005) 331, p.8.

以英美为例，由于英美法院主要依婚姻当事人的住所或习惯居所为行使管辖权的依据，所以法院地法通常就是婚姻当事人的住所地法或惯常居所地法。适用法院地法的主要理论依据是，离婚涉及一国的公共秩序和善良风俗，所以法院应该适用自己的法律。但是，适用法院地法可能会促使当事人寻找对自己有利的法院去起诉，从而产生挑选法院的现象。

（二）属人法

主张离婚适用属人法的根据主要是：离婚是消灭既存婚姻关系的一种法律行为，与人的身份有密切关系，所以应当适用当事人的属人法；离婚应与婚姻成立的准据法一致，既然婚姻的成立适用当事人的属人法，离婚也应适用当事人的属人法。过去离婚适用当事人的属人法多适用丈夫的本国法，这种做法已不符合男女平等时代的要求。目前不少欧洲国家[①]以及日本都规定多个连结因素，并依据一定的顺序加以选择适用，如首先适用当事人共同本国法或最后的共同本国法，只要一方当事人仍具有该国国籍；如无共同本国法就适用共同居所地法，只要一方当事人仍居住在该国；如也无共同居所地法，则适用最后的共同居所地法或共同住所地法或法院地法等。

按2007年日本《法律适用通则法》第27条的规定，如果当事人有共同本国法，适用当事人共同本国法；如无共同本国法而有共同习惯居所，适用共同习惯居所地法；如果既无共同本国法也无共同习惯居所地法，适用与夫妇有最密切联系地的法律。但是，如果离婚当事人一方为在日本有习惯居所的日本人，则适用日本法。

（三）当事人有限制地选择离婚准据法

德国、荷兰、西班牙和比利时在一定条件下允许当事人有限制地选择离婚准据法。例如根据德国法，在（a）当事人无共同国籍并且（b）双方当事人均不是共同居所地国的国民或者双方居住在不同国家时才可以选择离婚的准据法。荷兰法允许当事人在当事人的共同本国法和法院地法（荷兰法）中进行选择。2003年修改的西班牙法规定，如果配偶一方为西班牙人或惯常居所在西班牙，则允许外国当事人选择适用西班牙法（法院地法）。2004年修改的比利时《国际私法典》规定，离婚当事人可以选择配偶一方的本国法或比利时法（法院地法），未作选择时则适用当事人的惯常居所地法。[②] 2010年12月20日通过的《罗马条例Ⅲ》第5条规定，当事人离婚或司法分居时可以协议选择以下法律：（1）达成协议时的共同惯常居所地法律；（2）最后共同惯常居所地法律，且达成协议时配偶一方仍在那里居住；（3）达成协议时配偶一方的国籍国法律；（4）法院地法律。意思自治原则在涉外离婚领域的运用进一步扩大。

（四）单边法律选择规则

法国是采纳单边法律选择规则的国家。法国法只规定了在什么情况下离婚适用法国法。按照法国法，在离婚当事人均为法国人或住所都在法国时或没有任何外国法院对该离婚请求有管辖权时，就适用法国法。[③]

美国有的州区分离婚所涉不同问题分别确定准据法，如路易斯安那州区分离婚的理由和离

---

① 包括奥地利、比利时、爱沙尼亚、德国、希腊、匈牙利、意大利、立陶宛、卢森堡、荷兰、西班牙、捷克、波兰、葡萄牙、斯洛伐克和斯洛文尼亚等。

② Commission Staff Working Paper-Annex to the Green Paper on Applicable Law and Jurisdiction in Divorce Matters，Brussels，14.3.2005，SEC（2005）331，p.7.

③ Commission Staff Working Paper-Annex to the Green Paper on Applicable Law and Jurisdiction in Divorce Matters，Brussels，14.3.2005，SEC（2005）331，p.8.

婚的效力，分别规定应该适用的法律：准予离婚或分居的理由适用法院地法，而对离婚的效力则适用比较损害理论，即特定争议适用如果其法律不被适用将受到最严重损害的国家的法律。①

此外，有些国家存在司法分居制度。② 对于司法分居的准据法，一般依据有关离婚的冲突规则加以确定。

而对于婚姻无效问题，欧洲国家一般区分形式问题和结婚能力而采用不同的冲突规则，形式问题一般依据婚姻缔结地法，而结婚能力依据当事人的本国法。在英国，支配婚姻无效的法律也就是支配结婚的形式、当事人结婚能力、当事人的同意和生理缺陷的法律。

值得注意的是，有关离婚的法律适用有如下一些发展趋势：

第一，许多立法中出现了有利于离婚的趋势。通常会采取附条件或有选择顺序的冲突规范形式。例如，规定如果依据指定的前一顺序的准据法，不准离婚或离婚条件非常严格或会造成基于性别的不平等，就不适用该法，转而适用法院地法。③

第二，允许当事人选择离婚的准据法。④ 如前述德国、荷兰、西班牙和比利时等国。

第三，采纳多个连结因素，试图在离婚当事人和离婚准据法间建立“最密切联系”⑤。《罗马条例Ⅲ》第 8 条规定，当事人没有选择准据法时，按如下顺序确定离婚和司法分居应适用的法律：（1）法院受理时的配偶共同惯常居所地法律；（2）没有共同惯常居所地时，则适用最后共同惯常居所地法律，只要在法院受理前居住 1 年以上，且至少配偶一方在法院受理时仍在该国居住；（3）没有最后共同惯常居所时，若法院受理时有共同国籍国法律，适用该法；（4）若无共同国籍国法律，适用法院地法律。作为第 5 条和第 8 条的补充，第 10 条规定，如果根据第 5 条和第 8 条所指向的准据法不允许离婚或者会造成双方在离婚和分居方面基于性别的不平等，则适用法院地法。

MATERIAL

Divorce

American law is almost unique in having “succeeded” to eliminate the choice-of-law question in divorce cases by merging it into the jurisdictional question: a state that has jurisdiction applies its own law in deciding entitlement to divorce. Until the first part of the twentieth century, only the state of the matrimonial domicile (i. e., the spouses' common domicile) had jurisdiction to grant a divorce. Under this regime, it was natural for that state to

---

① 参见 1991 年美国路易斯安那州《民法典》第 3521、3522 条规定。

② 存在司法分居制度的国家主要有：法国、爱尔兰、卢森堡、荷兰、葡萄牙、英国、意大利、比利时、丹麦、西班牙、立陶宛、波兰、马耳他；不存在分居制度的国家主要有：德国、奥地利、希腊、芬兰、瑞典、捷克、爱沙尼亚、拉脱维亚、斯洛伐克、斯洛文尼亚、塞浦路斯、匈牙利等。

③ 2012 年捷克《关于国际私法的法律》第 50 条、《罗马条例Ⅲ》第 10 条的规定都反映了有利于离婚的倾向。

④ Commission Staff Working Paper-Annex to the Green Paper on Applicable Law and Jurisdiction in Divorce Matters, Brussels, 14. 3. 2005, SEC (2005) 331, p. 7.

⑤ Commission Staff Working Paper-Annex to the Green Paper on Applicable Law and Jurisdiction in Divorce Matters, Brussels, 14. 3. 2005, SEC (2005) 331, p. 8.

apply its own substantive law of divorce. Thus, understandably, the choice-of-law question was merged with the jurisdictional question. However, in Williams v. North Carolina (*Williams I*), the Supreme Court held that a state that was not the matrimonial domicile, but subsequently became the domicile of only the plaintiff spouse, had jurisdiction to grant a divorce, even in the absence of in *personam* jurisdiction over the defendant spouse ("*ex parte* divorce").

Although the choice-of-law question was not before the Court in *Williams I*, the Court did state in dicta that its decision to grant Nevada jurisdiction also carried with it a permission to apply its divorce law to the merits. Instead of taking the opportunity to separate the two questions now that their separateness became clearer, the Court decided to perpetuate the merger.

The Court had another opportunity to separate the choice-of-law question from the jurisdictional question in Sherrer v. Sherrer, a case in which the plaintiff spouse had lived in the forum state for only days. However, the stay-at-home defendant spouse appeared in the divorce proceeding, mounting a lukewarm defense on the merits without contesting either the jurisdiction of the court or its application of forum law. The Supreme Court held that the principle of jurisdictional finality would be impermissibly undermined if spouses were allowed to collaterally attack the divorce judgment in another state. Here again, jurisdictional considerations absorbed or displaced substantive considerations.

The practice of merging the choice-of-law question into the jurisdictional question in divorce cases has never been seriously re-examined. This practice was thought to be so deeply entrenched in American jurisprudence by the time of the Restatement (Second), that its drafters, who rarely opted for inexorable rules, felt confident enough to proclaim that "[t] he local law of the domiciliary state in which the action is brought will be applied to determine the right to divorce."

QUESTION

Why was the choice-of-law question merged into jurisdictional question in USA?

第四节

父母子女关系的法律适用

父母子女关系又称亲子关系（parentage），指父母和子女之间的法律关系，包括人身关系和财产关系两个方面。父母子女关系分为亲生父母子女关系（包括父母与婚生子女关系和父母与非婚生子女关系）和养父母子女关系。近年来，国际上非常重视对儿童权利的保护，在父母子女关系法律适用上也出现了儿童最佳利益原则和有利原则；国际儿童诱拐问题亦引起了国际社会的高度关注。

一、父母子女关系确认的法律适用

父母子女关系的确认对子女的姓名、住所、国籍、抚养和继承等问题具有重要意义。关于父母子女关系成立的准据法，主要有以下几种主张。

（一）父母属人法

在主张适用父母属人法的国家中又可以分为：

1. 生母之夫的本国法

这种立法多为早期的一些冲突法规所采用。此处的生母之夫的本国法实际上是指子女生父的本国法，因为生母之夫不一定就是子女的生父，生硬地适用生母之夫的本国法未免有些牵强，也有的国家明确规定适用生父的本国法。①

2. 生父的住所地法

英国有些学者和判例主张适用生父的住所地法来决定子女是否为婚生的子女。丹麦也采用生父的住所地法作为准据法。

3. 父母的共同属人法

有的国家规定，子女婚生的要件及因此而发生的争议，依该子女出生时配偶双方的共同属人法，如子女出生前婚姻已经解除，依解除时配偶双方的共同属人法。配偶共同属人法不同时，依其中更有利于子女为婚生的法律。②

4. 分别适用父母各自的属人法

美国 1934 年《第一次冲突法重述》采用此说。即由父的属人法决定父与子女的婚生关系，由母的住所地法决定母与子女的婚生关系。

5. 适用父母一方的本国法

例如 2007 年日本《法律适用通则法》第 28 条规定，根据子女出生时夫妇一方的属人法，子女为婚生子女时，即视为婚生子女。生父于子女出生前死亡的，生父死亡时的本国法为前面所指的属人法。

（二）子女属人法

晚近一些国际私法立法，从保护子女利益出发，相继采用子女的属人法为准据法。③ 采用子女属人法作为准据法的目的是保护子女的利益，但以子女的属人法为准据法并不一定总是对确认子女的婚生地位有利。实际上，子女的利益只能通过冲突规范直接指向对子女最有利的法律加以保护，也就是说，属人法对子女的保护是受限制的，因为即使适用了子女的属人法也不能完全保证该法律的实体规定将对子女有利。

（三）支配婚姻效力的法律

在一些国家，子女是否婚生由支配父母婚姻效力的法律决定。④ 英国的判例也曾采用这种做法，并且认为，如果根据支配婚姻效力的法律父母的婚姻为无效婚姻，那么这种婚姻中出生

---

① 1896 年德国《民法典施行法》第 18 条、1938 年泰国国际私法第 29 条、1946 年希腊《民法典》第 17 条、2004 年卡塔尔《民法典》第 19 条等都有类似的规定。

② 2007 年斯洛伐克《关于国际私法与国际民事诉讼规则的法律》第 23 条。

③ 2011 年波兰《关于国际私法的法律》第 55 条、2012 年捷克《关于国际私法的法律》第 54 条。

④ 1972 年塞内加尔《家庭法》第 844 条。

的子女为非婚生子女。

适用支配婚姻效力的法律并不意味着如果婚姻无效，子女即为非婚生子女。子女是否婚生由支配婚姻效力的冲突规则指向的实体法决定。只有该法以有效婚姻作为婚生的前提条件时，才发生类似英国判例的结果。

（四）适用对子女婚生更为有利的法律

由于适用子女属人法也不见得对子女就是有利的，故近来有更加明确规定适用对子女更为有利的法律的。[①] 1991 年加拿大魁北克《民法典》第 3091 条明确规定亲子关系的成立，适用子女住所地法或本国法或者在子女出生时父母一方的住所地法或本国法中最有利于子女的法律。这些立法都反映了儿童最佳利益原则。

非婚生子女可以通过一定的方式准正（legitimation）。准正的方式主要有以下几种。

第一，父母事后婚姻（subsequent marriage）。即如果非婚生子女的父母事后结婚，非婚生子女可取得婚生子的地位。在有些国家，事后婚姻是使非婚生子女准正的唯一的方式。另有些国家规定，仅有父母的事后结婚并不能使非婚生子女准正，还要求父母有某些认领行为，如在登记官面前明确或正式地承认该子女为其后代。如果父母的事后结婚为无效婚姻，子女的准正就可能受到影响。目前有利于认定婚生的趋势占主导地位。

第二，认领（acknowledge of paternity）。一些国家的法律规定父对非婚生子女的认领可以使子女获得婚生子女的资格。但在有些国家，被认领的非婚生子女并不能完全取得婚生的地位，认领只赋予被认领的非婚生子女以有限的权利。

第三，国家行为。这种准正方式主要是通过确认亲子关系的诉讼，由法院作出判决。这种准正方式可以使子女在父母一方死亡，父母不能事后结婚，或父不愿认领的情况下，由国家行为（法院判决）宣布准正。

关于准正的准据法，有些国家并没有分别规定各种准正方式的准据法，只是笼统地规定了准正适用的法律，如土耳其、希腊、斯洛文尼亚。[②] 有些国家专门规定了事后结婚、认领及国家行为准正所适用的法律，主要有以下几种做法。

1. 事后婚姻准正的准据法

（1）父母住所地法。父母事后结婚时的住所地法决定基于该事后结婚而获得的准正。英国和美国即如此。

（2）父母本国法。有的国家规定，由通过事后结婚进行准正适用准正时父母的本国法，如双方国籍不同，适用有利于准正的父母一方的本国法。[③]

（3）子女属人法。如规定子女的出身适用该子女国籍国法或惯常居所地国法律。[④] 也有的规定在准正是否应取得子女或其监护人同意方面，适用子女属人法。

2. 认领的准据法

认领的准据法分为形式要件准据法和实质要件准据法。认领的形式在各国还是有些差别

① 2012 年捷克《关于国际私法的法律》第 54 条、1992 年罗马尼亚《关于调整国际私法关系的第 105 号法律》第 28 条。

② 1999 年斯洛文尼亚共和国《关于国际私法与国际诉讼的法律》第 45 条。

③ 1996 年列支敦士登《国际私法》第 23 条。

④ 2012 年捷克《关于国际私法的法律》第 54 条、2017 年德国《民法典施行法》第 19 条。

的，但一般只要认领符合认领行为发生地的要求也就足够了。

认领的实质要件的准据法有以下几种。

（1）父母属人法。认领子女的父母的住所地法或本国法常被用来决定有关认领的问题，如泰国及美国一些州的规定。

（2）子女属人法。如有的国家规定，子女的认领依认领时子女所属国法。① 秘鲁和匈牙利等国也有相似的规定。

（3）适用父或母或子女的属人法。如在瑞士对子女的认领，可以依子女的惯常居所地法、本国法、父或母一方的住所地法或本国法作出。②

3. 国家行为准正的准据法

在法规中专门规定国家行为准正的准据法不是很多，一般主要是依据父母住所地法或是父母本国法，或是依据准正国家的法律。

晚近立法出现了适用于子女属人法和有利于准正的做法。③

二、父母子女权利义务关系的法律适用

父母子女权利义务关系，包括对未成年子女的人身与财产两方面进行照顾的权利与义务。具体来说，父母子女权利义务关系包括：父母确保未成年子女的衣食住行及其教育的责任；如果未成年子女拥有个人财产，对其财产进行管理的责任；在法律上代理未成年子女行使其权利。当父母双亡或者无力或无权照顾其未成年子女时，可以为未成年子女指定监护人。监护人可以是未成年人的某一亲属、第三人或某一机构。父母子女权利义务的法律适用原则主要有以下两种：

（一）父母属人法

如规定，父母子女间的法律关系，依父亲的国籍国法。④

（二）子女属人法

现在一些国家的立法与实践主张子女的属人法应得到适用，理由是现代法律应为子女的幸福和利益考虑，如捷克、波兰、匈牙利、瑞士和日本等国。

MATERIAL

Legitimacy

The status of legitimacy is less important today than in the past. This is because of changing social mores and a series of Supreme Court decisions in the mid-1970s that banned discrimination

---

① 2011年波兰《关于国际私法的法律》第55条。

② 2017年瑞士《关于国际私法的联邦法》第72条。

③ 2017年奥地利《关于国际私法的联邦法》第25条、2007年日本《法律适用通则法》第30条、1995年意大利《国际私法改革法》第35条、2011年立陶宛《民法典》第一编第二章第1.31条。

④ 2004年卡塔尔《民法典》第20条。

against illegitimate children with regard to inheritance, support, and other rights. However, legitimacy remains legally important to the extent it establishes a presumption of paternity. For example, a child born during marriage is legitimate and is presumed to be the child of the mother's husband. In this case, the status of legitimacy includes the presumption of paternity; the converse is not true—paternity does not necessarily entail legitimacy. The Restatement (Second) provides that: (1) a child's legitimacy is determined by the law of the state that, with respect to the particular issue, has "the most significant relationship" to the child and the parent "under the principles stated in § 6"; and that (2) a child will "usually" be held legitimate if this would be his status under the law of the state where either (a) the parent was domiciled when the child's status of legitimacy is claimed to have been created, or (b) the child was domiciled when the parent acknowledged the child as his.

Like most rules affecting status, this alternative-reference rule deliberately favored legitimacy, precisely because of the (then) serious legal and social consequences of illegitimacy. Following the elimination of most of these consequences, cases began to appear in which the plaintiffs seek not to establish paternity, but to disprove it. One such case is Hermanson v. Hermanson, in which the child's mother filed a suit in Nevada seeking a judgment that her husband at the time of the child's birth was not the child's father. The child was born during the marriage in California while both spouses were domiciled there. Under the laws of both states, the child was presumed to be the child of the husband, but the presumption was irrebuttable in California and rebuttable in Nevada, which was the mother's and the child's domicile at the time of the lawsuit. The Nevada court held that the California law was offensive to Nevada's public policy and applied Nevada law.

QUESTION

Why is legitimacy not so important as before?

第五节 收养的法律适用

关于收养(adoption)的法律适用，有的国家只笼统地规定收养应适用的法律，如瑞士、捷克、斯洛伐克和波兰等；有的国家则区分收养成立(establishment of adoption)、收养效力(effects of adoption)和收养解除或终止(dissolution or termination of adoption)等几个方面，分别规定每一个方面应适用的法律，如日本、前南斯拉夫、奥地利、匈牙利、意大利和罗马尼亚等。但在作这种区分的国家中，有的仅对收养的成立和效力的法律适用问题作了区分，如土耳其；有的国家如日本则仅区分收养的成立和收养的终止，并规定两者适用相同的准据法。为保证儿童的最佳利益和基本权利，防止拐骗、贩卖儿童行为，近年来国际社会十分重视通过多边、地区性和双边条约加强跨国收养合作。

一、收养成立的法律适用

收养成立的法律适用包括形式要件（formal requirements）的法律适用和实质要件（essential requirements）的法律适用。对收养成立的形式要件的法律适用，如是否须经当事人申请，是否须经公证或登记，大都主张适用收养成立地法。关于收养的实质要件的准据法的立法与实践有以下几种。

（一）法院地法

这可以以英美为例。在英国，收养成立要件的法律选择并不重要，英国法院首先关心的是管辖权的问题。如果英国法院对涉外收养有管辖权，一般就只适用英国国内法来决定这一收养的成立。美国 1971 年《第二次冲突法重述》认为，法院应该适用本地法决定是否准许收养。瑞士也有类似的做法。

（二）收养人属人法

收养的成立对收养人的权利义务影响较大，因此有些国家采用收养人属人法作为准据法。另外，这种立法还有一个主要的考虑，是养亲和养子女的生活中心一般是养亲的本国，收养符合养亲本国法规定的法定条件是必要的。日本《法例》原本采用收养人和被收养人各自本国法主义，但基于上述考虑以及根据欧洲一些国家的立法动向，在 1989 年修订时转而采用了收养时收养人属人法；《法律适用通则法》第 31 条对此保持不变。另外，采用这种做法的国家通常在一些特定问题，如收养是否需经养子女、养子女的法定代理人或有关国家机关同意上，采用被收养人的本国法。

（三）分别适用收养人和被收养人各自的属人法

这种立法的理由是认为收养不仅影响收养人的权利与义务，而且也影响被收养人的权利与义务。另外，这种立法还考虑了收养在国外的承认问题。如土耳其法律规定，收养的能力和条件依收养时当事人各自的本国法。①

（四）重叠适用收养人和被收养人属人法

如根据奥地利法律，收养及终止收养关系的要件同时适用收养人各自的属人法及被收养子女的属人法。②

（五）被收养人属人法

完全以被收养人属人法为准据法的国家并不多见，如前所述，很多国家只是在某些问题如收养同意问题上适用被收养人属人法。

二、收养效力的法律适用

收养效力涉及收养对养子女与养父母的法律效力和收养对子女与生父母的法律效力。关于

---

① 2007 年土耳其《关于国际私法和国际民事诉讼程序法的法律》第 18 条。

② 2017 年奥地利《关于国际私法的联邦法》第 26 条。

收养效力的法律适用，主要有以下四种做法。

（一）收养人属人法

如规定收养的效力适用收养人属人法。如果是夫妻双方共同收养，则适用支配其婚姻人身法律效力的法律，但在夫妻一方死亡后，应适用另一方的属人法。①

（二）分别适用收养人和被收养人属人法

1928年《布斯塔曼特法典》第74条区分不同的关系规定，收养的效力，就收养人的遗产而言，依收养人的属人法调整；但关于姓氏、被收养人对其原来家庭所保留的权利义务以及收养人对其遗产的关系，依被收养人的属人法调整。

（三）收养人和被收养人共同属人法

有的国家适用设立收养时收养人与被收养人的共同国籍国法；如果收养人与被收养人的国籍不同，则适用其共同住所地国法；如收养人与被收养人的国籍既不同，住所又不在同一国的，依照被收养人的国籍国法。②

（四）被收养人属人法

如前所述，在收养人与被收养人无共同属人法时，适用被收养人国籍国法。③

三、收养终止的法律适用

关于收养终止的法律适用主要有两种做法：一是采用与收养成立相同的准据法，如奥地利和意大利等国的规定；二是采用与收养效力相同的准据法，如匈牙利和罗马尼亚等国的规定。

MATERIAL

Adoption

Intercountry adoption is the responsibility of the United Kingdom Government Department for Education. It is recognized that there are many children in the United Kingdom and abroad who are in need of a permanent home and an adoptive family, and for whom intercountry adoption offers the best prospects of stable domestic life. Whilst the United Kingdom government does not actively promote intercountry adoption, it is willing to allow it where a child cannot be cared for in a suitable manner in his country of origin; the adoption would be in his best interests, with respect to the child's fundamental rights as recognized by international law; and the prospective adopter has been assessed by a registered adoption agency as eligible and suitable to adopt a child from abroad.

A variety of issues arise from consideration of the private international law rules relating to adoption. There are wide differences among the laws of different countries on a number of

① 2017年奥地利《关于国际私法的联邦法》第26条。
② 1999年斯洛文尼亚《关于国际私法与国际诉讼的法律》第47条。
③ 2012年捷克《关于国际私法的法律》第62条。

matters, such as who can adopt, or be adopted, and the effects of adoption on, for instance, succession rights. For example, the requirements of English law that an adoption order may not be made in relation to a person who has attained the age of nineteen years, or who is or has been married, are not found in all legal systems.

In examining the rules concerning adoption, it is important to consider the jurisdiction of the English courts to make adoption orders; the choice-of-law rules applied by English courts; and the rules for recognition of foreign adoptions. It is also necessary to distinguish the different types of inter country adoption, according to the identity of the other country involved in the adoption process: (a) a Hague Convention country, being one which, like the United Kingdom, is a signatory to the 1993 Hague Convention on Protection of Children and Co-operation in respect of Inter country Adoption; (b) a country on the United Kingdom's list of designated countries, as set out in the Adoption (Designation of Overseas Adoptions) Order 1973; or a country which is neither a Hague Convention country, nor one which features on the United Kingdom's designated list.

In adoption cases, the American practice always merges the choice-of-law question into the jurisdictional question. A state has power to grant an adoption if: (1) it is the domicile of either the adopter or the adoptee, and (2) it has personal jurisdiction over the adopter and either the adoptee or the person having legal custody of the child. According to the Restatement (Second): (1) a court applies its own law in determining whether to grant an adoption, and (2) an adoption granted in a state that has jurisdiction will "usually" be given the same effect in another state as is given to adoptions granted by its own courts.

QUESTIONS

1. What issues arise from consideration of the private international law rules relating to adoption in England?
2. What are the conditions under which a state has the power to grant an adoption in USA?

第六节

扶养与监护的法律适用

关于扶养（maintenance）的法律适用，从保护扶养权利人（obligee）的角度出发，国际上出现了适用有利于扶养权利人获得扶养费的做法。目前中国已经以有利原则取代了最密切联系原则。监护（guardianship）制度是为保护被监护人（the person under guardianship）的利益而设置的，各国立法大都以被监护人的属人法作为有关监护问题的准据法，但也有适用法院地法的。中国有关涉外监护法律适用的规定也采用了有利原则（principle of favoring the person under guardianship），体现了保护弱者的价值取向。

一、扶养的法律适用

一般认为扶养具有以下法律特征：（1）扶养只在法律规定的一定的亲属间成立，是一种法律上的义务。法律规定以外的亲属或其他人之间则不具有法律上的扶养义务。（2）扶养关系只发生于一方有接受扶养的必要，而另一方有扶养能力的一定亲属之间。

扶养可分为配偶之间的扶养、亲子之间的扶养和其他亲属之间的扶养。对于扶养关系的法律适用，有的国家区分不同的扶养关系分别作了规定，如匈牙利；有的国家则只笼统地规定了扶养关系适用何种法律，如卡塔尔。

一些国家如瑞士和日本是1973年海牙《有关扶养义务法律适用公约》的成员国。瑞士在其国际私法中对扶养义务的准据法未作具体规定，而是指出有关扶养义务的问题直接适用或类推适用该公约的规定。其内容与公约的规定一一相对应。日本为了与该公约的规定相适应，于1986年颁布施行了《关于扶养义务准据法的法律》，有关扶养义务准据法的问题适用该法的规定。该法的规定与公约的内容是一致的。

对于扶养关系的法律适用，有些国家认为扶养义务是扶养制度的基础和本体，从而主张适用扶养义务人的属人法，如卡塔尔①；有些国家则从扶养制度是为扶养权利人的利益而设置的角度出发，认为应该适用扶养权利人的属人法，如保加利亚。

适用扶养权利人的属人法是晚近立法的趋势，一些原本采用扶养义务人的属人法的国家在新法中已转而采用扶养权利人的属人法，而且属人法的连结点多采用扶养权利人的惯常居所地，如土耳其。② 此外，有关扶养准据法的规定也比以前更为详细，并比较明显地体现了对弱方当事人的保护。例如，1973年海牙《有关扶养义务法律适用公约》就作了如下规定：根据公约的规定，首先扶养义务由扶养权利人惯常居所地法决定。如果扶养权利人的惯常居所地有变化，则自变化发生时起扶养义务应该由该新的惯常居所地法支配。如果根据该法扶养权利人不能从扶养义务人处获得扶养的，则依扶养权利人和扶养义务人的共同本国法。如果无共同本国法或依共同本国法也不能从扶养义务人处获得扶养的，依受理机关的国内法。这种立法方式考虑到了适用扶养权利人的属人法并不一定能实现保护扶养权利人利益的目的，因为有时也许正是与扶养义务有关的其他法律为扶养权利人提供了更多的受保护的机会。

二、监护的法律适用

监护（guardianship）是对未成年人（minor）或禁治产人（interdicted person），在无父母或父母不能行使亲权（parental right）的情况下，为保护其人身和财产利益而设置的一种法律制度。

---

① 2004年卡塔尔《民法典》第21条。

② 2007年土耳其《关于国际私法和国际民事诉讼程序法的法律》第19条。

（一）被监护人的属人法

日本、土耳其等国不仅规定了监护应适用被监护人的属人法，而且对在内国有住所或居所的外国人或无国籍人，或在内国有财产的外国人的监护问题也作了规定。如日本《法律适用通则法》第35条第1款规定，监护、保佐或辅助等（统称监护等）适用被监护人的本国法。第2款规定，在日本有住所或居所的外国人，依其本国法有监护原因而无人行使监护的，或在日本被宣告禁治产的，其监护依日本法。这种立法考虑到了在内国的外国人的人身或财产也可能需要设立监护的情况，体现了监护制度保护被监护人利益的宗旨。另外，有的国家在涉及监护人接受担任监护人及实施监护义务方面，单独作了规定，不适用被监护人的属人法，而是适用监护人的本国法。① 这种规定是比较合理的。

（二）法院地法

这可以以英国为例。英国在监护问题上仍首先从管辖权入手。一般情况下，如果英国法院对某一涉及监护的案件有管辖权②，它便只适用英国法。此外，英国法中有一条重要原则经常适用于决定有关监护人的问题，即首先和首要考虑子女利益的原则。

我国最高人民法院《执行〈民法通则〉意见》第190条规定，监护的设立、变更和终止适用被监护人的本国法律。但被监护人在中国境内有住所的，适用中国的法律。我国《涉外民事关系法律适用法》第30条首次从立法上对涉外监护的法律适用问题作出了规定。该条放弃原司法解释中的做法，采用了有利原则。根据该规定，监护适用一方当事人经常居所地法律或者国籍国法律中有利于保护被监护人权益的法律。该规定同样体现了保护弱者的立法政策，但在可操作性上也存在问题。

国际层面上，保护儿童权利的重要公约有1996年海牙《关于父母责任和保护儿童措施的管辖权、法律适用、承认与执行及合作公约》（Convention on Jurisdiction，Applicable Law，Recognition，Enforcement and Cooperation in Respect of Parental Responsibility and Measures for the Protection of Children）。实践中，与监护有关的一个重要问题是国际儿童诱拐（international child abduction），即儿童被非法（违反监护权）带到其惯常居所地以外的国家或被滞留在外国。儿童诱拐可分为被陌生人诱拐和被父母诱拐。父母诱拐儿童多发生于父母分居、开始离婚程序时或离婚后探望儿童结束后。国际儿童诱拐可引发严重问题。由于各国立法的差异，一国有关机关作出的监护令在另一国可能不被承认；在有些国家，诱拐自己的子女也可能构成刑事犯罪，而有些国家则不这样认为。1980年海牙《国际诱拐儿童民事方面的公约》（Convention on the Civil Aspects of International Child Abduction）在安全返还儿童、抑制国际儿童诱拐的发生方面起到了一定程度的作用。目前该公约不适用于中国内地，继续适用于中国香港特别行政区和澳门特别行政区。

---

① 2012年捷克《关于国际私法的法律》第29条。

② 对于监护案件，各国一般以住所地、居所地或国籍为依据行使管辖权。英国法院可在下面三种情况下行使管辖权：（1）未成年人在英国，即使他的住所在国外并且在英国也无财产。（2）未成年人是英国国民，即使他不在英国。（3）未成年人在英国有惯常居所，即使他是外国国民并且不在英国，也不妨碍英国法院为其指定监护人。

第七节 我国有关婚姻家庭关系法律适用的规定

一、结婚的法律适用

在《涉外民事关系法律适用法》生效前，我国处理涉外结婚的法律规定主要有 1983 年 8 月 26 日发布的《中国公民同外国人办理婚姻登记的几项规定》（已失效）、1983 年 12 月 27 日发布的《关于驻外使领馆处理华侨婚姻问题的若干规定》（已失效）、1983 年 12 月 9 日民政部《关于办理婚姻登记中几个涉外问题处理意见的批复》和 1986 年 4 月 12 日通过的《民法通则》（已失效）。这些规定涉及以下内容：中国人和外国人在中国境内结婚；外国人之间在中国境内结婚；中国人和外国人在中国境外结婚；中国人之间在中国境外结婚；外国人之间在境外结婚，要求在中国承认其效力。

根据《民法通则》第 147 条的规定，中国人和外国人结婚适用婚姻缔结地法。因此，中国人和外国人在中国境内结婚，适用中国法，中国人和外国人在中国境外结婚适用婚姻举行地国家的法律。该规定没有区分结婚的实质要件和形式要件，可以理解为既适用于实质要件也适用于形式要件。该规定已被《涉外民事关系法律适用法》废止。

《涉外民事关系法律适用法》明确区分结婚条件和结婚手续并分别作出规定，弥补了《民法通则》相关规定的不足。根据《涉外民事关系法律适用法》第 21 条的规定，结婚条件，适用当事人共同经常居所地法律；没有共同经常居所地的，适用共同国籍国法律；没有共同国籍，在一方当事人经常居所地或者国籍国缔结婚姻的，适用婚姻缔结地法律。而且，根据该法第 2 条第 2 款规定，当不存在第 21 条指定的法律时，应按照最密切联系原则确定应适用的法律。该法第 22 条规定，结婚手续，符合婚姻缔结地法律、一方当事人经常居所地法律或者国籍国法律的，均为有效。[①]

此外，在涉外结婚领域，领事婚姻值得关注。领事婚姻是指在驻在国不反对的情况下，一国驻国外的领事或外交代表为本国侨民依照本国法律规定的方式办理结婚手续而成立婚姻的制度。领事婚姻问题的实质是，驻在国是否承认外国人之间在其内国依当事人本国法而举行的结婚。关于这一问题，各国的做法不完全相同。有些国家是明确承认领事婚姻的，而有些国家在领事婚姻问题上则要求实行对等原则。如果驻在国同意派遣国领事为其侨民办理结婚手续，则

---

① 在中国，结婚手续专指办理登记手续，而在各国的实践中，结婚的形式有登记、宗教仪式、事实上以夫妻名义同居等。如果在立法上使用“手续”一词，该条规定就无法用于判断以其他方式结婚的婚姻形式是否有效，从而留下立法上的漏洞，因此可将“结婚手续”修改为“结婚形式”。

领事婚姻在驻在国和派遣国及第三国都是有效婚姻。如果驻在国不承认领事婚姻，则派遣国使馆所办理的领事婚姻在派遣国本国有效，在驻在国无效，在结婚的形式要件适用婚姻举行地法的第三国，其婚姻也是无效的。在条约或互惠的基础上，我国也承认具有相同国籍的外国人双方在其本国驻华使领馆成立的婚姻有效。

二、夫妻关系的法律适用

在我国，《涉外民事关系法律适用法》首次对涉外夫妻人身关系和财产关系的法律适用作出规定。根据第23条，夫妻人身关系，适用共同经常居所地法律；没有共同经常居所地的，适用共同国籍国法律。根据第24条，夫妻财产关系，当事人可以协议选择适用一方当事人经常居所地法律、国籍国法律或者主要财产所在地法律。当事人没有选择的，适用共同经常居所地法律；没有共同经常居所地的，适用共同国籍国法律。该条区分当事人有无选择准据法两种情况作出规定，在我国立法中首次将意思自治原则延伸适用于涉外婚姻家庭领域的夫妻财产关系，具有重要意义。当不存在第23、24条指定的法律时，根据该法第2条第2款规定，应按照最密切联系原则确定夫妻人身关系和财产关系应适用的法律。此外，第24条的规定应考虑不动产的特殊性，并应增加保护第三人利益的内容。从我国有关涉外夫妻财产制审判实践看，第24条的规定虽然能够满足大多数案件的需要，但仍存在无法厘清夫妻财产冲突规范与离婚冲突规范和不动产物权冲突规范适用边界的问题。①

三、离婚的法律适用

在我国，当事人可以采用协议离婚或者诉讼离婚的方式解除婚姻关系。根据2003年《婚姻登记条例》第10条第2款规定，我国公民同外国人在我地自愿离婚的，内地居民同香港地区居民、澳门地区居民、台湾地区居民、华侨在内地自愿离婚的，男女双方应当共同到内地居民常住户口所在地的婚姻登记机关办理离婚登记。而对协议离婚的法律适用，《涉外民事关系法律适用法》第26条明确规定，协议离婚，当事人可以协议选择适用一方当事人经常居所地法律或者国籍国法律。当事人没有选择的，适用共同经常居所地法律；没有共同经常居所地的，适用共同国籍国法律；没有共同国籍的，适用办理离婚手续机构所在地法律。

根据《民法通则》（现已失效）第147条规定，中外公民离婚适用受理案件的法院所在地的法律。如果我国法院为受理案件的法院，则只能适用我国法。该条只适用于中外公民离婚，留有法律适用上的空白，已被《涉外民事关系法律适用法》废止。② 根据《涉外民事关系法律适用法》第27条规定，诉讼离婚适用法院地法律。

四、父母子女关系的法律适用

在我国，《涉外民事关系法律适用法》第25条首次对父母子女关系作出了规定。根据第25条，父母子女人身、财产关系，适用共同经常居所地法律；没有共同经常居所地的，适用一方

---

① 宋连斌，陈曦.《涉外民事关系法律适用法》第24条的司法应用——基于48份公开裁判文书的分析国际法研究，2018（01）.

② 根据最高人民法院《执行〈民法通则〉意见》第188条的规定，中国法院受理的涉外离婚案件，离婚以及因离婚而引起的财产分割，适用中国法律；认定其婚姻是否有效，适用婚姻缔结地法律。

当事人经常居所地法律或者国籍国法律中有利于保护弱者权益的法律。该规定体现了我国立法保护弱者的价值取向。但该规定并未明确子女身份确认的法律适用。对于父母子女关系的成立，一些国家和地区的立法有单独规定，我国现有规定从广义上解释，可以适用于父母子女关系是否成立的判断。

五、收养的法律适用

关于收养的法律适用，2010 年《涉外民事关系法律适用法》第 28 条有详细规定。根据第 28 条规定，收养的条件和手续，适用收养人和被收养人经常居所地法律。收养的效力，适用收养时收养人经常居所地法律。收养关系的解除，适用收养时被收养人经常居所地法律或者法院地法律。

关于收养的条件，从文义解释来看，第 28 条似要求重叠适用收养人和被收养人的经常居所地法。而从体系解释的角度看，这一理解可以得到验证。根据《民法典》第 1109 条的规定，外国人在我国收养子女不仅要遵守我国法律，同时还要经其所在国主管机关依照其本国法律审查同意。1999 年民政部《外国人在中华人民共和国收养子女登记办法》第 3 条对此有更加明确的规定："外国人在华收养子女，应当符合中国有关收养法律的规定，并应当符合收养人所在国有关收养法律的规定。"但在收养的手续问题上则不存在重叠适用问题，只能说，收养要在收养人经常居所地国和被收养人经常居所地国分别履行该两国法律所规定的相关手续。

另外，2005 年 4 月 27 日我国批准加入 1993 年《跨国收养方面保护儿童及合作公约》(以下简称《收养公约》)，同时声明：(1) 民政部为我国履行《收养公约》赋予职责的中央机关。(2)《收养公约》第 15 条至第 21 条规定的中央机关职能由我国政府委托的收养组织——中国收养中心履行；只有在收养国政府或政府委托的组织履行了有关中央机关职能的情况下，该国公民才能收养惯常居住在我国的我国儿童。(3) 我国涉外收养证明的出具机关为被收养人常住户口所在地的省、自治区、直辖市人民政府民政部门，其出具的收养登记证为收养证明。(4) 我国没有义务承认根据《收养公约》第 39 条第 2 款所达成的协议而进行的收养。该公约对跨国收养的要件、程序、收养的承认与效力等进行了规定，并已于 2006 年 1 月 1 日对我国内地以及香港特别行政区和澳门特别行政区生效。

六、扶养与监护的法律适用

《民法通则》(现已失效) 第 148 条参考有关国家的立法和实践，对有关扶养义务的准据法规定适用最密切联系原则，即扶养适用与被扶养人有最密切联系国家的法律。以最密切联系取代传统的硬性连结点，使选择法律的灵活性大大增强了。按最高人民法院的司法解释，此处的扶养包括父母子女之间的扶养关系、夫妻之间的扶养关系和其他有关人员之间的扶养关系，扶养人和被扶养人的国籍、住所以及供养被扶养人的财产所在地均可视为与被扶养人有最密切的联系。目前，该规定已被《涉外民事关系法律适用法》第 29 条取代。该法第 29 条采用有利原则，即规定扶养适用一方当事人经常居所地法律、国籍国法律或者主要财产所在地法律中有利于保护被扶养人权益的法律。第 29 条采纳有利原则是否合适尚可商榷，因为私法的价值在于矫正正义，对于扶养权利人而言，扶养法律适用法的任务即给其应得，从这一视角看，扶养法律适用采用《民法通则》第 148 条的最密切联系原则可能更为合适。此外，《涉外民事关系法律适用法》第 29 条赋予法官较大自由裁量权，在立法技术上还存在可操作性的问题。

根据《涉外民事关系法律适用法》第 30 条，监护适用一方当事人经常居所地法律或者国籍国法律中有利于保护被监护人权益的法律。在监护问题上，第 30 条亦采纳了有利原则。但同样基于矫正正义，对监护法律适用问题适用最密切联系原则可能更为合适。

第十二章 继承与遗嘱的法律适用

提要

继承既具有身份法属性又具有财产法属性，围绕继承的法律适用两大法系之间有颇多歧异，主要表现为区别制与同一制。晚近已有一些国家允许在继承领域由当事人通过意思自治选择准据法。对遗嘱的法律适用，各国多采分割方法，区分不同方面并为其设计不同的冲突规则。

重点问题

- 区别制与同一制
- 继承法律适用中的意思自治
- 遗嘱的法律适用

继承（succession）是指在被继承人死亡（包括自然死亡和宣告死亡）后，继承人依照法律的规定或者依照被继承人生前订立的有效遗嘱承受被继承人所遗留的合法的私有财产和权益的一种法律制度。

第一节
继承的法律适用

随着跨国交往的增多，涉外继承日益普遍。而各国在历史文化传统、宗教信仰以及法律制度等方面的不同，又导致各国在继承法领域存在着很大差异。此外，继承法既有物权法或财产法的属性，又有身份法的属性。继承法的这种多元属性对涉外继承的法律适用亦有直接影响。如何解决继承法律适用问题也是国际私法研究的一项重要内容。

一、继承法律适用的区别制与同一制

在解决涉外继承的法律适用问题上，主要存在两种对立的做法，即区别制（scission system）和同一制（unitary system）。

（一）区别制

区别制又称分割制，是指在涉外继承中，区分动产继承和不动产继承，对二者分别适用不同的法律，其中动产适用被继承人的属人法，不动产适用不动产所在地法。区别制可以追溯至14世纪的法则区别说。当时的学者巴托鲁斯的弟子巴尔特根据法则区别说理论，把动产继承归入“人法”的范畴，适用被继承人的属人法，把不动产继承归入“物法”的范畴，适用物之所在地法。区别制有利于维护当时的封建土地所有制，因为整个封建制度都是建立在封建的土地所有权之上，封建君主不允许在其臣下获得外国住所的情况下，对位于其境内的土地的继承适用外国法律。而在当时，由于生产力尚不够发达，动产不仅数量不多，而且也大多随人所至而被带在所有人的身边。

在涉外继承方面，区别制直到19世纪一直占据支配地位，时至今日，除英美法系诸国主要采用该原则外，大陆法系国家中的法国、比利时和卢森堡等也采用该原则。

在采用区别制的国家，除不动产继承由不动产所在地法支配外，动产继承通常由被继承人死亡时的住所地法支配。而比利时于2004年10月1日生效的《关于国际私法典的法律》第78条则规定，动产继承适用被继承人死亡时的惯常居所地法。

对于区别制，需要考虑的一个问题是对动产与不动产的识别。在法国、比利时和卢森堡，主张根据法院地法进行识别，而在英国和爱尔兰，则主张根据财产所在地法进行识别。主张根据法院地法进行识别的理由是，既然法院地的冲突规范对动产和不动产规定了不同的连结点，也就必须由法院地法对其所使用的概念（即动产和不动产）予以解释。根据财产所在地法进行识别，则体现了礼让精神，因为根据这种做法，不动产需根据其所在国家的法律进行识别，而其他财产则根据被继承人住所地法进行识别，由此体现了对不动产所在地国家主权的尊重。[①]

---

① 向在胜．大陆法系国家涉外继承法律适用法比较研究．武汉大学学报（哲学社会科学版），2007（06）：811.

（二）同一制

同一制又称单一制，是指不管遗产是动产还是不动产，亦不管遗产的所在地是内国还是外国，所有遗产的继承作为一个整体统一适用同一个法律作为准据法，该法律即为被继承人的属人法。同一制源自罗马法中的概括继承原则。概括继承原则是指一个人（或者几个人共同）继承另一个人的全部的权利和义务。继承人不仅继承被继承人的全部财产，同时继承人还要在法律人格上取代被继承人，这也意味着被继承人的意志得到超越生命极限的扩张。因此，在概括继承原则下，继承在本质上和被继承人的人格和意志紧密联系，继承因而具有属人性质，这也意味着在涉外继承中应依据人的因素而适用被继承人的属人法。

同一制于 19 世纪中叶在萨维尼等人的大力倡导下，开始在涉外继承法律适用中取代区别制而占据支配地位。目前德国、奥地利、意大利、日本、韩国等大陆法系国家均采同一制。

在同一制下，大部分国家均采用被继承人死亡时的国籍作为连结点。采用被继承人死亡时的国籍作为连结点可追溯至 19 世纪孟西尼的倡导，其合理性主要有两个方面：其一是体现了继承法的家庭法色彩，其二则是反映了有些国家将其法律适用于居住于国外的本国国民的愿望。但国籍作为连结点的合理性似乎正在逐渐丧失，因为一些最初作为向外输出移民的欧洲国家，如意大利、希腊、西班牙和葡萄牙等，正在成为或已经成为吸收移民的国家。但国籍作为连结点亦有其优势，由于更容易确定且相对固定，与住所相比，国籍作为连结点能够带来更多的法律确定性。

另有一些采用同一制的国家如丹麦，规定继承适用被继承人的最后住所地法。之所以采用住所地作为连结点，主要是出于以下考虑：相对于其国籍国，被继承人与其住所地国有更为密切的联系；被继承人的遗产通常都位于其住所地；对于法院和律师而言，适用被继承人住所地法比适用外国法（被继承人本国法）更简单。

与上述两种做法不同的是，由于 1989 年海牙《死者遗产继承法律适用公约》（Convention on the Law Applicable to Succession to the Estates of Deceased Persons）在荷兰境内生效，因而荷兰采用的是该公约所确立的复合型连结点。根据该公约规定，继承适用被继承人的本国法，但在特殊条件下适用被继承人的最后惯常居所地法，该特殊条件是：被继承人拥有其最后惯常居所地国国籍，或者在其死亡之前在该地惯常居住达 5 年以上。芬兰继承法的相关规定与上述公约的非常相似。根据芬兰相关立法的规定，继承准据法应是被继承人的最后惯常居所地法，但如果被继承人之前曾在其他国家设立惯常居所，则其最后惯常居所地法只有在以下情况下才能予以适用，即其拥有该最后惯常居所地国的国籍，或在该地居住至少 5 年以上。上述法律之所以对适用被继承人的最后住所地法或最后惯常居所地法限定一定条件，主要是为了保证被继承人在死亡前已经融入其最后住所地国或最后惯常居所地国的当地社会。

（三）区别制与同一制的利弊

区别制与同一制各有不少国家采用，但二者在理念上和适用上也各有利弊。

继承一方面是基于所有者的死亡而导致的财产转移问题，具有财产法的属性，另一方面，其又是向与财产所有人之间具有亲属关系等一定身份关系的人进行的财产转移，因而其又具有一定的家族法属性。所以，如果一个国家强调继承的家族法属性，并因而重视当事人的利益，则该国往往会采取涉外继承的同一制；相反，如果一个国家强调继承的财产法属性，并因而重视财产所在地的交往利益，则该国往往会采取涉外继承的区别制。

如前所述，区别制源于封建土地所有制。有学者认为，在各国实体法上不动产继承与动产继承的区分已逐渐被克服的当今社会，区别制已经失去了其存在的价值。但实际情况却并非如此。不仅那些已经在实体法上废除不动产继承与动产继承的英美法系大部分国家仍在继续采用区别制，像苏联等一些社会主义国家也曾采用区别制。① 事实上，由于区别制具有强调财产所在地利益优先的价值取向，即使是一些传统上采用同一制的国家和地区立法，也完全可能会在一定程度上采用区别制。

在具体适用上，区别制与同一制也存在便宜性和实效性上的不同。在同一制下，不问遗产的种类与所在地如何，遗产继承统一适用被继承人的属人法，从而避免了在区别制下根据遗产种类和所在地不同而适用复数法律的情况。因此，在同一制下，继承人、受遗赠人以及遗产的债权人与债务人之间的关系均依据单一法律进行处理，不仅法律适用简便，而且当事人的权利义务亦较为统一。相较而言，区别制区分遗产的种类和所在地不同而适用不同的法律，具有较大的不便宜性。但对区别制的这种不便宜性也不能过分强调，因为对于采取间接继承的英美法系国家而言，区别制仅适用于积极财产的分配转移，对于消极财产的清算，其并不适用。相反，同一制虽有较好的便宜性，但却有实效性不好的时候。当被继承人的属人法与财产所在地法不一致，且财产所在地国的国际私法要求适用财产所在地法为准据法的时候，适用被继承人属人法所作出的判决在财产所在地国能否获得承认与执行便值得怀疑。在这一点上，区别制可能具有更好的效果。②

（四）区别制与同一制在立法上的协调

区别制与同一制虽然有截然相反的理念，但在具体的立法实践中，二者却可以得到一定程度的协调。

德国是采同一制的典型代表，但在德国国际私法下，又有几个途径可以一定程度上实现继承法律适用的区别制。首先，通过国际公约中的特殊规定可以实现区别制，如德国与苏联签订的领事条约第 28 条第 3 款即有此类规定。其次，根据德国《民法典施行法》第 3 条第 3 款的规定可以实现区别制的效果。《民法典施行法》第 3 条第 3 款规定，如果该法有关家庭法和继承法部分的冲突规范将一个人的财产置于某国法律支配之下，则受该法支配的财产不包括那些不位于该国之内并且根据其所在地国法律应当受到特殊法律支配的财产。该款意味着，如果被继承人的一项不动产没有位于其死亡时的国籍国，且该不动产所在地国对不动产继承又有特别规定的，则该不动产继承应适用其所在地国法律。此乃“个别准据法破总括准据法”（Einzelstatut bricht Gesamtstatut）。再次，通过《民法典施行法》第 25 条第 2 款的法律选择条款亦可以实现区别制。该款规定，被继承人可以对位于德国的不动产的继承以遗嘱形式选择德国法为准据法。最后，德国国际私法在继承法领域承认反致，当被指引的外国冲突规范又反过来指向作为财产所在地法的德国法时，继承法律适用的区别制局面便可能出现。

反过来，一些采用区别制的国家，也完全可以通过某些机制实现继承法律适用的同一制。如比利时是采区别制的典型代表，其《关于国际私法典的法律》第 78 条作了如下规定：

---

① 苏联等国立法曾规定，对位于本国的土地、建筑物等财产的继承，适用内国法。

② 木棚照一＝松冈博＝渡边惺之「国际私法概论」（有斐閣，1991）218 頁。

1. 继承由死者死亡时的惯常居所地国家的法律支配。

2. 不动产继承由不动产所在地国家的法律支配。如果外国法指定死者死亡时的惯常居所地国家的法律，该法应予适用。

通过上述第2款所规定的反致机制，不动产继承也有可能最终与动产继承一样，适用死者死亡时的惯常居所地法，从而实现同一制的效果。

二、继承法律适用上的新发展：意思自治原则

继承法律适用中的意思自治，是指由被继承人选择支配其遗产继承的准据法。被继承人一旦选择支配其遗产继承的准据法，则由客观连结点所指引的法律即不予适用，而适用被继承人选择的法律。继承法律适用领域的意思自治可追溯至玻利维亚、秘鲁等一些拉丁美洲国家在19世纪上半叶的立法实践，随后少数欧洲国家如瑞士、意大利和法国等，也有类似做法。[①] 就当代而言，大部分国家立法仍不允许被继承人选择支配其遗产继承的法律，但晚近德国、瑞士、意大利和罗马尼亚等国的立法已在一定程度上允许当事人意思自治。[②]

（一）不允许当事人意思自治

目前，世界上大部分国家法律在继承法律适用的意思自治方面之所以持保留态度，主要是担心当事人可能会通过选择法律而规避有关特留份的规定[③]，这种规定在有的国家如比利时被视作国内公共秩序。有些国家如瑞典、日本等还认为，被继承人通过实体法层面的遗嘱处分亦可以达到通过冲突法层面的法律选择所可以实现的效果，因而在冲突法层面规定法律选择似乎没有必要。

（二）允许当事人意思自治

如前所述，德国、芬兰、荷兰、意大利和丹麦等国允许被继承人选择继承准据法。有些国家如意大利等，以被继承人国籍作为客观连结点，但允许被继承人选择其惯常居所地法，而另一些国家，如芬兰等，以被继承人惯常居所作为客观连结点，但允许被继承人选择其本国法。前一种做法的价值在于，其允许在其国籍国之外居住的本国国民选择支配其个人日常生活的法律（惯常居所地法）作为继承的准据法，后一种做法的价值则在于，如果一个人只是临时居住于其国籍国之外，或者其希望日后能够叶落归根而回到其国籍国，而且其亲属仍继续在其国籍国生活或者其财产主要位于其国籍国，则此时其对于其遗产由其国籍国法支配便拥有利益。德国的做法较为特殊。德国的立法对位于德国的不动产允许被继承人选择德国法为准据法，其优点在于，在继承开始之前其可以减轻公证机构的咨询负担，在继承开始之后，其可以减轻法院和登记部门的工作负担，同时对于继承人而言，适用德国法也使遗产转移更加快捷

---

① Li Haopei, Some Recent Developments in the Conflit of Laws of Succession, Collected Courses of the Hague Academy of International Law, 1990, Vol. 224, pp. 65-70.

② 德国《民法典施行法》第25条第2项、瑞士《关于国际私法的联邦法》第90条第2项以及第91条第2项但书、意大利《国际私法改革法》第46条第2项、比利时《关于国际私法典的法律》第79条、列支敦士登《关于国际私法的立法》第29条第3项及第4项、罗马尼亚《关于调整国际私法法律关系的第105号法律》第68条第1项及第2项、加拿大魁北克《民法典》第3098条第2项、韩国《国际私法》第49条第2项以及1989年海牙《死者遗产继承法律适用公约》第5条等，均程度不等地在继承领域引入了法律选择机制。

③ 特留份是指法律规定的立遗嘱人不得以遗嘱方式取消的由特定的法定继承人继承的遗产份额，其实质是通过对特定的法定继承人规定一定的应继承份额来限制立遗嘱人的遗嘱自由。立遗嘱人在设立遗嘱时，如果没有给特留份权利人保留法定的份额，则其相应部分的处分无效。

和便宜。

不过，相关国家立法对当事人选择法律均有很大程度的限制，该限制主要表现在当事人选择法律的范围、选择法律的效力和选择法律的方式三个方面。在当事人选择法律的范围方面，各国法律多将当事人的选择限定在被继承人的属人法，如意大利《国际私法改革法》第46条第2项规定被继承人只能选择其惯常居所地法律，而比利时《关于国际私法典的法律》第79条则规定当事人可以选择其选择法律时或死亡时的本国法或惯常居所地法。如前所述，德国的规定较为独特，其《民法典施行法》第25条第2项规定，对位于德国的不动产的继承，被继承人可以选择德国法律，也就是不动产所在地法。在选择法律的效力方面，这种限制的目的主要在于防止被继承人利用选择法律来规避有关国家法律关于特留份的强制性规定，换句话说，当事人选择法律不得剥夺继承人根据继承准据法所享有的有关特留份的权利。在选择法律的方式方面，各国立法多规定选择法律必须在死因处分中以明示方式作出。

MATERIAL

Unity or Scission of the Estate

At a general level, the most pronounced difference between the conflicts laws of the civil law and common law traditions on the subject of successions may be synopsized in two words—"unity" and "scission" of the estate. Unity of the estate is the operating principle in most civil law systems. With few exceptions, these systems treat the estate as a single unit to be governed by a single law, regardless of whether the estate consists of movables or immovables or their respective location. The applicable law may be either the law of the last nationality (*lex patriae*) or the last domicile (*lex domicilii*) of the deceased, but it is always his or her personal law. In contrast, "scission" has been the operating principle in most common law systems, including the American system. These systems differentiate sharply between immovables and movables and assign the former to the law of the situs (*lex rei sitae*) and the latter to the law of the last domicile of the deceased.

Obviously, the principle of scission means that the succession of a single person may have to be governed by two or more sets of laws. Thus, if a person died domiciled in State X and owned movables and immovables in States Y and Z, her succession will be governed by three different laws: the law of State X for all her movables, and the laws of States Y and Z respectively for her immovables. Even when the various states differ on issues that pertain to the personal qualities of the individual testator, such as testamentary capacity, this scheme results in treating the same testator as capable in one state and incapable in another. As the great comparatist Ernst Rabel once observed, "[t] hat eight pieces of land need eight different systems of liberty or restraint in testation is bad enough…; but that even the capacity to make a will… [is] independent in principle in every jurisdiction where an immovable is found transgresses the borders of tolerable tradition. ”

This lack of uniformity in the treatment of a single estate has not troubled common law courts or legislatures. One reason could be that this was the only way to obtain another kind of uniformity, which, for historical reasons, was considered more desirable—uniformity of treatment of all immovables within each jurisdiction, regardless of the domicile of the owner or other personal and thus non-stable factors. This preoccupation with land and intrastate uniformity with regard to land may be traced to the feudal conceptions of tenurial ownership of land, which prevailed during the period immediately following the Norman Conquest in England. In a society that essentially did not recognize individual ownership of land, it was natural that the location of the land, and not the domicile of the tenant, would be the most significant factor. As one author put it, "[t] he feudal lords could not allow the descent of their land to be affected if one of their vassals should acquire a foreign domicile. " It was different with regard to movables, which were susceptible not only to individual ownership but also to movement from one place to another. Their location at a given place at a given time was therefore much less important, if only because it could well be transient. Thus, the domicile of the owner seemed to be a more meaningful connecting factor.

QUESTIONS

1. What is unity or scission of the estate in American conflicts law of succession?
2. What is the justification for the principle of scission in American conflicts law?

CASE STUDY

Mohr v. Langerman

858 N. W. 2d 36 (Iowa Ct. App. 2014)

(abbreviated)

Ⅰ. Background facts and proceedings

Jerry Mohr, a resident of Arizona, died intestate in August 2011. At the time of his death, Jerry was married to Pamela Mohr, the plaintiff in this action. They were married in 1986 and remained married until his death. They lived in Scottsdale, Arizona during the first part of their marriage.

In 1994, Jerry engaged in planned sexual relations with Amy Langerman for the express purpose of conceiving a child. Amy had already had a child conceived in this manner with a different man. On December 25, 1994, Amy gave birth to Jonathan Langerman, the defendant in this action. In 1996, Jerry moved to Flagstaff, Arizona, and thereafter maintained infrequent phone contact with both Pamela and Amy. Sometime in 2000, Jerry began living with Beth Cairns and helping to raise her son from another relationship. He lived with her until his death in August 2011. Amy had moved to California and did not learn of Jerry's death for several months. Upon learning of his death, she filed a petition in an Arizona probate court to establish paternity of Jerry Mohr as the father of Jonathon, then a minor. Based on DNA evidence, and with no objection by Pamela, the Arizona court determined that Jerry was the father of Jonathon and ordered Jonathon's birth certificate amended to so reflect. At the time of his death, Jerry owned a one-half interest in 160 acres of farmland in Osceola County, Iowa. This land is the subject of ancillary administration in Osceola County. Based on the establishment of paternity in Arizona, the Iowa estate's personal representative, Joan Mohr, Jerry's sister-in-law, filed a probate inventory listing Jonathan as an heir to the Iowa estate.

Pamela filed in Iowa district court a petition for declaratory judgment seeking a declaration that, under Iowa probate law, Jonathan was not an heir to Jerry Mohr. Jonathan filed a motion for summary judgment based on the Arizona paternity order finding Jerry was Jonathan's father. The district court granted partial summary judgment, finding that the Arizona order established paternity. However, the court denied summary judgment on the question of whether Jerry had recognized Jonathan as his son. The case proceeded to trial on that single issue. Following trial, the district court found Pamela failed to carry the burden to show Jerry did not recognize Jonathan, and found he was therefore an heir to the estate. Pamela appeals and Jonathan cross appeals.

Ⅱ. Analysis

The court finds it most convenient to address Jonathan's cross-appeal issues first. Jonathan asserts the district court erred in failing to grant him summary judgment on all issues. He contends the court erred in finding: (1) the Iowa laws of descent apply, and (2) heirship requires proof of recognition as well as paternity.

In its ruling on the motion for summary judgment, the district court found with respect to Osceola land, the Iowa laws of descent apply because the land is situated in Iowa. Jonathan asserts, "The issue here is 'legitimacy' not paternity" and cites the Restatement (Second) Conflict of Law's rule governing legitimacy. This provides, "Whether a child is legitimate is determined by the local law of the state which, with respect to the particular issue, has the most significant relationship to the child and the parent."

Jonathan urges the State of Arizona has the most significant relationship and our court should apply Arizona law to determine he is "legitimate". Despite his attempts to reframe the issue as one of "legitimacy", the questions in this action are as to the right to inherit land situated in the State of Iowa. Inheritance rights are statutory. Iowa Code section 633. 222 sets out how a child may inherit from a biological father. Further, the descent of real property is governed by the laws of the state wherein the land is situated, regardless of the domicile of the deceased. Accordingly, we apply Iowa law to the question of heirship in this appeal.

QUESTION

What state's law is applicable to the question of heirship?

第二节 遗嘱的法律适用

遗嘱（wills）是被继承人生前依法对其财产及相关事务进行处分和安排而于其死后发生效力的单方法律行为。遗嘱继承在各国的继承制度中占有重要地位。一般而言，在被继承人立有遗嘱且遗嘱有效的情况下，对被继承人的遗产的处分即应按照遗嘱进行；如果被继承人未立遗嘱或所立遗嘱无效，则发生法定继承问题。对于遗嘱的法律适用，各国比较一致地采取分割的方法。一般而言，遗嘱的法律适用分别涉及立遗嘱能力（testamentary capacity）、遗嘱形式有效性（formal validity）、遗嘱实质有效性（essential validity）以及遗嘱撤销（revocation）等问题。

一、遗嘱法律适用的立法体例

就继承与遗嘱的法律适用而言，各国在立法体例上大概有“继承—遗嘱”的二元并立体例和“法定继承—遗嘱继承”的二元并立体例。一些典型的大陆法系国家，如德国、日本等，整体上采“继承—遗嘱”的二元并立体例。该体例虽然亦承认遗嘱与继承的关系密切，但同时强调遗嘱只是立遗嘱人于存活期间依法对其继承法律关系进行变更（如改变继承人与继承份等）并于其死亡时发生法律效力的单方法律行为，加之通常从立遗嘱人订立遗嘱至其死亡（遗嘱继承开始），还要经历相当年月，因此，在该体例下，遗嘱和继承是两个分立的问题。而且在各国继承法中，立遗嘱人除了可以通过遗嘱处分其遗产，还可以通过遗嘱认领非婚生子、指定监护人、收养子女以及建立信托关系等。因此，在“继承—遗嘱”二元体例中，遗嘱法律适用被区分为两个方面，其一是遗嘱作为单方法律行为本身的成立与撤销等问题，其二是当事人通过遗嘱实施的相关法律行为或曰遗嘱实质内容（如遗赠、认领等）的效力，亦即遗嘱的实质有效性问题。对于后者，应分别适用各该法律行为自身的准据法，如被继承人通过遗嘱改变继承人与继承份的效力，即应适用继承的准据法判断。因此，“继承—遗嘱”二元体例并不刻意区分法定继承和遗嘱继承，二者均属于继承准据法的适用范围，至于遗嘱的法律适用，则仅限于遗嘱自身作为单方法律行为之问题，并不涉及遗嘱的实质有效性。①

① 向在胜．海峡两岸涉外继承法律适用法之比较研究．台湾研究集刊，2012（05）：57-60.

在继承与遗嘱的法律适用问题上，中国采“法定继承—遗嘱继承”的二元并立体例。这一体例严格区分法定继承和遗嘱继承，并分别就二者的法律适用问题作出规定。在这一体例下，其遗嘱继承部分通常不严格区分遗嘱作为单方法律行为本身的法律问题（如遗嘱的成立等）和当事人通过遗嘱所实施的相关法律行为或曰遗嘱实质内容（如遗赠、认领等）的效力问题（亦即遗嘱的实质有效性问题）。“法定继承—遗嘱继承”的二元体例存在以下两个缺陷：第一，忽视了遗嘱是一个相对独立的法律行为，更何况人们通过遗嘱并不仅仅可以处分其遗产问题，因而将遗嘱所涉问题的法律适用问题一概定性为遗嘱继承的法律适用问题，这在学理上显然是不科学的；第二，割裂了法定继承与遗嘱继承的有机联系，具言之，在遗嘱继承的情况下，对于法律中没有规定的遗嘱法律适用问题，本可以通过法解释适用继承的准据法予以解决，而“法定继承”与“遗嘱继承”的二元并立显然阻断了此种联系的可能性。①

本部分以下主要沿袭“法定继承—遗嘱继承”的二元并立体例来讨论遗嘱的法律适用问题。

二、立遗嘱能力的法律适用

一个遗嘱的有效成立必须具备一定的形式要件和实质要件。一个遗嘱要想有效成立，首先需要立遗嘱人具有立遗嘱能力。立遗嘱能力是指被继承人生前在法律上享有的订立遗嘱、自由处分其财产的资格。

大部分大陆法系国家将立遗嘱能力视为个人身份因素，从而适用立遗嘱人立遗嘱时的本国法。西班牙、法国、意大利、卢森堡、荷兰和瑞典等均采此做法。也有一些国家，如奥地利和希腊，为了尽可能地使遗嘱有效，而选择性地适用立遗嘱人立遗嘱时或死亡时的本国法。在立遗嘱能力的法律适用问题上，芬兰法律的态度最为宽松，其允许选择性地适用继承准据法、立遗嘱人立遗嘱时的本国法或住所地法（并辅助性地适用惯常居所地法）。在丹麦，由于属人法采住所地法，因而立遗嘱能力适用立遗嘱人立遗嘱时的住所地法。

在英国和爱尔兰，立遗嘱能力适用继承准据法，这意味着，根据遗嘱所涉是动产或不动产，而分别适用不同的法律。德国在这一问题上尚没有定论，但德国最高法院曾于 1967 年指出，立遗嘱能力应适用立遗嘱人的本国法，学术界主流观点也认为，立遗嘱能力应适用立遗嘱人立遗嘱时的本国法。

三、遗嘱形式有效性的法律适用

遗嘱的形式，就是立遗嘱人处分自己遗产的意思表示的方式。为了保证遗嘱的真实性、合法性和有效性，遗嘱必须依法采用法定形式。但各国关于遗嘱形式要件的法律规定有较大歧异，因此在涉外继承中解决遗嘱的形式要件的法律适用问题便显得至关重要。

就遗嘱形式有效性的法律适用，目前普遍的观点是采取灵活宽松的态度。这一点在 1961 年海牙《遗嘱处分方式法律冲突公约》中有明确的体现。目前，除极少数国家如意大利和葡萄牙之外，绝大多数大陆法系国家均已加入了《遗嘱处分方式法律冲突公约》。该公约第 1 条明确规定，对不动产遗嘱方式，依不动产所在地法；对动产遗嘱方式，只要符合下列法律之一

① 向在胜．海峡两岸涉外继承法律适用法之比较研究．台湾研究集刊，2012（05）：57－60.

的，即为有效：(1) 立遗嘱地法；(2) 立遗嘱人立遗嘱时或者死亡时的本国法；(3) 立遗嘱人立遗嘱时或者死亡时的住所地法；(4) 立遗嘱人立遗嘱时或者死亡时的惯常居所地法。

四、遗嘱实质有效性的法律适用

遗嘱实质有效性是指遗嘱的内容是否真实有效。如果说遗嘱形式有效性的准据法通常根据1961年海牙《遗嘱处分方式法律冲突公约》予以确定，从各国实践与理论来看，遗嘱实质有效性则几乎无一例外地适用继承的准据法。对遗嘱实质有效性的法律适用，可将相关国家的做法分为两大类。采第一类做法的国家主张，遗嘱实质有效性适用"实际的继承准据法"，该法只有在立遗嘱人死亡时才可以得到确定。这类国家有比利时、芬兰、法国、卢森堡、葡萄牙、英国和瑞典等。采第二类做法的国家主张，遗嘱实质有效性适用"假设的继承准据法"，亦即立遗嘱人立遗嘱时的继承准据法。① 这类国家有德国、奥地利、爱尔兰和荷兰等。意大利则出于尽可能保证遗嘱有效性的目的，而选择性地适用两个时间点的继承准据法。之所以会出现上述两种不同的典型做法，主要是立法者考察导致遗嘱无效或被撤销的理由的侧重点有所不同。如果将判断遗嘱实质有效性的侧重点放在考察立遗嘱人同意订立遗嘱的意思表示的真实性上，则应适用其立遗嘱时的"假设的继承准据法"，相反，如果将判断遗嘱实质有效性的侧重点放在考察遗嘱内容是否侵犯了特留份权利人的继承权时，则对遗嘱实质有效性的判断只能从继承开始时进行，这意味着只能适用"实际的继承准据法"②。

事实上，上述欧洲国家在遗嘱实质有效性法律适用问题上的两个不同侧重点正反映了遗嘱实质要件的两个方面，其一是遗嘱成立的有效性，其二则是遗嘱内容的有效性。前者主要涉及遗嘱是否有意思表示瑕疵，亦即立遗嘱人立遗嘱时是否遭到胁迫、欺诈或其他不正当影响等，后者是指遗嘱中的实质内容本身是否合法有效，如遗嘱是否违反了有关法律关于特留份的规定等。

但也有一些国家和地区的法律对遗嘱的实质有效性持狭义的理解，即其将遗嘱成立的有效性和遗嘱内容的有效性区别开来，所谓遗嘱的实质有效性，仅指遗嘱内容的有效性。作为不同的问题，遗嘱成立的有效性和遗嘱内容的有效性分别适用不同的准据法。日本即采此种做法。日本2007年《法律适用通则法》第36条和第37条关于继承和遗嘱法律适用的规定基本沿袭了《法例》的原有做法。③《法律适用通则法》第37条第1款关于遗嘱法律适用作如是规定："遗嘱的成立及效力，依其成立时立遗嘱人的本国法。"对该款的理解，我们可以参考日本法务省民事局参事官室对《法例》第27条的解释：这里的"遗嘱的成立及效力"并不涉及遗嘱内

---

① 所谓"假设的继承准据法"(das hypothetische Erbstatut) 是一个德国法中的概念，是指假设立遗嘱人在立遗嘱时死亡而采用的继承的准据法。"假设的继承准据法"既然也是"继承准据法"，就意味着其与"实际的继承准据法"(das tatsächliche Erbstatut) 采用相同的连结点，只是二者指向的时间点不同，"实际的继承准据法"指向的时间点是立遗嘱人死亡的时间，而"假设的继承准据法"指向的则是立遗嘱人立遗嘱的时间（即假设立遗嘱人在此时间点死亡）。

② 自《马斯特里赫特条约》之后，欧共体非常重视共同体范围内的统一国际私法立法工作，其中继承领域的国际私法立法问题是欧共体重点关注的对象，为此欧共体委员会委托德国公证员学会 (Deutsches Notarinstitut, DNotI) 在十五个成员国有关继承国际私法立法的研究报告基础上，于2002年下半年推出了一份总报告，即《欧盟成员国有关继承的国际程序法与国际私法的比较研究》(Rechtsvergleichende Studie der erbrechtlichen Regelungen des Internationalen Verfahrensrechtes und Internationalen Privatrechts der Mitgliedsstaaten der Europäischen Union，以下简称DNotI报告)。该报告共分五个部分，即国际管辖权、判决的承认与执行、国际私法、继承程序与遗产证书、国内继承法综述。本部分内容重点参考了该报告第238-239页。

③ 《法律适用通则法》第36条和第37条分别对应《法例》第26条和第27条。

容的实质有效性，而仅限于作为意思表示之一种形式的遗嘱的成立及其拘束力问题，亦即立遗嘱能力、意思表示瑕疵以及遗嘱的撤销等问题，至于遗嘱中所含遗赠、认领等实质内容的法律效力问题，通说认为应分别适用各该法律行为自身的准据法，也就是继承和非婚生亲子关系的准据法。[①]这意味着，在日本，遗嘱成立的有效性适用立遗嘱人立遗嘱时的本国法，遗嘱的实质有效性，亦即遗嘱内容的有效性，适用被继承人死亡时的本国法。

五、遗嘱撤销的法律适用

一个有效成立的遗嘱可能会因为立遗嘱人的后来的遗嘱、行为（如焚毁或撕毁）或事后发生的事件（如结婚、离婚或子女的出生）而被撤销。

关于遗嘱撤销的法律适用，大陆法系国家也可大致分为两种情况：要么适用撤销遗嘱时的“假设的继承准据法”或撤销遗嘱时的本国法，如德国、奥地利、瑞典等；要么适用“实际的继承准据法”，如芬兰等。另有些国家从遗嘱的实质可撤销性出发，并不探讨其法律适用问题，如法国、意大利和卢森堡。有些判例法系国家如英国从撤销遗嘱的不同情形出发分别探讨其法律适用问题。

在英国法中，遗嘱撤销的法律适用通常被分为以下三种情形：(1) 对于新遗嘱是否全部或部分废除旧遗嘱的问题，主要取决于后一遗嘱是否有效成立，特别是涉及后一遗嘱的立遗嘱能力与遗嘱方式问题。另外，1963 年英国《遗嘱法》第 2 条第 1 款（c）项规定，撤销某一遗嘱或某一遗嘱条文，如其作成符合前一遗嘱或前一条文被撤销所遵守的法律，得视为恰当作成。(2) 对于其他撤销遗嘱的方式，如销毁、焚毁等，不动产遗嘱撤销的准据法为不动产所在地法，动产遗嘱撤销的准据法为立遗嘱人的住所地法。如果立遗嘱人住所地在撤销遗嘱时和死亡时不同，此时如何适用法律尚无权威做法，但一般认为应该依撤销时的住所地法。(3) 因事后结婚而使遗嘱被撤销。按英国法的规定，结婚得使以前的遗嘱被撤销。但在其他许多国家，并无此种制度。如果发生法律冲突，该事项则适用立遗嘱人婚姻住所地法。当然，如果婚姻无效，将不发生遗嘱被撤销的法律后果。[②]

MATERIAL

Wills

The general rule, established both in England and in the USA, is that testamentary succession to movables is governed exclusively by the law of the domicile of the deceased as it existed at the time of his death. When a testator dies domiciled abroad leaving assets in England, it is true that probate must be taken out in England, and it is also true that the assets must be administered in England according to English law, but nevertheless all questions

---

① 日本法务省民事局参事官室．国际私法现代化要纲中间草案补充说明［2005－03－29］．www.moj.go.jp/PUBLIC/MINJI57/refer02.pdf：118.

② 韩德培．国际私法．3 版．北京：高等教育出版社，北京大学出版社，2014：252.

concerning beneficial succession under a will must be decided in accordance with the law of the domicile. The duty of the executor is to ascertain who, by the law of the domicile, is entitled under the will and, once that is ascertained, to distribute the property accordingly. It is necessary, however, to deal separately with the various questions that arise in the case of wills.

(i) Capacity

The capacity of a testator to make a will is determined by the law of his domicile; and there is no distinction between "lack of capacity due to immaturity or status and incapacity arising from ill health." The meaning of this statement is clear enough if the testator is domiciled in the same country at the time both of his making the will and of his death. If this is a foreign country, his capacity by English law is immaterial. Thus, in a case decided when a married woman possessed no testamentary capacity at common law, the English court granted probate of the will of a married woman, a domiciled Spaniard, on proof that by Spanish law a wife was empowered to bequeath her movables.

(ii) Formal validity

According to the common law, domicile was the only connecting factor that determined the law to govern the formal validity of a will of movables. The formal requirements of the law of the country where the testator was domiciled at the time of his death had to be satisfied. His nationality, his domicile at the time of making the will and the place where he executed his will were inadmissible factors. The disadvantages of so rigid a principle were brought to light by the case of Bremer v Freeman in 1857, where it was held that a will made in the English form by a British subject who died domiciled in France was invalid, since it neglected the formalities prescribed by French law. This decision led to the passing of the Wills Act 1861, often known as Lord Kingsdown's Act, which was designed to offer testators a wider choice of laws so far as formalities were concerned. Although that Act was a welcome step forward, it was disfigured by several serious blemishes. The 1861 Act was repealed and replaced by the Wills Act 1963 which applies to a will, whether of movables or immovables, made by any testator, irrespective of his domicile or nationality, provided that he died on or after 1 January 1964, even though it was executed before that time.

The gist of the Wius Act 1963 is that it increased the relevant connecting factors by adding nationality and habitual residence to those which were already recognised by common law and the Wills Act 1861, namely domicile and the place of acting. It provides that "a will shall be treated as properly executed" if its execution conforms to the internal law in force in any one of the following territories:

(a) The territory where the will was executed, even if the testator was on a temporary visit.

(b) The territory where the testator was domiciled either at the time of making the will or at death.

(c) The territory where the testator was habitually resident either at the time of making the will or at death.

(d) The state of which the testator, either at the time of making the will or at death, is a national.

(iii) Essential validity

The essential, or material, validity of a will, and of any particular gift of movables therein is determined by the law of the country in which the testator was domiciled at death. This rule is not affected by the Wills Act 1963. A will may be admitted to probate under that statute as having complied with the formalities of one of the legal systems that it makes available, but the actual effect of its dispositions must be measured by the law of the testator's domicile at death. The grant of probate is conclusive proof that the instrument proved is the will of the testator but it is not conclusive as to the validity of the dispositions.

QUESTIONS

1. What law governs the capacity of a testator to make a will in English law?
2. What law governs the formal validity of a will in English law?
3. What law governs the essential validity of a will in English law?

第三节 无人继承财产的法律适用

一、概述

无人继承财产（*bona vacantia*），亦称绝产，是指无人继承又无人受遗赠的财产，即继承开始以后，在法定期限内无人有继承权或接受继承，且无人受理遗赠的财产。通常，如果出现被继承人未立遗嘱指定继承人而又无法定继承人，或者所立遗嘱和遗赠无效且无法定继承人，或者全体继承人和受遗赠人都放弃或拒绝继承或受遗赠，或者所有继承人都被剥夺了继承权，或者继承人或受遗赠人情况不明，经公告后仍无人出面接受继承或受遗赠等情况，便会出现无人继承财产的现象。①

国际私法所调整的无人继承财产关系是含有涉外因素的无人继承财产关系，通常包括两种情况，即外国人死亡以后在内国留下无人继承财产和内国人死亡以后在外国留下无人继承财产。死亡事实发生在内国还是外国，对涉外无人继承财产关系的形成和处理通常没有多大影响。

① 杜新丽，宣增益．国际私法．北京：中国政法大学出版社，2017：158.

对于无人继承财产，各国法律一般均规定应归属国库或其他公共团体。但对于国家或公共团体以什么资格取得无人继承财产，各国立法实践与学说有继承权主义和先占权主义之分。

继承权主义主张，国家对无人继承财产有继承权，国家可以特殊继承人或最后继承人的资格取得无人继承财产。该主张由德国学者萨维尼所倡导。他认为，国家或地方团体可被假定为最后的法定继承人（ultimate heir）。[①] 如德国《民法典》第1936条关于"国库的法定继承权"作如是规定："(1) 在继承开始时，被继承人既没有血亲，也没有同性生活伴侣，同时也没有配偶的，被继承人死亡时所隶属的州的国库是法定继承人。被继承人隶属于两个以上的州的，其中每一个州的国库均有资格按等份继承。(2) 被继承人为不隶属于任何州的德国人的，帝国国库是法定继承人。"除德国外，意大利、西班牙、瑞士、匈牙利、罗马尼亚、瑞典和苏联等国也持这一主张。实际上，根据继承权主义，死者的遗产并不是"无人继承"的财产，因为在他身后总有一个法定继承人——其国籍所属国家，不过是国家在继承顺序上处于最后罢了。

先占权主义主张，国家以先占权名义取得无人继承财产的所有权。这一主张的倡导者是法国学者魏斯。他认为，无人继承财产即无主财产，基于领土主权，同时也为了防止个人先占所引起的社会秩序混乱和对公益的侵害，国家享有对无人继承财产的先占权。该学说为1804年法国《民法典》所采纳。该法典第539条规定："无主财产，或者死亡后无继承人的人的财产，或者继承人放弃继承的财产，归于公有财产。"该法典第768条还规定："无人继承时，遗产由国家取得。"除法国外，英国也是采纳先占权主义的典型代表。英国学者莫里斯指出，如果死者未立遗嘱，又无近亲住所在国外，而外国以死者在英国的动产为无主财产为由要求取得该财产，则英国国王关于该动产为绝产而提出的权利主张应居优先地位。此外，日本、奥地利和多数拉丁美洲国家等也支持先占权主义。

关于先占权主义，法国学者巴迪福有不同看法。他认为，先占本是民法中财产所有权的一种原始取得方式，属于私权范畴，无主财产所在地国家（或地方政府）并非因私法上的权利，而是基于公权取得该项财产的。因为，由外国取得处于内国的无主财产，"有违公安"。巴迪福考虑的不是国家与个人、组织在取得无人继承财产时谁先谁后的问题，而是在以私权取得无人继承财产和以公权取得无人继承财产之间，何种方式更为优先的问题。[②]

鉴于存在上述关于无人继承财产的不同的法律规定和学说，对于同一笔无人继承财产的归属问题，依不同的法律规定和主张即会得出不同的处理结果。如果依照继承权主义，则无人继承财产应归属于死者国籍国所有；如果依照先占权主义，则无人继承财产应归属于财产所在地国所有。

二、无人继承财产归属的法律适用

关于无人继承财产的归属问题，实践中各国主要有以下几种做法。[③]

（一）适用继承的准据法以决定无人继承财产的归属

那些坚持继承权主义的国家，往往主张适用继承的准据法来决定国家对无人继承财产的继

① 萨维尼．法律冲突与法律规则的地域与时间范围．李双元，等译．北京：法律出版社，1999：171.
② 姚壮．国际私法理论与实务．北京：法律出版社，1992：174.
③ DNotI报告，第240-241页。

承权。如罗马尼亚 1992 年《关于调整国际私法法律关系的法律》第 67 条规定："适用于继承权的法律特别适用于以下问题：……国家对无人继承的遗产的继承权。"比利时 2004 年《关于国际私法典的法律》第 80 条在规定继承准据法的适用范围时亦指出，继承的准据法亦被用于确定国家的继承权。德国、西班牙、希腊等国亦持这一主张。

（二）根据提出主张的国家的身份以决定应适用的法律

英国的做法较为独特，其对无人继承财产的处分，完全视对无人继承财产提出请求的国家是以什么身份出现而决定。如果外国国家是以继承人的身份出现，则对无人继承财产的处分适用继承的准据法；如果该外国是以领土主权者的身份出现，则对无人继承财产的处分适用财产所在地法。

（三）基于先占权取得位于本国领域内的无人继承财产的所有权

对位于本国领域内的无人继承财产，一些坚持先占权主义的国家往往不允许外国国家取得对这些财产的所有权，即使该外国根据继承的准据法享有对无人继承财产的继承权，但同时，对位于外国的无人继承财产，这些国家往往也会自觉地拒绝主张所有权。采此种做法的国家主要有法国、意大利和瑞典等。如意大利 1995 年《国际私法改革法》第 49 条规定，对无人继承财产，在继承的准据法不承认意大利国家的继承权的情形下，位于意大利的遗产应归意大利国家所有。1989 年海牙《死者遗产继承法律适用公约》第 16 条的规定与此相似。该条规定，如果根据公约应适用的法律，继承案件既没有死因处分所指定的继承人或受遗赠人，也没有自然人被指定为法定继承人，则该法的适用不得阻止一个国家或该国所指定的相关机构对位于该国主权范围内的遗产进行征收。

奥地利 1978 年《关于国际私法的联邦法》第 29 条的规定是上述做法的变种。该条规定，如果根据应适用的继承准据法案件没有继承人，则此时应适用财产所在地的法律以决定案件是否有另外的继承人；如果根据财产所在地法亦无继承人，则无人继承财产应归所在地国所有。

CASE STUDY

State of Spain v. Treasury Solicitor

[1954] 2 WLR 64

(abbreviated)

Ⅰ. Background Facts and Proceedings

Eloisa Hernandez Maldonado, a Spanish subject domiciled in Spain, died there on 11 October 1924, a widow and intestate, with no ascendant, descendant or collateral relative entitled to succeed to her estate on her death under the law of Spain. She left movable property in England valued at the time of her death at the sum of £31,515 but now said to be worth some £26,000. Article 956 of the Spanish Civil Code, as translated for the purposes of this case, and in the form in which it stood at the death of the intestate, was in these terms: "In default of persons having the right to inherit in accordance with the provisions of the foregoing sections [which is the present case] the State shall inherit, the assets being devoted to institutions of charity and free instruction in the following order: (i) municipal charitable establishments and free schools of the place of residence of the deceased, (ii) establishments of both classes of the province to which the deceased belonged, (iii) charitable establishments and educational establishments of a general character." On 4 June 1930, the State of Spain obtained in Spain a declaration of heirship in accordance with Article 958 of the Spanish Civil Code "to enable the State to take physical possession of the estate." The State of Spain brought proceedings in this country claiming that letters of administration to the estate of the intestate in this country should issue to the duly constituted attorney of the Spanish State as the sole and universal heir to her estate by Spanish law. The defendant in the action was the Treasury Solicitor, who claimed that a grant should issue for the benefit of the Crown on the ground that the property of the intestate in this country passed to the Crown as bona vacantia. On 22 May 1953, Barnard J held that on the evidence before him the State of Spain was a true heir just as any individual heir according to Spanish law; that there was nothing contrary to English policy or repugnant to English law in a foreign State being permitted to take possession of the movables of one of its citizens in this country, and that, therefore, the State of Spain was entitled to a grant of letters of administration of the English estate. The Treasury Solicitor appealed.

Ⅱ. Analysis

The heir or successor is surely the person, whether related to the deceased or not, who under the relevant law is entitled to inherit or to succeed. Then it is said that there is no reciprocity, because Spanish law would not give effect to a claim by the Crown in respect of bona vacantia. But non constat that Spanish law would not recognize a right to succession belonging to the Crown if any such right existed, and it could easily be made to exist by Act of Parliament if that were thought expedient. There might be a case where a so-called right of succession claimed by a foreign State could be shown to be in truth no more than a claim to bona vacantia. If so, then, no doubt, it would be right to apply the recognized exception to the general rule, but this has not been shown to be such a case.

Ⅲ. Decision

The substance of the matter was that by the law to which reference was made, the property in England was not left ownerless, but was to pass to an heir, that heir being the State of Spain.

QUESTION

What is the right or title by virtue of which the Spanish State now makes its claim?

第四节

关于继承和遗嘱的国际公约

如前所述，各国不仅在继承实体法方面存在较大歧异，在继承冲突法方面也有很大不同。各国继承法在上述两个层面的差异对涉外继承案件的处理带来了很大的难度。为消除各国之间在继承冲突法领域的分歧，简化涉外继承案件的处理，降低各国乃至国际社会处理涉外继承案件的司法成本并节约相应的社会资源，海牙国际私法会议在统一各国继承冲突法方面作出了不懈的努力，并已经取得了很大成果。截至目前，海牙国际私法会议已经制定了三个有关涉外继承的国际公约。以下重点介绍 1961 年海牙《遗嘱处分方式法律冲突公约》和 1988 年海牙《死者遗产继承法律适用公约》。

一、1961 年海牙《遗嘱处分方式法律冲突公约》

1961 年 10 月，第九届海牙国际私法会议通过了《遗嘱处分方式法律冲突公约》(Convention on the Conflicts of Laws Relating to the Form of Testamentary Dispositions)。公约的目的是就遗嘱处分方式的法律适用问题制定若干共同规则，其基本的立法原则是广泛承认遗嘱方式的有效性。公约于 1964 年 1 月生效，共 20 条。

根据公约第 1 条，遗嘱方式符合下列法律之一的，即为有效：

(1) 立遗嘱人立遗嘱地法；

(2) 立遗嘱人立遗嘱时或死亡时的本国法；

(3) 立遗嘱人立遗嘱时或死亡时的住所地法；

(4) 立遗嘱人立遗嘱时或死亡时的惯常居所地法；

(5) 在涉及不动产时，财产所在地法。

在适用公约时，如果某国法律是由不统一的法律制度组成，则遗嘱方式的准据法应根据该国法律中有效的区际冲突规则确定；如果没有此类规则，则适用该国法律中与立遗嘱人有最真实联系 (the most real connexion) 的任何一个法律。

关于共同遗嘱，尽管其为许多国家法律所禁止，但是在缔约国承认共同遗嘱的情况下，其方式也适用公约的规定。根据立遗嘱人的年龄、国籍或其他个人条件而对遗嘱方式施加的限制，属于公约所规定的遗嘱方式问题；为了遗嘱有效而要求见证人必须具有的资格，亦应被视为遗嘱方式问题。而且公约不妨碍缔约国现有或将来制定的法律规则承认其他法律所规定的遗嘱方式。

不论立遗嘱人是否具有缔约国国籍，也不论根据公约规则所确定的准据法是否是缔约国法律，该法律均应予以适用。

关于保留问题，公约作了如下规定：(1) 本国国民无特殊情况在外国所实施的口头遗嘱，缔约国可保留不承认的权利；(2) 在本国拥有住所或惯常居所而在外国死亡的本国人在外国所立遗嘱，如遗嘱方式为立遗嘱人本国法所不允许，但依立遗嘱地法为有效，而该立遗嘱地国不是死亡地国时，对于此种遗嘱方式，缔约国可保留不予承认的权利；(3) 缔约国对根据本国法不属于继承问题的遗嘱条款，可保留不适用公约的权利。

公约的基本精神是尽量协调各国关于遗嘱方式的法律冲突，使遗嘱在方式上易于取得法律支持，充分体现立遗嘱人在遗嘱方式方面的自由意志。这种宽松的态度和做法，比较全面地反映了世界各国遗嘱方式法律适用制度的发展趋势，同时其对一些国家关于遗嘱方式法律适用的立法亦产生了较大影响。截至 2022 年 8 月，公约已有 42 个缔约国，是参加国较多的海牙国际私法公约之一。

二、1989 年海牙《死者遗产继承法律适用公约》

海牙国际私法会议早在 1969 年就开始着手研究并准备就涉外继承法律适用问题制定一部公约。经过将近 20 年的努力，最终于 1988 年 10 月的第十六届海牙国际私法会议上通过了《死者遗产继承法律适用公约》(Convention on the Law Applicable to Succession to the Estates of Deceased Persons)。截至 2022 年 8 月，阿根廷、卢森堡、荷兰和瑞士签署了该公约，其中荷兰批准了该公约，但公约尚未生效。

公约共 5 章 31 条，主要内容涉及公约的适用范围、继承法律适用的同一制、准据法的确定、意思自治原则、准据法的适用范围以及转致、公共秩序保留等基本制度，此外还有区际法律冲突和人际法律冲突的解决等。

公约主要内容如下：

(一) 公约的适用范围

公约第 1 条首先运用排除的方式间接地确定了公约的适用范围。根据该条的规定，下列事项不属于公约的适用范围：遗嘱的方式、立遗嘱能力、夫妻财产制以及非依继承方式获取的财产权益等。这意味着除上述事项之外的其他与涉外继承有关事项的法律适用问题，均由公约调整。

公约第 2 条确定了公约的空间范围。根据该条规定，即使准据法为非缔约国法律，公约仍应适用，亦即只要受理案件的法院所在国参加了公约，该法院就要适用公约指引的法律，至于准据法所属国是否参加了公约则在所不问。

(二) 继承法律适用的同一制

根据公约第 3 条和第 7 条第 1 款的规定，涉外继承的法律适用采取同一制。这意味着，不论死者的遗产是动产还是不动产，亦无论这些遗产分布于何处，均将其作为一个整体统一适用一个准据法。由此，缔约国法院在处理涉外继承案件时，可以不区分动产与不动产，而统一适用一个准据法，这可以大大降低处理涉外继承案件时法律适用的难度。如果说在国内立法中，一个国家采用同一制虽可增加法律适用的便宜性，却不能保证其所作判决的实效性的话，那么在公约中采用同一制，则无论是法律适用的便宜性，还是判决的实效性，均可以得到保证。此外，通过公约采用同一制，也有利于大大缓解各缔约国间因分别采用同一制与区别制而形成的对立局面。

（三）准据法的确定

关于继承的法律适用，公约第 3 条作了如下规定。

（1）继承适用死者死亡时的惯常居所地国法律，如果死者死亡时具有该国国籍。

（2）如果死者至其死亡前一直在其惯常居住地国居住并在该国居住至少已有 5 年，则该惯常居住地国法律亦应被适用，但在例外情况下，如果死者死亡时明显地与其国籍国有更密切联系，则其国籍国法应予适用。

（3）在其他情况下，继承适用死者的本国法，但如果死者死亡时与另一国家有更密切的联系，则适用该另一国法律。

由上述规定可知，公约为继承法律适用指定了三个连结因素，即（死者死亡时的）国籍、（死者死亡时的）惯常居所以及最密切联系地。在跨国继承案件中，较为常见的一种情况是，死者不仅是甲国国民，同时在其死亡时亦在甲国惯常居住，则此时对死者遗产的继承适用甲国的法律自应不在话下。这也正是公约第 3 条第 1 款所规定的情形。

但实践中跨国继承案件还有另一种可能更为常见的情形，即死者是甲国国民，但已经移居乙国，则此时究竟是应适用其本国法即甲国法，还是其惯常居所地国法即乙国法？原则上，一个人的惯常居所地往往是其生活中心，是其社会关系和财产的聚集地。因此，对死者遗产的继承适用其惯常居所地法是较为合适的。但国际上并没有一个对惯常居所的统一定义，理论上和实践中对惯常居所的含义认定均有较大分歧。公约也没有打算为惯常居所下一个定义。事实上实践中存在较多这样的情形，即一个人虽然移居乙国，但因为各种原因如移居时间短等，其并没有融入当地生活，而仍与其国籍国有较为密切的联系，或者其只是出于暂时在乙国工作或学习的目的而惯常居住于乙国，此时贸然适用死者的惯常居所地国法显然不合适。从公约的规定看，对于上述情形究竟应适用何地法律，其并没有采取一刀切的做法，而是结合具体情况对法律适用问题作了较为合理的分配。对于死者移居国外的情形，公约第 3 条第 2 款规定，只有在死者死亡前已在该国惯常居住超过 5 年以上才可以适用其惯常居所地国法。公约如此规定，是推定当一个人在一国已移居超过 5 年时间则其应该已经融入当地社会，而与其国籍国已经逐渐疏远。但实践中也确实存在前述例外情形，即一个人在其移居国虽已居住达 5 年以上，但其并没有融入当地社会，或不打算融入当地社会，而准备日后继续返回其国籍国居住，或者其只是暂时在惯常居所地国工作或学习，对于这些例外情形，则应适用其国籍国法。这也正是公约第 3 条第 2 款规定的例外条款所针对的情形。

公约第 3 条第 3 款规定，对于涉外继承的其他情形应适用死者国籍国法。对于该款的规定，较为常见的情形如一个人虽移居他国，但其在该国惯常居住尚达不到 5 年等，此时应推定死者与其国籍国有更为密切的联系。当然，鉴于现实生活的高度复杂性，公约第 3 条第 3 款还规定了一条例外条款，即如果死者死亡时与另一国家有更密切的联系，则适用该另一国法律。

（四）意思自治原则

公约第 5 条明确承认涉外继承领域的意思自治原则。该条第 1 款规定，一个人可就其全部遗产的继承问题指定某一特定国家的法律。但公约第 5 条规定的意思自治原则亦要受到一定条件的限制，主要表现在：（1）在选择法律的形式方面，公约要求不仅必须是明示的，而且还必须符合订立遗嘱所要求的形式要件；（2）当事人的选择范围仅限于其指定法律时或死亡时的本国法或惯常居所地法；（3）法律选择的作出人对此种法律选择的撤销也必须符合有关撤销遗嘱的形式要件。

另外，由于公约采用同一制，即由一个准据法支配被继承人的全部遗产，因而公约第 5 条第 1 款原则上要求当事人选择的法律亦应支配其全部遗产的继承。但公约第 6 条还是允许当事人就其遗产中的特定部分的继承选择一个或多个国家的法律作为准据法，但当事人此种针对特定遗产所作的法律选择不得影响公约第 3 条（客观连结点）或第 5 条第 1 款（主观连结点）所指定的法律中的强制性规则的适用。

（五）准据法的适用范围

大陆法系和英美法系就继承概念的理解有很大不同。在英美法系看来，死者死亡后对其遗产的管理和清算并不属于继承问题，只有对其遗产清算后尚剩余有积极财产，对其积极财产的分配才属于继承问题。而在大陆法系看来，无论是对死者遗产的管理和清算，还是对其遗产的分配，均属于继承问题。正是两大法系对继承概念的不同理解，导致两大法系国家在讨论制定公约时，对公约中继承准据法的适用范围产生了较大分歧。英美法系国家反对公约中继承准据法的强制性适用范围过大，而主张应将其局限于死者遗产的分配。但大陆法系国家却希望，公约中继承准据法的适用范围也能够涵盖除遗产分配之外的其他继承事项。最后协商的结果，就是由公约第 7 条第 2 款列举继承准据法的核心适用范围，该款所列举的继承准据法的调整事项是为两大法系所共同承认的。公约第 7 条第 2 款所列举之外的其他事项，则属于公约第 7 条第 3 款中的“灰色区域”，公约并不排除落入该“灰色区域”的事项在某一缔约国由公约指定的继承准据法调整。公约第 7 条第 3 款的规定主要是针对大陆法系国家。根据该款规定，大陆法系国家可主张将传统上其认为属于继承事项但又被排除于公约第 7 条第 2 款核心适用范围之外的事项，亦由继承准据法支配。①

根据第 7 条第 2 款的规定，继承准据法的核心适用范围包括以下事项。

第一，继承人与受遗赠人的确定，继承人与受遗赠人各自取得遗产的份额及死者施加于其的义务，以及因死者死亡而引起的其他继承权利，其中包括法院或其他机构为与死者有较近关系的人的利益而从死者遗产中划拨出来的份额（第 7 条第 2 款 a 项）。

通俗地说，第 7 条第 2 款 a 项主要解决以下问题，即谁对死者的遗产享有权利，以及这些权利人获得这些遗产的方式、份额及其获得这些遗产须接受的条件。换言之，根据第 7 条第 2 款 a 项，公约主要用于解决遗嘱继承人和受遗赠人的确定，法定继承人的确定，特留份权利人的确定，这些权利人获得遗产份额的大小，以及死者通过遗嘱向其施加义务的内容和效力。②

第二，继承人继承权的丧失（第 7 条第 2 款 b 项）。从第 7 条第 2 款 b 项的原文看，公约的核心适用范围亦包括继承权的剥夺和继承资格的丧失。③ 但精确分析可知，此处第 7 条第 2 款 b 项应仅指后者，即继承资格的丧失，而继承权的剥夺应属于第 7 条第 2 款 a 项所指事项。不

---

① Tim Brandi，Das Haager Abkommen von 1989 über das auf die Erbfolge anzuwendende Recht，Berlin：Duncker & Humblot，1996，S. 338 - 339.

② Tim Brandi，Das Haager Abkommen von 1989 über das auf die Erbfolge anzuwendende Recht，Berlin：Duncker & Humblot，1996，S. 340.

③ 公约第 7 条第 2 款 b 项的英文原文为：“b) disinheritance and disqualification by conduct.”

过，第 7 条第 2 款 b 项应不包括继承权人基于其自身的行为而导致其继承资格丧失的情况，如拒绝继承遗产和放弃继承权等。①

第三，预先受领的补偿义务（第 7 条第 2 款 c 项）。根据第 7 条第 2 款 c 项，继承人、受遗赠人之间在计算继承份额时，继承人得就其从被继承人那里得到的预先受领向其他继承人或受遗赠人负有补偿的义务。此处的预先受领既包括继承人在被继承人生前从被继承人处得到的资助，也包括被继承人通过遗嘱向继承人所作的资助。②

第四，对遗嘱自由的限制（第 7 条第 2 款 d 项）。根据第 7 条第 2 款 d 项，立遗嘱人对其遗产可自由处分的范围、特留份以及其他对死因处分的限制，亦属于公约的核心适用范围。第 7 条第 2 款 d 项的规范目的，主要是通过限制遗嘱自由，以保护与死者有较近关系的亲属的参与分配遗产的强制性权利。从这个视角看，其内容与第 7 条第 2 款 a 项有重叠之处，但二者的规范重心有所不同，第 7 条第 2 款 a 项侧重于解决特留份权利人的继承权是否存在，而第 7 条第 2 款 d 项则侧重于从被继承人的视角出发，着重解决立遗嘱人的遗嘱自由受到特留份等强制性权利多大程度的限制。③

第五，遗嘱的实质有效性（第 7 条第 2 款 e 项）。根据第 7 条第 2 款 e 项，遗嘱的实质有效性亦属于继承准据法的核心调整事项。

（六）转致

公约规定，如果继承应适用的法律为某一非缔约国的法律，而该国冲突法又指定适用另一非缔约国法律，且该另一非缔约国冲突法亦指定适用其本国法，则该另一非缔约国的法律应予适用。不过，公约虽承认转致制度，但这种转致仅限于非缔约国法律之间。这意味着在缔约国法律之间，公约不承认任何反致或转致，这样的限制显然有利于缔约国之间继承准据法的统一适用。

（七）公共秩序保留

公约第 18 条规定，根据公约指定的法律，只有在明显地与公共秩序不相容时，方可被排除适用。

（八）区际法律冲突和人际法律冲突

公约考虑到一些国家存在区际法律冲突或人际法律冲突的情况，遂专门规定了区际法律冲突和人际法律冲突的解决制度。公约第 19 条规定，如果一国由若干领域组成，且各领域都有自己的继承法，在按公约指定的死者惯常居所地国法为该国法律时，适用死者在该国最后惯常居所所在领域的法律；如果按公约指定的死者国籍国法为该国法律时，则适用由该国现行法律规范确定之领域的法律；在该国没有此种协调其国内区际法律冲突规定的情况下，则适用死者最后惯常居所所在领域的法律；如果死者在国籍国从没有过惯常居所，则适用死者与之有最密切联系领域的法律。

依公约确定适用一国法律之后，如果该国具有两种或两种以上适用于不同种类的人的继承法律制度，则依该国现行法律规范解决此种冲突。如果该国没有此种解决人际法律冲突的法

① Tim Brandi, Das Haager Abkommen von 1989 über das auf die Erbfolge anzuwendende Recht, Berlin: Duncker & Humblot, 1996, S. 343-344.

② Tim Brandi, Das Haager Abkommen von 1989 über das auf die Erbfolge anzuwendende Recht, Berlin: Duncker & Humblot, 1996, S. 344-345.

③ Tim Brandi, Das Haager Abkommen von 1989 über das auf die Erbfolge anzuwendende Recht, Berlin: Duncker & Humblot, 1996, S. 345.

律，则适用死者与之有最密切联系的法律制度。

作为一个调整涉外继承法律适用的统一冲突法立法，公约是对世界上有关涉外继承法律适用的各种既存制度进行折中与调和的产物。[①] 公约坚持同一制原则。在同一制与区别制各有利弊的情况下，公约最终选择同一制，也体现了公约的制定更多地受到大陆法系的影响。公约同时采用国籍、惯常居所和最密切联系地作为连结点，一方面体现了其对当事人国籍国和惯常居所地国的利益进行协调的努力，另一方面，从公约的阶梯型的规定来看，在法律适用的稳定性与灵活性两个价值取向中，其更加强调法律适用的灵活性。另外，在继承准据法适用范围的确定方面，公约基本上成功协调了两大法系在继承概念问题上的分歧。不过，鉴于各国在继承实体法和继承冲突法领域的立法仍存在较大歧异，目前签署该公约的国家寥寥无几，这也使公约的影响很有限。

MATERIAL

Convention on the Conflict of Laws Relating to the Form of Testamentary Dispositions

(Concluded 5 October 1961)

The States signatory to the present Convention,

Desiring to establish common provisions on the conflicts of laws relating to the form of testamentary dispositions,

Have resolved to conclude a Convention to this effect and have agreed upon the following provisions:

Article 1

A testamentary disposition shall be valid as regards form if its form complies with the internal law:

a) of the place where the testator made it, or

b) of a nationality possessed by the testator, either at the time when he made the disposition, or at the time of his death, or

c) of a place in which the testator had his domicile either at the time when he made the disposition, or at the time of his death, or

d) of the place in which the testator had his habitual residence either at the time when he made the disposition, or at the time of his death, or

e) so far as immovables are concerned, of the place where they are situated.

For the purposes of the present Convention, if a national law consists of a non-unified system, the law to be applied shall be determined by the rules in force in that system and, failing any such rules, by the most real connexion which the testator had with any one of the

① 李双元，欧福永，金彭年，等．中国国际私法通论．北京：法律出版社，2007：482.

various laws within that system.

The determination of whether or not the testator had his domicile in a particular place shall be governed by the law of that place.

Article 2

Article 1 shall apply to testamentary dispositions revoking an earlier testamentary disposition.

The revocation shall also be valid as regards form if it complies with any one of the laws according to the terms of which, under Article 1, the testamentary disposition that has been revoked was valid.

Article 3

The present Convention shall not affect any existing or future rules of law in Contracting States which recognise testamentary dispositions made in compliance with the formal requirements of a law other than a law referred to in the preceding Articles.

Article 4

The present Convention shall also apply to the form of testamentary dispositions made by two or more persons in one document.

Article 5

For the purposes of the present Convention, any provision of law which limits the permitted forms of testamentary dispositions by reference to the age, nationality or other personal conditions of the testator, shall be deemed to pertain to matters of form. The same rule shall apply to the qualifications that must be possessed by witnesses required for the validity of a testamentary disposition.

Article 6

The application of the rules of conflicts laid down in the present Convention shall be independent of any requirement of reciprocity.

The Convention shall be applied even if the nationality of the persons involved or the law to be applied by virtue of the foregoing Articles is not that of a Contracting State.

Article 7

The application of any of the laws declared applicable by the present Convention may be refused only when it is manifestly contrary to "*ordre public*".

Article 8

The present Convention shall be applied in all cases where the testator dies after its entry into force.

Article 9

Each Contracting State may reserve the right, in derogation of the third paragraph of Article 1, to determine in accordance with the *lex fori* the place where the testator had his domicile.

Article 10

Each Contracting State may reserve the right not to recognise testamentary dispositions made orally, save in exceptional circumstances, by one of its nationals possessing no other nationality.

……

QUESTION

How do you understand Article 1 of this Convention?

第五节
我国有关继承与遗嘱法律适用的规定

一、继承的法律适用

我国在海外有大量侨民，由此引发的涉外继承争议非常突出，我国政府对涉外继承争议的解决历来都很重视。在涉外继承的法律适用问题上，我国在新中国成立后的司法实践中基本上一直采用区别制。早在1954年，最高人民法院和外交部即针对外国人遗留在我国的遗产的继承问题发布了《外人在华遗产继承问题处理原则》。该原则将外国人的在华遗产区分为动产和不动产，不动产适用不动产所在地即我国的法律，动产在互惠的条件下可以适用作为继承人的外国人的国籍国法，对于与我国不存在互惠关系的国家的国民死后遗留在我国境内的财产，原则上按照我国法律处理。①

1985年4月10日，我国在总结既有司法实践经验和国际习惯做法的基础上，颁布了第一部《继承法》。该法第36条对涉外继承的法律适用问题作了如下规定：

> 中国公民继承在中华人民共和国境外的遗产或者继承在中华人民共和国境内的外国人的遗产，动产适用被继承人住所地法律，不动产适用不动产所在地法律。
>
> 外国人继承在中华人民共和国境内的遗产或者继承在中华人民共和国境外的中国公民

① 张仲伯．国际私法学．北京：中国政法大学出版社，2007：488.

的遗产，动产适用被继承人住所地法律，不动产适用不动产所在地法律。

中华人民共和国与外国订有条约、协定的，按照条约、协定办理。

与 1954 年的规定相比，《继承法》第 36 条坚持了先前的区别制，但动产继承适用外国法不再以互惠为条件，同时一改过去以被继承人的国籍为连结点，采用动产继承适用被继承人住所地法的做法，内容上也比 1954 年的规定更为完善和合理。同时，《继承法》第 36 条的规定亦更有利于保护包括海外华侨在内的当事人的利益，这是因为华侨住所地国家（多在美、英、法、日及东南亚诸国）的继承法所规定的继承人范围一般较宽，适用住所地法原则更能切实有效地保护境内外继承人的合法权益。① 但《继承法》第 36 条未能解决以被继承人的住所为连结点时的时际冲突问题，而且文字表述亦嫌累赘。同时，它是一条有限制的双边冲突规范，并不能普遍适用于所有含有涉外因素的继承关系，而只适用于继承人是外国人，或者被继承人是外国人，或者遗产位于中国境外等三种涉外继承案件。② 为了解决动产继承法律适用的时际冲突问题，最高人民法院在《关于贯彻执行〈中华人民共和国继承法〉若干问题的意见》（已失效）中规定："涉外继承，遗产为动产的，适用被继承人住所地法律，即适用被继承人生前最后住所地国家的法律。"

鉴于《继承法》第 36 条的不完善，也为了适应改革开放后新的形势，1986 年《民法通则》第 149 条就遗产法定继承的法律适用问题作了更为全面、明确而简洁的规定："遗产的法定继承，动产适用被继承人死亡时住所地法律，不动产适用不动产所在地法律。"这一规定具有四个方面的特点：其一，坚持继承法律适用的区别制，动产和不动产分别适用不同的冲突规范所援引的准据法，这与其他许多国家的做法是一致的；其二，此规定适用于涉外法定继承准据法的确定；其三，这里的"遗产"指我国境内外的一切为被继承人生前所有财产，包括动产和不动产；其四，发生被继承人住所的积极冲突或时际冲突时，以被继承人死亡时的住所为准，适用被继承人死亡时的住所地法来处理涉外动产的法定继承问题。③

《涉外民事关系法律适用法》第 31 条基本沿袭了《民法通则》第 149 条的规定，唯一的不同在于《民法通则》第 149 条关于动产继承采用住所作为连结点，而《涉外民事关系法律适用法》第 31 条则采用经常居所作为连结点，规定法定继承适用被继承人死亡时经常居所地法律。但这仅是措辞上的不同，事实上，从《民法典》第 25 条关于住所概念的规定来看④，在我国民法中，基本上是以当事人的经常居所作为其住所的。

在实务中，被继承人死亡时的经常居所地的认定有时成为确定继承准据法的争议焦点。在一涉澳继承案件中，被继承人为在内地经商的澳门居民，其遗产涉及股权，其死亡时经常居所地是在澳门还是在内地决定该遗产继承准据法是适用澳门法还是内地法律。法院认为，其生活中心的认定除考虑其本人、父母、子女的居住情况外，应重点考察其资产来源、投资经营、资金流转、财产分布等状况。被继承人出生成长于中国内地，在取得澳门特别行政区永久性居民身份后，仍在内地与家人共同从事经营活动，并在内地购置诸多不动产，开设诸多银行账户进

① 刘仁山．国际私法．北京：中国法制出版社，2019：401.

② 肖永平．中国冲突法立法问题研究．武汉：武汉大学出版社，1996：431.

③ 刘仁山．国际私法．北京：中国法制出版社，2019：401.

④ 我国《民法典》第 25 条规定："自然人以户籍登记或者其他有效身份登记记载的居所为住所；经常居所与住所不一致的，经常居所视为住所。"

行上亿元的巨额资金流转。相较而言，被继承人在内地经营实业的资金及规模大于在澳门特别行政区的投资。二审判决综合全案情况，认定被继承人死亡时的经常居所地在中国内地，并适用中国内地法判决分割有关公司股权份额，亦无不当。[①]

二、遗嘱的法律适用

关于遗嘱的法律适用问题，《涉外民事关系法律适用法》有较为详细的规定。

关于遗嘱方式，《涉外民事关系法律适用法》第32条规定，遗嘱方式符合遗嘱人立遗嘱时或者死亡时的经常居所地法、国籍国法或者遗嘱行为地法的，遗嘱均为成立。该规定体现了有利于遗嘱成立的立法取向。《涉外民事关系法律适用法》与1961年海牙《遗嘱处分方式法律冲突公约》的规定明显不同之处在于，其没有区分动产和不动产，统一适用前述选择性冲突规范。

《涉外民事关系法律适用法》第33条规定，遗嘱效力，适用遗嘱人立遗嘱时或者死亡时经常居所地法律或者国籍国法律。遗嘱的效力即遗嘱的实质有效性，其内容通常既包括立遗嘱人的表意真实性问题，如立遗嘱人立遗嘱时是否受到了胁迫、欺诈等，又包括遗嘱的内容是否违反了有关法律的强制性规定，如遗嘱是否违反了有关法律关于特留份的规定，亦即立遗嘱人是否为其遗孀和子女留下一定份额的遗产等。此外，由于《涉外民事关系法律适用法》没有规定立遗嘱能力的法律适用，因而似应可以理解为其将立遗嘱能力的法律适用亦纳入遗嘱效力的法律适用中。《涉外民事关系法律适用法》第33条在规定遗嘱的效力适用立遗嘱人的属人法时提供了"立遗嘱时"和"死亡时"两个时间点。理论上，如果立遗嘱人立遗嘱时与死亡时的经常居所地和国籍国不同，则可能有四个法律可供选择，但立法没有明确选择的标准。如果有关国家法律存在差异，例如一个国家的法律认为遗嘱内容有效，而另一个认为遗嘱内容无效，法官如何选法就面临困难。通常情况下，此种冲突规范的连结点应该是唯一的。第33条规定遗嘱的效力选择适用立遗嘱人的经常居所地法和本国法缺乏充分的理由，国外也鲜有此类立法例。

《涉外民事关系法律适用法》第34条规定，遗产管理等事项适用遗产所在地法律。这一规定一方面有利于照顾遗产所在地国关于遗产管理的特别规定，另一方面也有利于未来判决的承认与执行。

三、无人继承财产的法律适用

早在1954年最高人民法院和外交部发布的《外人在华遗产继承问题处理原则》中，其第6条即规定，"外人在华遗产，如果所有的合法继承人及受赠人均拒绝受领，或有无继承人不明确，在公告继承期满6个月，仍无人申请继承，遗产即成为无人继承财产，应收归我国所有"；其第7条还规定，"如果外国人遗留在我国的无人继承财产为动产，该外国人所属国与我国建立了外交关系，则在互惠原则下，可将动产遗产移交给该外国人所属国驻我国使领馆处理"。

我国《继承法》和《民法通则》对涉外无人继承财产的归属问题没有作出规定，但1988年《执行〈民法通则〉意见》第191条规定，"在我国境内死亡的外国人，遗留在我国境内的财产如果无人继承又无人受遗赠的，依照我国法律处理，两国缔结或者参加的国际条约另有规

① 参见（2020）粤民申4080号民事裁定书。

定的除外”。该规定是一条单边冲突规范，仅对位于我国的无人继承财产的归属问题作了规定。《涉外民事关系法律适用法》第 35 条规定，无人继承遗产的归属，适用被继承人死亡时的遗产所在地法律。这一规定基本延续了前述第 191 条的思路，只是将其双边化而已。

《民法典》第 1160 条规定：“无人继承又无人受遗赠的遗产，归国家所有，用于公益事业；死者生前是集体所有制组织成员的，归所在集体所有制组织所有。”据此，可以认为，对位于我国境内的无人继承财产，我国与外国有条约规定的适用条约规定，如无条约规定，即适用我国《民法典》上述第 1160 条的规定，将该无人继承财产收归我国所有。

第十三章 商事关系的法律适用

提要

本章主要讨论代理、票据、海商合同、航空运输合同以及破产等领域的法律适用问题。

重点问题

- 代理的法律适用
- 票据的法律适用
- 海商与航空运输合同的法律适用
- 破产的法律适用

第一节 代理的法律适用

一、概述

实施一项法律行为可否委托他人代理，作为法律行为的实质问题，应由各该法律行为的准据法支配。比如，一项物权处分行为可否代理的问题，应由物权的准据法亦即物之所在地法支配；收养子女可否代理，自然也应由收养或更精确地说收养成立的准据法支配。

代理（agency）大分为法定代理（legal agency）与委托代理（agency by agreement），但无论是哪种代理，其都是由代理人（agent）以本人（被代理人，the principle）的名义在代理权限内向第三人为或者受领意思表示，其效力直接及于本人的一种制度，因而在法律关系上都包括三个方面：（1）本人与代理人之间的关系；（2）代理人与第三人之间的关系；（3）第三人与本人之间的关系。在国际私法上，也要从这三个方面来确定准据法，具体而言，第一方面的法律关系应适用作为代理权发生基础的法律关系的准据法，第二方面的法律关系应适用代理人与第三人之间实施的法律行为（代理行为）的准据法（比如，如果代理行为是债权行为，就适用债权的准据法；如果代理行为是物权行为，就适用物权的准据法），相较而言，第三方面的法律关系的法律适用相对复杂，因为其关涉在与第三人的关系中代理权的存否及范围问题，换言之即代理行为的效果可否直接归属于本人的问题，对此存在不同观点。①

二、法定代理的法律适用

法定代理，顾名思义，并非基于本人的意思，而是基于法律的直接规定而形成的代理。由法定代理的特点可知，本人与代理人之间的关系应适用作为代理权发生原因的法律关系的准据法。法定代理虽然种类繁多，但实践中主要是亲权人代理和监护人代理。这意味着，在这两种法定代理中，本人与代理人之间的关系应分别适用亲子关系的准据法和监护关系的准据法。至于第三人与本人之间的关系，如前所述，其关涉代理权的发生、范围和消灭等，由于这些问题均决定于法律的直接规定，因而也应该适用作为代理权发生原因的法律关系的准据法，就亲权人代理和监护人代理而言即亲权关系的准据法和监护关系的准据法。② 至于第三人与代理人之间的关系，如前所述，适用代理行为自身的准据法。

在法定代理中，如果代理行为是身份行为倒也无妨，但在代理行为是财产行为的情况下，

① 出口耕自「論点講義国際私法」（法学書院，2015）189－190頁。
② 出口耕自「論点講義国際私法」（法学書院，2015）190頁；木棚照一「国際私法」（成文堂，2016）174頁。

则会涉及对第三人的保护问题。一般认为，法定代理是为保护本人而创设的制度，而且第三人通常也知道代理权的发生原因，因而对本人的保护应优先于对第三人的保护。但也有观点认为，在有些情况下也应该为第三人提供必要的保护。如1996年海牙《关于父母责任和保护儿童措施的管辖权、法律适用、承认、执行和合作公约》第19条第1款即规定："根据交易地法律为有法定代理权的当事人与第三人之间实施的交易的效力不能仅因为前者根据本公约指引的准据法对儿童无法定代理权而受到质疑……除非第三人知道或应该知道父母责任受后者支配。"这一规定即旨在保护交易地的交易秩序，同时也为善意第三人提供保护。海牙2000年《成年人国际保护公约》第17条也有类似规定。在日本，也有强有力的观点主张，对于基于日常家事代理而导致的日常家事债务，应将其定性为夫妻财产制，通过援引《法律适用通则法》第26条第3款来实现内国交易秩序的保护。①

三、委托代理的法律适用

（一）本人与代理人之间的关系（内部关系）

在委托代理的情况下，代理人是否被授予代理权，在授予代理权情况下代理权的范围如何，这些问题基本上均由本人与代理人之间的授权行为（授予代理权的行为）的准据法来支配。此种授权行为通常表现为某种无名合同，但很多时候也会与委任或雇佣并存，因此如果没有相反的情势，授权行为的准据法即基于当事人间的默示意思而采委任或雇佣的准据法。但无论如何，本人与代理人之间的关系适用授权行为的准据法。②

（二）第三人与本人之间的关系（外部关系）

如前所述，第三人与本人之间的关系也围绕代理权的存否及范围问题展开，这一问题在本质上即代理行为的效果可否直接归属于本人。在外部关系的法律适用中，问题的关键在于本人与第三人之间的利益协调。围绕这一问题，日本学术界主要有以下几种学说③：

第一，代理人营业地法说，即适用代理人营业所所在地法；

第二，代理行为准据法说，即适用代理行为的准据法；

第三，代理行为地法说，即适用代理行为的行为地法；

第四，授权行为准据法说，但辅之以交易保护条款，具体而言，代理权的存否及范围，适用授权行为的准据法，但同时类推适用日本《法律适用通则法》第4条第2款的交易保护条款，当根据授权行为的准据法代理权不存在时，如果根据代理行为地法代理权存在，则视代理权为存在，不仅如此，当根据授权行为的准据法代理行为在代理权范围之外时，但如果根据代理行为地法代理行为在代理权范围内，则视为在代理权范围内。

代理人营业地法说选择与本人和第三人均有密切联系，同时也很容易为双方知晓的事实要素作为连结点，这是其合理性所在，不过与后三个学说相比，其还是更侧重于本人利益的保护。④

---

① 出口耕自「論点講義国際私法」（法学書院，2015）190頁。日本《法律适用通则法》第26条第3款规定："依前二款规定应适用外国法的夫妻财产制，对于在日本进行的法律行为及在日本的财产，不能对抗善意第三者。此时，对于与该第三者之间的关系，夫妻财产制问题依日本法。"

② 溜池良夫「国際私法講義」（有斐閣，2005）316頁。

③ 出口耕自「論点講義国際私法」（法学書院，2015）191-192頁。

④ 出口耕自「論点講義国際私法」（法学書院，2015）192-193頁。

代理行为准据法说强调，代理权是代理行为之变异性效力得以展开的原因，是代理权效力发生的客观法律要件之一，因而调整代理行为效力的法律同时也应该是调整作为其要件之代理权的存否及范围的法律。换言之，这一学说将代理行为对本人的效力归属问题视为代理行为的效力问题。相对授权行为准据法说，代理行为准据法说客观上更适于交易保护，但在主观上其并非以交易保护本身为目的。①

代理行为地法说将国际私法上的交易利益和交易秩序保护价值引入代理。在国际私法上，为了安全交易，人们不得不仰仗和相信交易地的法律。从这个视角看，代理行为地法说是最正宗的交易保护学说。②

第四个学说则在沿袭代理行为地法说保护交易安全的旨趣的基础上，在保护第三人的方向上又向前推进了一大步。具体而言，在代理中，第三人通常都会知道授权行为的准据法，并进而在该法基础上判断代理权的存否及范围，而第四个学说则在此之外又专门以代理行为地法为基础为第三人提供了多一层的保护。③

在前述四个学说中，代理行为地法说是目前主流观点，但从对第三人的保护的视角来看，第四个学说显然最为得力。更为关键的是，第四个学说还可以很好地处理表见代理和无权代理的情况。首先，即使相关代理行为根据授权行为的准据法被定性为表见代理或无权代理，但如果根据代理行为地法为有权代理，则鉴于代理行为地法对第三人有利，此时应适用代理行为地法。其次，在表见代理和无权代理的场合，就第三人与本人的关系（尤其是本人对第三人的责任）而言，尽管原则上应适用授权行为的准据法，但从保护第三人的视角出发，其适用也要受到代理行为地法的限制。比如，即使按照授权行为的准据法不构成表见代理，但如果按照代理行为地法构成表见代理，则仍视其为表见代理。④

第二节 票据的法律适用

票据（bill，note，negotiable instrument）是出票人（drawer）签发的，由自己或委托他人在一定时间和地点无条件支付给持票人（bearer）一定金额的有价证券（negotiable securities）。票据是现代国际经济贸易中被广泛采用的支付工具。关于票据法，目前国际上主要存在以国际联盟 1930 年《统一汇票本票法公约》和 1931 年《统一支票法公约》为主体的日内瓦票据法公约体系和英美票据法体系。两大票据法体系之间在票据行为能力（disposing capacity）、票据行为方式（formalities）以及票据追索权（right of recourse）等领域存在较大差异，从而导致在

---

① 出口耕自「論点講義国際私法」(法学書院，2015) 193 頁。
② 出口耕自「論点講義国際私法」(法学書院，2015) 193 頁。
③ 出口耕自「論点講義国際私法」(法学書院，2015) 193－194 頁。
④ 出口耕自「論点講義国際私法」(法学書院，2015) 194 頁。

票据的国际流通和支付过程中难免发生法律冲突，并进而带来法律适用问题。对于票据法律适用，国际立法和各国立法无一例外均采用分割方法。

一、票据行为能力的法律适用

（一）属人法说

关于票据行为能力的法律适用，通说认为应适用当事人属人法。但该说在实践中又存在本国法主义和住所地法主义之争。本国法主义认为，人的能力不能随意发生变动，人的能力与一国的国土、气候、人种以及文化等存在很大关系，因而应以人的本国法来确定其能力。而住所地法主义则认为，当事人的国籍国在现实生活中未必是当事人所在国，相较而言，住所地更能反映当事人与某一地域的长久联系，因此属人法应以住所地法为准。[①] 应该说，两种做法均有其合理之处。

（二）行为地法说

行为地法说主张票据行为能力适用当事人行为地法。行为地法说认为，在涉外票据关系中，要查明当事人本国法或住所地法关于行为人能力的规定并进而最终确定行为人有无票据行为能力，实属不便，而且有碍商事交易的及时进行。相反，票据行为能力适用行为地法，不仅准据法易于查明，而且无阻碍交易的弊端，有利于票据流通，能够保证票据活动免受干扰和破坏。[②]

1930 年《解决汇票及本票若干法律冲突公约》兼采前述两种主张，实施以属人法为主而以行为地法为辅的做法。其第 2 条规定："一个人受到汇票或本票约束的能力应依其本国法。如果其本国法规定，对于该争议应适用另一国法律，则该另一国法律应予适用。当一个人依前款规定指定的法律为无行为能力时，如果其在另一国签字，且根据该签字地国其具有相应能力，则其应受该签字地国法律约束……"显然，公约一方面采用反致制度以试图调和本国法主义与住所地法主义的冲突，增加了法律选择的灵活性，另一方面，为保护交易安全的需要，其也采用行为地法对属人法进行了补充。[③]

二、票据行为方式的法律适用

票据是严格的要式证券，对于票据行为，各国票据法都规定了严格的形式要求，行为人如果没有按照票据法规定的方式为票据行为，则会导致行为无效。票据行为方式的法律适用主要有以下两种做法。

（一）行为地法主义

行为地法主义的理论依据是"场所支配行为"。根据"场所支配行为"而使票据行为方式受行为地法支配，被认为是"各国普遍承认的习惯法"或"不存在争执的原则"。有些国家立法明确采取这一做法。如加拿大《票据法》第 159 条规定，在一国签发而在另一国转让、承兑和支付的票据，其形式有效性受争议发生地法支配。每一相关合同的形式有效性，诸如背书、

---

① 刘仁山．国际私法．北京：中国法制出版社，2019：301.

② 马汉宝．国际私法论文选辑．台北：五南图书出版公司．1984：561．转引自潘攀．票据的法律冲突．北京：北京大学出版社，2002：75。

③ 刘仁山．国际私法．北京：中国法制出版社，2019：301.

承兑、拒绝承兑证书的形式有效性，受合同缔结地法支配。

行为地法主义的优点在于法律适用具有确定性，易于确定票据行为的效力。其缺点是不利于票据流通，原因在于，根据该原则，即使根据其他相关法律票据行为在形式上为有效，但如果其形式不符合行为地法的规定，即成为无效的票据行为。而在票据的国际流通中，票据行为地有时难免不具有偶然性，这就使票据行为的形式要件绝对地适用行为地法具有不合理性。也正因为如此，目前在各国国际私法立法中单纯采用行为地法主义的已经很少见。

（二）行为地法与票据行为本身的准据法的选择适用

关于法律行为形式要件的法律适用，目前较为流行的做法之一是选择适用行为地法和法律行为本身（实质要件）的准据法。这一做法对票据行为方式亦可以适用。也就是说，只要票据行为符合行为地法和票据行为本身的准据法这二者中任何一个法律规定的形式要件，该行为在形式上即为有效。这一做法可以克服行为地法主义的不足。

（三）以行为地法为主，以国籍国法为补充

这一做法认为，票据行为的方式原则上适用行为地法，但当当事人的国籍相同时，如果票据行为的方式依其本国法为有效，则该票据行为在形式上亦为有效。韩国 2001 年《国际私法》第 53 条第 3 款规定："韩国国民在国外进行关于汇票、本票或支票的行为时，该行为虽然根据行为地法为无效，但如果根据韩国法为合法，则其对其他韩国国民为有效。"此外，日内瓦 1930 年《解决汇票及本票若干法律冲突公约》第 3 条第 3 款、1931 年《解决支票法律冲突公约》第 4 条第 2 款也有类似规定。在票据行为方式法律适用问题上采取以行为地法为主、以国籍国法为补充的做法，有利于加强法律选择的灵活性，顺应现代票据交易活动的发展趋势，促进票据的安全交易。[①]

三、票据债务的法律适用

票据是一种设权证券，依据票据行为可以在特定人之间创设一定的债权债务关系。票据债务依票据行为的不同类别可以分为主债务和从债务两种。前者指汇票承兑人及本票出票人根据票据上的文义记载承担的向持票人给付一定金钱的债务；后者则包括汇票出票人、背书人或参加承兑人，以及本票背书人、支票出票人、背书人等对持票人所负的债务。

（一）票据主债务的法律适用

对于票据主债务的法律适用，主要有以下两种主张。[②]

第一，适用票据订立地法。这主要是英美法系国家的主张。这一主张认为，票据是依一定票据行为创设的特殊契约，根据创设地法律成立的契约，当事人权利和义务应当由该国法律支配，而在他国应以既得权加以承认，并且当事人在某地为出票行为，亦可推知有接受该地法律管辖的意思。此外，以票据行为地法为票据主债务的准据法，也便于债务履行。英国 1882 年《汇票法》第 72 条第 2 款规定：汇票签发、背书、承兑的解释，由该契约的缔约地法决定。英国在票据行为的性质上坚持"契约说"，依据票据缔结的合同，其缔约地法实际上指票据交付地法。但行为地法主义存在不少缺陷，由于订立地常常具有偶然性，按订立地决定票据主债务

---

① 王承志．涉外票据法律适用规则探析//武大国际法评论：4 卷．武汉：武汉大学出版社，2006：151.

② 王承志．涉外票据法律适用规则探析//武大国际法评论：4 卷．武汉：武汉大学出版社，2006：151-153.

的准据法，难以实现法律选择的可预见性和确定性，所以，除英国等少数国家外，国际条约和大多数国家国内立法很少采纳此主张。

第二，适用付款地法。这一主张的依据在于，付款是设定票据契约的根本目的，也是票据权利人正当期望的结果。据此，付款地构成票据主债务履行的重心，适用付款地法律不仅便于票据主债务履行，而且也有益于票据权利的行使和安全。在立法实践上，相较票据订立地法主义，付款地法原则得到了广泛接受。如日本《票据法》第 90 条规定，汇票承兑人及本票出票人所负债务之效力，由该票据付款地所属国法律决定之。该法第 80 条还列举了 9 种适用付款地法的情形。日内瓦《解决汇票及本票若干法律冲突公约》第 4 条第 1 款也规定："汇票承兑人或本票出票人所负债务的效力应依付款地法律"。

（二）票据从债务的法律适用

对于票据从债务的法律适用，各国主要有以下三种做法。

第一，适用签字地法。即同一票据上各签名人所负票据债务，适用签字地国法。由于从债务依附于各个附属票据行为而发生，各个附属票据行为须以行为人在票据上签名为要件，并对票据上所载文义负责。因此，从债务人于何地签名即有接受该地法律支配其权利和义务的意思，并可以避免无法预见适用法律的危险。

第二，适用交付地法。主张此说的依据在于，票据行为包括签名和交付两个相关环节，交付构成各个票据行为成立的最后步骤。依据票据行为而成立的债务，交付地即为债务成立地。因此，同一票据上所产生的各个从债务分别适用其交付地法。

第三，适用付款地法。此说认为票据上的债务具有担保债务的属性，对主债务和从债务应当适用同一法律，以保证法律适用的协调一致。

四、票据其他问题的法律适用

（一）票据追索权行使期限的法律适用

票据追索权是指票据到期不获付款或期前不获承兑或有其他法定原因时，持票人在依法履行了保全手续以后，向票据上的所有票据行为人请求偿还票据金额、利息及其他法定款项的一种票据上的权利。追索权的行使受法定期间的限制，超过期间丧失追索权。但各国立法和国际条约对行使追索权的期限规定颇不一致。有关追索权行使期限的法律适用，主要有两种做法。大陆法系国家一般将追索权行使期限视为实体法问题，适用出票地法律。如日内瓦《解决汇票及本票若干法律冲突公约》第 5 条即规定："各签名人行使追索权的期限依票据成立地法。"德国和日本的票据法也有同样规定。英美法系国家则普遍把追索权的行使期限识别为程序问题，适用法院地法。

（二）票据的提示期限等问题的法律适用

票据是一种提示证券，持票人要求付款人付款时，必须向付款人作出承兑提示或付款提示。持票人的提示是其行使追索权的前提。追索权的行使必须以作成拒绝证书和发出拒付通知为基础和要件。但各国立法在提示期限、效力、拒绝证书记载事项等相关问题上差异很大。有关票据提示期限等问题的法律适用的学说和立法也很不一致，主要有以下两种主张。[1]

---

① 王承志．涉外票据法律适用规则探析//武大国际法评论：4 卷．武汉：武汉大学出版社，2006：153－155.

第一，适用付款地法。该主张认为，票据的提示、拒绝证书的作成和拒付通知等票据债务履行中的细节问题，应适用付款地法。在合同的法律适用中存在以下情况，即合同的成立和效力适用合同准据法，但合同履行的细节问题则作为例外适用合同履行地法，以作为合同的“辅助准据法”。票据的提示、拒绝证书的作成和拒付通知的发出等均属于债务履行的细节问题，因而应适用债务履行地法，即付款地法。

第二，适用行为地法。该说主张票据的提示、拒绝证书的作成和拒付通知等问题应适用各该行为地法。其依据是，上述细节问题与行为地法存在密切联系，适用行为地法便于票据权利的行使和保全。

前述两种学说各有利弊，各国做法也不完全一致。

（三）票据权利保全的法律适用

当有关票据因遗失或被盗等原因丧失时，失票人应采取何种手段或程序来保全其票据权利问题，在法律适用上基本没有分歧。日内瓦两个解决票据法律冲突的公约以及许多国家的票据法都明确规定，因票据遗失或被盗应采取的措施，依付款地法。票据丧失以后，为保证权利人及时有效地保全其权利，最合适的方法无疑是依据付款地法开始其保全票据权利的程序。对该问题适用其他国家的法律，往往会拖延甚至阻碍票据保全程序的正常进行。

MATERIAL

Negotiable Instrument

If a transfer of a negotiable instrument has been made abroad and its validity is disputed in an English action, the court is confronted with a problem of choice of law. What the choice should be depends on the manner in which the problem is analysed. It may be regarded as raising a question of form or interpretation to be governed by the Bills of Exchange Act 1882; or as the transfer of a chattel, in which case the law of the situs will be applicable; or as an assignment of a contractual right and therefore subject to the law governing the contract. Koechlin et Cie v. Kestenbaum, the leading decision on the matter, definitely treats the question as one of form or interpretation, although doubt may be expressed as to whether the Court of Appeal reached this conclusion by reading too much into the earlier authorities. The common law authorities which preceded the Bills of Exchange Act 1882, with one exception, showed a marked tendency to determine the validity of an indorsement by the law which governs the original contract of the acceptor or maker. The relevant sub-sections of the Bills of Exchange Act 1882 are as follows:

Where a bill drawn in one country is negotiated, accepted or payable in another, the rights, duties and liabilities of the parties thereto are determined as follows:

(1) The validity of a bill as regards requisites in form is determined by the law of the place of issue, and the validity as regards requisites in form of the supervening contracts,

such as acceptance, or indorsement, or acceptance supra protest, is determined by the law of the place where such contract was made. Provided that—

(a) Where a bill, issued out of the United Kingdom, is not invalid by reason only that it is not stamped in accordance with the law of the place of issue.

(b) Where a bill, issued out of the United Kingdom, conforms as regards requisites in form, to the law of the United Kingdom, it may, for the purpose of enforcing payment thereof, be treated as valid as between all persons who negotiate, hold, or become parties to it in the United Kingdom.

(2) Subject to the provisions of this Act, the interpretation of the drawing, indorsement, acceptance, or acceptance supra protest of a bill, is determined by the law of the place where such contract is made. The question is whether these sections are concerned with the subject of transfer at all, and whether it is possible to ascertain from them the legal system that determines the validity and effect of an indorsement, or of a delivery, of a negotiable instrument. There have been only a relatively small number of relevant cases since the 1882 Act. The first of these was Alcock V. Smith. The judgments of this case paid little heed to the statutory provisions, but in general applied Norwegian law as the law of the place of acting. Romer J, indeed, held that the word "interpretation" in section 72 (2) was wide enough to cover the "legal effect" of a contract and that therefore statutory effect had been given to the principle of the application of the law of the place of acting. In the Court of Appeal, however, no reliance was placed on the Act.

QUESTION

How about the classification of a transfer of a negotiable instrument in English law?

第三节 海商合同的法律适用

海商合同（maritime contract）主要包括海上货物运输合同、海上旅客运输合同、海上拖航合同以及海上货物运输保险合同等。本部分重点介绍海上货物运输合同的法律适用。

国际海上货物运输合同（contract of international carriage of goods by sea）是指由承运人收取运费以船舶为运输工具，经由海路将货物从一国的装运港运至另一国的卸货港，并交付收货人的协议。国际海上货物运输合同主要有三方当事人，即托运人（consignor）、承运人（carrier）和收货人（consignee）。国际海上货物运输合同有两种基本形式：租船合同（charter-party）和班轮运输合同（liner shipping contract）。租船运输是托运人租用船舶的全部或部分仓位运送货物的一种运输方式，一般用于大宗货物运输。班轮运输是指托运人将一定数量的货物交给承运人，承运人按固定航线、固定的港口顺序、固定船期和固定运费所进行的运输，其多用于运输数量少、交接港分散的货物运输，是海上货物运输中使用最广的一种运输方式。[①]

一、租船合同的法律适用

根据租船方式不同，租船合同可分为航次租船合同、定期租船合同和光船租船合同三种形式。前述三种租船合同的条款内容均较为繁杂，彼此间差异亦较大。为便于租船业务进行，一些国家的航运组织或航运公司通常都采用所谓“标准格式”租船合同。目前，国际上对定期租船合同一般都采用“波尔的姆”（Baltime）格式合同，对航次租船合同则多采用波罗的国际航运公会制定的代号为“金康”（Gencon，General Contract 的缩写）的统一租船合同。

“标准格式”的租船合同虽然为合同双方当事人的权利义务作出了详细规定，但在合同履行过程中仍难免会发生争议，在此过程中有时也会涉及法律适用问题。对于租船合同，各国基本上都允许出租人和承租人在法律许可的范围内协议选择准据法。当前，实践中大多数租船合同都会选择英国的法律或根据英国法形成的国际习惯法，个中原因，无非是英国的航运业历史悠久且非常发达，这使其在租船合同领域拥有完备且成熟的法律体系。在当事人没有选择准据法或其选择无效的情况下各国主要有以下几种做法。

（1）适用船旗国法。如意大利《海事运输法典》第 10 条规定，当事人未作其他意思表示时，租船合同或者运输合同受船舶国籍国法律支配。不过这种方法在方便船旗以及船旗变更的情况下会存在适用困难。

（2）适用承运人营业地法。如 1889 年《蒙得维的亚国际商法条约》第 14 条即作如是规定。这种方法具有稳定性和可预见性的优点，但法律适用的结果可能会对托运人不利。

（3）适用合同订立地法。如苏联《海商法典》第 14 条。

（4）适用法院地法。如保加利亚《海商法典》第 12 条。

（5）适用装运地法。如《布斯塔曼特法典》第 285 条第 1 款规定：“租船合同，如果不是附意合同，应适用货物装运港所在国家的法律。”

总的来看，在当事人没有选择准据法的情况下，各国立法与实践在租船合同法律适用方面差异较大。

二、班轮运输合同的法律适用

班轮运输主要是通过承运人签发提单（Bills of Lading，B/L）来实现，因而亦被称为“提单运输”。提单是海上货物运输中承运人在接收承运货物或把货物装船后，应托运人的请求签发给托运人、用以证明双方已订立运输合同并保证在目的港按照提单所载明的条件交付货物的一种书面单证。一般而言，提单具有以下法律意义：（1）提单是承运人与托运人之间订立海上货物运输合同的凭证；（2）提单是承运人接管货物或已将货物装船的证明；（3）提单

① 李双元，欧福永．国际私法．北京：北京大学出版社，2022：256.

是代表货物所有权的凭证，也就是说，谁合法持有提单，即等于占有了该货物，并享有处分权。[①]

调整提单的国际公约目前主要有四个，即1924年《海牙规则》、1968年《维斯比规则》、1978年《汉堡规则》以及2008年《鹿特丹规则》。《海牙规则》的特点是偏重保护承运人，这有利于保护航运业发达国家的利益。后来的《维斯比规则》主要扩大了《海牙规则》的适用范围，提高了承运人的赔偿限额，但其对《海牙规则》进行的修改与补充并未触及其核心制度。《汉堡规则》是对《海牙规则》的重大变革，其突出的特征是加重了承运人的责任。《鹿特丹规则》是当前国际海上货物运输规则之集大成者，截至2014年4月，共有25个国家签署了该公约，其中西班牙、多哥以及刚果民主共和国已经批准，该公约目前尚未生效。

由于有关提单的国际公约和相关国内法的规定不同，加之各国对相关法律规则的解释亦有不同，因而围绕提单的法律冲突仍然非常常见。提单一般首先适用当事人选择的法律。提单通常都会载有指定提单所适用的法律的条款。[②] 不过提单的法律适用较为特殊，作为海上货物运输合同的证明，提单的条款要受到相关国际性强行法和公共政策的制约，因而提单当事人的意思自治权利也要受到相应的制约。提单当事人应根据有关提单的国际公约和国内法规定制定提单条款，包括法律选择条款。约束提单的三个国际公约已受到其参加国及世界上所有海运国家的重视，因而在某种程度上，该三个公约已经成为国际性的强行法。[③] 如在有些参加国，国际公约可以直接适用，其法院可以直接援用公约条款作为审理案件的法律依据。因而，对有关提单的国际公约而言，如果这些国家对这些公约的适用范围未作例外规定的话，则在这些公约本身的适用范围内，有关提单受该公约约束。如《海牙规则》第10条规定："本公约各项规定，适用于在任何缔约国签发的一切提单。"因而只要某一提单的签发地在某一缔约国，该提单即受《海牙规则》约束。[④]

如果当事人没有约定，则适用最密切联系原则来确定提单的准据法。通常承运人的主营业地所在国家可以被视为最密切联系地国家，前提是它同时也是装货港或卸货港或托运人主营业地所在国家。[⑤]

对于提单的法律适用，有些国家的法律作出了明确规定。如德国《票据法》第93条规定，提单转让的效力应依据发布转让声明地所在国的法律和提单发出地所在国的法律。此外，阿根廷《航海法》第603条和第614条规定，依据海上货物运输合同而签发的提单应适用目的港法律，合同各方无权选择其他法律。

由上可见，关于提单的法律适用，各国立法与实践中的做法并不完全一致，总体而言，在有国际性强行法规定的情况下，提单应优先适用国际性统一规定，在有关国际性强行法没有规定的情况下，则适用有关国家的国内法。

---

① 李双元，欧福永．国际私法．北京：北京大学出版社，2022：258.

② 如Shell Bill of Lading，clause 10（A）：The contract contained in or evidenced by this Bill of Lading shall，notwithstanding any other term set out or incorporated herein，be construed and relations between the parties，determined in accordance with the law of England.

③ 王国华．海事国际私法研究．北京：法律出版社，1999：122.

④ 韩立新．论提单中有关法律适用条款．中国海商法年刊（1996年）（7）：220－221.

⑤ 杜涛．国际经济贸易中的国际私法问题．武汉：武汉大学出版社，2005：301.

CASE STUDY

THE MORVIKEN

[1983] 1 Lloyd's Rep. 1

(abbreviated)

Ⅰ. Summary

In March 1978, at the Scottish port of Leith, the shippers (the plaintiffs) shipped the cargo on board a vessel belonging to the carriers (the defendants) for carriage to the Dutch West Indies. Condition 2 (1) of the bill of lading specified that the law of the Netherlands applied to the contract and that the defendants' maximum liability per package was GBP 250. Condition 2 (3) stipulated that all actions under the carriage contract were to be brought before the Court of Amsterdam. The cargo was transshipped in the Netherlands onto the Morviken for carriage to the destination. While it was being unloaded at the discharging port, the cargo was dropped and severely damaged. The plaintiffs estimated the damage at about GBP 22 000 and brought an action in rem against the Hollandia, a ship belonging to the defendants, claiming damages for breach of contract and negligence in the care and discharge of the cargo. The defendants applied for a stay of the action on the ground that the action could only be brought in Amsterdam where, under Dutch law (which at the date of issue of the bill of lading still recognised the Hague Rules rather than the Hague - Visby Rules) the liability would be limited to the amount specified in the bill of lading. The plaintiffs relied on the Carriage of Goods by Sea Act 1971 (UK) (COGSA 1971) and art 4. 5 of the Hague-Visby Rules which set a limit of liability of around GBP 11 500.

The first instance Court ordered that all further proceedings in the action be stayed on the ground, principally, that the choice of forum clause in condition 2 (3) of the bill of lading required the matter to be tried in Amsterdam. The plaintiffs appealed. The Court of Appeal held that conditions 2 (1) and (3) should be null and void. The defendants appealed to the House of Lords.

The core issue on this appeal was whether, in light of art 3. 8 of the Hague-Visby Rules, conditions 2 (1) and (3) were to be struck down to the extent that they were against this article. The defendants claimed that if the framers of the Hague/Hague-Visby Rules had intended arbitration or forum selection clauses to be struck down by art 3. 8 of the Rules, they would have said so explicitly.

Ⅱ. The Holding: Appeal Dismissed

The Hague-Visby Rules scheduled to the COGSA 1971 were to be treated as if they were part of directly enacted statute law in the United Kingdom. In this case, the bill of lading was issued in a contracting State, the United Kingdom, and it covered a contract for carriage from a port in a contracting State. Therefore, the Hague-Visby Rules were applicable.

Condition 2 (1) of the bill of lading was *ex facie* a clause in a carriage contract which purported to lessen the liability of the defendants for loss or damage arising from negligence or breach of contract for which art 4. 5 of the Hague-Visby Rules provided. It was therefore rendered null and void and of no effect under art 3. 8 of the Hague-Visby Rules.

Unlike condition 2 (1), a choice of forum clause such as condition 2 (3) did not *ex facie* offend against art 3. 8, since it was a provision of the contract of carriage that was subject to a condition subsequent, and came into operation only upon the occurrence of a future event that might or might not occur. It was most consistent with the achievement of the purpose of the COGSA 1971 that the time at which to ascertain whether a choice of forum clause would have an effect that was proscribed by art 3. 8 should be when the condition subsequent was fulfilled and the carrier seek to bring the clause into operation and to rely upon it. If the dispute was about duties and obligations of the defendants or ships that were referred to in that rule and it was established as a fact that the foreign court chosen as the exclusive forum would apply a domestic substantive law which would result in limiting the carrier's liability to a sum lower than that to which it would be entitled if art 4. 5 of the Hague-Visby Rules applied, then an English court was commanded by the COGSA 1971 to treat the choice of forum clause as of no effect.

QUESTION

Why were the Hague-Visby Rules applied in this case?

第四节 航空运输合同的法律适用

一般而言，国际航空运输（international carriage by air）是指以航空器运送人员、行李或货物而不论在运输中有无间断或者转运，其出发地和目的地在两个不同国家的领土，或者前述两个地点在一个国家领土之内但在另一国的领土内有约定的经停地点的任何运输。[①] 目前调整国际航空运输的主要是华沙责任体制。华沙责任体制中的国际公约主要有三个，即 1929 年《华沙公约》、1955 年《海牙议定书》和 1961 年《瓜达拉哈拉公约》。[②]

① 对国际航空运输的定义可参考《蒙特利尔公约》第 1 条。

② 此外，属于华沙责任体制的国际法律文件还有 1971 年《经海牙议定书修订华沙公约的马拉议定书》以及修订华沙公约的 4 个 1975 年《蒙特利尔议定书》。

《华沙公约》(Warsaw Convention) 的全称是《关于统一国际航空运输若干规则的公约》(Convention for the Unification of Certain Rules Relating to International Carriage by Air)。该公约规定了以航空运输承运人为一方和以旅客和货方（货物托运人与收货人）为另一方的权利义务关系，其是有关国际航运的一项最基本公约。到目前为止已有 130 多个国家和地区参加了该公约。我国于 1958 年加入该公约。《海牙议定书》(Hague Protocol) 的全称为《修改 1929 年 10 月 12 日在华沙签订的统一国际航空运输若干规则公约的议定书》(Protocol to Amend the Convention for the Unification of Certain Rules Relating to International Carriage by Air)。该议定书对《华沙公约》作了适当修改，至今有近 100 个成员。我国于 1975 年加入该议定书。《瓜达拉哈拉公约》(Guadalajara Convention) 的全称是《统一非缔约承运人所办国际航空运输若干规则以补充华沙公约的公约》(Convention Supplementary to the Warsaw Convention for the Unification of Certain Rules Relating to International Carriage by Air Performed by a Person other than the Contracting Carrier)。《瓜达拉哈拉公约》的制定目的是将《华沙公约》有关缔约承运人的相关规定适用于实际承运人（actual carrier)，以弥补后者的不足。目前约有 50 个国家和地区加入《瓜达拉哈拉公约》。①

华沙责任体制在国际航空运输实践中适用和运行了 70 余年，它对调整和规范各国间的航空运输活动，推动国际民用航空事业的快速发展发挥了重大作用。但华沙责任体制同时也是一个利益妥协的产物，各国和相关利益集团围绕华沙责任体制一直存在着深刻分歧和矛盾。1999 年，作为华沙责任体制一体化和现代化改革重大成果的《蒙特利尔公约》(Montreal Convention) 出台。《蒙特利尔公约》的全称为《统一国际航空运输某些规则的公约》(Convention for the Unification of Certain Rules for International Carriage by Air)。该公约的出台标志着当代国际航空运输责任法进入新的发展阶段。《蒙特利尔公约》对华沙责任体制的发展主要体现在，其将国际航空运输责任立法的重心从保护承运人利益转向加强保护航空运输消费者的利益，同时实现了归责原则的客观化和承运人赔偿责任的无限制。

尽管有华沙责任体制，但在国际航空运输合同领域仍存在着大量法律冲突，因而解决国际航空运输合同的法律适用问题仍有必要。

一、当事人意思自治原则

对于国际航空运输合同而言，首要的法律选择方法自然应是当事人意思自治。国际法学会 1963 年出台的报告《航空法中的法律冲突》(Conflicts of Laws in the Law of the Air) 第 5 条第 1 款即规定："旅客和货物的运输合同应适用当事人意欲受其支配的法律。"对于运输合同，《罗马条例 Ⅰ》第 5 条也允许当事人选择准据法。但在国际航空旅客运输合同中，由于存在弱者保护问题，因而当事人意思自治通常会受到限制。尤其是华沙责任体制，作为调整国际航空运输的统一实体规则，其制定了大量的强制性规则，排除了当事人通过意思自治原则选择法律或通过私下协议来规避公约规则的选择权。如《蒙特利尔公约》第 49 条规定："运输合同的任何条款和在损失发生以前达成的所有特别协议，其当事人借以违反本公约规则的，无论是选择所适用的法律还是变更有关管辖权的规则，均属无效。"此外，为了避免承运人通过合同条款

① 在前述三个公约中，《华沙公约》是基础，后两个公约是对《华沙公约》的修改或补充。但三个公约同时又是彼此独立的公约，每个国家或地区既可以参加其中一个公约，也可以同时参加其中两个甚至三个公约。

或者其他类似约定来免除或减轻其自身基于公约而承担的法律责任，《蒙特利尔公约》第 26 条又规定："任何旨在免除本公约规定的承运人责任或者降低本公约规定的责任限额的条款，均属无效……"《蒙特利尔公约》对当事人意思自治进行限制的目的，是防止承运人规避公约向其课加的责任，最大限度地保护消费者的利益。针对旅客运输合同，《罗马条例Ⅰ》第 5 条第 2 款也对当事人的意思自治作了限制，即只允许当事人在以下法律中进行选择：乘客惯常居所地法、承运人惯常居所地法、承运人管理中心地法、出发地法以及目的地法。

二、最密切联系原则

在当事人没有选择准据法的情况下，《罗马条例Ⅰ》第 5 条第 1 款和第 2 款分别针对货物运输合同和旅客运输合同作了规定。该条第 1 款规定，对于货物运输合同，如果当事人没有选择准据法，则适用承运人惯常居所地所在国家的法律，但前提是收货地、交货地或者发货人的惯常居所地同时也位于该国；如果前述条件不能成就，则适用双方约定的交货地所在国家的法律。总体来看，该款规定显然是最密切联系原则的体现，这一点在该款第 1 句中尤其明显。在第 1 句规定的条件不能成就时，第 2 句要求适用货物交付地法，无论是从与双方当事人的联系的角度，还是从合同履行的角度，应该说货物交付地都是与合同有密切联系的地点。

对于旅客运输合同，《罗马条例Ⅰ》第 5 条第 2 款规定，在当事人没有选择准据法的情况下，合同适用旅客惯常居所地所在国家的法律，前提是运输始发地或目的地亦位于该国；如果前述条件不能成就，则适用承运人惯常居所地所在国家的法律。该款规定在很大程度上亦体现了最密切联系原则。

《罗马条例Ⅰ》第 5 条第 3 款进一步规定，在当事人没有选择准据法的情况下，如果从案件整体情况看，合同与第 1 款或第 2 款所指向国家之外的其他国家有更密切联系的，则适用该更密切联系地国家的法律。

三、适用承运人的主营业地法

在当事人没有选择准据法的情况下，国际法学会在其 1963 年报告《航空法中的法律冲突》第 5 条第 2 款中建议适用承运人的主营业地法。国际航空运输合同适用承运人的主营业地法有一定的不合理性，一方面，适用承运人的主营业地法对旅客或货方可能不利，另一方面，作为承运人，很多航空公司的经营范围遍布全球，就某一个具体纠纷而言，其和承运人的主营业地未必有密切联系。

第五节 破产的法律适用

国际破产（international bankruptcy），也称跨国破产（cross-border insolvency），是指含有

国际因素的破产。国际破产包括多种情形，如债权人、债务人涉及两个或两个以上国家或地区，又如破产财产位于两个或两个以上的国家或地区。国际破产大体上包括破产要件、破产程序、破产财产、破产债权和破产清算等方面，各国通常依分割制分别为其确定准据法。以下即从不同方面分别讨论。

一、破产要件的法律适用

破产要件是指债务人进入破产程序的必备条件，其主要包括破产能力、破产原因、是否须经申请及申请人的资格、要否先行和解以及法院有无管辖权等方面的问题。对上述问题各国立法各有不同。例如，在破产原因方面，各国立法可大分为破产概括主义和列举主义两类。所谓破产概括主义，是指以不能清偿、债务超过（insolvent）和停止支付等情况作为宣告债务人破产的原因。大陆法系国家多采取概括主义。而所谓破产列举主义，是指通过立法列举债务人应受破产宣告的事项。普通法系国家多采用列举主义。

一般来说，破产要件涉及的主要是诉讼权限和诉讼形式，也就是诉讼程序问题。根据程序问题依法院地法的原则，破产要件适用法院地法，也就是破产开始地法或破产宣告地法。

二、破产财团的法律适用

破产财团（bankruptcy estate）是指在破产程序中，当债务人被依法宣告破产时，为公平清偿所有破产债权而由破产管理人组织起来的破产人全部财产的集合。破产财团是破产宣告后继续进行破产程序的基础，也是破产债权人得以通过破产程序获得清偿的保证。

对于破产财团的法律冲突，一般分为以下几方面解决：破产财团的范围，适用破产宣告国法即法院地法；破产财团中的动产与不动产的识别，适用财产所在地法；债权人对破产财团的物权（取回权和别除权）适用物之所在地法，即取回权适用破产宣告时应取回的财产所在地国的法律，别除权适用对破产财团设定担保的物之所在地或留置物所在地国的法律；债务人对抗债权人的抵销权和否认权，适用破产宣告国的法律。

三、破产债权的法律适用

破产债权（credit of bankrupt）是指基于破产宣告前的原因成立，依破产程序申报并被确认的，可以从破产财团中受到清偿的无财产担保债权，以及放弃优先受偿权的有财产担保的债权。破产债权的法律冲突体现在破产债权的范围、确立以及清偿顺序等方面。

对于破产债权的法律适用，主要有两种主张。第一种主张认为应适用破产宣告国法，亦即法院地法。这一主张认为，虽然对于债权本身是否存在的问题应适用该债权自身的准据法，但对于债权人对破产财产的分配及清偿顺序等问题，应适用破产宣告国法。2015 年欧盟《破产程序条例》即采这一做法。第二种主张则认为，对破产债权应适用破产宣告时的财产所在地法。这是因为，破产问题涉及破产宣告时财产所在地的经济利益甚至公共秩序。

四、破产管理的法律适用

破产管理（receivership）是整个破产程序的核心，其贯穿于整个破产程序。破产管理通常包括以下事项：破产管理人的任命或指定；债权的申报；债权人会议的成立、召开及其权力；

对破产财产的占有、清理、登记、估价、变卖、处理和分配；参与有关破产财产的诉讼、和解或者仲裁；以及办理破产企业的注销登记等。这些问题有的属于实体问题，有的则属于程序问题。

对于破产管理问题，一般主张适用破产管理地法，即法院地法或破产宣告地法。这一做法得到普遍支持。2015 年欧盟《破产程序条例》亦采这一做法。

MATERIAL

Choice-of-Law Rules in Bankruptcy

When a dispute arises and the parties are from different states or more than one law within a single jurisdiction applies to the dispute, which law should govern? Choice-of-law rules answer that question. In the early years following the founding of the United States, state law was fairly uniform, so it usually did not matter which state's law was applied. However, in subsequent years, states enacted statutes that conflicted with those of their sister states.

Choice-of-law "is a device for choosing among states' substantive laws." Writing in 1927, Justice Benjamin Cardozo called conflict of laws "one of the most baffling subjects of legal science." At that time, American conflict of laws jurisprudence was in its infancy, and U. S. courts were following a single choice-of-law methodology. Over twenty-five years later, Dean William Prosser wrote, "[t] he realm of the conflict of laws is a dismal swamp, filled with quaking quagmires, and inhabited by learned but eccentric professors who theorize about mysterious matters in a strange and incomprehensible jargon. The ordinary court, or lawyer, is quite lost when engulfed and entangled in it." Today, resolving conflicts between competing state laws is a complex endeavor because states have adopted a variety of choice-of-law approaches.

Conflicts in bankruptcy cases usually occur when the debtors and creditors are from more than one state, but they can also involve a conflict between U. S. bankruptcy law and a foreign nation's bankruptcy law. In determining the parties' rights in a bankruptcy proceeding, the bankruptcy court must first determine whether state or federal law governs the parties' rights. If state law governs a right, then the court must determine which state's law applies. For example, a court will look to state law to determine whether a contract, on which a creditor's claim is based, is valid. If the contract was made between parties from different states and the contract would be valid under the law of one state but not the other, a choice-of-law issue can arise.

Left to grapple with the choice-of-law issue on their own without any clear direction from the Bankruptcy Code or the Supreme Court, the federal courts have been divided over the correct approach in bankruptcy and other federal question cases. Some courts apply the choice-of-law rules of the forum state and cite Klaxon as authority, while other courts reject application of Klaxon and apply the choice-of-law rules of federal common law. A third group tempers its approach by considering whether there is a compelling federal interest before applying the forum state's choice-of-law rules.

QUESTIONS

1. When will the choice-of-law issues arise in bankruptcy cases?
2. How about the status quo of choice-of-law in bankruptcy law in USA?

第六节 我国有关商事关系法律适用的规定

一、代理的法律适用

《涉外民事关系法律适用法》第 16 条规定："代理适用代理行为地法律，但被代理人与代理人的民事关系，适用代理关系发生地法律。（以上为第 1 款——笔者注）当事人可以协议选择委托代理适用的法律。"从第 16 条的规定来看，其区分代理内部关系和外部关系并分别规定二者的法律适用。第 16 条的规定令人困惑的地方在于，其是同时就法定代理和委托代理的法律适用进行规定吗？还是仅针对委托代理的法律适用？就第 16 条的规定来看，如果仅针对委托代理的法律适用，则其规定基本是妥当的。但从其第 2 款的措辞（就委托代理进行规定）来看，第 16 条又似乎是同时针对两种代理在内的。

如果是针对两种代理，则上述规定的合理性值得商榷。首先，如前所述，关于法定代理，基本上适用作为代理权发生基础的法律关系的准据法（但代理行为适用其自身的准据法），就此而言第 16 条的规定是不妥的。而就委托代理的内部关系而言，第 16 条第 1 款规定此种关系适用代理关系发生地法律，其外部关系则适用代理行为地法。就外部关系适用代理行为地法而言，第 16 条的规定基本是妥当的。对于内部关系的法律适用，第 16 条的可商榷之处在于，内部关系原则上适用授权行为的准据法，而授权行为既可能是一纸合同，也可能跟委任或雇佣等相联系，这里既可能允许当事人意思自治，也可能根据客观连结点来确定准据法，对此显然很难用"代理关系发生地法"而一言以蔽之。

二、票据的法律适用

我国 2004 年修订的《票据法》第 96 条规定："票据债务人的民事行为能力，适用其本国法律。票据债务人的民事行为能力，依照其本国法律为无民事行为能力或者为限制民事行为能力而依照行为地法律为完全民事行为能力的，适用行为地法律。”前述规定采取了以本国法为主同时以行为地法为辅的做法，表明我国在票据行为能力法律适用方面与国际通行做法基本接轨，较好地保证了票据当事人的行为能力，防止票据当事人以依其属人法没有票据行为能力为由而拒绝履行票据义务，有利于维护交易的安全。另外，值得注意的是，在反致问题上，《票据法》第 96 条没有借鉴《解决汇票及本票若干法律冲突公约》第 2 条的做法，这与我国立法和司法实践中一贯拒绝反致的做法是一脉相承的。

我国票据法关于票据行为方式的法律适用，规定于 2004 年《票据法》第 97 条和第 98 条。第 97 条规定，汇票、本票出票时的记载事项，适用出票地法律；支票出票时的记载事项，适用出票地法律，经当事人协议，也可以适用付款地法律。第 98 条规定，票据的背书、承兑、付款和保证行为，适用行为地法律。对于票据行为方式，我国法律总体上采取的是分割制。票据行为包括出票、背书、承兑、付款及保证等，其中出票行为为创设票据的原始行为，因而被称为基本票据行为，其他票据行为则为附属票据行为。我国法律前述两条规定分别针对基本票据行为和附属票据行为的行为方式进行规定。而对票据行为方式的法律适用，我国票据法原则上采取的是行为地法主义，对此我国有学者建议我国立法应采取以行为地法为主而以国籍国法为补充的做法。此外，在支票出票行为方式的法律适用上，我国票据法还引入了意思自治原则。考虑到票据流通涉及善意受让人的权利保护，且对票据行为地国家的金融秩序和经济发展会产生重大影响，加之票据法的规定大多具有强制性，因而票据行为方式的法律适用通常是不允许当事人协议选择准据法的。此外，有关票据行为方式法律适用的国际条约和国内立法中也几乎没有当事人意思自治的立法例。因此，我国《票据法》第 97 条第 2 款在支票形式要件法律适用上引入意思自治原则似有不妥。①

关于票据追索权的行使期限，我国《票据法》第 99 条规定：“票据追索权的行使期限，适用出票地法律。”至于票据的提示期限、有关拒绝证明的方式以及出具拒绝证明的期限等，根据我国《票据法》第 100 条规定，应适用付款地法。在票据权利保全问题上，我国《票据法》第 101 条规定，票据丧失时，失票人请求保全票据权利的程序，适用付款地法律。以上规定与国际上流行的做法基本一致。

三、海商合同的法律适用

对于海上运输合同，我国《海商法》第 269 条规定，当事人可以选择合同适用的法律，当事人没有选择的，适用与合同有最密切联系的国家的法律。《海商法》第 268 条同时强调，我国缔结或参加的国际条约应优先予以适用，另外，对于某些法律问题，如果我国法律或我国缔结或参加的条约没有规定的，国际惯例可以补缺适用。

四、航空运输合同的法律适用

对于航空运输合同，我国《民用航空法》第 184 条和第 188 条的规定与《海商法》第 268 条和第 269 条的规定完全一致。上述规定首先强调了国际条约的优先适用和国际惯例的补缺适

---

① 王承志．涉外票据法律适用规则探析//武大国际法评论：4 卷．武汉：武汉大学出版社，2006：149－151.

用。根据前述规定，在一般情况下，航空运输合同应基于当事人意思自治原则确定准据法，在当事人没有选择准据法的情况下，则准据法应依据最密切联系原则予以确定。

五、破产的法律适用

我国《企业破产法》和《涉外民事关系法律适用法》未就破产的法律适用作出明确规定。我国学界主张，破产适用破产人主要办事机构所在地或破产人财产所在地法；破产人财产价值的评估，适用财产所在地法。在缺乏更加具体细致的规则的情况下，考虑到破产问题较为突出的程序性色彩和它对社会公众较为广泛的影响，可通过识别技术对我国法院管辖的破产案件适用我国法律。[①]

---

① 刘仁山．国际私法．北京：中国法制出版社，2019：361.

第四编

国际民事诉讼法论

第十四章 国际民事管辖权

提要

本章主要讨论国际民事诉讼中司法管辖权的概念、意义和种类，评析有关国际国内立法，探讨国际民事管辖权的冲突及其解决，重点阐述我国有关国际民事管辖权的立法与司法实践以及如何完善我国现有规定。

重点问题

- ❑ 国际民事管辖权的概念
- ❑ 管辖权在国际民事诉讼中的意义
- ❑ 国际民事管辖权的种类
- ❑ 英美法系国家司法管辖权的特点
- ❑ 大陆法系国家司法管辖权的特点
- ❑ 国际民事管辖权的冲突及其解决
- ❑ 我国有关国际民事管辖权的立法、实践及其完善

第一节 国际民事管辖权的概念与分类

一、国际民事管辖权的概念

管辖权（jurisdiction）是法院审理案件的前提。一般而言，除非法院对有关当事人或者其财产享有司法管辖权或司法审判权（judicial jurisdiction or jurisdiction to adjudicate），否则法院不会审理有关的民事争议（civil disputes）。事实上，各国都会对自己的管辖权有所限制，即规定本国法院审理案件的范围。一国并不希望自己的法院处理与自己没有适当联系（proper contact）的诉讼。所谓国际民事管辖权，即指一国法院或具有审判权的其他司法机关受理、审判国际民商事案件的权限。[①]

在多法域国家，例如美国、英国、加拿大以及瑞士等，还需要有规则确定某一民事诉讼究竟应该在哪一法域进行。有些国家国内法对此有明确规定，有些则留给各法域自己决定。

一般而言，国际民事管辖权解决的只是一国作为整体对相关国际民商事纠纷是否具有管辖权的问题。在实务中，在解决了一国作为整体是否具有国际民事管辖权的问题后，还需要解决案件由该国的哪一类法院，哪一个级别的法院，以及哪一个地域的法院来审理的问题。后一问题是国内管辖权问题，应由该国国内民事诉讼法解决。为了区分这两种管辖权，英国学者将前一种管辖权称为“国际管辖权”（international jurisdiction），将后一种管辖权称为“国内管辖权”（local jurisdiction）。法国学者则将前者称为“一般管辖权”（compétence général）或“国际管辖权”（compétence internationale），将后者称为“特别管辖权”（compétence spéciale）或“国内管辖权”[②]（compétence interne）。

管辖权在国际民事诉讼中具有重要意义，其重要性源于管辖权决定某一国际民商事争议在何处进行诉讼。而基于时空距离、语言文化以及法律制度（程序法、实体法以及冲突法）的不同等各种原因，同一争议在不同国家的法院审理可能会有完全不同的裁判结果。首先，法院具有司法管辖权是一国法院受理并审理有关国际民事案件的前提条件，也是诉讼程序顺利进行的一个条件。在国际民事诉讼中，如果一国法院对某一国际民事案件没有管辖权，它不仅无权受理这一案件，也不可能有效地向国外的有关当事人送达诉讼文书或非诉讼文书，或者得到外国法院的司法协助，特别是基于不当管辖而作出的判决如需在外国得到承认与执行的话，则常常无法得到有关国家法院的承认和执行。而如果判决得不到有关外国法院的承认和执行，则对该

① 韩德培．国际私法．3版．北京：高等教育出版社，北京大学出版社，2014：487.
② 韩德培．国际私法．3版．北京：高等教育出版社，北京大学出版社，2014：487.

案的审理就会变得没有任何实际意义。其次，司法管辖权直接影响案件的判决结果。管辖权的确定常常关系到程序问题与实体问题的法律适用，决定案件准据法的选择与适用，从而直接影响到有关案件的审判结果，并最终影响当事人的合法权益。根据目前国际社会的司法实践，世界各国的法院在审理国际民商事案件时，通常会首先援引本国的冲突规范来确定应该适用的实体规范，以对有关的法律争议作出实体处理。而由于各国国际私法制度与实体法律的差异，就某一特定的国际民商事案件来说，案件在不同国家的法院被审理，就有可能会选择适用不同的准据法，从而导致不同的审判结果。此外，在英美法系国家的国际私法中，直接规定了一些特定的国际民事关系适用法院地法。因此，一旦这些国家的法院确定了自己对某一案件有管辖权，就等于确定了处理有关争议的实体法规范。

二、国际民事管辖权的分类

综观有关国家的立法与实践，我们可以采取一定的标准对国际民事管辖权作若干二元分类，以帮助读者深入理解国际民事管辖权。这些学理分类主要包括以下内容。

（一）对人管辖权和对物管辖权

在英美法中，民事诉讼被分为两类：对人诉讼（actions in personam）和对物诉讼（actions in rem）。管辖权分为对人管辖权（personal jurisdiction，or in personam jurisdiction，jurisdiction in personam）和对物管辖权（in rem jurisdiction or jurisdiction in rem）。

对人诉讼针对的是人，即强制被告（defendant）为或不为某种行为或者进行损害赔偿，其基础是人身责任（personal liability），法院判决的效力只及于诉讼中的双方当事人，如由于不履行合同或侵权行为等引起的诉讼都属于对人诉讼。对人管辖权指法院因被告与法院所在地有一定联系而审理和裁定涉及被告的诉讼的权力（refers to the power of a court to hear and determine a lawsuit involving a defendant by virtue of the defendant's having some contact with the place where the court is located）。通常，对人管辖权行使的依据是被告必须在法院所在国有住所或居所，在法院地被送达，或与该国有密切联系。

而对物诉讼则是针对位于法院辖区内的财产的诉讼。对物管辖权的唯一管辖基础是物位于法院辖区（the presence of the res within the territory of the court），或者说只有物之所在地法院才可以行使对物管辖权，即对物管辖权是用来描述法院对财产（不动产或动产）行使权力的法律术语［jurisdiction in remis the legal term used to describe the exercise of power by a court over property（either real or personal）］。对物诉讼只能用于审理与该财产有关的诉讼请求，目的在于通过法院的判决确定与该特定财产有关的权利，这一判决的效力不仅及于有关的双方当事人，而且还及于所有与当事人或该特定财产有法律关系的其他人，即产生对世的效力。在英国法中，对物诉讼可能只与船舶和与船舶有关的物有关。对物诉讼只能基于有限的几种请求提起，如货主基于货物损害提出的请求、海员支付报酬的请求、船舶修理方提出的支付修理费用的请求。如果只是对物诉讼，则判决只能通过扣押和出售该物而执行，执行标的不能超过物本身的价值。

有关身份（status）问题的诉讼如离婚的诉讼也被视为对物诉讼，因为身份被视为一项财产。该“财产”位于任一方当事人的住所地或居所地。另外，英美法中还有准对物管辖权（quasi in rem jurisdiction）。准对物管辖权是法院对被告无法行使对人管辖权时，对被告行使管辖权的另一途径，其管辖权基础是被告在法院辖区有财产。基于该类管辖权，法院不仅可以针对物作出判决，而且可以受理有关个人债务（personal debt）的诉讼请求。但判决只能限于被告对法院辖区内财产所拥有的利益，即判决不能超过该财产本身的价值。

（二）一般管辖权与特别管辖权

无论是在大陆法系国家还是在英美法系国家，都有关于一般管辖权（general jurisdiction）与特别管辖权（special jurisdiction or specific jurisdiction）的分类。所谓一般管辖权，是指一方当事人可以就任何类型的民事纠纷在某国法院被提起诉讼时该国家对该当事人的管辖权，其不管相关民事纠纷具体发生于哪个国家。因此，一般管辖权是一个国家对某一特定当事人的普遍的、不受限制的管辖权。而所谓特别管辖权，是指相关国家只能就某个或某些特定民事纠纷而对被告行使的管辖权。

在大陆法系国家，一般管辖权通常建立在“原告就被告”原则（*actor sequitur forum rei*）之上，换言之，一般管辖权建立在被告在法院地国拥有住所或惯常居所的基础之上。从国际私法视角来看，一个人在一个国家拥有住所或惯常居所通常意味着其愿意服从该国法律的管辖，愿意将该国作为其市民生活的中心或“司令部”，愿意遵循该国法律安排其市民生活。自然地，一个人在一个国家拥有住所或惯常居所同时也意味着其愿意服从该国法院的司法管辖权；这个国家也相应地因为该人在该国拥有住所或惯常居所这一事实而获得了针对该人的一般管辖权。至于特别管辖权，大陆法系国家通常根据不同法律关系的特点而为各法律关系设计管辖依据，相关国家根据这些管辖依据对特定类型民事纠纷行使管辖权。比如对于围绕合同履行而产生的纠纷，合同履行地国法院可对这些纠纷行使管辖权；又如对于因侵权而产生的纠纷，侵权行为地国法院可对这些纠纷行使管辖权。相对于一般管辖权，特别管辖权是一种有限的管辖权，拥有特别管辖权的国家的法院仅能对与作为管辖依据的相关事实相关的民事纠纷行使管辖权，比如合同履行地国法院仅能对在该国因履行合同而产生的相关民事纠纷行使管辖权，同样地，侵权行为地国法院也仅能对在该国因侵权行为而产生的相关纠纷行使管辖权。

在美国，自1945年国际鞋业案尤其是1977年谢弗诉海特纳案（Shaffer v. Heitner）之后，传统的以绝对属地主权为基础的国际民事管辖权体系逐步被放弃，新的以被告与法院地之间的实际联系为基础的管辖权体系开始得到接受。在此种新的民事管辖权体系下，对人管辖权也被区分为一般管辖权和特别管辖权。在美国，一般管辖权通常存在于以下情况，即被告与法院地州之间存在如此系统性的和实质性的密切联系以至于被告在法院地州的存在达到了“在家”（at home）的标准。在美国，一般管辖权基于“在家”标准获得正当性，与在大陆法系国家一般管辖权基于被告在法院地国拥有住所或惯常居所而获得正当性是同样的道理。在美国，特别管辖权存在于以下情况，即被告与法院地州之间存在满足美国宪法第十四修正案正当程序条款的最低限度联系，且当事人之间提请法院解决的纠纷亦产生于此种联系。可见，与在大陆法系国家一样，在美国，特别管辖权也是一种有限的管辖权，法院仅能对产生于被告与法院地州之间联系的纠纷行使管辖权。在美国，由于特别管辖权所依仗的最低限度联系相对于一般管辖权所依仗的实质性联系而言只是一种相对稀疏的联系，因而此种管辖权有时又被称为“长臂管辖权”（long-arm jurisdiction）。

（三）专属管辖权与任意管辖权

专属管辖权（exclusive jurisdiction）是国家主权在管辖权方面的突出表现。专属管辖权是指，对于某些与国家的根本利益、公共政策、道德观念或法律原则密切相关的民事案件，应强制性地由本国法院管辖，排除其他国家对此类案件的管辖权。鉴于专属管辖权的重要性，各国一般都会在其诉讼立法和参与缔结的有关国际条约中，把与其公共政策密切相关的法律关系置于本国的专属管辖权范围内，排除其他国家法院的管辖。

与此同时，对于一些与国家和社会的重大政治经济利益关系不大的民事纠纷，各国通常都规定其既可以由内国法院管辖，也可以由外国法院管辖。如因合同纠纷而提起的诉讼，既可以由被告住所地法院管辖，也可以由合同签订地或合同履行地的法院管辖；对于因航空运输纠纷而提起的诉讼，也可以由运输始发地、目的地或者合同签订地的法院平行管辖。对于任意管辖（facultative jurisdiction）的案件，原告（plaintiff）可以依法选择管辖法院。

（四）法定管辖与协议管辖

在国际私法中，可以从当事人在确定管辖权过程中的作用这一角度出发，基于诉讼案件性质的不同而将国际民事管辖权区分为法定管辖和协议管辖。所谓法定管辖（jurisdiction according to legal bases other than the parties' agreement），是指在法律不允许协议管辖或者当事人没有约定管辖法院的情况下，根据法定的管辖依据来确定管辖法院的情况。与此同时，各国法律通常也都会在一些仅与当事人财产权益密切相关、而与社会公共利益不太相关的民事领域允许当事人约定管辖法院，此即协议管辖（jurisdiction by agreement）。此种约定管辖法院的协议称为管辖协议或法院选择协议（jurisdiction agreements or choice of court agreements）。管辖协议又分为排他性管辖协议和非排他性管辖协议。排他性管辖协议是指双方（或其中一方）承诺不在协议指定的法院以外的任何法院提起诉讼［Exclusive jurisdiction agreements is an agreement in which the parties（or one of them）have undertaken not to sue in any court other than that designated by the agreement］。当然，当事人能在多大范围内通过协议确定管辖法院，各国诉讼法对此的规定并不一致。①

（五）过度管辖与必要管辖

过度管辖（exorbitant jurisdiction）是指根据一国管辖权规则可以有效行使的管辖权，但从行使管辖权的理由来看，这种管辖权的行使对被告而言是不合理的。换句话说，就是受案法院（the court seized）与当事人、案件事实诉因并无足够的联系或未能考虑适当司法原则（principle of the proper administration of justice）。最声名狼藉的过度管辖是以国籍和与纠纷没有任何联系的可供扣押财产为基础而行使的管辖权（jurisdiction based upon nationality；jurisdiction based upon assets）。在国际民事管辖权的国际冲突与协调中，前述美国的长臂管辖权也曾被我国一些学者抨击为过度管辖的代表，但如前所述，美国长臂管辖权未必是过度管辖权。② 一般说来，美国法院在行使长臂管辖权时要进行两个步骤的分析：首先，要分析法院行使管辖权是否满足法院地州的长臂法规。由于不存在全面的联邦长臂法规，美国《联邦民事诉讼规则》第

---

① 管辖权代表国家司法主权，在大陆法国家是公法中的概念。允许当事人协议选择解决争议的法院可谓是管辖权的“私有化”（privatisation），违反排他性管辖权协议构成违约，可能会导致产生违约救济，如一方当事人可以请求法院发布禁诉令、请求损害赔偿、不承认有关外国判决。Edwin Peel，How Private is English Private International Law?，in A Conflict of Laws Companion，Edited by Andrew Dickinson and Edwin Peel，Oxford University Press，2021，pp. 303－304.

② 郭玉军，甘勇．美国法院的“长臂管辖权”——兼论确立国际民事案件管辖权的合理性原则．比较法研究，2000（3）.

4条e款规定，联邦地方法院可依据所在州的长臂法规行使长臂管辖权。其次，要分析法院行使管辖权是否满足联邦宪法第十四修正案的正当程序（due process）条款。根据美国联邦最高法院于1945年在国际鞋业案中所确立的最低限度联系标准，如果非法院地居民与法院地间存在某种最低联系以致在该法院进行诉讼不会违反“平等与实质正义的传统观念”，则法院对该被告行使管辖权便是符合“正当程序”要求的。一般说来，法院根据州长臂法规行使长臂管辖权的依据主要有三种，即在州内从事营业活动、在州内实施侵权行为和在州外实施的侵权行为在州内造成损害。由此可见，美国长臂管辖权中的一些管辖依据相当于我国的特别管辖依据。

所谓必要管辖（jurisdiction by necessity）、“非常管辖”或紧急管辖权（emergency jurisdiction），是指在当事人没有其他可资利用的法院时，为了保护当事人的程序性人权尤其是诉诸司法权（access to justice），而赋予本国法院的审理当事人纠纷的权力。当国际民商事争议发生后，在一般情况下一定会存在一个适当的审判法院，法律所规定的种种管辖规则就是为了确定这样一个法院。不过，在某些特殊情况下如内战、暴乱或自然灾难等，当事人无法向该适当法院提起诉讼，如果其他法院以没有原始的管辖依据为由拒绝管辖，当事人的争议就无法得以及时解决。基于以上考虑，在国际私法中设置必要管辖权是非常必要的。如瑞士国际私法即规定，当原告不可能在外国提起诉讼或在外国提起诉讼是不合理的情形下，考虑到所有的情况特别是争议事项与瑞士的联系，如果瑞士法院拒绝行使管辖权将会导致不公，则瑞士法院可以行使管辖权。

（六）直接管辖权与间接管辖权

此外，如果将外国判决承认与执行中对外国法院管辖权的审查问题也包括进来，那么对于在国际民事诉讼法层面所讨论的管辖权又可以区分为两类。第一类即前面讨论的国际民事管辖权，指一国为本国法院或其他具有审判权的司法机关所确立的在多大范围内审理国际民商事纠纷的权限。第二类国际民事管辖权则是一国为审查外国法院审理国际民商事纠纷是否具有适当的管辖权而确立的外国法院审理国际民商事纠纷的管辖范围，只有当外国法院对某一国际民商事纠纷行使管辖权符合这一管辖范围时，该外国法院所作的判决才能在前一国家获得承认或执行。两种管辖权虽然都涉及国际民商事纠纷的审理，但前一种管辖权解决的是本国法院作为整体审理国际民商事纠纷的范围，因而被称为“直接管辖权”（direct jurisdiction）；后一种管辖权解决的则是在外国法院判决承认与执行中对外国法院管辖权是否适当的审查问题，因而被称为“间接管辖权”（indirect jurisdiction）。间接管辖权在本质上属于审查外国判决可否获得承认与执行的众多要件中的一种，因而我们将在外国判决承认与执行部分讨论这一问题。

MATERIAL

Jurisdiction

“Jurisdiction” is a word susceptible of several different meanings, but in the present account it is used to refer to the question of whether an English court will hear and determine an issue upon which its decision is sought.

The traditional rules on jurisdiction are still applicable, in practical terms, in England and Wales. Before the advent of the Brussels/Lugano system and the Modified Regulation the traditional rules were applied in all cases, and their historical roots make it appropriate to refer to them as the traditional rules. Jurisdiction under the traditional rules involves three major issues:

(a) Whether the English courts have power to hear the case

As will be seen, the competence of the courts to hear a case is a procedural matter and is dependent on the service of a claim form on the defendant. A claim form can be served on the defendant if he is present within the jurisdiction, if he submits to the jurisdiction of the English courts, or if the courts authorise service of a claim form out of the jurisdiction under rule 6.36 and Practice Direction 6B of the Civil Procedure Rules. Whether a court will permit service out of the jurisdiction is a matter of discretion pursuant to the doctrine of forum conveniens.

(b) Whether the court will decline jurisdiction or stay the proceedings, or restrain foreign proceedings

Notwithstanding that it is competent to hear the case, the court can decline jurisdiction or stay the proceedings in cases where the doctrine of forum non conveniens applies or where a decision to proceed with the case would be contrary to an exclusive jurisdiction clause, and the court must decline jurisdiction if proceeding would be contrary to an arbitration clause. The courts' powers to refuse to exercise jurisdiction will be discussed later. If the English courts determine that they should exercise jurisdiction, the courts may issue an anti-suit injunction to restrain a party from commencing or continuing foreign proceedings—the circumstances in which such an order can and will be made are also discussed later.

(c) Whether there is a limitation upon the exercise of jurisdiction

Even where there has been service of process, the jurisdiction of the courts is subject to certain limitations, the effect of which is to render the court incompetent to determine the issue. These limitations relate to the subject matter of the issue (eg the case involves foreign land); the kind of relief sought (eg the case involves granting a divorce); and the persons between whom the issue is joined (eg the defendant is a foreign sovereign state). There are also certain statutory limitations on jurisdiction which derive from international conventions (eg the case involves international carriage by air). These limitations will be discussed later as well.

QUESTION

What are the major issues covered under the English traditional rules?

第二节
国际民事管辖权的立法与实践

从历史视角来看，国际民事管辖权的确定曾与国家主权密切相关。在二战以后，随着跨国民商事交往越来越频繁，国际民事管辖权的确定逐步回归私法本质，以当事人间的公平公正、便利和纠纷的快速解决等私法程序正义为价值取向的管辖权制度逐步流行。但与此同时，各国国际民事管辖权制度也与各自国家的法律传统和对国际民事管辖权的不同理解密切相关，因而在不同国家，国际民事管辖权制度也不完全相同。

一、英美法系国家的实践

历史上，英美法系国家多采用属地管辖权（territorial jurisdiction），其主要表现为，管辖权可以建立在被告在法院管辖区域的出现（physical presence），此时法院地国或法院地州可以基于属地主权对该被告或财产行使有效控制，并进而获得管辖权。因而也有人将此种管辖权原则称为“权力理论”（power theory）或“有效控制原则”（principle of effective control）。在对人诉讼中，只要被告出现于法院管辖区域并对其送达传票（service of process），则法院即拥有了对被告的管辖权，至于被告的国籍如何，其住所或居所位于何国，有关案件事实发生于哪一国家，这一切都不重要。在英美国家的实践中，即使被告只是偶然且临时地出现于法院管辖区域，如被告在位于法院地的机场临时转机，只要能够对被告送达传票，该法院一样能够据此获得管辖权。美国在实践中甚至还有这样的做法，即在被告所乘坐的飞机飞越法院地州上空时向被告送达传票，并据此获得管辖权。而在对物诉讼中，只要诉讼标的物位于法院地州，则法院也据此拥有了管辖权。

但如前所述，自二战以后，前述以属地主权为基础的管辖权制度开始逐步被放弃或至少部分被放弃。在英格兰，1972 年开始引入不方便法院原则（forum non conveniens），而且在有关该原则的裁量中完全以私人利益为考量因素。1998 年英国出台《民事诉讼规则》（Civil Procedure Rules），其中包含了大量的管辖权规则。这些成文的管辖权规则原则上都以诉讼与英格兰之间存在一定联系为基础，强调管辖权的可预测性以及程序的便宜性。至此，传统的以属地主权为基础的判例法规则开始面临《民事诉讼规则》中成文管辖权规则的竞争。

在美国，联邦最高法院在 1945 年国际鞋业案中提出了一个针对权力理论的替代性管辖权理论，即以当事人便宜和公平为基础的诉讼正义理论。在 1977 年谢弗诉海特纳案（Shaffer v. Heitner）中，美国联邦最高法院宣布，美国司法管辖权将不再以权力理论为基础。至此，美国基本完成了从传统管辖权制度向新型的以当事人私人利益为基础的管辖权制度的转型。前已阐述的以被告与法院地之间联系为基础的一般管辖权与特殊管辖权成为美国现代管辖权制度的基本形态。

二、拉丁法系国家的实践

历史上，大陆法系国家曾大量采用属人管辖权（personal jurisdiction）。法国在封建时代曾遵循自然裁判官理论，强调法国法院（更准确地说是法国国王的法院）对所有法国人（作为法国国王的臣民）拥有专属管辖权，而不管法国人是位于法国还是位于外国。在当时流行一句谚语："法国臣民不得脱离法国的自然管辖权，即使其已经在王国之外定居。"由此可以推论出两条国际民事管辖权规则：第一，法国法院对法国人之间的国际民事诉讼拥有专属管辖权；第二，法国法院对以法国人为被告的国际民事诉讼拥有专属管辖权。这一做法在当时也流行于其他欧洲大陆国家。在法国大革命时期，革命者奉行以下激进思想，即法国由法国人构成，因而其应该为法国人提供司法服务，任何与法国人有关的诉讼均应由法国法院裁判。这一激进思想似乎也直接影响了 1804 年法国《民法典》。根据该法典第 14 条、第 15 条，只要法国人参加了一项国际民事诉讼而无论其诉讼地位如何（原告或被告），法国法院即对该诉讼拥有管辖权。此外，根据法国判例法，法国法院对外国人之间的民事纠纷没有管辖权，即使该民事纠纷与法国拥有密切联系亦是如此。

二战以后，情况开始有所转变。法国最高法院在 1960 年代废除了前述不受理外国人间纠纷的判例法体系。这意味着在国际民事管辖权领域对私人利益的保护开始更多进入法国法院的视野。在 1980 年代，法国最高法院认定国内地域管辖权规则延伸适用于国际民事诉讼并构成一般性国际民事管辖权规则，而法国《民法典》第 14 条和第 15 条在法国国际民事管辖权体系中仅具有辅助性地位。援引国内地域管辖权规则来确定国际民事管辖权，这意味着私法程序正义开始成为法国国际民事管辖权体系的价值基础。不仅如此，这一变化在间接管辖权领域也有表现。根据施米奇案（Simitch），在间接管辖权审查方面，法国将不再根据法国直接管辖权规则，而是根据诉讼与外国法院的联系密切程度来判断外国法院管辖权的合理性。但施米奇案裁判对法国间接管辖权制度的改革并不彻底，其没有废除法国《民法典》第 15 条的排除功能（根据第 15 条的排除功能，法国人有权以外国法院非其"自然裁判官"为由请求法国法院拒绝承认外国法院判决）。2006 年，法国最高法院宣布法国《民法典》第 15 条不再具有前述排除功能。这意味着法国在国际民事管辖权领域采纳私法程序正义为价值基础的方向上又前进了一步。

总体而言，在法国以及其他受法国影响的拉丁法系国家，国籍或者说忠诚原则（allegiance principle）曾经在国际民事管辖权领域发挥了重要作用，但二战以后，尽管如法国等国继续保留国籍作为管辖依据，但国籍作为国际民事管辖权依据的地位已经被极大削弱。从这个视角看，法国等拉丁法系国家的国际民事管辖权制度与其他大陆法系国家的相关制度已经没有本质区别。

三、日耳曼法系国家的实践

与邻近法律部门相比，国际民事管辖权的立法与司法实践相对滞后。在德意志帝国时期，由于国际民事管辖权问题尚不多见，帝国最高法院并没有严格区分国际民事管辖权与国内地域管辖权，因而以民事诉讼法中的管辖权规则作为国际民事管辖权的法则供给来源被认为理所当然。[①]二战后，国际民商事交往的增多使区别对待国际民事管辖权的必要性逐步显现，由此，国际民事管辖权的规则供给问题得以凸显。[②] 另外，在同一时期，国际民事管辖权的理论储备也极为薄弱。在19世纪后半叶，相对法律适用问题，国际民事管辖权完全没有得到国际私法学者的重视，这一方面固然是因为国际民事管辖权实践的相对滞后，另一方面也是因为当时以萨维尼为首的国际主义学派追求判决一致性，管辖权问题的重要性在他们视野中自然大为降低。[③] 而即使在20世纪前半叶，在当时的欧洲也没有一个真正意义上系统的国际民事管辖权理论。当时学术界关注的问题是：在没有自身专门规定的情况下，解决国际民事管辖权问题应向哪些邻近部门法律规则求助？有学者主张求助于国内地域管辖权规则，另有学者认为应援引国内事项管辖权规则，甚至还有学者主张平行说（求助于冲突规则）。[④] 从学术界为解决国际民事管辖权规则供给所开出的"偏方"也可以看出，在当时，即使是学术界也没有形成关于国际民事管辖权立法的自觉。

为解决国际民事管辖权问题，德国联邦最高法院在其1965年裁判中指出："对于国际民事管辖权……（民事诉讼法）没有明确并直接地予以规定，因而对该问题只能间接地通过默示援引第12条之后的管辖权规则予以解决。"对于援引德国《民事诉讼法》第12条之后的管辖权规则（至少从形式上看应为国内地域管辖权规则）解决国际民事管辖权的问题，德国学者基于对1877年民事诉讼法的立法理由书等历史材料的分析，认为立法者在制定该法时即已考虑到涉外案件情形，由此认定在立法者原意中民事诉讼法管辖权规则即已拥有确定国内地域管辖权和国际民事管辖权的二重职能。[⑤] 此即德国国际私法学界的所谓"二重职能说"。二重职能说强调国内地域管辖权和国际民事管辖权平等地共享一套规则体系。[⑥]

日本在历史上也没有专门的国际民事管辖权立法，因而在判例法层面也是通过援引国内地域管辖权规则来解决国际民事管辖权问题。日本学者采用"拟推知说"来解释前述做法。根据拟推知说，当根据日本民事诉讼法所规定的国内地域管辖权规则，日本法院对某一涉外民事案件拥有地域管辖权时，即可推定日本作为整体对该案件亦拥有国际民事管辖权。但在逻辑上，判断是否拥有国内地域管辖权应以首先存在国际民事管辖权为前提，因此该理论由于其在管辖权判断程序上采用逆向思维的特点而被称为逆推知说。[⑦] 不过，2012年修订后的日本民事诉讼

---

① Arthur Taylor von Mehren, Theory and Practice of Adjudicatory Authority in Private International Law: A Comparative Study of the Doctrine, Policies and Practices of Common-and Civil-Law Systems, Collected Courses of the Hague Academy of International Law, 2002, Vol. 295, p. 84.

② Arthur Taylor von Mehren, Theory and Practice of Adjudicatory Authority in Private International Law: A Comparative Study of the Doctrine, Policies and Practices of Common-and Civil-Law Systems, Collected Courses of the Hague Academy of International Law, 2002, Vol. 295, p. 85.

③ Adolf Miaja de la Muela, Les principes directeurs des règles de compétence territoriale des tribunaux internes en matière de litiges comportant un élément international, Collected Courses of the Hague Academy of International Law, 1972, Vol. 135, pp. 41 - 42.

④ 平行说在当时的欧洲也只能算昙花一现，因为人们很快发现管辖权与法律适用是两个不同领域，将两个问题捆绑在一起解决并不现实。Henri Batiffol, Observations sur certaines transpositions en droit international privé, In: Festschrift für Karl Firsching zum 70. Geburtstag. -München: C. H. Beck, 1985, p. 2.

⑤ Jan Kropholler, "Internationale Zuständigkeit", in: Handbuch des internationalen Zivilverfahrensrechts, Band I, J. C. B. Mohr (Paul Siebeck) Tübingen, 1982, S. 210 ff.

⑥ Jan Kropholler, "Internationale Zuständigkeit", in: Handbuch des internationalen Zivilverfahrensrechts, Band I, J. C. B. Mohr (Paul Siebeck) Tübingen, 1982, S. 211.

⑦ 本間靖規＝中野俊一郎＝酒井一「国際民事手続法」（有斐阁，2005）37頁。

法抛弃了前述做法，对国际民事管辖权作了系统规定。

四、相关国际立法

如前所述，各国有关国际民事案件管辖权的制度存在较大差异。为了解决这种管辖权的冲突，国际社会缔结了一些国际条约，以统一各缔约国法院行使国际民事管辖权的规则。有关国际民事管辖权的普遍性国际公约目前为数不多，主要有1928年的《布斯塔曼特法典》、1965年海牙《选择法院协议公约》(Convention on Choice of Court Agreements) 和1968年《布鲁塞尔公约》等。

1928年订于哈瓦那的《布斯塔曼特法典》在第4卷第2编对民事和商事案件的国际管辖权问题规定有一般规则和例外条款。法典首先规定了允许当事人通过明示或默示的方式合意选择管辖法院的原则；然后规定关于财产问题的诉讼由财产所在地法院管辖；有关遗嘱检验或法定继承的案件，以死者最后住所地法院为管辖法院；有关破产问题的案件由债务人住所地法院管辖。此外，法典还对有关外国国家元首及外交代表的诉讼管辖权作了例外的规定。该公约于1928年11月生效，成员主要是拉丁美洲国家。

1965年在海牙签订的《选择法院协议公约》主要是就具有国际性质的民事和商事案件中当事人合意选择管辖法院的协议的效力问题制定了一些要求各缔约国共同遵守的规范。但是该公约至今尚未生效。2005年6月30日缔结的海牙《选择法院协议公约》是国际上有关司法管辖权的最新成果。公约主要包括公约的适用范围、公约确立的司法管辖权规则、外国判决承认与执行的规则、灵活规则等。该公约已于2015年10月1日生效。

1968年《布鲁塞尔公约》是欧洲共同体成员国为加强司法领域的合作以保护共同体居民合法权益而共同努力的结果。虽然公约第1条明确地排除了对自然人的身份或行为能力、夫妻间的财产权、遗嘱与继承、破产、公司解散、清偿协议或其他类似程序以及社会保障问题的适用，但还是包括了合同、侵权行为、海商案件、信托以及扶养费请求等大部分民商事法律问题，适用范围仍然相当广泛。该公约是目前国际社会在国际民事管辖权方面规定得最为详细、完整，也是适用范围最广泛的一个国际公约。2000年12月22日，欧盟在《布鲁塞尔公约》基础上制定了《布鲁塞尔条例Ⅰ》，它是欧盟在《欧盟条约》签订之后在统一国际私法立法方面的新发展。目前欧盟在国际民事诉讼法包括国际民事管辖权领域制定了一系列条例，详情可参见本书第二章“国际私法的渊源”第三节“超国家法渊源”部分。

CASE STUDY

Shaffer v. Heitner

433 U. S. 186 (1977)

(abbreviated)

Ⅰ. Syllabus

Appellee, a nonresident of Delaware, filed a shareholder's derivative suit in a Delaware Chancery Court, naming as defendants a corporation and its subsidiary, as well as 28 present or former corporate officers or directors, alleging that the individual defendants had violated their duties to the corporation by causing it and its subsidiary to engage in actions (which occurred in Oregon) that resulted in corporate liability for substantial damages in a private antitrust suit and a large fine in a criminal contempt action. Simultaneously, appellee, pursuant to Del. Code Ann. , Tit. 10, § 366 (1975), filed a motion for sequestration of the Delaware property of the individual defendants, all nonresidents of Delaware, accompanied by an affidavit identifying the property to be sequestered as stock, options, warrants, and various corporate rights of the defendants. A sequestration order was issued pursuant to which shares and options belonging to 21 defendants (appellants) were "seized" and "stop transfer" orders were placed on the corporate books. Appellants entered a special appearance to quash service of process and to vacate the sequestration order, contending that the *ex parte* sequestration procedure did not accord them due process; that the property seized was not capable of attachment in Delaware; and that they did not have sufficient contacts with Delaware to sustain jurisdiction of that State's courts under the rule of International Shoe Co. v. Washington, 326 U. S. 310. In that case, the Court (after noting that the historical basis of *in personam* jurisdiction was a court's power over the defendant's person, making his presence within the court's territorial jurisdiction a prerequisite to its rendition of a personally binding judgment against him, Pennoyer v. Neff, 95 U. S. 714) held that that power was no longer the central concern, and that "due process requires only that", in order to subject a defendant to a judgment *in personam*, if he be not present within the territory of the forum, he have certain minimum contacts with it such that the maintenance of the suit does not offend "traditional notions of fair play and substantial justice" (and thus the focus shifted to the relationship among the defendant, the forum, and the litigation, rather than the mutually exclusive sovereignty of the States on which the rules of Pennoyer had rested). The Court of Chancery, rejecting appellants' arguments, upheld the § 366 procedure of compelling the personal appearance of a nonresident defendant to answer and defend a suit brought against him in a court of equity, which is accomplished by the appointment of a sequestrator to seize and hold the property of the nonresident located in Delaware subject to court order, with release of the property being made upon the defendant's entry of a general appearance. The court held that the limitation on the purpose and length of time for which sequestered property is held comported with due process, and that the statutory situs of the stock (under a provision making Delaware the situs of ownership of the capital stock of all corporations existing under the laws of that State) provided a sufficient basis for the exercise of quasi in rem jurisdiction by a Delaware court. The Delaware Supreme Court affirmed, concluding that *International Shoe* raised no constitutional barrier to the sequestration procedure because "jurisdiction under § 366 remains... quasi in rem founded on the presence of capital stock [in Delaware], not on prior contact by defendants with this forum."

Ⅱ. The Holding

1. Whether or not a State can assert jurisdiction over a nonresident must be evaluated according to the minimum contacts standard of International Shoe Co. v. Washington.

(a) In order to justify an exercise of jurisdiction in rem, the basis for jurisdiction must be sufficient to justify exercising "jurisdiction over the interests of persons in the thing." The presence of property in a State may bear upon the existence of jurisdiction by providing contacts among the forum State, the defendant, and the litigation, as for example, when claims to the property itself are the source of the underlying controversy between the plaintiff and defendant, where it would be unusual for the State where the property is located not to have jurisdiction.

(b) But where, as in the instant quasi in rem action, the property now serving as the basis for state court jurisdiction is completely unrelated to the plaintiff's cause of action, the presence of the property alone, i. e., absent other ties among the defendant, the State, and the litigation, would not support the State's jurisdiction.

(c) Though the primary rationale for treating the presence of property alone as a basis for jurisdiction is to prevent a wrongdoer from avoiding payment of his obligations by removal of his assets to a place where he is not subject to an in personam suit, that is an insufficient justification for recognizing jurisdiction without regard to whether the property is in the State for that purpose. Moreover, the availability of attachment procedures and the protection of the Full Faith and Credit Clause also militate against that rationale.

(d) *The fairness standard of International Shoe* can be easily applied in the vast majority of cases.

(e) Though jurisdiction based solely on the presence of property in a State has had a long history, "traditional notions of fair play and substantial justice" can be as readily offended by the perpetuation of ancient forms that are no longer justified as by the adoption of new procedures that do not comport with the basic values of our constitutional heritage. (Cf. Sniadach v. Family Finance Corp, 395 U. S. 337, 395 U. S. 340; Wolf v. Colorado, 338 U. S. 25, 338 U. S. 27.)

2. Delaware's assertion of jurisdiction over appellants, based solely as it is on the statutory presence of appellants' property in Delaware, violates the Due Process Clause, which "does not contemplate that a state may make binding a judgment … against an individual or corporate defendant with which the state has no contacts, ties, or relations."

(a) Appellants' holdings in the corporation, which are not the subject matter of this litigation and are unrelated to the underlying cause of action, do not provide contacts with Delaware sufficient to support jurisdiction of that State's courts over appellants.

(b) Nor is Delaware state court jurisdiction supported by that State's interest in supervising the management of a Delaware corporation and defining the obligations of its officers and directors, since Delaware bases jurisdiction not on appellants' status as corporate fiduciaries, but on the presence of their property in the State. Moreover, sequestration has been available in any suit against a nonresident, whether against corporate fiduciaries or not.

(c) Though it may be appropriate for Delaware law to govern the obligations of appellants to the corporation and stockholders, this does not mean that appellants have "purposefully avail [ed themselves] of the privilege of conducting activities within the forum State," (Hanson v. Denckla, 357 U. S. 235, 357 U. S. 253.) Appellants, who were not required to acquire interests in the corporation in order to hold their positions, did not, by acquiring those interests, surrender their right to be brought to judgment in the States in which they had "minimum contacts".

QUESTION

What is the meaning of the minimum contacts standard in the jurisdiction of the United States of America?

第三节 国际平行诉讼

一、概述

一般认为，国际平行诉讼（*lis alibi pendens*，parallel proceedings）是指相同当事人就同一争议基于相同事实以及相同目的在两个或两个以上国家的法院进行诉讼的现象。① 根据《民诉法司法解释》第 247 条，后诉与前诉当事人、诉讼标的且诉讼请求相同，或后诉的诉讼请求实质上否定前诉裁判结果的，构成重复起诉。对于平行诉讼各国有不同称谓，如"一事两诉"、"双重起诉"以及"诉讼竞合"等。

在国际民事诉讼中，平行诉讼通常有两种基本表现形态。第一种表现形态是重复诉讼，即同一当事人作为原告先后或同时向两个或两个以上的国家的法院针对同一被告提起诉讼。第二种表现形态是对抗诉讼，即就同一案件事实当事人在不同国家法院的诉讼地位发生转换，具体而言即在 A 国为甲告乙，而在 B 国则为乙告甲。

国际平行诉讼的产生既有客观原因也有主观原因。客观原因主要是各国有关国际民事管辖

① 李双元，谢石松，欧福永．国际民事诉讼法概论．武汉：武汉大学出版社，2016：334.

权的规定彼此不同。目前，国际社会还不存在得到世界各国普遍接受和适用的有关国际民事管辖权的公约。现有国家之间缔结的一些多边或者双边条约，由于缔约国的数量及其适用范围上的限制而尚不能构成具有普遍意义的国际民事管辖权规范。因而，在许多情况下，各国一般都是根据自己国家的现实情况来规范国际民事管辖权问题。另外，就绝大部分的国际民事纠纷而言，各国的管辖权制度也均表现为任意性质，这也客观上给了当事人选择不同国家法院进行诉讼的机会。世界各国有关国际民事管辖权的制度差异及国际民事管辖权总体上的任意性质，使国际平行诉讼的发生难以避免。国际平行诉讼的主观原因是当事人的主观意志。当事人为取得对自己有利的法院判决，或取得有利的谈判地位，或有意为对方当事人带来精神上的困扰，或为对抗对方当事人的诉讼请求，都会有意地提起重复诉讼或对抗诉讼。

国际平行诉讼通常会带来一系列问题，主要有：第一，提高诉讼成本，导致司法资源浪费。在平行诉讼中，当事人不得不参加重复的诉讼，支付更多的诉讼费用。由于被告的应诉及法院的受理取决于原告的选择，而原告通常会在具有管辖权的各国法院中挑选对自己最有利的法院起诉，因而产生当事人“挑选法院”的现象。这不仅给当事人造成负担，也加重了法院的诉累，导致司法资源的不当消耗。第二，平行诉讼会导致冲突判决。实践中，两个平行诉讼的法院可能会适用不同的法律为准据法，从而导致相互冲突的判决，这不仅使争议不能得到有效的解决，而且不利于判决的承认与执行。[①]

国际平行诉讼虽然在客观上为当事人提供了更多的诉诸法院的机会，但鉴于其在实践中也会带来司法资源浪费等诸多问题，因而各国在立法与司法实践中都会对其采取一些限制措施。但英美法系国家与大陆法系国家采取的措施不完全一样。

二、大陆法系国家应对平行诉讼的措施

大陆法系国家通常采用先受诉法院原则来解决平行诉讼问题。根据该原则，一国法院不能受理他国法院正在审理的同一个案件，后受诉的法院（court seised second）必须放弃管辖案件，而由先受诉的法院（court seised first）继续审理。该方法具有简单明确的优点，先受诉的标准也相当客观，尽管有时对于何谓先受诉会存在争议。其缺点是未能考虑哪个法院是审理案件的适当法院。

2009 年 11 月 27 日法国最高法院裁判了一个相当有趣的案件。在该案中，配偶双方在同一天分别在英国和法国起诉离婚。配偶双方均为法国人，1996 年结婚，2004 年与出生在日本的孩子一起移居英国。2005 年 3 月 24 日，丈夫基于双方共同国籍为法国国籍这一事实在法国法院起诉，妻子则根据双方惯常居所在英国这一事实而选择在英国法院起诉。案件审理中争议的问题是哪一法院应维持管辖权？妻子提供证据证明她丈夫于起诉当天中午 12:30 在其工作地点被送达英国法院的诉讼文书，而丈夫却无法提供证据证明法国法院于何时受诉（具体的时间点）。法国法院认为，丈夫负有举证责任，他负有证明法国法院先受诉的义务，因其未提供证据，所以法国法院认为英国法院先受诉，法国法院应停止其程序。而事实上，英国法院已于 2007 年 7 月 13 日就实体问题作出判决，其管辖权似未受到质疑，因法国丈夫并未出庭应诉。

在法国，离婚诉讼与其他诉讼不同，不以送达被告为受诉时间点，而是以登记立案时间为

---

① 刘仁山．国际私法．北京：中国法制出版社，2019：446.

受诉时间点。该案提出两个问题，一是要求该丈夫提供法院何时受诉的证据很奇怪，因为他可能寄希望于法院会知道受诉时间，而更荒唐的是法院告诉他，他之所以败诉是因为他无法提供这样的证据。二是没有任何涉案法院关心在进行有关诉讼程序的登记时是否存在确定该时间的机制。通常，标准的受案收据可能只记载了受案日期而非受案的具体时间点。这样，当在不同国家发生诉讼时，法国法院就无法提供确切的受案时间点，而可提供确切时间的其他欧盟成员国法院总会被认为比法国法院先受诉，这对于位于不同国家的当事人并不公平。

三、英美法系国家应对平行诉讼的措施

与大陆法系国家不同，英美法系国家通常采用不方便法院原则和禁诉令来应对平行诉讼。

（一）不方便法院原则

所谓不方便法院原则，即根据本国管辖权规则拥有合法管辖权[①]的法院认为由自己审理案件不适当，此时如果存在一个审理案件更为方便的外国法院，则该法院可以拒绝行使管辖权，由审理案件更方便的外国法院审理案件。在历史上，英美法系国家的法院通常拥有非常宽泛的管辖权，通过引入不方便法院原则，可以让法院在认为由自己审理案件并不合适时拒绝行使管辖权，从而由审理案件更为方便的外国法院行使管辖权。不方便法院原则在强调个案公正的英美法系国家颇受欢迎，但在强调法律确定性的大陆法系国家，尤其是欧洲大陆国家，不方便法院原则在传统上不受欢迎。

在本质上，不方便法院原则设立的初衷并不是解决平行诉讼问题，而是确定审理案件的更适当的法院（a court more appropriate to hear a case）。但是在一个平行诉讼中，当其中一国法院认为自己是不方便法院，应由另一国法院作为更适当法院审理案件时，也就顺带地解决了管辖权冲突或者说平行诉讼问题。

作为解决平行诉讼问题的附带措施，不方便法院原则的优点是它寻求的是合理的解决方案，哪个法院先受诉并不重要。其缺点是判断是否方便涉及大量的考量因素，赋予法官过大的自由裁量权。在适用不方便法院原则时，法院一般需要考虑以下因素：（1）潜在证人的所在地；（2）证据的所在地；（3）对被告可能造成的不便；（4）原告获得替代法院的可能性；（5）司法资源的使用效率；（6）案件的准据法；（7）公共秩序问题。从这个视角看，大陆法系国家采用的先受诉法院原则完全是从时间先后视角来解决平行诉讼问题，而不方便法院原则却更多地是从个案程序公正甚至是司法资源的高效使用等角度解决问题。从这个视角看，不方便法院原则无疑是一个解决平行诉讼问题的更加高明的措施。

（二）禁诉令

禁诉令（anti-suit injunction）是一国法院对系属于本国法院的诉讼的当事人签发的，阻止该当事人在外国法院提起或者继续进行已在外国法院提起的、与在本国法院未决的诉讼相同或

---

① 美国联邦最高法院在作出法院是否方便的裁定前不再首先决定自己是否对案件有管辖权，以提高诉讼效率。美国联邦最高法院在中化国际（控股）股份有限公司诉马来西亚国际航运公司案［Sinochem International Co. Ltd. v. Malaysia International Shipping Corp.（2007）］中认为，联邦法院可以对不方便法院请求作出裁决，即使该法院对该案件不一定具有事项管辖权或属人管辖权。最高法院认为，虽然法院在就案件实体问题审理之前需要考虑属人管辖权和事项管辖权，但在考虑非实体问题时，并不一定需要考虑管辖权问题。

者相似的诉讼的限制性命令。① 广义的禁诉令包括禁诉令、反禁诉令（anti-anti-suit injunction）和禁止执行令（anti-enforcement injunction）。②

禁诉令是英美法系国家和少数大陆法系国家用以对抗挑选法院和平行诉讼的一种历史悠久的措施。由于它的冒犯性，各国均遵循国际礼让原则，保守并谨慎地签发此种禁令。③

一般而言，可以签发禁诉令以阻止当事人在外国法院提起或参加在外国法院进行的相同或相似诉讼的情形主要有以下几种：（1）违反排他性法院选择协议或者仲裁协议而在非约定管辖地提起诉讼的；（2）明显违反受理禁诉令申请的国家的重要公共政策的；（3）诉讼是纠缠性、欺压性或者极不公正的；（4）很有必要由受理禁诉令申请的法院行使管辖权的。

如果当事人违反禁诉令，强行在外国法院提起或参加在外国法院进行的相同或相似诉讼，则该当事人将可能被判藐视法庭，可被处以罚金、监禁并赔偿对方当事人的损失等制裁。对当事人通过违反禁诉令而获得的判决，可不予承认和执行。

近年来，我国法院在涉外海事、知识产权诉讼中开始颁发禁诉令。在康文森无线许可有限公司、华为技术有限公司确认不侵害专利权纠纷案中，最高人民法院在颁发禁诉令时考量了五个因素：域外判决临时执行对中国诉讼的影响；采取行为保全措施是否确属必要；损益平衡；采取行为保全措施是否损害公共利益；国际礼让原则。④ 武汉市中级人民法院在小米通讯技术公司及关联公司（下称：小米）诉交互数字案中，禁止交互数字在全球范围内提起相关诉讼，以排除不法干扰和诉讼妨碍。⑤

四、立法层面对平行诉讼的可能应对

前述针对平行诉讼的应对措施，如不方便法院原则和禁诉令等，更多的是在司法层面解决问题。但事实上就应对平行诉讼而言在立法层面也完全可以有所作为。在立法层面的协调主要包括两个层面，其一是在国内立法层面，其二则是在国际立法层面。

就国内立法层面而言，在制定相关管辖权规则时，首先，应尽量减少专属管辖权方面的规定，只有在关涉内国公共政策和重大利益事项领域才规定允许本国法院享有专属管辖权。其次，应考虑国际社会的通常做法，尽量使本国的管辖权规范与国际社会的普遍做法接轨，从而避免和消除国际民事管辖权的积极冲突。最后，协议管辖是消除有关国家之间管辖权积极冲突的有效途径，所以应在立法上放宽对当事人协议选择管辖法院的限制。

就国际立法层面而言，各国应积极参与国际立法，通过制定国际公约，避免和消除国际民

---

① 欧福勇．国际民事诉讼中的禁诉令．北京：北京大学出版社，2007：11.

② 关于禁止执行令，郭玉军，陈文璨．国际民商事争议解决中的禁止执行令制度研究．国际法研究，2017（6）．在圣彼得堡银行诉维塔利、阿尔汉格尔斯基案［Bank St Petersburg OJSC and Another v. Vitaly Arkhangelsky（2014）］中，被告欠银行钱，银行在俄罗斯法院起诉，获得胜诉判决。被告认为判决是基于欺诈取得。随后被告在英属维尔京、塞浦路斯起诉原告。当事人之间原本缔结有由英国法院管辖的排他性法院管辖协议，但在争议发生后一方当事人却向俄罗斯法院提起诉讼并获得终局性判决。双方同时在英国开始诉讼程序。同时原告在法国、保加利亚申请承认与执行俄国判决。被告经申请最终在英国上诉法院成功获得了禁止执行令的签发，该禁止执行令所针对的范围即是要阻止该俄罗斯判决在法国和保加利亚的执行。

③ 关于禁诉令，Andrew Dickinson，Taming Anti-suit Injunctions，in A Conflict of Laws Companion. Edited by Andrew Dickinson and Edwin Peel，Oxford University Press，2021，p. 77。

④ 参见（2018）苏 01 民初 232、233、234 号民事判决书，（2019）最高法知民终 732、733、734 号之一民事裁定书。

⑤ 参见（2020）鄂 01 知民初 169 号之一民事裁定书。后印度德里高等法院和德国慕尼黑第一地区法院又签发了反禁诉令，要求小米撤回禁诉令。

事管辖权的冲突。应该说，世界各国基于国际合作和国际交往的需要，根据互谅互让的精神，在平等协商的前提下制定一些统一国际民事管辖权规则的国际条约，是从根本上避免和消除国际民事管辖权冲突并进而消除平行诉讼的最有效途径。

MATERIAL

Forum Non Conveniens

It has already been seen that the discretionary power to allow service of a claim form out of the jurisdiction is exercised on the basis of forum conveniens. There is also a general discretionary power to stay actions on the basis of forum non conveniens (ie where the clearly appropriate forum for trial is abroad). Whilst there has been such a power in Scotland and the USA for a considerable length of time, it is only relatively recently that a general doctrine of forum non conveniens has been accepted in England. The English discretion to stay is now indistinguishable from the Scottish doctrine of forum non conveniens. That this is the case has been endorsed by the House of Lords in the leading authority on stays of action, Spiliada Maritime Corpn v. Cansulex Ltd. It is clear from this case that the same basic criterion applies in cases involving stays of action as in cases involving the exercise of the discretion to serve a claim form out of the jurisdiction. The *Spiliada* case set off a chain reaction in a number of common law jurisdictions, and has been followed in New Zealand, Canada, Brunei, Singapore, Gibraltar, the Caribbean and Ireland, but not in Australia, where a majority of the High Court, in a very unclear and much criticised decision, required there to be vexation or oppression for the grant of a stay, but could not agree on what this meant. However, it has been established subsequently that this can be shown by the fact that the forum is a clearly inappropriate one for trial (a formula loaded in favour of trial in the forum).

The law was exhaustively considered and restated by the House of Lords in Spiliada Maritime Corpn V. Cansulex Ltd., where Lord Goff, giving the unanimous judgment of the Law Lords, set out a number of principles on which the discretion should be exercised. These principles have been affirmed and further explained by Lord Goff in the House of Lords in Connelly V. RTZ Corpn plc. and by Lord Bingham in the House of Lords in Lubbe v. Cape plc. Before turning to examine these principles, one general point needs to be made. The decision on the exercise of the discretion is essentially one for the judge at first instance, and an appellate court should not interfere merely because it would give different weight to the factors involved.

The basic principle is that a stay will only be granted on the ground of forum non conveniens where the court is satisfied that there is some other available forum, having jurisdiction, which is the appropriate forum for trial of the action, ie in which the case may be tried more suitably for the interests of all the parties and the ends of justice.

This is the most important of the principles and sums up the whole basis of the forum non conveniens discretion. Lord Goff, however, did lay down a number of other subordinate principles which have been frequently followed. He referred to a two-stage inquiry. The first stage is concerned with whether there is another available forum which is clearly more appropriate than the English forum; the second stage with the requirements of justice.

QUESTION

What is forum non conveniens?

第四节 我国有关国际民事管辖权的制度

我国有关国际民事管辖权的立法与实践包含两方面，其一是有关国际民事管辖权的国内立法与司法实践，其二是我国在国际民事管辖权领域缔结或参加相关国际条约的实践。我国缔结或参加的蒙特利尔涉及国际民事管辖权的国际条约并不多，主要有《国际铁路货物联运协定》(1954 年参加)、《蒙特利尔公约》(1958 年参加）和《国际油污损害民事责任公约》(1980 年参加)。2017 年我国签署了 2005 年海牙《选择法院协议公约》。此外，在我国与有关国家签订的一系列的司法协助协定中，也有关于国际民事管辖权的规定。以下重点讨论我国有关国际民事管辖权的国内立法与实践。

一、我国有关国际民事管辖权的规定

在我国，有关国际民事管辖权的规定主要体现在《民事诉讼法》和《海事诉讼特别程序法》。另外，最高人民法院于 2022 年颁布的《民诉法司法解释》也是我国有关国际民事管辖权的重要法源。需要指出的是，我国《民事诉讼法》第四编只就部分国际民事管辖权问题作了规定，但依据《民事诉讼法》第 266 条的规定，人民法院可以援引相关针对国内民事诉讼的管辖权规则（主要是国内地域管辖权规则）来解决国际民事管辖权问题。纵观我国现行有关立法及最高人民法院相关司法解释，我国有关国际民事管辖权的规定包括如下几个方面。

（一）一般管辖

关于一般管辖，我国与其他大陆法系国家一样，也遵循“原告就被告”原则。《民事诉讼法》第 22 条第 1 款规定：“对公民提起的民事诉讼，由被告住所地人民法院管辖；被告住所地与经常居住地不一致的，由经常居住地人民法院管辖。”通过法律解释，我们可以将《民事诉讼法》第 22 条第 1 款转化为一条有关国际民事管辖权的一般管辖权规则，即如果被告的住所或经常居所位于我国，则我国法院对该被告拥有一般管辖权。在自然人为被告时，只要其在我

国拥有住所或经常居所，不管其国籍如何，其住所地或经常居住地的人民法院即对该被告拥有一般管辖权。在法人为被告时，如果该法人的住所位于我国，则其住所所在地的人民法院对其拥有一般管辖权。根据《民诉法司法解释》第 3 条和第 4 条，自然人的住所地是指其户籍所在地，自然人的经常居住地是指其离开住所地至起诉时已连续居住一年以上的地方（住院就医的地方除外）。法人或者其他组织的住所地是指法人或者其他组织的主要办事机构所在地。法人或者其他组织的主要办事机构所在地不能确定的，法人或者其他组织的注册地或者登记地为其住所地。

（二）特殊管辖

在被告于我国没有住所或经常居所的情况下，我国还可以根据特殊管辖权对相关国际民事纠纷行使管辖权。

《民事诉讼法》第 272 条规定："因合同纠纷或者其他财产权益纠纷，对在中华人民共和国领域内没有住所的被告提起的诉讼，如果合同在中华人民共和国领域内签订或者履行，或者诉讼标的物在中华人民共和国领域内，或者被告在中华人民共和国领域内有可供扣押的财产，或者被告在中华人民共和国领域内设有代表机构，可以由合同签订地、合同履行地、诉讼标的物所在地、可供扣押财产所在地、侵权行为地或者代表机构住所地人民法院管辖。"

人民法院还可以根据《民事诉讼法》第 24 条至第 33 条的相关规定对国际民事纠纷行使特别管辖权。根据这些规定，我国法院在国际民事诉讼中行使特别管辖权主要有以下情形：(1) 因合同纠纷提起的诉讼，合同履行地位于我国；(2) 因保险合同纠纷提起的诉讼，保险标的物所在地位于我国；(3) 因票据纠纷提起的诉讼，票据支付地位于我国；(4) 因铁路、公路、水上、航空运输和联合运输合同纠纷提起的诉讼，运输始发地、目的地位于我国；(5) 因侵权行为提起的诉讼，侵权行为地位于我国；(6) 因铁路、公路、水上和航空事故请求损害赔偿的诉讼，事故发生地、车辆或船舶最先到达地、航空器最先降落地位于我国；(7) 因船舶碰撞或其他海事损害而提起的赔偿诉讼，事故发生地、碰撞船舶最先到达地、加害船舶被扣留地位于我国；(8) 因海难救助费用提起的诉讼，救助地或被救助船舶最先到达地位于我国；(9) 因共同海损提起的诉讼，船舶最先到达地、共同海损理算地或航程终止地位于我国。

《民诉法司法解释》第 13 条至第 17 条的相关规定一定程度上也涉及涉外离婚诉讼的特殊管辖权。根据以上规定，在我国，涉外离婚的管辖权遵循以下规则确定：在国内结婚并定居国外的华侨，如定居国法院以离婚诉讼须由婚姻缔结地法院管辖为由不予受理，当事人向人民法院提出离婚诉讼的，由婚姻缔结地或者一方在国内的最后居住地人民法院管辖。在国外结婚并定居国外的华侨，如定居国法院以离婚诉讼须由国籍所属国法院管辖为由不予受理，当事人向人民法院提出离婚诉讼的，由一方原住所地或者在国内的最后居住地人民法院管辖。中国公民一方居住在国外，一方居住在国内，不论哪一方向人民法院提起离婚诉讼，国内一方住所地人民法院都有权管辖。国外一方在居住国法院起诉，国内一方向人民法院起诉的，受诉人民法院有权管辖。中国公民双方在国外但未定居，一方向人民法院起诉离婚的，应由原告或者被告原住所地人民法院管辖。已经离婚的中国公民，双方均定居国外，仅就国内财产分割提起诉讼的，由主要财产所在地人民法院管辖。

此外，根据《海事诉讼特别程序法》第 6 条，人民法院对海事诉讼行使特别管辖权还包括以下情形：(1) 因海事侵权行为提起的诉讼，船籍港所在地位于我国；(2) 因海上运输合同纠纷提起的诉讼，转运港所在地位于我国；（3）因海船租用合同纠纷提起的诉讼，交船港、还船港、船籍港所在地位于我国；（4）因海上保赔合同纠纷提起的诉讼，保赔标的物所在地、事故发生地位于我国；（5）因海船的船员劳务合同纠纷提起的诉讼，原告住所地、合同签订地、船员登船港或者离船港所在地位于我国；（6）因海事担保纠纷提起的诉讼，担保物所在地位于我国，对于因船舶抵押纠纷提起的诉讼，船籍港所在地位于我国；（7）因海船的船舶所有权、占有权、使用权、优先权纠纷提起的诉讼，船舶所在地、船籍港所在地位于我国。

（三）专属管辖

《民事诉讼法》第 273 条对三类投资合同规定了专属管辖权。根据该条规定，对于因在我国履行中外合资经营企业合同、中外合作经营企业合同和中外合作勘探开发自然资源合同发生纠纷而提起的诉讼，人民法院拥有专属管辖权。

此外，根据《民事诉讼法》第 34 条的规定，以下案件也应由我国法院行使专属管辖权：（1）因不动产纠纷提起的诉讼，不动产所在地在我国境内的；（2）在我国的港口作业中因发生纠纷而提起的诉讼；（3）因继承遗产纠纷提起的诉讼，被继承人死亡时住所地或主要遗产所在地在我国境内的。在以上规定中，第 34 条第 3 项将遗产继承规定为专属管辖事项，主要是针对国内管辖作出的，若将该款规定适用于涉外继承案件则未必合适，尤其当被继承人的主要遗产位于国外，而我国法院以被继承人死亡时的住所地在我国而行使管辖权，对有些案件而言，可能无助于判决的承认与执行。①

（四）协议管辖

《民事诉讼法》第四编没有就协议管辖作出专门规定，但《民事诉讼法》第 35 条就国内民事诉讼中的协议管辖作了规定。该条规定："合同或者其他财产权益纠纷的当事人可以书面协议选择被告住所地、合同履行地、合同签订地、原告住所地、标的物所在地等与争议有实际联系的地点的人民法院管辖，但不得违反本法对级别管辖和专属管辖的规定。"对于国际民事诉讼中的协议管辖，《民诉法司法解释》第 529 条倒是有明确规定：涉外合同或者其他财产权益纠纷的当事人，可以书面协议选择被告住所地、合同履行地、合同签订地、原告住所地、标的物所在地、侵权行为地等与争议有实际联系地点的外国法院管辖。根据民事诉讼法第三十四条和第二百七十三条规定，属于中华人民共和国法院专属管辖的案件，当事人不得协议选择外国法院管辖，但协议选择仲裁的除外。

我国法律对协议管辖有以下限制：第一，协议管辖的范围限于涉外合同或涉外财产权益纠纷，在人的身份、能力、家庭关系（仅限于人身关系）领域，当事人不允许协议管辖；第二，协议管辖必须以书面形式作出；第三，当事人只能在与争议有实际联系的国家的法院中选择管辖法院；第四，协议管辖只能改变一般管辖和特别管辖，不得违反我国有关专属管辖的规定；第五，当事人只能通过协议选择一审法院，因而若当事人选择我国法院管辖的，不得违反我国有关级别管辖的规定。

同时，我国《海事诉讼特别程序法》第 8 条规定："海事纠纷的当事人都是外国人、无国籍人、外国企业或者组织，当事人书面协议选择中华人民共和国海事法院管辖的，即使与纠纷

① 刘仁山．国际私法．北京：中国法制出版社，2019：455.

有实际联系的地点不在中华人民共和国领域内，中华人民共和国海事法院对该纠纷也具有管辖权。”这表明，对于涉外海事纠纷，当事人书面协议选择到中国法院进行诉讼的，中国法院即可取得对该案的管辖权，而不考虑该案与中国的实际联系。

（五）应诉管辖

应诉管辖（submission by appearance），又称推定管辖或默示协议管辖。《民事诉讼法》第130条第2款规定了应诉管辖。根据该条规定，当事人未提出管辖异议并应诉答辩的，视为受诉人民法院有管辖权，但违反级别管辖和专属管辖规定的除外。应诉管辖的依据是，有关国际民事关系中的一方当事人向人民法院提起诉讼，而另一方当事人进行了实体答辩，并且没有就人民法院的管辖权提出任何异议，从而推定当事人双方都承认，特别是被告方承认人民法院的管辖权，进而推定人民法院对有关国际民事案件具有管辖权。具体而言，人民法院对某一案件是否拥有管辖权，可根据当事人的诉讼行为进行推定。从原告角度看，如果他向一个本无管辖权的人民法院提起诉讼，就意味着该原告自愿接受人民法院的管辖。就被告而言，如果他在一个原来没有管辖权的人民法院被诉，而不向该法院提出管辖异议，并且就实体事项应诉答辩的，即可认为该被告承认人民法院为有管辖权的法院。人民法院也由于被告的应诉答辩行为而取得了对该案件的管辖权，被告不得在人民法院作出裁判之后再以作出裁判的法院无管辖权为由，提出判决无效的主张。如果被告出庭只是就案件的管辖权提出抗辩，而不进行其他任何实质性答辩，则不能视为出庭应诉，也就不能视为被告自愿接受法院的管辖，这种出庭“应诉”在美国称为“特别出庭”（special appearance）。

（六）不方便法院原则

不方便法院原则产生并发达于英美法系国家，虽然由于对法律确定性等的强调，大陆法系国家总体上并不欢迎该原则，但仍然有一些大陆法系国家和地区如日本、加拿大魁北克省等在立法与司法实践中接受了该原则。我国从20世纪90年代始在司法实践中对不方便法院原则总体上也持欢迎态度。《民诉法司法解释》第530条就不方便法院原则首次作了明确规定。该条规定：“涉外民事案件同时符合下列情形的，人民法院可以裁定驳回原告的起诉，告知其向更方便的外国法院提起诉讼：（一）被告提出案件应由更方便外国法院管辖的请求，或者提出管辖异议；（二）当事人之间不存在选择中华人民共和国法院管辖的协议；（三）案件不属于中华人民共和国法院专属管辖；（四）案件不涉及中华人民共和国国家、公民、法人或者其他组织的利益；（五）案件争议的主要事实不是发生在中华人民共和国境内，且案件不适用中华人民共和国法律，人民法院审理案件在认定事实和适用法律方面存在重大困难；（六）外国法院对案件享有管辖权，且审理该案件更加方便。”

从前述规定来看，在我国，不方便法院原则的启动需要满足以下几个条件：第一，程序性要件，即不方便法院原则的启动需要由被告提出请求，人民法院不得依职权启动；第二，案件不属于我国法院基于协议管辖和专属管辖的排他性管辖；第三，案件不涉及我国国家利益或公民、法人或者其他组织的个人利益；第四，我国法院审理确实不方便，即案件争议的主要事实未发生在我国境内，且案件不适用我国法律，人民法院审理案件在认定事实和适用法律方面存在重大困难；第五，存在一个对案件拥有管辖权且审理案件更为方便的外国法院。

从以上几项条件来看，第一、第二、第四、第五项条件是适当的，但第三项条件，即当案件涉及我国国家利益特别是中国公民、法人或者其他组织的个人利益时不方便法院原则不得启动，这一条件明显偏离不方便法院原则的宗旨。在本质上，不方便法院原则的设置目的是为国际民事纠纷的解决寻找一个在程序法意义上更为公正的法院，也即更为方便的法院。但根据第三项条件，在案件涉及中国人利益时禁止启动不方便法院原则，不仅曲解了该原则的本质内涵，而且考虑到在我国法院提起诉讼的国际民事纠纷在绝大部分情况下会或多或少与中国人利益相关，这也使第530条规定不方便法院原则的实际效用大为降低。

在北京市高级人民法院审理的一个案件中，原告已就同一纠纷在香港特别行政区高等法院立案且正在审理当中，其后向北京市高级人民法院另行提起本案诉讼。该案涉及一事两诉及不方便法院认定问题。从案情看，案涉协议签署地、投资行为履行地、收付投资款所在地、违约责任发生地在香港。北京市高级人民法院认为，香港法院是否已经受理案件或者作出判决，均不影响内地法院依法行使管辖权。但是内地法院是否受理，应根据案件具体情况决定，其中包括考虑案件是否存在不方便管辖的因素。案涉股权的目标公司住所地在北京市，股权登记于北京市，而此后股东权利的行使及案涉股权的变更亦发生在北京市。此外，本案被告公司住所地在北京市，本案的裁判结果与其直接相关。因此，从案件审理及执行便利的角度考虑，内地法院行使管辖权有利于实现及时审理案件、保障当事人合法权益的民事诉讼目的。本案中，双方就相关款项的支付及收取仅为双方履行合同权利义务的一部分，该等情况并不足以构成内地法院重大、明显的不方便管辖因素。被告不服上诉至最高人民法院。最高人民法院认为，判断本案是否可以适用不方便法院原则应当同时满足2015年《民诉法司法解释》第532条规定的条件。被告公司系在中国内地注册成立的企业法人，原告的诉讼请求是解除双方签订的“股权质押协议书”并由被告公司返还转让款。因案件审理结果涉及中国内地企业法人被告公司的利益，故本案情形不符合“不方便法院原则”适用的条件。由此可见，在我国，只有同时符合2015年《民诉法司法解释》第532条规定的六项要件，才能拒绝行使案件的管辖权。同时，域外平行程序的存在并不构成不方便法院的当然理由。①

二、我国有关国际民事管辖权的立法体例

从比较法的视角，可以基于对国际民事管辖权与国内地域管辖权之间的同或不同的强调，而将国际民事管辖权的立法体例大分为一元论和二元论两种体例。一元论体例强调两种管辖权之同，认为二者应共享一套规范体系，或者更准确地说，在该体例下，国际民事管辖权依附于国内地域管辖权，国际民事管辖权通过援引国内地域管辖权规则予以确定。② 二元论体例则强调两种管辖权之别，认为国际民事管辖权应独立于国内地域管辖权，二者各有一套规则体系，两套规则体系彼此独立、各司其职。如前所述，二战后，法国与德国率先在欧洲大陆确立一元论体例。瑞士1989年《关于国际私法的联邦法》是一个分界点。③ 该法的出台在大陆法系国家

---

① 参见（2018）最高法民辖终261号民事裁定书。

② 正因为如此，也有学者提出以国际民事管辖权制度相对于国内地域管辖权制度的依附性或独立性作为划分国际民事管辖权立法体例的标准。José Carlos Fernández Rozas y Sixto Sánchez Lorenzo，Curso de derecho internacional privado，Civitas，1993，pp. 249 - 250.

③ 瑞士1989年《关于国际私法的联邦法》因其将国际民事管辖权、法律适用以及判决的承认与执行这三个国际私法中密切相关的问题规定在一个单一立法中而在国际私法立法史上占有一席之地。

结束了一元论体例一家独大的局面，同时宣告了二元论体例的崛起。当下俨然是两种立法体例分庭抗礼的时代。①

我国目前直接涉及国际民事管辖权的规定主要集中于《民事诉讼法》第 272 条和第 273 条，分别涉及涉外合同或其他财产权益纠纷管辖权和在中国履行的三类投资合同的专属管辖权。此外，《民诉法司法解释》也有约 7 个条文（第 13 条至第 17 条以及第 529 条、第 530 条），分别涉及涉外离婚诉讼管辖权、协议管辖权以及不方便法院原则等。从这些规定的内容来看，显然不足以构成一套系统的国际民事管辖权体系。《民事诉讼法》第 266 条规定："在中华人民共和国领域内进行涉外民事诉讼，适用本编（即第四编——笔者注）规定。本编没有规定的，适用本法其他有关规定。"因而对于前述 9 个条文没有涉及的绝大部分国际民事管辖权问题，人民法院原则上应根据《民事诉讼法》第 266 条的规定，通过援引该法第一编第二章有关国内地域管辖权的规定予以解决。我国在本质上显然也属于一元论体例。一元论体例的法理依据是什么？援引国内地域管辖权规则来解决国际民事管辖权问题在法理上是否站得住脚？

一元论体例的法理依据是类推适用（application by analogy），也就是说在一元论体例下，通过类推适用国内地域管辖权规则来确定国际民事管辖权。类推适用可否成立，关键在于两种案型是否具有相似性。在法律领域，判断两种案型的相似性不单纯是形式逻辑问题，更包含法律的价值判断，即两种案型是否共享某一"一般法律原则"或共同法律规整目标，从而将法律为已有案型确立的规则适用于拟规范案型符合同案同判的自然正义（natural justice）。②

为探讨两种管辖权的相似性，首先有必要了解国内地域管辖权的基本原理。顾名思义，国内地域管辖权在性质上属于地域管辖权，解决的是如何将纠纷在分布于不同区域的相同性质法院之间进行分配的问题。国内地域管辖权在品格上秉持两项私法价值：第一，当事人便宜和公平公正；第二，促进司法运行效率以更好维护当事人权益。③ 这两项程序法价值构成国内地域管辖权的基本价值目标。为确保这一价值目标的实现，国内地域管辖权原则上依据诉讼与法院地的实际联系来判断空间上解决纠纷最为适当之法院，因而国内地域管辖权在运作机制上以属

---

① 据笔者针对 48 个国家所作的调查，其中采一元论体例者为 20 个国家，采二元论体例者为 28 个国家。本调查主要针对拥有成文法传统的国家或地区作出，并基于获得立法资料难易程度的考量而将调查对象主要圈定在欧洲国家、美洲国家以及部分亚洲国家。需说明的是，对于欧盟成员国，本调查针对的是该国国内法中有关国际民事管辖权的规范体系。根据本调查，采一元论立法体例的 20 个国家或地区为：德国、奥地利、法国、卢森堡、葡萄牙、丹麦、芬兰、瑞典、希腊、苏格兰、捷克、拉脱维亚、立陶宛、爱沙尼亚、波兰、土耳其、塞浦路斯、乌拉圭、韩国以及中国；采二元论体例的 28 个国家或地区为：瑞士、荷兰、意大利、比利时、西班牙、挪威、马耳他、保加利亚、匈牙利、罗马尼亚、斯洛伐克、斯洛文尼亚、俄罗斯、白俄罗斯、格鲁吉亚、马其顿、黑山、加拿大魁北克省、巴西、阿根廷、秘鲁、智利、巴拿马、哥伦比亚、哥斯达黎加、委内瑞拉、日本以及哈萨克斯坦。需说明的是，根据乌拉圭 1994 年《民法典》第 2401 条，该国确定国际民事管辖权的基本规则是平行原则，即由其法律为案件准据法的国家的法院行使国际民事管辖权。换言之，该国通过援引冲突规则而不是国内地域管辖权规则来解决国际民事管辖权问题。鉴于其没有为国际民事管辖权规定一套独立规范体系，因而笔者将乌拉圭归为采一元论体例的国家。

② 拉伦茨．法学方法论．陈爱娥，译．北京：商务印书馆，2005：258－259，268．恩吉施．法律思维导论．郑永流，译．北京：法律出版社，2014：178－182．

③ Pierre Mayer et Vincent Heuzé, Droit international privé, LGDJ, 11e éd., 2014, p. 206, 209. Dominique Holleaux et Horatia Muir Watt, Droit international privé, Vol. I, Presses Universitaires de France, 2014, p. 80. Bernard Audit et Louis d'Avout, Droit international privé, Economica, 7e éd., 2013, p. 353. Yvon Loussouarn, Pierre Bourel, et Pascal Vareilles-Sommières, Droit international privé, Dolloz, 10e éd., 2013, p. 700.

地理由管辖权为主。[①]

就国际民事管辖权而言，对国际民事管辖权的性质，大陆法系国家一直有事项管辖权说与地域管辖权说两种观点。[②] 由于认为其功能在于决定空间上最为适当之法院，德国与日本学者认为国际民事管辖权在性质上属地域管辖权，对此定性两国学界几无异议。[③] 但在法国，以巴丹为首的部分学者却认为，国际民事管辖权是就一组特定纠纷（国际民事纠纷）在两组不同性质管辖权体系之间（法国管辖权与外国管辖权）进行分配，因而在性质上属事项管辖权。[④] 如果事项管辖权说成立，则国际民事管辖权将很难与国内地域管辖权共享法律价值目标。但问题在于，事项管辖权旨在将不同性质法律纠纷疏导至不同法院体系，具有明显的公共秩序性质，因而从事项管辖权说将必然导出国际民事管辖权具有强制性的结论，但这一结论显然与有关国际民事管辖权的基本常识不符，因为除了以维护公共秩序为宗旨的专属管辖权，国际民事管辖权原则上仅具有任意性质。因此，除了在法国与意大利等国有少数追随者，事项管辖权说在世界范围内并没有得到普遍支持。国际民事管辖权本质上应属地域管辖权，因为其任务在于解决如下问题，即当一个国际民事纠纷产生后，当事人应到哪一国家或哪一法域提起诉讼，这在本质上是一个空间的选择或指引。从国际民事纠纷解决的角度看，国际民事管辖权与国内地域管辖权一起在不同层面解决管辖权的空间分配问题：前者解决管辖权在国家间的分配，后者则是在国际管辖权已经确定的前提下解决管辖权在法院地国内部的地域分配。

从国际民事管辖权的价值取向看，如前所述，无论是在英美法系国家还是在大陆法系国家，国际民事管辖权在二战之后都经历了从以国家主权为基础的管辖权体系向以私法程序正义（当事人公平公正、便利、司法效率）为基础的管辖权体系的转变。转变后的新的国际民事管辖权体系以当事人的私人利益为中心，强调国际民事管辖权的确定应在确保当事人公平公正、便利、（对诉讼地点的）可预测性和司法效率的基础上进行。

既然现代国际民事管辖权性质上属地域管辖权，在价值取向上也追求与国内地域管辖权相同的程序法价值，那么通过类推适用国内地域管辖权规则来解决国际民事管辖权问题在法理上应该是成立的。

当然，值得注意的是，国际民事管辖权与国内地域管辖权虽然具有相似性，但二者之间也存在明显差异，因此，在一元论体例下也需要配备相关校正机制，以在类推适用国内地域管辖

---

① 属地理由管辖权是指一管辖区域基于当事人或案件事实位于该区域而获得的管辖权。由于国内地域管辖权在绝大部分情况下都表现为属地理由管辖权，因此在国内地域管辖权体系中二者几乎成为同义语。但事实上二者属于不同概念。地域管辖权强调的是管辖权的性质，即管辖权在空间上的横向分配，而属地理由管辖权强调的是如何实现管辖权在空间上的横向分配（基于案件与法院管辖区域的属地联系）。因此地域管辖权在运作机理上虽主要表现为属地理由管辖权，但并不绝对如此。譬如，根据法国《民法典》第 14 条和第 15 条，只要一方当事人为法国人，则即使案件与法国没有任何属地联系法国也可对案件拥有国际民事管辖权，接下来需要解决地域管辖权问题，但由于案件与任何一个法国法院都没有属地联系，因而此时根据属地理由管辖权确定地域管辖权便行不通。根据法国判例法，对于此种情况，为确保司法运行效率，通常会基于巴黎的地理中心位置而由巴黎大审法院行使管辖权。Pierre Mayer et Vincent Heuzé，Droit international privé，LGDJ，11e éd.，2014，p. 200，note 1.

② 大陆法系国家在国内诉讼法层面通常区分事项管辖权与地域管辖权。事项管辖源于现代国家法院体系的专业化分工，旨在将不同性质纠纷疏导至不同专业法院体系，因而此种基于法院审理资质而确立的管辖权具有公共秩序性质。

③ Hubert Bauer，Compétence judiciaire internationale des tribunaux civils français et allemands（étude comparative），Dalloz，1965，pp. 43 - 44. Kegel/Schurig，Internationales Privatrecht，9. Auflage，Verlag C. H. Beck，2004，S. 1049f. 野村美明「日本における国際裁判管轄の基本原則」企業と法創造 11 号（2007）237 頁。

④ Etienne Bartin，Principes de droit international privé，Schmidt Periodicals，1997，pp. 310 - 311.

权规则解决国际民事管辖权问题不适当时作出必要的调整。

三、我国国际民事管辖权制度的完善

我国《民事诉讼法》对涉外民事案件管辖权的规定主要有一般管辖、特别管辖、专属管辖、协议管辖和应诉管辖[①]等，其中大部分规定符合国际上有关国际民事管辖权的通例，但其中也有少数条款的规定，有过分管辖的倾向。如第 272 条中规定的可供扣押财产所在地法院的管辖权、代表机构所在地法院的管辖权以及合同签订地法院的管辖权等。

对于财产所在地法院的管辖权，在我国较少成为争议的焦点，但国际上对该问题却有相当激烈的争论。[②] 一些国际条约如 1968 年《布鲁塞尔公约》就明确地将财产所在地管辖权列入了“黑名单”，即将其列入了禁止行使管辖权的依据。其主要理由是财产所在地管辖对于原告来说虽然具有不少好处，但对被迫到与案件缺少联系的法院应诉的被告来说，却相当地不公平。所以即使是在采用财产所在地这一管辖依据的代表国家如德国、奥地利，目前通常也对该管辖权的行使施加两个方面的条件限制，一是案件与财产所在地有密切联系，二是财产的价值与诉额应达到一定的比例。根据美国联邦最高法院的规则，财产所在地管辖权也必须满足“最低限度联系”标准，如果仅有财产在法院地而无其他联系时，则财产所在地不足以构成对与该财产无关的诉讼行使管辖权的依据。我国法院在以可供扣押的财产在我国为依据行使管辖权时，也应考虑必要的限制，如充分的联系以及财产价值与诉额的均衡等，切不可受利益的驱使不正常地扩大法院的管辖权，以免损害国际民事诉讼中被告方的正当利益。

因外国公司的代表机构在我国活动而对外国公司行使管辖权时，也必须考察外国公司与在我国进行的诉讼联系的密切程度是否足以使其接受我国法院的管辖权。一般而言，一国法院通常仅能就外国公司代表机构在法院国境内活动引发的争议而对外国公司行使管辖权，而不能审理与该代表机构活动无关的外国公司的其他案件。这样既可防止对外国公司的不当管辖，也可以防止外国公司因通过其代表机构实施活动而逃避管辖。

对于以合同缔结地为行使管辖权依据，各国态度并不一致。一些国家如英国对此持肯定态度。由合同缔结地法院管辖的理论依据是“场所支配行为”，但在现代社会，由于交通的发达，合同签订地的选择往往具有很大的偶然性，并不一定与合同本身有密切的联系。如果不考虑是否存在其他的联系因素，仅以偶然选择的合同缔结地为基础行使管辖权，就很可能是过分的管辖。我国对于国内合同案件并没有规定合同缔结地的管辖权，但对于涉外合同案件却规定了可以由合同缔结地的法院行使管辖权，这显然有扩大我国法院管辖权的倾向，如果不加以适当的限制就很可能会招致国际社会的批评。

对于协议管辖，我国规定相对较详细，但仍存在一些突出的问题：第一，我国协议管辖制度缺乏保护弱势当事人利益的管辖规定，未明确规定以“公共政策”作为例外，否定外国法院管辖权条款的效力而只依靠专属管辖和“实际联系”两项限制规则保护弱者或维护我国公共利

---

① 我国民诉法及其司法解释对应诉管辖虽有规定，但尚有诸多不明确之处。在国际民事诉讼中，被告除提出管辖权异议之外，往往还伴有其他行为，这些行为给应诉管辖的认定造成了困难，有关应诉管辖认定，参见郭玉军，司文．国际民事诉讼中应诉管辖标准研究．苏州大学学报（法学版），2016（3）。

② 郭玉军．财产所在地的国际裁判管辖权//黄进，刘卫翔，等．当代国际私法问题．武汉：武汉大学出版社，1997：316.

益是远远不够的。[①] 第二，实际联系原则不能胜任维护我国法律适用、保护我国当事人利益的任务。将联系程度直接作为判断管辖权条款效力的规则并不合适，会极大地限制当事人可以选择的法院范围，国内学术界要求废除"实际联系原则"的呼声很高，但又没有考虑废除该原则后如何保护我国当事人利益。我国可以在管辖权问题上充分利用将公共政策作为例外的方式，或承认或否定国际民事诉讼管辖权，以此维护我国法律的适用。[②]

在恒生银行有限公司与林某华等金融借款合同纠纷案中，法院讨论了协议管辖、专属管辖、非对称管辖条款和区际平行诉讼问题。法院认为：本案当事人约定的为非对称管辖权条款以及非排他管辖条款，并未排除香港法院以外法院对于原告恒生银行提起诉讼案件的管辖，本院作为被告天盛仓储公司的住所地法院及被告林某华的可供扣押财产所在地法院享有本案管辖权，原告恒生银行与被告林某华之间的同一纠纷已由香港法院作出部分裁决亦并不影响本院审理本案并作出裁判。[③]

MATERIAL

Distinguishing Legislative and Adjudicatory Jurisdiction

The word "jurisdiction" has multiple meanings. Realizing its importance to private international law requires an understanding of the distinctions necessary to sort out those meanings. When it is used in the context of private international law, it is most often adjudicatory jurisdiction that is being considered. Even within that category, however, there are distinctions in some systems that are not found in others. Thus, clarity of focus is required.

Jurisdiction is necessarily a territorial concept. Judicial jurisdiction is a sovereign element of statehood, and States occupy geographic territory delineated by specific boundaries. Those boundaries serve to define a State and its power, and coincide with limitations on State power under international law.

When a State makes law, it exercises legislative (prescriptive) jurisdiction. The extent to which a State may exercise legislative jurisdiction is limited by international law. The principles that have developed to define the reach of a State's legislative jurisdiction begin with the territoriality principle. Every State has jurisdiction to legislate regarding conduct within its own territory and the status of persons and things within its territory. In the latter half of the twentieth century, the concept of territoriality was expanded to include jurisdiction to legislate regarding conduct outside a State's territory that has an effect within that territory.

---

① 我国《民诉法司法解释》第 31 条规定："经营者使用格式条款与消费者订立管辖协议，未采取合理方式提请消费者注意，消费者主张管辖协议无效的，人民法院应予支持。"基于我国目前的国际民事管辖权立法体例，该条规定也可以类推适用于国际民事诉讼中的协议管辖，在一定程度上起到保护消费者的作用。

② 郭玉军，蒋剑伟．论协议管辖制度采用公共政策例外．河南政法管理干部学院学报，2006 (2)：16-23.

③ 参见 (2019) 沪 74 民初 127 号民事判决书。关于非对称性管辖权条款，参见郭玉军，司文．单边法院选择条款的法律效力探析．国际法研究，2014 (4)：48 以下。

While territoriality is the basic principle of legislative jurisdiction, international law allows a State to legislate regarding conduct outside its borders when certain other connecting factors exist. Thus, the nationality principle allows States to regulate their own nationals, even when those nationals are not present within the territory of the State.

Similarly, the protective principle allows a State to regulate conduct outside its territory, even by non-nationals, if that conduct is directed "against the security of the state or against a limited class of other state interests."

The passive personality principle may be asserted in order to regulate the conduct of a non-national outside the territory of a State where the victim of that conduct is a national of the State regulating the conduct.

And universal jurisdiction is claimed by States in order to define and prescribe punishment for particularly egregious offences recognized by all States, such as piracy, slavery, and genocide, no matter where those acts are committed.

While these principles of international law may result in multiple States claiming to regulate the same conduct, they are distinct from national rules of adjudicatory jurisdiction. The question of which court has jurisdiction to hear a case is an issue separate from the question of whether a State has jurisdiction to legislate in regard to specific conduct. It is adjudicatory jurisdiction that is the focus of the jurisdictional question in private international law.

QUESTIONS

1. What are the differences between legislative and adjudicatory jurisdiction?
2. What is adjudicatory jurisdiction?

第十五章 国际民事司法协助

提要

本章主要讨论国际司法协助的概念和途径，我国有关司法协助的一般规定，域外送达和域外取证的概念、途径，重点阐述我国现阶段有关域外送达和域外取证的立法与实践，新技术条件下电子送达和电子取证等国际司法协助领域的新发展。

重点问题

- ❑ 司法协助的概念、内容和途径
- ❑ 我国有关司法协助的一般规定
- ❑ 域外送达的概念和方式
- ❑ 我国有关域外送达的立法与实践
- ❑ 域外取证的概念和方式
- ❑ 我国有关域外取证的立法与实践
- ❑ 国际司法协助领域的新发展

第一节

司法协助概述

一、司法协助的含义

在民事诉讼中，当法院受理了原告的起诉之后，应及时通知被告，并由此开启诉讼程序。为确保程序公正，法院必须切实地向当事人传达包括诉状在内的相关文书，但为了能够证明相关通知程序已经切实履行，此种通知必须采取法定的特别形式。此种采法定形式的通知程序即为送达。文书送达是法院代表国家司法主权实施的司法行为。因此，向位于外国的当事人送达文书必须事先得到对方国家的知悉和协助。此外，在诉讼程序开启之后，为了查明案件事实并确认原被告的主张是否成立，法院还需要询问证人和调取证据，由于其也是基于国家司法主权的行为，因而赴国外调查取证也要受到与文书送达一样的限制。所谓司法协助（judicial assistance），即一国法院或其他主管机关，根据另一国法院或其他主管机关或有关当事人的请求，代为实施或者协助实施一定的司法行为。从当前各国的司法实践来看，司法协助涉及民事诉讼、刑事诉讼和行政诉讼。本书则专指民商事司法协助（civil and commercial judicial assistance），不过，为论述方便，以下简称司法协助。

目前各国立法与实践以及学术界对司法协助的范围尚有分歧，总体而言有两种观点，即狭义说和广义说。狭义说认为，司法协助仅包括域外文书送达（service abroad）和域外调查取证（evidence abroad）。德国与日本学者多持狭义说。我国也有部分学者支持这一观点。①广义说则认为，除域外文书送达和域外调查取证之外，司法协助还应包括外国法院判决的承认与执行和外国仲裁裁决的承认与执行。大陆法系国家的学者大多持这一主张。国际社会还有一些学者甚至主张，免除外国人诉讼费用或诉讼费用担保以及协助查明法律等也应包括在司法协助之中。在我国，由韩德培教授主编的法学统编教材《国际私法》也主张广义说。②就我国立法而言，从《民事诉讼法》第 27 章关于司法协助的规定来看，其内容涉及文书送达、调查取证、外国法院判决的承认与执行以及外国仲裁裁决的承认与执行等，显然也持广义说。

需要说明的是，一方面，外国仲裁裁决的承认与执行似乎不应属于司法协助的范围，因为仲裁在严格的意义上不是司法行为，仲裁程序顶多只是一种“准司法程序”。但另一方面，对于仲裁裁决，国际社会普遍采用通过司法程序进行承认与执行的方式，因而从这个视角看，仲

① 韩德培．国际私法．3 版．北京：高等教育出版社，北京大学出版社，2014：503.
② 韩德培．国际私法（修订本）．武汉：武汉大学出版社，1989：433.

裁裁决的承认与执行也完全可以被包含在司法协助的范畴中。[1]

二、司法协助的法律依据

如前所述，文书送达、调查取证等均为法院代表国家司法主权而实施的司法行为。鉴于各国主权平等，一国法院要在他国领土范围内实施文书送达等司法行为，就必须要得到对方国家的同意或协助。而对被请求国（the requested states），就一般国际法而言，其本身并没有为他国提供司法协助的义务。但为了更好地解决国际民商事纠纷并促进国际民商事交往，各国在一定条件下通常都愿意提供司法协助。而这种条件即为国家间对对方法律制度和司法制度的相互信任，以及国家间基于友好合作而在司法领域进行的互帮互助。[2] 因此，司法协助的法律依据通常表现为两类，其一是双边或多边国际条约（bilateral or multilateral convention），其二是互惠原则（reciprocity principle）。

（一）国际条约

一定程度上，国际条约是国家间相互提供司法协助的最有效、最可靠的法律依据。一方面，通过条约，国家间相互提供司法协助的权利义务被法律化，另一方面，基于条约必须信守原则，条约又使国家间的司法协助关系稳定化。[3] 正因为如此，各国出于加强国际私法合作的目的，签订了一系列有关司法协助的条约。目前我国已经加入的相关国际公约主要有以下几项：1965 年《海牙送达公约》、1970 年《海牙取证公约》以及 1958 年《纽约公约》等。此外，为了加强与我国来往密切的相关国家间的司法合作，我国从 1987 年开始已先后同 30 多个国家签订了双边司法协助协定。以上多边和双边司法协助条约构成了我国与相关国家间进行国际司法合作的重要法律依据。

（二）互惠原则

互惠原则是进行国际司法合作的另一个重要法律依据。在实践中，可能是两国间法律制度和法律文化差异较大的原因，也可能是两国间民商事交往相对稀少从而导致司法协助的需求数量有限等原因，两个国家之间也许不存在条约关系。在这种情况下，当需要进行司法协助时就需要以互惠为基础，即有关国家间就司法协助达成一项谅解：提供司法协助的一方今后在同类案件中也将会得到另一方给予的类似协助。这种互惠关系的建立，一方面基于双方认为有必要在特定领域开展合作的需要，另一方面则基于双方意思表示的一致。

三、司法协助的途径

司法协助请求的提出一般通过以下几个途径。

第一，外交途径（by means of diplomatic organs），即请求国（the resquesting states）司法机关将请求文件交给本国的外交部，由本国的外交部转交给被请求国的外交代表，再由该国外交代表转交给该国国内主管司法机关，由该主管司法机关提供司法协助。这是一种比较普遍采用的方式，特别是在两国之间不存在司法协助条约的情况下，这一办法几乎是唯一可行的途径。

---

① 韩德培．国际私法．3 版．北京：高等教育出版社，北京大学出版社，2014：503.

② 费宗袆，唐承元．中国司法协助理论与实务．北京：人民法院出版社，1992：13.

③ 刘仁山．国际私法．北京：中国法制出版社，2019：476.

第二，使领馆途径（by means of embassies and consulates），即请求国司法机关把请求文件交给本国驻在被请求国的使领馆，再由使领馆直接将有关文书交给驻在国有关主管司法机关，由该主管司法机关提供司法协助。这种方式在国际条约中采用的比较多，而且有的国际条约和国内立法还规定，使领馆有权把有关文书直接交给派遣国国民。

第三，法院途径（by means of courts of the requested states），即由请求国法院直接委托被请求国法院进行司法协助。不过采用这种方式必须以条约为基础，实践中采用这种做法的比较少。

第四，中心机关途径（by means of central authorities），又称为中央机关途径。许多有关司法协助的国际条约都规定了中央机关的途径。它是请求国主管机关将请求事项直接或通过本国的中心机关提交给被请求国的中心机关，再由该被请求国的中心机关转交给其所属国的主管司法机关提供司法协助。我国缔结或参加的司法协助条约多指定我国司法部为传递司法协助请求的中央机关。

一般而言，被请求国提供司法协助时均依照本国法律规定的程序和方式进行，通常不会适用外国法关于程序问题的规定。如果请求国要求按特殊方式进行协助，而这种方式又不与被请求国的法律或公共秩序相抵触，则被请求国可以满足请求国的请求。

被请求国如果发现请求国的请求事项存在下列情况之一时，可以拒绝提供司法协助：(1) 对有关文件的真实性有怀疑；(2) 根据被请求国法律，被请求协助的事项不属于该国司法机关的职权范围；(3) 请求事项与被请求国的主权、安全、公共秩序或基本利益不相容；(4) 被请求代行的行为是被请求国法律所禁止的行为。

第二节 域外文书送达

一、域外送达的概念

域外送达（service abroad），是指一国法院根据国际条约或按照互惠原则将司法文书（judicial documents）和司法外文书（extrajudicial documents）送交给居住在国外的当事人或其他诉讼参与人的行为。

本书前已论及，文书送达是诉讼活动中的一项重要程序。从法院的视角来看，只有合法并及时地向当事人送达了相关文书，那么接下来的诉讼活动才能相应展开，法院也才能就案件作出裁决。从受送达人的视角看，受送达人只有收到相关文书并知悉文书内容，其才能行使相应诉讼权利和承担诉讼义务。

文书送达是一种重要的司法行为（judicial act），是一国司法机关代表国家行使国家主权的一种表现，因此该行为具有严格的属地性。一方面，一国的司法机关在未征得有关国家同意的情况下，不得在该国境内向任何人实施送达行为；另一方面，内国也不承认外国司法机关在没有合法依据的情况下在内国所实施的送达。因此，域外送达必须通过国际条约等被请求国法律允许的途径送达。

域外送达中的司法文书主要是指司法机关或诉讼当事人在诉讼过程中按照法定程序为进行民事诉讼而制作的各种具有诉讼意义的文件，如起诉状、上诉状、答辩状、传票、通知、调解书、裁定书和判决书等，而域外送达中的司法外文书主要是指由相关政府机关或司法部门签发的虽与民商事诉讼无直接关系但可能有间接关系的一些文件，如有关汇票的拒绝证书、要求给付的催告书、对他人婚姻的反对书以及对收养的同意书等。因此，司法外文书应具备两个特点：第一，它与诉讼案件本身并不直接相关；第二，它需要有某一“当局”或“司法助理人员”的介入，并产生相应的法律后果。

二、域外送达的途径

域外送达通常有两种途径。第一种途径是直接送达，即由内国法院在外国知悉和同意的前提下，根据国际条约或本国国内法所规定的相关方式将文书直接送达给位于外国的当事人。第二种途径是间接送达，即由内国法院根据国际条约或本国国内法的相关规定，委托外国相关机关将文书代为送达给位于外国的当事人。

（一）直接送达

直接送达（direct service）通常包括以下几种途径，现逐次予以说明。

1. 外交代表或领事送达

外交代表或领事送达（service by diplomatic agents or consulates）是指内国法院将需要送往国外的司法文书或司法外文书交由内国驻外国的外交代表或领事官员，由其代为送达。这种送达方式目前得到国际社会的普遍认可。1963 年《维也纳领事关系公约》（Vienna Convention on Consular Relations）第 5 条和 1954 年海牙《民事诉讼程序公约》第 6 条都对此种送达途径作了相应规定。但需要强调的是，此种送达方式只能针对本国国民，且不得采取强制措施。

2. 邮寄送达

邮寄送达（service by post）即内国法院直接将司法文书或司法外文书邮寄至位于外国的相关当事人。对于此种送达方式，各国态度不尽一致。比如，1954 年海牙《民事诉讼程序公约》第 6 条和 1965 年《海牙送达公约》第 10 条规定了此种送达方式，包括美国、法国等大多数国家在批准或加入这两个公约时都认可了这一规定，但也有一些国家如德国、瑞士、卢森堡、挪威、土耳其以及埃及等国则明确表示反对。我国 1991 年批准加入《海牙送达公约》时也明确表示反对采用该公约第 10 条所规定的方式在我国境内送达。

3. 个人送达

个人送达（personal service）即内国法院将司法文书或司法外文书送达给与受送达人具有一定身份关系的个人（通常位于内国），向此种个人送达应被视为具有向受送达人本人送达相同的效果。这里的“个人”可以是有关当事人的诉讼代理人，或当事人选定的人，或与当事人关系密切的人。这种方式一般为英美法系国家所采用。

4. 以当事人协商的方式送达

以当事人协商的方式送达（service by means of agreement between the parties）主要为英美

法系国家采用。在美国，对外国国家或外国政治实体的送达可依诉讼当事人之间特别协商的办法进行。在英国，合同当事人甚至可在其合同中约定送达方式。

5. 公告送达

公告送达（service by publication）即内国法院将需要送达的司法文书和司法外文书的内容以张贴公告或登报的方式告知有关当事人或其他诉讼参与人，自公告之日起一定期限届满后视为送达成功。这一方式为许多国家的民事诉讼法有条件地认可和采用。

（二）间接送达

间接送达（indirect service）即通过国际合作方式进行送达。间接送达通常包括两种情况。第一种情况是此种国际合作以双边或多边条约为基础，此时文书的送达需要条约指定的相关国家中央机关的参与，因而需要经过特别程序。此即典型的司法协助途径。第二种情况是此种国际合作没有相关条约为基础，此时文书的送达需要通过外交途径进行。

1. 司法协助途径

在采取司法协助途径送达文书的情况下，从各国立法和条约实践看，通常需要经过以下特别程序：

（1）请求的提出。

在请求国，哪一机关有权提出司法协助请求，应由该国法律来决定。根据 1965 年《海牙送达公约》第 3 条的规定，提出请求的机关为“依文书发出国法律有权主管的当局或司法助理人员”。因而，对作为《海牙送达公约》成员国的请求国而言，在其中央机关收到另一缔约国某机关提出的请求后，大可不必去费心了解该机关是否为有权提出请求的机关。对我国而言，我国一般认为送达文书属于法院职权范围，因而人民法院为我国有权向外国提出司法协助请求的机关。

至于请求的途径，有条约关系的依照条约规定进行，没有条约关系的，则通过外交途径进行。这是为国际社会认同的司法协助依据之一。实践中，我国法院向外国提出送达文书的请求，多通过统一途径进行，即有关中级人民法院或专门人民法院将请求书和需送达的司法文书或司法外文书送有关高级人民法院转送最高人民法院，再由最高人民法院送司法部转送给该国指定的中央机关。必要时，也可由最高人民法院送我国驻该国使馆转送给该国指定的中央机关。

（2）请求的执行和执行情况的通知。

从《海牙送达公约》和各国的实践看，一国执行另一国的送达请求主要有两种方式。第一种方式是由被请求国法院按照本国法律对国内类似性质的文书所规定的方式予以送达。第二种方式则是按请求国所要求的特殊方式送达。但请求国所要求的方式不得与被请求国法律相抵触。在我国与外国所订立的一系列双边司法协助条约中，通常都规定有这两种送达方式。至于执行结果的通知，国际社会的普遍做法是采用送达回执或由有关机构出具送达证明书的形式将执行情况通知请求机构。而且这种通知的途径与司法协助请求书的传递途径一般也相同。

（3）请求的拒绝。

一般认为，当某些文书的送达将损害被请求国主权、安全或国内公共秩序时，被请求国有关机构可拒绝履行这类送达请求。我国《民事诉讼法》第 283 条的规定也与此相同。另外，从

《海牙送达公约》第 1 条和第 4 条的规定看，对受送达人地址不详或请求书不符合要求且不能及时补正的，也可拒绝执行或对请求书提出异议。

2. 外交途径

在通过外交途径送达文书的情况下，以我国 1986 年 8 月 14 日最高人民法院、外交部、司法部颁布的《关于我国法院和外国法院通过外交途径相互委托送达法律文书若干问题的通知》为例，需要遵循以下程序和要求：第一，需要送达的法律文书须经省、自治区、直辖市高级人民法院审查，由外交部领事司负责转递；第二，须准确注明受送达人姓名、性别、年龄、国籍及其在国外的详细外文地址，并将该案的基本情况函告外交部领事司，以便转递；第三，须附有送达委托书。如对方法院名称不明，可委托当事人所在地区主管法院。委托书与受送达文书还需附有该国文字或该国同意使用的第三国文字译本。如该国委托书及法律文书由公证、认证等特殊要求，将由外交部领事司个案通知。①

三、域外送达途径的新发展：电子送达

在涉外案件的审理中，送达难一直是司法实践中令人困扰的问题。从司法实践的现状看，域外送达的传统途径已经不能完全适应现实的需要，无法满足提高司法效率的时代要求。外交途径或司法协助途径送达程序复杂、费时费力，可谓“山重水复”，有时送达程序甚至长达一至二年，且成功率低。送达效率对提高审判效率有重要影响，因此，提高送达的效率成为当务之急。电子送达（electronic service）的采用符合信息化发展的趋势，也能在一定程度上解决送达难问题。

电子送达方式自 1996 年在英国得到法律确认后，迅速为美国等国家和一些国际组织所认可。1999 年，《世界知识产权组织统一域名争议解决办法程序规则》（WIPO Rules of procedure for Uniform Domain Name Dispute Resolution）第 2 条就电子送达方式进行了具体的规定。欧盟对于电子送达也持积极的肯定态度。2007 年《欧盟送达条例》第 4 条第 2 款即规定：只要所接收的文件内容真实并忠于发送原件，且文件中所有信息易于辨认，则在发送机构与接收机构之间进行的有关文件、请求书、确认书、接收函、证明文件以及任何其他文件的传送都可以通过任何适当的方式进行。这意味着，只要符合以上要求，电子送达无疑会得到欧盟的认可。

从目前各国的实践来看，电子送达主要包括两种方式。其一是电子邮件送达，即将相关文书转化为适当的电子文档并通过电子邮件系统发送至受送达人的电子邮箱。其二则是传真送达。鉴于传真技术的出现要远早于互联网技术，因而传真送达的实践也要远远早于电子邮件送达。目前英国、美国等国家均已认可了传真送达、电子邮件送达。②

实践中，电子邮件送达是否构成有效送达，有时是一个复杂的问题。在 2022 年 7 月 21 日，美国纽约南区联邦地区法院法官 Gregory H. Woods 就智能学习公司诉锐眼公司等案（Smart Study Co.，LTD. v. Acuteye-US，et al.）作出判决，认为原告通过电子邮件对位于中

① 何其生．比较法视野下的国际民事诉讼．北京：高等教育出版社，2015：235. 郭玉军，付鹏远．“一带一路”背景下域外电子送达制度比较．学术交流，2018（1）.

② 何其生．比较法视野下的国际民事诉讼．北京：高等教育出版社，2015：239. 郭玉军，付鹏远．“一带一路”背景下域外电子送达制度比较．学术交流，2018（1）.

国境内的各被告进行送达，违反了《海牙送达公约》以及中国民事诉讼法规定，也不符合《联邦民事诉讼规则》的规定。

MATERIAL

Service of Process

Transborder service of process, and occasionally of other judicial and extra-judicial documents, is the oldest form of international judicial co-operation. A State which would refuse to care for service of process in aid of foreign proceedings would risk that its own citizens be deprived of legal protection abroad. In terms of statistics, transborder co-operation in this field is enormous. In 1997, German authorities had to transmit more than 50 000 documents, mostly instituting proceedings abroad, to persons residing in Germany. In 30 000 cases, German authorities requested the inverse service from foreign authorities. As for France, the author was informed that the Central Authority received 9, 931 requests for transmission (which means that cases of direct communication among the courts are not included in this figure). It is conspicuous that the German statistics show fewer requests directed to foreign courts in comparison to incoming requests. In common law countries, the relationship is reversed. 2 575 requests were made to the United States, whereas only 677 came from there. 1 525 requests were directed to the United Kingdom and only 190 came from this country. As far as Australia, Canada and New Zealand are concerned, the relationship between the figures is even less balanced. Possibly, the reason for this is that in these countries more variants of substitute forms of domestic service exist, which means that service abroad becomes less necessary. In the United States, for example, a very sophisticated form exists to induce the defendant to waive formal service. "Service" made through such a technique does not appear in any statistics.

The latter observation leads to one of the most central issues of transborder service of process. For what reason is international cooperation needed in this field? Would it not be the easiest thing in the world to organize transborder service of process by mailing the documents instituting proceedings (in the United States, the summons and the complaint) to the defendant abroad and to request from the defendant to confirm receipt thereof? Nowadays, one could even contemplate transmitting the documents by fax or e-mail. If one would proceed to such a degree of liberalism, it would be possible to qualify the ensuing legal situation in two seemingly contradictory ways: one could view such a solution as the utmost degree of cooperation achievable; the contribution to the co-operation requested from the receiving State being only to tolerate service of process by registered mail with confirmation of receipt. One could, however, also view such a legal situation as the lack of all co-operation, because any activity of the "receiving State" would have become obsolete. The United States does indeed permit service of process by means of mailing the summons and the complaint. However, this does not mean that the ensuing judgment will be recognized. On the other hand, the United States respects a foreign State's claim to sovereignty in this field. It had been held that service of a subpoena on a French national by sending a registered letter to France was invalid.

QUESTIONS

1. Why is transborder service of process important in international civil litigation?
2. For what reason is international cooperation needed in transborder service of process?

第三节 域外调查取证

一、域外调查取证的概念

域外调查取证（taking of evidence abroad），是指基于国际条约或互惠原则，被请求国协助请求国调查案情，获得或收集证据的活动。域外调查取证和域外送达一样，是行使国家司法主权的一种行为。与域外送达相比，域外调查取证具有更严格的属地性，如果没有获得所在地国的准许，是不能在该外国境内实施取证行为的。为了协调各国的取证制度，便于域外调查取证，国际社会为此缔结了大量的双边和多边条约。在多边条约中较有影响的有 1954 年海牙《民事诉讼程序公约》（该公约第二章是关于域外调查取证的专门规定）和 1970 年《海牙取证公约》。截至 2018 年，《海牙取证公约》已有 61 个成员国。我国不仅在双边司法协助条约中对域外取证问题作了规定，而且还于 1997 年参加了《海牙取证公约》。

关于域外调查取证的范围，相关多边国际条约和双边司法协助条约通常未作明确规定。但从我国与部分国家签订的司法协助条约看，域外调查取证的范围通常为：询问当事人、证人和鉴定人，进行鉴定和司法勘验，以及其他与调查取证有关的行为。当然，在我国与有关国家缔结的双边司法协助条约中，对调查取证范围未作规定的，对哪些事项属调查取证的范围，通常依各国国内法确定。①

二、域外调查取证的途径

域外调查取证的途径可大分为直接域外取证和间接域外取证两种。

---

① 刘仁山．国际私法．北京：中国法制出版社，2019：491.

（一）直接域外取证

直接域外取证（direct taking of evidence）主要包括以下几种途径。

1. 外交或领事人员取证

外交或领事人员取证（taking of evidence by diplomatic agents or consulates），即通过本国驻他国外交代表或领事人员在驻在国直接调查取证，一般是向本国国民调查取证。这种取证方式为大多数国家所接受。在实践中，领事取证更为多见，因此国际上通常习惯将该取证方式称为领事取证。领事取证也为《维也纳领事关系公约》和各国之间订立的大量双边领事条约所肯定，只是在有些国家如葡萄牙、丹麦、挪威等，要求领事取证事先征得内国同意。至于领事取证是否可以针对驻在国公民或第三国公民进行，各国态度不一，新加坡、葡萄牙、阿根廷等国明确反对，但德国、丹麦、意大利、法国等国在一定条件下允许。但无论如何，实施这种取证方式不得违反当地法律，也不得采取强制措施。①

2. 特派员取证

特派员取证（taking of evidence by commissioner），即受诉法院委派专门的官员在外国调查取证。这一取证方式主要为英美法系国家所采用，大陆法系国家对此一般持谨慎态度。1970年《海牙取证公约》规定了特派员取证制度。该公约第 17 条规定，在民商事案件中，被合法地指定为特派员的人，在得到取证地国（作为公约缔约国）所指定主管机关的概括许可或个别许可的前提下，可以在当地进行取证，但不得采取强制措施。该公约第 21 条还规定，特派员取证时可以按照派遣国法律所规定的方式进行，但此种方式不能是取证地国法律所禁止的。

根据我国有关规定，我国原则上不允许外国特派员在我国境内取证，但在特殊情况下可特许外国特派员在我国境内取证。我国在加入《海牙取证公约》时，对其中的特派员取证提出了保留。

3. 当事人或诉讼代理人自行取证

当事人或诉讼代理人自行取证（taking of evidence by the parties or the legal representatives）主要存在于一些普通法国家尤其是美国。美国在《联邦民事诉讼规则》之“发现证据的程序”部分规定了此种取证方式。1970 年《海牙取证公约》也规定了此种取证方式，但大多数国家在加入该公约时都对此种取证方式提出了保留。根据我国有关规定，未经我国主管机关准许，任何外国当事人或其诉讼代理人不得在我国境内自行取证。

（二）间接域外取证

所谓间接域外取证（indirect taking of evidence），即受诉法院依据条约或互惠关系通过请求书的方式由外国主管法院或主管机构代为调查取证的方式，也称请求书方式。对于间接域外取证的特别程序，《海牙取证公约》有详细的规定。我国与相关国家之间签订的一系列双边司法协助协定也都规定了这一取证方式，而且内容也基本与《海牙取证公约》的一致。因此，以下以《海牙取证公约》的相关规定为例，来对间接域外取证的程序做一简要说明。

1. 请求的提出

请求应以请求书的形式向外国的中央机关提出，并由该中央机关转交该国主管机关执行。请求书应以被请求国官方语言或有关条约所规定的语言并遵循一定格式写成，或附有被请求国官方语言或指定语言的译文。请求书应包含一定的内容。

---

① 杜新丽，宣增益．国际私法．北京：中国政法大学出版社，2017：324.

2. 取证行为的实施和证据的移交

被请求国法院一般应依本国法律的规定，按照国内民商事案件的取证方式和程序提取证据。被请求国法院也可按请求书所要求的特殊方式和程序取证，但以该方式和程序不违背被请求国法律为限。

被请求国法院实施取证行为后，无论结果如何，都应通过某种途径将执行情况通知请求机关，并将已提取的有关证据材料移交给请求机关。如果有关请求部分或全部未得到执行，被请求国法院应通过同一途径及时地将这一情况及理由通知请求机关。

3. 请求的拒绝

一般认为，请求书的执行不属于被请求国司法机关的职权范围，或被请求国认为其主权、安全将会由此受到损害的，被请求国机构可拒绝执行该项请求，并将取证请求书通过一定的途径退回请求国，同时说明拒绝的理由。

三、域外调查取证的新发展：电子取证

域外电子取证（electronic taking of evidence abroad）是指受诉法院通过电子手段提取境外证据的行为。域外电子取证是一种新型的域外取证方试，是电子技术的发展在域外调查取证领域的发展和应用。电子取证极大地方便了域外调查取证，不仅降低了域外调查取证的成本，同时也大大提升了其效率。电子取证目前在欧美发达国家已经得到高度认可。在国际民事诉讼中，电子取证只是取证的一种手段，无论是直接取证还是间接取证，都可以采用电子手段进行，换言之，域外电子取证可区分为域外直接电子取证和域外间接电子取证两种方式。①

域外直接电子取证通常包括两种形式，即受诉法院直接派员到境外进行电子取证和受诉法院在本国境内通过电子方式对位于境外的证据直接进行取证，其中第二种情形通常可采取通过视频会议和电话会议的方式向远在他国的证人提取证言。目前美国、加拿大、意大利、法国、德国等欧美发达国家均对电子取证的标准有所规定。至于域外间接电子取证，通常表现为以下两个方面，其一是利用电子手段进行取证委托和证据移交，其二是委托被请求国代为进行电子取证。欧美国家在这些方面也有丰富的实践。②

MATERIAL

Taking of Evidence

The second traditional field of transborder judicial co-operation is the obtaining of information located abroad for civil litigation. It is with firm intention that the expression "obtaining of information" appears, although the term is inexistent in all of the respective official instruments. The most important convention in this field, namely the Hague Convention of 1970, is called: Convention on the Taking of Evidence Abroad in Civil and Commercial Matters.

---

① 何其生．比较法视野下的国际民事诉讼．北京：高等教育出版社，2015：274.

② 何其生．比较法视野下的国际民事诉讼．北京：高等教育出版社，2015：274－288.

Its predecessor, the (Part II of the) 1954 Hague Convention does not include English as an authentic language. The French title of Part II, "Commission Rogatoires" is defined as requesting a foreign authority "de faire…… soit un acte d'instruction soit d'autres actes judiciaires." The term "instruction" corresponds, if only very roughly, to the expression "taking of evidence". If common law legal systems had already taken into consideration the respective part of the 1954 Convention, the above-mentioned definition would have read: "taking of evidence and administering discovery abroad."

There is no field where civil law and common law procedural systems are more divergent than in the context of obtaining information needed for the resolution of a lawsuit.

One major difference between civil law and common law gathering of information is that civil law legal systems do not distinguish between the taking of evidence and discovery. If any information is needed during the pendency of the action which information cannot be obtained by co-operative action of the opposing party or of third parties, the judge, if so empowered, makes an order enjoining the recalcitrant person to act in a manner such as ordered. In civil law countries, this is taking of evidence, just as examining a witness appearing voluntarily is taking of evidence, because in principle, a witness cannot be interrogated save on the correctness of specific allegation of either party.

Another major difference between civil law and common law gathering of information is the fact that only in common law systems even corporate entities as such may be bound to provide information. In England, a bank may be ordered to produce books and other papers and give explanations. In the United States, customers and providers of goods or services of either litigating party may be ordered to contribute their information to the court. These differences may of course lead to difficulties in transborder co-operation.

QUESTION

What are the major differences between civil law and common law gathering of information?

第四节 我国有关国际司法协助的制度

一、司法协助的法律依据

我国目前以条约或互惠关系的存在作为提供司法协助的依据。我国《民事诉讼法》第 283

条规定："根据中华人民共和国缔结或者参加的国际条约，或者按照互惠原则，人民法院和外国法院可以相互请求，代为送达文书、调查取证以及进行其他诉讼行为。外国法院请求协助的事项有损于中华人民共和国的主权、安全或者社会公共利益的，人民法院不予执行。"从第283条的规定来看，我国首先以我国缔结或参加的国际条约作为提供司法协助的法律依据。此处的条约既包括我国与外国缔结的双边司法协助协定，也包括我国参加的有关司法协助或包含司法协助内容的多边国际公约。在我国与有关国家没有条约关系时，则根据互惠原则请求和提供司法协助。

二、司法协助的范围、途径和程序

根据《民事诉讼法》第27章的相关规定，关于司法协助的范围，我国法院和外国法院可以在我国缔结或参加的国际条约或互惠的基础上，相互请求进行司法协助，包括送达文书、调查取证、承认与执行外国法院判决和外国仲裁裁决以及进行其他诉讼行为。但外国法院请求协助的事项有损我国的主权、安全或社会公共利益的，我国法院不予执行。

关于司法协助请求提出的途径，应当根据我国缔结或参加的国际条约所规定的途径进行；没有条约关系的，通过外交途径进行。对于与我国既无条约关系又无互惠关系的国家的法院提出的司法协助请求，根据《民诉法司法解释》第547条的规定，如果此种请求是未通过外交途径而径直向我国法院提起的，我国法院应予退回，并说明理由。此外，外国驻我国使领馆可以向其本国公民送达文书和调查取证，但不得违反我国法律，并不得采取强制措施。未经我国主管机关的准许，任何其他外国机关或个人不得在我国领域内送达文书和调查取证。

关于提供司法协助的程序，我国法院提供司法协助，依我国法律规定的程序进行，外国法院请求采用特殊方式进行的，也可以按照其请求的特殊方式进行，但请求采用的方式不得违反我国的法律。

三、域外送达

我国《民事诉讼法》第274条规定，我国法院对于在我国领域内没有住所的当事人送达诉讼文书可以采用下列方式：（1）依照受送达人所在国与中华人民共和国缔结或者共同参加的国际条约中规定的方式送达；（2）通过外交途径送达；（3）对具有中华人民共和国国籍的受送达人，可以委托中华人民共和国驻受送达人所在国的使领馆代为送达；（4）向受送达人委托的有权代其接受送达的诉讼代理人送达；（5）向受送达人在中华人民共和国领域内设立的代表机构或者有权接受送达的分支机构、业务代办人送达；（6）受送达人所在国的法律允许邮寄送达的，可以邮寄送达，自邮寄之日起满三个月，送达回证没有退回，但根据各种情况足以认定已经送达的，期间届满之日视为送达；（7）采用传真、电子邮件等能够确认受送达人收悉的方式送达；（8）不能用上述方式送达的，公告送达，自公告之日起满三个月，即视为送达。

可以看出，《民事诉讼法》第274条为我国法院进行域外送达提供了丰富多样的送达方式，包括新兴的电子送达方式。就间接送达而言，既有以条约为基础的司法协助途径的送达，也有外交途径送达。在直接送达方面，则包括了外交代表和领事送达、个人送达、邮寄送达、电子送达以及公告送达等。

至于外国法院向在我国的受送达人送达，应当根据该国与我国缔结或共同参加的条约所规定的途径送达；没有条约关系的，按外交途径送达；外国驻我国使领馆可以向其本国公民送达文书，但不得违反我国法律，并不得采取强制措施。

我国已于1991年3月2日加入《海牙送达公约》，公约自1992年1月1日起对我国生效。为了正确、及时、有效地执行《海牙送达公约》，最高人民法院、外交部与司法部分别于1992年3月4日和1992年9月19日联合发布了《关于执行〈关于向国外送达民事或商事司法文书和司法外文书公约〉有关程序的通知》和《关于执行海牙送达公约的实施办法》，具体规定了运用该公约设立的协助机制进行文书送达的程序。另外，我国就司法协助问题，包括文书送达问题，已经同许多国家签订了双边司法协助协定。

针对实践中出现的问题，于2002年6月11日通过并自2002年6月22日起施行的最高人民法院《关于向外国公司送达司法文书能否向其驻华代表机构送达并适用留置送达问题的批复》规定，如果受送达人为外国公司，人民法院可以根据《民事诉讼法》第274条第5项的规定向受送达人在我国领域内设立的代表机构送达诉讼文书，而不必根据《海牙送达公约》向国外送达。

自2006年8月22日起施行的《涉外送达规定》(2008年调整、2020年修正）对涉外民事或商事案件司法文书送达中带有普遍性又亟待解决的一些问题作出进一步详细规定。该司法解释归纳起来主要有以下几方面内容。①

第一，在适用范围方面，《涉外送达规定》适用于人民法院受理涉外民事或商事案件后需向在我国领域内没有住所的受送达人送达司法文书的情形，不适用于外国法院通过司法协助程序委托我国相关机构送达司法文书的情形。《涉外送达规定》适用的案件范围包括人民法院审理的涉外民事或商事案件，既包括传统的涉外民事案件，例如婚姻家庭、劳动争议、不当得利、无因管理等案件，也包括当事人在经济贸易活动中发生的涉外合同、侵权等商事纠纷案件。另外，司法文书这一概念从外延上讲比诉讼文书更为广泛，且我国加入的1965年《海牙公约》以及我国与许多国家签订的双边司法协助协定，均使用了司法文书的概念，故《涉外送达规定》亦使用了司法文书的概念。

第二，在送达方式方面，首先，对于在我国领域内没有住所的受送达人在我国领域内出现时可否向其直接送达，法律没有明确规定，《涉外送达规定》第3条对此作了明确规定：作为受送达人的外国自然人或者企业、其他组织的法定代表人、主要负责人在我国领域内出现时，人民法院可以向其直接送达。其次，《涉外送达规定》第4条对“有权接受送达的诉讼代理人”进行了明确界定，即“除受送达人在授权委托书中明确表明其诉讼代理人无权代为接收有关司法文书外，其委托的诉讼代理人为《民事诉讼法》第274条第4项规定的有权代其接受送达的诉讼代理人，人民法院可以向该诉讼代理人送达”。再次，《涉外送达规定》第5条遵循《民事诉讼法》第274条第5项的规定，明确受送达人在我国领域内设立有代表机构的，人民法院向受送达人送达司法文书，可以送达给其代表机构。而对于受送达人的分支机构和业务代办人，《涉外送达规定》强调经过受送达人的授权，人民法院才可以向其分支机构和业务代办人送达。这是司法实践中需要注意的地方。复次，《涉外送达规定》第6条还对适用《海牙送达公约》

---

① 就《涉外民事或商事案件司法文书送达问题若干规定》最高人民法院民四庭负责人答记者问. [2007-03-07]. http://www.chinacourt.org/public/detail.php? id=214726.

以及适用双边司法协助协定规定的方式送达作出了规定。如果受送达人所在国既与我国签订有司法协助协定，同时其所在国又是《海牙送达公约》的成员国，那么根据特别优于一般的原则，相关司法文书的送达应当依照司法协助协定的规定办理。最后，《涉外送达规定》第 10 条还规定除该规定上述送达方式外，人民法院可以通过传真、电子邮件等能够确认收悉的其他适当方式向受送达人送达。这在当时是一条较新的规定。在适用该条时应注意两点：一是必须是“适当”的送达方式，该送达方式不能违反受送达人所在国的禁止性规定；二是如果适用其他方式送达，必须确认受送达人已经收悉有关司法文书。

第三，在是否送达的认定方面，首先是关于不能送达的认定。《涉外送达规定》第 7 条对不能适用公约、协定、外交途径以及邮寄方式送达作出了规定，即自我国有关机关将司法文书转递受送达人所在国有关机关之日起满六个月，如果未能收到送达与否的证明文件，且根据各种情况不足以认定已经送达的，视为不能用该种方式送达。该规定可以使人民法院在一个相对确定的时间内对能否适用该种方式送达作出判断，以便于在这种方式不能送达的情况下及时采取其他的送达方式，避免使案件因为送达问题长时间地搁置而处于久拖不决的状态。其次是关于是否合法送达的认定。第 13 条主要涉及在受送达人未对人民法院送达的司法文书履行签收手续时，如何认定已经合法送达。该条规定，在两种具体的情形下可以视为合法送达：一是受送达人书面向人民法院提及了所送达司法文书的内容；二是受送达人已经按照所送达司法文书的内容履行了相关义务。该条第 3 项所规定的“其他可以视为送达的情形”是一项兜底性规定，人民法院可以根据该项规定在具体案件中具体把握。

四、域外调查取证

我国的域外调查取证制度主要规定在相关国内立法和我国与外国缔结的相关双边司法协助协定中。《民事诉讼法》第 283 条规定，根据条约或者互惠原则，人民法院和外国法院可以相互请求代为调查取证。但外国法院请求代为调查取证有损于我国的主权、安全或者社会公共利益的，人民法院应不予执行。第 284 条第 2 款还规定，外国驻我国使领馆可以向该国国民调查取证，但不得违反我国法律并不得采取强制措施。此外，1986 年最高人民法院、外交部和司法部颁布的《关于我国法院和外国法院通过外交途径相互委托送达法律文书若干问题的通知》也强调，我国法院和外国法院通过外交途径相互委托代为调查或取证的，可参照该通知的有关规定办理。

对于在我国领域外形成的证据的效力，根据 2020 年 5 月 1 日起施行的最高人民法院《关于民事诉讼证据的若干规定》第 16 条的规定，如果当事人向人民法院提供的公文书证系在我国领域外形成的，该证据应当经所在国公证机关证明，或者履行我国与该所在国订立的有关条约中规定的证明手续。在我国领域外形成的涉及身份关系的证据，应当经所在国公证机关证明并经我国驻该国使领馆认证，或者履行我国与该所在国订立的有关条约中规定的证明手续。如果当事人向人民法院提供的证据是在我国香港、澳门或台湾地区形成的，应当履行相关证明手续。其第 17 条还规定，当事人向人民法院提供外文书证或者外文说明资料，应当附有中文译本。

第十六章 外国民事判决的承认与执行

提要

本章主要讨论我国有关外国法院判决承认与执行的一般条件，特别是外国法院离婚判决与离婚调解书的承认，同时对我国区际判决的承认与执行进行了阐述。

重点问题

- ❑ 承认与执行外国法院判决的一般条件
- ❑ 承认与执行外国法院判决的管辖法院、申请主体和申请期限
- ❑ 外国离婚判决与外国离婚调解书的承认
- ❑ 台湾地区法院判决在大陆法院的认可与执行
- ❑ 内地与澳门特别行政区法院判决的相互认可与执行
- ❑ 内地与香港特别行政区法院相互认可和执行当事人协议管辖的民商事案件判决

第一节 外国民事判决承认与执行概述

一、外国民事判决承认与执行的概念

在国际民商事纠纷的解决中，外国判决的承认与执行有时候关系到国际民事诉讼程序能否得到最终实现，是国际民事诉讼程序的核心所在。一方面，在一定程度上，法院就审理的国际民事纠纷作出一个判决，是法院代表国家司法主权所实施的行为，在国际法上其他国家没有义务承认与执行这一判决。但另一方面，如果一国法院所作判决在判决债务人住所地国或其财产所在地国得不到承认与执行，这不仅意味着判决债权人在前一民事诉讼中所作努力与付出将付诸东流，同时还意味着判决债权人将不得不在其他相关国家重新提起诉讼，重复诉讼不仅加重当事人的经济负担，同时从国家视角也意味着司法资源的极大浪费。正是在这种背景下，各国通常都会基于本国法律或国际条约在一定条件下并在一定范围内承认外国判决的效力，并在必要时执行外国判决。

所谓外国判决的承认（recognition of foreign judgments），笼统地说，即承认外国判决在内国的效力。比如，一旦外国判决在内国法院获得承认，则相同当事人即不得就相同诉因在内国法院重新提起诉讼。而所谓外国判决的执行（enforcement of foreign judgments），即对于已经在内国获得承认的外国判决，在必要时启动内国的公权力来强制执行该外国判决。

外国判决的承认与外国判决的执行是两个既有联系又有区别的概念。其联系表现在，承认是执行的前提，外国判决在内国不首先获得承认，则该判决在内国即无执行根据。其区别表现在，承认外国判决，只是意味着该外国判决将在内国拥有相关法律效力；而执行外国判决，则是一国执行机构根据本国法院发出的执行令并遵循本国法律规定的程序而执行外国法院的判决。承认外国判决，不一定会发生判决的执行问题。

在理论上，外国判决的承认与执行通常涉及三个问题，即要件论、效力论和程序论。要件论讨论的是外国判决在内国获得承认与执行需要满足哪些条件。效力论讨论的是外国判决在内国所拥有的法律效力的来源以及此种法律效力的范围。程序论讨论的是内国法院承认与执行外国判决的程序。我们将在简要讨论外国判决承认与执行的法律依据之后讨论这三个问题。

二、外国民事判决承认与执行的法律依据

如前所述，从一般国际法角度看，一国没有义务承认与执行外国判决。但为了促进国际民商事交往，各国通常都会在一定条件下承认与执行外国判决，而这一条件在本质上即两国间在判决承认与执行领域存在互信合作。在实在法层面，此种互信合作有两种表现形式，其一为两

国间存在双边或多边国际条约（bilateral or multilateral treaty），其二为两国间存在互惠关系（reciprocity）。

（一）国际条约

早在1862年，海牙国际私法会议倡导者托比斯阿·塞尔（Tobias Asser）就提出了“相互承认判决的原则”的问题[①]，1869年，法国和瑞士签订了世界上第一个相互承认与执行对方法院判决的双边条约。自此以后，国际社会为制定统一的承认与执行外国法院判决的国际条约作了不懈努力，特别是在双边条约和区域性条约方面的成就为各国在包括判决承认与执行在内的司法协助领域的国际合作带来了积极影响。在各国间缔结的大量的双边司法协助协定中，绝大多数都规定了判决的承认与执行。如在我国同法国、波兰以及俄罗斯等国签订的司法协助协定中都包含有此类规定。在区域性合作方面，1968年《布鲁塞尔公约》是其中的典范。1999年《阿姆斯特丹条约》之后，欧盟又在国际私法领域制定了大量的条例，如《布鲁塞尔条例Ⅰ》《布鲁塞尔条例Ⅱa》等，其中很多条例均涉及判决的承认与执行，为欧盟成员国之间实现判决的自由流动奠定了良好的法律基础。在全球性公约方面，国际社会晚近也作了极大努力。从20世纪90年代开始，国际社会以海牙国际私法会议为平台，围绕国际民事管辖权和判决的承认与执行问题就制定一个全球统一性公约而展开多轮磋商，期间虽也有挫败，但最终还是颇有斩获，其一是2005年6月30日订立的海牙《选择法院协议公约》，其二是2019年7月2日订立的《海牙判决公约》。公约的通过标志着全球在民商事判决国际流通统一规则上达成重要共识，将为跨境民商事活动提供优质、高效、低成本的司法保障，对国际民商事领域司法合作影响深远。

（二）互惠关系

在没有条约作为基础的情况下，各国间通常基于互惠关系相互承认与执行对方法院的判决。在19世纪，在基于条约关系相互承认与执行判决尚不流行的情况下，以互惠为条件承认与执行外国判决在欧洲国家逐渐成为一种趋势，这一趋势进而影响了许多亚洲和美洲国家。在互惠的作用下，内国法院通常会对判决来源国的法律规定或实践进行考察，看对方国家是否也会在同等条件或相似情形下承认或执行内国法院判决，进而判断两国间是否存在互惠关系，并将此作为承认或执行对方法院判决的条件之一。因此，在条约依据阙如的情况下，国家间形成的积极互惠关系也成为促进国际民商事司法合作的一种重要法律依据。[②]

互惠在各国的司法实践中有不同的认定标准[③]，主要有事实互惠、推定互惠和法律互惠三种。事实互惠是指以外国法院是否存在承认与执行内国法院判决的客观事实为依据来认定两国间是否存在互惠关系。如果两国间存在相互承认与执行对方法院判决的先例，则表明两国间存在互惠关系，如果没有这种先例，则即使对方国家的法律规定中有互惠的要求，也不能认为两国之间存在互惠关系。西班牙、土耳其、俄罗斯以及科威特等采事实互惠。我国在实践中采取的也是事实互惠。推定互惠是指，如果没有相反的证据证明外国法院曾拒绝承认或拒绝执行内

---

① “Overview of the Judgments Project”, Hague Conference on Private International Law, https://assets.hcch.net/docs/905df382-c6e0-427b-a5e9-b8cfc471b575.pdf (Last visited June 25, 2022).

② 王雅菡．外国法院判决承认与执行中互惠的认定标准．武大国际法评论，2019（4）：20-21.

③ Yujun GUO, Reciprocity, in the Asian Principles for the Recognition and Enforcement of Foreign Judgments, edited by Associate Professor Adeline Chong, Published by the Asian Business Law Institute, 2020, pp. 57-76.

国法院判决，就推定两国之间存在互惠关系。因此，推定互惠是以外国法院是否存在拒绝承认或执行内国法院判决这一否定性事实为主要认定标准的。采用推定互惠的国家主要有乌克兰、斯洛文尼亚、墨西哥、厄瓜多尔、秘鲁、约旦、黎巴嫩等。法律互惠在司法实践中的认定标准主要有三个：第一，以对方国家法律规定的承认和执行外国判决的条件为依据；第二，依据对方国家与第三国之间的实践；第三，基于国家间经贸合作的需求，进而判断对方国家是否能够在今后对互惠给予同样的回应，据此认定内国与该外国之间是否存在互惠关系。在法律互惠框架下，问题的关键是根据对方国家相关规定和司法实践内国法院判决在该国可否得到承认或执行，如果答案是肯定的，则可以认定两国间存在互惠关系，此时无须证明该国是否承认或拒绝过内国法院判决的事实，即不以实际先例为唯一的判断标准。这也是法律互惠与事实互惠的区别所在。此外，法律互惠除了认定标准宽于事实互惠，在司法实践中，法律互惠可以包含事实互惠。即对于采用法律互惠的国家而言，如果外国法院曾经承认和执行过内国法院的判决，是可以作为存在互惠关系的依据的。但如果外国法院与内国法院之间没有这样的先例，也不会影响内国法院基于法律互惠的认定标准判断两国之间的互惠关系。采纳法律互惠的国家主要有德国、韩国和日本。①

MATERIAL

The Theory underlying Recognition and Enforcement of Foreign Judgments at Common Law

The attitude adopted by English law from the earliest days has been to permit the successful litigant to rely on the foreign judgment in England as *res judicata* or to bring an action in England on the foreign judgment. But over the years the courts have changed their view as to the ground upon which this privilege is based. The older cases put it solely on the ground of comity. It is unnecessary, however, to consider this historical theory further, for it has been supplanted by a far more defensible principle that has been called "the doctrine of obligation". This doctrine, which was laid down in 1842, is that, where a foreign court of competent jurisdiction has adjudicated a certain sum to be due from one person to another, the liability to pay that sum becomes a legal obligation that may be enforced in this country by an action of debt. Once the judgment is proved the burden lies on the defendant to show why he should not perform the obligation.

The judgment of a court of competent jurisdiction over the defendant imposes a duty or obligation on the defendant to pay the sum for which judgment is given, which the courts in this country are bound to enforce; and consequently that anything which negatives that duty, or forms a legal excuse for not performing it, is a defence to the action.

① 王雅菡．外国法院判决承认与执行中互惠的认定标准．武大国际法评论，2019（4）：21－30.

In other words, a new right has been vested in the creditor and a new obligation imposed on the debtor at the instance of the foreign court, which right supersedes the underlying cause of action and may be directly enforced in England. Lord Esher once said that "the liability of the defendant arises upon an implied contract to pay the amount of the foreign judgment." This does not mean that the justification for the enforcement of the obligation is an implied contract, but that for procedural purposes the debtor is regarded as having implicitly promised to pay.

The doctrine of obligation has in turn come in for criticism in that it fails to reveal the policy considerations underlying the rules on recognition and enforcement. It is more concerned with explaining in theoretical terms why we recognize and enforce foreign judgments than with explaining in theoretical terms which foreign judgements should be recognized and enforced. The Supreme Court of Canada has considered the latter. It has referred to a modern and more clearly defined concept of comity which is concerned with "justice, necessity and convenience."

Comity in the legal sense is neither a matter of absolute obligation, on the one hand, nor of mere courtesy and good will, upon the other. But it is the recognition which one nation allows within its territory to the legislative, executive or judicial acts of another nation, having due regard both to international duty and convenience, and to the rights of its own citizens or of other persons who are under the protection of its laws.

This allows for the adoption of rules in the light of modern conditions. Old common law rules that were based on an outmoded view of the world that emphasised sovereignty and independence often at the cost of fairness have been rejected. "Greater comity is required in our modern era when international transactions involve a constant flow of products, wealth and people across the globe." The final result is a new Canadian rule which provides for recognition and enforcement when the judgment granting state has properly or appropriately exercised jurisdiction, a test which is near to one of jurisdictional reciprocity.

QUESTION

What is the basis upon which the court recognizes and enforces foreign judgments at common law?

第二节 外国民事判决承认与执行的条件

在当代，各国在承认与执行外国判决时除了要求有条约关系或互惠关系作为前提，通常还要求外国判决满足被请求国设定的承认与执行要件，外国判决只有在满足了这些要件时才能获得承认或执行。此外，在外国判决承认与执行领域，各国立法或司法实践以及相关国际条约通常都规定有针对外国判决的所谓禁止实质审查原则（no review of the merits，non révision au fond）。那么禁止实质审查原则的含义是什么？其与判决的承认与执行要件之间又是什么关系？

一、承认与执行外国判决的一般要件

从比较法的视角来看，外国判决在内国获得承认与执行，通常需要满足以下要件。

（一）原审国法院拥有适当的管辖权

1. 管辖权审查的宗旨

通常，各国对外国判决获得承认与执行的第一个要求是判决作出国法院拥有适当的管辖权（proper jurisdiction）。原则上，判决作出国法院根据本国的管辖权规则对案件行使管辖权，既然如此，从判决作出国视角来看，其法院对案件行使管辖权自然是合法的，并进而也是适当的。但从被请求国视角来看，情况却未必如此。那么，被请求国法院对判决作出国法院管辖权的适当性进行审查的目的何在呢？对此有三种观点。第一种观点是被告的利益保护（protection of interests of defendants）。一方面，在民事诉讼中被告是相对被动的一方，管辖权适当性审查可以合理划定被告应诉义务的空间范围，特别是保护其免受作出国法院过度管辖权的突袭。另一方面，在判决承认与执行中，被告通常都表现为判决债务人，一旦判决在被请求国得以承认，则被告就要受到该判决在被请求国的既判力的约束，从而失去在被请求国再诉的可能性。第二种观点是被请求国的利益保护（protection of interests of the requested states）。具体而言，对原审国法院的管辖权进行适当性审查，目的是保护内国的专属管辖权，也就是说，当原审国法院审理了原本应由被请求国法院专属管辖的案件，则其判决在被请求国将不能得到承认或执行。第三种观点是国际社会的利益保护（protection of interests of international community），即通过对原审国法院管辖权的适当性审查，来共同推动各国间国际民事管辖权的适当分配。目前主流观点认为，在判决承认与执行中对原审国法院管辖权的适当性审查主要是为了保护作为败诉方的被告。当然，确保本国的专属管辖权获得尊重也应该是管辖权适当性审查的考量之一，但相对于对被告的保护，其只能是第二位的。①

2. 管辖权审查的标准

各国通常都有间接管辖权规则（rules of indirect jurisdiction）以审查外国法院管辖权的适当性。间接管辖权规则主要有两种立法模式，即派生性立法模式和非派生性立法模式。派生性立法模式是指一国没有就间接管辖权制定一套专门的规则体系，而是借用本国直接管辖权规则来进行间接管辖权审查。派生性立法模式的典型是德国的镜像原则。非派生性立法模式则是指不再借用直接管辖权规则来解决间接管辖权问题，而是为间接管辖权确立一套专门的规则体系。从各国立法与司法实践来看，非派生性立法模式又包括如下几种做法：其一是一般条款型，即仅就间接管辖权的审查规定一个一般性的审查标准，而不为其设置一套具体的规则。如法国最高法院在其判例法中即要求根据案件与原审国法院之间的联系密切程度来确定原审国法

① 中野俊一郎，外国判决承認要件としての国際裁判管轄，CDAMS（「市場化社会の法動態学」研究センター）ディスカッションペイパー，2007/02，pp. 1－4.

院的管辖权是否适当。近年来，加拿大在司法实践中也逐步采纳了这种灵活开放的做法。① 其二是管辖依据列举型，即就间接管辖权依据进行详细的列举，如果原审国法院的管辖权满足其中之一，则可认定其管辖权是适当的。这一做法的典型是2019年《海牙判决公约》，该公约第5条第1款列举了13种管辖权依据，缔约国法院的管辖权只要符合其中任何一种情形，则其判决在管辖权方面就是可以被承认或执行的。其三是管辖审查排除型，即原则上对外国法院的管辖权不予审查，但这种做法通常也存在一项保留，即要求原审国法院的管辖权不得违反被请求国的专属管辖权。

（二）相关诉讼程序是公正的

在外国判决承认与执行中，程序公正性要求（procedural impatiality）的目的是确保败诉方（the losing party，实务中主要是被告）在原审国法院的民事诉讼程序中得到公平公正的对待。如前所述，外国判决一旦在被请求国得到承认，败诉方即要在被请求国受到该判决效力的约束，这也意味着败诉方将没有机会在被请求国法院获得司法救济，因此，在承认外国判决之前，被请求国法院一定要确保原审国法院诉讼程序的公正性。

在实务中，程序公正性审查主要包括以下内容：第一，被告在原审国诉讼程序中是否得到及时有效的传唤（properly served）；第二，被告在原审国诉讼程序中为自己行使辩护的权利（the right to defend）是否得到了充分尊重；第三，在被告没有诉讼行为能力（capacity for litigation）时是否获得了适当代理等。

在我国与其他国家之间签订的双边司法协助协定中通常都对程序公正性问题作有明确规定，如我国与法国签订的《关于民商事司法协助协定》第22条第4款就规定，对于在“败诉一方当事人未经合法传唤，因而没有出庭参加诉讼”的情况下所作出的判决，“不予承认和执行”。

（三）不违反公共秩序

当承认与执行外国判决会侵犯被请求国的公共秩序时，则该外国判决将不能获得承认与执行。

判决承认与执行中的公共秩序既包括实体性公共秩序也包括程序性公共秩序。对于实体性公共秩序，本书第六章第八节已有阐述，这里重点讨论程序性公共秩序。在现代法治社会，程序正义（procedural justice）被视为判决正当性的基础。因此，当原审国的民事诉讼程序存在违反程序正义的情形，则经由此种程序而产生的判决自然也会因其先天缺乏正义基础而不可能得到承认与执行。此外，基于各国程序法制度及其背后价值理念的差异，也有必要对被告在原审国诉讼程序中所受到的对待进行审查，以确保内国程序法价值理念没有被侵犯。

就程序性公共秩序的内容而言，原则上应体现于各国宪法和国际人权公约所保护的程序性基本权利，总体上可以将其概括为公平审判权。对于公平审判权的具体内涵，各国立法与国际公约并没有统一的理解。《欧洲人权公约》（European Convention on Human Rights）第6条第1款对公平审判权作出如下规定：

> 在确定某人的民事权利和义务或者针对其的任何刑事指控时，任何人有权在合理时间

---

① Morguard Investments Ltd. v. De Savoye［1990］3S. C. R. 1077. 这种做法在加拿大随后的司法实践中得到进一步加强。

内受到依法设立的独立且公正的法庭的公平且公开的审讯。判决应当公开宣布，但出于民主社会中道德、公共秩序或国家安全的考虑，当有必要保护青少年的利益或当事人的私人生活时，或在法官根据案件特殊情况认为公开审判会损害正义的必要限度内，审判过程的全部或部分不应对媒体和公众开放。

欧洲有学者认为，公平审判权还应包括如下权利：（1）诉诸司法权（access to justice)；（2）公平听审权（a fair hearing)，包括在对抗程序中进行审判的权利、程序上平等的权利（the right to equality of arms)①、平等出示证据的权利、交叉询问的权利以及获得附具理由的判决的权利；（3）公开听审的权利；（4）在合理时间内听审的权利；（5）由依法设立的独立且公正的法庭进行审理的权利。② 另外，还有学者认为，尽管欧洲人权法院未曾就国际民事管辖权的地位作出裁判，但在管辖权层面对弱者（特别是消费者）的保护，应可以纳入诉诸司法权或公平听审权的概念中。③

从程序性公共秩序的内涵来看，完全可以将前述管辖权适当性审查要件和程序公正性审查要件纳入程序性公共秩序中。事实上，在法国，程序公正性审查要件已被纳入程序性公共秩序要件中。在欧洲，公平审判权包含被告就诉状获得适当送达等在程序上获得公平对待的权利，对此早已成为共识。④ 至于管辖权适当性审查要件，应指出的是，欧洲学者也早已承认以下事实，即公平审判权也包含被告在适当法院（理想状态下在其住所地法院）应诉的权利。⑤ 事实上，《瑞士联邦宪法》第 30 条第 2 款就规定有保护被告优先在其住所地法院被诉的权利。根据该条规定，即使原审国法院为侵权行为地法院，但如果被告在瑞士有住所，则该侵权行为地法院的判决也将不能得到承认与执行。显然，瑞士已将间接管辖权审查提升至宪法权利的高度。

（四）外国判决非经欺诈手段获得

目前很多国家立法与司法实践要求被请求承认与执行的外国判决系当事人采取合法手段获得，换言之，判决非经欺诈手段骗取（the judgment was not obtained by fraud)。如英国 1933 年《外国判决相互执行法》第 1、2、4 条规定，如果外国判决是以欺诈手段获得，则不予登记或撤销登记。但关于可以作为拒绝判决承认与执行的抗辩事由的欺诈的范围，各国尚存在差异。在有些国家，欺诈构成违反公平程序或执行基于欺诈取得的判决有违公共政策。⑥

至于应根据哪一国法律来判定是否存在欺诈行为，各国多没有明确规定，不过很多国家在

---

① 程序上平等的权利（the right to equality of arms）是由欧洲人权法院创设的一个概念，其强调诉讼中的双方当事人获得的机会应达到相对公正的平衡状态。如双方当事人都有传唤证人的权利，也都有对对方的证人进行交叉询问的权利。又如，如果一方当事人没有足够财力指定辩护律师，则需要为其提供法律援助。

② N. Andrews，A Modern Procedural Synthesis. The American Law Institute and UNIDROIT's Principles and Rules of Transnational Civil Procedure. Tijdschrift voor Civiele Rechtspleging，2009，p. 54 - 55，转引自 Xandra E. Kramer，Cross-border Enforcement in the EU：Mutual Trust versus Fair Trial? Towards Principles of European Civil Procedure，International Journal of Procedural Law，2011（2），p. 219。前述对公平审判权的分类的主张在学术界有一定影响力，人权法学者大多都支持这一主张。

③ Xandra E. Kramer，Cross-border Enforcement in the EU：Mutual Trust versus Fair Trial? Towards Principles of European Civil Procedure，International Journal of Procedural Law，2011（2），p. 219.

④ 向在胜．欧盟国际民事诉讼法判例研究．北京：中国政法大学出版社，2013：33 - 40.

⑤ 向在胜．欧盟国际民事诉讼法判例研究．北京：中国政法大学出版社，2013：35 - 36.

⑥ Adeline Chong（ed.），Recognition and Enforcement of Foreign Judgments in Asia，the Asian Business Law Institute，2018，pp. 3，8.

实践中都会根据内国法来进行识别。如美国法院通常即基于美国法对欺诈行为的定义来审查外国判决是否存在欺诈，而不考虑相关欺诈手段在原审国是否也构成欺诈。

（五）不存在一事不再理的情形

基于诚实信用和诉讼经济原则，当当事人间的争议已获解决，则任何一方当事人不得再就其争议向法院提起诉讼。此即一事不再理原则（*non bis in idem*）。一事不再理原则也适用于判决的承认与执行。当被请求国法院已就同一当事人之间的同一争议作出裁判，或被请求国法院已经承认第三国法院就同一当事人之间的同一争议所作出的裁判，则对于原审国法院事后针对同一当事人之间的同一争议所作出的判决，被请求国法院将拒绝承认与执行。一事不再理原则已在各国有关外国判决承认与执行的立法与司法实践中获得普遍认可。

（六）外国判决必须是确定的判决

对于何为确定的判决（a final judgment）的问题，各国的态度差异很大，尤其是大陆法系国家和英美法系国家之间有完全不同的认识。在很多大陆法系国家，所谓确定的判决，是指已经过了上诉期限或不会再接受上诉审查因而不会再被更改的判决，亦即终局性判决。但在英美法系国家，只要一审法院就当事人之间的纠纷作出判决，则该判决即开始具有既判力，即使这一判决还有在更高一级法院被提起上诉的可能。因此，在英美法系国家，一审判决即被认定为确定的判决，尤其是在事实认定方面。在英美法系国家，上诉只是一种救济手段，且仅能就法律问题进行审查。

正是基于前述分歧，2019 年《海牙判决公约》第 4 条第 4 款就所谓确定判决的承认与执行问题作出了比较灵活的规定。根据该款规定，如果被请求承认与执行的外国判决在原审国是能够继续审查的对象，或者申请上诉的期限未过，则缔约国法院既可以推迟承认与执行该判决，也可以拒绝承认与执行该判决，但拒绝承认与执行该判决不妨碍当事人此后再行申请承认与执行该判决。

二、禁止实质审查原则

禁止实质审查原则（no review of merits）的含义是，被请求地法院（执行地法院）通常不得审查外国法院判决的事实认定或法律适用的错误，除非是审查判决承认与执行条件所必需的。① 不少国家有关外国判决承认与执行的立法与司法实践中都有禁止实质审查原则。相关国际公约也有类似规定，如 2005 年《选择法院协议公约》第 8 条第 2 款、2019 年《海牙判决公约》第 4 条第 2 款②，2012 年《关于民商事案件管辖权和判决承认与执行的第 1215/2012 号条例（修订）》第 52 条。我国与其他国家签订的一些双边司法协助协定也有不得进行实质性审查的明确规定。

---

① Principle 5 of the Asian Principles for the Recognition and Enforcement of Foreign Judgments provides that the court addressed must not review the merits of a foreign judgment, except to the extent necessary for the application of these Principles. A foreign judgment may not normally be challenged on the ground that it contains an error of fact or law, or both. Yujun GUO, Merits Review and Errors of Fact and Law, in the Asian Principles for the Recognition and Enforcement of Foreign Judgments, edited by Associate Professor Adeline Chong, Published by the Asian Business Law Institute, 2020, at 53.

② 2019 年《海牙判决公约》第 4 条第 2 款规定："被请求国不得对判决的实质问题进行审查，仅出于适用本公约的需要才能考虑此类审查。"

一般认为，禁止对一个问题的再诉讼、对其实体问题提出异议是因为当事人的权利和义务已经被确定。从这个意义上说，禁止实质审查原则是基于既判力原则。

从该原则演变的历史看，在法国旧法时期（指法国大革命之前的封建法时期），对于外国判决的承认与执行，基于判决债务人的国籍而采取分别对待的做法：如果判决债务人是法国人，则外国判决将会被拒绝承认与执行（法国人可在法国法院重新提起诉讼）；如果判决债务人是外国人，则将不予审查而径直承认与执行之。随后，为折中前述区别对待内外国判决债务人的做法，在1819年的帕克案（Parker）中，法国在判决承认与执行领域引入 exequatur 程序，即外国判决审查程序，并在该程序中设置了针对外国判决的实质审查（révision au fond，review of merits），且对实质审查申请人不区分内外国人。实质审查原则的基本含义如下：首先，作为前提，外国判决在法国没有任何法律效力，换言之，法国法院不受外国判决的任何约束；其次，法国法院可在事实和法律两个方面对外国判决进行审查，如果外国判决在上述任一方面存在错误，则可拒绝承认或执行，但法国法院也可以对其进行修正。实质审查原则显然充满了对外国判决的不信任与不尊重。随后，法国最高法院对法国法院的实质审查范围进行了小范围的限制：其一，限制了法国法院对外国判决随意进行修改（或修正）的权力；其二，鉴于身份能力问题适用当事人本国法，对这一领域的外国判决不再做实质审查。随着时间进入20世纪上半叶，国际民商事交往越来越频繁，各国对彼此法律体系和司法体系也越来越包容与尊重，对外国判决采苛责对待的方式已经不合时宜，最终在1936年，法国最高法院在芒泽案（Munzer）中废除了实质审查主义，改而采用要件审查，从而开启了当代流行的要件审查主义。

法国学者皮埃尔·迈耶曾经指出，所谓禁止实质审查原则，本质上是指对前述传统做法的禁止，即仅因为外国判决在事实认定和法律适用方面与法国法院所作判决（如果法国法院审理该案的话）不同而武断地拒绝承认或执行前者。[①] 显然，由于在实质审查领域有着丰富的历史经验，法国学者对禁止实质审查原则的理解无疑有深厚的历史感。相对而言，德国学者对该原则的理解更具现代性，因而也更容易为今人所理解。德国学者认为，禁止实质审查原则与当代判决承认要件审查之间是原则与例外的关系。也就是说，对外国判决原则上是不得进行实质审查的，但在要件审查限度内，可以对外国判决进行全面的实质审查。例如在判断一项涉及赌债的判决或者惩罚性损害判决是否违反公共政策时，就不得不对案件的事实或法律适用进行审查，此时的审查并不为该原则禁止。当代判决承认要件的核心内容是实体性与程序性公共秩序，如果不对外国判决做实质审查，又如何能确保外国判决在哪一方面没有违反被请求国的实体性或程序性公共秩序呢？因此，对外国判决并非不可以进行实质审查，但如果单纯因为外国法院在事实认定与法律适用方面与内国法院理解不同而认为其违反判决承认要件，则可能涉嫌违反禁止实质审查原则，除非判决存在违反公共政策或正当程序的严重错误，否则不得在承认和执行阶段对判决进行重新审查。[②]

---

① 中西康「外国判決の承認執行におけるrevision au fondの禁止について（一）」法学論叢2号（1994）32－33頁。

② Yujun GUO, Merits Review and Errors of Fact and Law, in the Asian Principles for the Recognition and Enforcement of Foreign Judgments, edited by Associate Professor Adeline Chong, Published by the Asian Business Law Institute, 2020, p. 56.

CASE STUDY

Krombach V. Bamberski

Case C-7/98 [2000] ECR I-1935

(abbreviated)

Ⅰ. The Dispute in the Main Proceedings

On 9 July 1982, Mr Krombach, a doctor of German nationality, administered an injection of Cobalt-Ferrlecit to a young girl, Kalinka Bamberski, a French national who was staying at his home in Lindau (Germany), and that she died in Lindau on 10 July 1982. As a result, the German authorities instituted criminal proceedings against Mr Krombach for manslaughter. The proceedings which lasted several years, were discontinued for lack of evidence.

Mr Bamberski, Kalinka's father, lodged a complaint with the French authorities against Mr Krombach, whom he held responsible for his daughter's death. In 1993 Mr Krombach was committed for trial before the Cour d'Assises, Paris (Paris Assises), on a charge of wilful murder. Mr Bamberski introduced a civil claim in the proceedings. On 5 June 1993 a summons to appear before that court was served on Mr Krombach at his home in Lindau, together with the civil claim for damages associated with the criminal proceedings. The Court d'Assises, Paris, subsequently issued a warrant for his arrest to compel him to appear at the trial. However, he did not appear in person, but was represented by a French lawyer and a German lawyer. The Cour d'Assises found that he had failed to appear in person and consequently refused to allow his lawyers to represent him and ruled that the written statements of defence presented by them were inadmissible.

By judgment of 9 March 1995, the Cour d'Assises sentenced Mr Krombach in absentia to 15 years' imprisonment for the manslaughter of Miss Bamberski. By judgment of 13 March 1995 the French court also ordered Mr Krombach to pay Mr Bamberski a total of FRF 350 000, FRF 250 000 in damages and FRF 100 000 in reimbursement of court costs and defence costs.

Mr Krombach appealed on a point of law against both judgments. The Cour de Cassation ruled the appeal inadmissible as it had been lodged by a person who did not enter an appearance. Mr Bamberski applied to the appropriate German court, the Landgericht (Regional Court), Kempten, for an order for the enforcement of the judgment awarding damages against Mr Krombach. The application was granted. Mr Krombach appealed against that decision to the Oberlandesgericht (Higher Regional Court), which dismissed the appeal. He then lodged an appeal on a point of law with the Bundesgerichtshof (Federal Court of Justice). The Bundesgerichtshof found that the case raised doubts concerning the interpretation of provisions of the Brussels Convention and referred the following questions to the Court of Justice for a preliminary ruling:

"(1) May the provisions on jurisdiction form part of public policy within the meaning of Article 27, point 1, of the Brussels Convention where the State of origin has based its jurisdiction as against a person domiciled in another Contracting State solely on the nationality of the injured party?

If Question 1 is answered in the negative:

(2) May the Court of the State in which enforcement is sought take into account under public policy within the meaning of Article 27, point 1, of the Brussels Convention that the criminal court of the State of origin did not allow the debtor to be defended by a lawyer in a civil law procedure for damages instituted within the criminal proceedings because he, a resident of another Contracting State, was charged with an intentional offence and did not appear in person?

If Question 2 is also answered in the negative:

(3) May the Court of the State in which enforcement is sought take into account under public policy within the meaning of Article 27, point 1, of the Brussels Convention that the court of the State of origin based its jurisdiction solely on the nationality of the injured party and additionally prevented the defendant from being legally represented?"

Ⅱ. Preliminary Observations

By its questions, the national court is essentially asking the Court how the term "public policy in the State in which recognition is sought" in point 1 of Article 27 of the Convention should be interpreted.

The Convention is intended to facilitate, to the greatest possible extent, the free movement of judgments by providing for a simple and rapid enforcement procedure. It follows from the Court's case-law that this procedure constitutes an autonomous and complete system independent of the legal systems of the Contracting States and that the principle of legal certainty in the Community legal system and the objectives of the Convention.

So far as Article 27 of the Convention is concerned, the Court has held that this provision must be interpreted strictly in as much as it constitutes an obstacle to the attainment of one of the fundamental objectives of the Convention. With regard, more specifically, to recourse to the public-policy clause in Article 27, point 1, of the Convention, the Court has made it clear that such recourse is to be had only in exceptional cases.

It follows that, while the Contracting States in principle remain free, by virtue of the proviso in Article 27, point 1, of the Convention, to determine, according to their own conceptions, what public policy requires, the limits of that concept are a matter for interpretation of the Convention. Consequently, while it is not for the Court to define the content of the public policy of a Contracting State, it is none the less required to review the limits within which the courts of a Contracting State may have recourse to that concept for the purpose of refusing recognition to a judgment emanating from a court in another Contracting State.

The Court has consistently held that fundamental rights form an integral part of the general principles of law whose observance the Court ensures. For that purpose, the Court draws inspiration from the constitutional traditions common to the Member States and from the guidelines supplied by international treaties for the protection of human rights on which the Member States have collaborated or of which they are signatories. In that regard, the European Convention for the Protection of Human Rights and Fundamental Freedoms has particular significance. The Court has thus expressly recognized the general principle of Community law that everyone is entitled to fair legal process, which is inspired by those fundamental rights. It is in the light of those considerations that the questions submitted for a preliminary ruling fall to be answered.

Ⅲ. The Answers to the Preliminary Questions

The answer to the first question must therefore be that the court of the State in which enforcement is sought cannot, with respect to a defendant domiciled in that State, take account, for the purposes of the public-policy clause in Article 27, point 1, of the Convention, of the fact, without more, that the court of the State of origin based its jurisdiction on the nationality of the victim of an offence.

The answer to the second question must therefore be that the court of the State in which enforcement is sought can, with respect to a defendant domiciled in that State and prosecuted for an intentional offence, take account, in relation to the public-policy clause in Article 27, point 1, of the Convention, of the fact that the court of the State of origin refused to allow that person to have his defence presented unless he appeared in person.

In light of the reply to the second question, it is unnecessary to answer the third question.

QUESTION

How should the term "public policy in the State in which recognition is sought" in point of Article 27 of the Brussels Convention be interpreted?

第三节 外国民事判决的效力

在国内法层面，各国关于民事判决的效力的立法与实践各有不同。至于外国民事判决在内国的效力，各国的做法亦不一样。

一、有关国内立法与实践中民事判决的效力

（一）德国与日本

在德国和日本，判决的效力（effect）分为形式效力（formal effect）与实质效力（essential effect）。所谓判决的形式效力，即判决基于相关诉讼行为（判决的宣判或确定）而具有的程序法上的效力（effect of procedural law）。我们重点讨论判决的实质效力。判决的实质效力指判决根据其内容所具有的内在的、本质的效力。在德日等国，判决的实质效力包括三方面内容，即既判力（*res judicata*）、形成力和执行力（executive force）。所谓既判力，即终局判决在事实判断和法律判断两方面对当事人和法院的通用效力。既判力的作用体现在消极和积极两方面。其在消极方面的作用即一事不再理，其在积极方面的作用即后诉应以前诉的既判事项为基础。在德国和日本，关于既判力在性质上属于实体法还是程序法有不同观点，但主流观点是程序法说，即认为确定判决不改变实体法状态，既判力不涉及判决所确认的权利与既存权利是否相符的问题，而是关系到前一判决内容上的判断对后诉法院的效力。形成力是指依据判决之宣告使法律关系发生、变更或消灭的效力。这是一种实体法上的效力。并非所有民事判决都有形成力，显然，只有诸如离婚判决等形成判决才有形成力。执行力是指以强制执行实现给付判决所宣告的给付义务的效力。显然，也不是所有的民事判决都有执行力。

（二）法国

在法国，人们对民事判决的效力的理解完全不一样。在这里，民事判决的效力被认为是一种实体法效力（effect of substantial law）。此种实体法效力在客观范围上局限于判决主文，其效力表现为两方面：其一，判决将改变诉讼当事人的实体权利义务关系；其二，判决具有规范性，能够改变实体法律秩序，进而也会影响第三人的实体权利义务。此外，在法国，民事判决还拥有两项重要属性。所谓判决的属性，即其并不是判决“天然”拥有的法律效力，而只是国家出于某些政策考量而额外赋予判决的某些法律性质。[①] 民事判决的两个属性为既判力和执行力。既判力是法律出于诉讼经济的目的而赋予民事判决的程序法属性，仅涉及判决理由部分。民事判决拥有既判力意味着，前诉判决在判决理由部分对相关事实的证明以及对此种事实的法律定性对后诉法院拥有拘束力。执行力则是法律出于实现判决中所设定的实体权利义务内容的目的而赋予民事判决的获得强制执行的效力。如果一项民事判决不拥有执行力之属性，那么其只能是一纸空文。

（三）英美法系国家

在英美法系国家，先前裁决原则曾是关于判决效力理论的总称，主要是关于前一个案件的判决对后面的诉讼程序的约束力问题。先前裁决原则主要包括两方面的内容，其一是既判事项原则（res judicata），其二是间接禁反言原则（collateral estoppel）。既判事项原则是指，对实质性问题作出的确定判决对当事人及其利害关系人的权利是确定的，换言之，对这些人而言，该判决构成了对涉及同一请求、要求或诉因的后面诉讼的绝对禁止。而间接禁反言原则则是，无论前后两个诉讼的请求或诉因是否相同，只要某特定的争点在第一个诉讼中被充分争论过并

---

① Hélène Péroz，La réception des jugements étrangers dans l'ordre juridique français，LGDJ，2005，pp. 21 - 45，pp. 113 - 138.

已被决定，则在第二个诉讼中即排除对该争点的再次讼争。由于前述两个术语容易引起混乱，在1982年《第二次判决重述》[Restatement (Second) of Judgments] 中，前两个原则分别被改称请求排除效力（claim preclusion）和争点排除效力（issue preclusion）。

二、关于外国民事判决效力的理论与实践

总体而言，目前各国围绕民事判决的效力的做法有诸多歧异。比如在判决效力的性质方面，德国法主要承认判决在程序法层面的效力，只针对形成判决承认其实体法效力（即形成效力），而法国法则主要是在实体法层面承认判决的效力，当然出于诉讼经济等价值考量，也赋予民事判决一些附属性的程序效力。英美法系国家主要是在判例法层面展开判决效力的制度构建，总体上民事判决的效力仅局限于程序法层面。在判决效力的客观范围方面，德国法只赋予判决的主文部分（即关于诉讼请求的裁决）以法律效力，判决理由部分不具有既判力。法国法主要针对判决的主文部分承认其实体法效力，但对于判决理由也附属性地承认其既判力。相较而言，在英美法系国家，判决效力的客观范围最为广泛，其不仅承认判决主文和判决理由的排除效力，与此同时，其还禁止原告分割诉讼请求，并对被告采取强制反诉原则（即被告如想对原告提起反诉，必须得在现诉中提起，不得在日后另行提起反诉）。总之，英美法系国家在判决效力制度的构建上强调诉讼效率，追求一次性解决所有争议，而大陆法系国家，尤其是德国，则更强调公平公正，为防止错误裁判的扩散，通常会为当事人提供更多的辩争机会。

（一）承认外国判决情形下外国判决的效力

在判决承认情形下，围绕外国判决效力的理论主要有效力扩张说、等置说和重叠适用说。

所谓效力扩张说，即外国判决在原审国所拥有的法律效力也应在被请求国得到认可，外国判决在被请求国的效力的内容和范围原则上依据原审国法律确定。换言之，外国判决在被请求国的效力是其在原审国的效力“扩张”至被请求国的。效力扩张说的依据主要有二：第一，外国判决以相关外国法律秩序为基础而形成，其法律效力也应该以该外国法律秩序为基础而确定；第二，若以被请求国的法律为基准来确定外国判决的效力，这对当事人合理应对在原审国的诉讼非常不利，因为判决效力的客观范围不同（如只针对判决主文，还是也包括判决理由），则当事人在原审国诉讼中的投入也会不同，但问题的关键是，在诉讼开始时当事人很难预测判决未来将依据何国法律确定其效力。

所谓等置说，又称效力给与说，即外国判决在被请求国的效力是由被请求国赋予的，而且外国判决只能被赋予与内国同等判决一样的效力。因此，根据等置说，外国判决的法律效力的源泉只能是被请求国法律。等置说的依据是国家主权原则。等置说的缺陷非常明显：第一，如前所述，在等置说的框架下，当事人在诉讼开始时很难预测判决未来的效力如何；第二，在等置说框架下，一个判决如果在不同国家申请承认，则其在不同国家的效力也将不同，这对当事人而言将是非常麻烦的局面。目前英美法系国家主要采纳等置说。[①]

重叠适用说是前两种观点的折中，认为应同时依据原审国法律和被请求国法律来确定判决

① Jacob B. van de Velden, Finality in Litigation. The Law and Practice of Preclusion-Res Judicata (Merger and Estoppel), Abuse of Process an Recognition of Foreign Judgments, Wolters Kluver, 2017, pp. 228 – 230.

的效力，换言之，外国判决的效力的范围既不能超出原审国法律，也不能超出被请求国的法律。相较前两种观点，重叠适用说的拥趸不多。

总体而言，效力扩张说属于普遍主义学说，强调各国法律秩序的等价性，认为一国判决的法律效力可以跨越国界而延伸至其他国家。这一主张有利于保持当事人在国际民商事交往中的法律关系的稳定性，因而比较有利于当事人利益。而等置说则属于特殊主义学说，强调各国法律秩序的排他性，认为一国法院所作判决在其他国家没有法律效力。这一主张强调国家主权，但忽略了对当事人利益的保护。

目前在部分大陆法系国家，例如德国、日本、韩国等，实践中主要采纳效力扩张说，并辅之以必要的限制。在效力扩张说的框架下，当外国判决的效力范围大于同类民事判决在被请求国法律下的效力范围时该如何处理呢？对此，有观点认为，应在被请求国法律允许的范围内承认外国判决的效力，但更有力的观点则主张，对此种情况可以求助于公共秩序保留，亦即只有当承认外国判决超出被请求国法律规定范围的那部分效力会损害被请求国的公共秩序时，才应该拒绝承认超出部分的效力。① 例如，在德国，判决理由中有关事实关系的判断是没有既判力的，因此，对于一个美国法院所作的判决，尽管该判决在美国拥有争点排除效力，但此种争点排除效力在德国不能获得承认，因为其将侵害当事人根据德国法享有的在后诉中就争点进行辩论的程序性权利。但对于外国判决中有关先决问题的裁判的既判力问题，则有不同看法。如有观点认为，外国判决关于先决问题的判断没有既判力，原因有二：其一，这样做可以维护当事人在后诉中就争点进行辩论的自由；其二，承认此种既判力加大了当事人在原审国法院的诉讼负担。但也有观点认为，只要在原审国法院诉讼中当事人围绕先决问题的程序保障没有问题（即赋予了当事人充分辩论的机会），那么此种裁判至少对当事人应该有既判力，因为毕竟德国自己也承认中间确认之诉和抵消抗辩的既判力。

此外，如果外国判决在原审国的法律效力的范围小于被请求国法律规定的范围，此时可否将该判决的效力范围扩展至被请求国法律规定的水平？这个问题可能涉及诉讼经济与当事人程序保障之间的协调。在不侵害当事人公平审判权的情况下，更具体地说，在能够证明当事人已经围绕相关争点进行了充分辩论的情况下，为什么不可以适当扩张外国判决的效力，从而尽量减少重复诉讼呢？

另一个有趣的问题是，当外国判决的效力的性质与被请求国法中同类判决的效力的性质不同时，该如何处理？例如，如前所述，在法国法中，判决的效力主要是实体法性质的，而在德国，判决的效力主要是程序法性质的，那么当一个法国判决被拿到德国申请承认时，对该判决在德国的效力的性质该怎么处理呢？部分德国学者的主张是采用调适（Anpassung，Adaptation）的方法。事实上，调适问题不仅在外国判决的承认中存在，在外国法的适用中也同样存在。②

（二）执行外国判决情形下外国判决的执行力

在外国判决的执行中，由于涉及被请求国公权力的启动，基于主权原则，外国判决的执行力只能由被请求国赋予，而不能由原审国延伸而来。也就是说，关于外国判决的执行力，基于

① 罗森贝克，施瓦布．德国民事诉讼法．李大雪，译．北京：中国法制出版社，2007：1183.
② 关于法律适用中的调适问题，参见杜涛．国际私法原理．上海：复旦大学出版社，2018：106－108。

主权原则，各国无一例外地都采取前文所说的等置说。但在外国判决的承认中，由于外国判决的效力原则上仅涉及当事人及其他利害关系人，因而在外国判决承认的情形中各国对外国判决效力的来源及其范围等有不同看法。

CASE STUDY

Hoffmann V. Krieg

Case C-145/86 [1988] ECR 645

(abbreviated)

Ⅰ. The Facts

By a judgment of 6 June 1986, which was received at the Court on 13 June 1986, the Hoge Raad der Nederlanden referred to the Court for a preliminary ruling under the Protocol of 3 June 1971 on the interpretation by the Court of Justice of the Convention of 27 September 1968 on Jurisdiction and the Enforcement of Judgments in Civil and Commercial Matters (hereinafter referred to as "the Convention") five questions on the interpretation of a number of articles contained in that convention.

The questions arose in the course of proceedings between H. L. M. Hoffman (hereinafter referred to as "the husband") and A. Krieg (hereinafter "the wife"), concerning the enforcement in the Netherlands of a judgment of the Amtsgericht (Local Court), Heidelberg, ordering the husband to make monthly maintenance payments to the wife.

It is apparent from the documents before the Court that the parties to the main proceedings are German nationals who were married in 1950 and that, in 1978, the husband left the matrimonial home in the Federal Republic of Germany and settled in the Netherlands. On application by the wife, the husband was ordered by a decision of the Amtsgericht, Heidelberg of 21 August 1979 to make maintenance payments to her as a separated spouse.

Ⅱ. The Preliminary Questions

The Hoge Raad took the view that the resolution of the dispute depended on the interpretation of a number of articles in the Convention and referred the following questions to the Court for a preliminary ruling:

(1) Does the obligation imposed on the Contracting States to recognize a judgment given in another Contracting State mean that such a judgment must be given the same effect in the other Contracting States as it has under the law of the State in which it was given and does this mean that it is therefore enforceable in the same cases as in that State?

(2) If Question 1 is answered in the affirmative:

Must Articles 26 and 31 of the Brussels Convention, read together, be interpreted as meaning that the obligation to recognize a judgment given in a Contracting State requires that, because the judgment remains enforceable under the law of the State in which it was given, it also be enforceable in the same cases in the other Contracting State?

(3) If Question 2 is answered in the affirmative:

In a case such as this, is it possible to plead that the German maintenance order is irreconcilable with the subsequent Netherlands divorce decree or to plead public policy?

(4) Does (the scheme of) the Brussels Convention require acceptance of the rule that, if the party against whom enforcement is sought of a judgment given in another Contracting State fails to plead, in the appeal against the order for enforcement of the judgment, matters of which he was aware before the end of the period referred to in the first paragraph of Article 36 of the Brussels Convention and which preclude (further) enforcement of that judgment, he may no longer plead those matters in subsequent execution proceedings in which he is appealing against (continued) enforcement?

(5) If Question 4 is answered in the affirmative:

Does (the scheme of) the Brussels Convention require it to be assumed that the court of the State in which an enforcement order is issued must apply of its own motion the rule referred to in the fourth question in subsequent execution proceedings, even if its own law makes no provision for the application of such a rule?

Ⅲ. The Answers to the Preliminary Questions

The Court, in answer to the questions referred to it by the Hoge Raad by a judgment of 6 June 1986, hereby rules:

(1) A foreign judgment which has been recognized by virtue of Article 26 of the Convention must in principle have the same effects in the State in which enforcement is sought as it does in the State in which the judgment was given;

(2) A foreign judgment whose enforcement has been ordered in a Contracting State pursuant to Article 31 of the Convention and which remains enforceable in the State in which it was given must not continue to be enforced in the State where enforcement is sought when, under the law of the latter State, it ceases to be enforceable for reasons which lie outside the scope of the Convention;

(3) A foreign judgment ordering a person to make maintenance payments to his spouse by virtue of his conjugal obligations to support her is irreconcilable within the meaning of Article 27 (3) of the Convention with a national judgment pronouncing the divorce of the spouses;

(4) Article 36 of the Convention must be interpreted as meaning that a party who has not appealed against the enforcement order referred to in that provision is thereafter precluded, at the stage of the execution of the judgment, from relying on a valid ground which he could

have pleaded in such an appeal against the enforcement order, and that that rule must be applied of their own motion by the courts of the State in which enforcement is sought. However, that rule does not apply when it has the result of obliging the national court to make the effects of a national judgment which lies outside the scope of the Convention conditional on its recognition in the State in which the foreign judgment whose enforcement is at issue was given.

QUESTION

In a case such as this, is it possible to plead that the German maintenance order is irreconcilable with the subsequent Netherlands divorce decree or to plead public policy?

第四节 外国民事判决的承认程序与执行宣告程序

与讨论外国民事判决的效力一样，讨论外国民事判决的承认与执行程序在很大程度上也需要区分外国民事判决的承认程序与外国民事判决的执行宣告程序。

一、外国民事判决的承认程序

关于外国民事判决的承认程序（procedures of recognition of foreign civil judgments），从目前各国的实践来看，主要有法院宣告制（system of judicial declaration or judicial review）和自动承认制（system of automatic recognition）两种。所谓法院宣告制，也被称为个案审查制或法院（司法）审查制，是指外国判决只有在得到被请求国法院审查并作出给予承认的裁定之后才能在被请求国拥有法律效力，在此之前即使符合被请求国法律规定的承认条件，其在被请求国也不具有效力。① 法院宣告制意味着，对于每一个外国判决来讲，司法审查都是必经程序，其在被请求国的效力是被请求国赋予的，并非自动取得或经由原审国延伸而来。

自动承认制是指，外国判决只要符合被请求国法律规定的承认要件即自动在被请求国产生法律效力，而不需要经过任何特定手续或程序，包括在被请求国法院提起司法审查诉讼等。② 自动承认制意味着，外国判决自其在原审国发生效力时起，即在被请求国同时发生法律效力。

在历史上，德国自19世纪末开始即一直采自动承认制，目前很多大陆法系国家包括东亚的日本与韩国均采这一制度。欧盟的《布鲁塞尔条例Ⅰ》也采取的是这一制度。在法院宣告制

① 李旺．论外国法院判决的自动承认制度．清华法学，2019（6）：179.
② 李旺．论外国法院判决的自动承认制度．清华法学，2019（6）：180.

方面，意大利曾被认为是其典型。意大利 1924 年《民事诉讼法》第 796 条第 1 款规定："主张外国法院判决效力的当事人，应该在判决执行地的控诉法院，针对对方当事人提起诉讼……"，否则，外国法院判决在意大利不具有效力。[①] 我国目前也采法院宣告制。[②]

法院宣告制有以下几个特点：第一，认为法院判决代表了一国司法主权；第二，法院判决仅具有属地效力，因而外国判决在被请求国的效力是被请求国赋予的；第三，由于将外国判决的承认与国家主权挂钩，因而其对判决的承认与执行同等对待；第四，与第三点相对应，是否承认外国判决需要通过执行宣告程序（exequatur）逐案审查；第五，外国判决在被请求国发生效力的时间为被请求国法院的宣告判决生效的时间。法院宣告制在实践中有以下缺陷：第一，判决在原审国和被请求国发生效力的时间不同，从而可能导致当事人之间的法律关系出现跛形状态；第二，导致判决在原审国具有既判力而在被请求国却没有既判力；第三，对外国判决效力进行逐案审查也不现实。[③]

相较而言，自动承认制则有以下几个特点：第一，强调判决的承认是实体法（或国际私法）问题；第二，判决的承认不需要特别程序；第三，外国判决在被请求国的效力从该外国判决在原审国的效力确定时起算；第四，强调判决的承认与判决的执行的区别，执行问题不属于判决承认的对象。但需要强调的是，自动承认制并非无条件地承认外国判决。外国判决只有在满足被请求国承认要件的情况下才能获得承认，只是原则上不需要被请求国法院逐案审查而已。当一方当事人或其他利害关系人对外国判决在内国的效力存在异议时，可利用以下场合对外国判决效力进行确认：第一，当事人可以单独提出承认或不予承认的确认之诉；第二，在重新提起的诉讼中确认外国法院判决是否得到承认；第三，在其他诉讼中作为先决问题或前提问题而请求法院作出确认判断；第四，在执行案件中确认外国法院判决的效力。[④]

二、外国民事判决的执行宣告程序

这里所谓外国判决的执行宣告程序（exequatur），是指外国判决在被请求国需要经由什么样的程序才能获得执行的资格。如前所述，外国判决在内国的执行需要启动内国的公权力，而基于主权原则，内国公权力不可能根据外国法院判决（即外国发出的命令）而启动，这意味着，一旦涉及外国判决在被请求国的执行问题，当事人就必须到被请求国法院提起诉讼，请求被请求国法院作出一个执行宣告判决，外国判决可根据该执行宣告判决获得在被请求国的执行资格。前述法院宣告程序在英文中被表达为"exequatur"。在大陆法系，由于相当一部分国家在判决的承认问题上采自动承认制度，因而这里的 exequatur 只跟判决执行的宣告有关，也正因为如此，在日本，exequatur 通常都被翻译成"执行宣告诉讼"、"执行判决诉讼"以及"执行判决请求诉讼"等。当然，如果一个国家在判决的承认问题上也采法院宣告制的话，那么此时 exequatur 就是一个既涉及判决的承认也涉及判决的执行的诉讼程序。

---

① 不过，此种法院宣告制已于 1995 年为意大利《国际私法改革法》所废除，并代之以自动承认制。根据意大利《国际私法改革法》第 64 条第 1 款，只要符合该法规定的承认条件，外国法院判决不需特殊程序即可在意大利获得承认。

② 参见我国《民事诉讼法》第 288 条和第 289 条的规定。

③ 李旺．论外国法院判决的自动承认制度．清华法学，2019（6）：183－186.

④ 李旺．论外国法院判决的自动承认制度．清华法学，2019（6）：186－188.

MATERIAL

Exequatur in France

The recognition and enforcement of a foreign judgment in France goes through a specific process called Exequatur.

Ⅰ. The Exequatur Procedure

Exequatur refers to both the procedure and the writ of execution, which are used when a foreign judgment needs to be enforced in France. This terminology is mostly used in Latin countries such as France, Spain, Italy and Portugal.

All foreign judgments, court decisions or arbitral awards are not automatically enforceable in France. It is an essential issue for many foreigners who want to assert their rights in the country since, without an official recognition, the judgment they obtained will have no effect.

For instance, we can imagine the following scenario where two companies are in dispute in another country. One of them obtains a ruling against the other ordering the latter to pay a certain sum of money. The losing party has its registered office, and more importantly its bank accounts and other various assets, in France. In this hypothesis, the party who benefits from the judgment won't be able to force the losing party residing in France to pay what it owes. It will be necessary to ask a French judge to recognize the foreign judgment as being legally valid and enforceable in France.

Ⅱ. What Kind of Decisions Can Be Recognized and Enforced in France?

Almost all foreign court decisions can be recognized in France if they deal with civil, commercial, business or any kind of private matters. Foreign court decisions regarding public or states affairs won't be enforceable in France.

The decisions which need to be recognized to be enforceable are the following: divorce judgments, adoption decrees in certain cases, judgments establishing a payment obligation for a person possessing assets in France, the civil aspects of a criminal case (For instance, regarding the sentencing to compensate for the damages or injuries suffered), and arbitral awards.

Conversely, certain foreign decisions won't need or won't be able to benefit from the full exequatur proceeding: the decisions which do not need to be enforced (divorces without alimony, simple adoptions, etc.), criminal decisions.

Ⅲ. Rules Governing the Recognition and Enforcement Proceedings

The exequatur proceeding is governed by French law and international treaties. Therefore, the conditions to be met will vary depending on the country which has rendered the judgment.

Article 509 of the French Code of Civil Procedure provides that: Judgments rendered by foreign courts and deeds received by foreign officers shall be enforceable on the territory of the French Republic in the manner and under the circumstances specified by law.

This article is interpreted and completed by the decisions of the Cour de cassation (the French Supreme Court). In the 2007 Cornelissen case, the Cour de cassation ruled that French courts must verify that the foreign judgment meets 3 conditions. The French judge will verify that:

- The foreign court has proper jurisdiction under French law;
- The foreign judgment complies with French procedural and substantive public policies;
- The foreign judgment was rendered without fraudulent forum shopping (evasion of the law).

These 3 conditions apply cumulatively, which means that the foreign judgment's recognition will be denied if one of them is not met.

The conditions set forth in the 2007 Cornelissen case apply in the absence of international treaties. A number of countries have signed treaties with France organizing the conditions under which a judgment may be recognized and enforced.

Ⅳ. The Exequatur Proceeding

The recognition and enforcement proceeding is carried out before the Tribunal de Grande Instance which has territorial jurisdiction. The recourse to a French attorney is mandatory.

The attorney will draft a subpoena which will be served to the defendant. It is important to note that the success of the action depends on the foreign decision itself but also on how the recognition proceeding is carried out. It is not uncommon to see such proceedings fail because the original judgment was not properly served to the defendant in France. It is therefore important to seek advice from a French attorney regarding the preliminary steps that must be taken in the foreign country prior to filing for exequatur.

QUESTION

What is the meaning of "exequatur" in the enforcement of foreign judgments?

第五节 我国有关外国民事判决承认与执行的制度

我国关于外国民事判决承认与执行的制度，既包括国际条约特别是双边条约下的外国判决承认与执行机制，也包括《民事诉讼法》及《民诉法司法解释》下或者互惠原则下的外国判决承认与执行机制。有条约关系的适用条约的规定，无条约关系的按照互惠原则承认与执行。

一、我国承认与执行外国民事判决的法律依据

根据《民事诉讼法》第283条和第288条、第289条，我国承认与执行外国法院判决的法律依据有二。首先是相关外国与我国之间缔结或共同参加了相关国际条约，其次是互惠原则。根据《民诉法司法解释》第542条，当事人向我国法院申请承认和执行外国法院作出的发生法律效力的判决、裁定的，如果该外国与我国既没有缔结或者共同参加相关国际条约，同时也没有互惠关系的，裁定驳回申请，但当事人向人民法院申请承认外国法院作出的发生法律效力的离婚判决的除外。即该条有意区分有给付内容的外国判决和无给付内容的外国离婚判决，对于后一种判决的承认，不要求以国际条约或互惠关系为前提。

另外，关于互惠，我国在实践中要求的是事实互惠，即在相关外国与我国没有条约关系时，外国判决要想在我国获得承认与执行则必须得先有外国法院承认我国法院判决的事实。目前我国在司法实践中已有多个援引事实互惠来处理外国判决承认与执行问题的案例。但这种以事实互惠为基础来处理外国判决承认与执行的做法在实践中的效果很不好，非常不利于我国与外国间相互承认与执行判决。在双方都不愿意最先释放善意的情况下，事实互惠极易导致双方互不承认与执行对方法院判决的恶性循环。在20世纪80年代，我国法院曾以不存在互惠关系为依据拒绝执行日本法院作出的判决（本质上是执行令），并进而招致日本的报复，日本法院在互惠问题上虽对其他国家采取非常宽松的态度，但对我国却设置极为苛刻的条件，从而导致我国法院判决很难在日本获得承认与执行。因此，实施互惠在实践中很容易催生报复性待遇，不利于国际司法合作，不利于当事人权益的保护。目前我国有很多学者反对事实互惠。①

二、我国承认与执行外国民事判决的条件

（一）双边条约下的外国法院判决承认与执行

截至2022年7月，中国已经与39个国家签订民商事双边司法协助条约或协定（以下简称“双边条约”），其中35个双边条约中包括民商事判决承认与执行的专门条款。

中国参加的1969年《国际油污损害责任公约》（以下简称“1969年公约”）中有一条关于判决承认与执行的规定，对于来自缔约国的油污损害赔偿判决可以借助公约规定得到承认与执行。亚太地区的澳大利亚、柬埔寨、印度、印度尼西亚、日本、马来西亚和新加坡均是1969年公约缔约国，其油污损害赔偿方面的法院判决可以借助公约机制在中国得到承认与执行。

2017年9月12日，中国政府签署2005年海牙《选择法院协议公约》，公约在中国生效尚需全国人大批准（一般情况下全国人大常委会批准即可）。

双边条约中对拒绝承认与执行事由的规定方式有所不同，有的双边条约规定所有条件均为

① 何其生．比较法视野下的国际民事诉讼．北京：高等教育出版社，2015：326－327.

强制性的[①]，有的双边条约则规定，所有条件是非强制性的[②]，有的双边条约既包括强制性的也包括非强制性的条件。[③] 双边条约包含的承认与执行外国法院判决的条件或者拒绝承认与执行的事由一般有：

1. 判决的终局性

根据作出地国法，判决必须是最终的、确定的和可执行的。但有些双边条约同时还规定，外国法院判决根据执行地国法律是可执行的。[④]

2. 适当的管辖权

所有双边条约无一例外地明确规定这一要件，但有三种不同规定方式：一是条约明确规定作出国法院必须满足的管辖权依据，同时要求不得侵犯执行地国法院的专属管辖权。[⑤]二是明确规定不侵犯执行地国法院的专属管辖权。[⑥] 三是必须符合执行地国有关法院管辖权的规定。[⑦]

3. 正当程序

所有双边条约均规定，缺席当事人未被适当通知[⑧]或者无行为能力当事人未被适当代理是拒绝承认与执行的事由。这一事由在实践中常被引用。[⑨] 大多数双边条约都规定程序正当问题适用作出地国法律判断[⑩]，有些对此没有规定[⑪]，少数区分两种情况，适当代表依据执行地国法律，适当通知适用缺席人本国法律。[⑫]

4. 无相互冲突的判决

如果承认国法院已经就相同当事人之间相同诉因的案件作出判决，或者第三国法院作出的相关判决已为承认国所承认，法院必须拒绝承认与执行。[⑬] 另一些双边条约规定，如果承认国法院正在审理相同当事人之间相同诉因的案件，则可以拒绝承认。[⑭] 另有一些双边条约则规

---

① 例如《中华人民共和国和老挝人民民主共和国关于民事和刑事司法协助的条约》（以下简称“中老条约”）第21条规定的所有抗辩事由都是强制性的。中法、中俄和中意双边司法协助协定亦有类似规定。

② 《中华人民共和国和越南社会主义共和国关于民事和刑事司法协助的条约》（以下简称“中越条约”）第4、21条中的抗辩事由均是非强制性的。

③ 一些双边条约则包括强制性和非强制性的事由，参见《中华人民共和国和蒙古人民共和国关于民事和刑事司法协助的条约》（以下简称“中蒙条约”）第9、18（4）条。

④ 中老条约第21（1）（6）条。一个法国法院判决因不具有终局性而未获承认，参见（2005）温民三初字第155号民事裁定书。

⑤ 中越条约第18条，中老条约第22条。

⑥ 《中华人民共和国和俄罗斯联邦关于民事和刑事司法协助的条约》（以下简称“中俄条约”）第20（2）条，2015年最高院关于台湾地区判决规定第15条。

⑦ 《中华人民共和国和巴西联邦共和国关于民事和商事司法协助的条约》（以下简称“中巴条约”）第23（2）条。

⑧ 乌兹别克斯坦和法国法院判决因不符合双边条约中规定的适当通知要求而被拒绝承认，参见（2011）民四他字第18号民事判决书、（2016）湘10协外认1号民事裁定书；一个波兰法院判决根据双边条约和民事诉讼法得到承认，其中讨论了诉讼时效与正当程序问题，参见（2013）浙甬民确字第1号民事裁定书。

⑨ Wenliang Zhang，Recognition and Enforcement of Foreign Judgments in China：The Essentials and Strategies，(2013/2014) 15 Yearbook of Private International Law 319，p. 340.

⑩ 中老条约第21（3）条；中越条约第17（3）条。

⑪ 参见《中华人民共和国和法兰西共和国关于民事、商事司法协助的协定》（以下简称“中法条约”）、中巴条约、《中华人民共和国和秘鲁共和国关于民事和商事司法协助的条约》。

⑫ 《中华人民共和国和阿拉伯联合酋长国关于民事和商事司法协助的协定》（以下简称“中国阿联酋协定”）第21（4）（5）条规定，违反了被请求方关于无行为能力人代理权的法律规定；裁决系缺席作出，而缺席方未按其本国法律规定获正当传唤。《中华人民共和国和科威特国关于民事和商事司法协助的协定》第21（4）（5）条有类似规定。

⑬ 中老条约第21（5）条，中法条约第22（6）条和《中华人民共和国和意大利共和国关于民事司法协助的条约》（以下简称“中意条约”）第21（4）条。

⑭ 中越条约第17（4）条，《中华人民共和国和波兰人民共和国关于民事和刑事司法协助的协定》第21（5）条和中俄条约第20（4）条。

定，不能仅因为自己正在审理相同当事人之间相同诉因的案件就拒绝承认，只有当自己受理在先时才可以拒绝。[①]

5. 公共政策

承认与执行外国法院判决不得违反执行地国的基本法律原则、公共利益、主权或者国家安全。

6. 欺诈

所有双边条约均未涉及通过欺诈取得的判决的承认与执行问题。1969 年公约[②]和内地与香港特别行政区安排中包含了拒绝承认因欺诈而取得的判决。[③]

总体看，人民法院运用双边条约承认与执行的案件的数量并不多，但一般而言，这些双边条约中的规定本身与国际通行做法相符。

（二）互惠原则下的外国法院判决承认与执行

在没有条约关系时，承认与执行外国法院判决是为了满足国际民商事交往需要，为跨国当事人提供便利。[④]

在没有条约关系时，可以依据《民事诉讼法》[⑤] 中的互惠原则承认与执行外国法院判决。具有互惠关系是承认与执行外国法院判决的前提条件。在既没有条约关系，也没有互惠关系时，根据《民诉法司法解释》，人民法院必须拒绝承认与执行外国法院判决。一旦承认与执行的请求被拒绝，当事人可以向人民法院提起诉讼。[⑥]

与中外双边司法协助条约中的规定相比，《民事诉讼法》中规定的判决承认与执行条件较少，例如《民事诉讼法》没有明确规定外国法院须具有合格管辖权和正当程序要求。《民诉法司法解释》对缺席判决承认与执行问题作出规定，弥补了《民事诉讼法》规定上的疏漏。规定上的缺失容易引发实践中不一致的做法，需要更加详细的规则以保障法律的确定性、统一性和权威性。

除了互惠之外，一般认为，外国法院判决须满足以下条件：（1）判决必须是发生法律效力的；（2）作出国法院有适当的管辖权；（3）没有违反正当程序；（4）不与之前作出的判决相抵触；（5）不违反公共政策。其中，缺少互惠关系以及违反正当程序在实践中最常为当事人援引。

最高人民法院有关离婚判决承认的司法解释确认离婚判决不以存在互惠关系为前提。[⑦]

1. 互惠

互惠是承认与执行外国法院判决的基本前提。实践中与互惠有关的最有影响的案例是五味晃案[⑧]，该案涉及日本法院判决在中国的承认与执行，是中国有关互惠问题的第一案，最高人

---

① 中意条约第 21（5）条和中蒙条约第 18（4）条。

② 《国际油污损害民事责任公约》第 10（1）条。

③ 2008 年《内地与香港相互认可执行协议管辖民事判决的安排》第 9（5）条；2017 年《关于内地与香港特别行政区法院相互认可和执行婚姻家庭民事案件判决的安排》第 9（2）条。

④ 韩德培．国际私法．3 版．北京：高等教育出版社，北京大学出版社，2014：537.

⑤ 《民事诉讼法》第 288、289 条。

⑥ 《民诉法司法解释》第 542 条。

⑦ 1991 年最高人民法院《关于中国公民申请承认外国法院离婚判决程序问题的规定》（2020 年修正）；《民诉法司法解释》第 542 条。

⑧ 最高人民法院公报，1996（1）：29. Wenliang Zhang，Recognition and Enforcement of Foreign Judgments in China：A Call for Special Attention to Both the "Due Service Requirement" and the "Principle of Reciprocity"，(2013) 12 Chinese Journal of International Law 143，pp. 153 - 155. Béligh Elbalti，Reciprocity and the Recognition and Enforcement of Foreign Judgments：A Lot of Bark but not Much Bite，(2017) 13 Journal of Private International Law 184，p. 202.

民法院针对此案的承认与执行作出批复，指明中日之间不存在互惠关系。此后许多年，地方人民法院在一些案件中均遵循最高人民法院的基本观点，形成“事实上的互惠”的做法，即如果没有证据证明判决作出国法院在此之前曾经承认与执行过人民法院判决，就无法认定存在互惠。近年来，韩国[①]、澳大利亚[②]、英国[③]、乍得[④]、马来西亚[⑤]、美国[⑥]和以色列[⑦]法院判决因缺少互惠关系而被拒绝承认。当然，也有德国[⑧]、新加坡[⑨]和美国[⑩]法院判决在认定存在互惠关系后，得到承认。

目前，最高人民法院有关事实互惠的态度正在松动。2017 年 6 月 8 日第二届中国—东盟大法官论坛《南宁声明》第七项提出，区域内的跨境交易和投资需要以各国适当的判决的相互承认和执行机制作为其司法保障。在本国国内法允许的范围内，与会各国法院将善意解释国内法，减少不必要的平行诉讼，考虑适当促进各国民商事判决的相互承认和执行。尚未缔结有关外国民商事判决承认和执行国际条约的国家，在承认与执行对方国家民商事判决的司法程序中，如对方国家的法院不存在以互惠为理由拒绝承认与执行本国民商事判决的先例，在本国国内法允许的范围内，即可推定与对方国家之间存在互惠关系。[⑪] 同时，最高人民法院正在起草制定有关外国法院判决承认与执行的司法解释，预计该司法解释将会对互惠问题进行规定，采用法律互惠的概念，从而解决多年来实践中采用事实互惠带来的不利影响。[⑫]

2. 外国法院判决的终局性

根据《民事诉讼法》规定，外国法院判决必须是发生法律效力的判决。[⑬] 但没有明确的立法以及报道的案例涉及适用何国法律判断何谓发生法律效力。一些学者建议，外国法院判决终局性的问题应该适用该判决作出国法律判断。[⑭]

在大多数双边条约中规定适用判决作出地国法律判断判决的终局性，只有少数条约规定，申请承认与执行的判决还需满足执行地国法律中对可执行性的要求，即外国法院判决在执行地国也是可执行的。[⑮] 有学者认为，可以合理地推定，人民法院在这一问题上会参照双边条约中的多数做法，在作出地国可执行的判决在中国亦是可执行的。[⑯]

---

① 参见（2011）深中法民一初字第 45 号民事判决书、（2015）沈中民四特字第 2 号民事裁定书。

② 参见（2006）民四他字第 45 号复函。

③ 参见（2004）二中民特字第 928 号民事裁定书。

④ 参见（2014）潭中民三初字第 181 号民事裁定书。

⑤ 参见（2006）宁民认字第 13 号民事裁定书。

⑥ 参见（2016）赣 01 民初 354 号民事判决书。

⑦ 杜涛．以色列法院承认执行中国法院判决是否被打脸？．华政国际私法评论，［2018－01－09］. https://mp.weixin.qq.com/s/-jVkyjkvahR1ZZjQ3cFOzQ.

⑧ 参见（2012）鄂武汉中民商外初字第 00016 号。

⑨ 参见（2016）苏 01 协外认 3 号。

⑩ 参见（2015）鄂武汉中民商外初字第 00026 号。

⑪ 第二届中国—东盟大法官论坛南宁声明．［2017－09－29］. http://www.court.gov.cn/zixun-xiangqing-47372.html.

⑫ 张勇健．“一带一路”司法保障问题研究．中国应用法学，2017（1）：164.

⑬ 参见《民事诉讼法》第 288 条。

⑭ 李双元，欧福永．国际私法．3 版．北京：北京大学出版社，2015：417. 韩德培．国际私法．北京：高等教育出版社、北京大学出版社，2014：540. 徐宏．国际民事司法协助．2 版．武汉：武汉大学出版社，2006：295.

⑮ 中老条约第 21（6）条；《中华人民共和国和塞浦路斯共和国关于民事、商事和刑事司法协助的条约》第 25（8）条。

⑯ 徐宏．国际民事司法协助．2 版．武汉：武汉大学出版社，2006：295.

根据《民事诉讼法》，具有法律效力的判决主要是指不能再进行上诉救济的判决，判决不再受普通程序审查。同时，只要满足法律规定的条件，在上级法院进行上诉的判决亦有可能得到执行。①判决的可执行性不因一方当事人申请启动再审程序而受影响。②但是，一旦法院决定受理上诉或开始再审，将中止执行，除非判决涉及生活费、抚恤金、医疗费用和劳动报酬等。③

不过，当涉及外国判决的承认与执行时，立法没有明确规定。根据我国最高人民法院与新加坡最高法院《关于承认与执行商事案件金钱判决的指导备忘录》第7条规定，在我国申请承认与执行的新加坡法院判决必须是终局性和确定性的判决。当该判决的终局性和确定性存在争议时，应当根据中国法律确定。有待上诉或者处于上诉过程中的判决不是终局性和确定性的判决。④

对于中间判决的可执行性，虽然法律没有明确的规定，但在一个案件中，依据2012年《民事诉讼法》第281和282条，美国法院作出的离婚判决作为中间判决被认为具有法律效力而得到承认。⑤一般认为，只要其满足判决承认与执行的条件，中间判决就可以得到承认与执行。⑥

虽然《民事诉讼法》未明确规定司法和解书是否可以承认与执行，但在一些双边司法协助条约以及2015年《认可台湾地区民事判决规定》最高人民法院关于认可和执行台湾地区法院民事判决的规定中均认可司法和解书可以如同判决一样获得承认与执行。⑦

3. 外国法院的管辖权

《民事诉讼法》及《民诉法司法解释》均未规定合格管辖权作为承认与执行的条件。只有在最高人民法院有关承认离婚判决的司法解释中有一条明确规定作出判决的法院必须具有管辖权。⑧ 上述规定对于适用何国法律判断外国法院的管辖权亦未加以规定。⑨

如前所述，双边条约中有三种不同的做法，一般认为外国法院根据其本国法律具有管辖权⑩，同时其管辖权不侵犯执行地国法院的专属管辖权⑪，具有合理性。

---

① 《民事诉讼法》第109、110条。第109条规定，人民法院对下列案件，根据当事人的申请，可以裁定先予执行：(1) 追索赡养费、扶养费、抚养费、抚恤金、医疗费用的；(2) 追索劳动报酬的；(3) 因情况紧急需要先予执行的。第110条规定，人民法院裁定先予执行的，应当符合下列条件：(1) 当事人之间权利义务关系明确，不先予执行将严重影响申请人的生活或者生产经营的；(2) 被申请人有履行能力。人民法院可以责令申请人提供担保，申请人不提供担保的，驳回申请。申请人败诉的，应当赔偿被申请人因先予执行遭受的财产损失。

② 《民事诉讼法》第206条规定，当事人对已经发生法律效力的判决、裁定，认为有错误的，可以向上一级人民法院申请再审；当事人一方人数众多或者当事人双方为公民的案件，也可以向原审人民法院申请再审。当事人申请再审的，不停止判决、裁定的执行。2017年最高人民法院《关于内地与香港特别行政区法院相互认可和执行婚姻家庭民事判决的安排》第11条规定，对于上诉的香港法院判决，内地法院可以中止认可与执行程序；对于内地再审的判决，香港法院可以中止认可和执行程序。

③ 《民事诉讼法》第213条规定，按照审判监督程序决定再审的案件，裁定中止原判决、裁定、调解书的执行，但追索赡养费、扶养费、抚养费、抚恤金、医疗费用、劳动报酬等案件，可以不中止执行。

④ 根据该备忘录第2条规定，本备忘录不具有法律约束力。

⑤ 参见（2016）苏04协外认3号民事裁定书。

⑥ 徐宏．国际民事司法协助．2版．武汉：武汉大学出版社，2006：294．钱锋．外国法院民商事判决承认与执行研究．北京：中国民主法制出版社，2008：82.

⑦ 中俄条约第16（2）条规定，本条约所指的“法院裁决”，在中华人民共和国方面系指法院作出的判决、裁定、决定和调解书；在俄罗斯联邦方面系指法院作出的判决、裁定、决定和法院批准的和解书，以及法官就民事案件的实体所作的决定。参见2015年《最高人民法院关于认可和执行台湾地区法院民事判决的规定》第2条规定。

⑧ 最高人民法院《关于中国公民申请承认外国法院离婚判决程序问题的规定》第12（2）条。

⑨ 李双元，谢石松，欧福永．国际民事诉讼法概论．武汉：武汉大学出版社，2016：50.

⑩ 在一个承认德国离婚判决的裁定中，法院分析了承认该判决必须满足的条件，特别是根据德国法判断了德国法院的管辖权，最终德国判决得到承认。（2014）合民四初字第00001号民事判决书。

⑪ 中老条约第22条、中越条约第18条，2008年内地与香港特区安排第9（3）。Guangjian Tu. Private International Law in China. Singapore：Springer，2016：173.

根据《民事诉讼法》的规定，我国法院对位于中国的不动产等几类案件有专属管辖权①，如果外国法院管辖权与我国法院的专属管辖权相冲突，我国法院很可能拒绝承认与执行外国法院判决。

4. 实体审查

从立法和实践看，我国法院只有对程序问题才可以提出异议。判决的实体问题不受执行地国法院审查。我国法院不会对外国法院的事实认定和法律适用进行审查。②

5. 金钱和非金钱判决

法律并没有区分承认与执行金钱和非金钱判决。对于外国法院判决中本身裁定的逾期利息，可以与本金一并获得承认与执行。③ 在我国武汉中院承认美国法院判决案件中讨论了，对于胜诉当事人主张，外国法院判决作出后，直到在执行地国得到承认至执行终结时的逾期利息，执行地国法院是否予以支持的问题。武汉中院的观点是，“对申请人主张的 2015 年 5 月 25 日美国法院判决日至执行终结前的逾期利息，不属于申请承认和执行外国法院判决的范畴，本案中不予支持”。此种观点引发不同意见。有学者认为，从纯粹的形式逻辑推理看，武汉中院只承认与执行美国法院既有判决内容，超出既有判决事项不予支持，这一裁定没有问题。但是，生效判决未履行的逾期利息实际上应该被认为是判决承认和执行的一个有机组成部分，尤其在外国法院的判决中已经确认原告可以获得被告利息支付权利的情况下，执行地法院应该审查并支持原告的逾期执行利息请求。否则，由于原告的这一诉讼请求除了在外国判决被请求承认和执行法院可以得到实现外，基本无其他司法救济措施，当事人的这一权利便被剥夺，无法获得实现。④

根据《民事诉讼法》⑤，国内刑事诉讼中的民事损害赔偿裁决具有可执行性。一些双边条约也明确规定缔约方法院刑事诉讼程序中的民事损害赔偿判决可以依据双边条约规定得到承认与执行。如中国与老挝⑥、中国与越南⑦的双边司法协助协定均有如此规定。但关于涉及刑罚、税收或其他公法的判决是否可执行无权威观点。2008 年《内地与香港相互认可执行协议管辖民事判决安排》⑧ 以及 2017 年最高人民法院《关于内地与香港特别行政区法院相互认可和执行婚姻家庭民事案件判决的安排》⑨ 均排除了涉及税收和罚金的判决的认可与执行。因此，在没

① 《民事诉讼法》第 34、273 条。

② 在承认澳门特区法院一涉及借款合同案中，被执行人主张借款事实不存在，法院认为，是否存在债务不属于法院审查的范围，判决根据内地与澳门特区的安排得到承认，参见（2014）沪二中民认（澳）字第 1 号。武汉市中级人民法院在审查一美国法院判决的承认与执行时，认为当事人之间的股权转让合同是否有效的问题，作为实体问题，不受法院审查，（2016）鄂武汉中民商外初字第 00026 号。一些双边条约明确规定法院不对实体问题进行审查，参见中越条约第 19（2）条、中俄条约第 18（2）条。

③ 参见（2014）沪二中民认（澳）字第 1 号、（2016）苏 01 协外认 3 号。2008 年《内地与香港相互认可执行协议管辖民事判决安排》明确规定执行的范围包括利息、律师费和诉讼费用（第 16 条）。2017 年最高人民法院《关于内地与香港特别行政区法院相互认可和执行婚姻家庭民事案件判决的安排》第 14 条有相似规定。

④ 徐国建．跨越与前行：人民法院首例互惠承认美国判决述评．[2017-09-25]．https://mp.weixin.qq.com/s/KoiRh7IKPX4UZGQIe3Qmlw.

⑤ 《民事诉讼法》第 231 条。

⑥ 中老条约第 20 条。

⑦ 中越条约第 15 条。

⑧ 2008 年《内地与香港相互认可执行协议管辖民事判决安排》第 16 条。

⑨ 2017 年最高人民法院《关于内地与香港特别行政区法院相互认可和执行婚姻家庭民事案件判决的安排》第 14 条。

有明确规定时，可以合理地推定我国法院应该拒绝承认与执行此类判决。这种观点也符合国际社会的长期实践。涉及税收、罚金或刑事惩罚金钱判决在大多数国家都被认为是属于公法性质的事项，从而不在民商事判决承认与执行的范围。①

曾有一个乌兹别克斯坦法院判决中的部分内容涉及被执行人所欠税款的征收，但因该判决以当事人未获得适当通知而被拒绝承认，因此法院在该案中并未讨论涉及税收的判决的可执行性问题。②

除了离婚判决、涉及个人身份（如父母子女关系和准正）③ 和破产判决（承认破产管理人身份，不涉及财产执行），对于非金钱判决执行问题，立法中无明确的规则。不过《内地与澳门相互认可执行民事判决安排》第 3 条第 2 款规定，没有给付内容，或者不需要执行，但需要通过司法程序予以认可的判决，当事人可以向对方法院单独申请认可，也可以直接以该判决作为证据在对方法院的诉讼程序中使用。④

在司法实践中，一些法院采取了更为开放的态度，一些地方法院承认了涉及破产管理的外国判决。⑤ 其他类型的非金钱外国判决是否可以承认与执行有待立法或实践明确。

外国法院的临时措施是否可以获得承认与执行需要进一步澄清。一些双边条约明确将临时措施令的承认排除在条约适用范围之外。例如，中国阿联酋协定规定，本协定不适用于保全措施或临时措施，但与支付生活费有关的事项除外。⑥

同时对于包含实际履行内容的判决，既无立法也无报道的案例表明此类判决是否可以获得承认与执行。2008 年《内地与香港相互认可执行协议管辖民事判决安排》明确规定安排只适用于金钱判决。⑦

对于禁令，无明确的立法。实践中，韩国釜山地方法院发布的一止付令，未得到承认，理由是“该禁付令系临时禁令，且为外国法院所作，在我国境内没有直接约束力”⑧。在另一涉及英国法院禁诉令的案件中，上诉人主张以被上诉人忽略双方之间的仲裁协议提起本案诉讼，上诉人公司已向英国高等法院申请禁诉令，英国高等法院于 2012 年 12 月 18 日下达禁诉令，并于 2013 年 3 月 8 日作出继续禁诉令，明确所有与涉案提单所证明的运输合同相关的争议应在伦敦通过仲裁解决。2015 年 4 月 22 日，由上诉人公司选定的独任仲裁员根据伦敦海事仲裁协会条款作出宣告式仲裁裁决（Declaratory Arbitration Award），裁定被上诉人公司违反并入提单的第一份航次租船合同第 44 条（b）款下的仲裁协议而导致上诉人公司遭受的所有损失应由被上诉人公司承担。上诉法院中国湖北省高级人民法院最终以原审人民法院对案件有管辖权

---

① Ronald A. Brand. Federal Judicial Center International Litigation Guide：Recognition and Enforcement of Foreign Judgments. 74 U. Pitt. L. Rev. 491，508（2012—2013）. 孙劲. 美国的外国法院判决承认与执行制度研究. 北京：中国人民公安大学出版社，2003：230.

② 参见（2011）民四他字第 18 号答复。

③ 2017 年最高人民法院《关于内地与香港特别行政区法院相互认可和执行婚姻家庭民事案件判决的安排》第 3 条。

④ 《内地与澳门相互认可执行民事判决安排》第 3 条第 2 款。

⑤ 有法国破产判决和德国破产判决被地方法院承认，参见（2005）穗中法民三初字第 146 号民事裁定书、（2012）鄂武汉中民商外初字第 00016 号民事裁定书。

⑥ 中国阿联酋协定第 17（3）条。

⑦ 2008 年《内地与香港相互认可执行协议管辖民事判决安排》第 1 条。

⑧ 舟山市世创水产有限公司与株式会社庆南银行、中国农业银行舟山市分行信用证纠纷案，参见浙江省高级人民法院二审（2010）浙商外终字第 15 号民事判决书。

而未直接讨论英国法院禁令的可执行性问题，避免对此作出决定。[①]

值得关注的是，2017 年 7 月 21 日，中国武汉海事法院作出了一项海事强制令，要求外国船东向中国香港高等法院申请撤回其针对中国保险人的禁诉令（anti-suit injunction）。武汉海事法院依据《海事诉讼特别程序法》第 51 条签发该海事强制令的背景是，在中国内地法院受理案件后，被告船东为了避免在中国内地的诉讼，以存在已经并入提单的仲裁条款，保险人应当受该仲裁条款的约束为由，向中国香港高等法院申请禁诉令。中国香港高等法院签发了禁诉令，责令保险人撤回在内地法院的诉讼。而武汉海事法院作出的禁令实际上是一项反禁诉令。[②]

关于支付令，对承认与执行我国台湾地区支付令有明确规定和实践。[③]

占主流的观点认为，外国法院临时措施不具有可执行性，因为临时措施不具有终局性和确定性。目前我国法院尚未涉及这一问题。

目前尚无关于外国冻结令承认与执行的案例报道。如果申请执行的外国法院冻结令是在单边基础上作出，则要求我国法院执行此类冻结令以支持在外国进行的诉讼会比较困难。

6. 欺诈

如前所述，除了内地与香港特区安排以及 1969 年公约中规定有基于欺诈而取得的判决得拒绝承认与执行，目前法律上无规定。[④] 但基于欺诈而取得判决有可能通过援引公共政策而被拒绝承认。此处的欺诈应该限于外部欺诈，因为我国法院不对案件的实体进行审查。

7. 正当程序

如前所述，所有双边条约都规定了正当程序要求，在司法实践中，这也是经常被成功援引的抗辩事由。

《民诉法司法解释》明确规定了外国缺席判决的承认与执行条件，可视为正当程序为承认与执行外国法院判决的一个条件，尽管规定本身未使用正当程序这一术语，有关规定的内涵较正当程序狭窄。[⑤] 根据《民诉法司法解释》，缺席判决可以得到承认与执行，但需要满足规定条件，即胜诉一方当事人必须提供文件证明败诉一方被适当送达或者判决本身明确载有适当送达当事人的内容。[⑥] 2016 年有新加坡法院缺席判决得到承认[⑦]，2017 年又有美国法院的缺席判决在中国得到承认。[⑧] 根据司法解释，当事人未被适当通知或合法传唤构成违反正当程序。一

---

① 参见（2015）鄂民四终字第 00194 号民事裁定书。

② 迁峰. 海事强制令：对抗禁诉令的利器?. [2017－11－05]. http://mp.weixin.qq.com/s/8bz3fjmkn9BB1CXzDR_e0w.

③ 参见（2015）苏中商外初字第 00098 号民事判决书。最高人民法院《关于认可和执行台湾地区法院民事判决的规定》第 2 条规定，可以认可与执行的台湾地区法院民事判决，包括台湾地区法院作出的生效民事判决、裁定、和解笔录、调解笔录、支付命令等。承认与执行台湾地区法院判决的案例，参见（2012）沪二中民认（台）字第 1 号民事裁定书。

④ 深圳中院在一个有关承认与执行芬兰仲裁裁决的案件中讨论了一方欺诈是否构成违反公共秩序的问题。在该案中，被执行人主张申请人的实际控制人通过欺诈甚至犯罪的方式诱使其与申请人签订了“出售与购买协议”，违反了诚实信用原则。但法院认为，公共秩序保留应是在仲裁涉及一国法律的基本制度与准则、社会和经济生活基本原则、社会基本道德和伦理等影响社会全体成员的整体利益时才会适用，而涉案裁决所处理的是申请人与被执行人之间因履行“出售与购买协议”而产生的纠纷，并未涉及上述整体利益，故涉案裁决不存在违背我国公共秩序的问题。参见（2014）深中法涉外初字第 119 号民事判决书。

⑤ 《民诉法司法解释》第 541 条规定，外国法院判决、裁定为缺席判决、裁定的，申请人应当同时提交该外国法院已经合法传唤的证明文件，但判决、裁定已经对此予以明确说明的除外。

⑥ 《民诉法司法解释》第 541 条。

⑦ 参见（2016）苏 01 协外认 3 号民事裁定书。

⑧ 参见（2015）鄂武汉中民商外初字第 00026 号民事裁定书。

加拿大离婚判决因申请人未提供证据证明被告已被给予适当通知而被拒绝承认。[①]

至于依据何国法律判断构成违反正当程序，一般认为，我国法院可能会采取多数中外双边司法协助条约中的做法，即适用判决作出地国法律。然而实践中，有法院倾向于适用法院地法律的案例。[②]

8. 既判力

根据《民诉法司法解释》的规定，如果存在已经作出的相同当事人之间相同诉因的法院判决，则承认与执行外国法院判决的请求将不予准许，此情形下采纳的是判决在先原则。[③] 司法解释没有涉及两个外国法院判决冲突问题。一般认为，符合承认与执行条件的在先的外国法院判决会得到优先考虑。

9. 违反协议

我国法院通常会尊重选择法院协议。《民事诉讼法》对选择法院协议的有效性问题进行了明确规定，符合法律规定条件的协议会受到尊重。[④] 但是如果外国法院的管辖权是基于当事人违反管辖权协议，而按照中国法律选择法院协议无效[⑤]，同时根据作出国法律法院有管辖权，且该管辖权不侵犯我国法院的专属管辖权，我国法院应该不会因违反协议管辖而拒绝承认与执行。

中国政府已经于2017年9月12日签署2005年海牙《选择法院协议公约》。公约在中国生效尚需经全国人大批准，符合公约规定的缔约国判决会在我国法院得到承认与执行。

10. 公共政策

我国法院会依据职权主动审查外国法院判决是否违反中国的公共政策。在中国立法中，采用较为广泛的一个表述，即申请承认与执行的外国法院判决不得违反基本法律原则[⑥]或者国家主权、安全和社会公共利益。违反公共政策是指判决结果本身而不是指原审诉讼的诉因违反公共政策。[⑦]一般认为，不能仅仅因为中国法下缺少外国法院判决中的类似诉因就认定外国法院判决违反中国公共政策。[⑧] 也有法院在分析承认和执行新加坡高等法院判决是否违反我国社会

---

① 参见（2011）南市民三特字第1号民事裁定书；一韩国离婚判决因未适当送达而被拒绝承认，参见（2014）望民一初字第00038号民事判决书。

② 参见（2010）民四他字第81号复函。

③ 《民诉法司法解释》第531条规定，中华人民共和国法院和外国法院都有管辖权的案件，一方当事人向外国法院起诉，而另一方当事人向中华人民共和国法院起诉的，人民法院可予受理。判决后，外国法院申请或者当事人请求人民法院承认和执行外国法院对本案作出的判决、裁定的，不予准许；但双方共同缔结或者参加的国际条约另有规定的除外。外国法院判决、裁定已经被人民法院承认，当事人就同一争议向人民法院起诉的，人民法院不予受理。较早作出的中国判决驳回了当事人的离婚请求，外国法院离婚判决以与之前的人民法院判决冲突为由而被拒绝承认。

④ 根据《民事诉讼法》第35条规定，合同或者其他财产权益纠纷的当事人可以书面协议选择被告住所地、合同履行地、合同签订地、原告住所地、标的物所在地等与争议有实际联系的地点的人民法院管辖，但不得违反本法对级别管辖和专属管辖的规定。

⑤ 参见《民事诉讼法》第35条。司法实践中，人民法院通常会适用法院地法确定选择法院协议的有效性，参见（2013）民提字第243号民事裁定书、（2014）鲁民辖终字第158号民事裁定书、（2014）津海法商初字第81-1号民事裁定书。

⑥ 一个意大利法院离婚判决有关婚姻解除部分被人民法院承认，但婚姻财产分割及子女抚养部分未获承认，因法院认为该部分判决内容违反中国婚姻法的基本原则。该案还表明，外国法院判决的承认与执行是可以分割的。参见（2010）浙温民确字第1号民事裁定书。

⑦ 参见（2016）最高法民终152号民事判决书。在最高人民法院的一个判决中，涉及法律选择问题（而非判决承认与执行问题），法院认为，在当事人没有选择法律时，即使处于争议中的债务在本质上为赌债，但澳门法作为赌场所在地法和与赌债有最密切联系的法律应该得到适用。该判决表明法院适用澳门法承认赌博合同有效，即使在内地法下赌博合同无效。

⑧ 韩德培．国际私法．北京：高等教育出版社，北京大学出版社，2014：541. Yongping Xiao and Zhengxin Huo, “Ordre Public in China's Private International Law,” 53 The American Journal of Comparative Law 653，2005：660.

公共利益时认为，虽然我国法院与新加坡法院在审理案件时适用不同国家法律而导致判决结果不同，但并不能据此就认定新加坡高等法院判决违反我国社会公共利益。① 实践中，援引公共政策抗辩外国法院判决承认与执行较少获得成功。

11. 对物判决

法律并不区分对物与对人判决。拒绝承认与执行外国法院对物判决的理由应该与对人判决的理由相同。在一个案件中，涉及根据美国马萨诸塞州法院判决登记转让位于深圳的房产所有权。法院认为，当事人不可以直接依据尚未被人民法院承认的美国法院判决在房产管理部门要求办理房产过户手续。② 如果判决被承认，或许判决可以作为办理房产转让手续的依据。但实际上，由于涉及对物判决的承认特别是不动产判决承认，需要考虑专属管辖权问题，而因该房产位于中国深圳，应该说按照《民事诉讼法》的规定我国法院有专属管辖权，这样，美国法院的判决可能会基于缺少适当的管辖权而被拒绝。

12. 部分承认与执行

对于申请承认与执行的外国法院判决是否可以部分承认与执行或者说进行分割，法律虽然无明确规定，但在司法实践中有分割承认与执行外国法院判决和外国仲裁裁决的实践。③ 学者也大多主张外国法院判决可以分割承认与执行。④

13. 惩罚性损害赔偿判决

对于惩罚性损害赔偿判决的承认与执行，目前法律没有规定，亦无相关案例报道。但现行立法中也不乏因行为人主观恶意施以惩罚性赔偿的规定。⑤ 既然国内法在这些类型的案件中并不排斥惩罚性赔偿的适用，那么对于外国法院作出的相同类型的惩罚性损害赔偿判决，我国法院不应认为其违反公共政策而予以拒绝承认与执行。⑥

14. 执行期间

根据《民诉法司法解释》，申请承认与执行外国法院判决的执行期间为两年。⑦

《民事诉讼法》虽几经修改，但有关外国法院判决承认与执行制度的规定，一直较为原则，未见改进。2015 年《民诉法司法解释》虽有所弥补，但仍有提升空间。缺乏拒绝承认与执行事由适用的细化规则，包括如何判断终局性、何谓适当管辖权、基于欺诈取得的判决的欺诈所包括的范围、正当程序的范围、非金钱判决可执行性、外国判决部分承认与执行、外国惩罚性判决承认与执行等。如前所述，司法实践中除备受诟病的事实互惠问题外，关于外国所进行的

---

① 参见（2019）沪 01 协外认 22 号民事裁定书。

② 参见（2014）深中法行终字第 65 号行政判决书、（2015）粤高法行申字第 75 号行政裁定书。2017 年最高人民法院《关于内地与香港特别行政区法院相互认可和执行婚姻家庭民事案件判决的安排》第 3 条明确规定婚姻家庭案件中所涉财产关系判决可以依据安排得到承认与执行。

③ 参见前引被分割承认的意大利法院判决，（2010）浙温民确字第 1 号民事裁定书；人民法院在美国 GMI 公司与芜湖冶炼厂买卖合同纠纷案对仲裁裁决予以分割执行，参见最高人民法院《关于美国 GMI 公司申请承认英国伦敦金属交易所仲裁裁决案的复函》，[（2003）民四他字第 12 号复函]。

④ 关于分割承认与执行判决，参见连俊雅．可分割制度在承认和执行外国法院判决中的适用及其启示，时代法学，2016，14（6）：103-111；肖永平，秦红嫚．论外国惩罚性损害赔偿判决的部分承认与执行．江西社会科学，2017（3）：162-171。

⑤ 《民法典》第 1185 条、第 1207 条、第 1232 条，《中华人民共和国消费者权益保护法》（2013 年）第 55 条，《中华人民共和国食品安全法》（2021 年）第 148 条以及《中华人民共和国旅游法》第 70 条，《最高人民法院关于审理商品房买卖合同纠纷案件适用法律若干问题的解释》（2003 年）第 8 条和第 9 条。

⑥ 许凯．论有限承认与执行外国惩罚性赔偿判决的理论基础与实施路径．江海学刊，2015（4）：143.

⑦ 《民诉法司法解释》第 545 条；参见（2013）浙甬民确字第 1 号民事裁定书。

诉讼程序是否公正也较多地成为争议焦点。

总体而言，未来有关外国法院判决承认与执行制度的变革应从以下几方面入手：从修改原则上看，应秉承开放、包容的理念，立足现代化、国际化，积极参与海牙判决项目的谈判，紧跟世界发展的潮流与步伐；从目标上看，应该着力建立更加公平、高效、具有可操作性、可预见性的外国法院判决承认与执行制度体系；从路径上看，修改《民事诉讼法》、增加诸多细化规则不现实，选择制定司法解释是合理考虑。①

从具体规则看，除了采纳法律互惠，尚需关注以下规则细化，包括明确外国法院判决终局性由判决作出地国法判断，明确中间判决的可执行性；适当管辖权应该依据判决作出地国法律判断，以不侵犯执行地国专属管辖权为限；正当程序的判断依据判决作出地国法律判断；基于欺诈得到的判决可以拒绝承认与执行，但需要明确欺诈的性质为外部欺诈时可以拒绝承认与执行；明确规定允许外国法院判决的部分承认与执行、外国法院惩罚性判决的有限制承认与执行；密切关注非金钱判决的可执行问题，如全球资产冻结令、禁止执行令的承认与执行问题。

三、申请的主体

根据《民事诉讼法》第 288 条和第 289 条的规定，向中国法院提出承认与执行外国法院判决的请求的主体，可以是外国法院判决的当事人本身，也可以是作出判决的该外国法院。案件以外的其他人（如案件的第三人）则不得提出承认与执行外国法院判决的请求。

需要注意的是，根据中国与相关外国所订立的双边司法协助条约的不同，可申请承认与执行外国法院判决的主体的范围也有所不同。像法国、西班牙、意大利、突尼斯等国与中国的司法协助条约中就规定，“承认和执行缔约一方法院裁决的请求，应由当事人直接向另一方法院提出”。这说明上述国家法院作出的判决，只能由判决当事人直接向中国法院提出请求，外国法院不能申请中国法院承认与执行其判决。而摩洛哥、希腊、老挝、匈牙利、埃及等国与中国的相关司法协助协定则规定，“承认与执行法院裁决的请求，可以由当事人直接向有权承认与执行该裁决的法院提出，亦可以由缔约一方法院……向缔约另一方有权承认与执行该裁决的法院提出”，也即当事人和法院均可向中国法院申请承认和执行相关判决。

四、申请的期限

根据《民诉法司法解释》第 545 条，当事人申请承认和执行外国法院作出的发生法律效力的判决、裁定的期间，适用《民事诉讼法》第 246 条的规定。当事人仅申请承认而未同时申请执行的，申请执行的期间自人民法院对承认申请作出的裁定生效之日起重新计算。而根据《民事诉讼法》第 246 条，当事人申请执行的期间为 2 年。

根据前述规定，在我国，当事人申请执行外国法院判决的期间为两年。那么这个期间是否偏短呢？毕竟，实践中，申请执行外国法院判决要历经送达、判决书及申请书的翻译、公证等冗长手续，其对时间的要求与国内民事判决的执行申请完全不同。因此有学者主张有必要对申请执行外国法院判决的期间作特别规定。对此，最高人民法院的专家也认为，对外国法院判决

---

① 目前最高人民法院正在起草有关外国法院判决承认与执行的司法解释，可以回应解决司法实践中存在的问题，如事实互惠将为法律互惠取代，但仍需关注规则细化。

的申请执行期限应规定较长的期限。在美国，权利人申请执行法院生效裁判的期限一般为10年，特殊情况下申请人还可以申请延长该期限。英国1980年《时效法》第24条规定申请执行判决的期限为6年。显然，这种将法律保护的重心向权利人倾斜的观念和做法是值得我们借鉴的。另外一个值得注意的问题是，在有些法域，申请承认与执行的期限不是适用执行地法规定的期限而是适用判决作出地法规定的期限，如加拿大不列颠哥伦比亚省的《加拿大判决执行法》(Enforcement of Canadian Judgments) 第5条有关申请判决登记和执行期限的规定："加拿大判决在以下任一情况下将不能获得登记或执行：第一，在作出判决的省或地区执行判决的期间已过；第二，在作出判决的省或地区从判决可执行之日起算已经过十年。"①

五、申请承认与执行外国法院民事判决的程序

《民事诉讼法》第288条规定，外国法院作出的发生法律效力的判决、裁定，需要我国法院承认和执行的，可以由当事人直接向我国有管辖权的中级人民法院申请承认和执行，也可以由外国法院依照该国与我国缔结或者参加的国际条约的规定，或者按照互惠原则，请求我国法院承认和执行。此外，第289条还规定，我国法院对申请或者请求承认和执行的外国法院作出的发生法律效力的判决、裁定，依照我国缔结或者参加的国际条约或者按照互惠原则进行审查后，认为不违反我国法律的基本原则或者国家主权、安全、社会公共利益的，裁定承认其效力，需要执行的，发出执行令，依照本法的有关规定执行。违反我国法律的基本原则或者国家主权、安全、社会公共利益的，不予承认和执行。

从以上规定可以看出，我国在外国法院判决的执行问题上采法院宣告制自不待言，在外国法院判决的承认方面我国也是采纳法院宣告制。在判决承认领域采法院宣告制，这符合我国法院在涉外民商事审判领域——包括外国民商事判决的承认领域——的一贯保守态度。如前文所言，在外国法院判决的承认方面法院宣告制弊端明显，因此我国未来采取自动承认制也许是更佳方案。当然，即使就现在而言，从法解释的角度，我国《民事诉讼法》第288条和第289条也并没有对自动承认制完全关上大门。②

第六节　我国有关外国法院离婚判决与离婚调解书承认的制度

一、外国法院离婚判决的承认

对外国法院离婚判决的承认需要区分两种情况，即我国与相关外国有司法协助协定和无司

---

① 该条英文原文为：No Canadian judgment may be registered or enforced under this Act：(a) after the time for enforcement has expired in the province or territory where the judgment was made，or (b) later than 10 years after the date the judgment became enforceable in the province or territory where it was made。

② 李旺．论外国法院判决的自动承认制度．清华法学，2019 (6)：189.

法协助协定。在前一情况下按照司法协助协定的规定承认外国法院离婚判决，在后一种情况下则按照我国有关司法解释承认外国法院离婚判决。

（一）有司法协助协定的情形

根据我国与相关外国的司法协助协定的规定，如果外国法院的离婚判决不符合前述司法协助协定中所规定的条件，将无法得到中国法院的承认。另外，中国与有些国家如法国、西班牙签订的双边民商事司法协助协定专门就自然人身份或能力方面的判决的承认规定了特殊的拒绝承认的条件，即提出请求的缔约一方法院适用的法律不同于按照被请求的缔约一方的国际私法规则应适用的法律，除非所适用的法律导致裁决结果相同。也就是要求请求国法院适用按照被请求国冲突规则指定的准据法，或者虽未适用该法，但裁决的实质结果相同。①

（二）没有司法协助协定的情形

在没有司法协助协定的情形下，我国法院主要是按照最高人民法院 1991 年《关于中国公民申请承认外国法院离婚判决程序问题的规定》（2020 年修正）第 12 条规定的条件，承认外国法院的离婚判决。

该司法解释的主要内容如下。

1. 适用范围

该司法解释第 1 条规定，对与我国没有订立司法协助协定的外国法院作出的离婚判决，中国籍当事人可以根据该司法解释向人民法院申请承认该外国法院的离婚判决。对与我国有司法协助协定的外国法院作出的离婚判决，按照司法协助协定的规定申请承认。外国法院离婚判决中的夫妻财产分割、生活费用负担、子女抚养方面判决的承认与执行，不适用该司法解释。该第 1 条的规定被中国学术界作如下解读，即我国在离婚判决承认方面不要求互惠。②

2. 承认的条件

该司法解释第 12 条规定了拒绝承认外国法院离婚判决的条件，只要外国法院离婚判决符合其中的任何一种情形，就将被拒绝承认。这些情形包括：第一，判决尚未发生法律效力；第二，作出判决的外国法院对案件没有管辖权；第三，判决是在被告缺席且未得到合法传唤情况下作出的；第四，该当事人之间的离婚案件，我国法院正在审理或已作出判决，或者第三国法院对该当事人之间作出的离婚案件判决已为我国法院所承认；第五，判决违反我国法律的基本原则或者危害我国国家主权、安全和社会公共利益。这些规定与 1970 年海牙《承认离婚与分居公约》（Convention on the Recognition of Divorces and Legal Separations）的规定基本一致。③

---

① 参见《中华人民共和国和法兰西共和国关于民事、商事司法协助的协定》第 22 条第 2 款和《中华人民共和国和西班牙王国关于民事、商事司法协助的条约》第 22 条第 2 款。

② 李双元，等．中国国际私法通论．北京：法律出版社，2003：576．刘仁山．国际私法．北京：中国法制出版社，2019：496．李旺．外国法院判决的承认和执行条件中的互惠原则．政法论坛，1999（2）：96．实践中也是如此，例如西安市中级人民法院于 1994 年 6 月 20 日对没有司法协助关系的新西兰法院作出的解除婚姻关系的离婚决议书的效力予以承认。最高人民法院应用法学研究所．人民法院案例选（1992—1999 年合订本）．下卷．北京：中国法制出版社，2000：2036－2038．国外有同样的做法，如匈牙利《2000 年匈牙利关于修改有关管辖权及外国判决的承认与执行的法律的某些规则的第 110 号法令》（2001 年 5 月 1 日生效）规定，承认影响个人身份的外国法院判决不必以互惠为必要条件。《解决有关南斯拉夫与他国间有关特定问题法律规定的冲突法》第 92 条第 2 款也规定，如果外国法院判决是基于婚姻纠纷、亲子关系认定等纠纷作出，且由南斯拉夫公民提出承认申请，则不要求互惠。

③ 曾涛．海牙《承认离婚与法律分居公约》述评——兼论中国加入的可行性研究．［2005－12－05］law. chinalawinfo. com.

另外，根据该司法解释第 13 条和第 15 条的规定，对外国法院离婚判决的承认，以裁定方式作出。对于不具有第 12 条所规定的拒绝承认情形的，裁定承认其法律效力；对于具有上述拒绝承认情形之一的，裁定驳回申请人的申请。裁定书一经送达，即发生法律效力。

此后，最高人民法院于 1998 年颁布了《关于人民法院受理申请承认外国法院离婚判决案件几个问题的意见》，但该规定很快为最高人民法院 2000 年《关于人民法院受理申请承认外国法院离婚判决案件有关问题的规定》（2020 年已修正）所废止。这两个司法解释有两点重要的不同。首先，将过去不受理外国公民提出的承认离婚判决的申请修改为：外国公民向人民法院申请承认外国法院离婚判决，如果其离婚的原配偶是中国公民，人民法院应予受理；如果其离婚的原配偶是外国公民，人民法院不予受理，但可告知其直接向婚姻登记机关申请再婚登记，即不受理双方均为外国人的离婚判决的承认。其次，明确规定当事人可以向人民法院申请承认外国法院离婚调解书的效力。

根据上述有关文件，中国有关外国法院离婚判决的承认制度有以下特点：第一，不要求互惠；第二，不要求外国法院判决必须适用中国冲突规范指定的准据法；第三，承认外国法院离婚调解书的效力。

二、外国法院离婚调解书的承认

在 20 世纪 90 年代初期的《民事诉讼法》以及 1991 年最高人民法院《关于中国公民申请承认外国法院离婚判决程序问题的规定》（2020 年修正）中，虽然没有明确指出承认外国法院作出的离婚调解协议书的效力问题，但是，学术界一般认为外国法院作出的调解书，也属于外国法院裁决的一种，人民法院依法应承认和执行外国法院作出的裁决应该包括外国法院作出的调解协议（调解书）。① 因为，只要根据该外国的有关法律规定，法院有权以调解的方式处理案件，并有权出具调解书，调解就属于法院的一种裁决方式，其调解书就是一种具有法律效力的法律文书，属于一国法院作出的裁决。② 20 世纪 80 年代末 90 年代初的中外双边司法协助协定中，如我国与法国、波兰、西班牙、意大利所缔结的司法协助协定中，都明确规定协定中所指的“裁决”包括调解书。③ 实践中，北京市中级人民法院、上海市第二中级人民法院都曾承认外国法院作出的离婚调解书。

而且，如前所述，最高人民法院已于 2000 年在《关于人民法院受理申请承认外国法院离婚判决案件有关问题的规定》（2020 年修正）中进一步明确规定，符合条件的外国法院的离婚调解书也可以得到中国法院的承认。

2003 年最高人民法院又在给予吉林省高级人民法院的批复中，明确指示吉林省高级人民法院可以比照最高人民法院《关于中国公民申请承认外国法院离婚判决程序问题的规定》第 1 条和《关于人民法院受理申请承认外国法院离婚判决案件有关问题的规定》第 3 条规定的精

---

① 李双元，等．中国国际私法通论．北京：法律出版社，2003：572.

② 最高人民法院应用法学研究所．人民法院案例选（1992—1999 年合订本）．下卷．北京：中国法制出版社，2000：2030.

③ 如 1987 年《中华人民共和国和法兰西共和国关于民事、商事司法协助的协定》第 19 条第 2 款、1988 年《中华人民共和国和波兰人民共和国关于民事和刑事司法协助的协定》第 16 条第 2 款、1993 年《中华人民共和国和西班牙王国关于民事、商事司法协助的条约》第 17 条、1992 年《中华人民共和国和意大利共和国关于民事司法协助的条约》第 20 条。

神，受理承认韩国法院离婚确认书的申请。[①]

第七节 区际判决的承认与执行

承认与执行法院判决是诉讼的终极目标，香港、澳门回归后，内地与港澳间的区际司法协助已初见成效。1998 年 5 月 26 日，最高人民法院出台的《认可台湾地区民事判决规定》开始实施，后被 2015 年最高人民法院《关于认可和执行台湾地区法院民事判决的规定》废止。2006 年 2 月 13 日最高人民法院通过《内地与澳门相互认可执行民事判决安排》，该安排已于 2006 年 4 月 1 日生效。2006 年 7 月 14 日，内地与香港签署了《内地与香港相互认可执行协议管辖民事判决的安排》。2017 年 6 月 20 日，最高人民法院与香港特别行政区政府律政司签署《关于内地与香港特别行政区法院相互认可和执行婚姻家庭民事案件判决的安排》，自 2022 年 2 月 15 日起施行。2019 年 1 月 18 日，最高人民法院与香港特别行政区政府律政司签署《关于内地与香港特别行政区法院相互认可和执行民商事案件判决的安排》（尚未生效）。

一、内地与香港特别行政区法院判决的相互认可与执行的条件

根据《内地与香港相互认可执行协议管辖民事判决的安排》第 9 条的规定，原审判决中的债务人提供证据证明有下列情形之一的，受理申请的法院经审查核实，应当裁定不予认可和执行：

1. 根据当事人协议选择的原审法院地的法律，管辖协议属于无效。但选择法院已经判定该管辖协议为有效的除外；

2. 判决已获完全履行；

3. 根据执行地的法律，执行地法院对该案享有专属管辖权；

4. 根据原审法院地的法律，未曾出庭的败诉一方当事人未经合法传唤或者虽经合法传唤但未获依法律规定的答辩时间。但原审法院根据其法律或者有关规定公告送达的，不属于上述情形；

5. 判决是以欺诈方法取得的；

6. 执行地法院就相同诉讼请求作出判决，或者外国、境外地区法院就相同诉讼请求作出

---

① 最高人民法院关于中国公民黄某京申请承认外国法院离婚确认书受理问题的复函（2003 年 5 月 12 日［2003］民立他字第 15 号）：

吉林省高级人民法院：你院吉高法〔2003〕23 号《关于中国公民申请承认外国法院离婚确认书的请示》收悉。经研究答复如下：对于中国公民黄某京申请人民法院承认的韩国法院离婚确认书，应视为韩国法院出具的法律文书。当事人向人民法院申请承认该离婚确认书法律效力的案件，人民法院可比照最高人民法院《关于中国公民申请承认外国法院离婚判决程序问题的规定》第 1 条和《关于人民法院受理申请承认外国法院离婚判决案件有关问题的规定》第 3 条规定的精神予以受理。

判决，或者有关仲裁机构作出仲裁裁决，已经为执行地法院所认可或者执行的。[①]

内地人民法院认为在内地执行香港特别行政区法院判决违反内地社会公共利益，或者香港特别行政区法院认为在香港特别行政区执行内地人民法院判决违反香港特别行政区公共政策的，不予认可和执行。

该安排第 12 条规定，当事人对认可和执行与否的裁定不服的，在内地可以向上一级人民法院申请复议，在香港特别行政区可以根据其法律规定提出上诉。

最高人民法院《关于内地与香港特别行政区法院相互认可和执行婚姻家庭民事案件判决的安排》第 9 条规定，申请认可和执行的判决，被申请人提供证据证明有下列情形之一的，法院审查核实后，不予认可和执行：

（1）根据原审法院地法律，被申请人未经合法传唤，或者虽经合法传唤但未获得合理的陈述、辩论机会的；

（2）判决是以欺诈方法取得的；

（3）被请求方法院受理相关诉讼后，请求方法院又受理就同一争议提起的诉讼并作出判决的；

（4）被请求方法院已经就同一争议作出判决，或者已经认可和执行其他国家和地区法院就同一争议所作出的判决的。

内地人民法院认为认可和执行香港特别行政区法院判决明显违反内地法律的基本原则或者社会公共利益，香港特别行政区法院认为认可和执行内地人民法院判决明显违反香港特别行政区法律的基本原则或者公共政策的，不予认可和执行。

申请认可和执行的判决涉及未成年子女的，在根据前述规定审查决定是否认可和执行时，应当充分考虑未成年子女的最佳利益。

对于不能适用安排的内地法院判决，在香港地区请求承认与执行时，必须以内地法院的判决作为诉因，向香港地区法院重新提起诉讼。根据其现行的《外地判决（交互强制执行）条例》和《外地判决（强制承认与强制执行）条例》，对香港地区以外法院的判决，根据作出判决的法院不同，分别采用登记制度和重新起诉制度。登记制度是适用于英联邦国家和与我国香港地区存在互惠关系的国家的高等法院所作出的判决，判决债权人可在判决日期后 6 年内的任何时间，向香港地区高等法院提出申请，将有关判决在高等法院登记。在符合香港地区法例所规定的条件下，受案法院将发布命令登记判决。目前与我国香港地区存在互惠关系的国家主要有比利时、法国、德国、意大利、奥地利、荷兰和以色列，而英联邦国家就包括澳大利亚、百慕大群岛、文莱、印度、马来西亚、新西兰、新加坡和斯里兰卡等地。登记程序较为直接简便，一旦在香港地区高等法院登记，即取得与香港本地判决完全同等的效力，而一旦登记发生了这样的效力，就不可能再否定有关的判决，即使是在普通法上提起的执行外国法院判决的诉讼中，能够否定该判决的理由也不能否定经过登记的判决。[②]

另一种承认和执行外国法院判决的程序就是普通法程序。根据普通法，一个外国法院判决

---

① 参见（2020）沪 0115 民初 63690 号民事判决书。

② 袁古洁．论内地与香港、澳门特别行政区相互承认与执行民商事判决机制的建立．北大国际法与比较法评论，3（2）．

的胜诉人可将外国法院判决视为当事人之间建立的一种债务，该胜诉人作为外国法院判决的债权人可以将判决作为诉因，向香港地区法院重新提起诉讼，香港地区法院将按照普通法的规则审理，审理后认为它与香港地区法律不相抵触，就可将原外国法院的判决作为香港地区法院判决的附件加以强制执行。这样，通过香港地区法院重新作出判决的方式，达到承认和执行外国法院判决的效果。这种制度适用于不能直接在香港地区获得登记的外国法院判决。[①]

二、内地与澳门特别行政区法院判决的相互认可与执行的条件

根据《内地与澳门相互认可执行民事判决安排》第 11 条，被请求方法院经审查核实存在下列情形之一的，裁定不予认可：

（1）根据被请求方的法律，判决所确认的事项属被请求方法院专属管辖。

（2）在被请求方法院已存在相同诉讼，该诉讼先于待认可判决的诉讼提起，且被请求方法院具有管辖权。

（3）被请求方法院已认可或者执行被请求方法院以外的法院或仲裁机构就相同诉讼作出的判决或仲裁裁决。

（4）根据判决作出地的法律规定，败诉的当事人未得到合法传唤，或者无诉讼行为能力人未依法得到代理。

（5）根据判决作出地的法律规定，申请认可和执行的判决尚未发生法律效力，或者因再审被裁定中止执行。

（6）在内地认可和执行判决将违反内地法律的基本原则或者社会公共利益；在澳门特别行政区认可和执行判决将违反澳门特别行政区法律的基本原则或者公共秩序。

三、台湾地区法院判决在大陆认可与执行的条件

根据最高人民法院《关于认可和执行台湾地区法院民事判决的规定》第 15 条，台湾地区法院民事判决具有下列情形之一的，裁定不予认可：

（1）申请认可的民事判决，是在被申请人缺席又未经合法传唤或者在被申请人无诉讼行为能力又未得到适当代理的情况下作出的；

（2）案件系人民法院专属管辖的；

（3）案件双方当事人订有有效仲裁协议，且无放弃仲裁管辖情形的；

（4）案件系人民法院已作出判决或者中国大陆的仲裁庭已作出仲裁裁决的；

（5）香港特别行政区、澳门特别行政区或者外国的法院已就同一争议作出判决且已为人民法院所认可或者承认的；

（6）台湾地区、香港特别行政区、澳门特别行政区或者外国的仲裁庭已就同一争议作出仲裁裁决且已为人民法院所认可或者承认的。

认可该民事判决将违反一个中国原则等国家法律的基本原则或者损害社会公共利益的，人民法院应当裁定不予认可。

---

① 袁古洁．论内地与香港、澳门特别行政区相互承认与执行民商事判决机制的建立．北大国际法与比较法评论，3（2）.

经人民法院审查申请后，对于台湾地区有关法院民事判决不具有上列情形的，裁定认可其效力。人民法院受理认可台湾地区有关法院民事判决的申请后，对当事人就同一案件事实起诉的，不予受理。案件虽经台湾地区有关法院判决，但当事人未申请认可，而是就同一案件事实向人民法院提起诉讼的，应予受理。对人民法院不予认可的民事判决，申请人不得再提出申请，但可以就同一案件事实向人民法院提起诉讼。

人民法院作出民事判决前，一方当事人申请认可台湾地区有关法院就同一案件事实作出的判决的，应当中止诉讼，对申请进行审查。经审查，对符合认可条件的申请，予以认可，并终结诉讼；对不符合认可条件的，则恢复诉讼。

被认可的台湾地区有关法院民事判决需要执行的，依照《民事诉讼法》规定的程序办理。

MATERIAL

The Rationale for State Recognition of Foreign Judgments

Each of the United States and the European Union has recognized in its constitutional framework that the free movement of judgments is essential to a successful economic union. The Full Faith and Credit clause of article Ⅳ of the US Constitution creates a single market for the free movement of judgments within the United States. Similarly, the original six Member States of the European Economic Community first agreed in article 220 of the 1957 Rome Treaty to negotiate toward "the simplification of formalities governing the reciprocal recognition and enforcement of judgments of courts or tribunals and of arbitration awards." Negotiations pursuant to article 220 led to the Brussels Convention on jurisdiction and the recognition and enforcement of judgments, which has been replaced by the Brussels I regulation, and now the 2012 recast of the Brussels I regulation. Consistent with its free trade agreements with EFTA States and the extended common market under the European Economic Area, this process has been extended to the EFTA States through the similar Lugano Convention.

These measures in the United States and the European Union demonstrate both national and regional acknowledgment that for the free movement of goods, services, capital, and persons to be effective, they must be accompanied by the free movement of judgments. Ultimately, the value of any right in goods, services, and capital is finally determined for legal purposes by the courts. Thus, if a judgment determining such value is not easily transferable within an economic union, then the free movement of the underlying asset is not fully effective. In order for an economic union to function efficiently, a legal judgment—like any other property interest—must not have its value impaired merely by crossing a geographic border within the union; both the property interest represented by the judgment, and the legal mechanism for enforcing rights in that property interest, must be respected throughout the union.

On a global scale, there is no system for the reciprocal recognition and enforcement of foreign judgments. Although the World Trade Organization, through the General Agreement on Tariffs and Trade and related instruments, has sought to reduce border restraints on trade, it is far from reaching a common market for the globe, and has, so far, not addressed the need for the free movement of judgments that would accompany its goals of free movement of goods, services, and capital.

QUESTION

What is the rationale for recognition of foreign judgments?

第十七章 国际商事仲裁裁决的承认与执行

提要

本章主要讨论国际商事仲裁裁决的概念、种类、形式、内容，确定国际商事仲裁裁决的国籍的标准，承认与执行国际商事仲裁裁决的程序，以《纽约公约》为例重点阐述承认与执行国际商事仲裁裁决的一般条件、中国有关国际商事仲裁裁决的承认与执行的实践，并探讨非内国仲裁裁决、已被撤销的仲裁裁决。

重点问题

- ❑ 国际商事仲裁裁决的概念、种类、形式、内容
- ❑ 确定国际商事仲裁裁决的国籍的标准
- ❑ 承认与执行国际商事仲裁裁决的一般条件
- ❑ 中国有关国际商事仲裁裁决的承认与执行的实践

仲裁（arbitration）作为解决国际民商事争议的一种重要方式，具有程序灵活快捷，费用低廉等优点，越来越受到当事人的青睐。在仲裁裁决（arbitral awards）作出后，当事人最关心的是裁决的执行问题。一般情况下，败诉方能自动履行裁决。在败诉方不履行裁决的情况下，胜诉方可主要通过两种方法使裁决得到执行。其一是从商事或其他方面对败诉方施加压力，使其认识到不履行裁决将对自己不利，迫使败诉方为了以后的利益而履行裁决。其二是向法院提出强制执行仲裁裁决的申请。这是因为仲裁庭本身没有强制执行裁决的权力，所以胜诉方只能通过法院强制执行裁决。强制执行裁决一般是在被执行人住所地或财产所在地国申请承认与执行。

第一节 国际商事仲裁裁决承认与执行概述

一、国际商事仲裁裁决的概念与种类

关于仲裁裁决的定义，国内外均存在不同的认识。① 概括而言，国际商事仲裁裁决的概念有狭义和广义之分。狭义的仲裁裁决是指，在仲裁案件审理过程中或审理终结后，仲裁庭就当事人提交仲裁的争议事项所作出的对双方当事人均具有约束力的终局性的决定。而广义的仲裁裁决还包括仲裁庭对于本身的管辖权或任何其他程序问题所作的决定。这种定义上的纷争，主要是由于仲裁庭就实体问题和程序问题所作裁定的效力存在差异。前者具有可执行性，而后者虽然在推动仲裁程序进行方面有重大作用，但并不具有可执行性，严格地讲，这些决定虽然有时也被冠以裁决之名，但并不具有可以被承认与执行的仲裁裁决的地位，实际上它们也不需要被承认与执行。

关于仲裁裁决的种类，各国有不同的划分和称谓，概括起来主要有以下几种。

(1) 最终裁决（final award)。用以处理当事人之间的一项或多项争议，其作出表明仲裁员已履行完毕其职责的裁决被称为最终裁决。最终裁决作出后，仲裁员和仲裁当事人之间在仲裁进行期间所存在的特别关系即告终止。根据有些国家法律的规定，最终裁决作出后，在一定的时限内，当事人仍可以要求仲裁庭或仲裁庭可以自行修改某些错误，如改正誊写、打印和计算错误，仲裁庭还可以对裁决中不够明确或含糊的内容作出解释，对裁决中的漏裁事项作出补充裁决。

(2) 临时裁决（provisional award)，是指仲裁庭在涉及某些需要先行解决的问题时而作出的裁决。例如，仲裁庭针对仲裁庭管辖权、法律适用、采取临时保全措施所作的裁决。临时裁决又可细分为初步或预裁决和中间裁决。初步裁决，是指针对仲裁庭管辖权和法律适用等需要预先加以解决的问题而作出的裁决。中间裁决通常是指对有关程序问题和证据问题作出的裁决，常常是以程序命令或指令的形式作出，以确立当事人所须遵循的程序。

(3) 部分裁决（partial award)，是指对当事人提交的争议中的某一部分作出的裁决。实践中，有时很难区分部分裁决与临时裁决。一些国际商事仲裁机构的仲裁规则对这两个术语是经常混用的。但在有些国家，部分裁决特指处理当事人之间关于货币款项争议问题的裁决。一般

---

① 黄进，徐前权，宋连斌．仲裁法学．修订本．北京：中国政法大学出版社，1999：140. 宋航．国际商事仲裁裁决的承认与执行．北京：法律出版社，2000：51－52. 谭兵．中国仲裁制度研究．北京：法律出版社，1995：242. 刘想树．中国涉外仲裁裁决制度与学理研究．北京：法律出版社，2001：159－161.

仲裁庭可能会在下列情况下作出部分裁决，即对争议中的部分问题可以先行作出决定，而对其余部分作出决定需要较长时间。

（4）合意裁决（consent award），是指以当事人在仲裁程序中达成的和解协议为内容作出的裁决，即通过仲裁裁决的形式确认和解协议的内容，以使所达成的和解协议能够得到切实的执行。

（5）缺席裁决（default award），是指在一方当事人没有参加仲裁程序，仲裁庭在进行缺席审理后作出的裁决。仲裁庭在作出缺席裁决时应特别谨慎小心，确保程序公正，以使有利于出庭当事人的裁决得到执行，否则，缺席当事人可能会以仲裁程序不当为由对仲裁裁决提出异议。

二、国际商事仲裁裁决的形式与内容

根据各国立法和仲裁规则的规定，仲裁裁决书须以书面形式作成，除非当事人另有约定。

仲裁裁决一般应包括以下内容[①]：

（1）仲裁机构的名称和地址，仲裁员的姓名和地址，双方当事人的姓名和住址及代理人和其他参与人的姓名，以及作出仲裁裁决的准确日期和地点；

（2）有关仲裁裁决背景的事实情况；

（3）仲裁庭根据当事人的申诉、抗辩、证据和可适用的法律对案件作出的评价或分析，以及从该评价或分析中得出的关于判定双方当事人权利和义务的结论；

（4）当事人需支付的仲裁费用和仲裁员报酬；

（5）仲裁员在裁决书上的签名。

除了应包括一般裁决书的内容，在国际商事仲裁中还应特别注意裁决书附具理由的问题。有些国家的仲裁实践中存在大量的不附具理由的裁决（award without reasons），例如伦敦海事仲裁就常常作出没有理由的裁决书。

对不附具理由的仲裁裁决是否合理，在理论界曾引起很大争议。反对裁决附具理由的人，尤其是来自英美法系国家的人认为，作出附具理由的仲裁裁决将拖延仲裁进程，增加仲裁费用；将裁决理由写在裁决书上，将使仲裁的重要优点之一——“秘密性”（confidentiality）大打折扣；作出的裁决不附具理由，将使法院无法对裁决中的“法律错误”提出异议，这样将有效避免司法干预，维护仲裁的独立性。英国大法官曼斯菲尔德（Mansfield）曾经说过，“依你所认为的公正要求作出决定，但永远不要说明你的理由，因为你的判决可能是正确的，但你的理由通常有误”[②]。支持仲裁员作出附具理由裁决的人也提出了自己的观点：当事人不仅应该知道裁决结果，而且还应该知道它是如何作出的，这是一种基本权利[③]；要仲裁员对自己的决定给予充分的理由有利于仲裁员作出公正的裁决。[④]

---

① 具体内容参见韩健．现代国际商事仲裁法的理论与实践．北京：法律出版社，2000：335 以下．

② Justice Bingham, Reasons and Reasons for Reasons: Differences Between a Court Judgment and Arbitral Award, Arbitration International, Volume 4, Issue 2, 1988, p. 141，转引自宋航．国际商事仲裁裁决的承认与执行．北京：法律出版社，2000：62。

③ Alan Redfen and Martin Hunter, Law and Practice of International Commercial Arbitration, Sweet & Maxwell, 1986, p. 295.

④ 杨良宜．国际商务仲裁．北京：中国政法大学出版社，1997：519.

在各国的立法与实践中，英美法系国家对仲裁裁决是否须附具理由一向持比较宽松的态度。仲裁员作出裁决而不附具理由，在古老的英国普通法中就已出现。与英美法系国家相比，大陆法系国家立法与实践中对内国仲裁裁决附具理由的要求一般比较严格，而对外国仲裁裁决是否必须附具理由则要求比较宽松。法国 1981 年《民事诉讼法典》规定国内仲裁裁决必须说明理由，否则无效，当事人可以向法院提起上诉，要求撤销仲裁裁决。国内裁决必须附具理由，这在法国被看作是一个公共政策问题。而对于国际商事仲裁裁决，只有在其受法国法律管辖时，且当事人没有特别约定时，才要求附具理由，否则并不要求裁决必须附具理由。对于在外国作出的仲裁裁决，法国法院也不以仲裁裁决未附具理由为由拒绝承认与执行。

综观各国立法、有关国际公约和仲裁规则，现在的趋势是原则上仲裁裁决应附具理由，但当事人另有约定除外，即由当事人自己决定裁决是否需要附具理由。当事人未约定时，才要求裁决附具理由。实质上，这种折中方式正反映了仲裁的首要基本特征：始终贯穿于仲裁进程中的当事人合意。这样的合意不仅有利于提高仲裁作为代替司法救济的方式的效率，也有利于争议解决结果的实质公平。

我国《仲裁法》第 54 条明文规定裁决书应写明裁决理由，当事人协议不愿写明争议事实和裁决理由的，可以不写。2014 年《中国国际经济贸易仲裁委员会仲裁规则》第 49 条也规定仲裁庭在其作出的仲裁裁决中应当写明争议事实和裁决理由。当事人协议不写明争议事实和裁决理由的，以及按照双方当事人和解协议的内容作出裁决书的，可以不写明争议事实和裁决理由。可见，我国的立法与实践同目前的国际趋势是一致的。

三、仲裁裁决的国籍问题

关于国际商事仲裁裁决是否应具有国籍（nationality）的问题，曾经存在激烈的争论。目前一般认为裁决应当具有一个国籍，也就是说应区分一个裁决是内国裁决还是外国裁决。这种区分的意义主要表现在两个方面：一是一国法院只能撤销具有其本国国籍的裁决即内国裁决；二是在裁决的执行方面许多国家区分内国裁决和外国裁决，采取不同的审查标准，对内国裁决几乎所有国家都规定了比较简易的执行程序，而对于执行外国裁决，许多国家在法律中都规定了诸如以互惠为条件、不违反执行地国公共秩序等条件。因此，确定仲裁裁决国籍的标准就变得十分重要。

确定仲裁裁决国籍的标准主要有以下几个。

1. 领土标准（又称地域标准）

从被请求承认与执行地国的角度看，在该国以外作出的裁决就是外国裁决（foreign award）。在一些国家，裁决作出地（place of award）对于确定仲裁裁决的国籍具有决定性的作用，如奥地利《执行法令》第 1 条第 16 款和第 79 条即规定，在奥地利，仲裁裁决的国籍由仲裁裁决作出的地点决定。据此，在奥地利以外作出的仲裁裁决被视为外国裁决。1958 年《纽约公约》也以领土标准（territoriality test）为确定裁决国籍的首要标准。

2. 非内国裁决标准（又称程序标准）

有些国家主张非内国裁决标准（non-domestic award test），即仲裁裁决的国籍可以根据仲裁所依据的程序法规则确定，这就是说，即使仲裁程序在内国进行，但如果适用的是另一国家的仲裁法的话，据此作出的仲裁裁决也不属于内国裁决，而是外国裁决，即仲裁程序所适用的法律的国家的裁决。1958 年《纽约公约》以该标准作为确定裁决国籍的第二标准。

3. 其他标准

一些国家还采用了其他标准。如仲裁员的国籍标准、仲裁所适用的实体法标准等。①

由于各国关于确定裁决国籍标准存在差异，有时就会产生一项裁决具有多国国籍的情况，对此，一些学者认为应根据最密切联系原则来判定裁决的国籍。

四、对国际商事仲裁裁决的异议

仲裁裁决作出后，对胜诉的当事人而言，无疑希望仲裁裁决能尽快地得到执行，而对败诉方而言，如对裁决不满，则会希望通过对裁决提出异议而阻止裁决的执行。综观各国立法，基本都允许当事人对仲裁裁决提出异议（objection）。

1. 提出异议的途径

当事人提出异议的途径主要有以下两种：一是向由专人组成的仲裁上诉庭上诉，这主要是在某些专业性仲裁中，特别是商品贸易仲裁领域中的做法。在这类仲裁实践中，当事人可以在仲裁协议中约定就仲裁的实质问题向上一级的仲裁庭或上诉委员会提起上诉程序。二是向有关国家的法院提出异议。在国际商事仲裁中，通常是向裁决作出地国的法院提起异议程序。

2. 提出异议的范围

至于当事人可以依据的提出异议的理由，各国则有所不同。一些国家的仲裁法允许当事人就仲裁裁决的是非曲直（merits）提出异议；一些国家只允许对程序缺陷提出异议，如瑞士；除程序缺陷外，一些国家还允许对实体法错误提出异议，如根据现行英国法，经仲裁当事人协议或经法院许可，仲裁当事人可以就法律问题对裁决提出异议，意大利法也规定当事人就实体法适用错误对裁决提出异议，但当事人可以用协议排除提出异议的权利。②

在国际商事仲裁领域，目前普遍的观点是不应该允许至少是不鼓励当事人在仲裁裁决作出后，再就事实或法律问题向法院对仲裁裁决提出异议。从各国仲裁立法的发展趋势来看，只允许对仲裁程序缺陷问题提出异议是多数国家的做法。少数国家则区分国际仲裁裁决与国内仲裁裁决，对国际仲裁裁决只允许就程序问题提出异议，而对国内仲裁裁决则允许当事人就事实或法律问题提出异议。

至于可以提出异议的具体理由，一般包括如下几种：第一，裁决本身的问题，如裁决不符合仲裁地法的规范要求；第二，管辖权问题，包括仲裁庭没有管辖权、仲裁庭超越权限、仲裁庭未充分行使管辖权；第三，程序问题，如未适当地组成仲裁庭、未给当事人适当的开庭和听审通知等；第四，公共政策问题。

---

① 宋航．国际商事仲裁裁决的承认与执行．北京：法律出版社，2000：30－31．

② 莫鲁·鲁比诺-萨马塔诺．国际仲裁法律与实践．北京：中信出版社，2003：869－870．

第二节 承认与执行国际商事仲裁裁决的程序与条件

一、承认与执行国际商事仲裁裁决的程序

由于世界上大多数国家都已经参加了1958年《纽约公约》，所以我们以1958年《纽约公约》为例，介绍关于承认与执行外国仲裁裁决的程序。该公约规定：缔约国相互承认仲裁裁决，并应依照承认与执行地的程序规则予以执行，执行时不应在实质上比承认与执行本国的仲裁裁决规定更烦琐的条件或更高昂的费用。这说明，公约并未规定统一的程序规则，仲裁裁决执行应该按照执行地国的法律进行。由于《纽约公约》的广泛适用性，可以说，这一规则已成为一条普遍承认的规则。一般来说，各国执行公约裁决的程序主要有以下三种：

1. 在立法上予以特别规定，采用较为简易的程序。如美国《仲裁法》第9篇第2章专列一章规定了如何实施公约，其中有关公约裁决的执行程序较非公约裁决的执行程序要简易得多。

2. 将公约裁决视为一般的外国裁决加以执行。大多数公约缔约国对于公约裁决的承认与执行采取与外国裁决相同的程序规则，如意大利。

3. 对公约的裁决执行程序采取与国内裁决相同的程序。采取这种做法的国家很少，如日本。

二、承认与执行国际商事仲裁裁决的一般条件

在国际联盟主持下制定于1923年的《仲裁条款议定书》(Protocol on Arbitration Clauses)、1927年的《关于执行外国仲裁裁决的公约》(Convention on the Execution of Foreign Arbitral Awards) 和在联合国主持下1958年于纽约签订的《纽约公约》是国际上有关国际商事仲裁的重要公约，其中1958年《纽约公约》实际上已取代前两个公约，成为目前国际上关于承认与执行外国仲裁裁决的最重要的公约。我国于1986年加入该公约，该公约已于1987年4月22日对我国生效。下面以《纽约公约》为例，阐述承认与执行国际商事仲裁裁决的一般条件。按照该公约第5条第1款的规定，凡外国仲裁裁决有下列情形之一的，被请求承认与执行地的国家的主管机关可依被执行人的申请，拒绝承认与执行仲裁裁决。

（一）仲裁协议无效

仲裁协议的当事人，根据对他们适用的法律，在签订仲裁协议时处于无行为能力的状态，或者根据仲裁协议所选定的准据法，或者在未选定准据法时依据裁决地法，该仲裁协议无效。

（二）违反正当程序

被执行人未接到关于指派仲裁员或关于仲裁程序的适当通知，或者由于其他情况未能在案件中进行申辩。

（三）仲裁员越权仲裁

如果裁决中处理的事项为未交付仲裁的争议，或者裁决内容含有对仲裁协议规定范围以外的事项的决定，则应被申请执行人的请求和证明，执行地国法院可拒绝承认和执行仲裁裁决。

（四）仲裁庭的组成或仲裁程序不当

仲裁庭的组成或仲裁程序与当事人之间的协议不符，或者当事人之间没有这种协议时，与仲裁地所在国法律不符。

（五）裁决对当事人尚未发生约束力或已被撤销或停止执行

依可适用的仲裁法，裁决对当事人尚无约束力，或者裁决已被仲裁地国或可适用的仲裁法所属国的法院撤销或停止执行，这也可成为拒绝承认和执行裁决的理由。

（六）争议事项不可用仲裁方式解决

如果按照被申请承认和执行地国的法律，裁决中的争议事项属于不可用仲裁方式解决的争议事项，则被申请承认和执行地国的法院可以拒绝承认和执行该裁决。

（七）违反公共政策

公共政策既是拒绝适用外国法的一种传统理由，也是拒绝承认和执行外国法院判决的一种传统理由。在国际商事仲裁中，它也是拒绝承认和执行外国仲裁裁决的一项理由。

MATERIAL

Convention on the Recognition and Enforcement of Foreign Arbitral Awards of 10 June 1958

Article Ⅴ

1. Recognition and enforcement of the award may be refused, at the request of the party against whom it is invoked, only if that party furnishes to the competent authority where the recognition and enforcement is sought, proof that:

(a) The parties to the agreement referred to in article II were, under the law applicable to them, under some incapacity, or the said agreement is not valid under the law to which the parties have subjected it or, failing any indication thereon, under the law of the country where the award was made; or

(b) The party against whom the award is invoked was not given proper notice of the appointment of the arbitrator or of the arbitration proceedings or was otherwise unable to present his case; or

(c) The award deals with a difference not contemplated by or not falling within the terms of the submission to arbitration, or it contains decisions on matters beyond the scope of the submission to arbitration, provided that, if the decisions on matters submitted to arbitration can be separated from those not so submitted, that part of the award which contains decisions on matters submitted to arbitration may be recognized and enforced; or

(d) The composition of the arbitral authority or the arbitral procedure was not in accordance with the agreement of the parties, or, failing such agreement, was not in accordance with the law of the country where the arbitration took place; or

(e) The award has not yet become binding on the parties, or has been set aside or suspended by a competent authority of the country in which, or under the law of which, that award was made.

2. Recognition and enforcement of an arbitral award may also be refused if the competent authority in the country where recognition and enforcement is sought finds that:

(a) The subject matter of the difference is not capable of settlement by arbitration under the law of that country; or

(b) The recognition or enforcement of the award would be contrary to the public policy of that country.

QUESTION

What are the conditions under which the recognition and enforcement of foreign arbitral awards will be refused?

第三节 中国与国际商事仲裁裁决的承认与执行

一、中国涉外仲裁裁决的承认与执行

(一) 中国仲裁机构涉外仲裁裁决在我国的执行

根据我国《民事诉讼法》第280条、《仲裁法》第70条和第71条以及最高人民法院有关司法解释的规定，凡败诉方不能自动履行裁决的，胜诉方可以向败诉方住所地或财产所在地的中级人民法院申请强制执行。当被申请人提出证据证明涉外仲裁裁决有下列情形之一的，人民法院应裁定撤销或不予执行：(1) 当事人在合同中没有订立仲裁条款或者事后没有达成书面仲裁协议的；(2) 被申请人没有得到指定仲裁员或者进行仲裁程序的通知，或者由于其他不属于被申请人负责的原因未能陈述意见的；(3) 仲裁庭的组成或者仲裁程序与仲裁规则不符的；(4) 裁决的事项不属于仲裁协议的范围或者仲裁机构无权仲裁的。另外，人民法院认定执行该裁决违背社会公共利益的，也得裁定不予执行。一方当事人申请执行裁决，另一方当事人申请撤销裁决，人民法院应当裁定中止执行。在这种情况下，被执行人应该提供财产担保。人民法院裁定撤销裁决的，应当裁定终止执行。人民法院驳回撤销裁决申请的，应当裁定恢复执行。如果人

民法院裁定撤销或不予执行的，当事人可以根据双方达成的书面协议重新申请仲裁，也可以向人民法院起诉。

（二）中国仲裁机构涉外仲裁裁决在外国的承认与执行

我国仲裁机构的涉外仲裁裁决需要在外国承认与执行的，可分为两种情况。首先，如果该国为1958年《纽约公约》成员，则当事人应根据公约规定的程序和条件，直接向被执行地国有管辖权的法院提出请求承认与执行的申请，然后由该国法院对裁决进行审查，作出是否承认与执行的裁定。截至2022年6月，《纽约公约》已有170个成员，我国仲裁机构作出的涉外仲裁裁决在这些国家可依公约的规定比较方便地得到承认与执行。其次，如果该外国不是《纽约公约》的成员，则当事人应当直接向有管辖权的外国法院申请承认与执行，由该国法院根据有关司法协助条约或其本国法律裁定是否承认与执行。

二、外国仲裁裁决在我国的承认与执行

根据我国《民事诉讼法》第290条的规定，外国仲裁机构作出的仲裁裁决需要我国法院承认与执行的，应当由当事人直接向被执行人住所地或者财产所在地的中级人民法院申请，人民法院应当依照中华人民共和国缔结或者参加的国际条约，或者按照互惠原则办理。也就是说，外国仲裁裁决的承认与执行可分为两种情况：其一，依据国际条约承认与执行；其二，在没有可适用的国际条约时，按照互惠原则办理。

由于我国已加入1958年《纽约公约》，因此对于在另一缔约国领土内作出的仲裁裁决应适用公约的有关规定。在适用公约的规定时，应注意我国作了两项保留：(1）互惠保留（reciprocity reservation)，即我国只对在另一缔约国领土内作出的裁决适用该公约。我国《民事诉讼法》与公约有不同规定的，按公约的规定办理。(2）商事保留（reservation of commercial disputes)，即我国仅对按照我国法律属于契约性或非契约性商事法律关系所引起的争议所作的裁决适用公约的规定。对于符合上述两个条件的外国仲裁裁决，当事人可直接向我国有管辖权的法院申请承认与执行。对于非缔约国领土内作出的仲裁裁决，需要我国法院承认与执行的，按照互惠原则办理。我国有管辖权的法院收到当事人的申请后，应按照我国缔结或参加的国际条约或《民事诉讼法》的有关规定进行审查，裁定是否承认与执行该裁决，如果认为符合承认与执行的条件，应当裁定承认其效力，并按照《民事诉讼法》规定的程序执行。如果作出仲裁裁决的仲裁机构所在地国与我国既没有共同缔结，也没有共同参加的国际条约，则在当事人向我国法院提出承认与执行裁决的申请时，其应该以该裁决为依据向有管辖权的人民法院起诉，由法院作出判决，予以执行。

当事人依照《纽约公约》规定的条件申请承认和执行外国仲裁裁决，受理申请的人民法院决定予以承认和执行的，应在受理申请之日起2个月内作出裁定，如无特殊情况，应在裁定后6个月内执行完毕；决定不予承认和执行的，须按最高人民法院2008年《关于人民法院处理与涉外仲裁及外国仲裁事项有关问题的通知》的有关规定，在裁定不予执行或者拒绝承认和执行之前，必须报请本辖区所属高级人民法院进行审查；如果高级人民法院同意不予执行或者拒绝承认和执行，应将其审查意见报最高人民法院。待最高人民法院答复后，方可裁定不予执行或者拒绝承认和执行。该审查意见应在受理申请之日起2个月内上报最高人民法院。

当事人应当在《民事诉讼法》规定的申请执行的期限内提出申请。根据《民诉法司法解

释》第 545 条，当事人申请承认和执行外国仲裁裁决的期间，适用《民事诉讼法》第 246 条的规定。根据《民事诉讼法》第 246 条，当事人申请执行的期间为二年。

三、我国内地（大陆）与港、澳、台地区相互承认与执行仲裁裁决

目前我国各法域相互承认与执行仲裁裁决的问题已得到较好的解决，各法域都已单方制定了相关的规范性文件，主要包括：《民事诉讼法》以及最高人民法院的若干司法解释，香港特别行政区 2011 年《仲裁条例》，澳门特别行政区 1999 年《涉外商事仲裁专门制度》，以及台湾地区 1998 年“仲裁法”与“台湾地区与大陆地区人民关系条例”，1999 年《内地与香港相互执行仲裁裁决安排》。其中，内地与港澳地区之间相互承认与执行仲裁裁决的实质性条件基本类似，其内容与 1958 年《纽约公约》的相关规定基本相同。大陆与台湾地区之间的相关规定稍有不同。下面仅介绍内地与香港特别行政区之间相互执行仲裁裁决的有关问题。

（一）申请执行的管辖法院

在内地，申请执行的管辖法院为被申请人住所地或其财产所在地的中级人民法院，在香港为香港高等法院。被申请人住所地或财产所在地在内地不同的中级人民法院辖区内的，申请人可以选择其中一个法院申请执行裁决，不得分别向两个或两个以上的法院提出申请。被申请人的住所地或财产所在地，既在内地又在香港的，申请人不能同时分别向两地有关法院提出申请。只有一地法院执行不足以偿还其债务时，可就不足部分向另一地法院申请执行。两地法院先后执行的总额，不得超过裁决总数。

（二）需要提交的材料

申请人向有关法院申请执行仲裁裁决时，应提交以下文书：执行申请书；仲裁裁决书；仲裁协议。执行申请书应以中文提出，仲裁裁决书或仲裁协议没有中文文本的，申请人应提交正式证明的中文译本。执行申请书应当载明下列事项：

（1）申请人或被申请人为自然人的情况下，该人的姓名、地址；申请人或被申请人为法人或其他组织的情况下，该法人或其他组织的名称、地址及法定代表人姓名。

（2）申请人为法人或其他组织的，应当提交企业注册登记的副本。申请人是外国籍法人或其他组织的，应当提交相应的公证和认证材料。

（3）申请执行的理由与请求的内容，被申请人的财产所在地及财产状况。

（三）申请期限

申请人申请执行内地或香港特别行政区仲裁裁决的期限依据执行地法律有关期限的规定。有关法院接到申请人申请后，应当按照执行地法律程序处理及执行。

（四）执行的条件

被申请人接到法院的执行通知后，提出证据证明内地或香港仲裁裁决具有下列情形之一的，经审查核实，有关法院可裁定不予执行：

（1）仲裁协议当事人依对其适用的法律处于某种无行为能力的情形，或该项仲裁协议依约定的准据法无效，或者在未约定准据法的情况下依裁决地的法律是无效的。

（2）被申请人未接到指派仲裁员的适当通知，或因他故未能陈述案件的。

（3）裁决所处理的争议不是交付仲裁的标的或者不在仲裁协议范围之内，或者裁决载有关于交付仲裁范围以外事项的决定的。但在可以区分交付仲裁事项的决定与未交付仲裁事项的决

定时，裁决中关于交付仲裁事项的决定部分应当予以执行。

(4) 仲裁庭的组成或仲裁程序与当事人之间的协议不符，或者在有关当事人没有达成这种协议时与仲裁地的法律不符。

(5) 裁决对当事人尚无约束力，或者已经仲裁地法院或按仲裁地的法律撤销或者停止执行的。

(6) 如执行法院认定，依执行地法律，争议事项不能以仲裁方式解决的，或者执行裁决将违背法院地社会公共利益或公共政策的，则可不予执行该裁决。

(五) 其他事宜

1997 年 7 月 1 日以后申请执行内地或香港仲裁裁决的按《内地与香港相互执行仲裁裁决安排》执行。1997 年 7 月 1 日至该安排生效之日，因故未能向内地法院申请执行仲裁裁决的，如申请人为法人或其他组织，可在该安排生效后 6 个月内提出执行申请；如申请人为自然人，可在该安排生效后一年内提出执行申请。香港或内地法院在 1997 年 7 月 1 日至该安排生效之日拒绝受理或拒绝执行仲裁裁决的案件，应允许当事人重新提出执行申请。

第四节 非内国仲裁裁决的执行问题

非内国仲裁裁决有时又被称为跨国的（transnational）、无国籍的（stateless）或浮动的（floating）裁决，是指非依仲裁地的程序法，甚至使仲裁不依附于任何特定国内法律体系所作出的裁决。这种裁决在国际商事仲裁实践中虽然少见，但确实存在。一些国际公约、国内法及国际商事仲裁机构的仲裁规则也出现了承认仲裁非国内化的规定，一些被认为是非内国的裁决，在有些国家也得到了承认与执行。

一、有关国际公约的规定

从《纽约公约》等公约来看，非内国裁决的承认与执行已具备了一定的法律基础。

首先，从起草公约的目的看，起草者注意到有关国家认为 1923 年《仲裁条款议定书》和 1927 年《执行外国仲裁裁决公约》这两份公约过分注重仲裁地法。由此，扩大承认与执行仲裁裁决的范围是《纽约公约》的主要目标之一。由于大陆法系国家与普通法系国家以及东欧国家等在领域标准的范围问题上存在严重分歧，谈判妥协的结果是增加了“非内国裁决”标准，公约的准备工作文件为之提供了一个有力的依据，即公约的最终立场是尽可能扩大《纽约公约》所适用的裁决类型。①

① 朱克鹏．“非国内仲裁裁决”的承认与执行探析．安徽大学学报（哲学社会科学版），1996（1）：15. 郭玉军，陈芝兰．论国际商事仲裁中的“非国内化”理论．法制与社会发展，2003（1）.

其次，从公约的适用范围来看，其第1条第1款的规定表明，公约不仅适用于“在一个国家领土内作成，而在另一个国家请求承认与执行”的仲裁裁决，也适用于“被请求承认和执行仲裁裁决的国家不认为是内国裁决的”仲裁裁决。可见，公约在确定适用范围时，采取了领域标准和非内国裁决标准。因此，公约的上述规定可以成为缔约国执行“非内国裁决”的法律依据。

如前所述，《纽约公约》在仲裁程序法律适用问题上只是规定了当事人选择的仲裁法优先于仲裁地法（*lex arbitri*），而1961年《关于国际商事仲裁的欧洲公约》（European Convention on International Commercial Arbitration）则首次包含了目前已广为接受的确定仲裁程序准据法的现代原则。根据1961年《关于国际商事仲裁的欧洲公约》第4条的规定，当事人有权制定仲裁员应该遵守的程序规则，如果当事人没有规定，仲裁员自己可以决定应该适用的程序规则，如果仲裁员未能确定程序规则，则根据公约的规定，对组织仲裁负有责任的当局可以直接确定或参照某常设仲裁机构的仲裁规则确定仲裁员应该适用的程序规则。这样该公约规定了当事人和仲裁员可以自由确定怎样进行仲裁程序而根本未提及仲裁地国法。公约第9条还规定，缔约国法院只有依据公约规定的事由撤销仲裁裁决时，才构成在其他缔约国不予执行的理由，否则，其他缔约国可以执行裁决。这些规定使国际商事仲裁摆脱了互有歧义的各国国内法的干预，为非内国裁决在缔约国的承认与执行提供了可能。

1965年《关于解决国家和他国国民间投资争端的公约》（Convention on the Settlement of Investment Disputes between States and Nations of Other States）对于仲裁程序法律适用的确定也采用了与1961《关于国际商事仲裁的欧洲公约》类似的现代方法。在当事人没有选择时，仲裁员享有解决程序性困难的完全的权力。在确定程序问题准据法时，仲裁员可以选择是否适用任何特定法（particular law）。此外，该公约还规定，裁决对双方有约束力，不得进行任何上诉或采取其他除本公约规定外的补救方法。缔约国应承认依照本公约作出的裁决具有约束力，并在其领土内履行该裁决所课加的金钱义务，如同该裁决是该国法院的终局判决一样。① 因此，公约为各国与其他国家国民间的“非内国化”仲裁裁决的执行提供了法律根据。

二、有关国家的实践

20世纪80年代以后，为数不少的国家的国内立法已经明确赋予了当事人选择或仲裁庭确定仲裁程序法的权利或权力，这在理论上为非内国裁决的产生提供了更多的可能。非内国裁决是国际商事仲裁程序摆脱仲裁地法绝对控制的必然结果。非内国仲裁裁决的承认与执行关系到非内国化理论（denationalisation theory）的存在及发展，无论是非国内化理论的支持者还是反对者均对此给予了特别的关注。② 根据美国、瑞典、瑞士、荷兰和法国等国的司法实践，非内国裁决已经在这些国家依据1958年《纽约公约》得到承认与执行，这对非国内化理论的倡导者和支持者而言无疑是一个鼓舞。③

---

① 参见1965年《关于解决国家和他国国民间投资争端的公约》第53条、第54条。

② 有关理论纷争和各国立法与实践，参见郭玉军，陈芝兰．论国际商事仲裁中的“非国内化”理论．法制与社会发展，2003（1）。

③ 朱克鹏．“非国内仲裁裁决”的承认与执行探析．安徽大学学报，1996（1）：13－15.

第五节 已被撤销的仲裁裁决的承认与执行问题

一、有关执行已被撤销的仲裁裁决的争论

已被撤销的仲裁裁决（nullified arbitral awards）能否在另一国得到承认与执行，是一个素有争议的问题。对此，有两种针锋相对的观点。一种观点认为，仲裁裁决在一国被撤销后，就不能在另一国得到承认与执行，其主要理由是作为承认与执行的根据的仲裁裁决已不存在，何谈执行？皮之不存，毛将焉附？另一种观点则认为，在一国已被撤销的仲裁裁决在另一国仍可以得到承认与执行，其主要理由有以下几点：第一，一项国际商事仲裁裁决并不必然地隶属于仲裁地国的法律制度，仲裁裁决的效力并不仅仅来源于仲裁地，甚至有观点认为国际商事仲裁裁决本身"无国籍"，因此一项裁决即使在仲裁地国被撤销，该裁决也仍然存在；第二，根据《纽约公约》第 5 条第 1 款第 5 项规定，裁决如果经裁决所在地国或裁决所依据的主管机关撤销，承认与执行地国法院可拒绝承认与执行该裁决，即可以自由裁量是否拒绝承认与执行；第三，根据《纽约公约》第 7 条更优惠权利的规定，如果承认与执行地国的国内法或承认与执行地国与仲裁裁决国间的国际条约，对承认与执行仲裁裁决规定的条件优于《纽约公约》，则承认与执行地国可不考虑《纽约公约》的规定。而事实上，法国、黎巴嫩、荷兰、加拿大魁北克省等承认与执行仲裁裁决的条件就比《纽约公约》的更优惠。根据上述两条规定，在一缔约国法院已经被撤销的仲裁裁决，在承认与执行地国仍有可能获得承认与执行。

二、有关国家的实践

至于在何种条件下才应该承认与执行已被撤销的仲裁裁决，主要有以下几种做法：第一，一项裁决尽管被撤销但仍是可执行的，只要该裁决符合执行地国有关执行的条件；第二，一项裁决尽管被撤销但仍是可执行的，只要该裁决符合执行地国有关执行的条件，并且当事人约定不得上诉；第三，除非裁决被撤销的理由是国际公认的，否则一项已被撤销的裁决仍可得到执行，仅仅根据本国标准而为的撤销，不应该在其他国家得到重视；第四，一项撤销仲裁裁决的判决应得到执行（即拒绝执行已被撤销的裁决），除非撤销裁决的裁定程序不公或有违正义的根本概念。①

实践中，已有一些国家的法院承认与执行了被外国法院撤销的裁决。例如，法国的法院就

① Christopher R. Drahozal, Enforcing Vacated International Arbitration Awards: An Economic Approach, 11 Am. Rev. Int'l Arb. 451, 451 - 453 (2000).

认为，承认与执行这类裁决并不违反国内公共政策。在欧洲研究与商业协会诉南斯拉夫案［Société Européenne d'Etudes et d'Entreprises（S. E. E. E.）v. République Socialiste Fédérale de Yougoslavie et autres］中，法国鲁昂上诉法院于1984年承认与执行了被瑞士法院撤销的仲裁裁决。不仅如此，法国法院还根据法国《民事诉讼法典》第1502条认为，"外国仲裁裁决被撤销，不是法国不承认和执行该裁决的理由"，于1994年在希马尔顿有限责任公司诉综合处理与回收公司案［Hilmarton Ltd. v. Omnium de Fraitement et de Valorisation（OTV）］中，执行了被瑞士最高法院撤销的仲裁裁决。在克罗马罗依航空服务公司诉埃及共和国案（Chromalloy Aeroservices v. Arab Repubic of Egypt）中，法国法院与美国法院先后承认与执行了被埃及法院（仲裁地法院）撤销的仲裁裁决。① 这种做法的依据是，仲裁地国撤销裁决的决定以法院裁定的形式作出，该裁定在外国是否具有域外效力，需由被申请承认与执行地国法决定。在奥地利，一项仲裁裁决在前南斯拉夫作出后，为斯洛文尼亚最高法院以违反公共政策为由撤销，而奥地利最高法院裁定该裁决在奥地利可以获得执行，因为公共政策不是《关于国际商事仲裁的欧洲公约》第9条第1款规定的足以使该裁决得以撤销的理由。② 比利时布鲁塞尔初审法院也曾执行了为阿尔及利亚上诉法院撤销的国际商会仲裁院的仲裁裁决。

从美国、法国和荷兰有关承认与执行已被撤销的仲裁裁决的实践看，已被外国法院撤销的裁决仍有可能被这些国家承认与执行。美国在Chromalloy案后，又有一些案件涉及已被外国法院撤销的仲裁裁决的承认与执行。在贝克航海公司诉雪佛龙公司案［Baker Marine（Nigeria）Ltd. v. Chevron（Nigeria）Ltd.］和施皮尔诉卡尔扎图里菲丘技术公司案（Spier v. Calzaturificio Tecnica，S. P. A.）中，美国法院没有执行已被原裁决作出地国法院撤销的仲裁裁决，在特默利奥公司诉大西洋电力公司案（TermoRio S. A. E. S. P. v. Electranta S. P.）中，美国法院仍拒绝执行已被撤销的仲裁裁决。美国法院虽然均拒绝承认与执行有关被撤销的仲裁裁决，但同时也指出，在例外的情形下，当撤销仲裁裁决的外国法院判决违反法院地公共政策时即违背执行地的根本公平和正义的观念时，执行地法院可以忽视该判决而执行已被撤销的仲裁裁决。在美国2016年的墨西哥综合维护有限公司诉墨西哥石油勘探与生产公司案（Corporacion Mexicana v. Pemex Exploracion y Produccion）、2017年的盖特马国际公司诉几内亚案（Getma v. Guinea）、2017年的泰国-老挝褐煤有限公司诉老挝案（Thai-Lao v. Laos）中，法院进一步重申，根据礼让原则，应当限制执行地的裁量权，在一般情形下应当承认外国撤销判决，但是如果撤销判决损害道德和正义的基本理念或公共政策时，可以拒绝承认撤销判决并执行已被撤销的仲裁裁决。③ 2022年4月22日，美国哥伦比亚特区联邦地区法院作出判决，驳回UNI-TOP亚洲投资有限公司（UNI-TOP Asia Investment Limited）关于承认与执行被撤销的中国仲裁机构仲裁裁决的申请，原因是法院对本案没有地域管辖权。④

法国法院在一些判决中再次确认了Hilmarton案中确立的原则，即已被仲裁地国撤销的仲

① Dana H. Freyer，United States Recognition and Enforcement Annulled Foreign Arbitral Awards，Journal of International Arbitration，Vol. 17，No. 2，2000，p. 2.

② Andreas Reiner，Some Recent Austrian Court Decisions in the Field of Arbitration，Journal of International Arbitration，Vol. 17，No. 2，2000，p. 85.

③ 桑远棵．超越属地主义：已被撤销仲裁裁决的承认与执行．武大国际法评论，2020（4）：8.

④ Uni-Top Asia Investment Limited v. Sinopec International Petroleum Exploration and Production Corporation（1：20-cv-01770）District Court，District of Columbia.

裁裁决仍可被执行。2007 年 6 月 29 日，法国最高法院作出两个裁定，再次认为已被撤销的国际仲裁裁决在法国可以被执行。阿姆斯特丹上诉法院在 2009 年 4 月 28 日裁定在荷兰可以执行有利于尤科斯的四个国际仲裁裁决，虽然这四个仲裁裁决已被俄罗斯法院撤销。阿姆斯特丹初审法院曾经维持俄罗斯法院的判决，但上诉法院得出不同的结论，认为在该案中俄罗斯法院缺乏公正性和独立性，判决结果受到政治动机的影响。上诉法院特别指出，对此进行证明十分困难，无直接的证据可以援引。因此，法院根据外部证据证明可能存在的偏见和非独立性，包括英国和瑞士法院的相关裁定，这些裁定涉及尤科斯的有关人员在俄罗斯遭到刑事指控。

MATERIAL

Recognition and Enforcement of a Nullified Arbitral Award

When an international arbitration award is set aside or nullified in the state where the arbitration was held (the primary jurisdiction), the prevailing party may attempt to enforce the award in another jurisdiction (the secondary jurisdiction). This presents unique challenges for the secondary jurisdiction, whose courts must balance the rights of the parties under the award with respect for the judgment of the court that nullified the award. According to Albert Jan van den Berg, the "generally accepted rule is that if an award has been annulled in the country of origin (usually the place of arbitration), it cannot be enforced in other countries." This rule gives substantial deference to the judgment of the court where the award is issued.

Not all jurisdictions have followed this rule, including the earliest U. S. case to address the issue. An increasing consensus has nonetheless developed that annulled awards should generally not be enforced in the United States. The latest U. S. case on this issue, holding that the rule should apply except when the judgment of the primary jurisdiction's court is "repugnant to fundamental notions of what is decent and just in the State where enforcement is sought."

Significantly, the D. C. Circuit went on to say that the only circumstance in which a court in a secondary jurisdiction could ignore a foreign annulment of an award based on public policy concerns is when the foreign judgment is "repugnant to fundamental notions of what is decent and just in the State where enforcement is sought." Applying this standard, the court found no basis for ignoring the Colombian court's judgment annulling the award.

QUESTION

Can an arbitral award which is set aside or nullified in the primary jurisdiction be recognized and enforced in other countries?

第十八章 国家及其财产豁免

提要

本章分析了国家豁免的概念、国家豁免的根据，重点阐述了国家豁免理论中的绝对豁免与限制豁免主义，指出限制豁免主义是世界立法的趋势，着重探讨了划分主权行为与商业行为的标准、国家豁免主体的范围，国有企业的国家豁免问题，针对国家财产的强制措施以及我国有关国家豁免的立场。

重点问题

- 绝对豁免理论
- 限制豁免主义的概念
- 主权行为与商业行为的划分标准
- 国家豁免的主体
- 国有企业的国家豁免
- 国家财产的强制措施
- 我国有关国家豁免的立场、问题和对策

国家及其财产豁免是国际法上一个古老而又常新的重大的理论和实践问题。尽管国际社会在国家豁免（state immunity）的范围和程度上存在争议，但国家及其财产享有豁免特权是国际法上公认的一项普遍原则。世界各国的学说、政府意见和司法判例以及国家立法和国际条约都强烈地支持这一点。20世纪70年代以来，国际上对国家及其财产豁免问题的立法进入了一个新的高潮，成文化是这一时期的典型特征。1972年欧洲理事会通过了《欧洲国家豁免公约》

(European Convention on State Immunity)，1976 年美国制定了《外国主权豁免法》(Foreign Sovereign Immunities Act)，1978 年英国颁布了《国家豁免法》(State Immunity Act)。这些重要的立法带动了其他一大批国家的国家豁免法律的成文化运动。[①] 1977 年联合国大会决定编纂关于国家及其财产豁免问题的有关公约。虽历经曲折，但在 2004 年 3 月特委会举行的第三次会议上，各国终于就《国家豁免公约》(United Nations Convention on Jurisdictional Immunities of States and Their Property) 达成一致。2004 年 12 月 2 日，第 59 届联大通过了《国家豁免公约》，2005 年 9 月 14 日，中国政府签署了《国家豁免公约》。

第一节

国家豁免概述

一、国家豁免的概念

国家在参与国际民商事交往时，也会与其他主体发生纠纷，因而产生了一个国家及其财产能否在外国法院被诉的问题。对于国家豁免原则，一直以来争议不断。有人认为国家豁免为国家侵犯人权找到逃避责任的借口；有人认为，应该编纂国际公约，仅有习惯法是不足的；还有人认为，即使一国法院作出了不利于其他国家的判决，国家豁免原则的存在也使判决的执行成为不可能。

在我国，一般认为，国家豁免包括管辖豁免 (immunity from jurisdiction)、诉讼程序豁免 (immunity from legal proceedings) 和执行豁免 (immunity from execution)。但也有学者认为国家豁免包括管辖豁免和执行豁免。管辖豁免是指非经一国同意，他国法院不得受理以该国为被告或以该国的财产为诉讼标的的诉讼案件。也就是说，管辖豁免禁止一国法院审理针对外国国家的诉讼请求。此外，在判决作出前或作出后，如果一国财产有可能被诉讼保全或强制执行，该国可主张诉讼程序豁免或执行豁免。应该指出的是，豁免是基于被告的主权国家身份而享有的程序上的限制，并不意味着实体法上的豁免。如果一个国家愿意，它可以放弃豁免权，诉讼程序可以继续进行。

二、国家豁免的根据

国家豁免的根据是国家主权原则。自 1234 年罗马教皇格列高里九世颁布“平等者之间无管辖权”(par in parem not habet imperium) 的教谕以来，国家主权原则已得到了世界各国的普遍赞同。主权是国家具有的独立自主地处理自己的对内和对外事务的最高权力。因此，主权具

---

① 例如，新加坡 1979 年《国家豁免法》，巴基斯坦 1981 年《国家豁免法令》，南非 1981 年《外国主权豁免法》，加拿大 1982 年《国家豁免法》以及澳大利亚 1985 年《外国国家豁免法》等。

有两方面的特性，即在国内是最高的，对外是独立和平等的。一国在本国领土内享有最高权力这一特性派生出属地管辖权，而国家主权在国际关系中的平等和独立性派生出国家豁免。由此可见，国家豁免权是国家固有的权利，它来源于国家主权原则。

一个有趣的问题是管辖权与豁免权的关系问题。如果从国际习惯法来看，显然可以将国家管辖豁免视为一个一般规则。从一个国家的豁免请求在另一个国家通常能得到承认的情况来讲，豁免是原则，是多数情况，不豁免是少数情况，是例外。但是与管辖权相比，豁免权却变成管辖权的例外了。只有在存在管辖权的前提下，才会出现管辖豁免的问题，无管辖则无管辖豁免。此外，管辖权是普遍及于领域内一切人、物和事，客国的任何行为首先不得违反地主国的法律，在治外法权早已成为历史遗迹的今天，我们认为，入乡还要随俗，所以，无论从道义上还是法律上讲，客国遵守地主国法律都属应然；相反，只有基于主权的人、物和事才会产生豁免的问题，因而是不普遍的。由于客国首先有服从地主国相关法律的义务，如果客国违反了相关规定，地主国有权对其采取相应的措施。因此，管辖权具有主动性，相反，客国的主权豁免请求取决于地主国的法律规定，具有显然的受动性。不言而喻，管辖权相对于豁免权处于更突出的地位。

三、国家豁免的理论

关于国家豁免问题，各国学说和实践存在着较大分歧。[①] 传统的理论有绝对豁免主义（the doctrine of absolute immunity）和限制豁免主义（the doctrine of relative or restrictive immunity）。第二次世界大战以后，国际法学界出现了废除豁免主义和平等豁免主义。前两种理论在一些国家的实践中得到了贯彻和支持，而后两种理论尚限于理论上的探讨。

绝对豁免主义是一种最古老的国家豁免理论。这种理论认为，一个国家，不论其行为的性质如何，在他国享有绝对的豁免，除非该国放弃其豁免权。享有国家豁免的主体包括国家元首、国家本身、中央政府及各部、其他国家机构、国有公司或企业等。国家不仅在直接被诉的情况下享受豁免，在涉及国家的间接诉讼中也享受豁免。另外，它主张在国家未自愿接受管辖的情况下，通过外交途径解决有关国家的民事争议。绝对豁免主义得到了许多著名国际法学家如奥本海（Lassa Oppenheim）、海德（Charles Hyde）、戴赛、菲兹莫利斯（Gerald Gray Fitzmaurice）、哈克沃斯（Green Haywood Hackworth）等的支持，并在国际法院裁判的比利时国会号案、佩萨罗号案中获得了支持。绝对豁免主义在 19 世纪曾经得到了几乎所有西方国家的支持，只是自 20 世纪 30 年代以来，西方国家渐渐地放弃了这种理论。但一些发展中国家都支持绝对豁免主义。不过，绝对豁免主义在提法上欠科学，而且，把国家本身同国有公司或企业在豁免问题上混合起来也是不当的。此外，强调通过外交途径解决涉及国家的民事争议，也不利于涉外民事纠纷的及时解决。

限制豁免主义有时又被称为职能豁免说（functional state immunity）。它产生于 19 世纪末，主张把国家的活动分为主权行为（act jure imperii）和非主权行为（act jure gestionis）。主权行为享有豁免权，而非主权行为不享有豁免权。有些国家立法，如 1976 年美国《外国主权豁免法》、1978 年英国《国家豁免法》等，在承认国家享有豁免权的前提下，同时详细地列举了国

---

① 黄进．国家及其财产豁免问题研究．北京：中国政法大学出版社，1987：48－129.

家不享有豁免权的情形。限制豁免主义实质上是通过对国家行为性质的区分，从而在国家豁免问题上区别对待。

四、国家豁免领域的发展动态

限制豁免在国际社会得到越来越多的接受。但仔细观察会发现，有关国家豁免总体目标、原则或价值取向之间仍存在许多矛盾和真正的紧张关系。于外国法院对主权国家提起诉讼往往在受影响国家之间产生相当大的政治压力，并可能在国际法院、欧洲人权法院、欧洲法院等地引起新的争端①；在不断演变的国内立法和国内法院实践的影响下，有关主权豁免的国内规则会迅速发生变化，尽管尚未形成一般惯例。例如美国、加拿大关于国家豁免的反恐例外，美国有关违反国际法的征收的国家豁免例外；也有反对扩大国家执行豁免的趋势，即限制可扣押的国家财产的范围，并对国家财产执行增加新的程序障碍，例如对针对外国财产的任何限制措施要求事先司法授权（prior judicial authorization）。在法国和比利时，最近颁布了两项关于执行豁免的新法规；现有的规则在不同的司法管辖区之间可能有明显的不同，并受到不同的条件、例外情况和保留意见的影响，对限制性豁免规则的基本要素如何谓主权行为、商业交易，何谓明示或默示的放弃豁免缺乏一致的理解；另一个趋势是互惠（对等）原则在国家豁免中的作用越来越大（如在俄罗斯、中国、阿根廷、巴西、智利、哥伦比亚等）。②

第二节　限制豁免主义与国家豁免的例外

一、限制豁免主义的根据

国家豁免的根据是主权原则（sovereignty principle）。当基于主权的理由时，国家的行为就享有不可剥夺的豁免权。因此，当国家从事主权行为时，享有豁免权；当国家从事非主权行为时，就不享有豁免权。这是限制豁免主义的基本观点。而绝对豁免主义认为国家的一切行为都可享受豁免，这是没有充分根据的，因为并非任何国家行为都具有主权性。废除豁免主义又恰恰相反，认为原则上应否认国家豁免权，只有在明确规定的几种情况下作为例外国家才享有豁免权，这显然是颠倒主次轻重不分，因为以国家名义从事的行为大多数还是公法行为或主权行为，以国家名义从事私法行为或非主权行为是少数的情况，这是由国家作为一个公共机关的性

---

① 2022年4月29日，德国提交诉讼申请书，将意大利侵犯其国家豁免权的争端提交至国际法院。在其申请书中，德国请求法院宣判意大利自2014年起受理针对德国的民事案件和对德国在意大利境内的四项不动产采取的诉讼保全措施侵犯了德国的国家豁免权，并要求意大利确保已作判决无效、不再受理相关民事案件、对德国进行赔偿并保证不再犯。该争端是2012年国际法院德国诉意大利“国家管辖豁免案”的后续。

② R. Bismuth et al.（eds.）. Sovereign Immunity under Pressure，Springer. 2022：1-2.

质所决定的。

限制豁免主义的支持者认为该理论不仅完全切合国家豁免的主权根据，而且是公正的，也势在必行。首先，限制豁免主义正确地处理了属地管辖权与国家豁免权的国际公法关系，承认国家豁免是国际法的一项原则，国家不享有豁免的情况是例外。这样限制豁免主义就不是"对国家主权的极大蔑视"，而是对国家主权恰如其分的尊重，如果不带偏见的话，我们很容易从限制豁免主义的典型立法中看到这一点，如1972年《欧洲国家豁免公约》、1976年美国《外国主权豁免法》、1978年英国《国家豁免法》、联合国国际法委员会1991年二读通过的《国家及其财产的管辖豁免条款草案》。① 因此，无论是国家立法还是国际条约，都对豁免权给予了极大的肯定，对客国主权给予了必要的尊重，因此，限制豁免主义既不是"对国家主权的极大蔑视"，"与主权原则不相容"，更谈不上"彻底违反国际法"。因此，对有的国家会"利用内国法院对其他主权国家滥用自己的司法管辖以任意干涉侵犯他国主权和利益"的担心即便不是多余，也不宜过分渲染。同时，限制豁免主义在肯定豁免是一个原则的同时，又列举了一些具体事项，客国不能享受豁免权，地主国并不放弃管辖，这样也有力地维护了地主国的领土主权，从而比较妥善地处理了地主国领土主权和客国豁免权的关系，真正体现了主权平等和利益均衡。

其次，限制豁免主义也公平地处理了国家作为私法主体与个人之间的国际私法关系。正如一个人有多种身份，一个国家也会扮演不同的角色，在公法关系中它是不平等的管理者和服务者，在私法关系中它是平等的当事人。"尽管国家参与国际民商事活动仍然是主权者，但一旦它直接参与之，就意味着它同时具有了国际民商事法律关系的当事者的身份，也就是说，它是以国际民商事法律关系的当事者和主权者的双重身份出现的。根据当事人在民商事活动中地位平等原则，在国际民商事法律关系中，国家首先是民商事法律关系的当事者，应限制其主权者地位，以免背离这一基本原则。"②国家既然参与私法关系从事私法活动，理应遵守基本的私法规则，与个人一样平等地享受权利和承担义务。绝对豁免主义违反了私法的根本原则，破坏了私人在私法关系中的正当期望和信赖利益，从而不利于发展国际经贸合作，不利于促进跨国友好往来。

目前，限制豁免主义在实践中已得到广泛的支持。③ 据统计，目前采用绝对豁免主义立场，或者说对限制豁免主义有所抵制的国家，主要限于亚洲以及拉丁美洲等地区的一些发展中国家。其中，亚洲国家有泰国、印尼、老挝、叙利亚、科威特等，拉丁美洲国家有巴西、委内瑞拉、智利、哥伦比亚、厄瓜多尔、特立尼达和多巴哥，另外还有少数非洲国家如苏丹以及个别西欧国家如葡萄牙，其他大多数国家均采取限制豁免的立场。④ 有重大影响的学术见解包括国际法学会1891年《关于外国国家及其元首的法院管辖权限问题的决议》及1991年经过修正

---

① 国家及其财产的管辖豁免条款草案//王铁崖，田如萱．国际法资料选编（续编）．北京：法律出版社，1993：79.

② 黄进．国家及其财产豁免问题研究．北京：中国政法大学出版社，1987：195.

③ 刘想树．国际私法基本问题研究．北京：法律出版社，2001：211．龚刃韧．国家豁免问题的比较研究．北京：北京大学出版社，1994：447．董立坤．国际私法论．北京：法律出版社，2000：191．王铁崖．国际法．北京：法律出版社，1995：132．韩健．现代国际商事仲裁法的理论和实践．北京：法律出版社，2000：498．梁淑英．浅析国家豁免的几个问题．政法论坛，2000（2）．黄进，曾涛，宋晓，刘益灯．国家及其财产豁免的几个悬而未决的问题．中国法学，2001（4）：150.

④ 龚刃韧．国家豁免问题的比较研究．北京：北京大学出版社，1994：141－142.

的《关于国家豁免的决议草案》，国际法协会 1926 年《国际法上关于豁免的条约草案》及 1982 年经过修正的《关于国家豁免公约的条款草案》，还有哈佛大学法学院主持拟定的以杰塞普教授为主报告人的《哈佛研究草案》[①] 等，都是以限制豁免主义为基础的。另外，在国际公约方面，1926 年《关于统一国有船舶豁免若干规则的公约》（Convention for the Unification of Certain Rules Relating to the Immunit of State-owned Vessels）、1969 年《国际油污损害民事责任公约》（International Convention on Civil Liability for Oil Pollution Damage）、1972 年《欧洲国家豁免公约》（European Convention on State Immunity）、1983 年美洲法律委员会起草的《美洲国家豁免公约草案》（Inter-American Draft Convention on Jurisdictional Immunity of State）以及 2004 年《联合国国家及其财产管辖豁免公约》等，也都以限制豁免主义为基调。特别是 2004 年《国家豁免公约》最终巩固了对旧的范式绝对豁免的拒绝，并成为后续国家豁免立法变革的催化剂。《国家豁免公约》《欧洲国家豁免公约》、欧洲人权法院的判例法以及大量国家的立法，都明确了对限制性豁免规则的承认。[②]

二、主权行为和商业行为的划分问题

限制豁免主义首先要解决一个问题，即界定主权行为/商业行为或公法行为/私法行为的划分标准。目前国际上关于国家行为的划分标准主要存在三种理论和实践，即性质标准、目的标准以及性质和目的比重不同的诸多混合标准，当然核心的概念是“性质”和“目的”。性质标准认为，主权行为是一国只能以主权者身份依照公法行使权力的行为，如果是私人依法也能从事的行为则是非主权行为，而不管其动机和目的如何。性质标准又被称为划分国家行为的客观标准。目的标准认为，如果国家的某一行为以公共利益为目的，则此行为是主权行为，享有豁免权，否则就是非主权行为，不享有豁免权。这又被称为划分国家行为的主观标准。性质标准和目的标准争议的焦点是国家以社会公共利益为目的而从事的商业行为是否享有豁免权。

人们过去往往容易把性质标准和目的标准当作完全对立的两个标准，其中最典型的就是 1976 年美国《外国主权豁免法》的规定：一项活动的商业性，应当根据行为过程的性质，或特殊交易和行动的性质决定，而不是根据其目的来决定。其实性质和目的两者之间是相互渗透密切联系的，尤其是在识别行为的性质时，往往要通过考察其目的来确定。任何事物的身上都不会粘贴着“性质”的天然标签，因此事物的性质需要人来分析和判断。比如，商业行为本身在很大程度上就是根据该行为的目的来判定的，某行为之所以成为商业行为并不是因为它本身固有某种神秘莫测的性质，而是因为它是以谋利为目的。主权行为同样也可以这样分析。也就是说，“性质”和“目的”不是两个绝缘体，而是有内在联系的。鉴于性质标准在很大程度上已经内化了“目的”，所以把性质标准突出出来作为一条主要标准是完全合适的，同时考虑到“目的”并没有完全被“性质”化解，所以我们主张“以性质为主、以目的为辅”的混合标准。

目的论标准“已遭受许多国家的抛弃，相反，性质论标准则受到相对豁免立场的学者、国

① 全称为《关于法院对外国国家管辖权限的条约草案》。

② R. Bismuth et al. (eds.). Sovereign Immunity under Pressure. Springer. 2022: 1.

家的支持"①。性质标准之所以被广泛接受，主要有下面几个原因：首先，从哲学上讲，性质是一事物区别于其他事物的质的规定性，性质是事物分类上的哲学标准，具有普遍性，国家行为依此划分也属正常；其次，在国内法上行为也主要是以性质而不是以目的来划分的；再次，性质标准较为客观，容易识别，适用便宜，能有效避免目的标准的主观随意性和难以确定的缺陷；最后，性质标准更加符合限制豁免主义的宗旨，如果按照目的论标准，限制豁免主义就会与绝对豁免主义没有多少差别，从而丧失其在人们心目中的价值。②

根据"以性质为主、以目的为辅"的理念，对于"国家以社会公共利益为目的而从事的商业活动"这个焦点问题，国家从事商业活动本身就已经构成了商业性质的初步证据，原则上不享有豁免权，国家欲使其商业活动得到豁免，就必须证明该商业活动是以社会公共利益为直接目的。例如，政府为改善其工作条件而进行的商业采购，尽管最终可能增进社会公共利益，但由于不是以社会公共利益为直接目的，就不能算是主权行为，依然不能豁免。同样，"使馆维修设备""军队购买衣靴"也不是以社会公共利益为直接目的，因而也摆脱不了其商业性质。但是"军队购买用于保家卫国的武器""政府采购用于赈济灾贫的食品"，由于是以社会公共利益为直接目的，这就可以破除该交易的商业性质，因而也就可以作为主权行为享受豁免权。当然，在这里举证责任是由主张豁免的国家承担的。

三、国家行为性质的识别依据

某一具体的国家行为到底是主权行为还是商业行为，这是国际私法上的识别问题。首先，应根据有关国际法进行识别，国际上普遍承认为主权行为的，比如立法行为（legislative action）、执法行为（executive action）、司法行为（judicial action）、军事行为（military action）、外交行为（diplomatic action）和国有化（nationalization），不得被认定为商业行为；国际法上规定为商业行为的，也不得被认定为主权行为。其次，如果没有这方面的国际公约、国际习惯法规则或一般法律原则，则应适用法院地国对该具体行为的冲突法所指引的准据法来确定；如果不存在相关的冲突规范，或准据法对其界定也不明确或违反公共秩序，则适用法院地法来识别。适用法院地法是实践中解决识别冲突的最惯常最主要的做法。在此过程中，对于一些普适性差、争论性大的特殊事项，则应充分尊重客国法律。如某一外国或其媒介让渡矿产开发权的行为，就属于这种情况，法院不应武断地根据本国法认定其性质，它应考虑客国法的规定。如果客国法规定只有主权机关才有转让的权力，则此让渡行为是主权行为；如果客国法规定任何土地所有者在其财产范围内都有让渡的权力，则该让渡行为就是商业行为。

四、管辖权的行使是否要求法院地国与案件事实有一定的联系

由于国家在国际私法关系中与普通当事人具有一样的地位，所以法院地国的管辖权规则同样适用于一方当事人是国家的情形。因此这在很大程度上并不是一个新的问题。一国法院行使管辖权当然需要以案件与该国存在一定联系为前提。其实，这也是很多国家的做法。《欧洲国

---

① 黄进．国家及其财产豁免问题研究．北京：中国政法大学出版社，1987：77.

② 关于性质标准的其他优点，可参见黄进．国家及其财产豁免问题研究．北京：中国政法大学出版社，1987：80-81；龚刃韧．国家豁免问题的比较研究．北京：北京大学出版社，1994：425-426。

家豁免公约》不仅明确而且严格地将空间联系作为一缔约国对另一缔约国行使管辖权的前提条件。此外《美洲国家豁免公约草案》对于空间联系也有明确规定。美国《外国主权豁免法》也以特殊方式规定了空间联系的必要性。① 而且对外国国家行使管辖权毕竟是一个敏感的问题，理应谨慎从事，因此法院地国应与案件存在着空间上的关联，否则就是过分地扩张了本国的管辖权，造成管辖权上的积极冲突不说，关键是此种情况下管辖权的行使很难得到当事国的认同和尊重。即便勉强作出判决，也很难得到承认和执行。正如有学者所主张的那样：为了防止不公正的挑选法院和原告对被告的滥用诉权，要求诉讼案件和法院地国存在一定联系是合理而又必要的做法。同时，为了防止个人对一个主权国家滥用诉权，也应该要求案件和法院地国存在一定的联系，甚至是实质性的联系。②

目前，除外国中央银行执行豁免领域外，中国尚未制定专门的国家豁免法。近年来，也有坚持绝对豁免主义的国家立法转向限制豁免立场。俄罗斯 2015 年出台的《外国国家及其财产在俄罗斯联邦的管辖豁免法》明确采纳限制豁免立场。据有关数据统计，全球被调查的 118 个国家中，有 75 个采取了限制豁免做法。③ 鉴于国家豁免制度向限制豁免主义发展的总体趋势，有不少学者建议中国批准《国家豁免公约》，适时转向限制豁免。④ 但学者们一般都认可限制豁免仍未成为普遍接受的国际法规则。

五、国家豁免的例外

国家豁免的例外指不可以主张豁免的情形。国家豁免的例外分为管辖豁免例外和执行豁免例外。

关于管辖豁免和执行豁免的关系，学界主要有一体说和区分说两种理论。⑤ 一体说认为，国家财产的执行豁免与国家行为的管辖豁免是结为一体不可分割的一个问题，关于管辖豁免的规定同样适用于执行豁免。如果在管辖问题上采取绝对豁免主义，那么自然不存在执行的问题；如果在管辖上采取限制豁免主义，那么在执行问题上也应如此。区分说认为管辖豁免与执行豁免在性质、法律根据以及效果上都属于不同的领域因而应该区别对待。区分说又分为完全区分说和部分区分说。完全区分说常常表现为对国家的管辖豁免和执行豁免采取截然相反的态度，也就是说在管辖问题上采取限制豁免主义，而在执行问题上采取绝对豁免主义。部分区分说则表现为一方面对管辖豁免和执行豁免都采用了相对主义的立场，但另一方面又不同程度地对管辖豁免和执行豁免加以区别对待⑥，对外国财产的强制措施问题采取更为严格的规定。目前部分区分说有为越来越多的国家所接受的趋势。联合国《国家豁免公约》基本上采取的是部分区分说。应该说，国家行为不享有绝对的管辖豁免，同时国家的财产也不能完全免于执行。

---

① 龚刃韧．国家豁免问题的比较研究．北京：北京大学出版社，1994：320.

② 黄进，邹国勇．"展望 21 世纪国际法发展"武汉研讨会综述．法学评论，2001（4）：142.

③ Pierre-HuguesVerdier and Erik Voeten，How Does Customary International Law Change? The Case of State Immunity，International Studies Quarterly，Vol. 59，2015，p. 214.

④ 徐树．中国国家豁免立法中的对等原则：概念内涵、法理依据及制度设计．国际法研究，2022（2）：22.

⑤ 龚刃韧．国家豁免问题的比较研究．北京：北京大学出版社，1994：352.

⑥ 2022 年 6 月 28 日，英格兰和威尔士高等法院就英国船东互保协会诉委内瑞拉案（UK P&I Club NV & Anor v. Republica Bolivariana De Venezuela［2022］EWHC 1655（Comm））作出判决。法院认为根据 1978 年英国《主权豁免法》第 9 条下的仲裁例外，委内瑞拉在英国法院不享有管辖豁免权。但委内瑞拉享有《主权豁免法》下的执行豁免权，英国船东互保协会无权就委内瑞拉在外国法院的诉讼程序寻求英国法院发布永久禁诉令。

基于主权原则，国家用于公共利益的财产是不能执行的，同时，对国家财产的执行不得导致国家丧失最低限度的必要的公共职能。

英美等国有关国家豁免的立法都规定了国家豁免的例外情形。例如美国法下国家管辖豁免的例外主要有：国家放弃豁免（同意例外）、国家提起诉讼则其在反诉中不可以主张豁免（反诉例外）、国家从事商业活动（商业活动例外）、违反国际法的征收（非法征收例外），案涉特定种类的财产权如继承和捐赠的财产或位于美国的不动产（特定财产例外），在美国境内的侵权行为造成原告损害的（非商业侵权例外），存在仲裁协议（仲裁例外），诉讼是为了实现对外国国家船舶或货物的基于商业活动产生的船舶优先权（船舶优先权例外），实施或支持资助恐怖主义（恐怖主义例外）。[①]

MATERIAL

Exceptions to State Immunity

The rule of state immunity concerns the protection which a state is given from being sued in the courts of other states. The rule relates to legal proceedings in the courts of another state, not in a state's own courts. The rule developed at a time when it was thought to be an infringement of a state's sovereignty to bring proceedings against it or its officials in a foreign country. But there is now a trend in various states towards substantial exceptions to the rule of immunity; in particular, a state can be sued when the dispute arises from a commercial transaction entered into by a state or some other non-sovereign activity of a state. The United Nations Convention on Jurisdictional Immunities of States and their Property 2004, which is not yet in force, formulates the rule and the exceptions to it. It does not cover criminal proceedings, and it does not allow civil actions for human rights abuses against state agents where the abuse has occurred in another country.

States engage in many activities which can end in disputes in other countries: they may enter into contracts with individuals and companies based in other countries; they may own and operate enterprises such as state airlines which offer services to other countries' citizens; they may employ other countries' citizens in their embassies; their officials may commit wrongful acts against citizens of other countries. Questions of state immunity can arise when disputes about any such matters are taken to the courts of those other countries. Some examples taken from the facts of past court cases are described below.

American holidaymakers travelling from Florida to the Dominican Republic were denied entry by Dominican immigration officials and forced to return to the United States. They

① 李庆明．美国的外国主权豁免理论与实践．北京：人民日报出版社，2021：168以下．执行豁免例外见本章第四节。

sought damages for breach of contract from the airline, Dominica, a wholly owned state agency of the Dominican Republic. The claim concerned (a) the failure to warn of the possibility of being turned back and (b) the forced return itself. The US courts were prepared to allow the claim to proceed on the first point but said that the Dominican Republic had immunity for their refusal to allow entry.

The Liberian owner of an oil tanker allegedly bombed by Argentine aircraft during the Falklands conflict tried to bring a claim for compensation against Argentina in the US courts. The court decided that Argentina had immunity from the proceedings. Agents of the Chilean government murdered a former Chilean ambassador in Washington. The victim's family and personal representatives brought a claim for damages before the US courts. The courts decided that Chile did not have immunity and the case proceeded.

An American official who was providing educational services to United States forces and their families in the United Kingdom was sued for defamation by a teacher under his supervision. The English court concluded that state immunity applied to bar the claim. Victims of alleged torture abroad by officials of Kuwait and Saudi Arabia have sued those states in separate cases before the English courts. In both cases, the courts did not allow the claims to proceed against the states concerned, because of the rule of state immunity. In the case involving Saudi Arabia, however, the Court of Appeal has recently refused to accept that the state officials have immunity.

Following the unlawful occupation of Kuwait by Iraqi forces in 1990, Iraq and the Iraqi Airways Corporation seized ten Kuwaiti civilian aircraft which were later incorporated into the Iraqi Airways Corporation by Iraqi legislation. The English courts upheld the immunity of the defendants for the initial seizure and detention but allowed the legal proceedings to continue for the later expropriation for commercial use.

QUESTION

What is the justification for the exceptions to state immunity?

28 U. S. Code § 1605-General exceptions to the jurisdictional immunity of a foreign state

(abbreviated)

(a) A foreign state shall not be immune from the jurisdiction of courts of the United States or of the States in any case—

(1) in which the foreign state has waived its immunity either explicitly or by implication, notwithstanding any withdrawal of the waiver which the foreign state may purport to effect except in accordance with the terms of the waiver;

(2) in which the action is based upon a commercial activity carried on in the United States by the foreign state; or upon an act performed in the United States in connection with a commercial activity of the foreign state elsewhere; or upon an act outside the territory of the United States in connection with a commercial activity of the foreign state elsewhere and that act causes a direct effect in the United States;

(3) in which rights in property taken in violation of international law are in issue and that property or any property exchanged for such property is present in the United States in connection with a commercial activity carried on in the United States by the foreign state; or that property or any property exchanged for such property is owned or operated by an agency or instrumentality of the foreign state and that agency or instrumentality is engaged in a commercial activity in the United States;

(4) in which rights in property in the United States acquired by succession or gift or rights in immovable property situated in the United States are in issue;

(5) not otherwise encompassed in paragraph (2) above, in which money damages are sought against a foreign state for personal injury or death, or damage to or loss of property, occurring in the United States and caused by the tortious act or omission of that foreign state or of any official or employee of that foreign state while acting within the scope of his office or employment; except this paragraph shall not apply to—

(A) any claim based upon the exercise or performance or the failure to exercise or perform a discretionary function regardless of whether the discretion be abused, or

(B) any claim arising out of malicious prosecution, abuse of process, libel, slander, misrepresentation, deceit, or interference with contract rights; or

(6) in which the action is brought, either to enforce an agreement made by the foreign state with or for the benefit of a private party to submit to arbitration all or any differences which have arisen or which may arise between the parties with respect to a defined legal relationship, whether contractual or not, concerning a subject matter capable of settlement by arbitration under the laws of the United States, or to confirm an award made pursuant to such an agreement to arbitrate, if (A) the arbitration takes place or is intended to take place in the United States, (B) the agreement or award is or may be governed by a treaty or other international agreement in force for the United States calling for the recognition and enforcement of arbitral awards, (C) the underlying claim, save for the agreement to arbitrate, could have been brought in a United States court under this section or section 1607, or (D) paragraph (1) of this subsection is otherwise applicable.

QUESTION

What conditions must be met for invoking the commercial activity exception to state immunity?

第三节
国家豁免的主体问题

一、国家豁免的主体范围

限制豁免主义认为国家的主权行为应享有豁免权，这样确定豁免权的主体便是一个非常重要的问题。因为国家是一个抽象概念，所谓“国家行为”总是由具体的机关和个人作出的。

从原则上讲，既然国家豁免的根据是主权，而主权又是处理内外事务的最高权力，那么就只有掌握内外事务最高权力的机关，也就是主权者才能成为国家豁免的主体。如此看来，国家元首、最高代议机关、最高行政机关、最高司法机关和最高军事机关等最高权力机关才能作为主权者享受豁免权，其中，最高行政机关或中央政府是当今世界豁免的基本主体，中央政府的各职能部门，如部、署、局、委等，作为最高行政机关的组成部分也享有豁免权。

外国地方政府显然属于外国不可分割的部分，属于政治分支机构，构成国家豁免法意义上的外国国家。在仰融诉辽宁省政府案（Rong v. Liaoning Provincial Government）、加拿大天宇公司诉四川省政府和成都市青羊区政府案（Big Sky Network Canada Ltd. v. Sichuan Provincial Government）中，辽宁省政府、四川省政府及其成都市青羊区政府均被认定是中国的政治分支机构、从而有权主张美国法下的主权豁免。①

根据联合国《国家豁免公约》第 2 条为国家所下的定义，国家豁免权的主体分为以下几类：（1）国家及其政府的各个机关（the State and its various organs of government）；（2）有权行使主权权力并以该身份行事的联邦国家的组成单位或国家政治区分单位（constituent units of a federal State or political subdivisions of the State，which are entitled to perform acts in the exercise of sovereign authority，and are acting in that capacity）；（3）国家机构、部门或其他实体，但须它们有权行使并且实际在行使国家的主权权力（agencies or instrumentalities of the State or other entities，to the extent that they are entitled to perform and are actually performing acts in the exercise of sovereign authority of the State）；（4）以国家代表身份行事的国家代表（representatives of the State acting in that capacity）。

“国家机构或部门”（agencies or instrumentalities of state，亦有翻译为代理机构或媒介，为

① 李庆明．美国的外国主权豁免理论与实践．北京：人民日报出版社，2021：41－42.

了与政治分支机构区分，本书采用国家代理机构或媒介的翻译）有权主张豁免，但被认定为国家机构或媒介并不等于其一定享有豁免权，是否享有豁免权还需要法院考虑外国主权豁免法中的豁免例外是否应该得到适用；如果其不符合国家机构或媒介的定义，则其就不能主张豁免权。①

关于实践中何谓国家机构或部门，常发生争议。在美国《外国主权豁免法》下，根据其第1603（b）条的定义②，国家机构或部门可以包括“国家贸易公司、矿业企业、运输公司或航空公司等运输组织、钢铁公司、中央银行、出口协会或政府采购机构”等（For example，an “agency or instrumentality of a foreign state” could include “a state trading corporation，a mining enterprise，a transport organization such as a shipping line or airline，a steel company，a central bank，an export association，[or] a governmental procurement agency”）。

特别是，关于一个实体是否符合基于所有权的“媒介”的定义相对简单。在外国国家注册，并至少被外国国家或其政治分支机构拥有50%的所有权的外国公司通常有资格成为“机构或媒介”③。因此，外国国家的国有企业（state-owned enterprise）属于“外国媒介”的定义，因此受《外国主权豁免法》（FSIA）的保护。但这并不是说，一个实体总是基于国有企业地位而被视为外国的媒介。例如，一个由母公司全资拥有的实体子公司，虽然其母公司由外国主权全资拥有，该子公司可以被合理地称为“国有企业”，但这样一个实体无权从主权豁免中受益：根据都乐食品公司诉帕特里克森案（Dole Food Co. v. Patrickson）判决，只有当外国（或政治分支）直接拥有该实体的多数股份时，该实体才符合1603（b）（2）的多数所有权条款的资格[Under Dole Food Co. v. Patrickson，an entity qualifies under §1603（b）（2）'s majority ownership clause only if the foreign state（or political subdivision）directly owns a majority of the entity's shares]。④ 但实践中，外国政府直属国有企业的子公司等在特定情形下仍可能享有豁免权。⑤

美国最高法院在2017年作出了一个重要裁定，该裁定应使外国国家及其机构和媒介更容易避免根据《外国主权豁免法》对其提起的毫无根据的诉讼。在委内瑞拉诉赫尔默里奇和佩恩材料公司案（Bolivarian Republic of Venezuela v. Helmerich & Payne International Drilling Co.）中，法院一致认为，对委内瑞拉的征用索赔没能成功援引《外国主权豁免法》的征用例外，因此，应该被驳回。在该裁定中，美国最高法院强调，《外国主权豁免法》的一个重要目的是使外国免于

---

① “An entity which does not fall within the definitions of sections 1603（a）or（b）would not be entitled to sovereign immunity in any case before a Federal or State court. On the other hand，the fact that an entity is an ‘agency or instrumentality of a foreign state’ does not in itself establish an entitlement to sovereign immunity. A court would have to consider whether one of the sovereign immunity exceptions contained in the bill … was applicable.” H. R. Rep. No. 94－1487，at 15（1976）.

② §1603（b）defines “agency or instrumentality of a foreign state” to include any entity that is（1）“a separate legal person，corporate or otherwise，” that is（2）“neither a citizen of a State of the United States … nor created under the laws of any third country，” and（3）either “is an organ of a foreign state or political subdivision thereof” or an entity “a majority of whose shares or other ownership interest is owned by a foreign state or political subdivision thereof.”

③ David P. Stewart，The Foreign Sovereign Immunities Act：A Guide for Judges，Federal Judicial Center，33（2013）.

④ Patrickson v. Dole Food Co.，251 F. 3d 795，806（9th Cir. 2001），aff'd in part，cert. dismissed in part，538 U. S. 468（2003）；United States v. Pangang Group Co.，6 F. 4th 946（9th Cir. 2021）.

⑤ OBB v. Sachs，136 S. Ct 390（2015）.

不必要的美国诉讼。因此，仅仅依据《外国主权豁免法》主张法院对案件有管辖权是不够的——相反，在案件继续之前，原告还必须证明《外国主权豁免法》豁免的例外将会实际适用。

二、国家豁免与国有企业

跨国公司通常都会关心国家豁免的问题，特别是在其本国境外从事商业活动的公司，如石油公司或其他勘探开发自然资源的公司。东道国通常通过国有公司进行自然资源开发交易，这些公司往往具有混合身份（hybrid status）。这些公司是独立的法人实体，但经常会根据有关部门和其他政府机构的指示行事，因此不时面临作为国家延伸的法律资格问题。此类公司的双重性质，特别是其国家豁免地位的不确定性，特别需要实务者关注有关风险。

国家豁免与国有企业的关系表现为两个方面：一是国家不对其国有企业或其他实体承担连带责任，是通行的做法①，也不能用一个国有企业的财产清偿另一国有企业的债务；二是一定条件下国有企业可以主张豁免权。

就第一个方面而言，《国家豁免公约》第 10 条第 3 款规定：国家享有的管辖豁免在一个国家企业或国家设立的其他实体所从事商业交易的有关诉讼中不应受影响，只要该国家企业或其他实体具有独立的法人资格，并有能力：(a) 起诉和被诉；和 (b) 获得、拥有或占有和处置财产，包括国家授权其经营或管理的财产。

法国最高法院 1988 年在罗马尼亚海运公司诉伯纳马尔航海公司和其他案中认为，不能仅仅因为是社会主义国家，就用某一国有企业的财产来清偿另一国有企业的债务；1976 年美国众议院司法委员会的报告专门提道：关于外国机构或部门财产执行的《外国主权豁免法》第 1610 条（b）款不能被解释为允许用某一机构或部门的财产来清偿对另一无关的机构或部门的判决，这是有强制性理由的。如果美国法律不尊重不同机构或部门之间的单独法律资格，将鼓励外国司法机关无视不同的美国公司之间或者某一美国公司和其独立的子公司之间的法律区别。②

按照《国家豁免公约》的相关规定，国有企业只有在具有法人资格并有相当独立的法律行为能力时，国家享有的豁免权才不受影响。但国际法委员会也曾酝酿：国家企业或其他实体代表政府或者作为国家授权机构从事商业交易，可以看作是政府与私方当事人的交易，此时国家不得援引豁免。③ 这个条款尽管得到一些代表团的支持，但显然没有什么根据。问题的关键是公司的面纱是否那么容易被揭开以及合同相对性理论是否那么容易被突破，即便在国内法上这些都是非常谨慎的问题，因为涉及法人制度和合同制度的根本。

在英国法下，1978 年《国家豁免法》第 14 条第 2 款规定："只有在以下情况下，且仅在以下情况下，独立实体才享有联合王国法院管辖权的豁免权：(a) 诉讼涉及其在行使主权权力时所

---

① 例如在 1987 年联邦德国法院审理的果菜园污染案中，原告以其果菜园因 1986 年苏联切尔诺贝利核电站事故而遭受污染为由，对苏联国家提起诉讼。波恩地方法院指出，根据苏联行政法，经营该核电站的是作为独立法人的切尔诺贝利核电站，而不是苏联国家本身。由于苏联对经营核电站没有直接的责任，所以该法院认为主张苏联对此负责是没有根据的。另外，美国《对外关系法第三次重述》也表明了国家在通常情况下不对该国独立法人的行为负责的见解。转引自龚刃韧．国家豁免问题的比较研究．北京：北京大学出版社，1994：213。

② 龚刃韧．国家豁免问题的比较研究．北京：北京大学出版社，1994：406－407.

③ 联合国文件：A/C. 6/54/SR. 18，1999 年英文版，第 3 页。

做的任何事情；以及（b）情况是一个国家本应享有豁免权［A separate entity is immune from the jurisdiction of the courts of the United Kingdom if，and only if：（a）the proceedings relate to anything done by it in the exercise of sovereign authority；and（b）the circumstances are such that a State would have been so immune.］。”因此，只有当国有企业代表国家行使主权权力，且有关情形是国家得主张豁免的情形时，国有企业才有权主张豁免。在金牛石油公司诉伊拉克国有石油营销公司案（Taurus Petroleum Limited v. State Oil Marketing Company of the Ministry of Oil，Republic of Iraq）①中，金牛石油公司（Taurus）此前成功起诉伊拉克国有石油营销公司（SOMO），并因此获得了8 716 477美元的赔偿。金牛石油公司之后试图在英国执行判决。金牛石油公司通过英国高等法院获得了针对SOMO所购石油债务人及其签发以SOMO为受益人的银行的第三方债务令（third party debt orders）。SOMO试图撤销第三方债务令，其中一个抗辩是其享有国家豁免权。其理由是伊拉克法律规定，石油是一项公共资产，出售石油的所有收益在任何时候都是伊拉克政府的财产，所以此类财产不能被扣押。此外，SOMO在其提交的材料中称自己是“伊拉克共和国的产物”（emanation of the Republic of Iraq）。对此英国法院有必要决定SOMO是否享有与伊拉克共和国不同的独立法人资格。在依伊拉克法律分析有关SOMO地位时，英国法院适用了以下标准：实体的有效独立存在；国家对实体的干预程度；实体活动的性质（主权或商业）。在审查了所有基本事实后，法院确定，可以推定SOMO与伊拉克满足了“所要求的独立性”。其认为：（1）债务不是公共财产，因此可以被扣押（the debts were not a public property and therefore could be attached）；（2）债务受益人SOMO享有独立的公司地位；（3）根据信用证出售石油和收取销售收入属于普通商业活动，SOMO的国家豁免辩护最终失败。

从英国法院的分析中可以清楚地看出，法院即使根据所有相关文件和事实认定SOMO与伊拉克国家没有区别，也不会自动豁免索赔。从事与行使政府职能相对应的和商业活动有关的行为，并不能免除国家的责任。令人惊讶的是，英国上诉法院尽管驳回了第三方债务令，但并不是基于SOMO享有所谓的豁免权，而是因为该法院认定伊拉克中央银行也是这些债务的债权人，SOMO与伊拉克中央银行有共同所有权（共享对第三人的债权），因此根据1978年的《国家豁免法》享有豁免权。但最终英国最高法院驳回共同所有权的主张，维持了第三方债务令。

因此，为了应付国际趋势和挑战，我国要继续坚持国家及其财产豁免权是一项国际法原则的主张，国家本身、国家行为和国家财产原则上都享有豁免权，同时把国家本身与“国家媒介”、国家公法行为与国家私法行为、国家公共财产与国家商用财产明确区分开来。国家公法行为只要不违反国际法，非经我国同意，不受任何司法机关管辖；国家公共财产只要不是违反国际法所得，非经我国同意，亦得拒绝任何强制措施。

---

①［2015］EWCA Civ 835；［2017］UKSC 64；Konstantin O. Galenskiy，The claim of state immunity and state-owned companies，available at https://journal.arbitration.ru/analytics/the-claim-of-state-immunity-and-state-owned-companies/，last visited on July 20，2022.

第四节 国家财产的强制措施问题

如前所述关于管辖豁免和执行豁免的关系，学界主要有一体说和区分说两种理论。[①] 放弃管辖豁免不等于放弃执行豁免。对外国国家财产采取强制措施有较为严格的规定。

一、采取强制措施的限制

在采纳限制豁免主义的国家，执行豁免有例外。在符合法律规定的某些情形下，可以对国家财产采取强制措施。强制措施分为判决前的强制措施和判决后的强制措施。以《国家豁免公约》为例，公约对在何种情形下可以采取强制措施作出了明确规定。《国家豁免公约》第 18 条规定，国家财产免于判决前的强制措施，如查封和扣押，除非国家明示同意或该国已经拨出或专门指定该财产用于清偿该诉讼标的的请求。《国家豁免公约》第 19 条规定，国家财产免于判决后的查封、扣押和执行措施，除非已经明示同意采取此类措施，或该国已经拨出或专门指定该财产用于清偿该诉讼标的的请求，或已经证明该财产被该国具体用于或意图用于政府非商业性用途以外的目的，并且处于法院地国领土内，但条件是只可对与被诉实体有联系的财产采取判决后强制措施（It has been established that the property is specifically in use or intended for use by the State for other than government non-commercial purposes and is in the territory of the State of the forum，provided that post-judgment measures of constraint may only be taken against property that has a connection with the entity against which the proceeding was directed.）。同时，《国家豁免公约》第 20 条规定，同意行使管辖权并不构成默示同意采取强制措施。美国法典第 28 卷第 1610 节（28 U. S. Code § 1610）对执行豁免的例外作了详细规定。

二、采取强制措施的执行对象

国家的商用财产是执行的主要对象，但问题的关键是如何界定国家商用财产。一般来说，从时间角度看，正在用于商业的财产是商用财产，可以对其采取强制措施，这是显而易见的。如果有充分证据证明某财产是国家预定即将用于商业的财产，对其也是可以执行的，但是仅仅是过去用于商业目的的财产不是商用财产，对其不可强制执行。根据主权原则，一国法院只能强制执行位于本国的商用财产，其无权执行客国在第三国境内的财产（取决于该第三国法律），更别说客国在其本国领域内的财产了，因为这些财产在法院地国的实际有效控制之外。至于财产是否必须与作为诉讼请求基础的商业行为（以下简称“诉基行为”）存在一定的联系，各国

---

① 龚刃韧．国家豁免问题的比较研究．北京：北京大学出版社，1994：352.

的实践并不一致，国际法上也没有统一的规则。美国和国际法委员会认为只有财产与外国国家商业活动相联系时才可成为强制措施的执行对象，但是英国和德国有不同的立场。

《国家豁免公约》采取了有联系说，其第 21 条明确规定了国家特定种类的财产不应被视为商业财产，如外交代表机构等履行公务所用或意图所用的财产，包括任何银行账户款项；属于军事性质，或用于或意图用于军事目的的财产；该国中央银行或其他货币当局的财产；构成该国文化遗产的一部分或该国档案的一部分，且非供出售或意图出售的财产；构成具有科学、文化或历史价值的物品展览的一部分，且非供出售或意图出售的财产。

MATERIAL

28 U. S. Code § 1610-Exceptions to the immunity from attachment or execution

(abbreviated)

(a) The property in the United States of a foreign state, as defined in section 1603 (a) of this chapter, used for a commercial activity in the United States, shall not be immune from attachment in aid of execution, or from execution, upon a judgment entered by a court of the United States or of a State after the effective date of this Act, if—

(1) the foreign state has waived its immunity from attachment in aid of execution or from execution either explicitly or by implication, notwithstanding any withdrawal of the waiver the foreign state may purport to effect except in accordance with the terms of the waiver, or

(2) the property is or was used for the commercial activity upon which the claim is based, or

(3) the execution relates to a judgment establishing rights in property which has been taken in violation of international law or which has been exchanged for property taken in violation of international law, or

(4) the execution relates to a judgment establishing rights in property—

(A) which is acquired by succession or gift, or

(B) which is immovable and situated in the United States: provided that such property is not used for purposes of maintaining a diplomatic or consular mission or the residence of the Chief of such mission, or

(5) the property consists of any contractual obligation or any proceeds from such a contractual obligation to indemnify or hold harmless the foreign state or its employees under a policy of automobile or other liability or casualty insurance covering the claim which merged into the judgment, or

(6) the judgment is based on an order confirming an arbitral award rendered against the foreign state, provided that attachment in aid of execution, or execution, would not be inconsistent

with any provision in the arbitral agreement, or

(7) the judgment relates to a claim for which the foreign state is not immune under section 1605A or section 1605 (a) (7) (as such section was in effect on January 27, 2008), regardless of whether the property is or was involved with the act upon which the claim is based.

(b) In addition to subsection (a), any property in the United States of an agency or instrumentality of a foreign state engaged in commercial activity in the United States shall not be immune from attachment in aid of execution, or from execution, upon a judgment entered by a court of the United States or of a State after the effective date of this Act, if—

(1) the agency or instrumentality has waived its immunity from attachment in aid of execution or from execution either explicitly or implicitly, notwithstanding any withdrawal of the waiver the agency or instrumentality may purport to effect except in accordance with the terms of the waiver, or

(2) the judgment relates to a claim for which the agency or instrumentality is not immune by virtue of section 1605 (a) (2), (3), or (5) or 1605 (b) of this chapter, regardless of whether the property is or was involved in the act upon which the claim is based, or

(3) the judgment relates to a claim for which the agency or instrumentality is not immune by virtue of section 1605A of this chapter or section 1605 (a) (7) of this chapter (as such section was in effect on January 27, 2008), regardless of whether the property is or was involved in the act upon which the claim is based.

(c) No attachment or execution referred to in subsections (a) and (b) of this section shall be permitted until the court has ordered such attachment and execution after having determined that a reasonable period of time has elapsed following the entry of judgment and the giving of any notice required under section 1608 (e) of this chapter.

(d) The property of a foreign state, as defined in section 1603 (a) of this chapter, used for a commercial activity in the United States, shall not be immune from attachment prior to the entry of judgment in any action brought in a court of the United States or of a State, or prior to the elapse of the period of time provided in subsection (c) of this section, if—

(1) the foreign state has explicitly waived its immunity from attachment prior to judgment, notwithstanding any withdrawal of the waiver the foreign state may purport to effect except in accordance with the terms of the waiver, and

(2) the purpose of the attachment is to secure satisfaction of a judgment that has been or may ultimately be entered against the foreign state, and not to obtain jurisdiction.

QUESTION

Under what circumstance may an agency or instrumentality invoke execution immunity?

第五节 仲裁裁决承认与执行中的国家豁免问题

随着国际经济交往的日益频繁，国家越来越多地参与国际商事活动，在国际商事仲裁中出现了一些以主权国家为一方当事人的情况。由于主权国家的介入，因而产生了一些一般国际商事仲裁所不具有的特殊问题，国家豁免问题就是私方当事人不得不经常面对的一个问题。国际商事仲裁中的私方当事人获得对自己有利的仲裁裁决，并不表示就赢得了最后的胜利，更复杂、更棘手的问题是如何将裁决付诸执行。在向外国国家财产所在地的法院申请承认与执行仲裁裁决的过程中，该外国将有可能主张国家豁免。裁决的承认及最终的执行将取决于被请求国法院所适用的主权豁免规则及管辖权行使规则。

在尤科斯案（Yukos）[①] 中，优科斯这家俄罗斯公司根据《能源宪章条约》获得了针对俄罗斯国家价值500亿美元的仲裁裁决。在被莫斯科仲裁法院搁置后，尤科斯试图在其他一些市立法院强制执行该裁决。这些法院均拒绝承认该裁决是可强制执行的，并对国家采用了国家豁免法的解释，即赋予国家豁免的国际法律原则效力，以排除管辖权。在斯塔蒂案（Stati）[②] 中，摩尔多瓦的债权人试图在瑞典强制执行对哈萨克斯坦获得的5亿美元的赔偿金。虽然扣押在瑞典法院是成功的，但在包括英国和美国在内的其他法院也有因先前失败的扣押而产生的未决的诉讼。例如，在英国法院最近的一项裁决中，针对荷兰和比利时已经下达扣押命令的资产，英国法院拒绝扣押。[③] 因此，在跨境仲裁中，基于不同国家法律及方法的差异，执行仲裁裁决可能会存在着旷日持久的诉讼。[④] 在一国仲裁机构作出有效仲裁裁决后，另一国法院是否可以依据国家豁免原则排除国家法院的执行管辖权是一个值得关注的问题。

一、国家豁免与裁决承认程序的性质

在执行问题被考虑之前，应先解决一个前提问题，即裁决承认程序的性质，这仍是一个颇有争议的问题。显然，执行仅在裁决被承认之后采取。它是仲裁程序的最后阶段还是执行程序的初始阶段?[⑤] 这种争论的意义在于，如果认为承认裁决属于仲裁程序的最后阶段，则国家签

① e. g. , Tribunal de Première Instance [Civ.] [Tribunal of First Instance] Brussels, Yukos Universal v. Russ. (lifting orders for attachment based on interpretation of national state immunity laws).

② Tingsrätt [TR] [District Court] 2018 - 01 - 24 T 10498 - 17 (Swed.), https://www. italaw. com/sites/default/files/case-documents/italaw11232. PDF.

③ Nat'l Bank of Kaz. v. Bank of New York Mellon [2017] EWHC (Comm.) 3512 (Eng.).

④ Satya Talwar Mouland, Immunities and Arbitration: A New Lex Specialis Regime, German Law Journal, Volume 22, Issue 8, December 2021, pp. 1555 - 1568, published online by Cambridge University Press: 19 January 2022.

⑤ Georges R. Delaume, State Contracts and Transnational Arbitration, 75 Am. J. Int'l L. 784, 1981, p. 815.

订仲裁协议即视为默示放弃豁免的理论将适用于裁决的承认阶段，但如果认为承认裁决程序为执行程序的初始阶段，则上述默示放弃豁免的理论将不适用于承认阶段。国家作为仲裁程序的当事人，常常支持前述第二种观点。但是，一些国家法院的实践并不赞同该观点。荷兰、美国和法国的法院曾主张：当一个国家同意仲裁从而放弃豁免时，其放弃豁免的范围及于对裁决的承认和执行。从理论上看，这些法院裁判所代表的观点更值得赞赏，因为若采用第二种观点，即裁决的承认为执行的初始阶段，则主权豁免可能会造成对仲裁程序的一种歪曲。有学者认为，仲裁裁决的承认是任何仲裁协议都具有的约束力特征的自然补充，不应被仅适合于执行事项的国家豁免问题所影响和削弱。① 仲裁裁决的承认与执行是两个不同的概念。对国家当事人而言，裁决承认程序涉及的是管辖豁免，而执行程序涉及的是执行豁免。实践中有一些国家对这二者加以区分，其中最具代表性的国家是法国。法国法院以发布许可令的方式来承认仲裁裁决，许可令较为容易取得，但是，对于执行仲裁裁决，法院仍采取较为谨慎的立场。②

其他一些国家对外国国家的执行豁免问题采取了更为谨慎的态度，因为执行对国家主权和尊严的损害比裁决更强。一方面人们担心敏感的外交纠纷的产生，另一方面如果本国法律不承认对本国国家财产的执行措施，则如何能够否认外国政府也享有这种豁免？现实情况也表明，当一国家在仲裁裁决的承认程序中主张豁免未获支持时，它马上就会寻求执行豁免，且往往能获得成功。对争议双方来说，它们在争议裁判中能够实现地位平等，但是最终国家主权仍处于优势地位。③ 2022 年 7 月 14 日，在普雷布尔-里什石油进口公司诉海地共和国案（Preble-Rish Haiti，S. A. v. Republic of Haiti）中，美国第五巡回上诉法院认为，根据《外国主权豁免法》，外国政府实体同意在美国以仲裁方式解决纠纷的协议并不构成对判决（裁决）前扣押豁免权的放弃，因为对这种豁免权的任何放弃必须是明确的。据此该法院撤销了地区法院扣押财产命令。

二、仲裁裁决承认与执行中有关国家豁免的实践

关于执行豁免的规则远比有关管辖豁免的规则更为杂乱。有的国家继续拒绝执行外国国家财产，甚至在判决或裁决作出后也是这样。这往往是一些仍坚持绝对豁免论的发展中国家。有些国家要求对外国国家财产实施执行措施之前要先获得政府部门的同意，如意大利、希腊和荷兰。即使在那些认为在国家不享有管辖豁免时就不享有执行豁免的国家里，这个一般原则也往往要受到很多例外情况的限制，或要满足一些特殊要求，如要求涉诉交易和被请求执行国之间有合理的属地联系等。④

利比亚美国石油公司 Liamco 公司所请求执行的针对利比亚的 1977 年 5 月 12 日仲裁裁决在美国、法国、瑞典和瑞士的命运，说明了执行豁免方面的混乱局面。⑤ 各国法院在确定是否

---

① Georges R. Delaume，State Contracts and Transnational Arbitration，75 Am. J. Int'l L. 784，1981：816.

② 郭玉军，肖芳．论国际商事仲裁中的国家豁免问题．珞珈法学论坛，2003（3）.

③ A. Remiro Brotons，La reconnaissance et l'execution des sentences arbitrales etrangeres，Collected Courses of the Hague Academy of International Law，1984，Vol. 184，p. 257.

④ Georges R. Delaume，State Contracts and Transnational Arbitration，75 Am. J. Int'l L. 784，1981：817.

⑤ A. Remiro Brotons，La reconnaissance et l'execution des sentences arbitrales etrangeres，Collected Courses of the Hague Academy of International Law，1984，Vol. 184，p. 257.

执行仲裁裁决的过程中通常所考虑的因素或者审查标准主要有以下几点。

（一）仲裁当事国对仲裁裁决执行豁免的放弃

如果在仲裁双方当事人之间存在关于执行豁免放弃的约定，则问题会简单很多。在很多案件中，被请求执行仲裁裁决的法院以仲裁当事国放弃了仲裁裁决执行豁免为由，最终对当事国国家财产采取强制措施。对仲裁当事国有关放弃执行豁免的考察，在裁决执行中是一个重要的因素。在当事人之间没有相关约定时，国家通过签订仲裁协议是否也可以构成对执行豁免的默示放弃（implied waiver）呢？对此，国际社会并无统一做法，不仅各国立场不同，就是同一国家的法院在相同的案件中都可能作出前后相反的判决。在法国铀浓缩工厂和伊法铀浓缩公司诉伊朗案（Eurodif et Sofidif v. Etat iranien）中，巴黎上诉法院认为仲裁程序采用的国际商会仲裁规则中的第24条“构成一种自愿服从判决和承认其强制力的保证，并不构成对执行豁免的任何暗示”。这种传统做法遭到了有些学者的批评：按此种标准，则除了明文的和字面上的明示放弃外，再也没有其他的放弃执行豁免的方式了。[①] 较为激进的做法和前者刚好相反。1980年瑞典上诉法院在利美石油公司诉利比亚案中，就认为利比亚通过仲裁协定放弃了执行豁免，因而判决准予执行仲裁裁决的请求。[②] 不容忽视的是，保守的做法受到了越来越多的挑战。1988年美国国会通过对《联邦仲裁法》和《外国主权豁免法》的修正案明确规定，不得基于国家行为说拒绝执行仲裁裁决。而在欧洲，具有代表性的国家如法国似乎也在向美国成文法所体现的立场靠拢：如果一个外国主权国家签订仲裁协议并参加在本国法院管辖范围内进行的仲裁或主动参加仲裁，则可以认为该国在本国法院放弃了对该仲裁裁决的执行豁免。[③]

在克赖顿有限公司诉卡塔尔一案（Creighton v. Qatar）中，Creighton是一家营业所在美国田纳西州的公司，1982年它与卡塔尔城市事务和农业部签订了在卡塔尔多哈建设医院的合同。合同约定，所有争议将根据国际商会（以下简称ICC）仲裁调解规则解决。1986年，卡塔尔城市事务和农业部因不满意Creighton公司对合同的履行而要求Creighton公司停止工程建设。1987年Creighton公司申请仲裁并要求卡塔尔赔偿损失。由于双方的合同未约定仲裁地点，ICC仲裁庭根据其规则决定在巴黎进行仲裁。据后来美国法院的一项判决称，卡塔尔主动参加了仲裁。1993年仲裁庭作出了两项裁决，要求卡塔尔支付Creighton公司损失外加利息和仲裁费用总计800万美元。1994年，卡塔尔以Creighton公司指定的仲裁员在其独立性声明中未披露他以前与该公司之间的接触为由，向法国法院提起诉讼要求撤销这两项根据法国法无效的裁决。次月，Creighton公司控制了在巴黎的卡塔尔国家银行和法兰西银行中卡塔尔城市事务和农业部账户上的存款，并在两家银行扣押了其政府债券和股权。卡塔尔从巴黎大审法院获得的和在上诉中从巴黎上诉法院获得的判决都拒绝了卡塔尔要求撤销裁决的要求，但是认为卡塔尔并未放弃其执行豁免。根据法国法，被Creighton公司扣押的财产应免于扣押，该决定是根据1984年法国最高法院在法国铀浓缩工厂诉伊朗案（Eurodif v. Iran）中确立的规则，即“作为

---

① A. Remiro Brotons，La reconnaissance et l'execution des sentences arbitrales etrangeres，Collected Courses of the Hague Academy of International Law，1984，Vol. 184，p. 257.

② 龚刃韧．国家豁免问题的比较研究．北京：北京大学出版社，1994：259.

③ Nancy B. Turk，French and US Courts Define Limits of Sovereign Immunity in Execution and Enforcement of Arbital Awards，Arbitration International，Vol. 17，No. 3，2001，p. 341.

一个原则性问题，外国国家享有的执行豁免，仅在以下条件下可以不予考虑，即若被扣押的财产是用于或拟用于经济或商事私法行为且该行为是争议产生的事由”。换言之，被控制的财产被用于或拟用于引起争议产生的商事行为或项目。巴黎大审法院和巴黎上诉法院都认为在本案中，Creighton公司没有提供证明卡塔尔已经放弃执行豁免的证据，同意仲裁并不足以证明该项放弃。另外，上诉法院认为Creighton公司没有提供足够的证据证明被扣押的财产被卡塔尔用于与医院有关的商业活动。Creighton公司向法国最高法院提起上诉。2000年7月6日，法国最高法院推翻了上诉法院的判决，认为通过签订ICC仲裁协议，卡塔尔默示放弃了其执行豁免。法国最高法院的决定是根据支配仲裁的1988年ICC仲裁规则第24条第2款：同意将争议提交ICC进行仲裁，则双方当事人可以被认为同意不延迟地执行最后裁决，且放弃寻求任何形式上诉的权利。法国最高法院认为，和主权国家签订合同的对方当事人若要确定该主权国家不寻求仲裁裁决执行的豁免，应满足如下条件：准备在法国根据ICC规则或类似规则进行仲裁；该主权国家在法国拥有财产。①

（二）仲裁与法院地国的联系

有些国家国内法院并不重视有关仲裁和法院地国的联系。如英国和澳大利亚在其各自的国家豁免法律中，均未对有关仲裁裁决承认和执行诉讼中的商业行为、仲裁地、国际条约适用等问题作出任何限制性的要求。荷兰法院也只是强调诉讼事由的性质，而不重视有关仲裁与荷兰之间的属地联系。②

另外一些被请求承认与执行仲裁裁决的国家往往要考察仲裁与本国的联系，以确定相关外国是否放弃了在本国法院的豁免，进而决定是否对该裁决进行承认与执行。

在司法实践中，美国法院往往通过分析仲裁争议与美国是否存在“最低联系”、美国法院对该争议是否存在事项管辖权和属人管辖权来确定对针对外国国家的仲裁裁决的承认与执行。在Creighton v. Qatar案中，1994年Creighton公司向美国华盛顿哥伦比亚特区法院提起诉讼要求承认在法国作出的ICC裁决。美国华盛顿哥伦比亚特区法院根据《纽约公约》第5条驳回起诉。1997年当其上诉至法国最高法院未决时，Creighton公司又向美国华盛顿哥伦比亚特区法院提起诉讼要求美国法院执行巴黎上诉法院的判决和仲裁裁决。联邦地区法院支持卡塔尔的抗辩，认为法院不具备对卡塔尔的属人管辖权。法院认为，首先应确定法院对案件是否有事项管辖权，《外国主权豁免法》提供了对外国国家行使事项管辖权的唯一根据，该法明文规定的外国不享有豁免的例外情况。然后，法院必须分析它对一个外国国家是不具有属人管辖权，为此需要确定关于该特定合同关系卡塔尔是否和美国之间有特定最低联系，以决定法院是否对卡塔尔有属人管辖权。由于Creighton公司无法证明卡塔尔和美国之间有最低联系，联邦地区法院遂驳回了起诉。Creighton公司上诉。1999年，美国联邦上诉法院维持了联邦地区法院判决。联邦上诉法院讨论了《外国主权豁免法》是否适用于一方当事人为外国国家的仲裁。联邦上诉法院认为，根据《外国主权豁免法》，它仅在外国国家根据《外国主权豁免法》第1605至1607条规定或适用任何国际协定不享有豁免时，对针对外国国家提起的民事诉讼拥有事项管辖权。

---

① Nancy B. Turk, French and US Courts Define Limits of Sovereign Immunity in Execution and Enforcement of Arbital Awards, Arbitration International, Vol. 17, No. 3, 2001, p. 327.

② 龚刃韧．国家豁免问题的比较研究．北京：北京大学出版社，1994：368.

联邦上诉法院关于卡塔尔国家豁免的决定的关键，即在《外国主权豁免法》规定的国家豁免例外情况下是否存在该国家豁免，其答案都在于该特定国家是不是某国际公约（如《纽约公约》）的成员国。卡塔尔未加入《纽约公约》，但是联邦上诉法院裁判认为，毫无疑问，《纽约公约》适用于Creighton公司在法国获得的针对卡塔尔的裁决，该裁决在美国法院也是可以执行的。这是因为仲裁双方的住所与该公约的适用无关，关键因素是裁决的地点。如果该地点位于《纽约公约》成员国内，则其他公约成员国都有义务承认与执行该裁决。1978年《外国主权豁免法》第1605条（a）款（6）项规定，如果仲裁协议或仲裁裁决是根据对美国生效的要求承认与执行仲裁裁决的条约或国际协定而作出的，则在要求确认根据仲裁协议作出的仲裁裁决的诉讼中，作为当事人的外国国家将不能在美国法院主张管辖豁免。联邦上诉法院据此认为它对卡塔尔有事项管辖权。但是，联邦上诉法院同时认为，卡塔尔同意在法国进行仲裁并不表示放弃在美国法院对其属人管辖权提出异议。最后，联邦上诉法院分析了双方的合同，并根据最低限度联系原则认为，不是《纽约公约》成员国的卡塔尔并未意图在合同中利用美国法律并且未准备贸然将自己拉入美国法院诉讼的危险。

在S与戴维斯国际公司诉也门案（S. & Davis International，Inc. v. Yemen，the Republic of，Ministry of Supply and Trade）中，原告在伦敦获得了针对也门政府贸易和供应部的裁决，在美国寻求该裁决的执行。美国法院在该案中认为，尽管美国和英国都是《纽约公约》成员国，但也门不是；仅仅同意在公约成员国仲裁，并不能证明必定在美国放弃主权豁免。然而和Creighton案不同的是，法院最后确实发现根据双方当事人的合同，该案和美国有足够的联系。

在列支敦士登公司诉几内亚案（Liechtenstein company v. Guinea）中，瑞士联邦法院认为Liechtenstein公司取得的针对几内亚政府的裁决要在瑞士获得执行，必须要求“引起争议的法律关系和瑞士领土之间有必要联系”。最终因为原告在瑞士有住所，仲裁裁决获得执行。在1980年利比亚诉利美石油公司案中，尽管仲裁地是在瑞士，但是瑞士联邦最高法院仍认为仅有这一事实并不能证明诉讼事由与瑞士之间有法律联系，因此，判决下级法院为执行仲裁裁决而发出的扣押令无效。①

（三）关于大使馆银行账户

关于使馆银行账户（bank account）的执行豁免，1961年《维也纳外交关系公约》（Vienna Convention on Diplomatic Relations）没有明确规定。随着西方各国在执行豁免方面采用限制主义，也曾出现扣押或冻结使馆账户的“令人惊恐的趋向”。但是，那些允许执行或扣押外国使馆银行账户的个别法院判例不仅没有得到广泛支持，反而为多数国家的判例所否认。② 例如，英国《国家豁免法》对外国大使馆银行账户的执行豁免未作规定，而英国最高上诉法院认为，外国大使宣称该大使馆在伦敦银行的账户不用于商业目的，即可作为对该问题的充足证明，除非有相反证据证明账户大部分仅仅被用于商业目的。③ 这实际上使对外国使馆银行账户的执行几乎成为不可能。

---

① Peter. D. Trooboff. Foreign State Immunity：Emerging Consensus on Principles. Collected Courses of the Hague Academy of International Law，1986，Vol. 200，p. 388.

② 龚刃韧．国家豁免问题的比较研究．北京：北京大学出版社，1994：381－384.

③ Alcom Ltd. v. Republic of Columbia and others［1984］A. C. 580.

在诺佳公司诉俄罗斯联邦案（Noga v. Russian Federation）[1]中，即使俄罗斯在合同中放弃了执行豁免，且不能主张豁免以撤销一个与仲裁有关的自己败诉的判决，但是最终法国巴黎上诉法院于2000年8月10日仍确认俄罗斯大使馆银行账户享有执行的外交豁免权。

在该案中，一家名为Noga公司的瑞士公司于1991年与当时的苏联签订了一项贷款协议，1992年该公司又与俄罗斯政府签订了一项新的贷款协议。在1991年合同的第14条和1992年合同的第15条都规定，双方在争议协商不成的情况下，可将争议提交斯德哥尔摩商会仲裁院，争议的准据法为瑞士法；仲裁裁决将是终局的，对双方当事人都有约束力；"双方放弃对仲裁裁决的上诉，且借贷方在有关本协议的仲裁裁决针对它的执行中放弃任何豁免权利"。俄罗斯在1991年合同第8条和1992年合同第9条中保证：它在有关本协议规定的义务上，遵守民事法律；借贷方的借贷行为、根据协议履行其义务的行为构成私法上的商业行为；在有关借贷方根据本协议的义务的诉讼、执行、扣押或其他司法程序中，借贷方不得就其自身或其财产、收入主张任何豁免。由此，俄罗斯明示放弃了它对诉讼、执行、扣押的任何豁免。

1997年，位于斯德哥尔摩的仲裁庭先后作出两个裁决，裁定由俄罗斯支付给Noga公司约2 700万美元。1998年6月，俄罗斯向斯德哥尔摩初审法院起诉，就裁决赔偿数额提出异议被驳回后，又向瑞典上诉法院上诉，上诉法院于1999年3月再次确认了裁决的赔偿数额。2000年3月15日，巴黎大审法院就裁决在法国的执行发布了执行令。5月18日，Noga公司扣押了俄罗斯在巴黎欧洲商业银行的存款。2000年6月20日，俄罗斯驻法国大使馆、驻法国商务办公室、在联合国教科文组织（UNESCO）的常驻代表团联合在巴黎大审法院向Noga公司提起诉讼，要求取消对其财产的扣押。2000年7月17日，巴黎大审法院支持扣押，俄罗斯上诉。Noga公司要求巴黎上诉法院确认俄罗斯政府已经放弃了管辖和执行豁免。上诉法院注意到俄罗斯在和Noga公司的合同中放弃了所有它根据国际习惯法和国际公约所享有的豁免。但是，巴黎上诉法院认为俄罗斯作为1961年《维也纳外交关系公约》成员国，公约中对成员国的外交权利作了规定，对于其他公约未规定的事项应仍根据国际习惯法。公约在其前言中指出了公约所规定的特权和豁免的目的，即保证外交人员能够有效地行使代表他们各自国家的职能，完成外交使命。法院认为，享有这些豁免的并不限于外交人员和外交机构，还包括成员国为行使其外交职能而必需的财产。法院认为俄罗斯虽然放弃了所有权利和豁免，却并未表示其有明确的意愿，对于Noga公司放弃其所有的免于执行的外交豁免以至于妨碍大使馆在法国的代表职能的行使。上诉法院指出，《维也纳外交关系公约》第25条要求成员国给予外国使馆所有它行使职能完成使命必需的设施，法院认为这就包括成员国必须保护外国使馆为行使其在该国的公共职能而必需的银行账户的义务。上诉法院撤销了扣押措施并命令Noga公司支付三万法郎的诉讼费用。巴黎上诉法院最终确认，尽管俄罗斯不能援引主权豁免来阻止关于它与Noga公司的仲裁裁决的执行，但在法国以俄罗斯大使馆的名义只用于使馆在法国的公共事业的存款及用于在UNESCO的长期事务的财产都因外交豁免而免于执行。

2000年2月15日，布鲁塞尔上诉法院在徕卡公司诉伊拉克案（Leica AG v. Central Bank of Iraq and the State of Iraq）中也根据《维也纳外交关系公约》第25条作出了相同的结论。在

---

① Nancy B. Turk，French and US Courts Define Limits of Sovereign Immunity in Execution and Enforcement of Arbital Awards，Arbitration International，Vol. 17，No. 3，2001，pp. 330－331.

该案中，名为 Leica AG 的一家瑞士公司于 1997 年扣押了伊拉克驻比利时大使馆在一家比利时银行的账户。布鲁塞尔上诉法院根据该公约第 25 条认为，大使馆的银行账户必须在所驻国享有豁免，此项外交豁免只在该使馆银行账户中的存款是“外交职能或使命的行使所必需的”这一条件下才被承认。澳大利亚最高法院、英国上议院和荷兰法院都曾对有关公约第 25 条的问题表达了相同的观点。巴黎上诉法院和许多欧洲国家法院一样保护用于在成员国的公共职能所必需的外国国家财产的豁免权。[①] 这一立场和美国对《外国主权豁免法》和《维也纳外交关系公约》的相关解释保持一致。

通过英国、美国、法国、德国等的实践，可以看出，在这些国家有关国家豁免的国际原则并不排除执行权，而国家豁免只是执行权的一个例外。这种做法符合各种国际和国家协调文书中有关仲裁和国家豁免适用的国际原则。《国家豁免公约》第 17 条规定了仲裁程序中国家豁免的例外，即一国如与外国一自然人或法人订立书面协议，将有关商业交易的争议提交仲裁，则该国不得在另一国原应管辖的法院有关下列事项的诉讼中援引管辖豁免：(a) 仲裁协议的有效性、解释或适用；(b) 仲裁程序；或 (c) 确认或撤销裁决。因此，这种排除豁免权仅适用于上述事项，且国家的“同意”起关键作用。

第六节 我国有关国家豁免的立场

一、我国有关国家豁免立场的历史回顾

我国政府一直强调国家豁免是一般国际法原则，并重申在外国法院我国作为主权国家其自身及其财产享有绝对豁免的立场。

从 1949 年两航公司案和 1978 年湖广铁路债券案可以看出，我国基本上是采取绝对豁免主义立场的，不过同时也赞成通过协议来消除各国在国家豁免问题上的分歧。后来情况有所变化。1986 年第 41 届联合国大会第六委员会上，我国政府代表就国际法委员会一读通过的《关于国家及其财产管辖豁免条款草案》表明立场：“根据国家主权和主权平等原则，以及‘平等者之间无管辖权’这一著名法律格言，国家享有豁免是一项重要的国际法原则；一国非经其同意不受他国法院管辖”；“条款草案既应以明确的规范性语言确认国家豁免是国际法的一般性原则，同时又要充分注意到这一原则的实施可能受到某些‘例外’的限制，从而达到真正‘合理的平衡’”。此后，我国政府代表在几次联合国大会第六委员会会上的立场表明，我国在主张“国家豁免是一项国际法基本原则”的同时，又表示可以“就国家管辖制定一些例外的规定”，

① Nancy B. Turk, French and US Courts Define Limits of Sovereign Immunity in Execution and Enforcement of Arbital Awards, Arbitration International, Vol. 17, No. 3, 2001, p. 342.

“为私方当事人提供公平合理的救济”，限制豁免主义“也有合理的内核”，可见我国政府已经开始从绝对豁免主义的立场上缓和，体现了一定程度上支持限制豁免主义的趋势。而在理论界，从公开发表的论文来看，较早的一些观点几乎全是批判限制豁免主义的[①]，但目前开始接受和赞同限制豁免主义的学者越来越多。有学者认为，在现今世界法律环境中，我国如一味地坚持绝对豁免主义，势必是行不通的。实际上，我国似乎也从没有从绝对豁免主义中受益。限制豁免主义本身是伸缩性非常强的概念，留下很大的回旋余地，我们必须结合自己的国情和现状加以接受。[②] 目前我国的专家学者多数“接受”、“不反对”和“肯定”限制豁免主义，并认为限制豁免主义走向立法是一个趋势。

目前我国已签署《国家豁免公约》但尚未批准。

二、我国有关国家豁免的立法与实践

我国没有专门系统的国家豁免法，2005 年 10 月 25 日我国通过了《外国中央银行财产司法强制措施豁免法》，这是我国第一部有关国家财产豁免的立法，其主要内容如下。

（1）豁免的对象是外国中央银行财产。所谓外国中央银行，既包括外国的中央银行，也包括区域经济一体化组织的中央银行，以及履行中央银行职能的金融管理机构。所谓外国中央银行财产，包括外国中央银行的现金、票据、银行存款、有价证券、外汇储备、黄金储备、有关不动产和其他类型的财产。

（2）豁免的范围限于司法强制措施豁免，即我国法院对外国中央银行的财产在判决前不能采取查封、扣押、冻结等财产保全措施，在判决后不能采取查封、扣押和执行措施。

（3）享有豁免权的外国中央银行或该行所属国政府有权放弃强制执行豁免。通常放弃豁免有两种方式：一种是书面明示放弃，另一种是默示放弃，即指定中央银行的某一财产可被法院用于财产保全，或可被法院强制执行。

（4）对外国中央银行财产的豁免实行对等原则。如果外国不给予或给予我国中央银行或港澳两个特区的金融管理局财产的豁免低于本法规定的，则我国对该外国中央银行的财产将同样不给予或只给予相应的豁免。

《外国中央银行财产司法强制措施豁免法》的公布、实施标志着我国在国家财产豁免立法领域迈出了重要一步。此外，《中华人民共和国领海及毗连区法》第 10 条规定：“外国军用船舶或者用于非商业目的的外国政府船舶在通过中华人民共和国领海时，违反中华人民共和国法律、法规的，中华人民共和国有关主管机关有权令其立即离开领海，对所造成的损失或者损害，船旗国应当负国际责任。”但应注意这并未表明上述两类船舶在我国领海内造成损害时不享有豁免。[③] 享有管辖豁免是程序法上的问题，负国际责任是实体法上的问题，两者不应混淆。

从实践看，一方面，我国已经出现以外国有关政府部门为被告的司法实践，如成都华川进出口集团有限公司、格鲁吉亚共和国司法部信用证欺诈纠纷案[④]，但上诉期间当事人达成和解而

---

① 这方面的论文有陈体强．国家豁免与国际法．中国国际法年刊，1983；李双元．美国 1976 年《外国主权豁免法》所奉行的“限制豁免论”批判．法学评论，1983（02）。

② 黄进，曾涛，宋晓，刘益灯．国家及其财产豁免的几个悬而未决的问题．中国法学，2001（04）：143－144.

③ 许俊强．进入我国管辖海域外国政府公务船舶的豁免问题，法律适用，2019（13）：77.

④ 参见（2017）最高法民终 143 号。

撤回上诉，法院在裁定书中未提及国家豁免问题。[①] 另一方面，我国政府、企事业单位乃至官员等在美国被诉的案件也偶尔发生，新冠肺炎疫情发生后，美国一些组织和个人甚至密苏里州、密西西比州政府在美国法院提起针对我国政府有关部门、科研机构等的恶意诉讼（“滥诉”）。

从我国应对有关案件的实践可以总结归纳出以下主要立场：

坚持国家及其财产豁免是国际法上的一项原则，反对限制豁免主义和废除豁免主义；坚持国家本身或者说以国家名义从事的一切活动享有豁免，除非国家自愿放弃豁免；认为国有公司或企业是具有独立法律人格的经济实体，可以依据有关国家的国内法主张豁免；赞成通过协议来消除各国在国家豁免问题上的分歧，根据我国 1980 年参加的 1969 年《国际油污损害民事责任公约》第 11 条的规定，我国实际上已经放弃了油污损害发生地的缔约国法院的管辖豁免；如果外国国家无视我国主权，对我国或我国财产强行行使司法管辖权，我国保留对该国进行报复的权利；我国在外国法院出庭主张豁免权的抗辩不得视为接受外国法院管辖。

为了更好地保护国家财产和维护国家权利，同时避免不必要的纠缠和争议，我们认为：国家可以针对不同情况采取相应的具体对策。我国应尽快制定有关国家豁免的专门法律，对豁免的主体、行为和财产等各个方面作出恰当的规定。

CASE STUDY

China National Chartering Corp. v. Pactrans Air & Sea，Inc.

No. 06 Civ. 13107（Nov. 13，2009 S. D. N. Y.）

（abbreviated）

Plaintiff chartered a vessel from Defendant and later claimed it was damaged. It submitted the dispute to arbitration pursuant to the charter party agreement between the parties. The China Maritime Arbitration Commission issued a final arbitration award in Plaintiff's favor for ＄543，814. 74. Three and half months later，Plaintiff sought to enforce the award in the Southern District of New York.

Defendant sought to adjourn enforcement of the award on the ground that it had challenged the award in the Tianjin Maritime Court in China. The court noted that it had discretion to adjourn the enforcement proceedings where an application has been made in the originating country to have the award set aside. The Second Circuit has enumerated six non-exhaustive “competing concerns” to guide the exercise of the district court's discretion，including：(1) the general objectives of arbitration，including the expeditious resolution of disputes；(2) the status of foreign proceedings and the estimated time for those proceedings to be resolved；(3) whether the award sought to be enforced will receive greater scrutiny in the foreign proceedings under a less deferential standard of review；(4) the characteristics of the

① 乔雄兵，郎雪．我国国家豁免立法现状及展望．长江论坛，2021 (5)：78.

foreign proceedings, including (a) whether they were brought to enforce an award, or to set the award aside; (b) whether they were initiated before the underlying enforcement proceeding so as to raise concerns of international comity; and (c) whether they were initiated under circumstances indicating an intent to hinder or delay resolution of the dispute; (5) the balance of possible hardships for each of the parties; and (6) any other circumstances that could tend to shift the balance in favor of or against adjournment.

Applying those factors, the court declined to adjourn the proceedings and enforced the arbitral award. The court stated that confirming the award would advance the goals of the Convention on the Recognition and Enforcement of Foreign Arbitral Awards (the "New York Convention"), including the expeditious resolution of disputes and avoidance of litigation since the parties had already spent time and money fully arbitrating their differences. The court also noted that Defendant's challenge was in its early stages and was, thus, not close to resolution. Also important was that Defendant was moving to vacate the award in China, rather than enforce it, which militated against adjournment. Finally, the court placed weight on the fact that Defendant moved to challenge the award in China only after Plaintiff had filed its petition to enforce the award in New York.

QUESTION

In this case, the district court enforces a Chinese arbitral award and refuses to exercise its discretion to adjourn enforcement pending the outcome of an appeal of the award in a Chinese court. What is your comment on the holdings made by the district court?

参考文献

中文著作

1. 李双元，欧福永．国际私法．北京：北京大学出版社，2022.
2. 黄进．宏观国际法学论．北京：法律出版社，2022.
3. 徐伟功．不方便法院原则．武汉：湖北人民出版社，2022.
4. 章尚锦，杜焕芳．国际私法．北京：中国人民大学出版社，2019.
5. 金彭年．中国国际私法：理论、规则与实践．杭州：浙江大学出版社，2021.
6. 李庆明．美国的外国主权豁免理论与实践．北京：人民日报出版社，2021.
7. 郭玉军，等译．外国判决在亚洲的承认与执行．北京：法律出版社，2020.
8. 霍政欣．国际私法学．北京：中国政法大学出版社，2020.
9. 刘仁山．国际私法．北京：中国法制出版社，2019.
10. 刘仁山．国际私法与人类命运共同体之构建：以《涉外民事关系法律适用法》实施为据．北京：法律出版社，2019.
11. 徐伟功．《涉外民事关系法律适用法》实施研究．北京：法律出版社，2019.
12. 许庆坤．涉外民事关系法律适用法的司法解释问题研究．北京：法律出版社，2019.
13. 杜涛．国际私法原理．上海：复旦大学出版社，2018.
14. 杜新丽，宣增益．国际私法．北京：中国政法大学出版社，2017.
15. 冯霞．国际私法：原理与案例．北京：北京大学出版社，2017.
16. 黄亚英．中国国际私法学．厦门：厦门大学出版社，2017.
17. 赵磊．公司法中的外国公司法律问题研究．北京：法律出版社，2017.
18. 邹国勇，译注．外国国际私法立法选译．武汉：武汉大学出版社，2017.
19. 李双元．国际私法（冲突法篇）．武汉：武汉大学出版社，2016.
20. 徐冬根．国际私法（慕课版）．北京：北京大学出版社，2016.

21. 向在胜．跨国环境污染中的国际私法问题研究．北京：中国政法大学出版社，2016.
22. 刘想树．国际私法．北京：法律出版社，2015.
23. 沈涓．国际私法学的新发展．北京：中国社会科学出版社，2015.
24. 何其生．比较法视野下的国际民事诉讼．北京：高等教育出版社，2015.
25. 李旺．国际私法．北京：高等教育出版社，2015.
26. ［德］卡尔·恩吉施．法律思维导论．郑永流，译．北京：法律出版社，2014.
27. 韩德培，肖永平．国际私法．北京：高等教育出版社，北京大学出版社，2014.
28. 向在胜．欧盟国际民事诉讼法判例研究．北京：中国政法大学出版社，2013.
29. 袁发强．国际私法学．北京：北京大学出版社，2012.
30. 李建忠．古代国际私法溯源——从古希腊、古罗马社会到法则理论的荷兰学派．北京：法律出版社，2011.
31. 徐伟功．冲突法的博弈分析．北京：北京大学出版社，2011.
32. 张仲伯．国际私法学．北京：中国政法大学出版社，2010.
33. ［德］马丁·沃尔夫．国际私法．李浩培，汤宗舜，译．北京：北京大学出版社，2009.
34. 许庆坤．美国冲突法理论嬗变的法理——从法律形式主义到法律现实主义．北京：商务印书馆，2009.
35. ［德］格哈德·克格尔．冲突法的危机．萧凯，邹国勇，译．武汉：武汉大学出版社，2008.
36. 肖永平．法理学视野下的冲突法．北京：高等教育出版社，2008.
37. 韩德培．韩德培文集．武汉：武汉大学出版社，2007.
38. 肖永平．国际私法原理．北京：法律出版社，2007.
39. 欧福永．国际民事诉讼中的禁诉令．北京：北京大学出版社，2007.
40. ［美］弗里德里希·K. 荣格．法律选择与涉外司法（特别版）. 霍政欣，徐妮娜，译．北京：北京大学出版社，2007.
41. 王卫国．民法．北京：中国政法大学出版社，2007.
42. ［德］罗森贝克，施瓦布．德国民事诉讼法．李大雪，译．北京：中国法制出版社，2007.
43. ［德］卡尔·拉伦茨．法学方法论．陈爱娥，译．北京：商务印书馆，2003.
44. ［英］J. G. Collier. 冲突法（导读本）. 郭玉军，编注．北京：中国人民大学出版社，2005.
45. 杜涛．国际经济贸易中的国际私法问题．武汉：武汉大学出版社，2005.
46. 宋晓．当代国际私法的实体取向．武汉：武汉大学出版社，2004.
47. 李双元，等．中国国际私法通论．北京：法律出版社，2003.
48. ［意］莫鲁·鲁比诺-萨马塔诺．国际仲裁法律与实践．北京：中信出版社，2003.
49. 潘攀．票据的法律冲突．北京：北京大学出版社，2002.
50. 刘想树．中国涉外仲裁裁决制度与学理研究．北京：法律出版社，2001.
51. 刘想树．国际私法基本问题研究．北京：法律出版社，2001.
52. ［法］孟德斯鸠．论法的精神．曾斌，译．北京：京华出版社，2000.

53. 韩健．现代国际商事仲裁法的理论与实践．北京：法律出版社，2000.
54. 宋航．国际商事仲裁裁决的承认与执行．北京：法律出版社，2000.
55. 董立坤．国际私法论．北京：法律出版社，2000.
56. ［德］弗里德里希·卡尔·冯·萨维尼．法律冲突与法律规则的地域和时间范围．北京：法律出版社，1999.
57. 余先予．冲突法．上海：上海财经大学出版社，1999.
58. 王国华．海事国际私法研究．北京：法律出版社，1999.
59. 黄进，徐前权，宋连斌．仲裁法学（修订本）．北京：中国政法大学出版社，1999.
60. ［英］J. H. C. 莫里斯．戴西和莫里斯论冲突法．李双元，等译．北京：中国大百科全书出版社，1998.
61. 李双元，徐国建．国际民商新秩序的理论建构——国际私法的重新定位与功能转换．武汉：武汉大学出版社，1998.
62. 郭玉军．国际贷款法．武汉：武汉大学出版社，1998.
63. 陈卫佐．瑞士国际私法法典研究．北京：法律出版社，1998.
64. 黄进，刘卫翔．当代国际私法问题．武汉：武汉大学出版社，1997.
65. 杨良宜．国际商务仲裁．北京：中国政法大学出版社，1997.
66. 梁慧星．民法总论．北京：法律出版社，1996.
67. 肖永平．中国冲突法立法问题研究．武汉：武汉大学出版社，1996.
68. ［英］詹宁斯，瓦茨，修订．奥本海国际法：第1卷·第1分册．王铁崖，等译．北京：中国大百科全书出版社，1995.
69. 王铁崖．国际法．北京：法律出版社，1995.
70. 佘能斌，马俊驹．现代民法学．武汉：武汉大学出版社，1995.
71. 谭兵．中国仲裁制度研究．北京：法律出版社，1995.
72. 韩德培，韩健．美国国际私法（冲突法）导论．北京：法律出版社，1994.
73. 龚刃韧．国家豁免问题的比较研究．北京：北京大学出版社，1994.
74. 姚壮．国际私法理论与实务．北京：法律出版社，1992.
75. 费宗祎，唐承元．中国司法协助理论与实务．北京：人民法院出版社，1992.
76. ［英］J. H. C. 莫里斯．法律冲突法（中译本）．李东来，等译．北京：中国对外翻译出版公司，1990.
77. ［法］亨利·巴迪福，保罗·拉加德．国际私法总论．北京：中国对外翻译出版公司，1989.
78. ［法］亨利·巴迪福．国际私法各论．台北：台北中山学术文化基金董事会，1979.
79. 韩德培．国际私法（修订本）．武汉：武汉大学出版社，1989.
80. 余先予．冲突法．北京：法律出版社，1989.
81. ［美］斯塔夫里阿诺斯．全球通史——1500年以前的世界．吴象婴，梁赤民，译．上海：上海社会科学院出版社，1988.
82. 黄进．国家及其财产豁免问题研究．北京：中国政法大学出版社，1987.
83. 卢峻．国际私法公约集．上海：上海社会科学院出版社，1986.

84. [法] 勒内・达维德. 当代主要法律体系. 上海：上海译文出版社，1984.

85. 李浩培. 国籍问题的比较研究. 北京：商务印书馆，1979.

英文著作

1. R. Bismuth et al. (eds.). Sovereign Immunity Under Pressure. Springer，2022.

2. Andrew Dickinson & Edwin Peel (ed.). A Conflict of Laws Companion. Oxford University Press，2021.

3. Adeline Chong (ed.). Asian Principles for the Recognition and Enforcement of Foreign Judgments. The Asian Business Law Institute，2020.

4. Adrian Briggs. The Conflict of Laws. 4th edn.. Oxford University Press，2019.

5. Adeline Chong (ed.). Recognition and Enforcement of Foreign Judgments in Asia. The Asian Business Law Institute，2018.

6. Paul Torremans (ed.)，Cheshire，North & Fawcett. Private International Law. 15th ed.. Oxford University Press，2017.

7. Jacob B. van de Velden. Finality in Litigation，The Law and Practice of Preclusion-Res Judicata (Merger and Estoppel). Abuse of Process an Recognition of Foreign Judgments. Wolters Kluver，2017.

8. Symeon C. Symeonides. Choice of Law. Oxford University Press，2016.

9. Lawrence Collins (ed.). Dicey，Morris and Collins on the Conflict of Laws. 14th ed.. Sweet & Maxwell，2006.

10. Trevor C. Hartley. The Modern Approach to Private International Law. International Litigation and Transactions from a Common-law Perspective. Collected Courses of the Hague Academy of International Law，2006，Vol. 319.

11. Masato Dogauchi. Four-step Analysis of Private International Law. Collected Courses of the Hague Academy of International Law，2005，Vol. 315.

12. J. G. Collier. Conflict of Laws. 3th ed.. Cambridge University Press，2004.

13. William M. Richman，William L. Reynolds. Understanding Conflict of Laws. 3th ed. LexisNexis，2003.

14. Arthur Taylor von Mehren. Theory and Practice of Adjudicatory Authority in Private International Law：A Comparative Study of the Doctrine，Policies and Practices of Common-law and Civil-law Systems. Collected Courses of the Hague Academy of International Law，2002.

15. R. Fentiman. Foreign Law in English Courts. Oxford University Press，1998.

16. Symeon C. Symeonides，Wendy Collins Perdue and Arthur T. von Mehren. Conflict of Laws：American，Comparative，International. Cases and Materials. West Academic Publishing，1998.

17. T. S. Schmidt. The Incidental Questions in Private International Law. Collected Courses of the Hague Academy of International Law，1992，Vol. 233.

18. Peter M. North. Reform，But Not Revolution：General Course on Private International

Law. Collected Courses of the Hague Academy of International Law，1990，Vol. 220.

19. Li Haopei. Some Recent Developments in the Conflict of Laws of Succession. Collected Courses of the Hague Academy of International Law，1990.

20. Alan Redfen and Martin Hunter. Law and Practice of International Commercial Arbitration. Sweet & Maxwell，1986.

21. Peter D. Trooboff. Foreign State Immunity：Emerging Consensus on Principles. Collected Courses of the Hague Academy of International Law，1986.

22. J. H. C. Morris. Conflict of Laws. 3th ed.. Stevens and Sons，1984.

23. Martin Wolff. Private International Law. Oxford University Press，1944.

法文著作

1. Pierre Mayer et Vincent Heuzé. Droit international privé. LGDJ，2014.

2. Dominique Holleaux et Horatia Muir Watt. Vol. I. Droit international privé. Presses Universitaires de France，2014.

3. Yvon Loussouarn et Pierre Bourel. Droit international privé. Dalloz，2013.

4. Bernard Audit et Louis d'Avout. Droit international privé. Economica，2013.

5. Hélène Péroz. La réception des jugements étrangers dans l'ordre juridique français. LGDJ，2005.

6. Etienne Bartin. Principes de droit international privé. Schmidt Periodicals，1997；WANG Xiao-Yan. Glossaire de droit international prive，Bruylant. 1992.

7. A. Remiro Brotons. La reconnaissance et l'execution des sentences arbitrales etrangeres. Collected Courses of the Hague Academy of International Law，1984.

8. Adolf Miaja de la Muela. Les principes directeurs des règles de compétence territoriale des tribunaux internes en matière de litiges comportant un élément international. Collected Courses of the Hague Academy of International Law，1972.

9. Hubert Bauer. Compétence judiciaire internationale des tribunaux civils français et allemands（étude comparative）. Dalloz，1965.

德文著作

1. Abbo Junker. Internationales Privatrecht. C. H. Beck，2017.

2. Abbo Junker. Internationales Zivilprozessrecht. C. H. Beck，2016.

3. Kegel/Schurig. Internationales Privatrecht. C. H. Beck，2004.

4. Christian v. Bar und Peter Mankowski. Internationales Privatrecht. C. H. Beck，2003.

5. Jan Kropholler. Internationales Privatrecht einschliesslich der Grundbegriffe des Internationalen Zivilverfahrensrechts. 4. Aufl. Tübingen：Mohr Siebeck，2001.

6. Tim Brandi. Das Haager Abkommen von 1989 über das auf die Erbfolge anzuwendende Recht. Berlin：Duncker & Humblot，1996.

7. Jan Kropholler. "Internationale Zuständigkeit"，in：Handbuch des internationalen Zivil-

verfahrensrechts. Band I，J. C. B. Mohr（Paul Siebeck），Tübingen，1982.

日文著作

1. 木棚照一「国際私法」(成文堂，2016)。
2. 出口耕自「論点講義国際私法」(法学書院，2015)。
3. 廣江健司「国際私法」(国際書院，2015)。
4. 小出邦夫「一问一答 新国际私法——法律适用通则法的解说」(商事法务，2006)。
5. 木棚照一＝松冈博＝渡边惺之「国际私法概论」(有斐閣，2005)。
6. 溜池良夫「国際私法講義」(有斐閣，2005)。
7. 山田鐐一「国際私法」(有斐閣，2004)。

《　　　　　　》※任课教师调查问卷

为了能更好地为您提供优秀的教材及良好的服务，也为了进一步提高我社法学教材出版的质量，希望您能协助我们完成本次小问卷，完成后您可以在我社网站中选择与您教学相关的1本教材作为今后的备选教材，我们会及时为您邮寄送达！如果您不方便邮寄，也可以申请加入我社的**法学教师QQ群：436438859（申请时请注明法学教师）**，然后下载本问卷填写，并发往我们指定的邮箱（cruplaw@163.com）。

邮寄地址：北京市海淀区中关村大街31号中国人民大学出版社806室收

邮　　编：100080

再次感谢您在百忙中抽出时间为我们填写这份调查问卷，您的举手之劳，将使我们获益匪浅！

基本信息及联系方式：※

姓名：__________ 性别：__________ 课程：____________________

任教学校：____________________ 院系（所）：______________

邮寄地址：____________________ 邮编：________________

电话（办公）：__________ 手机：__________ 电子邮件：__________

调查问卷：※

1. 您认为图书的哪类特性对您使用教材最有影响力？（　　）（可多选，按重要性排序）

   A. 各级规划教材、获奖教材　　B. 知名作者教材

   C. 完善的配套资源　　D. 自编教材

   E. 行政命令

2. 在教材配套资源中，您最需要哪些？（　　）（可多选，按重要性排序）

   A. 电子教案　　B. 教学案例

   C. 教学视频　　D. 配套习题、模拟试卷

3. 您对于本书的评价如何？（　　）

   A. 该书目前仍符合教学要求，表现不错将继续采用。

   B. 该书的配套资源需要改进，才会继续使用。

   C. 该书需要在内容或实例更新再版后才能满足我的教学，才会继续使用。

   D. 该书与同类教材差距很大，不准备继续采用了。

4. 从您的教学出发，谈谈对本书的改进建议：______________________

____

____

选题征集：如果您有好的选题或出版需求，欢迎您联系我们：

联系人：黄　强　联系电话：010-62515955

索取样书：书名：______________________________

书号：______________________________

备注：※ 为必填项。